Studien zur
adventistischen Ethik

Band 1

Die Ehe

Biblische, theologische und pastorale Aspekte

Herausgegeben von
Roberto Badenas und Stefan Höschele
im Auftrag des Biblical Research Committee
der Euro-Afrika-Division der Siebenten-Tags-Adventisten

ADVENT-VERLAG

Projektleitung und Herausgeber: Roberto Badenas, Stefan Höschele
Übersetzungen: Heinz Hopf, Heidemarie Klingeberg,
Sylvia Nocandy, Doris Vargas-Hordosch
Redaktionelle Bearbeitung: Stefan Höschele
Redaktion: Werner E. Lange
Einbandgestaltung: Sislak Design, Bad Soden-Salmünster
Satz: rimi-grafik, Celle
Gesamtherstellung: Thiele & Schwarz, Kassel

Die Bibelzitate sind – falls nichts anderes vermerkt ist – der *Bibelübersetzung nach Martin Luther*, revidierte Fassung 1984, durchgesehene Ausgabe in neuer Rechtschreibung, © 1999 Deutsche Bibelgesellschaft Stuttgart, entnommen.

Ansonsten bedeuten:

EB = *Revidierte Elberfelder Bibel*, © 1985, 1991, 2006 SMC R. Brockhaus im SCM-Verlag GmbH & Co. KG, Witten

EÜ = *Die Bibel – Einheitsübersetzung der Heiligen Schrift*, © 1999 Verlag Katholisches Bibelwerk GmbH, Stuttgart

Pulverweg 6, 21337 Lüneburg
Internet: www.advent-verlag.de, E-Mail: info@advent-verlag.de

ISBN: 978-3-8150-1400-4

Inhaltsverzeichnis

Einleitung

Stefan Höschele

In allen Kulturen der Welt, wie vielfältig und veränderlich sie auch sein mögen, spielt die Ehe eine bedeutende Rolle für die Gesellschaft. Auch hat jede Religion spezifische Eheauffassungen hervorgebracht. Eine christliche Theologie der Ehe reiht sich daher in eine Wirklichkeit ein, die die Menschheit eint. Gleichzeitig formen die Person Jesu Christi und die Schriften des Neuen Testaments auf der Grundlage des Alten Testaments und der Offenbarung Gottes für Israel eine Eheethik, die sich von den Vorstellungen ihrer Umwelt klar abhebt. Dementsprechend sind christliche Eheverständnisse bis heute einerseits immer geprägt von ihrem jeweiligen Umfeld, zeichnen sich jedoch auf der anderen Seite entscheidend durch den Bezug zur biblischen Theologie als ihrer Grundlage aus.

Das theologische Gewicht der Ehe wird spätestens dann deutlich, wenn man die Menge der Texte in der Heiligen Schrift betrachtet, in der sie als Bild für die Beziehung zwischen Gott und Mensch verwendet wird. Von bleibender gesellschaftlicher Bedeutung ist eine christliche Eheanschauung und -praxis darüber hinaus schon deshalb, weil sie die Rolle von Mann und Frau in einer Weise definiert, die sich von hierarchischen, aber auch individualistischen und postmodernen Vorstellungen unterscheidet.

Für die Kirche der Siebenten-Tags-Adventisten standen wie für viele andere Kirchen Fragen der Ehe in ihrer Anfangszeit verständlicherweise nicht im Brennpunkt des Interesses. Missionarische Anliegen und neu entdeckte theologische Themen wie der Sabbat und eine starke Wiederkunftserwartung nahmen einen größeren Raum ein als solche, die man als selbstverständliche christliche Überzeugungen und Praktiken betrachtete. Allerdings hat beispielsweise Ellen White eine beträchtliche Anzahl von Texten zu Ehefragen verfasst; schon 1869 erschien von ihr eine Broschüre zur Thematik,[1] und ihr Buch *Ministry of Healing* (1905) enthält ebenso wie eine Vielzahl von Artikeln aus ihrer Feder Ausführungen zu Familie und Ehe.[2] Im Jahre 1922 wurde bei der adventistischen Weltkirchenleitung dann eine „Home Commission" ins Leben gerufen, also ein Ausschuss, der sich mit Familien- und Ehefragen beschäftigt. Seit 1975 existiert auf den verschiedenen Ebenen der Kirchenorganisation eine Abteilung für Familiendienste (anfangs „Home and Family

1 *Testimony Relative to Marriage Duties, and Extremes in the Health Reform,* Seventh-day Adventist Publishing Association, Battle Creek 1869.

2 Die aktuelle deutschsprachige Ausgabe trägt den Titel *Auf den Spuren des großen Arztes*, Advent-Verlag, Lüneburg 1999; siehe dort besonders S. 285–308. Weitere relevante Texte sind zusammengestellt u. a. in ihren Büchern *Glück fängt zu Hause an,* Saatkorn, Hamburg 1979 (gekürzte Ausgabe von *The Adventist Home); Briefe an junge Liebende,* Wegweiser-Verlag, Wien 1996, sowie *Testimonies on Sexual Behavior, Adultery, and Divorce,* Ellen G. White Estate, Silver Spring 1989.

Service", später „Family Ministries" genannt). Dies verdeutlicht, dass sowohl der große Einfluss von Ehe und Familie im Leben von Christen als auch die Rolle intakter Ehen für Kirche und Gesellschaft erkannt wurde.

Das wachsende adventistische theologische Interesse am Phänomen Ehe lässt sich insbesondere daran ablesen, dass anders als in den Glaubensüberzeugungen von 1931, in denen zum Thema nichts zu lesen ist, die im Jahre 1980 formulierten „Fundamental Beliefs" der weltweiten adventistischen Kirche einen ganzen Abschnitt zum Thema „Ehe und Familie" enthalten (s. Anhang I zu dieser Einleitung). Anders als die Bekenntnistexte vieler anderer Kirchen beinhaltet damit der zentrale adventistische Lehrtext die Überzeugung, dass ein spezifisches Verständnis der Ehe zum Grundbestand christlichen Glaubens gehört.

Trotz der Bedeutung der Thematik für adventistisches Denken, die sich auch in einer Vielzahl populärer Veröffentlichungen, insbesondere Ratgeber für gelingende Ehe und Sexualität zeigt,[3] sind aus adventistischer Feder noch kaum umfassende Studien zur *Theologie* der Ehe veröffentlicht worden. Nennenswert ist an Büchern neben einem Werk zum Thema Scheidung[4] und einigen Publikationen zur Theologie der Sexualität,[5] die natürlich auch theologische Fragen zur Ehe berühren, lediglich ein von Samuele Bacchiocchi in seinem eigenen Verlag publiziertes Werk.[6] Auf der anderen Seite hat die Kirche der Siebenten-Tags-Adventisten seit Mitte der 1980er Jahre mehrere offizielle Erklärungen und Stellungnahmen zur Ehe und verwandten Fragen abgegeben (die Erklärung zur Ehe von 1996 ist im Anhang II abgedruckt).[7] Dies zeigt, welch große Bedeutung Anliegen, die mit der Ehe in Zusammenhang stehen, bis hin zur Ebene der Weltkirchenleitung gegeben wird.

---

3 Z. B.: Alberta Mazat, *Damals in Eden: Gottes Gabe der Sexualität,* Advent-Verlag, Hamburg [1984]. Aus der Vielzahl englischer Werke seien erwähnt: Arthur W. Spalding, *Love, Courtship, and Marriage,* Review and Herald, Washington 1929; Harold Shryock, *Happiness for Husbands and Wives,* Review and Herald, Washington 1949; Nancy L. Van Pelt, *Highly Effective Marriage,* Review and Herald, Hagerstown 2000.

4 Andreas Bochmann und Klaus-J. van Treeck (Hg.), *Ehescheidung und Wiederheirat: Ein pastoral-theologisches Symposium,* Spes Christiana Beihefte 4, Theologische Hochschule Friedensau, Friedensau 2000.

5 Sakae Kubo, *Theology and Ethics of Sex,* Review and Herald, Washington 1980; Ronald M. Springett, *Homosexuality in History and the Scriptures,* Biblical Research Institute of the General Conference of Seventh-day Adventists, Silver Spring 1988; Richard M. Davidson, *Flame of Yahweh: Sexuality in the Old Testament,* Hendrickson, Peabody 2007.

6 *The Marriage Covenant: A Biblical Study on Marriage, Divorce, and Remarriage,* Biblical Perspectives 9, Biblical Perspectives, Berrien Springs 1991.

7 Außer der Erklärung zur Ehe finden sich die folgenden in der Sammlung der Generalkonferenz der Kirche der Siebenten-Tags-Adventisten, *Erklärungen, Richtlinien und andere Dokumente,* Advent-Verlag, Lüneburg 1998: die „Erklärung zum Thema Heim und Familie" (1985; S. 15), die „Erklärung zur großen Sorge über das Sexualverhalten" (1987; S. 20–21), „Stärkung der Familie" (1990; S. 49–50), „Richtlinien zum Thema Schwangerschaftsabbruch" (1993, S. 117–121), die „Erklärung zu Missbrauch und Gewalt in der Familie" (1995; S. 72) und „Gewalt in der Familie" (1996; S. 86–89). In der CD-ROM-Ausgabe derselben Sammlung von 2002 erscheinen zudem: „Geburtenkontrolle: Eine Konsenserklärung der Siebenten-Tags-Adventisten" (1999, S. 120–123), „Stellungnahme zur Homosexualität" (1999; S. 124) und die auf Deutschland bezogene „Stellungnahme zur Entscheidung der Bundesregierung, gleichgeschlechtliche Lebenspartnerschaften mit Ehe und Familie weitgehend gleichzustellen" (2001, S. 143–144).

Insgesamt ergibt sich aus dieser Betrachtung ein Bild der Anerkenntnis der Tatsache, dass der Gegenstand Ehe gewichtig ist, bei gleichzeitigem Fehlen umfassender biblischer und systematischer Aufarbeitung. Dieses Bild zeigt die Notwendigkeit einer intensiveren theologischen Beschäftigung mit der Ehe aus adventistischer Sicht und von Entwürfen einer adventistischen Theologie der Ehe, die selbstverständlich aus einer starken biblischen Basis heraus entwickelt werden muss.

Dieser Notwendigkeit hat sich in den letzten Jahren das *Biblical Research Committee* (BRC), das bibelwissenschaftliche und theologische Forschungsteam der Euro-Afrika-Division der Kirche der Siebenten-Tags-Adventisten, gestellt. Es besteht aus adventistischen Theologen, von denen die meisten an Hochschulen in Europa lehren. Bei diesem Studienprojekt war von Anfang an eine Publikation anvisiert, die ähnlich den vom BRC veröffentlichten drei Bänden der Serie „Studien zur adventistischen Ekklesiologie"[8] viele wesentliche Aspekte der Gesamtfragestellung beleuchtet. Mit dem vorliegenden Werk soll also ein umfangreicher Beitrag zur adventistischen Theologie der Ehe geleistet werden, der durch eine französische Ausgabe und geplante Übersetzungen in andere Sprachen auch über die deutschsprachige Leserschaft hinweg wirksam werden kann.[9] Gleichzeitig eröffnet dieser Band eine neue Serie „Studien zur adventistischen Ethik", die analog zur Ekklesiologie-Serie wachsen und weitere Themen von Relevanz für Gemeinde, Gesellschaft und die theologisch-ethische Fachdiskussion beleuchten wird.

Die drei Hauptteile des vorliegenden Buches versuchen ein rundes Bild der Ehe in theologischer Betrachtung darzustellen. Sie spiegeln dabei auch die verschiedenen Fachrichtungen der Theologie wider, die bei der Gesamtfragestellung in Betracht zu ziehen sind. Der *erste Teil* geht teilweise auf alttestamentliche, neutestamentliche und ebenso auf gesamtbiblische Fragestellungen ein. Die Autoren stellen hier sowohl ein allgemeines biblisches Eheverständnis dar (Hasel, Badenas, Egasse) als auch Positionen der Heiligen Schrift in Bezug auf verschiedene Problembereiche: Homosexualität, Konkubinat, Scheidung, Wiederheirat und Mischehe (Müller, Kovar, Davidson, Roig, Heinz, Rodríguez). Im *zweiten Teil* geht es um verschiedene übergreifende theologische und historisch-theologische Aspekte der Ehe wie Sexualität, die Frage nach dem sakramentalen Charakter der Ehe, die Theorie und Praxis der Eheschließung sowie das Eheverständnis bei Adventisten im 19. Jh. (Domanyi, Pöhler, Lehmann, Schaidinger). Der *dritte Teil* widmet sich

---

8 Biblisches Forschungskomitee, Euro-Afrika-Division der Gemeinschaft der Siebenten-Tags-Adventisten (Hg.), *Abendmahl und Fußwaschung,* Studien zur adventistischen Ekklesiologie 1, Saatkorn-Verlag, Hamburg 1991; Johannes Mager (Hg.), *Die Gemeinde und ihr Auftrag,* Studien zur adventistischen Ekklesiologie 2, Saatkorn-Verlag, Lüneburg 1994; Roberto Badenas (Hg.), *Die Taufe: Theologie und Praxis,* Studien zur adventistischen Ekklesiologie 3, Advent-Verlag, Lüneburg 2002.

9 Die erste Hälfte der französischen Ausgabe liegt bereits vor: Richard Lehmann (Hg.), *Le mariage: Questions bibliques et theologiques,* Éditions vie et santé, Dammarie-les-Lys 2007. Spanische und englische Ausgaben sollen folgen.

der gemeindlichen und pastoralen Praxis, insbesondere der Seelsorge in spezifischen Situationen (beide Beiträge Altins, Bochmann, Puyol und Domanyi) sowie grundlegende Fragen in Bezug auf Ehevorbereitung und adventistische Trauungen (Bocaneanu, Vargas-Hordosch).

Bei einer Aufsatzsammlung, die eine solche Breite an Themen beinhaltet, kann es nicht ausbleiben, dass gewisse Überschneidungen vorkommen, andererseits aber auch nicht jede in den Texten präsentierte Position im Detail mit denen anderer hier vertretener Autoren übereinstimmt. Dennoch ist das Buch als Gesamtkomposition zu verstehen, bei der die Eigenheiten der individuellen Theologen zwar zur Geltung kommen, gleichzeitig aber ein Konsens des BRC vorlag, dass die Texte in dieser Fassung publiziert werden können.[10]

Das Ziel dieses Werkes ist es, dem Leser ein Kompendium zur Ehe aus adventistischer Sicht zur Verfügung zu stellen. Dass dies nicht in erschöpfender Weise möglich ist, dürfte offensichtlich sein. Schon wegen der natürlichen Begrenzungen im Umfang eines Buches sind deshalb einzelne Themen, die für die meisten Adventisten im europäischen Kontext keine herausragende Bedeutung haben – wie z. B. das der Polygamie – nicht behandelt worden;[11] das Buch erhebt also keinen Anspruch auf Vollständigkeit. Einige weitere Beiträge zur Gesamtthematik, die den Rahmen der Druckversion gesprengt hätten, sind zudem im Internet zu finden (siehe dazu die Übersicht am Ende des Buches).

Bei einem internationalen Autorenteam wird manchem deutschen Leser auffallen, dass zusätzlich zu den gängigen englischsprachigen Belegen viel mehr Verweise auf spanische und französische Literatur als sonst üblich vorkommen und dass nicht immer die spezifisch mitteleuropäische Situation vor Augen steht. Die Herkunft der Autoren (die nicht mit den ebenso internationalen Mitgliedern des BRC identisch sind) aus verschiedenen Ländern Europas und darüber hinaus sollte jedoch auch als Stärke gewertet werden, weil dadurch ein Ensemble aus unterschiedlichen Perspektiven vorliegt, das den Blick über den gewöhnlichen Horizont hinaus öffnet.

Dank gebührt sowohl den Autoren als auch den Übersetzern. Darüber hinaus sollen ausdrücklich Studierende und Assistenten an der Theologischen Hochschule Friedensau Erwähnung finden, die in mühevoller Detailarbeit die erforderlichen Formatierungen und Vereinheitlichungen in den Literaturbelegen übernommen haben: Daniel Edwards, Sarah Lobegeiger und Manuel Füllgrabe. Für viele aufmerksame Blicke auf die Texte sei überdies Albrecht Höschele, René Zywietz, Benjamin Schäfer, Simon Tews und nochmals Daniel Edwards gedankt.

10 Die gültige Erklärung des BRC zu seinen Publikationen lautet: „Während in diesem Buch veröffentlichte Texte die Ansichten der jeweiligen Autoren ausdrücken, sind sie vom Biblical Research Committee (BRC) der Euro-Afrika-Division ausgewertet worden und unterstützen die Mission und Botschaft der Kirche."

11 Vgl. dazu aber Ronald A. G. du Preez, *Polygamy in the Bible,* Adventist Theological Society Publications, Berrien Springs 1993, und das *Journal of Adventist Mission Studies 2,* Nr. 1, 2006.

Wenn es wahr ist, dass die Ehe den wichtigsten Grundtypus menschlicher Beziehung darstellt, den Gott selbst begründet hat, dann lässt sich von theologischen Reflexionen über diese Beziehung auch vieles über die Beziehung zwischen Menschen im Allgemeinen lernen. Dass die Ehe ebenso ein unentbehrliches Bild für die Beziehung zwischen Gott und Mensch ist, zeigt, dass Theologie der Ehe zentral mit zum Denken des christlichen Glaubens gehört. Es ist daher die Hoffnung der Herausgeber, dass dieses Buch etwas vom Reichtum der Beziehungsfähigkeit erschließt, die Gott in uns Menschen gelegt hat. Insbesondere soll es dazu beitragen, Ehen zu stärken und einen biblisch fundierten Umgang mit der Ehe Wirklichkeit werden zu lassen. Wenn dies gelingt, dann hat sich die Arbeit der Autoren gelohnt.

Anhang I: Glaubensüberzeugungen der Siebenten-Tags-Adventisten, Nr. 23: Ehe und Familie[12]

Die Ehe, von Gott im Garten Eden eingesetzt und von Jesus Christus bestätigt, soll eine lebenslange Verbindung zwischen einem Mann und einer Frau in einer von Liebe erfüllten Gemeinschaft sein. Für den Christen gilt das Eheversprechen sowohl Gott als auch dem Ehepartner gegenüber. Eine Ehe sollte nur zwischen Partnern gemeinsamen Glaubens geschlossen werden. Gegenseitige Liebe, Wertschätzung, Achtung und Verantwortung sind die Grundlage der Ehe. Sie soll die Liebe, Heiligkeit, Innigkeit und Beständigkeit der Beziehung zwischen Christus und seiner Gemeinde widerspiegeln. Jesus hat gelehrt, dass Ehebruch begeht, wer sich von seinem Ehepartner scheiden lässt – es sei denn wegen Unzucht – und einen anderen heiratet. Selbst wenn manche ehelichen und familiären Verhältnisse nicht ideal sind, können dennoch Ehepartner, die in Christus zueinander halten, durch die Führung des Heiligen Geistes und den Beistand der Gemeinde ihre Liebe erneuern und miteinander verbunden bleiben. Gott segnet die Familie und möchte, dass die Familienangehörigen auf dem Weg zur völligen Reife einander beistehen. Eltern sollen ihre Kinder so erziehen, dass sie den Herrn lieben lernen und ihm gehorchen. Durch Wort und Vorbild sollen Eltern ihre Kinder zu der Erkenntnis führen, dass Christus ein liebevoller Erzieher ist, voll Güte und Fürsorge, der sie zu Gliedern seines Leibes, der Familie Gottes, machen möchte. Den Zusammenhalt der Familie zu stärken ist ein besonderes Anliegen der Verkündigung des Evangeliums in der Endzeit. (1 Mo 2,18–25; Mt 19,3–9; Joh 2,1–11; 2 Kor 6,14; Eph 5,21–33; Mt 5,31.32; Mk 10,11.12; Lk 16,18; 1 Kor 7,10.11; 2 Mo 20,12; Eph 6,1–4; 5 Mo 6,5–9; Spr 22,6; Mal 3,23.24)

Anhang II: Erklärung zur Ehe (1996)[13]

Aussagen zum Thema Ehe werden erst im rechten Licht gesehen, wenn man sie vor dem Hintergrund des göttlichen Eheideals betrachtet. Die Ehe wurde von Gott gestiftet und von Jesus Christus bestätigt. Sie sollte monogam und heterosexuell sein, eine lebenslange Verbindung der liebenden Gemeinschaft zwischen einem Mann und einer Frau. Als Krönung seiner Schöpfertätigkeit schuf Gott den Menschen als Mann und Frau nach seinem eigenen Bild. Und er stiftete die Ehe, den Bund einer körperlichen, emotionalen und geistlichen Vereinigung zweier Geschlechter, in der Heiligen Schrift „ein Fleisch" genannt.

12 Überarbeitete Übersetzung in *Gemeindeordnung – Gemeindehandbuch, Ausgabe 2006*, Euro-Afrika-Division der Gemeinschaft der Siebenten-Tags-Adventisten (Hg.), Advent-Verlag, Lüneburg 2006, S. 46. Bis 2005 war dies Glaubensüberzeugung Nr. 22; eine frühere Textversion erschien in der Ausgabe von 1998, S. 39.

13 Diese Erklärung wurde vom Verwaltungsausschuss der Generalkonferenz der Kirche der Siebenten-Tags-Adventisten am 23. April 1996 beschlossen. Die deutsche Übersetzung findet sich in: Generalkonferenz der Gemeinschaft der STA, *Erklärungen, Richtlinien und andere Dokumente,* Advent-Verlag, 1998, S. 84f.

Durch die Verschiedenheit der zwei menschlichen Geschlechter symbolisiert die Ehe auf einzigartige Weise die Einheit der Gottheit in Vielfalt. In der ganzen Heiligen Schrift wird die heterosexuelle Verbindung in der Ehe als Symbol für die Verbindung zwischen Gottheit und Menschheit gesehen. Sie ist das menschliche Zeugnis der selbstlosen Liebe Gottes und des Bundes mit seinem Volk. Die harmonische Vereinigung von Mann und Frau in der Ehe stellt einen Mikrokosmos der sozialen Einheit dar, der immer als Herzstück einer stabilen Gesellschaft galt. Darüber hinaus verstand der Schöpfer die Sexualität in der Ehe nicht nur als Zeichen der Einheit, sondern auch als Mittel zur Vermehrung der menschlichen Familie. In der göttlichen Absicht ereignet sich so eine Fortsetzung der Schöpfung aus dem gleichen Vorgang, an dem Ehemann und Ehefrau Freude, Vergnügen und körperliche Ganzheit finden. Einem Mann und einer Frau, deren Liebe sie einander in enger körperlicher Verbindung erkennen lässt, wird ein Kind anvertraut. Ihr Kind ist die Verkörperung ihres Einsseins. Das heranwachsende Kind gedeiht in der Atmosphäre der ehelichen Liebe und Einheit, die es hervorgebracht hat, und kann mit beiden natürlichen Eltern eine Beziehung pflegen.

Die monogame Einheit eines Mannes und einer Frau in der Ehe wird als göttlich eingesetzte Gründung der Familie und des sozialen Lebens bestätigt und als der einzige moralisch angemessene Ort für eine geschlechtliche oder intime sexuelle Beziehung. Dennoch ist die Ehe nicht der einzige Plan Gottes für das Bedürfnis nach menschlichen Beziehungen oder der Erfahrung der Familie. Auch das Leben als Single und die Freundschaften unter allein lebenden Menschen gehören zum göttlichen Plan. Die Gemeinschaft mit und die Unterstützung durch Freunde hat im Alten und im Neuen Testament eine große Bedeutung. Die Gemeinschaft in der Gemeinde, der Familie Gottes, steht für alle offen, unabhängig davon, ob sie verheiratet sind oder nicht. Doch die Heilige Schrift macht einen deutlichen sozialen und sexuellen Unterschied zwischen solchen freundschaftlichen Beziehungen und der Ehe.

Die Gemeinschaft der Siebenten-Tags-Adventisten steht ohne Vorbehalt zum biblischen Eheverständnis und glaubt, dass eine Lockerung dieses hohen Anspruchs eine Herabsetzung des himmlischen Ideals bedeuten würde. Weil die Ehe durch die Sünde verdorben wurde, muss die von Gott beabsichtigte Reinheit und Schönheit der Ehe wiederhergestellt werden. Wenn wir die Erlösungstat Christi und das Wirken seines Geistes an menschlichen Herzen annehmen, kann das ursprüngliche Ziel der Ehe wiederhergestellt und die schöne und heilsame Erfahrung der Ehe zwischen einem Mann und einer Frau, die ihr Leben im Ehebund vereinigen, Wirklichkeit werden.

Teil A

Biblische Studien

Kapitel 1

Das biblische Eheverständnis

Frank M. Hasel

Die Ehe ist eine göttliche Einrichtung von höchster Bedeutsamkeit und wurde von Gott selbst eingesetzt. Sie begegnet uns in der Bibel schon am Beginn der Menschheitsgeschichte. Damit ist sie ein wesentlicher Aspekt des menschlichen Lebens,[1] der Kitt, der die Gesellschaft zusammenhält, „die grundlegendste und bedeutsamste soziale Beziehung der Menschen"[2] überhaupt. Die große Bedeutung, die die Heilige Schrift der Ehe und Familie beimisst ist auch daran zu erkennen, dass sieben der zehn Gebote einen Hinweis auf ihre Funktionen haben.[3]

Obwohl es in der Heiligen Schrift keine systematische Darstellung und Definition der Ehe gibt, werden in wichtigen Abschnitten der Bibel grundlegende Aussagen über die Ehe gemacht. Von diesen Abschnitten und den Vorbildern bekannter

---

1 Die Ehe ist ein anthropologisch signifikantes Phänomen. „Alle menschliche Gemeinschaft hat ihren Kern und ihre Mitte in der Gemeinschaft von Mann und Frau" (Claus Westermann, *Genesis 1–11*, Biblischer Kommentar Altes Testament 1/1, 2. Aufl., Neukirchener, Neukirchen-Vluyn 1976, S. 309). Es scheint keine Gesellschaft ohne Ehe zu geben, denn irgendeine Form der Ehe ist in allen menschlichen Gesellschaften, sowohl den antiken als auch den modernen, vorhanden. Obwohl wir in unterschiedlichen Gesellschaften und Kulturen verschiedene Formen der Ehe vorfinden (Monogamie, Polygamie, Polygynie usw.), stellen wir fest, dass irgendeine Form der Ordnung das gemeinsame Leben und Miteinander von Mann und Frau regelt. Auch wenn es eine entstellte Ordnung sein mag, ordnet sie dennoch die Beziehung zwischen Ehemann und Ehefrau. Es ist zu Recht festgestellt worden, dass die Ehe „ein zentrales Merkmal aller menschlichen Gesellschaften ist" (J. C. Wynn, „Marriage", in Rodney J. Hunter [Hg.], *Dictionary of Pastoral Care and Counselling,* Nashville, Abingdon Press 1990, S. 676).

2 Ralph H. Alexander, „Marriage", in Walter A. Elwell (Hg.), *Evangelical Dictionary of Biblical Theology,* Baker Book House, Grand Rapids 1996, S. 510. Alexander ist davon überzeugt, dass „die Gesellschaft ohne die Ehe versagen würde" (ebenda). Oft werden die sozialen Funktionen der Ehe aber von moralischen Aspekten überschattet. Es ist jedoch interessant, dass „die Beziehung eines Kindes zur Gruppe / Gesellschaft" durch die Ehe bestimmt wird, und dass „die Einrichtung der Ehe als zentrales Merkmal aller Formen der menschlichen Gesellschaft betrachtet werden kann, die uns bekannt sind" (W. H. R. Rivers, „Marriage (Introductory and Primitive)", in James Hastings (Hg.), *Encyclopedia of Religion and Ethics,* Bd. 8, T. & T. Clark, Edinburgh 1916, S. 423. „Die Ehe reguliert die Beziehung zwischen den Geschlechtern in allen bekannten Formen der Gesellschaft und regelt den Status und die Erziehung von Kindern in der Gruppe. Ihr Einfluss weitet sich auch auf die weitere Gruppe derer aus, die durch die Ehe miteinander verbunden sind" (Herbert Waddams, „Marriage", in John Macquarrie [Hg.], *Dictionary of Christian Ethics,* Westminster Press, Philadelphia 1967, S. 206). In diesem Sinn ist die Ehe „eine säkulare Realität, die Teil von Gottes Schöpfung ist" genannt worden (Helen Oppenheimer, „Marriage", in Paul Barry Clarke und Andrew Linzey [Hg.], *Dictionary of Ethics, Theology and Society,* Routledge, London 1996, S. 548).

3 „Sie sind: das zweite Gebot, welches die Handlungen der Eltern für das Wohlergehen ihrer Nachkommen regelt; das vierte Gebot, das die Familie auf das Halten des Sabbats hinweist; das fünfte Gebot, das den Respekt der Kinder den Eltern gegenüber fordert; und das zehnte Gebot, das verbietet irgendetwas zu begehren, was zu einem anderen Haushalt gehört. Obwohl Familienmitglieder nicht ausdrücklich erwähnt werden, geben drei der verbleibenden sechs Gebote Wegweisung im Hinblick auf Familienbeziehungen. Das siebte Gebot verbietet Ehebruch, das achte Gebot verbietet das Stehlen, und das neunte Gebot verbietet das falsche Zeugnisreden über den Nächsten." (Calvin B. Rock, „Marriage and Family", in Raoul Dederen [Hg.], *Handbook of Seventh-day Adventist Theology,* Review and Herald, Hagerstown 2000, S. 724)

Ehepaare in der Bibel entfaltet sich ein umfassendes Bild über das, was Gott uns in seinem Wort über die Ehe und ihre Bedeutung offenbart hat. Wir beginnen unsere Untersuchung über das biblische Eheverständnis, indem wir zunächst wichtige Abschnitte im Alten Testament studieren; anschließend werden relevante Abschnitte des Neuen Testaments betrachtet.

Die Grundlage der Ehe im Alten Testament

Im Alten Testament beginnt jede Betrachtung darüber, was Ehe ist und beinhaltet, mit der Schöpfung. Hier begegnen wir dem biblischen Eheverständnis zum ersten Mal.[4] Dieser erste Bericht ist das Urmuster, dass für alle späteren biblischen Aussagen über die Ehe die Grundlage bildet. Die Tatsache, dass 1. Mose 2,24 nicht weniger als dreimal im Neuen Testament erwähnt wird (Mt 19,5; Mk 10,7; Eph 5,32), macht deutlich, dass der Schöpfungsbericht, wie er von Jesus und Paulus verstanden wurde, für das biblische Eheverständnis grundlegend ist.

1. Der Schöpfungsbericht

Die Ehe existiert, weil Gott sie im Garten Eden gestiftet und geprägt hat.[5] Schon bei der Schöpfung war die Ehe Gottes Gedanke für die Menschheit. Darüber hinaus offenbart die Art und Weise, wie Gott Adam und Eva erschaffen hat, seine Absicht, dass es in der Ehe Mann und Frau geben soll. Gott selbst beschloss, dass es nicht gut ist, dass der Mensch alleine sei, und schenkt ihm deshalb eine Hilfe, die zu ihm passt (1 Mo 2,18).

Die Bibel beschreibt die Ehe als eine grundlegende Struktur für die Gemeinschaft der Menschen. In der Ehe, wie auch in der Familie, die aus der Ehe erwächst (vgl. 1 Mo 1,27–28: „seid fruchtbar und mehret euch"), finden wir das Grundmuster der sozialen Gemeinschaft, das vor allen anderen sozialen Strukturen der Gesellschaft besteht. Im Gegensatz zur Erschaffung der Tiere beginnt die Schöpfung des Menschen mit einem göttlichen Gespräch: „Und Gott sprach: Lasset *uns* Menschen machen, ein Bild, das uns gleich sei" (1 Mo 1,26 – Hervorhebung hinzugefügt).

---

4 Entgegen Westermann, *Genesis 1–11,* S. 318, der behauptet, dass 1. Mose 2,24 „nicht von der Ehe als Institution zur Erzeugung von Nachkommenschaft spricht, sondern von der Gemeinschaft von Mann und Frau als solcher". Doch selbst Westermann muss zugeben, dass die Sprache in 1. Mose 2,24 auf eine „feste Lebensgemeinschaft" (ebenda) hindeutet. Jesus selbst hat wiederholt auf diesen Abschnitt Bezug genommen, um die göttliche Institution der Ehe zu bezeugen (vgl. Mt 19,4.5). Nach Richard J. Clifford und Roland E. Murphy, *The New Jerome Biblical Commentary,* Prentice Hall, Englewood Cliffs 1990, S. 12, „machte Gott die Ehe zu einem Teil der Schöpfung". J. P. Lange bezeichnet Gott als den ersten „Brautführer", der die Braut zum Bräutigam führt *(Die Genesis oder das Erste Buch Mose,* Velhagen und Klasing, Bielefeld 1864, S. 70).

5 „Die Ehe selbst ist ... eine heilige Gottesordnung" (Carl Friedrich Keil, *Biblischer Commentar über die Bücher Mose's,* Biblischer Commentar über das Alte Testament 1, Dörfling und Franke, Leipzig 1878, S. 64). Zur biblischen Begründung der Tatsache, dass die Ehe von Gott im Garten Eden eingesetzt wurde, und zur Rolle der Sexualität in der Ehe siehe die ausgezeichnete und umfassende Darstellung von Richard M. Davidson, *Flame of Yahweh: Sexuality in the Old Testament,* Hendrickson, Peabody 2007, besonders S. 15–80.

Diese göttliche Kommunikation wird bei der Erschaffung des Menschen, der im Bilde Gottes erschaffen ist, auf die Beziehung zwischen Menschen ausgeweitet.[6] Der Beziehungsaspekt des Menschseins wird auch durch einen Parallelismus im zweiten Teil von 1. Mose 1,27 zum Ausdruck gebracht:

> nach dem Bilde Gottes (A) schuf er *ihn,* (B)
> als Mann und Frau (A) schuf er *sie.* (B)

Dies macht deutlich wer der Mensch ist: der Mensch wird als „männlich" und „weiblich" verstanden. Interessanterweise hat Mose die gewöhnlichen hebräischen Worte für Mann und Frau *('îš* und *'iššâ)* hier nicht verwendet. Vielmehr sagt der Text wörtlich, dass sie „männlich" *(zākār)* und „weiblich" *(nĕqērâ)* waren. Dazu kommt, wie der Wechsel vom Singular („nach dem Bilde Gottes erschuf er *ihn")* zum Plural („als Mann und Frau schuf er *sie")* deutlich macht, dass Gott kein androgynes[7] Wesen erschaffen hat, sondern dass der Mensch *(hā'ādām)* von Anfang in ein männliches und weibliches Wesen differenziert ist. Obwohl jeder einzelne, Mann und Frau, im Bilde Gottes erschaffen ist, können wir auch sagen, dass Mann und Frau gemeinsam das Bild Gottes darstellen.[8] Der Übergang vom Singular zum Plural in 1. Mose 1,27 hebt daher die *Unterscheidung* der Geschlechter hervor, während gleichzeitig die *Einheit* der beiden trotz aller Unterschiedlichkeit betont wird.[9] Dieser Gedanke wird später bei der ersten Hochzeitszeremonie im Garten Eden in 1. Mose 2,24 wieder aufgenommen, wenn wir lesen: „Darum wird ein Mann seinen Vater und seine Mutter verlassen und seiner Frau anhängen, und sie werden zu einem Fleisch werden" (EB, Hervorhebung hinzugefügt). Mit anderen Worten: 1. Mose 2 lehrt uns, dass Gott die Ehe erschaffen hat, als er die erste Frau (Eva) aus dem Fleisch des ersten Mannes (Adam) gemacht hat, „so dass der Ehebund Mann und Frau wieder zu einem Fleisch vereinigt".[10]

---

6 Gott begründet eine Beziehung mit dem Mann, der wiederum in einer Beziehung mit seiner Frau steht. Diese Beziehungsebene scheint grundlegend für die Ehe zu sein. Der Mensch wird als Paar erschaffen. Daher scheint die Ehe eine ähnliche „Einheit-in-Verschiedenheit" wie in der Gottheit zu reflektieren (Alexander, „Marriage", S. 510). Vgl. auch Heinzpeter Hempelmann, *Ehe, Ehescheidung und Wiederverheiratung: Eine biblisch-exegetische und praktisch-seelsorgerliche Orientierung,* Verlag der Liebenzeller Mission, Liebenzell 2003, S. 36, der betont, dass die Ehe in dem dreieinigen Gott gegründet ist.

7 Androgynität drückt den Gedanken aus, dass im selben Wesen gleichzeitig männliche und weibliche Merkmale vorhanden sind.

8 Dieses Geheimnis kann durch bloße Logik nicht völlig gelöst werden. Vielleicht kann man es sich am besten wie zwei Seiten einer Münze vorstellen. Einerseits tragen beide das Bild Gottes in sich. Anderseits erfüllen Mann und Frau gemeinsam das Bild Gottes für die Menschheit. Allerdings umfasst das Bild Gottes mehr als nur den Aspekt des Männlichen und Weiblichen (vgl. Aecio E. Cairus, „The Doctrine of Man", in Dederen, *Handbook of Seventh-day Adventist Theology,* S. 206–208).

9 Der Parallelismus zwischen dem „Mensch" und „Mann und Frau" deutet darauf hin, dass die Unterscheidung der Geschlechter nicht hierarchisch ist. Auf der ontologischen Ebene haben beide den gleichen Wert vor Gott. Siehe dazu auch Davidson, *Flame of Yahweh,* S. 22–35.

10 R. C. Ortlund, „Marriage", in T. Desmond Alexander u. a. (Hg.), *New Dictionary of Biblical Theology,* InterVarsity, Downers Grove 2000, S. 655.

2. Implikationen für die Ehe

Bevor wir uns der Beschreibung der ersten Ehe im Garten Eden näher zuwenden, möchten wir einige wichtige Implikationen des bisher Gesagten zusammenfassen. Im Bilde Gottes geschaffen zu sein beinhaltet den Gedanken, dass Gott den Menschen männlich und weiblich erschaffen hat. Damit macht die Bibel deutlich, dass unsere Sexualität ein wesentlicher Teil unserer menschlichen Existenz und als solche auch ein Ausdruck unseres Wesens ist.[11] Interessanterweise kennt die Bibel keinen abstrakten Begriff für Sexualität. Sexualität kann nicht von der menschlichen Existenz losgelöst werden, sondern ist ein integraler Teil der Persönlichkeit und einer persönlichen Beziehung.[12] Als sexuelles Wesen ist der Mann auf ein anderes Wesen hin orientiert, nämlich die Frau, also ein Wesen, das anders ist als er selbst; genauso gilt dies umgekehrt.

Die ersten Menschen wurden von Gott so erschaffen, dass sie die Hilfe des Partners benötigen[13] und so aufeinander angelegt sind, dass sie sich gegenseitig ergänzen. Das ist Teil unserer menschlichen Existenz und macht deutlich, dass Gottes Plan für die Ehe heterosexuell ist. Adam war auf eine Helferin angewiesen, die ihn ergänzt, um in der Lage zu sein, den Auftrag Gottes zu erfüllen, fruchtbar zu sein und sich zu vermehren – um die Erde zu kultivieren und über sie zu herrschen.[14] Ferner sind beide, Mann und Frau, gemeinsam auf Gott, ihren Schöpfer, ausgerichtet, in dem sie beide ihre Erfüllung finden.

Als Gott Adam erschuf, war dies sehr gut (1 Mo 1,31).[15] Der einzige Aspekt, der nicht als gut bezeichnet wird, ist die Tatsache, dass der Mensch allein ist. Gott hätte das Problem der Einsamkeit Adams dadurch lösen können, dass er einen weiteren Mann erschaffen hätte oder mehrere Männer. Statt dessen erschuf Gott eine Frau. Gott hat auch nicht mehrere Frauen erschaffen, sondern *eine* Frau, eine Helferin, die ihm entspricht (1 Mo 2,18). Das ist der Grund, warum die Bibel im Alten und Neuen Testament homosexuelle Partnerschaften so entschieden ablehnt und warum auch

---

11 R. K. Bower und G. L. Knapp, „Marriage, marry", in Geoffrey W. Bromiley (Hg.), *The International Standard Bible Encyclopedia,* Bd. 3, Eerdmans, Grand Rapids 1986, S. 265.

12 Daher sollte Sexualität nie zu einer unpersönlichen Sache verkommen, die verkauft oder gekauft werden kann, mit der man handelt oder die beliebig ausgetauscht wird. Wo dies geschieht, wird die Person, der jeweilige Mensch verachtet und missbraucht, denn Sexualität ist ein untrennbarer Teil unserer menschlichen Natur. Im Geschlechtsverkehr geht es deshalb nicht nur darum, dem anderen etwas zu geben oder etwas zu empfangen, sondern sich selbst dem anderen ungeteilt hinzugeben, mit allem was man ist (vgl. Helmuth Egelkraut, „‚Gott schuf sie als Mann und Frau': Biblische Grundlinien zur Frage der Geschlechtlichkeit und der Ehe", in Käte Brandt und Helmuth Egelkraut [Hg.], *„... denn die Liebe ist stark wie der Tod": Biblische Perspektiven zu Partnerschaft und Ehe,* Studentenmission in Deutschland, Marburg 1986, S. 35.

13 Westermann, *Genesis 1–11,* S. 318.

14 Vgl. Keil, *Biblischer Commentar über die Bücher Mose's,* S. 64.

15 Das Hebräische Wort für „gut" *(ṭôb)* beinhaltet ein weites Bedeutungsspektrum. Unter anderem wird dadurch ausgedrückt, dass etwas gut, angenehm und schön ist, aber auch der moralische Aspekt des Gutseins schwingt mit (vgl. Andrew Bowling, *„ṭôb* – (be) good, beneficial, pleasant, favourable, happy, right", in R. Laird Harris u. a. [Hg.], *Theological Wordbook of the Old Testament,* Bd. 1, Moody Press, Chicago 1980, S. 345–346).

Polygamie nicht dem Willen Gottes entspricht. Homosexuelle und polygame Praktiken reflektieren nicht das göttliche Muster der Ehe, wie es von Gott selbst im Garten Eden eingesetzt wurde. In diesem Sinne können homosexuelle und polygame Praktiken als eine Art Götzendienst verstanden werden, weil sie ein falsches Abbild des göttlichen Originals sind. In homosexuellen Beziehungen vereinigen die Partner nicht ihre männliche und weibliche Unterschiedlichkeit, um sich zu ergänzen, sondern praktizieren gleichgeschlechtliche Beziehungen. Dazu kommt, dass in homosexuellen Beziehungen kein Potential vorhanden ist, Gottes Auftrag zu erfüllen und seinen Segen darin zu erlangen, fruchtbar zu sein und sich zu vermehren (1 Mo 1,28). Nur Mann und Frau haben dieses und damit auch Gottes Willen zu erfüllen. Die sexuelle Beziehung in homosexuellen Partnerschaften spiegelt auch deshalb eine inadäquate und abweichende Sicht der Beziehung zwischen Mann und Frau wieder, weil nur ein Geschlecht für ausreichend betrachtet wird. Dies entspricht nicht Gottes Schöpfungsordung.

3. Die erste Hochzeit in Eden

In 1. Mose 2 liegt das Augenmerk des Berichts auf dem Menschen, der Beziehungen pflegt. Zum einen geht es um die Beziehung zu Gott und seiner geschaffenen Welt, zum andern um die Beziehung zwischen den Menschen und hier besonders zwischen Mann und Frau. Deshalb finden wir in 1. Mose 2 auch zum ersten Mal die typischen Hebräischen Worte für Mann und Frau: *'îš* und *'iššâ* (1 Mo 2,23). Nachdem Eva von Gott erschaffen wurde, ist es Gott selbst, der sie zu Adam bringt („und Gott, der HERR, baute die Rippe, die er von dem Menschen genommen hatte, zu einer Frau, und er brachte sie zum Menschen" – 1 Mo 2,22 EB); damit „erklärte er die erste Ehe der Geschichte als gültig".[16] Es ist darauf hingewiesen worden, dass die Erschaffung des ersten Menschenpaares ganz natürlich auf ihre Beziehung in der Ehe hinweist, denn der Auftrag an sie lautet: „seid fruchtbar und mehret euch" (1 Mo 1,28).[17] Das führt uns zu 2,24, wo wir die erste Aussage über die Ehe in der Bibel vorfinden. Diese Aussage bildet die Grundlage für alle späteren biblischen Aussagen über die Ehe. Daher ist ein richtiges Verständnis von Vers 24 unverzichtbar.[18]

In Vers 24 finden wir drei wichtige Aspekte, die für die biblische Sicht der Ehe grundlegend sind: „verlassen", „anhangen" und „ein Fleisch werden".[19] Wir betrachten nun jeden dieser Aspekte etwas näher.

---

16 „Marriage", in Leland Ryken, James C. Wilhoit und Tremper Longman (Hg.), *Dictionary of Biblical Imagery,* Bd. 3, InterVarsity, Downers Grove 1998, S. 538.

17 Kenneth A. Matthews, *Genesis 1–11:26,* Broadman & Holman, Nashville 1996, S. 222.

18 Gerhard von Rad, *Das erste Buch Mose, Genesis,* Das Alte Testament Deutsch, Evangelische Verlagsanstalt, Berlin 1967, S. 68.

19 „Als ein Vorbild für die Ehe beinhaltet dieser Abschnitt drei Faktoren: ein Verlassen, ein Verbinden und eine öffentliche Deklaration" Matthews, „Genesis 1–11:26", S. 222.

a. Verlassen

„Darum wird ein Mann seinen Vater und seine Mutter verlassen *('zb)*" (1 Mo 2,24 EB). Vater und Mutter sind die beiden engsten Verwandten für das Kind. Sie sind dafür verantwortlich, dass das Leben des Kindes hervorgebracht wurde. Indem konstatiert wird, dass Vater und Mutter verlassen werden, möchte der biblische Text den Gedanken zum Ausdruck bringen, dass die Ehe zwischen einem Mann und seiner Frau Vorrang vor allen anderen Familienbeziehungen hat. Vater und Mutter zu verlassen eröffnet den Weg zu einer *exklusiven* neuen Beziehung zwischen einem Mann und einer Frau, die der Grundstein für ein neues Heim und auch für neues Leben wird. Die Tatsache, dass Gott Adam gebietet Vater und Mutter zu verlassen, obwohl er noch keine Eltern hatte, deutet den universalen Charakter der Ehe für die gesamte Menschheit an. Interessanterweise sagt der biblische Bericht, dass der Mann seinen Vater und seine Mutter verlassen soll, nicht die Frau. Die Ehe im vorderen Orient war gewöhnlich patrilokal, d. h. der Mann lebte auch weiter im Haus der Eltern oder in ihrer Nähe.[20] Dass erwähnt wird, dass der Mann seine Eltern verlässt, deutet das Gewicht der neuen Orientierung und Verpflichtung an, die ihren Ort nun in der Ehe hat.

Die Betonung liegt auch darauf, dass ein *Mann* seine Eltern verlässt. Adam war ein erwachsener Mensch, kein unreifes junges Kind. Die Aussage, dass ein Mann seine Eltern verlässt, scheint anzudeuten, dass die Ehepartner eine ausreichende Reife und Unabhängigkeit von ihren Eltern besitzen, die bislang für sie gesorgt haben.[21] Mit anderen Worten: eine Ehe sollte zwischen erwachsenen Menschen geschlossen werden, nicht zwischen unreifen Kindern.[22] Vater und Mutter zu verlassen deutet eine ausreichende Unabhängigkeit und Reife an, sowohl in geistiger als auch in geistlicher, finanzieller und emotionaler Hinsicht.

Der Gedanke des Verlassens taucht aber auch im Zusammenhang des Bundes auf.[23] Israel wird aufgefordert, den Bund mit Gott nicht zu verlassen (vgl. 5 Mo 28,20; 29,24) genauso verspricht Gott, Israel nicht zu verlassen (5 Mo 31,8; Jos

20 Gordon J. Wenham, *Genesis 1–15,* Word Biblical Commentary 1, Word, Waco 1987, S. 70.

21 Laut Andrew Cornes beinhaltet das Verlassen, dass der Mann sich von seinen Eltern auch emotional und psychologisch unabhängig macht. Bis dahin galt seine erste Loyalität seinen Eltern; jetzt gehört sie seiner Frau (vgl. Cornes, *Divorce and Remarriage: Biblical Principles and Pastoral Practice,* Eerdmans, Grand Rapids 1993, S. 57).

22 Die Bibel liefert nicht viele Informationen über das Heiratsalter. Laut Leo Trepp heirateten die Juden jung. Der Talmud schlägt das Alter von 18 Jahren vor (vgl. Trepp, *A History of the Jewish Experience,* Behrman, New York 1973, S. 223). Trepp erwähnt aus dem Talmud das Kapitel über die Väter *(Abot)* 5,24. Aus dem Buch der Könige, in dem gewöhnlich das Alter eines jeden Königs bei seinem Regierungsbeginn erwähnt wird und dann auch die Länge seiner Regierungszeit und das Alter seines (ältesten) Sohnes genannt wird, der ihn auf dem Thron ablöste, können wir schlussfolgern, dass Jojakim mit 16 Jahren heiratete, Amon und Josia mit 14 Jahren. Roland de Vaux schreibt, dass in späterer Zeit die Rabbiner das Mindestheiratsalter für Mädchen auf 12 Jahre und für Jungen auf 13 Jahre festgelegt haben (Roland de Vaux, *Das Alte Testament und seine Lebensordnungen,* Bd. 1, Herder, Freiburg 1960, S. 60).

23 Victor P. Hamilton, *The Book of Genesis: Chapters 1–17,* Eerdmans, Grand Rapids 1990, S. 181.

1,5). Damit wird für die Ehe Bundessprache benutzt. Dadurch wird angedeutet, dass sich in „der Ehe die Prioritäten des Mannes ändern. Zuvor galten seine ersten Verpflichtungen seinen Eltern. Nach der Ehe gelten sie seiner Frau, die nun sein gleichwertiger Partner ist. In westlichen Gesellschaften, wo die kindlichen Pflichten oft ignoriert werden, mag dies als ein unwichtiger Punkt betrachtet werden. Aber in traditionellen Gesellschaften wie Israel, wo das Ehren der Eltern die wichtigste Verpflichtung nach der Ehre Gott gegenüber ist, ist eine solche Aussage sehr auffallend", denn sie macht ganz deutlich, dass die Frau nun die erste Priorität vor den Eltern hat.[24]

Der Prozess des Verlassens beinhaltet auch einen *öffentlichen* Aspekt, der mit dem Bundesgedanken der Ehe einhergeht. Der heilige Bund, den ein Mann und eine Frau bei der Eheschließung in der Gegenwart von Zeugen (vor Gott und vor Vertretern ihrer Familien) eingeht, macht deutlich, dass die „Ehe sowohl persönlichen als auch Gemeinschaftscharakter hat".[25] Mit anderen Worten gibt es öffentliche Zeugen, die den Beginn der Ehe bezeugen. Die Ehe ist nicht nur ein privates, persönliches Versprechen, das man der anderen Person gegenüber macht. Eheschließung beinhaltet die Gegenwart von Zeugen und auch eine gewisse Zeremonie.[26]

b. Anhangen

„... und seiner Frau anhängen" (1 Mo 2,24 EB): Das Hebräische Wort *dābaq* (sich anschließen, anhaften, folgen) impliziert eine leidenschaftliche Beziehung, eine starke, tief empfundene Anziehung.[27] Dasselbe Wort wird in 1. Mose 34,3 gebraucht, wo es heißt, dass Sichems Herz an Dina hing *(dābaq)* und er das Mädchen lieb hatte und freundlich mit ihr redete. Das hebräische Wort *dābaq* drückt aber auch den Gedanken der Dauerhaftigkeit aus. Dasselbe Wort kommt z. B. in Jesaja 41,7 vor, wo zwei Metallteile vom Goldschmied so zusammengefügt wurden, dass sie nicht

---

24 Wenham, *Genesis*, S. 71. Als Kommentar zu Vers 24 schreibt Andrew Cornes, dass uns westlich orientierte Menschen, „die wir die Meinung unserer Eltern nur beiläufig beachten, und (in den meisten Fällen) noch nicht einmal daran denken ihnen zu gehorchen, wenn ihre Wünsche mit unseren nicht übereinstimmen, der Respekt, der Eltern in östlichen Ländern gezollt wird, als ungeheuer restriktiv vorkommt. Für uns, die wir häufig schon lange aus dem Elternhaus ausgezogen sind bevor wir heiraten, erscheint der Aspekt, die Eltern zu verlassen, als unwichtig. Aber für einen Israeliten war dieser Gedanke revolutionär und zeigt die tiefgreifende Auswirkung, die die Ehe auf alle unsere Beziehungen hat" (Cornes, *Divorce and Remarriage: Biblical Principles and Pastoral Practice*, S. 57).

25 O. J. Baab, „Marriage", in George Arthur Buttrick (Hg.), *The Interpreter's Dictionary of the Bible*, Bd. 3, Abingdon, Nashville 1962, S. 284.

26 „Es ist bemerkenswert, dass religionsgeschichtlich betrachtet die Ehe in allen Kulturen religiös begründet und folglich auch kultisch geschlossen wurde und wird. Deshalb ist sie auch nicht ein privates Geschehen zwischen Menschen, das durch ihre Liebe begründet wird. Eben weil sie in allen Kulturen religiös begründet wird, hat sie eine allgemeinere, ja kosmische Bedeutung." (C. H. Ratschow, „Ehe/Eherecht/Ehescheidung, I. Religionsgeschichtlich", in Gerhard Müller [Hg.], *Theologische Realenzyclopädie*, Bd. 9, de Gruyter, Berlin 1982, S. 309f.

27 Cornes, *Divorce and Remarriage*, S. 58.

wackeln.[28] Wenn man versuchte die beiden wieder voneinander zu trennen, würden beide sehr beschädigt. In diesem Zusammenhang wurde darauf hingewiesen, dass die vormals dominanten Bande zu seinen Eltern „gelockert wurden, um ein nur noch festeres, grundlegenderes Band zu schnüren: das zwischen Mann und Frau."[29]

Das „Anhangen", welches in diesem Ehebund stattfindet, geschieht zwischen *einem* Mann und *einer* Frau. Mit anderen Worten: „Monogamie ist eindeutig beabsichtigt."[30] Laut *Seventh-day Adventist Bible Commentary* halten diese Worte „die Monogamie als von Gott verordnete Form der Ehe vor der Welt aufrecht."[31] Die Bedeutung dieses Abschnitts wird auch darin sichtbar, dass die Ehe ein Versprechen an *eine* Ehegattin beinhaltet (seine Frau, nicht seine Frauen).[32] Das Anhangen an seiner Frau beinhaltet dabei den Gedanken der Loyalität[33] und Beständigkeit (vgl. den Gebrauch des gleichen Wortes in 4 Mo 36,7).[34] Mit anderen Worten: es handelt sich hier um eine Beziehung, die nicht gebrochen werden soll. Der Bund soll dauerhaft sein. Genauso wie der Gläubige aufgerufen ist, dem einen wahren Gott „anzuhangen"(vgl. 5 Mo 4,4), so ist der Mann aufgerufen, seiner einzigen Frau anzuhangen. Die wörtliche Bedeutung von Vers 24 („und *seiner* Frau anhängen" – Betonung hinzugefügt) beinhaltet den Gedanken der beständigen Treue eines Mannes seiner Frau gegenüber und schließt außerehelichen Geschlechtsverkehr aus.[35] Es drückt den unterschwelligen Sinn des verbindlichen „Zusammengehörens" aus.[36] Adam hängt auch nicht einfach *irgendeiner* Frau an, sondern *seiner* Frau. Damit entspricht auch Polygamie nicht dem ursprünglichen Willen Gottes für die Ehe.

---

28 Vgl. 4 Mo 36,7 und 5 Mo 10,20; 11,22; 13,4 etc., wo Israel aufgerufen wird treu dem Herrn anzuhangen.

29 Cornes, *Divorce and Remarriage*, S. 58.

30 Matthews, *Genesis 1–11:26*, S. 222. So auch Keil, *Biblischer Commentar über die Bücher Mose's*, S. 64, der „die Monogamie als die gottgeordnete Form der Lebensgemeinschaft von Mann und Frau" erkennt. Es ist darauf hingewiesen worden, dass die Monogamie im Laufe der Geschichte und auch in den gegenwärtigen Gesellschaften und Kulturen als die gewöhnlichste Form der Ehe erscheint. Neben dieser lange etablierten Form, wo eine Frau einen Mann heiratet, gibt es zwar endlose Variationen und Deformationen, aber die Monogamie bleibt das Modell, anhand dessen alle anderen Formen beurteilt werden (Wynn, „Marriage", S. 676).

31 Francis D. Nichol (Hg.), *The Seventh-day Adventist Bible Commentary*, Bd. 1. Review and Herald, Washington 1978, S. 227. Vgl. Ellen G. White, *Patriarchs and Prophets*, Pacific Press, Boise 1958, S. 46.

32 Vgl. Matthews, *Genesis 1–11:26*, S. 223; vgl. auch Victor P. Hamilton, „Marriage (OT and ANE)", in David Noel Freedman (Hg.), *The Anchor Bible Dictionary*, Bd. 4, Doubleday, New York 1992, S. 565.

33 „dābaq" heißt „sich anschließen", „an jemanden fest anhangen", „ankleben" (Wilhelm Gesenius, *Hebräisches und Aramäisches Handwörterbuch über das Alte Testament*, Springer, Berlin 1962, S. 152. Vgl. auch 1. Mose 34,3, wo die tiefe Leidenschaft und das Hingezogensein für das Mädchen Dina ausgedrückt wird.

34 Wenham, *Genesis*, S. 71.

35 Hansjörg Bräumer, *Das erste Buch Mose: Kapitel 1–11*, Wuppertaler Studienbibel, Brockhaus, Wuppertal 1997, S. 81.

36 G. Wallis, *„dābaq"*, in Gerhard Johannes Botterweck und Helmer Ringgren (Hg.), *Theologisches Wörterbuch zum Alten Testament*, Bd. 2, Kohlhammer, Stuttgart 1978, Sp. 84–89.

Es ist zu Recht darauf hingewiesen worden, dass „dieser Prozess des ‚Verlassens' und ‚Anhangens' eine öffentliche Erklärung aus Gottes Sicht beinhaltet. Die Ehe ist keine Privatangelegenheit. Sie beinhaltet eine Absichtserklärung und definiert die Verpflichtungen und Beziehungen in einem (neuen) familiären und sozialen Zusammenhang."[37] Dieser öffentliche Charakter der Ehe wird auch durch die Tatsache angedeutet, dass Gott selbst Eva zu Adam brachte. Damit ist das göttliche Element (in der Gegenwart Gottes und unter seiner Führung und Leitung) ein integraler Teil der ersten Eheschließung im Garten Eden. Dadurch wird außerdem angedeutet, dass Gott selbst die Eheordnung eines Mannes mit einer Frau für die Menschheit eingesetzt hat. Wo immer Menschen heiraten, folgen sie damit einem grundlegenden göttlichen Entwurf für die Beziehung zwischen Mann und Frau. Diese göttliche Ordnung ist als Abglanz selbst dann vorhanden, wenn ungläubige Menschen heiraten.[38] Deshalb sollte auch jede Ehe, die öffentlich-rechtlich geschlossen wurde, als gültig und unauflösbar betrachtet werden.

Auch hier wird durch den biblischen Schreiber wieder Bundessprache verwendet. Israel wird wiederholt aufgerufen, dem Herrn anzuhangen (vgl. 5 Mo 4,4; 10,20; 11,22; 13,5; 30,20). Daher ist darauf aufmerksam gemacht worden, dass „der Gebrauch der Begriffe ‚verlassen' und ‚anhangen' im Zusammenhang mit dem Bundschluss zwischen Gott und Israel darauf hindeutet, dass das Alte Testament die Ehe als eine Art Bund betrachtet hat."[39] Vater und Mutter zu verlassen und seiner Frau anzuhangen ist der Beginn einer neuen Loyalität, die alle anderen

37 Matthews, *Genesis 1–11:26*, S. 224.

38 Im Neuen Testament scheint Jesus den Gedanken zu unterstützen, dass es Gott selbst ist, der in der Ehe Mann und Frau zusammenführt. Indem er ganz allgemein über die Ehe – für alle Ehen – spricht, sagt Jesus: „Was nun Gott zusammengefügt hat, soll der Mensch nicht scheiden." (Mk 10,9; Mt 19,6) Andrew Cornes kommentiert dieses Faktum: „Es ist Gott, der Männer und Frauen zusammenfügt. Dies ist nicht nur eine Aussage, die das erste Paar, Adam und Eva, betrifft. Vielmehr macht [die Bibel] ... die bemerkenswerte Behauptung, dass immer, wenn ein Mann und eine Frau heiraten, egal welche Umstände sie auch zusammen gebracht haben, es Gott ist, der sie miteinander verbindet (wörtlich zusammenjocht)." (Cornes, *Divorce and Remarriage*, S. 66) An anderer Stelle macht Cornes darauf aufmerksam, dass es Gott ist, der in 1. Mose 2 sagt: „Es ist nicht gut, dass der Mensch allein sei." (V. 18) Es ist Gott, der die Frau aus der Rippe baut (V. 22). Und es ist Gott selbst, der wie der Vater der Braut die Frau zu Adam führt (V. 22). Cornes macht dann folgende nachdenkenswerte Aussage: „Aber können wir das von jeder Ehe behaupten, oder nur von solchen, die ‚im Himmel' geschlossen wurden? Wir wissen aus der biblischen Geschichte, dass Eva von Gott für Adam vorgesehen war. Können wir das gleiche von Fred Smith sagen, der Jane Baker heiratet, weil seine Eltern ihn dazu drängen, weil Jane herausgefunden hat, dass sie schwanger ist? Die Antwort, die das Neue Testament gibt lautet: ja. Als Jesus zur Scheidung gefragt wurde, sagte er ganz allgemein zur Ehe, von allen Ehen, dass in der Ehe Gott den Mann und die Frau miteinander verbindet (Mk 10,9; Mt 19,6). Es ist also nicht der Geistliche oder der Richter oder der Standesbeamte, der ein Paar miteinander verbindet (wenngleich sie ihre freie Einwilligung zur Ehe geben müssen). Bei der anglikanischen Hochzeitszeremonie z. B. sagt der Geistliche zwar in der Tat: ‚Hiermit erkläre ich dich als Ehemann und als Ehefrau', aber er fügt sofort hinzu: ‚Das, was Gott zusammengefügt hat, soll der Mensch nicht scheiden.' Gott hat dieses Paar verbunden, egal ob die Hochzeit in einer Kirche stattfindet oder beim Standesbeamten oder in der freien Natur. Der Geistliche oder der Zivilbeamte verkünden lediglich öffentlich, was Gott getan hat, nicht sie." (Ebenda, S. 81f.)

39 Wenham, *Genesis*, S. 71. Ähnlich auch Matthews, *Genesis 1–11:26*, S. 222.

früheren Beziehungen übersteigt, ausgenommen die Beziehung zu Gott. Daher hat Hamilton auch geschlussfolgert, dass die Heilige „Schrift deutlich macht, dass die Ehe ein Bund ist und nicht eine Ad-hoc-Verbindung ist oder ein Notbehelf."[40] Eine „Verbindlichkeit ist daher grundlegend für jede wahrhaftige Ehe, so wie sie in der Bibel beschrieben wird, und das erfordert mehr als eine freiwillige körperliche Erfahrung."[41] Von daher ist die „Ehe im allgemeinen und die Ehe von Adam und Eva im besonderen hervorragend dazu geeignet, ein plausibles Beispiel für einen Bund darzustellen."[42] Westermann weist zu Recht darauf hin, dass das Anhangen des Mannes an seine Frau bedeutet, dass er in eine dauerhafte Lebensbeziehung mit ihr eintritt, weil er sie liebt.[43] Das beinhaltet die persönliche Zuneigung und Treue, eine Anhänglichkeit, schlicht „die elementare Kraft das Zueinander Hingezogenseins von Mann und Frau".[44] Die intensive Liebe und Begeisterung für die neue Person wird durch die Worte Adams ausgedrückt, als er Eva das erste Mal sieht (1 Mo 2,23). Diese Liebe ist die Grundlage des Bundesversprechens zwischen gleichberechtigten Ehepartnern.

c. Ein Fleisch werden

„... und sie werden zu einem Fleisch werden." (1 Mo 2,24 EB). Es ist bemerkenswert, dass der biblische Text zum Ausdruck bringt, dass das „Ein-Fleisch-Werden" erst stattfindet, *nachdem* Adam und Eva einen öffentlichen Bund in der Gegenwart Gottes geschlossen haben. Die Reihenfolge der Ereignisse lautet: zuerst verlassen und anhangen, dann ein Fleisch werden. Derek Kidner kommt deshalb zu der Schlussfolgerung, dass hier die Eheschließung vor dem Geschlechtsverkehr stattfindet.[45] Im Garten Eden begründet der Geschlechtsverkehr für sich alleine noch nicht den Beginn der Ehe. In der späteren biblischen Tradition wird dieses ursprüngliche Muster aufrechterhalten (vgl. 2 Mo 22,16–17), denn auch dann führt der Geschlechtsverkehr mit einer Jungfrau nicht automatisch zur Ehe.[46] Der Geschlechtsverkehr ist biblisch mit dem Vollzug der Ehe verbunden und findet erst im Anschluss an eine öffentliche Zeremonie statt.

---

40 Hamilton, *The Book of Genesis,* S. 181.

41 Bower und Knapp, „Marriage, Marry", S. 265.

42 Gordon P. Hugenberger, *Marriage as a Covenant: Biblical Law and Ethics as Developed from Malachi,* Eerdmans, Grand Rapids 1998, S. 181.

43 Westermann, *Genesis 1–11*, S. 318.

44 Ebenda S. 318.

45 Derek Kidner, *Genesis: An Introduction and Commentary,* Tyndale Old Testament Commentaries, InterVarsity, Downers Grove 1967, S. 66, Fußnote 1.

46 Wenn der öffentliche Charakter des Ehebundes bereits im Garten Eden vorhanden war, bevor die Sünde ihren Einzug gehalten hatte, wieviel mehr sind wir dann nach dem Sündenfall auf diesen schützenden und stabilisierenden Rahmen für das Ausleben unserer Sexualität angewiesen, wenn wir als Menschen durch die Sünde bedingt eher geneigt sind, unzuverlässig und untreu zu werden.

Ein Mann alleine macht noch nicht „ein Fleisch" aus. In gleicher Weise ist eine Frau allein auch noch nicht „ein Fleisch". Was hier herausgestellt wird, ist der Aspekt der Solidarität.[47] Ein Fleisch zu werden beinhaltet mehr als nur die sexuelle Vereinigung, die der Eheschließung folgt. Es beinhaltet mehr als die Kinder, die in einer Ehe gezeugt werden können, und ebenso mehr als die geistliche und emotionale Beziehung, die mit einer Ehe einhergeht, wenngleich all diese Aspekte mitschwingen. Ein Fleisch zu werden drückt eine Beziehung aus, gegenüber der selbst die Beziehung zwischen Eltern und ihrem Kind in den Hintergrund rückt.

Darüber hinaus ist die Ehe der Platz, wo die menschliche Sexualität ihren von Gott gegebenen Platz und Erfüllung findet. Gott will nicht, dass Sex ohne Ehe praktiziert wird, weder außerhalb der Ehe noch vor der Ehe. Sex ist Teil von Gottes guter Schöpfung und sollte deshalb innerhalb der Grenzen genossen werden, die Gott dafür gesetzt hat.[48] Außerhalb dieser Grenzen kann Sex leicht zu etwas Unpersönlichem degenerieren (Prostitution; wenn die andere Person zu einem Objekt der Begierde wird, das lediglich benutzt wird; Pornographie etc.) weil die Hingabe und das geschützte Umfeld fehlen, welches Gott dafür vorgesehen hat und das durch den Ehebund gewährleistet wird. Biblisch gesprochen ist die Ehe eine Gabe Gottes, die in der Gegenwart Gottes und mit seinem Segen geschlossen und gelebt werden soll. Damit unterscheidet sich die Ehe von einem Paarungsakt, weil sie offiziellen Charakter trägt und wichtige Funktionen beinhaltet, die weit über die sexuelle Befriedigung des Einzelnen hinaus gehen.[49]

4. Zusammenfassung

Gott erschuf den Menschen als Mann und als Frau, männlich und weiblich. Gott selbst führte Eva zu Adam und führte damit die erste Ehezeremonie im Garten Eden durch. Dort wurde in der Gegenwart Gottes ein Ehebund zwischen einem Mann und einer Frau geschlossen. Deshalb ist die Ehe keine Privatangelegenheit zweier Menschen. Sie ist vielmehr ein *öffentlicher Bund,* der auch rechtliche Aspekte beinhaltet. Dieser Ehebund wird in der Gegenwart Gottes und unter seiner Leitung und mit seinem Segen geschlossen. Es ist ein Bund zwischen zwei gleichberechtigten Bundespartnern, dem Mann und der Frau.

Der Ehebund ist ein Bund der Treue, in dem sich die wichtigsten Prioritäten im Leben von den Eltern zu *einer* neuen Person hin verschieben. Er beinhaltet ein

47 Hamilton, *The Book of Genesis,* S. 181.

48 Weil die Sexualität zu den intimsten und machtvollsten Aspekten des menschlichen Lebens zählt und den Menschen in seiner ganzen Person in Anspruch nimmt, und weil sie eine Dynamik erzeugt, die uns wie kein anderer Aspekt unserer menschlichen Natur berührt, wird Sex von Gott auch in ganz besonderer Weise geschützt. Wenn unser sexuelles Verlangen nicht innerhalb dieser sicheren Grenzen praktiziert wird, die Gott selbst bei der Schöpfung gesetzt hat, kann Sex schnell destruktive Züge annehmen.

49 C. R. Taber, „Marriage", in Keith Crim (Hg.), *The Interpreter's Dictionary of the Bible: Supplementary Volume,* Abingdon, Nashville 1976, S. 573.

Verlassen der engsten (Familien-)Bande und die Verbindung mit einer neuen Person wie mit keiner anderen. Diese einzigartige Verbindung ist eine monogame Beziehung zwischen einem *Mann* und einer *Frau,*[50] die durch Treue und gegenseitige Liebe charakterisiert ist. Mit anderen Worten, die biblische Ehe besteht nicht aus gleichgeschlechtlichen Beziehungen, sondern ist eine monogame und heterosexuelle Beziehung zwischen einem Mann und einer Frau. Indem sie ein Bund ist, hat sie Öffentlichkeitscharakter und ist auf Dauerhaftigkeit und Treue ausgerichtet, d. h. sie gilt ein Leben lang.

Die Ehe wurde nicht vom Menschen erfunden. Sie ist vielmehr eine Gabe Gottes, genauso wie der Sabbat Gottes Gabe an die Menschheit ist. Damit kann die Ehe auch als Schöpferordnung[51] bezeichnet werden, denn sie ist Teil von Gottes Schöpfungsplan.[52] In der Ehe wird somit die engste menschliche Beziehung geknüpft, die in ihrer Struktur und ihrer Bedeutung grundlegend für jede menschliche Gesellschaft ist.[53] Wir wenden uns nun einigen anderen Aspekten der Ehe im Alten Testament zu, die weiteres Licht auf das Wesen der Ehe werfen.

Die Ehe in biblischen Zeiten

Wir wollen nun einige weitere Aspekte betrachten, die für ein biblisches Verständnis der Ehe relevant sind. Dabei gehen wir der Frage nach, wann die Ehe beginnt, wie die Ehe geschlossen wird und welche charakteristischen Merkmale vorhanden waren, wenn die Ehepartner heirateten.

1. Verlobung und Heirat in biblischer Zeit

Entgegen kritischen Stimmen,[54] die bezweifeln, dass die Bibel eine definitive Norm für den Beginn der Ehe vorgibt, liefert uns der biblische Befund erstaunlich viele, eindeutige und in sich übereinstimmende Aussagen darüber, wann eine Ehe beginnt. Zu biblischer Zeit gab es eine öffentliche Prozedur, die den Beginn der Ehe markierte. Der erste Schritt war die Verlobung. Zu biblischer Zeit wurde die Verlobung gewöhnlich durch ein Brautgeld oder *mōhar,* dem „Bezahlen eines Preises"[55]

---

50 „Der Bericht über die Erschaffung des ersten Menschenpaares, Gn 2,21–24, erweist, dass die Einehe dem Willen Gottes entspricht." (Roland de Vaux, *Das Alte Testament und seine Lebensordungen,* S. 52)

51 Eigentlich ist es nicht die Schöpfung, sondern der Schöpfer, der der Ehe ihren Sinn und bleibende Struktur verleiht (vgl. Egelkraut, „Biblische Weisungen", S. 28).

52 Hamilton, *The Book of Genesis,* S. 138.

53 Der Sabbat verleiht der engsten Beziehung zwischen Mensch und Gott Struktur und schenkt ihr Sinn. Sowohl die Ehe als auch der Sabbat existierten bereits vor dem Sündenfall. Beide wurden der Menschheit von Gott geschenkt.

54 Vgl. Wolfgang Trillhaas, *Sexualethik,* Vandenhoeck & Ruprecht, Göttingen 1970, S. 101, der schreibt: „Man wird immerhin bedenken müssen, dass es keine biblisch oder christlich eindeutige Norm für den Beginn einer rechtmäßigen Ehe gibt."

55 Jacobson hat darauf hingewiesen, dass „es jedoch kaum Hinweise darauf gibt, dass die Frau tatsächlich wie Vieh von der Familie gekauft wurde ... Der Bräutigam brachte gewöhnlicherweise Gegenstände von solchem Wert in ihr neues Heim, dass man zu der Schlussfolgerung geführt wird, dass die ursächliche Zahlung von

begleitet, das der künftige Ehemann dem Vater der Braut zahlte (vgl. 1 Mo 34,12; 2 Mo 22,16–17; 1 Sam 18,25). Manchmal wurde stattdessen auch ein Dienst geleistet (vgl. 1 Mo 29,18f, 27f; Jos 15,16; 1 Sam 17,25; 18,20–27).[56] Das Geld oder die Güter, die an den Vormund der Braut gezahlt wurden, können „als Reichtum betrachtet werden, den die Braut in ihr neues Heim mitbrachte."[57]

Die verlobte Frau hatte von einem juristischen Standpunkt aus betrachtet den Status einer verheirateten Frau, aber es war ihr während der Verlobungszeit nicht gestattet Geschlechtsverkehr zu praktizieren, bis die Ehe offiziell geschlossen wurde. Wenn während dieser Verlobungszeit dennoch sexueller Verkehr stattfand, wurde er als ein unmoralischer Akt gewertet und wie Unzucht betrachtet (vgl. 5 Mo 22,23–24).

Die eigentliche Eheschließung wurde dann am Ende der Verlobungszeit vollzogen und fand normalerweise durch eine weitere öffentliche Zeremonie, die Heimbringung der Braut, statt. In Zusammenhang mit dieser Heimbringung der Braut wurde ein Hochzeitsfest gefeiert, das gewöhnlich mehrere Tage lang dauerte, wozu alle Leute des Ortes eingeladen wurden (1 Mo 29,22; Ri 14,10; vgl. Mt 22,1–10; Joh 2,1–11).

Man darf nicht vergessen, dass während der offiziellen Hochzeitsfeier der Vater der Braut eine wichtige Rolle im religiösen und rechtlichen Sinne spielte. Es ist der Vater, der seine Tochter vermählt. Es ist der Vater, der seine Tochter als Brautführer zu ihrem Ehemann führt. Der Vater der Eheleute leitet den Traugottesdienst und schließt den Ehebund. Als Vater ist er der Priester des Hauses und spricht deshalb auch den göttlichen Segen für diese Ehe aus (1 Mo 24,60; vgl. auch Tobit 11,17). „Was der jüdischen Ehe einen quasi-religiösen Charakter verliehen hat, war der väterliche oder patriarchische Segen, der sie begleitete."[58] Damit sind die

Gütern oder Dienstleistungen deswegen geleistet wurde, um die Braut mit Reichtum auszustatten (David Jacobson, „Marriage, In Bible Times", in Isaac Landman [Hg.], *The Universal Jewish Encyclopedia,* Bd. 7, Ktav Publishing House, New York 1969, S. 369). Damit diente der Brautpreis gewissermaßen als soziale Absicherung für die Frau. Roland de Vaux schreibt: „Die Verpflichtung, eine Geldsumme an die Familie der Braut zu bezahlen oder eine entsprechende Ersatzleistung zu entrichten, gibt der israelitischen Eheschließung offensichtlich den Anschein eines Kaufvertrags. Aber der *mohar* bedeutet weniger einen Kaufpreis für die Frau als ein Kompensationsgeld an die Familie, und hierin liegt trotz der äußerlichen Ähnlichkeit eine sittlich verschiedene Auffassung: der zukünftige Ehemann erwirbt sich zwar auf diese Weise Rechte über seine Frau, aber die Frau selbst ist keine Ware." (de Vaux, *Das Alte Testament und seine Lebensordnungen,* S. 56)

56 Jacobson macht darauf aufmerksam, dass wenige Theorien über die früheren Gesellschaften so in Mode waren wie die Hochzeit durch Gefangennahme. Gleichzeitig gibt es wenige Theorien, die auf so spärlichen Argumenten gegründet sind. Tatsächlich gibt es keine direkten Beweise in der Bibel, die zeigen, dass eine Ehe durch Gefangennahme vollzogen wurde, und es ist fragwürdig, ob eine solche Institution tatsächlich jemals in irgendeiner Gesellschaft gefunden wurde (Jacobson, „Marriage, In Bible Times", S. 369).

57 Ebenda S. 369. Ähnlich auch W. Günther, der schreibt: „Der *mohar* machte die Frau nicht zur Ware, sondern kennzeichnete umgekehrt den Rang der Familie, aus der sie kam." (W. Günther, „Ehe", in Lothar Coenen und Klaus Haacker [Hg.], *Theologisches Begriffslexikon zum Neuen Testament,* Bd. 1, Brockhaus, Wuppertal 1997, S. 290)

58 John Henry Blunt (Hg.), *Dictionary of Doctrinal and Historical Theology,* Longmans, Green und Co., London 1903, S. 443.

wesentlichen Elemente der ersten Ehe aus dem Garten Eden auch in der späteren biblischen Geschichte vorhanden.

Obwohl das Alte Testament die Abfolge der Verlobungszeit und Eheschließung nicht detailliert beschreibt, finden sich an verschiedenen Stellen etliche Hinweise dazu. So vollzieht Jakob seine Ehe erst nachdem er den Preis für seine Braut gezahlt hat, mit der er sieben Jahre lang verlobt war (1 Mo 29,16–21). Ganz ähnlich David, der legal dazu berechtigt war, seine Verlobte Michal zu heiraten, weil er einen Brautpreis für sie gezahlt hatte (vgl. 2 Sam 3,14). Selbst im mosaischen Gesetzt findet sich dieser doppelte Schritt der Verlobungszeit und der anschließenden Eheschließung dadurch angedeutet, dass ein junger Mann, der mit einer Frau verlobt war, sie aber noch nicht geheiratet hatte, nicht in den Krieg ziehen musste (5 Mo 20,7; vgl. 28,30).

Es scheint auch so gewesen zu sein, dass die besondere Position eines jungen Mädchens in der Familie und auch ihr legaler Status durch ihre Kleidung sichtbar gemacht wurde. Das ist wahrscheinlich der Grund, warum Abrahams Knecht bei Rebekka sofort erkannte, dass sie eine unverheiratete Frau war, und deshalb um sie werben konnte (1 Mo 24). Nachdem Davids Tochter Tamar ihre Jungfräulichkeit verloren hatte, machte sie ihren veränderten Status auch dadurch sichtbar, dass sie das Ärmelkleid zerriss, „denn solche Kleider trugen des Königs Töchter, solange sie Jungfrauen waren" (2 Sam 13,18). Dieser sichtbare Status der Jungfräulichkeit wird auch in anderen Bibelabschnitten wie Hiob 31,1 und 5. Mose 22,23–24.28–29 vorausgesetzt.

Obwohl eine spezielle Form der Eheschließung in der Bibel nicht vorgegeben ist, macht das Alte Testament hinreichend deutlich, dass die Eheschließung den Charakter eines öffentlichen Bundesschlusses vor Gott und vor Zeugen hat und so auch rechtliche Sicherheit bietet. Wir wenden uns nun der Frage zu, wer eine Ehe arrangierte und welche charakteristischen Merkmale vorhanden sein mussten, wenn die Ehepartner heirateten.

2. Von Eltern arrangiert – selbst initiiert

In Israel scheint die Praxis der elterlich arrangierten Ehe verbreitet gewesen zu sein. Dies kann von verstreuten Hinweisen aus dem Alten Testament abgeleitet werden, wo eine solche Vorgehensweise erwähnt wird.[59] Obwohl eine solche Praxis für viele westlich orientierte Menschen seltsam erscheinen mag, weil man darin eine Einschränkung der persönlichen Freiheit und individuellen Rechte sieht, müssen wir

59 Hamilton, „Marriage (OT and ANE)", S. 562–563. Die erste elterlich arrangierte Ehe findet sich in 1. Mose 21,21, wo Hagar eine Frau für ihren Sohn Ismael sucht. Die Hochzeit von Rebekka ist ein klassischer Fall einer von Eltern geplanten Eheverbindung (1 Mo 24). Hamor bittet um Dina als Frau für seinen Sohn Schechem (1 Mo 34,4–6); Kaleb entscheidet über die Hochzeit seiner Tochter (Jos 15,16), genauso wie Saul (1 Sam 18,17.19.21.27; 25,44).

uns dessen bewusst sein, dass ein Großteil der Weltbevölkerung dies immer noch so handhabt.[60] Hamilton hat aufgezeigt, dass es für die elterliche Wahl des Ehepartners wenigstens eine zweifache Erklärung gibt. Erstens: „Ein solches Arrangement hat die gesamte Familieneinheit im Blickfeld, nicht nur das Ehepaar allein." Zweitens erlaube es ein Verständnis von Liebe, das genauso mit Verantwortung und einer Willensentscheidung zu tun hat („ich liebe dich weil du meine Frau bist") wie mit Emotionen, Drüsen und Hormonen („du bist meine Frau weil ich dich liebe").[61]

Bei alledem darf man aber nicht vergessen, dass es nirgends im Alten Testament ein Gesetz gibt, welches eine solche Praxis gebietet. Nirgends findet sich ein Gesetz, wonach es die Verantwortung des Vaters ist, eine Braut für seinen Sohn zu suchen. Obwohl es Gesetze im Alten Testament gibt, die beschreiben, was mit einem rebellischen Sohn geschehen soll (5 Mo 21,18–21) oder was ein Sohn tun soll, der vor kurzem geheiratet hat (5 Mo 24,5) oder was mit einem verstorbenen Sohn geschehen soll, der keinen eigenen Sohn gezeugt hat (5 Mo 25,5–10), gibt es kein Gesetz für einen unverheirateten Sohn.[62] „Ganz ähnlich ist die Situation auch in der alttestamentlichen Weisheitsliteratur. Obwohl sie viel über gesunde Ehebeziehungen zu sagen hat, wird nie ein Vater dafür als weise gepriesen, dass er eine Frau für seinen Sohn ausgewählt hat. Sprüche 19,14 besagt, dass eine verständige Ehefrau vom Herrn kommt, nicht vom Vater des Ehemanns.[63] Die elterliche Autorität war nicht derart, dass es keinen Raum für die Gefühle der Ehepartner mehr gab. „Es gab auch in Israel Neigungsehen [d. h. Liebesheiraten]."[64] Es war einem jungen Mann möglich, seine eigene Vorliebe kund zu tun (1 Mo 34,4; Ri 14,2) oder sogar ganz alleine zu entscheiden, ohne sich mit seinen Eltern zu beraten, und manchmal sogar eine Wahl zu treffen, die nicht deren Willen entsprach (1 Mo 26,34–35). Obwohl es seltener vorkam, dass die Frau die Initiative ergriff, lesen wir, dass Sauls Tochter Michal sich in David verliebte (1 Sam 18,20). Selbst bei der elterlich arran-

60 Es ist darauf hingewiesen worden, dass von den drei großen Ereignissen im Kreise der Familie – Geburt, Hochzeit, und Tod – die Hochzeit eine herausragende Bedeutung spielte, wenn man bedenkt wie viele Überlegungen zur Wahl des künftigen Schwiegersohns oder der künftigen Schwiegertochter angestellt wurden, welche finanziellen Aspekte geregelt werden mussten und welche umfangreichen Vorbereitungen für die Hochzeitsfeier getroffen werden mussten. Bei einer Entscheidung, die den ganzen Verwandtenkreis der Familie berührt, ist es nur allzu verständlich, ja unausweichlich, dass sowohl in der Auswahl des Partners als auch in der Regelung der finanziellen Angelegenheiten die Eltern derjenigen mit beteiligt waren, die heiraten wollten (vgl. G. M. Mackie und W. Ewing, „Marriage (I)", in James Hastings (Hg.), *A Dictionary of Christ and the Gospels,* Bd. 2, Charles Scribner's Sons, New York 1908, S. 136).

61 Hamilton, „Marriage (OT and ANE)", S. 563.

62 Ebenda S. 562. Hamilton macht darauf aufmerksam, dass „dies im Gegensatz zu den Gesetzen von Eshunna (ca. 2000 v. Chr.) steht. Eines dieser Gesetze (Nr. 27) lautet (ANET, S. 162): Wenn ein Mann die Tochter eines (anderen) Mannes nimmt, ohne die Erlaubnis ihres Vaters und ihrer Mutter eingeholt zu haben, und kein formelles Ehedokument mit ihrem Vater und ihrer Mutter abschließt, wenngleich sie schon ein Jahr in seinem Haus lebt, ist sie nicht seine Ehefrau." (Ebenda)

63 Ebenda.

64 De Vaux, *Das Alte Testament und seine Lebensordnungen,* S. 61.

gierten Hochzeit von Rebekka lesen wir, dass sie die Wahl hatte, die Einladung des Dieners zu akzeptieren oder abzulehnen (1 Mo 24,58).[65] Das gegenseitige Einverständnis scheint daher ein integraler Bestandteil der Ehe zu sein.

3. Jungfräulichkeit und Treue

Aufgrund der Reihenfolge der Ereignisse bei Gottes Schöpfungsordnung (zuerst verlassen und anhangen, dann ein Fleisch werden) betont das Alte Testament wiederholt das Ideal der Jungfräulichkeit vor der Ehe. Der biblische Auftrag lautet: Enthaltsamkeit vom Geschlechtsverkehr vor der Ehe. Das ist zum Beispiel in der Geschichte von Rebekka angedeutet, wo ihre Schönheit und Jungfräulichkeit detailliert gepriesen wird: „Und das Mädchen war sehr schön von Angesicht, eine Jungfrau, die noch von keinem Manne wusste" (1 Mo 24,16). Vor der Ehe, die durch einen offiziellen und öffentlichen Akt geschlossen wurde, durfte es keinen Geschlechtsverkehr geben (vgl. 1 Mo 29,21; 5 Mo 22,28). Dies galt sogar im Fall einer Witwe, die wieder heiraten wollte (vgl. Rut 4,10–12 – wo erst vor Zeugen im Tor die Ehe geschlossen wird). Die Akzeptanz der Jungfräulichkeit vor der Ehe wird im Alten Testament wiederholt bezeugt (vgl. 1 Mo 19,8; 5 Mo 22,13–30).

Nirgends im Alten Testament begründet der Geschlechtsverkehr die Ehe. Es gibt vielmehr deutliche Hinweise, dass ein Mann, der gegen den Willen eines Mädchens mit ihr Geschlechtsverkehr hatte, dem Vater ein Brautgeld zahlen musste, aber der Vater dennoch verweigern konnte ihm seine Tochter zur Frau zu geben und sie nicht getraut wurden (2 Mo 22,16–17). Dieser Abschnitt macht auch deutlich, dass Gott Sex vor der Ehe nicht segnet. Vielmehr wurde der Geschlechtsverkehr vor der Ehe als so schwerwiegend gewertet, dass man dafür eine Strafe bezahlen musste.

Genauso wichtig wie die Jungfräulichkeit vor der Ehe war die Treue in der Ehe. Die Verurteilung der Unzucht in den Zehn Geboten (2 Mo 20,14; 5 Mo 5,18) und an vielen anderen Stellen (vgl. 3 Mo 20,10; Spr 6,32; Hes 16,38; Hos 1,2) macht deutlich, dass Gott Untreue nicht gutheißt und davon ausgeht, dass die Ehe ein ganzes Leben lang hält. Dieser dauerhafte Ehebund soll nicht getrennt oder geschieden werden.

4. Gleicher Glaube

Im Alten Testament werden in deutlicher Weise religionsübergreifende Ehen verurteilt, also Ehen mit Partnern unterschiedlichen Glaubens (vgl. 1 Mo 6,2). Jemanden

65 Hamilton hat darauf aufmerksam gemacht, dass die Aussage, dass Isaak Rebekka nach der Hochzeitfeier im Zelt seiner Mutter „lieb gewann" (1 Mo 24,67) unterschiedliche Bedeutung haben kann, je nachdem wie man den hebräischen Text vokalisiert. Es gibt zwei Möglichkeiten: „eine aktive Lesart (‚und er liebte sie'), was den erotischen Aspekt ihrer Beziehung betonen würde, oder eine statische Lesart (‚und er war in sie verliebt') was ein fortdauerndes Gefühl ausdrücken würde, im Gegensatz zu einer kurzzeitigen Erregung. Die hebräischen Manuskripte drücken ganz klar den statischen Gebrauch aus." Hamilton, „Marriage (OT and ANE)", S. 563.

zu heiraten, der nicht den gleichen biblischen Glauben teilt, bedeutet etwas zu tun, was Gott missfällt und seinen Zorn hervorruft (Ri 3,7). In 5. Mose 7,3–4 wird eine Begründung dafür gegeben, warum man keine ungläubigen Partner heiraten soll: Sie werden die Gläubigen Gott abtrünnig machen, dass sie anderen Göttern dienen (vgl. 2 Mo 34,15–16). Einen ungläubigen Partner zu heiraten wird als Sünde bezeichnet (Neh 13,25–26; Mal 2,11–12; Esr 10,2–3.10). Nur der gleiche Glaube gewährleistet eine geeignete Weitergabe des biblischen Glaubens an die eigenen Kinder.[66]

5. Der Ehebund

Wie wir in den Ausführungen zu 1. Mose 2,24 gesehen haben ist der Bundesgedanke aufs Engste mit der Ehe verknüpft. Ein Bund ist ein feierliches und verbindliches Versprechen und als solches eine Vereinbarung von weitreichender Bedeutung zwischen einzelnen Personen, Gruppen oder Nationen. Dadurch werden Verpflichtungen begründet und geregelt. Ein Bund umfasst deshalb rechtliche, soziale, religiöse und andere Aspekte. Biblisch gesehen beinhaltet ein Bund auch den Gedanken einer verlässlichen und verbindlichen Vereinbarung, die einerseits durch einen Eid und die damit einhergehende Verpflichtung charakterisiert wird, andererseits aber auch durch Liebe und Freundschaft.[67] Der Bundescharakter der Ehe, wie er in der Sprache von 1. Mose 2,24 verdeutlicht ist, wird auch von späteren biblischen Schreibern aufgegriffen (vgl. Mal 2,14ff; Hes 16,8; Spr 2,17). Mit anderen Worten: Die Ehe hat in der Bibel auch eine klare rechtliche Bedeutung. Deshalb ist zu Recht darauf hingewiesen worden, dass die Ehe im Alten Testament – und auch im Vorderen Orient – etwas „Vertragliches war, das Zahlungen, gegenseitige Vereinbarungen und Strafen mit einschloss".[68]

Ein wichtiges Merkmal des Ehebundes wird mit dem biblischen Wort *ḥesed* verknüpft. Es ist die Kraft, die den Bund stark macht und die Bundespartner in Treue miteinander verbindet,[69] aber auch die wohlwollende Liebe beinhaltet, die Grundlage jeder Ehebeziehung ist.[70] Maleachi nennt die Braut „die Frau deines Bundes" (Mal 2,14 EB). In Sprüche 2,17 wird die Ehe als „Bund Gottes" bezeichnet und in

---

66 Zur Frage der religionsübergreifenden bzw. konfessionsverschiedenen Ehe siehe Davidson, *Flame of Yahweh*, S. 315–324, sowie die seelsorgerlich sensible Ausarbeitung der Österreichischen Union der Kirche der Siebenten-Tags-Adventisten, die im März 2003 als Richtlinien für ihre Pastoren beschlossen wurde: „Zur Frage der konfessionsverschiedenen Heirat: Heirat eines Adventisten mit einem Partner einer anderen Konfession. Biblische Richtlinien und Prinzipien".

67 Vgl. M. Weinfeld, *„bĕrît"*, in Gerhard Johannes Botterweck und Helmer Ringgren (Hg.), *Theologisches Wörterbuch zum Alten Testament*, Bd. 1, Kohlhammer, Stuttgart 1973, Sp. 781–808.

68 David Instone-Brewer, *Divorce and Remarriage in the Bible: The Social and Literary Content*, Eerdmans, Grand Rapids 2002, S. 1; vgl. auch die Diskussion dort auf S. 1–19.

69 Vgl. Edmond Jacob, *Theology of the Old Testament*, Harper & Row, New York 1958, S. 103–104.

70 George A. F. Knight, *A Christian Theology of the Old Testament*, SCM Press, London 1959, S. 171; vgl. auch Jacob, *Theology of the Old Testament*, S. 105.

Hesekiel 16,8 wird der Bund am Sinai in eindeutigen Ehebildern beschrieben („da breitete ich meinen Mantel über dich und bedeckte deine Blöße") und wird so zu einem Ehebund zwischen Gott und Israel. In biblischer Zeit wird also eine religiöse Dimension mit dem Ehebund verbunden. Interessanterweise kann das Wort *bĕrît* (Bund) auch für einen religiösen Bund verwendet werden und kann gleichzeitig einen geschriebenen Vertrag bezeichnen.[71]

Das Bild des Bundes drückt den Gedanken aus, dass die Ehe eine höchst persönliche Entscheidung beinhaltet, die ein dauerhaftes Versprechen gegenüber dem Ehepartner seiner Jugend beinhaltet (Spr 2,17). Gleichzeitig ist es eine öffentliche Erklärung und ein Vertrag, der lebenslange Gültigkeit und Treue signalisiert. Als Gott mit Israel am Sinai den Bund schloss, wurde dieser Bundesschluss durch die Zehn Gebote begleitet oder die „Worte des Bundes", wie sie auch genannt wurden (2 Mo 34,28; 5 Mo 29,1). Sie waren gewissermaßen der Vertrag, der für den Bund Dauerhaftigkeit signalisierte und ihm einen öffentlichen Status verlieh. Sonst hätte der Bundesschluss schnell wieder in Vergessenheit geraten können.

Obwohl die Ehe in der Bibel verschiedentlich als Bund bezeichnet wird, finden wir in den kanonischen Texten keine spezifische Bundesformel und auch keinen Bundesvertrag. Hugenberger vermutet, dass die Worte, die im Ehebund gesprochen wurden, folgendermaßen lauteten: „Du bist mein Mann" und „Du bist meine Frau". Er kommt zu dieser Schlussfolgerung aufgrund des entgegengesetzten Wortlauts der Scheideworte in Hosea 2,1 und aufgrund der Quellenlage in Bezug auf Ehedokumente des Alten Orients.[72]

Es gibt jedoch einen Hinweis auf einen schriftlichen Heiratsvertrag in der Geschichte von Tobit (Tobit 7,13).[73] Darüber hinaus wissen wir von der Existenz von Heiratsverträgen bei jüdischen Hochzeiten aus dem Elephantine-Papyrus, der ins 5. Jh. v. Chr. datiert wird.[74] Einen solchen Heiratsvertrag zu schreiben war unter den

71 So de Vaux, *Das Alte Testament und seine Lebensordnungen,* S. 66. Es verwundert jedoch, dass de Vaux behauptet, die Ehe in Israel und in Mesopotamien sei eine rein zivile Angelegenheit gewesen, die durch keinen religiösen Ritus sanktioniert wurde (ebenda).

72 Hugenberger, *Marriage as a Covenant,* S. 216–237. Zur Frage biblischer und außerbiblischer Ehegelöbnisse siehe David Ingstone-Brewer, *Divorce and Remarriage in the Bible,* S. 213–237 und Daniel E. Block, „Marriage and Family in Ancient Israel", in Ken M. Campbell (Hg.), *Marriage and Family in the Biblical Word,* InterVarsity, Downers Grove 2003, S. 44–47.

73 Die meisten Historiker datieren das Buch Tobit in die Zeit des 2. Jh. v. Chr., manche sogar noch früher, vgl. P. L. Redditt, „Tobit", in Geoffrey W. Bromiley (Hg.), *The International Standard Bible Encyclopedia,* Bd. 4, Eerdmans, Grand Rapids 1986, S. 867; vgl. auch Carey A. Moore, „Tobit, Book of", in David Noel Freedman (Hg.), *Anchor Bible Dictionary,* Bd. 6, Doubleday, New York 1992, S. 591.

74 Die Dauerhaftigkeit des Ehebundes wird in den Elephantine-Papyri durch die Formulierung des Ehemannes deutlich, der sagt: „Sie ist meine Frau, ich bin ihr Ehemann, von diesem Tag an für immer" (vgl. de Vaux, *Das Alte Testament und seine Lebensordnungen,* S. 66; vgl. auch Werner Neuer, „Ehe", in Helmut Burkhardt, Fritz Grünzweig, Fritz Laubach und Gerhard Maier [Hg.], *Das Große Bibellexikon,* Bd. 1, Brockhaus, Wuppertal 1987, S. 294). Während in den Elephantine-Verträgen die Braut selbst scheinbar keine aktive Rolle im Ehevertrag gespielt hat, wurde die Zustimmung der Braut im 1. Jh. v. Chr. in dem Bar-Menasseh-Ehevertrag aufgezeichnet (siehe Edwin Yamauchi, „Marriage", in Edward M. Blaiklock und R. K. Harrison [Hg.], *The New International Dictionary of Biblical Archaeology,* Zondervan, Grand Rapids 1983, S. 301).

Juden der hellenistisch-römischen Epoche fest etablierte Praxis.[75] Dieser Brauch existierte auch schon sehr früh im Nahen Osten.[76] In Israel gab es die Möglichkeit, sogenannte Scheidebriefe zu schreiben (5 Mo 24,1–3; Jer 3,8), und von daher wäre es sehr verwunderlich, wenn zeitgleich nicht auch Heiratsverträge existiert hätten. De Vaux meint: „Das Schweigen der [biblischen] Texte [zu Eheverträgen] ist vielleicht zufällig".[77]

Die Ehe im Neuen Testament

Das Neue Testament bestätigt die alttestamentliche Sicht der Ehe und führt sie weiter.[78] Dass Gott die Ehe bei der Schöpfung eingesetzt hat, ist eine grundlegende Aussage für eine ganze Reihe von neutestamentlichen Texten über die Ehe (vgl. Mt 5,31–32; 19,4–6; Röm 7,2–3; 1 Kor 6,16–18; 7,1–16; Eph 5,21–33). Jesus, Paulus und die neutestamentliche Gemeinde haben einmütig den Aspekt der Treue in der Ehe bekräftigt und jeglichen außerehelichen und vorehelichen Sex abgelehnt (vgl. Mt 15,19; Joh 4,17f; Apg 15,20.29; 21,25; 1 Kor 5,9.11; 6,9.12–20; 2 Kor 12,21; Gal 5,19f; Eph 5,3; Kol 3,5; 1 Ths 4,3–8; Hbr 13,4; Jak 2,11; Offb 2,14.20ff).

Jesus bestätigte die Heiligkeit und Unauflöslichkeit der Ehe, besonders wenn er sich gegen die Ehescheidung aussprach (Mk 10,11–12; Mt 5,31–32; 19,4–6).[79] Anstatt Ehescheidung aus allen Gründe zu erlauben, widersprach Jesus sehr deutlich der Scheidung aufgrund von allen möglichen Gründen. Für ihn ist die Ehe unantastbar und auf lebenslange Dauer angelegt. Jesus bestätigte die göttliche Idee der Ehe aus dem Garten Eden, indem er 1. Mose 2,24 unterstützend zitierte und damit den Leser auf Gottes ursprünglichen Plan zurückverweist. Für den neutestamentlichen Theologen Donald Guthrie besteht deshalb kein Zweifel, „dass Jesus die Ehe als einen permanenten Bund zwischen Ehemann und Ehefrau" betrachtet hat.[80] Jesus legte darüber hinaus sein Siegel auf eine stabile und beständige Ehebeziehung, indem er die Bezeichnung des „Bräutigams" für sich selbst in Anspruch nahm (Mt 25,1–13; Mk 2,19; vgl. Mt 22,1–14).[81]

---

75 Yamauchi, „Marriage", S. 300–301.

76 Für Beispiele aus Sumer, Ugarit, Assyrien und Ägypten siehe Bower und Knapp, „Marriage", S. 262. Der Kodex Hammurabi erklärt, dass eine Ehe ohne formalen Vertrag ungültig ist (vgl. de Vaux, *Ancient Israel,* S. 33). Siehe auch David Ingstone-Brewer, *Divorce and Remarriage in the Bible,* S. 1–19.

77 de Vaux, Das Alte Testament und seine Lebensordungen, S. 66.

78 Dies wird von vielen Neutestamentlern anerkannt. In jüngerer Zeit z. B. Andreas Köstenberger, „Marriage and Family in the New Testament", in Campbell, *Marriage and Family in the Biblical World,* S. 240–284.

79 Lohmeyer und Schmauch sind der Auffassung, dass die Aussagen über die Ehescheidung wahrscheinlich eine Erklärung des sechsten Gebots darstellen (Ernst Lohmeyer und Werner Schmauch, *Das Evangelium des Matthäus,* Kritisch-exegetischer Kommentar über das Neue Testament, Vandenhoeck & Ruprecht, Göttingen 1962, S. 129). Vgl. auch G. F. Hawthorne, „Marriage and Divorce, Adultery and Incest", in Gerald F. Hawthorne und Ralph P. Martin (Hg.), *Dictionary of Paul and His Letters,* InterVarsity, Downers Grove 1993, S. 595.

80 Donald Guthrie, *New Testament Theology,* InterVarsity, Downers Grove 1981, S. 950.

81 Ebenda S. 949.

Als Jesus mit der Samariterin am Jakobsbrunnen sprach, äußerte er, dass der Mann, mit dem sie gerade zusammenlebte, nicht ihr wirklicher Ehemann sei (Joh 4,17–18),[82] und bestätigte damit das monogame Ideal der biblischen Ehe.[83] Jesus intensivierte die Heiligkeit der Ehe sogar, indem er deutlich machte, dass Ehebruch nicht erst mit der eigentlichen ehebrecherischen Tat beginnt, sondern bereits in Gedanken (Mt 5,27–28).[84] Obwohl Jesus selbst unverheiratet blieb, unterstützte er die Einrichtung der Ehe als Gottes Plan für eine lebenslange Beziehung zwischen einem Mann und einer Frau,[85] indem er eine Hochzeit in Kana besuchte (Joh 2,1–12)[86] und dort sein erstes öffentliches Wunder vollbrachte. Diese Begebenheit zeigt außerdem, dass der Beginn der Ehe, genau wie im Alten Testament, ein öffentlicher Akt war, wo der Ehebund vor Zeugen geschlossen wurde.

Auch in der Geschichte von Maria und Josef wird in neutestamentlicher Zeit die zweifache Prozedur der Verlobung und der Heirat aufrecht erhalten (vgl. Mt 1,16.18ff; Lk 1,27.34). Hier wird ebenso deutlich, dass die beiden während ihrer Verlobungszeit keinen Geschlechtsverkehr miteinander hatten, weil sie noch nicht verheiratet waren. Damit wird die Tugend der Jungfräulichkeit vor der Ehe im Neuen Testament aufrecht erhalten. Auch hier wird die Ehe als ein öffentlicher Akt dargestellt, der rechtliche Implikationen nach sich zieht.[87]

Im Neuen Testament finden wir keine Vorschriften oder Gebote über ein Brautgeld oder über eine Ehe, die nur von den Eltern arrangiert wird. Auch eine konkrete Hochzeitszeremonie ist nicht vorhanden. Der öffentliche Charakter der Ehe als ein Bundesschluss wird aber im Neuen Testament genauso aufrecht erhalten wie im

82 Es kann sein, dass es sich hier um ein Wortspiel mit dem Wort *anēr* handelt, das entweder „Mann" oder „Ehemann" bedeuten kann. Wenn dem so ist, würde Jesus der Frau sagen, dass sie fünf Männer hat (mit denen sie in Unzucht lebt) und dass derjenige, mit dem sie jetzt gerade zusammen lebt, nicht ihr Ehemann ist (wenngleich er der Ehemann einer anderen Frau sein kann). Man beachte die besondere Betonung des Wortes „dein" im Griechischen (Andreas J. Köstenberger, *John*, Baker Exegetical Commentary on the New Testament, Baker, Grand Rapids 2004, S. 153).

83 Carson hat darauf aufmerksam gemacht, dass die rabbinische Meinung mehr als drei Ehen verurteilte, obwohl sie juristisch rechtens sein konnten (D. A. Carson, *The Gospel According to John*, Eerdmans, Grand Rapids 1991, S. 221. Vgl. auch Hermann L. Strack und Paul Billerbeck, *Das Evangelium nach Markus, Lukas und Johannes und die Apostelgeschichte erläutert aus Talmud und Midrasch*, C. H. Beck'sche Verlagsbuchhandlung, München 1924, S. 437.

84 Nur der tatsächliche Akt des Ehebruchs ist ein biblisch berechtigter Grund, der eine Scheidung erlaubt, wenngleich auch dann Vergebung und Versöhnung vor der Scheidung Vorrang haben.

85 Interessanterweise rät Jesus nie zum Zölibat. Auch wenn er betont, dass unsere erste Priorität Gott und seinem Reich gelten sollen und nicht dem Ehepartner oder der Familie (vgl. Lk 14,26), verbietet er nirgends die Ehe. Er erhebt auch den unverheirateten Stand nicht über die Ehe. Lediglich in einer Aussage (Mt 19,12) beschreibt Jesus die Ehelosigkeit als eine besondere Gabe, die bestimmten Menschen von Gott gegeben ist. Zu Matthäus 19,12 siehe F. F. Bruce, *Dies ist eine harte Rede: Schwer verständliche Worte Jesu erklärt*, Brockhaus, Wuppertal 1985, S. 48–50.

86 „Christus gab der Ehe die Unterstützung seiner eigenen Gegenwart" (Mackie und Ewing, „Marriage (I)", S. 137.

87 Zu jüdischen Gebräuchen und Ehefeierlichkeiten siehe Alfred Edersheim, *The Life and Times of Jesus the Messiah*, Eerdmans, Grand Rapids 1981, S. 352–357.

Alten Testament. So kann der Apostel Paulus in 1. Korinther 11,3 die Ehe als eine Illustration für die Beziehung der Gemeinde zu Jesus Christus verwenden. Noch deutlicher wird dies in Epheser 5,22–33. Hier wird der Gedanke der Treue in der Ehe hervorgehoben (Eph 5,27 „heilig und untadelig") und ebenso der Gedanke der Monogamie (Eph 5,28 „wer seine Frau liebt").[88] Die selbstlose Liebe, die in der Liebe Christi für seine Gemeinde zum Ausdruck kommt, sollte auch die Bundesbeziehung der Ehe charakterisieren und ist ein unverzichtbarer Teil der Ehebeziehung: „So sollen auch die Männer ihre Frauen lieben wie ihren eigenen Leib. Wer seine Frau liebt, der liebt sich selbst. Denn niemand hat je sein eigenes Fleisch gehasst; sondern er nährt und pflegt es, wie auch Christus die Gemeinde." (Eph 5,28–29) Wieder verweist der Apostel Paulus zurück auf die Schöpfung, bei der Gott das ursprüngliche Muster der Ehe selbst eingesetzt hat (Eph 5,31, zitiert 1 Mo 2,24). Dieser Verweis auf die Schöpfung beinhaltet auch den Gedanken einer monogamen Ehe sowie den Gedanken einer exklusiven Beziehung, wie sie zwischen dem einen wahren Gott und seiner Gemeinde besteht (vgl. Eph 4,4–5). Die Eheanalogie schließt auch den Gedanken der selbstlosen Liebe mit ein (5,25). Genauso wie es ein öffentliches Zeichen gibt, das den Bund zwischen Gott und dem Menschen vor Zeugen bekundet (die Taufe) so hat auch die Ehe einen öffentlichen Anfang, der das lebenslange Miteinander von Mann und Frau vor Zeugen bekundet (die Hochzeit).

Der monogame Charakter der Ehe wird in anderen Abschnitten des Neuen Testaments ebenso bekräftigt, z. B. wenn Paulus das vorbildliche Leben des Bischofs oder Ältesten der Gemeinde beschreibt, der „Mann einer einzigen Frau" sein soll (1 Tim 3,2; Tit 1,6–8).

In 1. Thessalonicher 4,4–6 ermahnt Paulus seine Leser, sich von aller sexuellen Unzucht zu enthalten, indem „ein jeder seine eigene Frau zu gewinnen suche in Heiligkeit und Ehrerbietung, nicht in gieriger Lust wie die Heiden, die von Gott nichts wissen, auf dass niemand zu weit gehe und seinen Bruder in der Sache übervorteile" (letzter Nebensatz Übersetzung F. H.) Diese Aussage macht deutlich, dass keiner das Recht hat, vor der Ehe sexuell mit verschiedenen Personen zu verkehren. So zu handeln würden den Bruder übervorteilen und wäre ein Betrug an ihm. Damit wird im Neuen Testament die Jungfräulichkeit und Abstinenz vom Geschlechtsverkehr vor der Ehe als Ideal aufrecht erhalten.[89] In 1. Korinther 7,12–17 anerkennt überdies der Apostel Paulus indirekt die Gültigkeit jeder Ehe.[90]

---

88 „Paulus verkündet die Heiligkeit und Ehrbarkeit der Ehe, indem er den Ehebund zwischen Mann und Frau als Analogie des Bundes beschreibt, der zwischen Christus und der glaubenden Gemeinde geschlossen wurde." Hawthorne, „Marriage and Divorce, Adultery and Incest", S. 597.

89 In seinem Kommentar zu 1. Thessalonicher 4,6 schreibt Leon Morris: „Promiskuität [Partnerwechsel] vor der Ehe raubt dem anderen die Jungfräulichkeit, die in die Ehe mitgebracht werden sollte. Der zukünftige Partner eines solchen sexuell freizügigen Menschen wurde betrogen." (Morris, *The First and Second Epistles to the Thessalonians,* The New International Commentary on the New Testament, Eerdmans, Grand Rapids 1991, S. 124) Vielleicht hatte Paulus auch die illegitime sexuelle Beziehung mit der Frau eines anderen verheirateten Mannes vor Augen.

Auch das Neue Testament erhält die alttestamentliche Sicht aufrecht, dass man keinen ungläubigen Partner heiraten soll (2 Kor 6,14).[91] Das Neue Testament ermutigt dazu, in der Ehe den gleichen Glauben zu teilen.

Im gesamten Neuen Testament wird die Heiligkeit der Ehe als einer göttlichen Einrichtung aufrechterhalten, die Gott im Garten Eden eingesetzt hat und die in den Zehn Geboten bestätigt wird. Jesus und die Apostel beziehen sich auf 1. Mose 2,24 (Mt 19,5; Eph 5,31) und die fortdauernde Gültigkeit des Gebotes „du sollst nicht ehebrechen" (vgl. Mt 5,27; Jak 2,11). Gleichgeschlechtliche Beziehungen werden im Neuen Testament verurteilt, weil sie dem göttlichen Muster der Ehe nicht entsprechen, sondern Entartungen der ursprünglichen Idee Gottes sind (Röm 1,24–32; 1 Kor 6,9–11; 1 Tim 1,10).[92] Gleichgeschlechtliche Partnerschaften haben nicht das natürliche Potential, Nachkommen zu zeugen und ermangeln der Dimension des „Anderen", auf den hin der Mann und die Frau ausgerichtet sind und der für eine Einheit zwischen den Geschlechtern grundlegend ist.

Schlussfolgerung: eine Definition der biblischen Ehe

Nach dem oben geschilderten Zeugnis der Bibel können wir folgende Schlussfolgerungen über die Ehe ziehen, wie sie von Gott selbst bei der Schöpfung eingesetzt wurde und durch die gesamte Bibel hindurch aufrecht erhalten wird.

Die Eheschließung ist eine *religiöse Zeremonie* vor Gott,[93] die eine exklusive Bundesbeziehung zwischen einem Mann und einer Frau begründet. Diese Beziehung ist auf Dauer angelegt: Sie teilen für den Rest ihres Lebens ihr ganzes Leben.

Die Eheschließung ist auch eine *öffentliche Zeremonie* in der Gesellschaft, die rechtliche Aspekte beinhaltet. Dies kann in verschiedenen Kulturen und Traditionen unterschiedliche Formen annehmen, hat aber immer einen öffentlichen Charakter, regelt gewisse Rechte und gewährleistet einen besonderen Schutz. Diese öffentlich-rechtliche Dimension der Eheschließung macht deutlich, dass die Liebe die andere Person ernst nimmt, weil sie bereit ist, sich öffentlich ohne Vorbehalte zu ihr zu bekennen. Damit bildet das öffentliche Versprechen den Rahmen, in der gegenseitige Liebe wachsen kann, und gewährleistet die Sicherheit, in der Liebe sich ungeteilt ausdrücken kann. Damit ist die Ehe mehr als nur eine Freundschaft. Sie wird nicht durch ein privates Versprechen begründet und auch nicht durch den Vollzug des Geschlechtsverkehrs. Dennoch ist die freiwillige gegenseitige Zustimmung für

90 Vgl. Cornes, *Divorce and Remarriage*, S. 66, 81–82.

91 Ángel Manuel Rodríguez, „Mixed Marriages", *Adventist Review*, 8. August 2002, S. 11 (1163).

92 Frank M. Hasel, „Bibel und Homosexualität", *Zeichen der Zeit* Nr. 4, 2000, S. 4–6. Siehe auch Davidson, *Flame of Yahweh*, S. 634–638, zur neutestamentlichen Kontinuität der alttestamentlichen Aussagen im Hinblick auf die Frage der Homosexualität.

93 Der Vater fungierte als Priester der Familie und sprach für das Ehepaar den Segen Gottes. Zur wichtigen Rolle des Vaters in der Bibel siehe Block, „Marriage and Family in Ancient Israel", besonders S. 40–52.

den Ehebund wichtig. Es gibt ein „Ja" der Bundespartner. Ohne diese gegenseitige Zustimmung handelt es sich um eine Vergewaltigung, nicht um eine Ehe!

Gemäß dem biblischen Zeugnis ist die Ehe eine exklusive, lebenslange Bundesbeziehung zwischen *einem Mann* und *einer Frau.* Die gegenseitigen Versprechen zur lebenslangen Treue und Liebe werden in einem öffentlichen Bundesschluss vor Gott und vor Zeugen gegeben, nach den jeweils gültigen Gebräuchen, wie sie in verschiedenen Kulturen und Gesellschaften üblich sind. Bundestreue schließt Enthaltsamkeit vor der Ehe und sexuelle Treue in der Ehe ein. Die öffentliche und rechtliche Handlung vor Gott und vor Zeugen dokumentiert die soziale Verantwortung, die mit der Ehe einhergeht, und macht deutlich, dass die Ehe nicht nur eine Privatangelegenheit ist. Dass die Ehe auch in der Gegenwart Gottes geschlossen wird drückt aus, dass die gläubigen Ehepartner unter der Führung und Vergebung Gottes und durch die Ermutigung aus Gottes Wort leben wollen und dafür seinen Segen erbitten. Daher bekräftigt die Bibel die Notwendigkeit, dass die Ehepartner den gleichen Glauben teilen. Eine Ehe, die unter Gottes Segen vollzogen und in Übereinstimmung mit seinem Wort geführt wird, signalisiert, dass beide Ehepartner Gottes Segen, Vergebung, Schutz und Führung suchen und wünschen.

Das alttestamentliche Israel hat nie einen Eheleitfaden für seine Bürger produziert. Wenngleich Details in bestimmten Gebräuchen und Traditionen variieren können, sind die grundlegenden Elemente, die Gott im Garten Eden eingesetzt hat, auch für das Eheverständnis nachfolgender Generationen verbindlich. Die Handlung des Verlassens und Anhangens macht deutlich, dass die Ehe einen öffentlichen und rechtlichen Charakter hat. Gleichzeitig ist sie eine tief religiöse Handlung. Nur nachdem das Verlassen und Anhangen den Sicherheitsrahmen gespannt hat, ist eine völlige Intimität in der sexuellen Vereinigung biblisch beabsichtigt. Diese Reihenfolge dieser Aspekte ist von Gott bei der Schöpfung bestimmt worden.[94]

Die biblische Einrichtung der Ehe wird in der Bibel oft als Symbol für Gottes Bund mit seinem Volk benutzt. Dabei sind die Aspekte der Einheit, der selbstlosen Liebe, der Treue und Dauerhaftigkeit zwischen den Bundespartnern wichtig. Ebenso ist in diesen Bildern die gegenseitige Zustimmung und der öffentliche Charakter beim Ehebund mitgedacht.

Damit ist die Ehe die Keimzelle der Familie. Sie ist die kleinste soziale Größe der Gesellschaft. Die Bibel betrachtet die Ehe und die Familie als den Ort, wo neues körperliches Leben entsteht und wo dieses Leben im Zusammenspiel der Generationen genährt und gefestigt wird. Obwohl die Ehe kein Sakrament im römisch-katholischen Sinne ist, ist sie dennoch – so Andreas Köstenberger –

> ein Vehikel, das von Gott benutzt wird, um Männer und Frauen (und ihre Kinder) im Glaubensleben auszubilden ... Deshalb muss die christliche Ehe und Familie auch Jesus Christus untergeordnet und ihm ergeben sein. Das

ist auch der Grund, warum die Ehe und die Familie nicht als ein Hinderungsgrund für die persönliche Heiligkeit, Reinheit und Heiligung betrachtet wird, sondern als ein wichtiger Schlüssel für die Entwicklung von diesen und anderen Tugenden.[95]

94 Bower und Knapp, „Marriage", S. 261.

95 Köstenberger, „Marriage and Family in the New Testament", S. 255.

Kapitel 2

Ehemann und Ehefrau: Zur Frage der Rollenverteilung

Roberto Badenas

In der Bibel wird die Ehe als einzigartige Beziehung dargestellt, die Gott zum Segen für die beiden Eheleute und die Menschheit vorgesehen hatte. Ihre Identität als Mann oder Frau verleiht den Ehepartnern eine neue Rolle als Ehemann und Ehefrau. Aber diese Rolle kann nicht einfach auf die Frage des Geschlechts und der Sexualität reduziert werden. Die Ehe ist ein Bund zwischen einem Mann und einer Frau. Was für eine Rolle diese beiden Personen auch annehmen werden – sie wird notwendigerweise von ihrer Persönlichkeit, ihrer Geschichte, ihrem Hintergrund und ihrer Kultur geprägt sein.

Da über einige Rollen, die dem Ehemann und der Ehefrau traditionell zugeschrieben werden, diskutiert wird,[1] und andere anscheinend von der jeweiligen Kultur geprägt sind, müssen wir im Zusammenhang mit einer Theologie der Ehe nach biblischen Leitlinien zur Rolle der Geschlechter suchen. Ziel dieser Studie ist es, zu einem besseren Verständnis der ehelichen Beziehung zwischen Mann und Frau im Licht der Bibel beizutragen.[2] Wir werden einen Überblick über die grundlegenden biblischen Texte zur Rollenverteilung in der Ehe bringen und dabei so genau wie möglich der kanonischen Reihenfolge entsprechen.

Die Beziehung zwischen Mann und Frau im Schöpfungsbericht

Die Auslegung der ersten Kapitel der Genesis hat in der jüdischen wie der christlichen Tradition einen entscheidenden Einfluss auf das theologische Verständnis

1 Obwohl die Diskussion über Geschlechterfragen sich oft auf die Einsegnung von Frauen zum Predigtdienst konzentriert hat, soll dieses Thema im vorliegenden Dokument nicht behandelt werden. Zur adventistischen Sicht dieses Themas siehe: Patricia A. Habada und Rebecca F. Brillhart (Hg.), *The Welcome Table: Setting a Place for Ordained Women*, Team Press, Langley Park 1995; Nancy Vyhmeister (Hg.), *Women in Ministry: Biblical and Historical Perspectives*, Andrews University Press, Berrien Springs 1998; Mercedes H. Dyer (Hg.), *Prove All Things: A Response to Women in Ministry*, Adventists Affirm, Berrien Springs 2000.

2 Die Literatur ist so umfassend, dass wir unsere Zitate auf einige signifikante Beiträge beschränken werden. Siehe u. a. W. Peter Blitchington, *Sex Roles and the Christian Family*, Tyndale, Wheaton 1980; Diana S. Richmond Garland und David E. Garland, *Beyond Companionship: Christians in Marriage*, Westminster, Philadelphia 1986; Rebecca Merrill Groothuis, *Good News for Women: A Biblical Picture of Gender Equality*, Baker, Grand Rapids 1997; Patricia Gundry, *Heirs Together*, Zondervan, Grand Rapids 1980; Michael Harper, *Equal and Different: Male and Female in Church and Family*, Hodder & Stoughton, London 1994; John C. Howell, *Equality and Submission in Marriage*, Broadman, Nashville 1979; Donald M. Joy und Robbie B. Joy, *Two Become One: God's Blueprint for Couples*, Evangel, Nappanee 2002; George W. Knight, *The Role Relationship of Men and Women*, Moody, Chicago 1985; Werner Neuer, *Mann und Frau in christlicher Sicht*, Brunnen, Gießen 1993; V. Norskov Olsen, *The New Relatedness for Man and Woman in Christ: A Mirror of the Divine*, Loma Linda University Press, Loma Linda 1993; John Piper und Wayne Grudem (Hg.), *Recovering Biblical Manhood and Womanhood: A Response to Evangelical Feminism*, Crossway, Wheaton 1991; Elisabeth Stuart, Adrian Thatcher (Hg.), *Christian Perspectives on Sexuality and Gender*, Gracewing, Leominster 1996.

der Geschlechterrollen in der Ehe ausgeübt. „Kein anderer Text der Bibel oder anderer heiliger Schriften hat das Bild der Frau im Christentum so stark geprägt wie die ersten drei Kapitel der Bibel."[3] Es herrscht Übereinstimmung darüber, dass die Kapitel 1. Mose 1 und 2 die erste und wesentliche Offenbarung der Absichten Gottes für das Ehepaar enthalten. Doch es herrscht keine Übereinstimmung über den ursprünglichen Plan Gottes für die Rolle der Geschlechter.

Einige Ausleger bestätigen die Vorstellung einer hierarchischen Überlegenheit des Mannes über die Frau auf der Grundlage einer angenommenen *Überordnung* des Mannes und einer *Unterordnung* der Frau im Schöpfungsbericht (1 Mo 1,26.27)[4] und nach der Aussage Gottes gegenüber der Frau nach dem Sündenfall (1 Mo 3,16).[5] Andere verstehen dieselben Bibeltexte als göttliches Projekt der Gleichberechtigung und gegenseitigen Ergänzung in der Ehe.

1. Mann und Frau „zum Bilde Gottes" geschaffen

Der Text in 1. Mose 1,26–31 beschreibt ausführlich die Erschaffung der ersten beiden menschlichen Wesen. Er stellt fest, dass beide – Mann und Frau – gleichwertig „zum Bilde Gottes" geschaffen wurden, obwohl sie ein unterschiedliches Geschlecht besaßen: „und [Gott] schuf sie als Mann und Frau" (1 Mo 1,27; Mt 19,4–6). Es wird hinzugefügt, dass Gott sie beide segnete und ihnen denselben Auftrag erteilte, ohne zwischen Mann und Frau zu unterscheiden, nämlich die Vermehrung und die Herrschaft über die Schöpfung. Die Pronomen stehen ausschließlich im Plural. In diesem Augenblick werden keine Rollen beschrieben, die für Mann oder Frau spezifisch wären. Abgesehen von den biologischen Unterschiedlichkeiten und den sich ergänzenden Funktionen, die natürlicherweise mit ihrem Geschlecht zusammenhängen, erhalten Mann und Frau einen ebenbürtigen Status, gleiche Rechte und Aufgaben: die gemeinsame Verantwortung für die Geburt und Erziehung der Kinder und die Herrschaft über die Schöpfungsordnung als „Mitregenten". Das so genannte „kulturelle Mandat" wird beiden gleichermaßen erteilt.[6]

---

3 Helen Schungel-Straumann, *Die Frau am Anfang: Eva und die Folgen*, Herder, Freiburg 1989, S. 5; vgl. Christoph Dohmen, „Theologische Frauenforschung als Faktor der Erneuerung christlicher Sozialethik", *Jahrbuch für christliche Sozialwissenschaften* 34, 1993, S. 152. Hinsichtlich der Struktur und dem grundsätzlichen Inhalt folgt dieser Teil vor allem Friedbert Ninow, „Die Stellung der Frau: Gedanken zum ursprünglichen Design in Genesis 2", *Aller Diener* Nr. 3, 1995, S. 4–17.

4 Diese Position wurde neben vielen anderen traditionell von der römisch-katholischen Kirche sowie von Calvin und seinen Anhängern vertreten. Vgl. Johannes Calvin, *Commentaries on the First Book of Moses called Genesis*, Eerdmans, Grand Rapids 1948, S. 217–218.

5 Diese zweite Position wurde neben anderen von Luther und einigen seiner Nachfolger bevorzugt. Vgl. WA 12,137.

6 Man beachte eine sehr interessante Studie über die Übersetzung von „der Adam" als „die Spezies Mensch" und nicht als männlicher Name in Donald M. Joy, „On Splitting the Adam", in Donald M. Joy, *Bonding: Relationships in the Image of God*, Evangel, Nappanee 1985, S. 20–31.

2. Eine detailliertere Beschreibung der Schöpfung der ersten Menschen

Der Abschnitt 1. Mose 2,7–25 beschreibt die Erschaffung des ersten Menschenpaares etwas detaillierter. Manche Theologen sehen in diesem Abschnitt eine von Gott verordnete hierarchische Unterlegenheit der Frau. Hierfür nennen sie vier Hauptargumente: der Mann sei als Erster erschaffen worden, die Frau sei um des Mannes willen erschaffen worden, sie sei aus der Rippe des Mannes genommen, und der Mann habe ihr ihren Namen gegeben.

a. Der Mann wurde zuerst erschaffen

Manche Ausleger von 1. Mose 2 betrachten die Tatsache, dass der Mann zuerst erschaffen wurde, als göttliche Bestätigung der Unterordnung der Frau unter den Mann und somit auch der Ehefrau unter den Ehemann.[7] Diese Auffassung wird aus der Sicht abgeleitet, als erstes erschaffen zu sein verleihe dem Mann eine unleugbare – zumindest zeitliche – Priorität, gemeinsam mit einem Bewusstsein der Verantwortung und Schutzfunktion für das, was nach ihm käme.[8] Auf einer breiten Basis jüdischer und christlicher Traditionen haben diese Theologen die Vorstellung weitervermittelt, die Frau – nach dem Mann, sozusagen als Epilog der Schöpfung geschaffen – sei dazu bestimmt, ihrem Ehemann zu dienen und ihm untertan zu sein.[9]

Einige moderne Ausleger, die aus der Schwäche dieses Arguments Nutzen ziehen (wenn die Tatsache der Erstschöpfung an sich schon irgendeine besondere Überlegenheit impliziere, dann wäre der Mensch logischerweise dem Tier unterworfen), betrachten die Erschaffung der Frau wiederum als Höhepunkt und „krönenden Abschluss" der Schöpfung und daher als Beweis für die Überlegenheit der Frau über den Mann.[10]

Eine sorgfältige Studie der literarischen Struktur von 1. Mose 2 offenbart jedoch, dass die Hauptaussage – die Schöpfung von Mann und Frau – am Anfang und am Ende des Kapitels als Rahmen *(inclusio)* präsentiert wird. Dazu schrieb John McKenzie:

---

7 Carl F. Keil, *Die Bücher Moses*, Bd. 1, Dörffling und Franke, Leipzig 1866, S. 54.

8 Das Argument von Paulus in 1. Timotheus 2,13–14 („Adam wurde zuerst gemacht, danach Eva"), impliziert für manche, man müsse die Schöpfungsordnung als Unterwerfung der Frau unter den Mann verstehen (vgl. Douglas J. Moo, „1 Timothy 2:11–15: Meaning and Significance", *Trinity Journal* 1, 1980, S. 65–67). Andere beziehen diese Aussage auf die „Bedeutung eines gemeinsamen Kampfes von Mann und Frau gegen die Täuschung" (Ángel M. Rodríguez, *Jewelry in the Bible*, Pacific Press, Nampa 1999, S. 87–88).

9 Nach dem Talmud sollte der Vater bei der Darstellungszeremonie eines Mädchens sagen: „Ich danke dir, Herr, unser Gott, König des Universums ... dass du mich nicht als Frau ... oder als Sklave erschaffen hast." (*Menachot* 43b; vgl. Arthur F. Ide, *Woman in Ancient Israel under the Torah and Talmud*, Ide House, Mesquite 1982, S. 1ff.) Nach einer anderen Talmud-Tradition kann der Ehemann seine Frau nur durch die Ehe in ein „nützliches Gefäß" verwandeln (*Sanhedrin* 22b).

10 Siehe z. B. Phyllis Trible, „Depatriarchalizing in Biblical Interpretation", *Journal of the American Academy of Religion* 41, 1973, S. 36.

> Die Geschichte der Erschaffung des Mannes am Beginn der Perikope (1 Mo 2,7) zusammen mit der Erzählung von der Erschaffung der Frau am Ende formen einen Chiasmus, durch den beide Wesen in ein paralleles Geschehen gestellt werden. Diese Anordnung verleiht der Frau jedoch nicht weniger Wert.[11]

Beim Zusammenhang der gesamten Erzählung geht es eher um Gleichheit und Partnerschaft als um den „Höhepunkt" oder die „Krone". „Die Bewegung in 1. Mose 2 läuft – wenn überhaupt – nicht von der Überlegenheit zur Unterlegenheit, sondern von der Unvollständigkeit zur Vollständigkeit."[12]

b. Die Frau – erschaffen um des Mannes willen

Ein anderes Argument zugunsten der Unterordnung der Frau unter den Mann ist die Bezeichnung der Frau als „Hilfe" *(ʿzr)* in 1. Mose 2,18. Während der Mann immer noch allein ist, kündigt Gott seinen Plan an, ihm eine „Gehilfin" zu geben (V. 18–20). Zu diesem Zweck entnimmt Gott dem Menschen – während dieser schläft – eine Rippe aus seiner Brust und macht daraus die Frau (V. 21–23). Aus dieser Geschichte haben manche geschlossen: Wenn die Hauptaufgabe der Frau darin bestünde, Gehilfin des Mannes zu sein, wäre ihr Status dem des Mannes untergeordnet, denn „die Natur einer helfenden Rolle setzt Unterwerfung voraus."[13]

Doch ist festzustellen, dass der hebräische Begriff für „Helfer" *(ʿzr)* im Alten Testament weitere 27 mal auftaucht und dass bei 17 dieser Textstellen diese Hilfe einem Höheren, nämlich Gott selbst, zugeschrieben wird.[14] Bei keinem dieser Texte zeigt *ʿzr* Unterwerfung an. Der Begriff bezeichnet eine Beziehung, bei der derjenige, dem geholfen wird, Ziel einer Wohltat ist. Der Satz in 1. Mose 2,18 beschreibt also eher die Vorteile ergänzender Hilfe als eine Unterwerfung der Frau und eine Überlegenheit des Mannes. Beide, Mann und Frau, brauchen voneinander gegenseitige Hilfe und Unterstützung, nicht nur zur Fortpflanzung, sondern auch zur Herrschaft über die Natur und zu ihrer Selbstverwirklichung.[15] „Der Mensch wurde

---

11 John McKenzie, „The Literary Characteristics of Gn 2–3", *Theological Studies* 15, 1954, S. 559.

12 Richard Davidson, „Headship, Submission, and Equality in Scripture", in Vyhmeister, *Women in Ministry*, S. 261; vgl. Richard Davidson, „The Theology of Sexuality – In the Beginning: Gen 1–2", *Andrews University Seminary Studies* 26, 1988, S. 14–15.

13 Samuele Bacchiocchi, „Headship, Submission, and Equality in Scripture", in Mercedes H. Dyer (Hg.), *Prove All Things*, Adventists Affirm, Berrien Springs 2000, S. 77; siehe vom selben Autor *The Marriage Covenant: A Biblical Study on Marriage, Divorce, and Remarriage*, Biblical Perspectives, Berrien Springs 1991, S. 72.

14 Beispiele: „Der Gott meines Vaters ist meine Hilfe (*ʿzr*) gewesen und hat mich errettet vor dem Schwert des Pharao" (2 Mo 18,4b); „Aber Israel hoffe auf den HERRN! Er ist ihre Hilfe (*ʿzr*) und Schild." (Ps 115,9) Fünfmal ist *ʿzr* ein Eigenname (wie in 1 Chr 4,4), und weitere fünfmal wird der Begriff für Menschen als Objekt der Hilfe verwendet (wie in Jes 30,5).

15 Im Buch Prediger (4,9–12) wird die Vorstellung gegenseitiger Hilfe in folgenden Sätzen ausgedrückt: „So ist's ja besser zu zweien als allein ... Fällt einer von ihnen, so hilft ihm sein Gesell auf. Weh dem, der allein ist, wenn er fällt! Dann ist kein anderer da, der ihm aufhilft. Auch, wenn zwei beieinander liegen, wärmen sie sich; wie kann ein Einzelner warm werden?"

von Gott geschaffen, um Hilfe zu leisten und zu empfangen, sodass das Helfen zu einem integralen Bestandteil der Menschlichkeit wird."[16]

Gleichzeitig wird die beabsichtigte „Hilfe" durch den Begriff *kĕnegdô* (Präposition *k,* Wurzel *ngd,* und Nachsilbe *ô)* präzisiert, ein Ausdruck, der mit „ihm ähnlich" übersetzt werden kann. Da die Wurzel ngd „Gegenüber" oder „Ergänzung" bedeutet, wäre es korrekt, *kĕnegdô* mit „als seine Entsprechung" oder „als seine Partnerin"[17] zu übersetzen. Ohne die Partnerschaft der Frau wäre das Glück des Mannes niemals vollkommen, denn kein anderes Wesen würde seine Bedürfnisse nach Zuwendung, Nähe und Gemeinschaft erfüllen. Gott gab ihm eine Partnerin, die genau für ihn geschaffen war. Die Frau entspricht einem doppelten Wunsch, dem Wunsch Gottes und dem Wunsch des Mannes. Kein anderes Wesen würde dem Menschen die Liebe geben können, die er brauchte. „Der gegenseitigen Hilfe entspricht die gegenseitige Gleichwertigkeit ... in allem, was ein gemeinsames Leben ausmacht."[18] Da der Begriff *ʿzr* auch „Kraft" im Sinne „einer Kraft (oder Kapazität) ausdrückt, die der seinen ebenbürtig ist",[19] wird es schwierig, aus diesem Argument irgendeinen ontologischen Unterschied zwischen Mann und Frau zu konstruieren.

c. Aus einer Rippe des Mannes geschaffen

Ein dritter Grund, der zugunsten eines untergeordneten Status der Frau im Verhältnis zum Mann genannt wird, ist die Tatsache, dass die Frau aus einer Rippe des Mannes geschaffen wurde.[20] Diese Sicht argumentiert auf der Basis, die Existenz der Frauen sei für immer vom Mann abhängig und ihm untergeordnet, da die Existenz der ersten Frau von der eines bereits existierenden Mannes abhängig gewesen sei.

Dass der Schöpfungsbericht sagt, die Frau sei aus dem Mann erschaffen worden, kann nicht geleugnet werden, aber nichts deutet aufgrund dieser Tatsache darauf hin, dass sie ihm unterlegen wäre. Die Rippe des Mannes war das Grundmaterial, aus dem der Herr die Frau „baute",[21] so wie ein Stück Ton das Grundmaterial

16 Claus Westermann, *Genesis*, Biblischer Kommentar zum Alten Testament 1/1, Neukirchener, Neukirchen-Vluyn 1974, S. 309.

17 Francis Brown, S. R. Driver und Charles A. Briggs, *The New Brown, Driver, and Briggs Hebrew and English Lexicon of the Old Testament*, APA, Lafayette 1981, S. 617 (vgl. EB: „die ihm entspricht"; Fußnote: „oder als sein Gegenüber").

18 Westermann, *Genesis*, S. 309–310.

19 R. David Freedman, „Woman: A Power Equal to Man", *Biblical Archaeology Review* 9.1, 1983, S. 56–58.

20 Bacchiocchi, „Headship", S. 74–76, und Samuele Bacchiocchi, *The Marriage Covenant: A Biblical Study on Marriage, Divorce, and Remarriage*, Biblical Perspectives, Berrien Springs 1991, S. 31.

21 Das in 1. Mose 2,22 verwendete Wort lautet *bnh*. Die Frau wurde nicht nur geformt, sondern „erbaut" wie ein Meisterstück der Architektur. Die Verwendung von *bnh* impliziert intellektuelle und ästhetische Werte und die Vorstellung von Schönheit, Stabilität und Dauerhaftigkeit. Vgl. Samuel Terrien, *Till the Heart Sings*, Fortress, Philadelphia 1985, S. 12.

war, aus dem der Mann gemacht wurde. Das bedeutet, dass menschliche Wesen dasselbe Fleisch und dieselbe Natur teilen, da sie geschaffen wurden, um als Partner zusammenzuleben. Ellen White erklärte:

> Eva wurde von einer Rippe aus Adams Seite geschaffen. Sie sollte ihn nicht als Haupt beherrschen, aber auch nicht unterdrückt werden. Sie sollte ihm vielmehr ebenbürtig zur Seite stehen, und er sollte sie lieben und beschützen.[22]

So scheint es, als würde die Aussage, die Frau sei aus dem Mann geschaffen, einmal mehr ihren Status der Gleichwertigkeit betonen und die Tatsache unterstreichen, dass beide dieselbe menschliche Substanz teilten.

d. Adam gab der Frau einen Namen

Ein viertes Argument in der Diskussion bezüglich der Überlegenheit des Mannes über die Frau gründet sich auf die Tatsache, dass Adam der Frau einen Namen gab, so wie er den Tieren Namen gab (1 Mo 2,19.20).

Dieses Argument arbeitet mit der Annahme – die von einigen Fällen in der Bibel unterstützt wird –, dass Menschen, die anderen Namen gaben, Autorität über sie ausübten. So hat Pharao Necho Eljakim zum König von Juda ernannt und seinen Namen in Jojakim umgewandelt (2 Kön 23,34). In diesem Fall wurde der besiegte Feind durch den Prozess der Namensgebung in gewisser Weise zum Besitz des Souveräns. Auch andere historische Beispiele zeigen, dass eine Namensänderung mit Abhängigkeit und Herrschaft zu tun haben kann (vgl. Dan 1,7 und 4 Mo 6,27). Die Person, die den neuen Namen erhielt, wurde der Autorität des Namensgebers unterstellt.

In 1. Mose 2,23 beobachten wir jedoch, dass die Frau in diesem Stadium keinen neuen Namen erhält. Sie wird einfach *'iššâ* – „Frau" – genannt, eine Geschlechtsbezeichnung als Hinweis darauf, dass sie die weibliche Form des Mannes *('îš)* war. Erst später, nach dem Sündenfall, wird Adam seine Frau Eva („Lebendige") nennen, weil sie „die Mutter aller, die da leben" (1 Mo 3,20) wurde. Die Namensnennung der Frau durch den Mann ereignet sich erst nach dem Sündenfall, in einer bereits veränderten Beziehung, in der der verliehene Name nicht bezeichnet, wer die Frau ist (eine gleichberechtigte Partnerin bei der Herrschaft über die Erde), sondern ihre Rolle auf das „Muttersein" beschränkt.

Eine nähere Betrachtung der grammatischen Formen unseres Textes offenbart, dass die Verbform im Satz „man wird sie Männin *['iššâ]* nennen" eine Passivform (Niphal) ist. Man sollte darauf achten, dass 1. Mose 2,23 damit zwei als Passivum

22 Ellen G. White, *Patriarchen und Propheten*, Saatkorn-Verlag, Hamburg [1973], S. 22. Weiter sagt White hier: „Als Teil des Mannes, Bein von seinem Bein und Fleisch von seinem Fleisch, war sie sein anderes Ich. In inniger Verbindung sollten sie einander liebevoll zugetan sein." So ist es auch nicht überraschend, dass White schlussfolgert: „Bei der Erschaffung hatte Gott sie [Eva] Adam gleichgestellt" (ebenda S. 35).

Divinum zu verstehende Formen (bei denen Gott als Handelnder nur implizit vorkommt) parallel enthält: „man wird sie Männin nennen" (eigentlich: „sie wird *'iššâ* genannt werden") und „weil sie vom Manne genommen ist". Dies bedeutet, dass Gott der Frau den Namen gibt und nicht der Mann.[23]

Auf der Grundlage dieser Beobachtungen können wir schließen, dass 1. Mose 2 kein schlüssiges Argument hinsichtlich einer hierarchischen Sicht der Geschlechter bei der Schöpfung vor dem Sündenfall enthält. Es gibt keine Anzeichen für eine Unterordnung der Frau gegenüber dem Mann oder für eine Herrschaft des Ehemanns über die Ehefrau und noch weniger einen Hinweis auf irgendeine Form der Überlegenheit der Männer über die Frauen.

3. Gleichwertigkeit und Gegenseitigkeit

Der Schöpfungsbericht gibt uns zusätzlich auch Hinweise auf die ursprüngliche Gleichwertigkeit zwischen Mann und Frau. Als der Mann seine Frau zum ersten Mal sieht (1 Mo 2,23), ruft er aus: „Das ist doch Bein von meinem Bein *(ʿṣm)* und Fleisch von meinem Fleisch *(bśr)*". Dieser Satztyp des Parallelismus wird in der hebräischen Poesie häufig verwendet, um die Gesamtheit einer Idee auszudrücken.[24] Beide Begriffe, *ʿṣm* und *bśr,* haben eine doppelte Bedeutung, was für die Auslegung dieses Textes interessant sein könnte. Der erste Begriff, *ʿṣm,* bedeutet eigentlich „Knochen, Skelett" (vgl. 2 Mo 12,46; Hab 3,16), aber auch „Dauerhaftigkeit", „Kraft" und „Wirksamkeit".[25] Die Knochen stehen für Stabilität (vgl. z. B. Jes 58,11).[26] Auch der zweite Begriff dieses Parallelismus, *bśr,* besitzt eine doppelte Bedeutung. Neben „Fleisch" (vgl. z. B. 2 Kön 5,14; Dan 14,8), und „Körper" (vgl. z. B. Hes 11,19; Pred 12,12) bezeichnet *bśr* auch das „Verwundbare" und „Zerbrechliche".[27] Der Ausdruck „Bein *(ʿṣm)* und Fleisch *(bśr)*" weist daher im Zusammenhang von 1. Mose 2,23 auf zwei wesentliche menschliche Charakterzüge hin, die in der Ehe geteilt werden, „Dauerhaftigkeit" und „Zerbrechlichkeit", die das gesamte Spektrum menschlicher Beziehungen mit ihren Stärken und Schwächen umfassen.[28] An anderen Stellen des Alten Testaments wird der Parallelismus „Bein und Fleisch" im Zusammenhang mit

23 Siehe Jacques Doukhan, „The Literary Structure of the Genesis Creation Story", *Andrews University Seminary Studies* 5, 1978, S. 46f.

24 Siehe Stanley Gevirtz, *Patterns in the Early Poetry of Israel,* University of Chicago Press, Chicago 1963.

25 James Muilenberg, „Introduction to the Exegesis of Isaiah 40–66", *Interpreter's Bible,* Bd. 5, Abingdon, Nashville 1984, S. 683.

26 Othmar Keel, *Die Welt der Altorientalischen Bildsymbolik und das Alte Testament,* Benziger, Zürich 1972, S. 57.

27 Diese Vorstellung wird vor allem in Aussagen betont, in denen die Verwundbarkeit menschlicher Wesen mit dem unveränderlichen Wesen Gottes verglichen wird (z. B. Jer 17,5 und Ps 56,5).

28 Manche merken an, dass die Erwähnung von „Bein und Fleisch" (1 Mo 2,23) bereits eine gewisse Vorahnung der Vermählungsformel „in guten und in schlechten Tagen" bedeuten könnte. Die Beziehung zwischen Mann und Frau wird durch den Sündenfall ja dann tatsächlich unter schwerwiegenden Konsequenzen leiden. Vgl. Walter Brueggeman, „Of the Same Flesh and Bone (Gen 2,23a)", *Catholic Biblical Quarterly* 32, 1970, S. 532–542.

einem Bund verwendet, bei dem beide Partner ihren ganzen Einsatz, ihr Einbringen der Ähnlichkeiten und Unterschiede, ihrer Gaben und Fähigkeiten zur gegenseitigen Hilfe und Unterstützung zum Ausdruck bringen.[29]

4. Der Ehebund – „sie werden sein ein Fleisch"

Der Vertragscharakter der Ehe als Partnerschaft von Gleichberechtigten zeigt sich auch in der Wendung von 1. Mose 2,24: „Darum wird ein Mann seinen Vater und seine Mutter verlassen und seiner Frau anhangen, und sie werden sein ein Fleisch." Das hebräische Wort für „anhangen" *(dbq)* wird in Vertragstexten für menschliche Beziehungen und die Beziehung zwischen Gott und Mensch verwendet.[30] Der Begriff „ein Fleisch" betont die Einheit, die neue Situation der beiden Eheleute in der Ehe.

Wir können diesen Teil mit der Aussage beschließen, dass Gottes Vorhaben am Anfang – gemäß dem Schöpfungsbericht – Mann und Frau in der Ehe als gleichberechtigte Partner mit denselben Vorrechten und dem gleichen Wert zusammenfügte. Es wird nichts darüber gesagt, dass der eine Partner Autorität über den anderen besäße. Es wird nichts über eine Rollenverteilung ausgedrückt. In dieser Bundesbeziehung sollten Ehemann und Ehefrau einander ergänzen („eins werden") und sich gegenseitig durch ihre Unterschiedlichkeit bereichern, was ihnen ermöglichen würde, eine neue Familie ins Leben zu rufen.

Die Konsequenzen des Sündenfalls

1. Gleichheit von Mann und Frau beim Sündenfall

Diese ursprüngliche Gleichwertigkeit von Mann und Frau vor Gott und voreinander wird durch die unabhängige Rolle bestätigt, die die Frau in der Erzählung des Sündenfalls spielt. Eva übernimmt eine schwere Verantwortung und sogar eine führende Rolle als Partnerin Adams. Sie wird von der Schlange zuerst angesprochen; sie führt einen Dialog mit ihr, sie nimmt die verbotene Frucht und isst zuerst von ihr. Der Text verleiht Eva keine zweitrangige, unterwürfige, sondern eine sehr prominente Rolle. Die Rolle des Mannes in dieser Erzählung ist begrenzt, passiv und zweitrangig, verglichen mit der wichtigen Rolle, die von der Frau übernommen wird: „und gab ihrem Mann ... und er aß" (V. 6).[31]

29 Siehe zum Beispiel 2. Samuel 5,1–2: „Und es kamen alle Stämme Israels zu David nach Hebron und sprachen: Siehe, wir sind von deinem Gebein und deinem Fleisch. Schon früher, als Saul über uns König war, führtest du Israel ins Feld und wieder heim. Dazu hat der HERR dir gesagt: Du sollst mein Volk Israel weiden und sollst Fürst sein über Israel." Mit der Formel „wir sind von deinem Gebein und deinem Fleisch" als Hinweis auf den Bund bekräftigten die israelitischen Stämme ihren Willen zur Anerkennung der Autorität Davids unter allen Umständen, „in guten und in schlechten Tagen" (siehe auch 2 Sam 19,13–14; Ri 9,2; 1 Mo 29,14). Der Zusammenhang zeigt, dass diese Formel keinerlei Blutsbande meint, sondern eine kollektive Solidarität unter Brüdern.

30 Siehe 5. Mose 10,20; 11,22; 13,5; Josua 23,8; 1. Könige 11,2; vgl. Brueggeman, *Of the Same Flesh and Bone*, S. 538.

31 Es ist beachtenswert, dass der Text das Paar nicht tadelt, weil die Frau eine führende Rolle übernommen hätte, sondern weil beide Gottes Anweisungen ungehorsam waren (1 Mo 3,17).

Jedenfalls sagen alle anderen Texte der Bibel, dass beide, Mann und Frau, gleichermaßen am Sündenfall Anteil hatten und verantwortlich waren und dass Adam nicht weniger schuldig war als Eva (vgl. Röm 5,12–21; 1 Kor 15,21.22). Diese Darstellung reflektiert wiederum die biblische Sicht ihrer ursprünglichen Einheit und Solidarität.

2. Auswirkungen des Sündenfalls auf die eheliche Beziehung

1. Mose 3 berichtet, wie die Sünde nicht nur die Beziehung zwischen dem Menschen und Gott, sondern auch zwischen Mann und Frau verzerrte. Die Konsequenzen ihrer Rebellion haben die „sehr gute" Schöpfung Gottes für sie verdorben. Ihre Sünde entfernte ihre Beziehung weit von dem, was Gott ursprünglich für sie vorgesehen hatte.

Den Schlüsseltext finden wir hier in 1. Mose 3,16, wo Gott zu Eva sagt: „Er wird über dich herrschen". Dies ist die erste Aussage in der Bibel, die sich auf einen Unterschied zwischen den Geschlechterrollen bezieht. Die Ausleger haben diesen Text auf verschiedene Weise gedeutet:

- Manche verstehen die Unterlegenheit der Frau als Schöpfungseinrichtung. Sie denken, dass die Sünde die ursprüngliche Hierarchie der Geschlechter zerstört hat und Gottes Plan durch das Evangelium wiederhergestellt werden muss.[32]
- Andere, die die Unterlegenheit der Frau ebenfalls als Schöpfungseinrichtung betrachten, finden hier eine Bestätigung, aber eher als „Segen" für die Frau, der ihr bei den Schmerzen der Mutterschaft Erleichterung und Trost bringt.[33]
- Für andere repräsentiert die in 1. Mose 3,16 erwähnte Dominanz des Ehemanns über die Ehefrau nicht „Gottes Familienordnung", sondern die traurige Folge des Sündenfalls. In diesem Text wird die Herrschaft des Mannes über die Frau nicht von Gott verordnet, sondern nur von ihm beschrieben, beziehungsweise vorausgesagt.[34] Das über die Frau gesprochene Urteil sollte im Sinne einer schmerzlichen Vorhersage der Veränderung für die Stellung der Frau in einer gefallenen Welt verstanden werden; ebenso wie das Urteil über Adam und die Erde eine ähnliche Veränderung für die Arbeitsbedingungen des Mannes ankündigte.
- Wieder andere Ausleger behaupten, die Unterlegenheit der Frau habe vor dem Sündenfall nicht existiert. Doch als Folge der Sünde habe Gott für die

32 Calvin sieht die Stellung der Frau vor dem Sündenfall als „angenehme Unterlegenheit", aber nach dem Fall wird sie „der Knechtschaft unterworfen" (*Commentaries*, S. 172). Vgl. Bacchiocchi, „Headship", S. 79–84.

33 Stephen B. Clark, *Man and Woman in Christ: An Examination of the Roles of Men and Women in the Light of Scripture and the Social Sciences*, Servant Books, Ann Arbor 1980, S. 677.

34 Gilbert Bilezikian, *Beyond Sex Roles: A Guide for the Study of Female Roles in the Bible*, Baker Book, Grand Rapids 1985, S. 54–55; Paul K. Jewett, *Man as Male and Female: A Study of Sexual Relationships from a Theological Point of View*, Eerdmans, Grand Rapids 1975, S. 114.

Frau in dieser gefallenen Welt eine neue Rolle vorgesehen, die Unterwerfung unter die Herrschaft ihres Ehemannes. Manche verstehen diese neue Rolle als dauerhaft, andere als zeitlich begrenzt und durch das Evangelium zu verändern.[35]

- Schließlich gibt es Theologen, die die Unterlegenheit der Frau als Einrichtung der Schöpfung und des Textes in 1. Mose 3,16 ablehnen. Aus ihrer Sicht kann das hebräische Verb für „herrschen" hier ebenso mit „gleich sein" übersetzt werden und würde dann die dauerhafte Gleichwertigkeit von Ehemann und Ehefrau betonen.[36]

3. Die Mann-Frau-Beziehung am Anfang: Fünf Auffassungen

Wir können diese fünf Auffassungen in folgender Tabelle zusammenfassen:[37]

Schöpfung (1 Mo 1–2)	**Sündenfall** (1 Mo 3)	**Göttlicher Ausspruch über Eva** (1 Mo 3,16)
1. Hierarchische Unterordnung der Frau	Pervertierte Unterordnung	Wiederhergestellte Unterordnung
2. Hierarchische Unterordnung der Frau	Fortdauer der Unterordnung	Erneute Bestätigung der Unterordnung
3. Gleichwertigkeit	Gestörte Beziehung	Unterordnung als Folge der Sünde: Ehemann reißt die Herrschaft an sich (Evangelium stellt Originalzustand wieder her)
4. Gleichwertigkeit	Gestörte Beziehung	Unterordnung (entweder permanent oder zeitlich begrenzt): nach der Sünde zur Erhaltung der Harmonie; Ehemann handelt als „Erster unter Gleichen"
5. Gleichwertigkeit	Fortdauer der Gleichwertigkeit	Segen der Gleichwertigkeit; keine Hierarchie

35 Francis Schaeffer, *Genesis in Space and Time*, InterVarsity, Downers Grove 1975, S. 93–94. Siehe auch Trible, „Depatriarchalizing in Biblical Interpretation", S. 41.

36 Andere beschränken die männliche „Vorherrschaft" auf den Bereich der Sexualität mit der Konsequenz unerwünschter Schwangerschaften etc. Siehe John H. Orwell, *And Sarah Laughed: The Status of Women in the Old Testament*, Westminster, Philadelphia 1977, S. 18, und Carol L. Meyers, „Gender Roles and Gen. 3:16 Revisited", in Carol L. Meyers und M. O'Connor (Hg.), *The Word of the Lord Shall Go Forth*, Eisenbrauns, Winona Lake 1983, S. 337–354.

37 Tabelle nach Davidson, „Headship", S. 266.

Wenn Gott in seinem ursprünglichen Plan vorgesehen hätte, dass Mann und Frau gleichberechtigt vor ihm stehen und sich auch auf einer gleichberechtigten Ebene begegnen sollten – wie im Schöpfungsbericht bestätigt wird, würde 1. Mose 3,16 besser als eine Voraussage der Folgen des Sündenfalls anstatt als Erlass einer neuen Ordnung Gottes in den Zusammenhang passen. Die Herrschaft des Mannes über die Frau, die wir in der Menschheitsgeschichte kennen, ist mit Sicherheit nicht Teil der ursprünglichen Schöpfungsordnung, sondern entweder eine Folge der Sünde oder ein Teil des Fluches.[38] Um dieses Dilemma aufzulösen, müssen einige Punkte verdeutlicht werden.

a. Der literarische Stil der Aussage

Auf der Grundlage der hebräischen Grammatik beobachten wir, dass der Satz „er soll dein Herr sein" einen gewissen juristischen Grundton besitzt, der besser zu einem göttlichen „Mandat" als zu einer „Prophezeiung" passen würde. Aus dieser Sicht könnte eine bestimmte Vorherrschaftsrolle des Ehemanns über die Ehefrau impliziert werden.[39] Ob diese Unterordnung jedoch auf Dauer gelten oder durch das Evangelium aufgehoben werden sollte, bleibt ein strittiger Punkt.[40] Wir werden darauf zurückkommen.

38 Für Ellen G. White ist der Ausspruch „Er [Adam] wird über dich herrschen" Teil des Fluches: „Als Gott Eva schuf, bestimmte er, dass sie dem Manne weder untergeordnet noch übergeordnet, sondern ihm in allen Dingen gleich sein sollte ... Doch nachdem Eva gesündigt und als erste das Gebot Gottes übertreten hatte, sprach Gott zu ihr, dass nun Adam ihr Herr wäre. Sie sollte ihrem Mann untertan sein; dies war ein Teil des über sie verhängten Fluches. In vielen Fällen wurde dadurch das Los der Frau sehr erschwert und ihr Leben belastet." (Ellen G. White, *Aus der Schatzkammer der Zeugnisse*, Bd. 1, Advent-Verlag, Hamburg [1968], S. 377) Beachten wir, dass Ellen G. White nicht sagt, die Unterordnung habe etwas mit dem Geschlecht Evas zu tun, sondern damit, dass sie als erste sündigte. „Wenn wir die wahre Intention dieses Abschnitts einschätzen wollen, müssen wir die Auslegungen, die von der Annahme ausgehen, vor dem Sündenfall habe eine Hierarchie der Geschlechter existiert, sofort in Frage stellen (Ansichten 1 und 2). Die Analyse von Genesis 1–2 hat ergeben, dass am Anfang keine solche Unterordnung oder Unterwerfung der Frau unter den Mann vorhanden war." (Davidson, „Headship", S. 266.)

39 Ellen G. White schien folgende Auslegung zu vertreten: „Bei der Erschaffung hatte Gott sie [Eva] Adam gleichgestellt. Wären beide Gott gehorsam geblieben – in Übereinstimmung mit seinem großen Gesetz der Liebe –, hätten sie miteinander in Einklang leben können. Aber die Sünde brachte Uneinigkeit. So konnte nur die Unterordnung des einen ihre Eintracht bewahren. Eva war die erste bei der Übertretung gewesen. Als sie sich entgegen der göttlichen Weisung von ihrem Gefährten trennte, geriet sie in Versuchung. Als sie ihn dazu überredete, sündigte auch Adam, und nun wurde sie ihrem Mann unterstellt. Und dennoch hätte dieses Urteil, auch wenn es aus den Folgen der Sünde erwuchs, für das gefallene Menschengeschlecht ein Segen werden können, wenn die im göttlichen Gesetz verankerten Grundsätze befolgt worden wären. Aber der Mann missbrauchte diese ihm übertragene Vorrangstellung. Das machte das Los der Frau nur allzu oft bitter und ihr Leben zur Last." (Ellen G. White, *Patriarchen und Propheten*, Advent-Verlag, Hamburg [1973], S. 35)

40 „Es ist durchaus angebracht, so nah wie möglich zum ursprünglichen Plan Gottes, der völligen Gleichwertigkeit in der Ehe, zurückzukehren. Gleichzeitig erscheint es in einer sündigen Welt notwendig, am Wert des Prinzips vom ‚Haupt der Familie' festzuhalten, um die Harmonie in der Familie zu erhalten." (Davidson, „Headship", S. 267)

b. Die Bedeutung des Begriffs „herrschen"

Da das in Vers 16 verwendete Wort *mšl* für „herrschen, über etwas Herrschaft haben" nicht dasselbe Wort ist wie das in 1. Mose 1,26.28 für die menschliche Oberherrschaft über die Tiere verwendete, müssen wir hinsichtlich der Art der „Herrschaft", die vom Mann über seine Frau erwartet wird, eine wesentliche Unterscheidung treffen. Tatsächlich impliziert das semantische Spektrum des Verbs *mšl* nicht notwendigerweise die Autorität einer despotischen Macht, sondern kann auch auf eine dienende Führung hindeuten, die Schutz und Zuwendung beinhaltet – in dem Sinn, dass dem Ehemann die liebevolle Fürsorge für seine Frau anvertraut wird. Das ermöglicht einigen Auslegern, „das in Vers 16 ausgesprochene göttliche Urteil nicht nur als bestrafend, sondern auch umfassend als Segen zu verstehen."[41]

c. Der Sinn des Begriffs „Verlangen"

Ein Hinweis auf die Unterordnung wird auch in den Worten Gottes gesehen, die er zu Eva sprach: „Dein Verlangen wird nach deinem Mann sein." Die Bedeutung des hebräischen Begriffs *tĕšûqâ* („heftiger Wunsch, Verlangen"), der in der Heiligen Schrift nur dreimal vorkommt, kann sich auf eine extreme und ungestillte Sehnsucht nach Macht über eine andere Person als Folge des Sündenfalls beziehen (vgl. 1. Mose 4,6.7).[42] Diese Bedeutung mag klarer werden durch die einzige weitere Verwendung dieses Begriffs im Zusammenhang einer Mann-Frau-Beziehung im Hohenlied, wo Sulamit freudig ausruft: „Meinem Freund gehöre ich und nach mir steht sein Verlangen *[tĕšûqâ]*." (Hld 7,11) Das in diesem Text ausgedrückte Verlangen kann durchaus als Reflexion des ursprünglichen, in 1. Mose 1 und 2 bezeichneten Verlangens verstanden werden. In jedem Fall bezieht sich der Kontext von 1. Mose 3,16 spezifisch auf die Ehesituation. Der Text spricht ausschließlich vom Verlangen der Ehefrau nach ihrem Ehemann und von der Herrschaft des Ehemanns über seine Frau.[43]

41 James B. Hurley, *Man and Woman in Biblical Perspective*, Zondervan, Grand Rapids 1981, S. 216–219.

42 Bryan Craig formuliert: „ ... um dies zu erreichen, würde Eva der Schlange gleichen, die ihr Ziel mit listigen, schlauen und verschlagenen Methoden zu erreichen und Unterstützung für ihren verletzten Stolz und rachsüchtigen Geist zu gewinnen suchte. Adam reagierte ähnlich auf diese in verschiedener Hinsicht veränderte Beziehung. Er schob Eva sein elendes Selbstmitleid in die Schuhe und versuchte, sie ... mit derselben Arroganz, ... die er gegenüber Gott gezeigt hatte, zu kontrollieren und zu unterwerfen." (Bryan Craig, *Searching of Intimacy in Marriage*, Ministerial Association of the General Conference of Seventh-day Adventists, Silver Spring 2004, S. 34f.)

43 Die in diesem Abschnitt beschriebene Herrschaft des Ehemannes (V. 16d) kann genauso wenig ausgeweitet und auf die Mann-Frau-Beziehung im Allgemeinen bezogen werden wie die sexuelle Lust der Ehefrau (V. 16c) auf die sexuelle Lust einer Frau in Bezug auf Männer allgemein bezogen werden kann. Jeder Versuch, diese Anordnung über die eheliche Beziehung hinaus zu erweitern, wird vom Text nicht unterstützt. Auf jeden Fall impliziert die spezielle Unterordnung der Ehefrau gegenüber dem Ehemann keine allgemeine Unterordnung der Frau gegenüber dem Mann. Vgl. Gerhard Hasel, „Equality from the Start: Woman in the Creation Story", *Spectrum* 7.2, 1975, S. 23. Siehe außerdem vom selben Autor: „Man and Woman in Genesis 1–3", *Symposium on the Role of Women in the Church*, Biblical Research Institute Committee, Washington, D. C. 1984, S. 10–27.

d. Die Bedeutung des „Fluches"

Man könnte nun schließen, dass

> dem oben beschriebenen Punkt 4 der vorgeschlagenen Interpretationen von 1. Mose 3,16 der Vorzug gegeben werden sollte, dass es sich hier nämlich um ein normatives göttliches Urteil handele, das eine Unterordnung/Unterwerfung der Frau gegenüber dem Mann als Folge der Sünde ankündigte. Diese Sicht umfasst jedoch nicht nur ein negatives Urteil, sondern auch (und besonders) einen positiven Segen (wie bei Auffassung 5 vorgeschlagen), der die Situation so weit wie möglich zum ursprünglichen Plan der Harmonie und Einheit zwischen gleichwertigen Partnern zurückführen sollte.[44]

Das göttliche Urteil/der göttliche Segensspruch in 1. Mose 3,16 sollte die Erfüllung des ursprünglichen Plans für die Ehe innerhalb des Kontextes einer sündigen Welt erleichtern.

Auch wenn wir dieser Auslegung zustimmten, gibt es hier einen Punkt, der uns problematisch erscheint, denn der Fluch ist und bleibt ein Fluch. Wir können aus dem Unkraut (dem Fluch des Ackers) keinen Segen konstruieren. Nach unserer Meinung besteht die gute Nachricht in 1. Mose 3 nicht in dem Fluch selbst, sondern in der Verheißung des messianischen Nachkommens, der die Sünde – dargestellt in Gestalt der Schlange – zertreten würde. Das Beste, was der Fluch in einer gefallenen Welt erreichen kann, ist, einen Verband zur Verfügung zu stellen, der das Zerbrochene stützt, bis die Heilung und der Heilende kommen. Doch einen Verband trägt man nicht länger als nötig. Während der Verband in einer zerbrochenen Welt weiterhin benötigt wird, solange Christus in den Herzen der Ehemänner und Ehefrauen nicht angenommen wird, muss man im Leben derer, die von ihm verändert wurden, einen Unterschied erkennen können. Im Licht des Evangeliums wird dieser Verband noch besser durch eine zeitliche Unterordnung dargestellt, bis die Bekehrung Wiederherstellung und Heilung bringt.

Wie die in Vers 16 erwähnte neue Beziehung der Unterordnung oder Unterwerfung auch aussehen mag, 1. Mose 3 bietet keine schlüssige Basis für das Argument, die bei der Schöpfung intendierte Gleichwertigkeit von Mann und Frau sei als Folge des Sündenfalls verändert worden.

Ehemann und Ehefrau im übrigen Alten Testament

Die ursprüngliche Gleichwertigkeit von Mann und Frau ist in der Geschichte der Menschheit gründlich zerstört worden. Im Alten Testament gibt es reichlich Zeugnisse für diese neue Realität.

44 Dies ist die Sicht von Davidson, „Headship", S. 269.

1. Unterordnung und Führung in den geschichtlichen Büchern

In den historischen Büchern des Alten Testaments wird in aller Ausführlichkeit beschrieben, in welchem Ausmaß das Familienleben von Adam und Eva und ihren Nachkommen durch das Stigma des Sündenfalles geprägt wurde. In diesen Erzählungen wird das weibliche Profil in den meisten Fällen als ziemlich unbedeutend, simpel und stereotyp auf sehr eingeschränkte Rollen fixiert beschrieben. Die Ehefrauen erscheinen als schweigende Figuren, oft anonym, mit ihren häuslichen Pflichten beschäftigt, fast so, als wären sie nur Teil des Besitzes ihres Ehemanns. Gleichzeitig jedoch übernehmen manche Frauen sehr aktive Rollen in der öffentlichen und politischen Arena. Die pflichtbewusste Erfüllung ihrer Aufgaben als Ehefrau und Mutter unter der Leitung des Ehemanns hat – sogar in jenen Zeiten – soziale Führungsaufgaben und die Entwicklung einer Karriere nicht ausgeschlossen. Debora zum Beispiel war Richterin in Israel (Ri 4,4; 5,7) und damit eine politische und geistliche Führerin der Nation. Dasselbe gilt für Hulda (2 Kön 22,14–20) und andere Frauen mit Führungsaufgaben wie Miriam oder Ester (Ri 5,28–30; 2 Sam 14; 2 Sam 20 etc.)

2. Der Status der Frau in den Gesetzen des Pentateuch

Obwohl eine ganze Anzahl von Gesetzen die Gleichberechtigung nicht beachten und in vielen Lebensbereichen die Unterordnung der Ehefrau gegenüber dem Ehemann implizieren, beobachten wir auch, dass sich die respektierte Stellung der Frau in der Ehe – wie sie in den biblischen Gesetzen gefordert wird – sehr weitgehend von der Diskriminierung unterscheidet, die sie in der gesamten Geschichte der Kulturen außerhalb Israels zu erleiden hatte. Die Tora zum Beispiel fordert von Kindern denselben Respekt gegenüber dem Vater wie gegenüber der Mutter (2 Mo 20,12; 21,15.17), und der Rat von beiden ist für die Bestrafung eines eigensinnigen und rebellischen Sohnes erforderlich (5 Mo 21,18–20). Es gibt viele Gesetze zum Schutz von Frauen: z. B. bei falscher Anklage (5 Mo 22,13–21), bei Entführung (V. 28.29), in der Schwangerschaft (2 Mo 21,22–25), bei Erbschaften (4 Mo 27,1–11; 37,1–13) und bei Witwenschaft (25,5–16).[45] Die Beachtung, die Frauen im Gesetz des Mose genießen, ist von zusätzlicher Bedeutung, wenn wir bedenken, dass diese Gesetze in der Bibel einzigartig sind und in der Literatur des Alten Orients keinerlei Entsprechung finden.[46]

3. Die „ideale Frau" in der Weisheitsliteratur

Der Beitrag der Weisheitsliteratur zum Thema der ehelichen Rollenverteilung ist deshalb von Bedeutung, weil diese Schriften – im Gegensatz zu den historischen

45 Vgl. Laure Aynard, *La Bible au feminin: De l'ancienne tradition à un christianisme hellenisé*, Cerf, Paris 1990, S. 42–47; Ide, *Woman in Ancient Israel*, S. 44f.; Victor Matthews, „Female Voices: Upholding the Honor of the Household", *Biblical Theology Bulletin* 24, 1994, S. 8–15.

46 Roland de Vaux bestätigt, dass „die israelitische Frau von ihrem Ehemann geliebt wurde, dass er ihr zuhörte und sie als gleichberechtigt behandelte". *Ancient Israel: Its Life and Institutions*, McGraw-Hill, Toronto 1961, S. 40.

Büchern – nicht an die Beschreibung der Realität gebunden waren. Sie stellten auch dar, wie die Realität sein sollte, und in diesem Sinn beschrieben sie das anzustrebende Ideal, auch in der Beziehung zwischen Mann und Frau – über die Grenzen der Traditionen und Bräuche hinaus.

So präsentiert uns der Text in Sprüche 31,10–31 ein ziemlich unübliches Bild der „emanzipierten Frau" mit biblischen Worten. Obwohl ihre Aktivitäten sich auf ihr Heim konzentrieren, wird die „ideale Frau" als fleißige, ziemlich unabhängige Geschäftsfrau beschrieben, die von Aktivitäten ausgefüllt wird, die keineswegs mit unterwürfigen Rollen verbunden sind. Tatsächlich schreibt Sprüche 31,10 dieser Frau dieselben Qualifikationen zu („Tüchtigkeit und Stärke"), die in 1. Mose 47,6 Männern zugeschrieben werden. Jedenfalls wird die unübliche Art und Weise der Rollenübernahme in der Ehe offen gebilligt, da ihre Kinder und ihr Ehemann sie preisen und Gott von ihr sagt, dass man sie loben solle (V. 30).[47]

4. Gegenseitigkeit und Austausch in der Partnerschaft der Liebe im Hohelied

Die interessanteste Darstellung „des göttlichen Ideals für die Mann-Frau-Beziehung nach dem Sündenfall finden wir im Hohelied".[48] Wie man dieses kleine biblische Buch auch auslegen möchte, man kann die Bedeutung der Gegenseitigkeit in der intimen Beziehung zwischen Mann und Frau nicht übersehen. Die Fortpflanzung – im Alten Orient Hauptgrund für die Ehe – kommt in diesem Buch überhaupt nicht zur Sprache. Es beschäftigt sich mit anderen wichtigen Aspekten der ehelichen Beziehung, nämlich mit der gegenseitigen Liebe, der Intimität und der sexuellen Partnerschaft. Dieses Buch beschreibt und erhebt „die Gefühle, Wünsche, Sorgen, Hoffnungen und Ängste zweier junger Liebender ... In gewisser Weise ist das Lied ein erweiterter Kommentar zur Schöpfungsgeschichte, eine ausführliche Darstellung des ersten überlieferten Liebesliedes der Geschichte (1 Mo 2,23)."[49] Während Gott beim göttlichen Urteil im Bericht des Sündenfalls der Frau erklärt, ihr Verlangen solle nach ihrem Mann sein (1 Mo 3,16), bestätigt die Frau im Hohelied: „Meinem Freund gehöre ich und nach mir steht sein Verlangen *[tĕšûqâ]*." (Hld 7,11). Freude an der Sexualität wird als Feier der Zusammengehörigkeit präsentiert, in der beide, Mann und Frau, auf derselben gleichwertigen Basis handeln: „Mein Freund ist mein und ich bin sein." (2,16)

Der ebenbürtige Status beider Partner im Hohelied ist eindeutig, da die Frau in der Interaktion mit ihrem Mann oft die Initiative ergreift. Tatsächlich „wird das Hohelied meist aus der weiblichen Perspektive dargestellt".[50]

---

47 Kenneth O. Gangel, „Toward a Biblical Theology of Marriage and Family: Part 2", *Journal of Psychology and Theology* 5, 1977, S. 154–155.

48 Davidson, „Headship", S. 271.

49 G. Lloyd Carr, *The Song of Songs*, Tyndale Old Testament Commentaries, Inter-Varsity Press, Leicester 1984, S. 34.

50 Duane A. Garrett, *Song of Songs*, The New American Commentary 14, Broadman, Nashville 1993, S. 432.

> Von ihren Lippen kommen fast doppelt so viele Verse wie von seinen. Sie schämt sich nicht, ihre Sehnsucht nach Liebe und ihre Bereitschaft der innigen Hingabe an ihren Geliebten auszusprechen ... Wir finden hier nichts von einem aggressiven männlichen und einem widerstrebenden, sich opfernden weiblichen Wesen. Beide sind eins in ihrem Verlangen, denn ihr Verlangen ist von Gott gegeben.[51]

Man könnte sagen: Das Hohelied ist eine Erinnerung an das in Eden gegebene Ideal ehelicher Beziehungen.

5. Eine Vision der Wiederherstellung bei den Propheten

In den prophetischen Schriften finden sich etliche Hinweise auf Gottes Erlösungsabsicht im Hinblick auf die Gegenseitigkeit in der ehelichen Beziehung. Als Beispiel möge die Aussage in Hosea 2,18 dienen: „Alsdann, spricht der HERR, wirst du mich nennen ‚Mein Mann' *['îšî]* und nicht mehr ‚Mein Baal' *[ba'lî]*." Es ist interessant zu beobachten, dass Gott in diesem Satz zur Beschreibung der Beziehung zu seinem Volk das Bild einer Mann-Frau-Beziehung auf der Ebene der Gegenseitigkeit, nicht der Hierarchie, bevorzugt.

Wir dürfen daraus schließen, dass das Alte Testament für die eheliche Beziehung ein Ideal der Gleichwertigkeit präsentiert, und zwar trotz der üblicherweise starken und kulturell betonten Führungsrolle des Mannes in der Ehe und trotz des Ungleichgewichts, das durch den Sündenfall und die jahrhundertelange Geschichte der Ehe entstanden war.

Mann und Frau im Neuen Testament

Wir können nicht klar feststellen, „dass das Neue Testament neue Erkenntnisse in der göttlichen Offenbarung zu Ehe und Familie eröffnet."[52] Jesus erklärte eindeutig, er sei nicht „gekommen ..., das Gesetz oder die Propheten aufzulösen; ... sondern zu erfüllen." (Mt 5,17) So wird im Neuen Testament das alttestamentliche Ideal für Ehe und Familie erneut bestätigt. Daher können wir ungeachtet dessen, dass das Neue Testament eine Klarstellung alttestamentlicher Lehren mit einer besonderen Offenbarung von Prinzipien und einer neuen Sicht bietet, sagen: Die radikale „Neuheit" der Lehren Christi, die nachdrückliche Offenbarung Jesu als „Gott mit uns" (vgl. Hbr 1,1) ist eine Erfüllung der messianischen Verheißungen und Erwartungen des Alten Testaments. Jesus ist „die Sonne der Gerechtigkeit, [die] Heil unter ihren Flügeln" bringt (Mal 3,20).

---

51 Carr, *The Song of Songs*, S. 54.

52 Gegen Kenneth O. Gangel, „Toward a Biblical Theology of Marriage and Family: Part 3", *Journal of Psychology and Theology* 5, 1977, S. 247.

Die menschlichen Beziehungen in der Familie des Glaubens werden notwendigerweise von der Rolle des Evangeliums beeinflusst. Was einerseits als neue Erkenntnis erscheint, ist in Wirklichkeit eine Wiederholung des göttlichen Plans von Anfang an: Monogamie, eheliche Treue, Pflege der Familie – der radikale Aufstieg des weiblichen Status hin zur Gleichwertigkeit der Geschlechter.[53] Andererseits finden wir auch Reaktionen der Urgemeinde auf kulturelle Situationen, die wir nicht immer nachvollziehen können, entweder weil das göttliche Ideal in der menschlichen Geschichte pervertiert wurde oder weil wir bei bestimmten Textabschnitten nicht den gesamten kulturellen Hintergrund kennen.

1. Mann und Frau in der hellenistischen Kultur

Um die Aussagen des Neuen Testaments zur ehelichen Beziehung besser zu verstehen, ist es erforderlich, die allgemeine Auffassung zum Thema Ehe in der hellenistischen Kultur zu berücksichtigen, denn das Neue Testament wurde im Dialog mit und oft im Gegensatz zu seinem historischen Kontext geschrieben.

Die griechische Kultur hat eine lange Tradition in der Verfechtung einer ontologischen Unterlegenheit der Frau gegenüber dem Mann. Plato schreibt Sokrates die Äußerung zu, die in westlichen Kulturen zur gängigen Redensart wurde, die Frauen seien „das schwache Geschlecht".[54] Eine Frau zu sein betrachtete Plato als Strafe für Vergehen der Seele in einem früheren Leben.[55] Und obwohl er die Ausbildung von Mädchen befürwortete, damit sie der Gesellschaft nützen könnten, hielt er sie für „schwächer und den Männern in allen Dingen unterlegen".[56]

Die Auffassungen der klassischen Philosophie von der Natur der Frau hatten großen Einfluss auf die westliche Denkweise, da sie von den gebildeten Gesellschaftsschichten als unfehlbare Wahrheit betrachtet wurden. Dies galt besonders für Aristoteles, der neben Plato zu den einflussreichsten Philosophen der Antike gehörte.[57]

Zur selben Zeit, als einige Juden – wie Philo von Alexandria – das Alte Testament im Licht der griechischen Philosophie auslegten, um es dem hellenistischen Denken anzupassen, verbanden sie jüdische Traditionen mit der griechischen Kultur

53 Jesus akzeptierte Frauen als Jüngerinnen (Lk 8,1–3), und Paulus akzeptierte sie als aktive Partnerinnen bei der Evangeliumsverkündigung (Röm 16,1–15). Siehe dazu Clarence Boomsma, *Male and Female, One in Christ: New Testament Teaching on Women*, Baker, Grand Rapids 1993, S. 21–26.

54 *Timaeus* 41d–42c. Das Neue Testament erwähnt dieses Konzept ebenfalls, aber in einer respektvolleren Art und Weise: „Desgleichen ihr Männer, wohnt vernünftig mit ihnen zusammen und gebt dem weiblichen Geschlecht als dem schwächeren seine Ehre. Denn auch die Frauen sind Miterben der Gnade des Lebens, und euer gemeinsames Gebet soll nicht behindert werden." (1 Ptr 3,7)

55 „Nachdem ... Männer entstanden waren, wurden alle die unter ihnen, welche feige waren und ihr Leben in Ungerechtigkeit hinbrachten, wie die Wahrscheinlichkeit lehrt, bei ihrer zweiten Geburt in Weiber verwandelt." (*Timaeus* 90e–91b, Susemihl-Übersetzung).

56 *Republik* V, 455b–e.

57 In *Politik* VII, 15.6 (1335a), sagt Aristoteles: „Verkehr zwischen zu jungen Menschen wirkt sich auf die Fortpflanzung ungünstig aus. Bei allen Tierarten sind die Nachkommen von kranken oder zu jungen Eltern kleiner, behindert oder weiblich. Dies trifft auch für Menschen zu."

und gingen in ihrer Frauenverachtung noch weiter, wie wir dies zum Beispiel bei den Essenern erleben.

Der starke Einfluss des Stoizismus trug ebenfalls zur Verbreitung eines negativen Frauenbildes in der westlichen Welt bei. So vertraten einige christliche Verfasser der patristischen Periode erneut die (für den stoischen Philosophen Epiktet wichtige) Lehre von der Unterlegenheit der Frau. Das einzig unbestreitbar Gute, das sie an der Frau erkannten, war die körperliche Schönheit, aber diese wurde ebenfalls als Übel betrachtet, denn diese Schönheit führte die Männer normalerweise in Versuchung. Später wurde diese Auffassung von vielen Kirchenvätern übernommen. Das Ergebnis war die theologische Erhöhung des Zölibats über die Ehe und des Mannes über die Frau mit den Folgen, die bis heute zu spüren sind.

2. Jesus beruft sich auf die Schöpfungsordnung

Wenn wir die neutestamentliche Position zur Rollenverteilung in der Ehe untersuchen wollen, müssen wir natürlich bei Jesus anfangen. Das Matthäusevangelium berichtet (Mt 19,3–12; vgl. Mk 10,2–12), dass Jesus, als ihn einige Pharisäer fragten: „Ist's erlaubt, dass sich ein Mann aus irgendeinem Grund von seiner Frau scheidet?",[58] sehr bestimmt und in einer sehr umfassenden, im Plural ausgedrückten Sprache antwortete: „Habt ihr nicht gelesen: Der im Anfang den Menschen geschaffen hat, schuf sie als Mann und Frau ... und die zwei werden ein Fleisch sein? So sind sie nun nicht mehr zwei, sondern ein Fleisch. Was nun Gott zusammengefügt hat, das soll der Mensch nicht scheiden!" (V. 4–6) In seiner Antwort bezeichnete Jesus das Verstoßen nicht als Privileg des Mannes. Er spricht von Ehe und Scheidung als einer Angelegenheit, die beide – Mann und Frau – betrifft und verwendet die Pronomen absichtlich im Plural: „sie" und „die zwei".

Als die Pharisäer antworteten: „Warum hat dann Mose geboten, ihr einen Scheidebrief zu geben und sich von ihr zu scheiden?" (V. 7), entgegnete Jesus: „Mose hat euch erlaubt, euch zu scheiden von euren Frauen, eures Herzens Härte wegen; von Anfang an aber ist's nicht so gewesen." (V. 8) Mit dieser Antwort gibt Jesus ein interessantes Vorbild für biblische Auslegung im Hinblick auf Ehefragen. Nach diesem Muster findet sich der Idealplan Gottes für die Paarbeziehung im Schöpfungsbericht und nicht in der jüdischen Tradition, selbst wenn diese sich mit dem Gesetz Moses beschäftigt. Die Situation der Ehe nach dem Sündenfall wird geprägt von der menschlichen „Herzenshärte", während Gottes Ideal für Mann und Frau „von Anfang an ... nicht so gewesen" ist. (V. 8) An diesem Punkt lädt Jesus dazu ein, sich auf das Ideal der Schöpfungsordnung zu besinnen statt auf die nach dem Sündenfall entstandenen oder in Israel praktizierten Modelle.[59]

58 Das Verstoßen des Ehepartners war in der jüdischen Gesellschaft des ersten Jahrhunderts ein rein männliches Privileg.

59 Es ist interessant zu beobachten, dass Jesus sich nie auf 1. Mose 3 bezieht oder bei seiner Diskussion über

Im Paralleltext bei Markus, der sich wahrscheinlich an die Gemeinden im Römischen Reich richtete, wo auch Frauen sich scheiden lassen konnten, weist Jesus den Gedanken zurück, Scheidung sei allein ein männliches Privileg, und weitet die gegenseitige Verantwortung auf beide Ehepartner aus: „Und er sprach zu ihnen: Wer sich scheidet von seiner Frau und heiratet eine andere, der bricht ihr gegenüber die Ehe; und wenn sich eine Frau scheidet von ihrem Mann und heiratet einen andern, bricht sie ihre Ehe." (Mk 10,11.12) Hier nimmt Markus die gegenseitige Verantwortung in der Ehe, die durch das Evangelium bekräftigt wird, wieder auf und bezieht sie auf das Thema Scheidung. Im Licht des Evangeliums Christi erhalten wir also einen Einblick in die erlösende Absicht Gottes zur Rückführung der Ehe hin zu ihrer ursprünglichen Bedeutung bei der Schöpfung.[60] Mary S. Van Leeuwen erklärte:

> Hinsichtlich der Beziehung zwischen den Geschlechtern erkennen wir, dass Jesus den Status der Frau aufwertete und die Strukturen, die die Privilegien und die Vorherrschaft des Mannes stützten, abwertete. Die einschneidenden sozialen Unterschiede innerhalb der Kultur zur Zeit des Neuen Testamentes wurden damit untergraben und durch die Gnade und Berufung Christi verändert. Ungleichheit und Unterdrückung aufgrund von Rasse, sozialer Schicht oder Geschlecht wurden vom Prinzip her und in der Praxis untergraben. Das Evangelium rief weder zur sozialen Revolution noch zur passiven Akzeptanz des Status quo auf. Vielmehr bewirkte es eine Veränderung der sozialen Beziehungen hin zu Gleichheit, Gegenseitigkeit und positiver Interdependenz.[61]

Man kann sagen, dass die Institution der Ehe als objektive Tatsache des Evangeliums wiederhergestellt wurde und daher von Eheleuten in Christus erwartet wird,

---

die christliche Ehe auch nur irgendeine Anspielung auf dieses Kapitel macht. Er ruft uns nie auf, uns dessen, was manche „den Segen" von 1. Mose 3 nennen, zu erfreuen. Er erinnert uns an die Ehe, wie sie in 1. Mose 1 und 2 ursprünglich vorgesehen war. Hier sehen wir, wie das Thema vom großen Kampf (Schöpfung–Sündenfall–Erlösung) auf die Ehe bezogen wird, so wie es an anderer Stelle auf den Sabbat bezogen wird, also auf die beiden „Zwillingsgeschenke", die aus dem Paradies übrig bleiben. Vgl. Ellen G. White, *Gedanken vom Berg der Seligpreisung*, Union-Verlag, Berlin 1964, S. 66.

60 „Wie jede andere den Menschen anvertraute Gabe Gottes wurde die Ehe durch die Sünde entstellt; aber es ist Ziel des Evangeliums, sie wieder zu ihrer Reinheit und Schönheit zurückzuführen." (Ellen G. White, *Gedanken vom Berg der Seligpreisung*, Union-Verlag, Berlin 1964, S. 67) „Jesus kam nicht, um die Ehe aufzulösen, sondern um ihr heiliges Wesen und ihre Würde wiederaufzurichten. Er kam, um das Ebenbild Gottes im Menschen wiederherzustellen. Sein Werk begann er damit, daß er die Ehe bestätigte." (Ellen G. White, *Glück fängt zu Hause an*, Saatkorn-Verlag, Hamburg [1978], S. 21)

61 Mary S. Van Leeuwen, *After Eden: Facing the Challenge of Gender Reconciliation*, Eerdmans, Grand Rapids 1993, S. 8, 11. Ähnlich argumentiert John Stott, *Involvement: Social and Sexual Relationships in the Modern World*, Fleming H. Revell, Old Tappan 1984, S. 136: „Ohne irgendeinen Wirbel und völlig unspektakulär hob Jesus den Fluch des Sündenfalls auf, gab der Frau ihre teilweise verlorene Würde zurück und forderte für die Gemeinschaft seines neuen Reiches den ursprünglichen, bei der Schöpfung erteilten Segen der Gleichwertigkeit der Geschlechter."

einen persönlichen Prozess der Reformation zu erleben. Obwohl die Auffassung Jesu hinsichtlich der Rollenverteilung in der Ehe nicht spezifisch ausgedrückt wird, kann man aus seinem Verhalten gegenüber Frauen und seinen Aussagen über sie klare Prinzipien ableiten, die eindeutig die im Paradies gegebene Sicht der Gleichwertigkeit und Gegenseitigkeit aufnehmen. Christus versöhnt die Menschheit mit sich selbst und stellt die Einheit menschlicher Beziehungen wieder her. Durch die Kraft seines Dienstes der Gnade wird der Fluch aufgehoben.[62]

3. Paulus zum Thema Gleichwertigkeit: „Nicht Mann noch Frau"

Mehr als jeder andere neutestamentliche Autor befasst sich Paulus mit der Frage der Geschlechterrollen in der Ehe. Seine Aussage in Galater 3,28 ist so etwas wie eine *Magna Charta* für menschliche Beziehungen. In Christus „ist nicht Jude noch Grieche, hier ist nicht Sklave noch Freier, hier ist nicht Mann noch Frau; denn ihr seid allesamt einer in Christus Jesus." Der Zusammenhang dieses Textes beschäftigt sich mit der Einheit aller Christen durch die Taufe: Juden und Griechen, Sklaven und Freie, Männer und Frauen. Als Argument gilt das Kreuz Christi als Quelle der Versöhnung und der gleichwertigen Annahme bei Gott. „Christus schafft alle Grenzen ab – sie seien religiöser, kultureller oder sozialer Art – die Menschen voneinander trennen."[63] Das drängt zu gegenseitiger Annahme, aber ohne die Unterschiedlichkeit zu leugnen.[64] Die sechs genannten Personengruppen sind vor Christus gleichwertig, obwohl einige von ihnen – wie in 1. Korinther 7,17–24 erwähnt – an ihrer Rolle festhalten, „in der Überzeugung, dass derartige Unterschiede zu dieser Zeit des Übergangs gehören".[65] Es wäre jedoch erstaunlich, wenn die erklärte Gleichwertigkeit keinerlei Auswirkung auf das damalige Leben gehabt hätte.

Es ist bemerkt worden, dass die Formulierung „weder Mann und Frau" (Gal 3,28c) anstelle von „weder Mann *noch* Frau" eine Anspielung auf 1. Mose 1,27 (und 5,2), und damit auf das Ideal der ehelichen Beziehung vor dem Sündenfall sein könnte. Jedenfalls erklärt Galater 3,28, dass in der Neuschöpfung durch die christliche Taufe wesentliche soziale Unterschiede abgeschafft seien. Diese Lehre verändert die Sicht des Individuums, aber auch die soziale Ordnung. Das Evangelium soll die menschlichen Denkmuster von einer unausgewogenen Beziehung der gegenseitigen Überlegenheit und Unterlegenheit verändern. Nun sollen jeweils beide Gruppen, Juden und Heiden, Freie und Sklaven, in der Gemeinde durch den Status der Gleichwertigkeit verbunden sein.[66] Gleichermaßen sollen die in Christus versöhnten

62 Siehe auch 2. Korinther 5,17; Galater 3,13; Epheser 2,14–17.

63 Karen und Ron Flowers, *Celebrate Marriage*, General Conference of Seventh-day Adventists, Silver Spring 2004, S. 71–73, vgl. Dietrich Bonhoeffer, *Nachfolge*, München 1988, S. 86

64 William Loader, *Sexuality and the Jesus Tradition*, Eerdmans, Grand Rapids 2005, S. 193.

65 Ebenda S. 194.

66 Siehe zum Beispiel den Rat des Paulus an Philemon hinsichtlich seines Verhaltens gegenüber Onesimus

Eheleute – in der Beziehung zu Gott und zueinander – als gleichberechtigte Wesen nach der von Gott beabsichtigten Ordnung zusammengehören. Im christlichen Heim und in der christlichen Gemeinde sollen Männer und Frauen in erster Linie als Mitmenschen verbunden sein und nicht durch die rein geschlechtlich geprägten Unterschiede als Mann und Frau.[67]

Aus dieser wesentlichen Aussage schließen wir, dass wir unsere menschlichen Beziehungen, einschließlich der Beziehungen von Mann und Frau in der Ehe, nun – aufgrund des Wirkens, der Botschaft, des Todes und der Auferstehung Christi und aufgrund seiner Neuschöpfung unseres Lebens – auf einer gleichberechtigten Basis betrachten sollen, die sich von traditionellen jüdischen Auffassungen, von griechisch-philosophischen Konzepten und jeglichen anderen Vorstellungen männlicher Dominanz unterscheiden sollen.[68]

4. Unterordnung der Ehefrau gegenüber dem Ehemann?

Im Epheser- und Kolosserbrief spricht Paulus jedoch offensichtlich von einer Differenzierung der Rollen zwischen Mann und Frau in der Familie, nämlich von der Führungsrolle des Mannes und der Unterordnung der Frau. Epheser 5,22–24 ist ein Schlüsseltext hinsichtlich der Aufgabenverteilung in der Ehe.[69] Auf der Grundlage dieses Textes haben viele Autoren durchaus unterschiedliche Sichtweisen zur Führungsrolle des Mannes und zur Frage der Unterordnung der Ehefrau gegenüber ihrem Mann vertreten.[70]

(Phil 16,17). Es ist aber auch festzustellen, dass das Wortpaar „Mann und Frau" in den Texten von Kolosser 3,11 und 1 Korinther 12,13 fehlt.

67 Die Feststellung des Paulus war sicherlich eine sehr intensive Bekräftigung des gleichwertigen Status von Mann und Frau in einer Welt, in der Frauen ausgeschlossen oder als zweitklassig behandelt wurden. Das ist auch an der Art und Weise zu beobachten, wie das Ehepaar Aquila und Priscilla im Neuen Testament behandelt wird. Sie werden nicht nur als gleichberechtigt betrachtet, sondern dreimal (von vier Erwähnungen) wird Priscilla vor ihrem Ehemann erwähnt, was in jener Zeit nicht üblich war (Apg 18,26; Röm 16,3; 2 Tim 4,19; vgl. 1 Kor 16,19).

68 Die Frau gehört in die Stellung, die Gott für sie vorgesehen hat: eine ebenbürtige Gefährtin des Mannes." (Ellen G. White, *Glück fängt zu Hause an*, Saatkorn-Verlag, Hamburg [1978], S. 78).

69 Epheser 5,22–6,9 enthält die am eindeutigsten formulierte christliche Haustafel, das heißt, eine „Liste von Pflichten innerhalb der gegenseitigen Beziehungen der Familie" (J. Paul Sampley, *And the Two Shall Become One Flesh: A Study of Traditions in Ephesians 5,21–33*, Cambridge University Press, Cambridge 1971, S. 10. Es werden die drei wesentlichen Beziehungspaare in einem Haushalt angesprochen: Ehemänner und Ehefrauen (Eph 5,22–33), Kinder und Eltern (6,1–4), Sklaven und Herren (6,5–9). Andere Erwähnungen von Haustafeln im Neuen Testament finden sich in Kolosser 3,18–41; 1. Timotheus 2,8–15; 6,1–10; Titus 2,1–10; 1. Petrus 2,17–3,9.

70 Die eher traditionelle Sicht vertritt folgende Position: „Die Anweisungen für Ehefrauen und Ehemänner im Epheser- und Kolosserbrief, die sich in den Schlüsselworten ‚seid untertan' für die Ehefrauen und ‚Haupt' für die Männer ausdrücken, vertreten ein bestimmtes Rollenbild für Mann und Frau in der Ehe. Diese Anweisungen können als göttlich verfügte Führungsrolle für Ehemänner in der ehelichen Beziehung und göttlich angeordnete Unterordnung unter diese Führung durch die Frauen zusammengefasst werden." (Piper und Grudem, *Recovering Biblical Manhood and Womanhood*, S. 177) Für andere Gesichtspunkte siehe Karen und Ronald Flowers, *Celebrating Marriage!*, Family Ministries Department, General Conference of Seventh-day Adventists, Silver Spring 2004, S. 72–73; vgl. Karen and Ronald Flowers, *Family Faith*, Pacific Press, Nampa 2005, S. 91.

a. Das Verb „unterordnen"

Die erste Beobachtung richtet sich auf die Tatsache, dass das Verb „unterordnen" in dem Satz „Ihr Frauen, ordnet euch euren Männern unter" (Eph 5,22) in einigen der verlässlichsten griechischen Manuskripte gar nicht existiert. Dieses Verb *(hypotassō)* erscheint auch nicht im vorangehenden Vers, in einem allgemeinen Satz zur gegenseitigen Unterordnung, der erst an die Epheser und durch sie an alle christlichen Gläubigen gerichtet wurde: „Ordnet euch einander unter in der Furcht Christi" oder „seid einander untertan in der Furcht Christi" (5,21). Dieser Zusammenhang verleiht der „unterwürfigen" Rolle der Ehefrau gegenüber ihrem Mann eine breitere Perspektive. Das Partizip *hyppotassomenoi* in Vers 21 erscheint wie eine zusammenfassende Konzeption für den Abschnitt, der dem Hauptprädikat „lasst euch vom Geist erfüllen" in Vers 18 folgt, das für alle Gläubigen gilt. Gegenseitige Unterordnung erscheint deshalb als wichtiges Prinzip der christlichen Antwort auf das Evangelium und gilt auch für die Ehe.

Die Anwendung dieses Prinzips auf den Haushalt (in den neutestamentlichen Haustafeln) gibt vor allem für die drei sehr ungleichen sozialen Beziehungen – Ehemann/Ehefrau, Kind/Eltern und Sklave/Herr – deutliche Anweisungen. Paulus möchte die Kultur nicht gering schätzen oder außer Kraft setzen, sondern zeigen, wie das Evangelium die Kultur herausfordert, *gegenseitige* Unterordnung zu erzielen – auch in Strukturen, die typischerweise von Dominanz und Unterwerfung geprägt sind.[71]

Daher bringt Paulus das Evangelium in diesem Abschnitt auf allen wesentlichen Beziehungsebenen zum Tragen. Vers 22 wendet das allgemeine Prinzip der gegenseitigen Unterordnung auf die eheliche Beziehung an und bringt es zuerst der Frau im Verhältnis zu ihrem Ehemann in Erinnerung: „Ihr Frauen, ... euren Männern ... wie dem Herrn" (5,22–24). Diese Aufforderung zur Unterordnung der Ehefrauen gegenüber den Ehemännern wurde traditionell im Zusammenhang mit Textabschnitten wie Römer 13,1.2 verstanden.[72] Es wäre allerdings exakter, diese Aussage in ihrem eigenen Kontext auszulegen. Es ist wichtig zu beachten, dass die im Ephesertext verwendete Verbform für „untergeordnet sein" im Medium steht. Diese Form betont den freiwilligen Akt der Unterordnung und wird verwendet zur Bezeichnung von Handlungen, die im Interesse dessen liegen, der sie ausführt. Sie kann die Bedeutung umfassen: „treu sein, sorgen, helfen",[73] ja sogar: „füreinander Lasten tragen" (siehe Gal 6,2).[74]

---

71 Zur weiteren Entwicklung dieses Konzepts siehe Karen und Ron Flowers, *Family Faith*, S. 90–93.

72 „Jedermann sei untertan der Obrigkeit, die Gewalt über ihn hat. Denn es ist keine Obrigkeit außer von Gott; wo aber Obrigkeit ist, die ist von Gott angeordnet. Wer sich nun der Obrigkeit widersetzt, der widerstrebt der Anordnung Gottes; die ihr aber widerstreben, ziehen sich selbst das Urteil zu."

73 „Im Neuen Testament hat der Begriff eine sehr weit gefasste Bedeutung. Zentral ist die Idee der erzwungenen oder freiwilligen Unterwerfung ... Die Medium-Form deutet in Lukas 10,17.20 erzwungene Unterwerfung

Darüber hinaus lässt die Wortwahl dieses Abschnitts nicht den Schluss zu, der sich auf die „Unterordnung" beziehende Begriff könne im Sinn einer reinen Autorität verstanden werden. Die normalerweise verwendeten griechischen Verben zur Bezeichnung der Unterordnung unter eine Autorität sind entweder *hypakouō* oder *peitharcheō*, beide üblicherweise mit dem Verb „gehorchen" übersetzt (vgl. 1 Ptr 3,1–7) und gebräuchlich für den Respekt, der von Kindern gegenüber ihren Eltern, von Sklaven gegenüber ihren Herren, gegenüber Herrschern im Allgemeinen und gegenüber Gott im Besonderen erwartet wird (vgl. z. B.: „Man muss Gott mehr gehorchen als den Menschen"; Apg 5,29; 4,19).

b. Die Unterordnung des „Oberhaupts"

Diese besondere Form der Unterordnung seitens der Frau wird begründet durch den Bezug auf die Funktion des „Oberhaupts", die dem Mann zugeschrieben wird und dem „Respekt" in Vers 33 gleichgestellt. Obwohl nichts ausdrücklich über die Unterordnung von Männern gegenüber ihren Frauen gesagt wird, stellen die wiederholten Forderungen an den Ehemann, seine Frau zu lieben „wie auch Christus die Gemeinde geliebt hat und hat sich selbst für sie dahingegeben" (V. 25) und „wie ihren eigenen Leib" (V. 28) oder „wie sich selbst" (V. 33) sehr hohe Anforderungen an die Ausübung der „Oberhaupt"-Funktion des Ehemanns. Diese Anforderungen schließen die Vorstellung der gegenseitigen Unterordnung nicht aus, da eine solche Einstellung am Anfang des Textabschnitts (5,21–33) von allen Gläubigen gefordert wird. Tatsächlich geht es in Epheser 5,22–6,9 um die Frage, wie diese gegenseitige Unterordnung konkret aussieht – selbst in der Ehe, der kleinsten sozialen Einheit, in der verbindliche kulturelle Rollenbilder so leicht betont werden.

Anscheinend wird der Begriff „Oberhaupt" also eher vom wesentlichen Motiv des Abschnitts – der gegenseitigen Unterordnung – als von anderen Absichten definiert. Richtig verstanden spricht Epheser 5,25–28 zu den Männern über ihre traditionelle Rolle als Ehemänner genauso wie das Buch Philemon zu den Herren über die Beziehung zwischen Herren und Sklaven spricht. In diesem Textabschnitt erkennen wir – bei Paulus wie auch bei Christus – keinen offenen Frontalangriff auf die Kultur, sondern eine ganz subtile, aber eben doch deutliche Ermahnung, in diese engsten menschlichen Beziehungen die Kultur Christi einzubeziehen und die Schwachen von jeder Art der Unterdrückung zu befreien. Das Neue Testament ist hier wie an anderer Stelle ebenso um Gleichheit und Gegenseitigkeit bemüht. Es wird der Hinweis eingeführt, dass die wichtigsten Aufgaben nicht länger vom

---

an, aber an anderen Stellen geht es um freiwillige Unterordnung." (Geoffrey W. Bromiley, *Theological Dictionary of the New Testament*, Eerdmans, Grand Rapids 1969, S. 1159) Es ist auch von „Unterordnung im Sinne einer freiwilligen Ergebung in Liebe" gesprochen worden; vgl. John C. Howell, *Equality and Submission in Marriage*, Broadman, Nashville 1979, S. 57f., 67.

74 An sieben Stellen im neuen Testament bezieht sich *hypotassomai* auf Mann/Frau-Beziehungen in der Ehe, und bei allen erscheint das Verb im Medium (1 Kor 14,34; Eph 5,21.24; Kol 3,18; Tit 2,5; 1 Ptr 3,1.5).

Geschlecht definiert werden, sondern von der Austeilung der Geistesgaben an einzelne Menschen – und zwar an Männer *und* Frauen (Apg 2,17–18).

Wir können nun schließen, dass die Art der Unterordnung, die hier von Frauen gegenüber ihren Männern verlangt wird, nicht Unterlegenheit impliziert. Das Verb *hypotassomai* bezieht sich auf Situationen des Schutzes und der Fürsorge. Christus war Josef und Maria „untertan" (Lk 2,51), obwohl er Gott gleich war. Er kam, um zu dienen, und berief seine Jünger, die groß und mächtig werden wollten, ebenfalls zu einem Leben des Dienstes (Lk 22,24–28). Unterordnung der Frau im christlichen Sinn hat deshalb etwas mit dem Gehorsam gegenüber der Berufung Gottes und ihrer Anforderung zu tun und mit der Annahme der Aufgaben in der Ehe innerhalb des Kontextes gegenseitiger Unterordnung, zu der alle Gläubigen aufgerufen sind. Dieser Text impliziert auf jeden Fall *nicht* die Unterordnung der Frau im Allgemeinen. Den Ehefrauen wird nur aufgetragen, sie sollen sich „ihren Männern" unterordnen.

c. Der Ehemann als „Haupt" der Frau

Die Rolle des Ehemannes als Familienoberhaupt wird in Epheser 5,23–24 kurz von Paulus so erklärt:

> Denn der Mann ist das Haupt der Frau, wie auch Christus das Haupt der Gemeinde ist, die er als seinen Leib erlöst hat. Aber wie nun die Gemeinde sich Christus unterordnet, so sollen sich auch die Frauen ihren Männern unterordnen in allen Dingen.

Da die metaphorische Verwendung von „Haupt" *(kephalē)* eine bestimmte Ungleichheit und Hierarchie von Funktionen erkennen lässt, nehmen manche diese Aussage als Hauptargument für eine hierarchische Rollenvorstellung in der Ehe.

Es ist zunächst wichtig zu beachten, dass sich der Begriff „Haupt" *(kephalē)* im Griechischen, wie in vielen anderen Sprachen, gleichermaßen auf den Kopf eines Körpers und den Kopf einer Gruppe beziehen kann. Für den Kopf einer Gruppe (den Ersten in einer Rangordnung) benutzt man im Griechischen allerdings gewöhnlich das Wort *archē* im Sinne von „derjenige, der die Befehle gibt" und bezieht es auf Könige, Vorgesetzte, Regierende etc.[75] Dass hier *kephalē* und nicht *archē* verwendet wird, ist bemerkenswert, denn im Neuen Testament wird *kephalē* mit seiner metaphorischen Bedeutung selten gebraucht, und wenn, dann für Patrone oder Herrscher, aber nicht für Jesus. Der Begriff wird jedoch zur Bezeichnung militärischer Führer verwendet, für „denjenigen, der persönlich an der Spitze der

75 Siehe Wayne Grudem, „Does *kephalé* (‚Head') Mean ‚Source' or ‚Authority over' in Greek Literature? A Survey of 2.336 Examples", *Trinity Journal (New Series)* 6, 1985, S. 38–59. Vgl. Peter H. Davids, *Hard Sayings of the Bible*, Intervarsity, Downers Grove 1996, S. 599.

Armee steht".[76] Das könnte bedeuten, dass der Ehemann als Oberhaupt der Familie nicht „darüber", sondern „an der Spitze" steht, gleichzeitig als Führer und Beschützer seiner Familie.

Der Befehl aus Epheser 5,21–33 „Ihr Männer, liebt eure Frauen, wie auch Christus die Gemeinde geliebt hat und hat sich selbst für sie dahingegeben" (V. 25) nuanciert die Absicht des Wortes „Haupt" und die Oberhaupt-Funktion des christlichen Ehemanns. Für das Gebot der Liebe verwendet Paulus – wie im Neuen Testament üblich – das Verb *agapaō*, einen Begriff, der mit positiven Aktionen zugunsten anderer zu tun hat. Diese höhere Art der Liebe schließt die Wertschätzung, den Aufbau, den Schutz, den Respekt und die Erhöhung der Frau ein. Die Führung des Ehemannes soll keine Führung sein, die Befehle gibt, damit man ihr dient, sondern eine dienende Führung der selbstlosen Liebe nach dem Vorbild Christi.

Die andere „Haupt"-Metapher, die Paulus auf Ehemänner anwendet, erscheint in 1. Korinther 11,2–16 in einem Kontext, der sowohl Männern als auch Frauen erlaubt, öffentlich zu weissagen, aber von Frauen den Schleier verlangt. „Ich lasse euch aber wissen, dass Christus das Haupt eines jeden Mannes ist; der Mann aber ist das Haupt der Frau; Gott aber ist das Haupt Christi." (V. 3)

Die Befürworter des hierarchischen Prinzips in der Ehe argumentieren:

> Die Weisung, dass die Frau eine Kopfbedeckung tragen soll, wird biblisch-schöpfungstheologisch (im Sinne der jüdischen Lebensordnung) abgeleitet. Paulus geht dabei von einer gewissen Stufenfolge: Gott – Christus – Mann – Frau aus, deren Darlegung aber beachtet sein will, insofern 1) der Mann Christus untergestellt wird, 2) die Frau dem Mann, und 3) Christus wiederum Gott. In ihm bekundet sich das Prinzip der Unterordnung als ein natürliches Gesetz der Schöpfung mit Zumutungen für jedermann, selbst Christus ... Der Mann wird als das „Haupt der Frau" angegeben, weil Mann und Frau einesteils einander zugeordnet sind, andernteils aber der Mann der Frau vorgeordnet ist.[77]

Dagegen führt Tatsache, dass der Begriff *kephalē* auch metaphorisch für „Ursprung" und „Quelle des Lebens" verwendet wurde,[78] andere Ausleger zu der Hypothese, das hier verwendete Argument des Paulus könne hauptsächlich chronologisch

76 Walter Bauer, *A Greek-English Lexicon of The New Testament and Other Early Christian Literature*, S. 3. Aufl, hg. v. F. Wilber Gingrich und Frederick W. Danker, University Press, Chicago 1979, Sp. 431.

77 August Strobel, *Der erste Brief an die Korinther*, Zürcher Bibelkommentare 6.1, Zürich 1989, S. 167. „In Gen 2 wird die Unterordnung (der Frau) vor allem durch den Platz bestimmt, den der Mann im Schöpfungsbericht einnimmt. Der Mann wurde zuerst erschaffen." (Samuele Bacchiocchi, *Women in the Church*, Biblical Perspectives, Berrien Springs 1976, S. 257).

78 Berkeley und Alvera Mickelsen, „What Does *kephalé* Mean in the New Testament?", in Alvera Mickelsen (Hg.), *Women, Authority and the Bible*, InterVarsity, Downers Grove 1986, S. 97–110.

gemeint sein: Christus sei die Quelle des Lebens für den Mann (Bezug auf die Erschaffung Adams), der Mann sei die Quelle des Lebens für die Frau (Bezug auf die Erschaffung Evas), und Gott sei die Quelle des Lebens für Christus (Bezug auf die Menschwerdung Jesu).[79]

Wie auch immer der intensiv diskutierte religiöse Hintergrund von 1. Korinther 11,1–16 und die kulturelle und theologische Dynamik der Argumente des Paulus in Korinth ausgesehen haben mögen: Mindestens zwei Punkte sprechen gegen die Gleichsetzung von „Oberhaupt = Überlegenheit". 1. Die Tatsache, dass Gott „das Haupt Christi" (V. 3) genannt wird, was nicht ausschließt, dass beide gleichwertig sind (Phil 2,5–6). 2. Die Tatsache, dass Paulus den Abschnitt mit dem Hinweis auf die vollkommene Gegenseitigkeit von Mann und Frau „in dem Herrn" abschließt: „Doch in dem Herrn ist weder die Frau etwas ohne den Mann noch der Mann etwas ohne die Frau; denn wie die Frau von dem Mann, so kommt auch der Mann durch die Frau; aber alles von Gott." (1 Kor 11,11.12)[80]

Die Aussage in 1. Korinther 14,34 wird zu diesem Punkt oft herangezogen. Deshalb verdient auch sie in diesem Zusammenhang Aufmerksamkeit: Es „sollen die Frauen schweigen in der Gemeindeversammlung; denn es ist ihnen nicht gestattet zu reden, sondern sie sollen sich unterordnen, wie auch das Gesetz sagt." Da Paulus den Frauen im unmittelbaren Zusammenhang dieses Textes erlaubt, im Gebet und der Prophezeiung in der Gemeinde zu sprechen (1 Kor 11,2–16), kann dieser Text nicht aus dem Gesamtzusammenhang genommen werden. Paulus spricht hier nicht Frauen im Allgemeinen an, sondern Ehefrauen, wie Vers 35 eindeutig zeigt: „Wollen sie aber etwas lernen, so sollen sie daheim ihre Männer fragen." Obwohl dieser Text uns nicht genügend Information über die genaue Problematik gibt, auf die Paulus sich bezieht, kann man schließen, dass die Frauen, die ihren Männern im Gottesdienst Fragen stellten, während die Prophezeiungen ihrer Männer geprüft wurden (siehe V. 28–35),[81] gebeten wurden, sich während des öffentlichen Gottesdienstes so zu verhalten wie die Männer, nämlich zu schweigen.

79 Während Paulus in diesem Zusammenhang anscheinend Schwierigkeiten hat, Versuchen zu widerstehen, die äußerlichen Unterscheidungen zwischen Mann und Frau zu verwischen, widersteht er gleichzeitig jedoch auch jeder Herabsetzung der Frau und argumentiert in Kapitel 11,11.12, die Frau sei – während der Mann in gewisser Hinsicht Ursprung der Frau sei (im Schöpfungsbericht) – auch der Ursprung jedes Mannes (durch die Geburt). Eine solche Gegenseitigkeit von Notwendigkeit und Anerkennung ist auch in 7,3–4 vorhanden, denn Paulus erlaubt für beide – Mann und Frau – Führungsrollen (zum Beispiel das öffentliche Gebet oder die Weissagung in 11,4–5, vgl. Röm 16,3.4). Die wesentliche Unterscheidung der Gläubigen in der Gemeinde geschieht durch die unterschiedlichen Gaben, nicht durch das Geschlecht.

80 „Es ist nicht unwahrscheinlich, dass der Begriff *homoios* in 1 Petrus 3,1–6 und in Vers 7 zu der Unterordnungsregel gehört, die dem Textabschnitt zugrunde liegt. Der Begriff *idiois* befreit diesen Abschnitt von jedem Vorwurf einer einkalkulierten ‚Unterordnung' der Frau gegenüber dem Mann und zeigt, dass diese Unterordnung eine funktionale ist, die in die Intimität des Heims gehört." (Edward G. Selwyn, *The First Epistle of St Peter*, Macmillan, London 1964, S. 182–183)

81 Vgl. E. Earle Ellis, *Pauline Theology: Ministry and Society*, Eerdmans, Grand Rapids 1989, S. 218.

Einen ähnlichen Hintergrund scheint 1. Timotheus 2,8–15 zu haben, ein Abschnitt, der von manchen Theologen als „der heute am meisten diskutierte Text der Pastoralbriefe" bezeichnet wird.[82] Dieser Text bezieht sich auf eine für uns unklare Gemeindesituation. Paulus scheint sich an dominante Frauen zu richten, die eine falsche Gleichberechtigungsvorstellung verfolgen, und ihnen die sich unterordnende Rolle eines Jüngers gegenüber dem Meister in einem Lehrumfeld in Erinnerung zu rufen.[83] Es scheint, als wollte man die dominante Rolle von bestimmten Frauen im öffentlichen Gottesdienst in Gemeinden, in denen Timotheus tätig war, unterbinden, womöglich aus ähnlichen Gründen, wie sie in 1. Korinther 14,34–36 und 1. Petrus 3,1–6 genannt wurden.[84] Auf jeden Fall bezieht sich der Text anscheinend auf das Verhalten in der Gemeinde, nicht auf die eheliche Rollenverteilung.[85]

5. Ergänzung und Gegenseitigkeit

Die traditionellen jüdischen und heidnisch-griechischen Vorstellungen der Führung des Mannes und der Unterordnung der Frau passen nicht in die paulinischen Aussagen zur Rolle der christlichen Eheleute.[86] In der Anerkennung ihrer entsprechenden Stellung als Mann und Frau lädt er sie ein, zur Erfüllung ihrer Rolle in der Ehe ihr Bestes zu geben. So enthält 1. Korinther 7,4 eine klare Stellungnahme zur gegenseitigen Unterordnung in der sexuellen Beziehung: „Die Frau verfügt nicht über ihren Leib, sondern der Mann. Ebenso verfügt der Mann nicht über seinen Leib, sondern die Frau." Nur der im Schöpfungsbericht gegebene Zusammenhang gleichberechtigter Partnerschaft wird diesen paulinischen Passagen gerecht.

Trotz der Hinweise auf eine Führung des Ehemannes und eine Unterordnung der Ehefrau, die vom Evangelium akzeptiert werden mag, können wir aus dem Neuen Testament nicht schließen, dass ein Partner dem anderen unterlegen wäre hinsichtlich der einzigartigen Funktionen und Gaben, die jeder in die Ehe einbringt. Das Evangelium ignoriert diese Besonderheiten nicht. Aber es befreit beide Eheleute von der Furcht vor Dominanz und der Annahme der Notwendigkeit einer solchen, die ihre gegenseitige Erfüllung als Christen in der Ehe einschränken würde.

---

82 William D. Mounce, *Pastoral Epistles*, Word Biblical Commentary 46, Thomas Nelson, Nashville 2000, S. 94–149. Die Auslegungen reichen von der Betrachtung des Paulus als Befreier und Streiter für die Rechte der Frauen bis hin zum Verständnis, Paulus hätte Unrecht und würde nicht in die heutige Kultur passen. Zur Diskussion siehe Andreas J. Köstenberger, Thomas R. Schreiner und H. Scott Baldwin, *Women in the Church*, Baker, Grand Rapids 1995.

83 Für eine interessante Analyse dieses Textabschnitts siehe Rodríguez, *Jewelry*, S. 80–90.

84 Davidson, „Headship", S. 278–279.

85 Zur egalitären Auslegung dieses Abschnitts im Licht von 1 Korinther 14,33–36 siehe David W. Odell-Scott, „Let The Women Speak in Church: An Egalitarian Interpretation of 1 Cor. 14:33b–36", *Biblical Theology Bulletin* 13, 1983, S. 90–93.

86 1 Korinther 7,1–16; 11,11–12; Epheser 5,22–33.

6. Verschiedene Funktionen – gleiche Wertigkeit

Eine der grundsätzlichen Fragen, die sich hinter der Diskussionen über Führung und Unterordnung in der Ehe verbirgt, ist, ob der Wert eines Menschen durch seine Rolle definiert wird.[87] Können wesenhafte Gleichwertigkeit und funktionale Differenzierung nebeneinander existieren? Dieser Diskussion liegt die Vorstellung zugrunde, eine zweitrangige oder untergeordnete Rolle impliziere einen verminderten persönlichen Wert. Doch die Gleichsetzung von Wert und Rolle ist nicht biblisch. An keiner Stelle der Heiligen Schrift werden Rolle und Wert jemals gleichgesetzt. Tatsächlich finden wir oft das Gegenteil: „Die Letzten werden die Ersten sein."[88] Der „leidende Knecht" ist nicht weniger wert als jene, denen er dient. Die Analogie der Gemeinde als Leib Christi bei Paulus lehrt, dass Rolle und Wert voneinander unabhängig sind. „Denn wie der Leib einer ist und doch viele Glieder hat, alle Glieder des Leibes aber, obwohl sie viele sind, doch ein Leib." (1 Kor 12,12) Dies wurde so eingerichtet, „damit im Leib keine Spaltung sei, sondern die Glieder in gleicher Weise füreinander sorgen" (1 Kor 12,25, vgl. Röm 12,4–5).[89] Im Licht Christi wird das Dienen zum Modell für alle Beziehungen unter Gläubigen. Das Kreuz verändert alles, sogar unser soziales und interfamiliäres Verhalten. Die gute Nachricht des Reiches Gottes lautet, dass der Wert eines Menschen nicht davon abhängt, welche Rolle oder Funktion er ausübt. Die Erlösung durch Gottes Gnade verleiht allen Menschen den gleichen Wert als Glieder des Leibes Christi, unabhängig von ihrer Rolle – selbst in der Ehe.

Schlussfolgerung

Diese Studie hat gezeigt, dass das Verständnis der Geschlechterrollen in der Beziehung von Mann und Frau in der Ehe nach biblischem Verständnis nach wie vor in einer Welt diskutiert wird, in der der Kampf um Macht, Kontrolle und Herrschaft des einen über den anderen vorherrscht.

Unser Überblick über die biblischen Texte zur Rollenverteilung in der Ehe zeigt, dass die gesamte Bibel sich treu an die im Schöpfungsbericht etablierten Prinzipien hält, die für die Beziehung zwischen Mann und Frau in der Ehe aufgestellt wurden. Die gleichwertige Partnerschaft (wie in 1 Mo 2,24 beschrieben) bleibt das biblische

87 Es gibt eine große Menge Literatur zu diesem Thema, und es würde die Ausführungen dieses Beitrags sprengen, in diese umfassend Diskussion einzusteigen. Da sich dieser Beitrag nicht mit der Rolle der Frau in der Gemeinde, sondern nur mit der Rolle der Frau in der Ehe beschäftigt, wird daher hier zu diesem heiß diskutierten Thema kein Beitrag geliefert. Siehe außerdem: Mary S. Van Leeuwen, *Gender and Grace: Love, Work and Parenting*, Inter-Varsity, Downers Grove 1990, S. 33–71.

88 Matthäus 19,30; Johannes 13,16; vgl. 1 Petrus 3,1–7; Lukas 7,28.

89 „Selbst bei Gott gibt es eine ewige Rollenteilung, aber die drei Personen der Gottheit stehen auf gleicher Ebene, sie sind von gleichwertigem Wesen. Nach dem Endgericht ‚wird auch der Sohn selbst untertan sein dem [Gott, dem Vater], der ihm alles unterworfen hat, damit Gott sei alles in allem' (1 Kor 15,38). Wenn Rolle und Wert auf eine Stufe gestellt würden, müsste man notwendigerweise schließen, der Sohn besäße einen geringeren Wert als der Vater, da er eine andere, dienende Rolle spiele." (Mounce, *Pastoral Epistles*, S. 148)

Ideal vor dem Sündenfall genauso wie danach. Richtig verstanden sollen auch die diskutierten Bedeutungen von „Herrschaft" und „Unterordnung" ihre rechtmäßige Rolle in der christlichen Ehe spielen.[90] Beide Ehepartner unterstehen dem Aufruf des Evangeliums zu einer liebenden Partnerschaft, die von dienender Führung und gegenseitiger Unterordnung geprägt ist.

Die Evangeliumsbotschaft von der Versöhnung und ihr Aufruf, Gottes Plan für die Menschheit wiederherzustellen, beeinflusst auch die Rollen der Eheleute. Die von Christus gewirkte Neuschöpfung (2 Kor 5,17–20) bringt eine neue Art von Beziehungen in der Familie, inspiriert von der Schöpfungsordnung und der versöhnenden Kraft der Gnade.[91] Solange wir in dieser Welt der Sünde leben, müssen wir unsere unvollkommene Situation durch das erlösende Licht des Evangeliums erhellen lassen, bis es zur endgültigen Wiederherstellung aller Dinge kommen wird.

Gläubige Ehepaare sollten hinsichtlich der unterschiedlichen Rollen in ihrer ehelichen Beziehung immer daran denken, dass die eigentliche Absicht im Plan Gottes darin besteht, die gesamte Menschheit mit ihm zu versöhnen und im Leben – auch im Eheleben – von erlösten Gläubigen die ideale Harmonie untereinander und mit dem Schöpfer, die er für alle vorgesehen hat, zu bestärken. Nur so können wir die Gemeinschaft der Liebe, die die Ehe bewirken sollte, in ihrer Fülle genießen.

---

90 Alle neutestamentlichen Textstellen zum Thema „Oberhaupt" und „Unterordnung" zwischen Mann und Frau beziehen sich ausschließlich auf eheliche Beziehungen. Siehe außerdem: Davidson, „Headship", S. 280–281.

91 „Es ist nicht unsere Aufgabe, den Fluch etwas netter oder etwas geistlicher darzustellen als es der Rest der Welt tut. Gott hat uns einen neuen Plan gegeben. Es ist unsere wunderbare Freiheit, in Beziehungen zu wachsen, die Gottes Plan entsprechen." (Jeff van Vonderen, *Families Where Grace is in Place*, Bethany House, Minneapolis 1992, S. 23)

Kapitel 3

Ehelosigkeit als Alternative im Neuen Testament

Corinne Égasse

Eine Kirche, die den Zölibat verwirft, findet vielleicht wenig Interesse an einer Studie über Ehelosigkeit in der Bibel. Sie sollte sich jedoch trotzdem aus seelsorgerlichen Beweggründen mit dem Thema auseinandersetzen, da die Situation ihrer ledigen Glieder oft schmerzlich ist und die Kirche dazu bewegen sollte, eventuelle Antworten zu suchen. Wir müssen zugeben, dass sich die Bibel viel mehr mit der Ehe als der Ehelosigkeit beschäftigt. Doch wenn auch die Texte lange nicht so zahlreich und eindeutig wie im Falle der Ehe sind, so lohnt es sich dennoch, die Stellung der Bibel zur Ehelosigkeit zu betrachten.

Der ledige Mensch in der westlichen Welt des 21. Jahrhunderts, der die Einsamkeit oft mehr erleidet als wählt, könnte enttäuscht feststellen, dass sich die Schrift kaum mit den Gefühls- und Beziehungsaspekten der Ehelosigkeit auseinandersetzt. Wenn er die wenigen Texte jedoch betrachtet, wird er gewisse Elemente finden, die seiner ledigen Existenz einen biblisch inspirierten und geistlichen Sinn geben können

Der soziale, religiöse und philosophische Kontext

Um die Bedeutung der neutestamentlichen Bibelstellen gut zu verstehen, wird im Folgenden zunächst der allgemeine Kontext beschrieben, in den sie hineingeschrieben wurden, d. h. die wenigen alttestamentlichen Anspielungen auf Ehelosigkeit, ein Überblick über die philosophischen Ideen der griechisch-römischen Welt zum Thema und schließlich das Verständnis des Judentums zur Zeit des Neuen Testament, das sowohl vom Alten Testament als auch vom Hellenismus beeinflusst war.

1. Das Erbe des Alten Testaments

a. Alle heiraten

Der Begriff der Ehelosigkeit, zumindest der dauernden Ehelosigkeit, scheint im Alten Testament unbekannt. Keine israelitische Gesellschaftsgruppe ist von der Ehepflicht befreit. Die Priester im Besonderen sind alle verheiratet; nur der Ehebund mit Prostituierten, entehrten oder verstoßenen Frauen ist ihnen untersagt (3 Mo 21,7). Der Hohepriester unterscheidet sich nur durch eine zusätzliche Vorschrift: Er darf keine Witwe heiraten; seine Frau muss eine Jungfrau sein (3 Mo 21,14). Sogar das zeitlich begrenzte Nasiräergelübde, das wohl die höchste Form eines Gott geweihten Lebens darstellt, bietet keinerlei sexuelles oder eheliches Verbot für den oder die Geweihte(n) (4 Mo 6,1–21).

Ganz im Gegenteil zu dem Gesagten werden Ehe, Ehegemeinschaft und Fortpflanzung häufig erzählt, erwähnt, ja sogar gelobt, und das sowohl in den Gesetzestexten[1] und Erzählungen[2] als auch in der Weisheitsliteratur[3] und in den poetischen Texten.[4] Zahlreiche Abenteuer und Missgeschicke charakterisieren das Ehe- und Familienleben vieler alttestamentlicher Personen; manche werden in der Bibel als „schlecht verheiratet" angesehen,[5] doch an keiner Stelle wird die Ehe als unpassend, überholt, unrein oder negativ abgetan.

Allerdings werden Mann und Frau durch Geschlechtsverkehr „unrein bis zum Abend" (3 Mo 15,18). Wo rituelle Reinheit notwendig ist, ist er allen untersagt, z. B. bei der Verkündung des Dekalogs drei Tage lang (2 Mo 19,15), bei der Vorbereitung des Neumondfestes (1 Sam 20,24–26) und wahrscheinlich jedes Festes; ebenso für die Kämpfer während eines heiligen Krieges (1 Sam 21,5–6; 2 Sam 11,11)[6] sowie den Priestern und Leviten während ihres Dienstes.[7] Der Jesuit Xavier Léon-Dufour schließt daraus: „Es gibt einen Zusammenhang zwischen dem Sexuellen und dem Heiligen, als ob die Nachahmung des Heiligen, was die Sexualität ja ist, aufhören müsste, wenn die Realität in der Person Gottes selbst erscheint."[8]

b. Der Fluch der Ehelosigkeit

Gewisse alttestamentliche Bibelstellen malen ein eindeutig negatives Bild der Ehelosigkeit. Sie sollen hier kurz betrachtet werden. Wegen seines unvorsichtigen Gelübdes („so soll, was mir aus meiner Haustür entgegengeht, wenn ich von den Ammonitern heil zurückkomme, dem Herrn gehören, und ich will's als Brandopfer darbringen"; Ri 11,31), muss der Richter Jeftah seine einzige Tochter opfern. Jene unterwirft sich der heiligen Verpflichtung ihres Vaters, doch erbittet einen zwei-

1 Zum Beispiel 3. Mose 12; 15; 18; 20; 4. Mose 36; 21,10–17; 22,13–29; 24,1–5.

2 Zum Beispiel Adam und Eva, Abraham und Sara, Isaak und Rebekka, Jakob und seine Frauen, Elkana und Hanna, David und Bathseba sowie viele andere.

3 Zum Beispiel Spr 5,15–19; 31,10–31 und das Hohelied.

4 Zum Beispiel die beeindruckenden Kapitel, die Israel mit der untreuen Ehefrau Gottes vergleichen: Jes 54; 62; Jer 2; 3; Hes 16; 23; Hos 2.

5 Zum Beispiel: Esau (1 Mo 26,34–35; 27,46; 28,8), Simson (Ri 14), Salomo (1 Kön 11,1–8), Ahab (1 Kön 16,31).

6 5. Mose 23,10–12 deutet an, dass selbst ein zufälliger (nächtlicher) Samenerguss den Kämpfer verunreinigt und ihn dazu zwingt, das Kriegslager tagsüber zu verlassen. Wie bei Geschlechtsverkehr (4 Mo 15,18) dauert die Unreinheit bis zum Abend an; Reinigung wird durch Waschen erlangt.

7 Die Frage sexueller Enthaltsamkeit von Priestern und Leviten wird in keinem Vers besonders angesprochen. Da jedoch Unreinheit schon einem gewöhnlichen Israeliten den Zugang zum Heiligtum untersagte (4 Mo 15,31), galt dies umso mehr für die Diener am Heiligtum. Der Priester, der „herzutritt zu dem Heiligen, das die Israeliten dem HERRN heiligen, und hat eine Unreinheit an sich", sollte „nicht Sünde auf sich laden und daran sterben, wenn er sich entheiligt" (4 Mo 22,3.9). An dieser Stelle werden ausdrücklich verschiedene Ursachen für Unreinheit angeführt, u. a. Samenerguss im Schlaf oder „Ausfluss" (V. 4).

8 Xavier Léon-Dufour, „Signification théologique du mariage et du célibat consacré", in Francis J. Braceland und Xavier Léon-Dufour, *Mariage et célibat*, Cerf, Paris 1965, S. 29.

monatigen Aufschub: „Du wollest mir das gewähren: Lass mir zwei Monate, dass ich hingehe auf die Berge und meine Jungfrauschaft beweine mit meinen Gespielen (V. 37)". Der Ausdruck „ihre Jungfrauschaft beweinen" wird im darauf folgenden Vers wiederholt und wird dabei noch deutlicher zum Ausdruck gebracht: „sie hatte nie einen Mann erkannt" (V. 39). Das Mädchen beklagt sich nicht über ihren nahen Tod, sondern darüber, dass sie ihr Leben als Frau nicht voll realisieren kann. Es ist wohl schwierig, daraus nicht zu schließen, dass ledig und jungfräulich zu sterben ganz und gar nicht als Krönung der Tugend betrachtet wird, sondern vielmehr als persönliche Katastrophe, Grund zur Traurigkeit und sogar als Schande.

In einem Vers des Jesajabuches handelt es sich tatsächlich um eine Schande:

> Und sieben Frauen werden zu der Zeit einen Mann ergreifen und sprechen: Wir wollen uns selbst ernähren und kleiden, lass uns nur nach deinem Namen heißen, dass unsre Schmach von uns genommen werde. (Jes 4,1)

Für alleinstehende Frauen – es geht hier wahrscheinlich um Witwen – scheint die Ehelosigkeit eine Art sozialen Makel darzustellen. Um sich diesem zu entziehen, ist die Frau sogar bereit, den Mann, der sie heiraten wollte, von seinen wirtschaftlichen Verpflichtungen ihr gegenüber zu befreien.

Es wäre möglich, dass der Prophet Jeremia ledig war,[9] wenn man annimmt, dass die folgenden Verse die Realität seines Lebens beschreiben und nicht im übertragenen Sinn oder symbolisch zu verstehen sind:

> Und des HERRN Wort geschah zu mir: Du sollst dir keine Frau nehmen und weder Söhne noch Töchter zeugen an diesem Ort. Denn so spricht der HERR von den Söhnen und Töchtern, die an diesem Ort geboren werden, und von ihren Müttern, die sie gebären, und von ihren Vätern, die sie zeugen in diesem Lande: Sie sollen an bösen Krankheiten sterben und nicht beklagt noch begraben werden, sondern sollen Dung werden auf dem Acker. Durch Schwert und Hunger sollen sie umkommen, und ihre Leichname sollen den Vögeln des Himmels und den Tieren des Feldes zum Fraße werden. (Jer 16,1–4)

Wenn es sich hier um Ehelosigkeit handelt, ist der Grund dazu deutlich: Aufgrund der besonderen sozio-politischen Umstände zu Jeremias Zeit möchte man vermeiden, Frau und Kinder umkommen zu sehen.

Eine Kategorie von Männern ist definitionsgemäß zur Ehelosigkeit verurteilt: die Verschnittenen. Das 5. Buch Mose verkündet in schonungsloser Weise den Aus-

9 Siehe „Célibat", in Geoffrey Wigoder (Hg.), *Dictionnaire encyclopédique du judaïsme*, Cerf, Paris 1993, S. 191.

schluss des Eunuchen: „In die Versammlung des Herrn darf keiner aufgenommen werden, dessen Hoden zerquetscht sind oder dessen Glied verstümmelt ist." (23,2 EÜ) Umso mehr wird einem solchen Mann, sollte er priesterlicher Abstammung sein, sein Priestertum aberkannt (4 Mo 21,20). Die Kastration scheint eine der schlimmsten Katastrophen zu sein, die ein Prophet voraussagen kann („Kämmerer" waren Eunuchen; Jesaja in 2 Kön 20,18). Im Gegensatz dazu steht daher die Verheißung desselben Propheten, die Eunuchen würden zum Bund Gottes und zu seinem Haus Zugang bekommen (Jes 56,3–5), und kann nur eine in der Zukunft liegende, ideale Zeit betreffen, wenn Gottes Heil und Gerechtigkeit offenbart werden (V. 1), wenn sein Haus ein Bethaus für alle Völker heißen wird (V. 7). Diese messianische Zeit erfüllt Jesus, als er die Händler aus dem Tempel vertreibt und dabei ruft: „Mein Haus soll ein Bethaus heißen" (Mt 21,13 und Parallelstellen); ebenfalls als er erklärt, „wieder andere haben sich selbst zur Ehe unfähig gemacht um des Himmelreichs willen" (Mt 19,12) und als der Kämmerer aus Äthiopien in Gottes Volk aufgenommen wird, indem dieser getauft wird (Apg 8,27.38).

Das Unglück der Tochter Jeftahs, Jeremias persönliche Tragödie und der Fall der Eunuchen im Alten Testament zeigen alle die Tendenz, die Ehelosigkeit nicht positiv zu charakterisieren, sondern sie im Gegenteil einem Fluch gleichzusetzen. Die alttestamentliche Prophetie verheißt allerdings einen Wandel, den das Neue Testament erfüllen wird.

2. Die Debatte zwischen Stoikern und Kynikern

Als zweiter die neutestamentliche Welt beeinflussender Faktor hat auch die griechisch-römische Welt eine eigene Betrachtung zu Ehe und Ehelosigkeit, die unsere Überlegungen bereichern.[10] Zu der Zeit, die uns interessiert, gab es laut einer Studie von Will Deming

> eine schon jahrhundertlange Debatte über die Ehe, die von politischen und intellektuellen Wechselfällen der hellenistischen Welt geprägt worden waren. Zur Zeit des Paulus verlief die Linie, die Gegner in dieser Diskussion trennte, zwischen einer stoischen und einer kynischen Position, die allerdings beide das Eheleben in erster Linie als eine Sache der Pflicht und Verantwortung einer weiteren menschlichen Gemeinschaft gegenüber darstellten und nicht als den Beginn der sexuellen Betätigung im Leben eines Individuums.[11]

10 Dieser Abschnitt orientiert sich an der Studie von Will Deming, *Paul on Marriage and Celibacy: The Hellenistic Background of 1 Corinthians 7*, Society for New Testament Studies Monograph Series 83, Cambridge University Press, Cambridge 1995, besonders S. 50–107, wo er ausführlich die zahlreichen Philosophen des Altertums analysiert und zitiert. Vgl. auch Andrianjatovo Rakotoharintsifa, *Conflits à Corinthe: Église et société selon 1 Corinthiens. Analyse socio-historique*, Le monde de la Bible 36, Labor et Fides, Genf 1997, S. 145–148.

11 Will Deming, *Paul on Marriage and Celibacy*, S. 2.

Seit dem 5. Jh. v. Chr. existierte diese Debatte zwischen den zwei philosophischen Schulen. Im Laufe der Zeit erweiterte sie sich, bis sie gerade vom 1. bis zur Mitte des 2. Jh. n. Chr. einen Höhepunkt erreichte. Will Deming konstatiert:

> Diese Zeitperiode ist auch dadurch bedeutend, dass sie uns am meisten Material liefert. Die Debatte über die Ehe erfreut sich einer großen Beliebtheit und zieht so das Interesse verschiedener Autoren an, von denen mehrere Zeitgenossen des Paulus waren.[12]

Die stoische Schule maß der Natur der Dinge eine große Bedeutung zu und hielt diese für den Spiegel des göttlichen Willens. Es sei die Verantwortung des Menschen, sich diesem zu unterwerfen. Das Universum bestand aus Stadtstaaten, die Städte aus Familien und die Familien nahmen ihren Ursprung in der Vereinigung eines Mannes und einer Frau. So war also die Ehe ein unentbehrliches Element in der natürlichen und göttlichen Ordnung. „Die Ehe machte es möglich, dass Generationen von Familienoberhäuptern aufeinander folgen konnten und so einen stetigen Zulauf von verantwortlichen Bürgern garantierte, die wiederum die Zukunft der Stadtstaaten und des *kosmos* sicherten." Die Stoiker behaupteten also, dass „jeder den göttlichen Willen respektierende Mann es als seine moralische Pflicht ansehen würde zu heiraten und Kinder in die Welt zu setzen."[13]

Auch die kynische Position zu Ehe und Ehelosigkeit findet ihren Ursprung im Verständnis von Kosmos und Politik, unterscheidet sich jedoch von der stoischen Haltung. Der Kyniker fühlt sich nicht als Mitglied einer Stadt, sondern als Weltenbürger. Die Forderungen nach Solidarität und politischem Verantwortungsgefühl, die im Rahmen einer Stadt so dringlich sind, lösen sich auf, wenn sie sich auf das Universum beziehen, und Individualismus und Unabhängigkeit sind die Folge. Die Freiheit befindet sich also im Herzen dieser Philosophie und darf durch nichts verfremdet werden. „Die Kyniker hielten die Philosophie für eine Vollzeitbeschäftigung im Sinne einer ‚Berufung' und bestanden deshalb auf der Notwendigkeit, ihre ganze Zeit der Philosophie zu widmen."[14] Ehe und Kindererziehung nahmen viel Zeit in Anspruch und waren darum im kynischen Milieu schlecht angesehen.

Die Debatte zwischen diesen beiden Positionen existierte nicht nur zwischen den beiden Schulen, sondern auch unter den Stoikern, von denen sich einige von der kynischen Haltung überzeugen ließen.[15] Das war der Ursprung einer besonders reichhaltigen Diskussion und Argumentation. So weist z. B. der Stoiker Epiktet (etwa 50–120 n. Chr.) auf drei Situationen hin, in denen ein Mann von seiner Hei-

12 Deming, *Paul on Marriage and Celibacy*, S. 76.

13 Ebenda S. 54–56.

14 Ebenda S. 60.

15 Siehe ebenda S. 52.

ratspflicht befreit werden kann: wenn er sich dem Studium widmet, wenn er militärische Pflichten hat, und wenn er von Gott zu einer besonderen Mission berufen wird (dies betrifft jedoch nur außergewöhnliche Philosophen).[16] Diese Situationen können auch nur eine begrenzte Zeitspanne in einem Menschenleben betreffen.

3. Das Judentum zur Zeit des Neuen Testaments

a. Eine positive Einstellung zur Ehe

Das Judentum ist aus drei Gründen gegen die Ehelosigkeit: Das Gebot „seid fruchtbar und mehret euch" ist eine unumgängliche Pflicht zur Erhaltung des Lebens; Ehelosigkeit ist mit dem jüdischen Verständnis der Schöpfung unvereinbar, da der Mann nur als Hälfte des Menschen angesehen wird, solange er unverheiratet ist; Ehelosigkeit wird nicht als ein Mittel zur Heiligung angesehen; ganz im Gegenteil, das Judentum sieht sie vielmehr als ein Hindernis für persönliche Heiligung. Dies wird durch den rabbinischen Gebrauch des die Ehe bezeichnenden Begriffs „kiddushin" („Heiligung") in erstaunlicher Weise veranschaulicht.[17] Für unsere Argumentation verdient diese allgemeine Aussage der *Encyclopaedia Judaica* näher betrachtet und durch dem Neuen Testament nahe liegenden Quellen belegt zu werden.

Ehepflicht. „Alle aufrichtigen Gottesverehrer werden das Naturgesetz der Kinderzeugung erfüllen",[18] sagt Philo von Alexandrien, einer der wichtigsten Zeugen des Judentums des 1. Jh. n. Chr. Das bedeutet, dass es die Pflicht eines jeden Mannes ist, der Gott treu sein möchte, seinen Willen in Sachen Zeugung und Ehegemeinschaft zu tun. Das besagte „Naturgesetz" wird auch gleichzeitig mit dem ersten biblischen Gebot gleichgesetzt: „Seid fruchtbar und mehret euch, füllet die Erde und macht sie euch untertan" (1 Mo 1,28). Um diesem göttlichen Gebot nicht ungehorsam zu werden, wurden die jungen Juden schon sehr früh verheiratet: Mädchen etwa im Alter von zwölfeinhalb Jahren,[19] Jungen gegen achtzehn.[20]

Ehebedürfnis. Nach dem Talmud gilt: „Jeder Mensch, der keine Frau hat, ist eigentlich kein Mensch, denn es heißt: Männlich und weiblich erschuf er sie ...

16 Siehe Ebenda S. 84 (vgl. Epiktet, *Diss.* III 22,67–82). Etwas später (S. 177) fügt Deming dieser Liste noch andere ungünstige Umstände, die gemäß der Stoiker gegen die Ehe sprechen, hinzu, wie z. B. eine schwierige finanzielle Situation oder eine allgemein chaotische Lage der Gesellschaft.

17 „Celibacy", in *Encyclopaedia Judaica*, Bd. 5, Keter, Jerusalem 1972, Kol. 269.

18 Philo, *De praemiis et poenis* 108 (Übers. von Leopold Cohn, Isaak Heinemann, Maximilian Adler (Hgg.), *Philo von Alexandria, Die Werke in deutscher Übersetzung*, Bd. 2, Walter de Gruyter, Berlin 1962, S. 409 (Kol. 108).

19 Siehe A. Cohen, *Le Talmud: Exposé synthétique du Talmud et de l'enseignement des Rabbins sur l'éthique, la religion, les coutumes et la jurisprudence*, Payot, Paris 1982, S. 215.

20 „[Samuel der Jüngere] sagte: Mit fünf [Jahren ist man gut] für die Schrift, mit zehn für die Mischna, mit dreizehn für [die Erfüllung] der Gebote, mit fünfzehn für den Talmud, mit achtzehn für das Schlafzimmer der Ehefrau, mit zwanzig [einem Ruf] zu folgen, mit dreissig für die Autorität" (*Avot* 5.21). Vgl. Édouard Lipinski, „Mariage", in Pierre-Maurice Bogaert (Hg.), *Dictionnaire encyclopédique de la Bible*, Brepols, Turnhout 1987, S. 790–793.

und rief ihren Namen: Mensch" (1 Mo 5,2).[21] Das zeigt, wie wenig Ehelosigkeit im Judentum geschätzt wurde; vielmehr wurde sie als Behinderung oder Anomalie angesehen. Diese so radikale Sicht könnte jedoch etwas differenziert werden. Das *Dictionnaire encyclopédique du judaïsme* besagt, dass „aus dem Gesichtspunkt der Halakhah das Gebot sich zu mehren ausschließlich die Männer betrifft, die weibliche Ehelosigkeit mache also weniger Schwierigkeiten."[22] Es muss indessen hinzugefügt werden, dass in einer Gesellschaft, die den Männern die Ehe gebot und in der zumindest gelegentlich die Vielehe existierte, weibliche Ehelosigkeit wohl eher selten war.

Heiligung durch die Ehe. Die geistlich und religiös positive Sicht der Ehe im Judentum wird schon im für sie verwendeten Vokabular deutlich, da die Ehe durch das Wort *kiddushin,* Heiligung, bezeichnet wird. Die Ehegemeinschaft ist ebenfalls dadurch heiligend, dass der Mann durch seine Heirat dem ersten Gebot Gottes gehorcht und so am Schöpfungsplan teilnimmt.

b. Keusch, aber nicht zu sehr!

Die neutestamentliche Epoche scheint von der zunehmenden Bedeutung des Begriffes *porneia* charakterisiert zu werden. Dieser allgemeine Terminus bezeichnet eine Vielzahl von sexuell konnotierten Sünden. Die „Furcht vor sexueller Ausschweifung"[23] ist der Grund für frühes Heiraten. Sogar in der Ehe soll die Sexualität kontrolliert werden: „Das Gesetz kennt nur eine Vereinigung, die natürliche mit der Frau, und auch diese nur, wenn sie um der Kinder willen geschieht",[24] erklärt Flavius Josephus (1. Jh. n. Chr.) streng. „Philo kommt in seinen Schriften immer wieder mit Nachdruck darauf zu sprechen, dass die Absicht der Ehe die Zeugung legitimer Kinder sei und nicht sexuelles Vergnügen."[25]

Dieser keusche und sogar etwas asketische Ton kann jedoch durch gewisse Talmudaussagen ausgeglichen werden:

> Sollte ein verheirateter Mann ein Keuschheitsgelübde abgelegt haben, so gibt ihm die Schammaischule eine Frist von zwei Wochen, und die Hillelschule sogar nur eine einwöchige (Ket 5,6); wenn er bei Ablauf dieser Frist sein Gelübde nicht aufhebt und wieder seine ehelichen Pflicht seiner Frau gegenüber erfüllt, muss er sich scheiden lassen. Auch eine Frau kann sich

---

21 *Yevamot* 63a (Übers. Reinhold Meyer, *Der Talmud*, Orbis, München 1980, S. 487.

22 „Célibat", *Dictionnaire encyclopédique du judaïsme*, S. 191.

23 Lipinski, „Mariage", S. 792.

24 Flavius Josephus, *Gegen Apion* II,199.

25 Deming, *Paul on Marriage and Celibacy*, S. 91; siehe besonders die Angaben der Fußnote 171. Philos Position lässt sich durch diese Antwort veranschaulichen, die er Josephus zuschreibt: „Vor der gesetzlichen ehelichen Vereinigung kennen wir den Umgang mit einem anderen Weibe nicht, sondern rein kommen wir bei Abschluss der Ehe zu reinen Jungfrauen und setzten uns als Ziel nicht die Wohllust, sondern die Erzeugung legitimer Kinder." (*De Josepho* 43; Übers. Cohn u.a. Band 1, S. 167)

> aus einer unangenehmen Ehe befreien, indem sie ein Gelübde ablegt, sich ihrem Mann zu verweigern. Ihr Mann darf dieses Gelübde für ungültig erklären, doch wenn die Frau auf ihrer Verweigerung beharrt, darf er sie verstoßen, ohne ihr den Ketubapreis zu zahlen (ebenda 63b).[26]

Wenn die Enthaltsamkeit in der Ehe legal auf eine oder zwei Wochen begrenzt werden kann, so scheint doch, dass hinter der besagten Sexualität nicht nur Zeugungspflicht steckt, sondern auch die Entfaltung beider Ehepartner durch die relativ häufige Erfahrung sexueller Freude angestrebt wird.

c. Zwei die Ehelosigkeit befürwortende Sekten

Auch wenn die Ehelosigkeit auf keine überwiegende Zustimmung im Judentum des 1. Jh. n. Chr. trifft, kennen Philo von Alexandrien und Flavius Josephus doch zwei religiöse Gruppen, die Ehelosigkeit gern verteidigen und auch ausüben: die Essener und die Therapeuten. Josephus schreibt, die Essener

> meiden die sinnlichen Freuden wie die Sünde und erblicken die Tugend in Enthaltsamkeit und Beherrschung der Leidenschaften. Von der Ehe halten sie wenig, dagegen nehmen sie fremde Kinder auf, solange sie noch im zarten Alter stehen und bildungsfähig sind, halten sie wie ihre Angehörigen und prägen ihnen ihre Sitten ein. Doch wollen sie die Ehe und das Zeugen von Nachkommen in ihr nicht gänzlich aufheben, sondern sich nur vor den Ausschweifungen der Frauen sichern, da sie glauben, dass keine von ihnen einem Gatten die Treue bewahrt.[27]

Mehrere Seiten später fügt Josephus hinzu, es gebe außerdem

> einen zweiten Zweig der Essener, der in Lebensart, Sitten und Gebräuchen mit dem anderen ganz übereinstimmt, in der Ansicht über die Ehe dagegen von ihm abweicht. Sie glauben nämlich, dass die, die nicht heiraten, den wichtigsten Lebenszweck, die Erziehung von Nachkommen, außer Acht ließen, oder vielmehr, dass, wenn alle so dächten, das ganze Menschengeschlecht in kürzester Zeit aussterben müsse. Doch erproben sie die Bräute drei Jahre lang, und wenn sie nach dreimaliger Reinigung ihre Fähigkeit, Kinder zu gebären, erkannt haben, nehmen sie zur Ehe. Während der Schwangerschaft enthalten sie sich des Beischlafs zum Beweis, dass sie nicht aus Wolllust, sondern um Kinder zu erzielen, geheiratet haben.[28]

26 Cohen, *Le Talmud*, S. 221–222.

27 Josephus, *Bellum Judaicum* II,8,2 (Übers. Heinrich Clementz, Fourier, Wiesbaden 1978).

28 Ebenda II,8,13.

Philo berichtet, wie die Essener über die Frauen denken:

> Sie verwerfen die Ehe; gleichzeitig üben sie Keuschheit im höchsten Maße aus; so hat keiner der Essener je eine Frau geheiratet, denn die Frau ist ein egoistisches und der Eifersucht maßlos ergebenes Geschöpf; sie hat die schreckliche Eigenschaft, die natürlichen Neigungen eines Mannes zu verwirren und zunichte zu machen, sie kann ihn durch ihre ständige List in die Irre führen.[29]

Auch die Mutter wird nicht verschont, denn sie sei „voller Stolz", „schamlos" und begeht „Gewalttaten".[30] Philo schließt daraus:

> Ein Mann, der durch den Einfluss weiblicher Reize oder von Kindern gebunden ist, und dies aufgrund der notwendigen Bande der Natur, ist, durch den Drang der Zuneigung überwältigt, nicht mehr der Gleiche zu den Anderen, sondern völlig verändert, und wird, ohne es zu merken, ein Sklave statt eines freien Mannes.[31]

Die Therapeuten führen ein auf Meditation, Philosophie und Studium der Natur ausgerichtetes Leben. Ihre Ehelosigkeit scheint spät dazu gekommen zu sein.

> Wenn sie sich nun ihres Vermögens entäußert haben, lassen sie sich von nichts mehr ködern, sondern fliehen unverwandt. Brüder, Kinder, Frauen, Eltern ... verlassen sie ... Vielmehr suchen sie die Einsamkeit.[32]

Die Therapeuten haben ein viel positiveres Bild von den Frauen als die Essener. Sie haben ihren Platz in der Sekte; sie haben außerdem Zugang zu einer religiösen Ausbildung, was sie vom orthodoxen Judentum unterscheidet:

> Am Gastmahl nehmen auch Frauen teil, in der Mehrzahl alte Jungfrauen, die ihre Reinheit nicht unter Zwang bewahrten, wie einige von den Priesterinnen bei den Griechen, als vielmehr durch freien Entschluß, aus eifrigem Streben und Sehnen nach Weisheit. Da sie mit ihr zusammen zu leben begehren, kümmerten sie sich nicht um die Freuden des Körpers , weil sie nicht nach sterblicher, sondern nach unsterblicher Nachkommenschaft verlangten, welche allein die gottgeliebte Seele aus sich selbst hervorbringen kann, da der

29 Philo, *Hypothetica* 11,14.

30 Ebenda 11,16.

31 Ebenda 11,17.

32 Philo, *De vita contemplativa* 18–20 (Übers. Cohn u.a., Band 7, S. 44–45).

> Vater intelligible Strahlen als Samen in sie eingehen ließ, durch welche sie die Lehrsätze der Weisheit betrachten kann.[33]

Bei der Betrachtung dieser beiden Sekten, der Essener und der Therapeuten, deren Gepflogenheiten sich voneinander unterscheiden, können wir folgende Motivationen ihrer Ehelosigkeit feststellen:

1. Der Wunsch, ein von allen Banden „freier Mann" und kein „Sklave" zu sein, um für Gott, die anderen und die Tätigkeiten der Gruppe so verfügbar wie möglich zu sein.
2. Das Streben nach Einsamkeit.
3. Der Verzicht auf körperliche Freuden, die manchmal sogar als Sünde verstanden werden.
4. Die Verachtung oder ein zumindest geringschätziges Bild der Frau (untreu, egoistisch, eifersüchtig, listig, gewalttätig).

Die Texte des Neuen Testaments

Zur Zeit der Verfassung des Neuen Testaments befindet sich das gesellschaftliche Umfeld in einem Zwiespalt zwischen entgegengesetzten Einflüssen zur Frage der Ehelosigkeit. Das orthodoxe Judentum wie auch das Alte Testament sind deutlich gegen Ehelosigkeit und bewerten Ehe und Fortpflanzung positiv. Der hellenistische Einfluss hat jedoch schon gewisse jüdische Sekten erreicht, und dieser Einfluss zeigt sich auch in der jungen Kirche. Die kanadische Historikerin Elizabeth Abbott schließt ihr Kapitel über die Ehelosigkeit im Heidentum mit folgenden Worten:

> Die Keuschheit, die man häufig mit Enthaltsamkeit, Ausdauervermögen und Energie verbindet, wird immer weitgehender ausgeübt. Zu dem Zeitpunkt, als das Christentum am Horizont erscheint, hat sie in einem Umfeld Fuß gefasst, das schon eine asketische Einstellung zur Sexualität hat.[34]

Im Folgenden sollen die neutestamentlichen Stellen, die im Zusammenhang mit der Ehelosigkeit stehen, betrachtet werden.

1. Verschnittene für das Himmelreich: Matthäus 19,10–12

Das Wort Jesu über die Verschnittenen befindet sich ausschließlich bei Matthäus; es handelt sich hier um ein vertrauliches Gespräch zwischen Jesus und seinen Jüngern, und zwar nach dem Gespräch mit den Pharisäern über die Scheidung. Indem Jesus die eheliche Beziehung mit dem Schöpfungsbericht in Verbindung bringt (Mt 19,5 zitiert 1 Mo 2,24), zeigt er ihre ursprüngliche Ambition und Spannweite

33 Philo, *De vita contemplativa* 68 (Übers. Cohn u.a., Band 7, S. 65).

34 Elizabeth Abbott, *Histoire universelle de la chasteté et du célibat*, Fides, Montréal 2001, S. 51.

auf, die einer Verstoßung, die einfach auf die Initiative des Mannes zurückgeht, keinerlei Platz lässt.

Der beständige Charakter der Bande zu einer Frau scheint diesen Männern – den Jüngern – übertrieben verpflichtend. Verwirrt erwidern sie: „Wenn die Sache des Mannes mit der Frau so steht, so ist es nicht ratsam zu heiraten." (EB) Sie wundern sich also über das erste Gebot Gottes – das der Ehe und der Fortpflanzung, das hier durch die Erwähnung des Schöpfungsberichts angeschnitten wird.

Es wäre nur logisch für Jesus, der gerade die Pharisäer auf die bei der Schöpfung formulierten göttlichen Forderungen verwiesen hat, nun die Jünger an die göttlichen Anordnungen in 1. Mose 1,28 zu erinnern. Er hätte z. B. sagen können: „Habt ihr nicht gelesen, dass der Schöpfer von Anfang an den Menschen als Mann und Frau schuf und ihnen sagte: Seid fruchtbar, mehret euch, füllet die Erde und machet sie euch untertan." Jesu Antwort ist umso erstaunlicher wie auch paradox; sie steht im Gegensatz zu dem gerade Gesagten und auch im Gegensatz zum allgemein anerkannten Verständnis des Willens Gottes in diesem Lebensbereich. Außerdem ist seine Lehre so gewagt und heikel, dass er sie mit einem doppelten Schutz umgibt: „Nicht alle fassen dieses Wort, sondern die, denen es gegeben ist ... Wer es fassen kann, der fasse es." (Mt 19,11–12) Intellektuell gesehen macht der Satz kein Problem; er ist völlig verständlich. Die Schwierigkeit liegt vielmehr darin, diese neue, fremde, ja sogar schockierende Lehre Jesu zu akzeptieren. Es scheint, als ermögliche es nur der göttliche Eingriff („denen es gegeben ist"), dieses Wort über die Verschnittenen positiv aufzunehmen und noch mehr, es zu leben.

Kommen wir nun zum Vers 12 (EB): „Denn es gibt Verschnittene, die von Mutterleib so geboren sind; und es gibt Verschnittene, die von den Menschen verschnitten worden sind; und es gibt Verschnittene, die sich selbst verschnitten haben um des Reiches der Himmel willen". Die dreifache Parallele sieht man noch klarer im Griechischen durch die dreimalige Wiederholung des Wortes „Verschnittene" *(eisin gar / kai eisin / kai eisin eunouchoi hoitines)* und die Wiederholung des Verbs „verschneiden", einmal gefolgt von einem Akkusativobjekt und einmal in der reflexiven Form.

Die ersten beiden Sätze sind nur das Echo einer reellen Situation und können sowohl eine körperlich-technische wie auch eine weitere, metaphorische Bedeutung haben: „Von Mutterleib so geboren": eine angeborene Anomalie, eine psychologische Anlage zur Ehelosigkeit; „von den Menschen verschnitten": Kastration,[35] soziale Situationen, die die Ehelosigkeit aufzwingen, wie z. B. Wehrdienst, Gefängnis, Tempeldienst (Vestalinnen) usw.

Der dritte Satz erfordert jedoch gewisse Vorsichtsmaßnahmen, mit denen Jesus ihn einrahmt, denn er deutet Selbstkastration „um des Himmelreichs willen" an. Das ist die völlig neue Lehre, die nur von denen richtig verstanden und praktiziert wer-

35 Die im Judentum verbotene Kastration wurde bei Völkern im Orient im Allgemeinen praktiziert. Siehe dazu z. B. „Eunuque", in *Nouveau dictionnaire biblique*, Bd. 5, Emmaus, Saint-Légier 1983, S. 248.

den kann, „denen es [von Gott] gegeben ist". Man erschaudert vor einer wörtlichen Anwendung, für die Origenes der berühmteste Vertreter geworden ist.[36] An anderer Stelle verwendet Jesus eine ähnliche Ausdrucksweise, wenn er von dem Auge spricht, das auszureißen sei (Mt 5,29; 18,9), und von der Hand oder dem Fuß, die man abhauen solle (Mt 5,30; 18,8). Ein metaphorisches Verständnis dieser Verstümmelungen genügt jedenfalls, um das angestrebte Ziel zu erreichen: Man möchte es vermeiden, „in der Hölle" zu enden und „zum Leben eingehen". Das gleiche gilt auch in Matthäus 19: Man kann sich kaum vorstellen, inwiefern die Kastration (die übrigens Frauen nicht betreffen könnte) dem Himmelreich mehr bringen könnte, als die symbolische Selbstkastration einer gewählten Ehelosigkeit.

Jesus setzt also dem ursprünglichen Gebot der ehelichen Vereinigung und der Fortpflanzung einen anderen möglichen Weg entgegen, der jedoch „nicht alle" betrifft, nur jene, „denen es gegeben ist", und zwar den Weg einer frei und persönlich „um des Himmelreichs willen" gewählten Ehelosigkeit. Die Präposition *dia* mit folgendem Akkusativ drückt den Sinn und Zweck, das Ziel aus, zugunsten dessen etwas geschieht. Das ist die ganze Aussage Jesu, und sie ist etwas kurz. Jesus erklärt nicht, worin und warum die Ehelosigkeit bestimmter Menschen einen Vorteil für das Evangelium darstellen könnte. Natürlich kann auch bedacht werden, dass die schönste Erklärung und die überzeugendste Beweisführung wohl durch sein eigenes Beispiel und vielleicht auch jenes des Johannes des Täufers gegeben wurde.[37]

Um dem Werk der Erlösung völlig zur Verfügung zu stehen, hat sich Jesus der Schöpfungsordnung nicht unterstellt. Um sich allen zu geben, hat sich Jesus keiner Frau geschenkt.[38] Diese Vorstellung kommt in den Evangelien nicht so klar zum Ausdruck; Jesus stellt jedoch einen Vergleich an, als er die Blutsbande abschwächt, um die zu allen seinen Nachfolgern zu verstärken:

> Wer ist meine Mutter, und wer sind meine Brüder? Und er streckte die Hand aus über seine Jünger und sprach: Siehe da, das ist meine Mutter, und das sind meine Brüder! Denn wer den Willen tut meines Vaters im Himmel, der ist mir Bruder und Schwester und Mutter. (Mt 12,48–50)

36 Siehe Abbott, *Histoire universelle de la chasteté et du célibat*, S. 59.

37 Zur Ehelosigkeit Jesu und der wahrscheinlichen Ehelosigkeit Johannes des Täufers siehe Thaddée Matura, „Le célibat dans le Nouveau Testament d'après l'exégèse récente", *Nouvelle Revue Théologique* 97, 1975, S. 481–500 und 593–604, hier S. 486–487.

38 Vgl. auch Roberto Badenas und Corinne Égasse, „Choisir le célibat", in *Le Christianisme au XXe siècle*, Nr. 681, 21.–27. März 1999, S. 9: „Da Jesus die Risiken seines kurzen Erdenlebens und die absolute Verfügbarkeit, die sein Dienst verlangte, im Voraus kannte, hat er sich verantwortungsbewusst verhalten, indem er es einer Frau ersparte, vernachlässigt und später Witwe zu werden. So hat er es auch vermieden, eine ‚heilige' Nachkommenschaft zu schaffen, deren göttlich-menschliche Natur den Begriff der Einheit Gottes nur schwer gestört hätte".

Man geht wohl nicht zu weit, wenn man noch hinzufügte: „Die ist meine Frau, die sind meine Kinder". Und wie könnte man die Verse, die der Stelle über die Verschnittenen unmittelbar folgen, übersehen? „*Da* wurden Kinder zu ihm gebracht, damit er die Hände auf sie legte und für sie betete" (Mt 19,13).[39] Jesus hat sich selbst zum Verschnittenen gemacht und darauf verzichtet, mit seinem Körper Kinder zu zeugen, um alle zu ihm kommenden Kinder aufzunehmen.

2. Frau und Kinder verlassen: Lukas 18,29–30

Das Lukasevangelium enthält eine besonders strenge Version eines Wortes Jesu, das den Vorrang des Gottesreiches vor den Familienbanden betrifft: „Es ist niemand, der Haus oder Frau oder Brüder oder Eltern oder Kinder verlässt um des Reiches Gottes willen, der es nicht vielfach wieder empfange in dieser Zeit und in der zukünftigen Welt das ewige Leben" (Lk 18,29–30).[40] Man könnte verstehen, dass es gut sei, seine Familie aus Treue zum Evangelium zu verlassen. Thaddée Matura schlägt vor, dass hier „die Zentralität Jesu im Leben des Gläubigen" beeindruckend veranschaulicht wird, beziehungsweise, wollte man auf einer wörtlicheren Auslegung bestehen,

> sollte man in diesem Text ... vielmehr eine Einladung sehen nicht zu heiraten als tatsächlich Frau und Kinder zu verlassen. Eine solche Haltung entspräche der allgemeinen biblischen Denkweise nicht und wäre mit den paulinischen Anweisungen, seine Frau auch aus Glaubensgründen nicht zu verlassen, nicht vereinbar.[41]

Allerdings beinhaltet Lukas 18 weder Anweisung noch Rat von Seiten Jesu. Jesus verspricht vielmehr eine Entschädigung, und zwar denen, die aufgrund ihrer Wahl, Jesus treu zu bleiben, dazu gezwungen wurden, sich von ihrer Familie zu trennen.

3. Die Häresie des Eheverbots: 1. Timotheus 4,3

Im ersten Timotheusbrief erwähnte Paulus eine besonders „die letzten Zeiten" betreffende Situation, wenn

> einige von dem Glauben abfallen werden und verführerischen Geistern und teuflischen Lehren anhängen, verleitet durch Heuchelei der Lügenredner, die ein Brandmal in ihrem Gewissen haben. Sie gebieten, nicht zu heiraten und Speisen zu meiden, die Gott geschaffen hat ... (1 Tim 4,1–3)

39 Hervorhebung durch die Verfasserin. Das temporale Adverb *tote* ist ein viel präziseres und bedeutsameres Verbindungswort als das viel gebrauchte *kai*.

40 Die Parallelstellen in Mt 19,29 und Mk 10,29 erwähnen in der Liste nicht die Frau. Die gleiche Besonderheit des Lukas ist auch in den vergleichbaren Versen Lk 14,26 und Mt 10,37 zu finden.

41 Matura, „Le célibat", S. 498. Matura spielt hier auf 1. Korinther 7,5.10.11 an.

Es wird hier sehr kurz auf die Ehe angespielt, doch interessiert uns die hier besprochene Problematik.

Paulus spricht sich energisch und in anschaulicher Sprache gegen eine Häresie aus, die die Ehe verbietet und anordnet, gewisse Speisen zu meiden. Der eschatologische Kontext wird schon im ersten Vers des Kapitels deutlich dargestellt. Außerdem wird noch eine andere eschatologische Häresie im 2. Timotheusbrief erwähnt: „Hymenäus und Philetus sind von der Wahrheit abgeirrt und sagen, die Auferstehung sei schon geschehen, und bringen einige vom Glauben ab" (2,17–18). Was die beiden Aussagen an Timotheus verbindet, ist Jesu Antwort auf die Frage der Sadduzäer zum Leben nach der Auferstehung: „Wenn sie von den Toten auferstehen werden, so werden sie weder heiraten noch sich heiraten lassen, sondern sie sind wie die Engel im Himmel."[42] (Mk 12,25)

Es wird also deutlich, dass schon in der frühen Kirchengeschichte das Thema Ehe-Ehelosigkeit kontrovers diskutiert wurde. Man könnte die Hypothese aufstellen, dass einer der Gründe zur Verurteilung der Ehe der Glaube an eine schon realisierte Eschatologie und damit auch an eine neue Stellung des Mannes und der Frau war. Paulus predigt ganz klar eine andere Eschatologie und eine Auferstehung, die noch in der Zukunft liegt.[43] Er spricht sich eindeutig gegen das Verbot der Ehe aus, an die er sicher am Ende seiner Argumentation neben den Speisen denkt: „Denn alles, was Gott geschaffen hat, ist gut, und nichts ist verwerflich." (1 Tim 4,4)

4. Ehe und Ehelosigkeit als Gnadengaben: 1. Korinther 7

Die längste und wohl auch klarste Stelle des Neuen Testaments (und der Bibel überhaupt), die das Thema Ehelosigkeit betrifft, ist 1. Korinther 7.[44] In diesem langen Kapitel werden wir nur die Verse über die Ehelosigkeit betrachten, ohne dabei zu vergessen, dass auch andere Themen von Paulus angeschnitten werden, zum Beispiel Sexualität, Enthaltsamkeit bei einem christlichen Ehepaar, Trennung eines christlichen Ehepaars und Trennung eines Nicht-Christen von seinem christlichen Ehepartner.

Hervorzuheben ist auch, dass das Thema Kindererziehung und Kinderzeugung bei der Behandlung eines solchen Themenkomplexes fehlt. Deming kommentiert dieses Schweigen sehr scharfsinnig:

---

42 Die Parallelstelle bei Lukas (20,34–36) ist doppeldeutig und man könnte verstehen, dass diejenigen, die auferstehen werden, ab sofort in diesem Leben auf die Ehe verzichten: „welche aber gewürdigt werden, jene Welt zu erlangen und die Auferstehung von den Toten, die werden weder heiraten noch sich heiraten lassen". Was direkt darauf folgt, ist allerdings nur schwer auf dieses Leben anzuwenden: „Denn sie können hinfort auch nicht sterben; denn sie sind den Engeln gleich und Gottes Kinder, weil sie Kinder der Auferstehung sind".

43 Siehe z. B. 1. Thessalonicher 4; 1. Korinther 15.

44 Eine in der Unterscheidung stoischer und kynischer Elemente gründliche Studie von 1. Korinther 7 ist Deming, *Paul on Marriage and Celibacy*, S. 108–210.

Die Tatsache, dass Paulus zur Kindererziehung schweigt, ist als bewusstes Vermeiden dieses Themas zu verstehen; sein Lob hätte seine Argumente zugunsten der Ehelosigkeit geschwächt. Hätte er sich aber dagegen ausgesprochen, hätten seine Worte die Notwendigkeit ehelicher Beziehungen untergraben.[45]

a. Vers 1: Ein asketisch-kynisches Gebot

„Wovon ihr aber mir geschrieben habt": Es ist interessant, dass Paulus das Thema der Ehelosigkeit nicht von sich aus anspricht. Im Gegensatz zu anderen ihm wichtigen Themen in den verschiedenen Episteln, die man auch als grundlegend in seiner Lehre ansehen kann, ist die Ehelosigkeit zuerst eine Sorge der Briefempfänger in Korinth, die ihm zu diesem Thema geschrieben hatten.[46] Als guter Seelsorger beantwortet Paulus die ihm gestellten Fragen seriös und ausführlich. Die Ehelosigkeit bleibt jedoch ein nebensächliches, ja sogar unwesentliches Thema im paulinischen Verständnis des Evangeliums.

Der erste Satz dieses Kapitels klingt abrupt : „Es ist gut für den Mann, keine Frau zu berühren" (7,1). Grammatisch gesehen kann dieser Satz sowohl ein Zitat aus dem Brief der Korinther sein wie auch Paulus eigene Aussage. Handelt es sich um Paulus eigene Meinung, ist es erstaunlich, dass er sie sofort differenziert und ihr sogar widerspricht, indem er mit gemäßigten Worten das christliche Ehepaar zur ehelichen Intimität ermutigt. Natürlich kommt er auf das Thema der Ehelosigkeit wieder in den Versen 8 und 25 zurück, und da ist es ganz klar seine Meinung. Jedoch in einer viel gemäßigteren Art als im Vers 1, denn nun handelt es sich nur um sein eigenes Beispiel („wie ich", V. 8) oder um seine eigene „Meinung", die sich deutlich vom „Gebot des Herrn" (V. 25) unterscheidet. Er kann nicht vorsichtiger mit diesem Thema umgehen als er es im Vers 26 tut: *„Ich meine nun,* dass dies *um der gegenwärtigen Not willen* gut ist" (EB, Hervorhebung durch die Verfasserin). Wir sind weit entfernt von der kategorischen Aussage vom Beginn des Kapitels, die wie ein universales Gesetz klingt. In Vers 26 drückt Paulus nur eine persönliche und der Situation angemessene Meinung aus.

Ist der Vers 1 jedoch die Meinung der Korinther, wie sie in ihrem Brief stand und nun von Paulus zitiert wird, ist es nicht so erstaunlich, dass dieser sich zuerst dagegen ausspricht, auch wenn er später dafür sprechende Argumente anführt. Die Folge des Kapitels unterstützt eher diese Hypothese: Die korinthischen Christen scheinen sexuelle Enthaltsamkeit in der Ehe (wogegen sich Paulus ausspricht; siehe V. 3.5) und sogar die Trennung der Ehepartner (V. 10.11) zu empfehlen, im Beson-

45 Deming, *Paul on Marriage and Celibacy*, S. 216–217.

46 Die Einleitungsformel von 1. Korinther 7,1 befindet sich auch in 7,25; 8,1; 12,1; 16,1.12 und bezieht sich auf verschiedene problematische Standpunkte, die wahrscheinlich in einem Brief der Korinther an Paulus dargestellt worden waren (vgl. ebenfalls 11,34).

deren wenn der Partner ungläubig ist, indem sie argumentieren, die Intimität führe zur Unreinheit des Gläubigen und dessen Kinder (V. 12–14). In wunderbarer Weise dreht Paulus das Argument um, indem er aus dem Gläubigen eine Quelle der Reinheit und Heiligkeit in seinem Heim macht.

Zum Textzusammenhang kann man noch ein kontextuelles Argument hinzufügen: Dieses asketische Gebot stammt aus dem kynischen Milieu, in dem man denkt, dass die Zeit, die zur sexuellen Betätigung aufgebracht wird, einerseits besser im Dienste des philosophischen Studiums und zugunsten der Tugend gebraucht würde; andererseits interessieren sich die Anhänger des Kynismus besonders dafür, was „gut für den Menschen" ist, vor allem bezüglich der Ehe.[47]

Am Ende spricht sich Paulus deutlich gegen dieses korinthische Gebot aus. Zum einen verbietet er den Verheirateten die Enthaltsamkeit, außer als „gegenseitiges Einverständnis" (V. 5, EÜ) für eine Zeitlang zum Beten. Wenn er zum anderen dann die Ehelosigkeit all denen empfiehlt, die nicht in einer Ehegemeinschaft leben, tut er dies nicht, weil es „für den Mann gut wäre, keine Frau zu berühren", sondern aus anderen Gründen, die nichts mit der Sexualität zu tun haben, und die wir später betrachten werden.

b. Verse 7–9: Zwei Gnadengaben

Paulus stellt sich selbst als nachzufolgendes Beispiel dar. Er gehört zu denen, „die nicht verheiratet sind";[48] vielleicht ist er Witwer.[49] Das ist ein Zustand, den er anscheinend nicht ändern möchte, und wenn er auch nicht sagt, Ehelosigkeit sei an sich eine gute Sache, so meint er doch, es sei „gut" dabei zu bleiben, wenn man schon so lebe. Es handelt sich allerdings nicht um ein absolutes „gut"; denn wenn

47 Zum kynischen Charakter des Gebotes siehe Deming, *Paul on Marriage and Celibacy*, S. 112–115; zum Asketentum in Korinth, siehe Calvin J. Roetzel, *Paul: The Man and the Myth*, T&T Clark, Edinburgh 1999, S. 147–151, besonders Fußnote 71.

48 Das Wort *agamos* (wörtlich „unverheiratet") kommt nur viermal im Neuen Testament vor, und das ausschließlich in 1. Korinther 7 (V. 8.11.32.34). An diesen vier Stellen gilt der Begriff sowohl für Mann und Frau und bezeichnet eher einen Menschen, der nicht mehr verheiratet ist, als einen, der es nie war – auf einen solchen würde nämlich vielmehr *parthenos*, „jungfräulich" (V. 34) zutreffen. „Diese Unverheirateten sind wahrscheinlich Männer, die nicht mehr an eine Frau gebunden sind, da sie der Tod ihrer beraubt hat, oder aber der christliche Glaube wurde der Grund ihrer Trennung (unserer Meinung nach gehört Paulus zu dieser Kategorie)". Léon-Dufour, „Signification théologique", S. 26.

49 Was für eine frühere Ehe des Paulus spräche, sind die jüdischen Sitten und die Tatsache, dass Paulus Glied des Sanhedrins war; vgl. z. B. Frederic W. Farrar, *The Life and Work of St. Paul*, Cassel, Petter, Galpin & Co., London, Paris, New York 1879, S. 78–82. Andere Theologen dagegen, wie z. B. Roetzel, *Paul*, S. 150–151, sprechen sich eher dafür aus, dass Paulus nie geheiratet habe; sie gründen sich auf eine Verwandtschaft seines Auftrags mit dem des Jeremia, obwohl sie zugeben, dass diese Frage nicht mit Gewissheit geklärt werden kann. Auch wenn wir uns über die Vergangenheit des Paulus nicht ganz im Klaren sind, scheint seine Lage doch eine Ausnahme unter den Aposteln darzustellen: Im gleichen Brief erwähnt Paulus seine Kollegen, die in ihrem Dienst von ihren Frauen begleitet werden (1 Kor 9,5), die auch von den Gemeinden finanziell unterhalten werden. Im Neuen Testament wird Ehelosigkeit nie als Bedingung für den Dienst in der Gemeinde erwähnt; es wird allerdings verlangt, nur eine Ehefrau zu haben (1 Tim 3,2–7.12; Tit 1,5–9). Geht es darum, Polygamie oder Wiederheirat zu vermeiden?

es auch gut sei, unter gewissen Umständen „so zu bleiben wie ich", so fügt er doch schnell hinzu, dass es in anderen Fällen doch „besser sei zu heiraten".

Wenn sich Nicht-Verheiratete „nicht enthalten können" und das Gefühl haben, „vor Verlangen zu brennen" (EB), so ist die Heirat bzw. die Wiederheirat (wahrscheinlich ist sie in diesem Text gemeint) vorzuziehen.[50] Die Ehelosigkeit, die Paulus empfiehlt und auslebt, ist also kein ständiger und zerreißender Kampf gegen den Wunsch, einen Partner zu haben – in diesem Fall „ist es besser zu heiraten" – sondern sicherlich ein gelassener und von emotionalen, seelischen und körperlichen Wunden freier Zustand: ein Zustand, den man als „besondere Gnadengabe" bezeichnen möchte. Es ist höchst interessant, dass Paulus sowohl den ehelichen als auch den ehelosen Zustand als Gottesgaben bezeichnet (V. 7). Das ist ein Wort, dessen Inspiration jeder, ob verheiratet oder allein stehend, für sich überprüfen kann!

c. Verse 17–24: Das Status-quo-Prinzip

In der Mitte des Kapitels befindet sich das einzige allgemeine Prinzip; der Rest des Kapitels behandelt eher besondere Situationen. Es ist auch die einzige Stelle, wo Paulus nicht auf spezifische Punkte des ihm von den Korinthern adressierten Briefes antwortet, sondern eine allgemein gültige Lehre predigt, die zu seiner eigenen Botschaft gehört; daher sagte er: „so verordne ich es in allen Gemeinden". Dieses Lebensprinzip lautet so: „Nur soll jeder so leben, wie der Herr es ihm zugemessen, wie Gott einen jeden berufen hat" (V. 17). Dies wird in den Versen 20 und 24 wiederholt und bildet so eine doppelte Inclusio. Es handelt sich natürlich um äußere, mit dem menschlichen Leben zusammenhängende Aspekte, wie es die zitierten Beispiele zeigen, und nicht um das innere geistliche Leben, für das der Apostel zu einer ständigen Erneuerung aufruft.

Die beiden „Paare", die zur Veranschaulichung dienen – Beschnittener / Unbeschnittener, Sklave / Freier – könnten durch ein drittes, Verheirateter / Unverheirateter, das im Vers 27 angedeutet wird, ergänzt werden. Eine ähnliche Trias von Zweiergruppen befindet sich auch in Galater 3,28, wo ausgesagt wird, dass all diese Unterschiede in Jesus Christus nicht mehr existieren. Da ein Mensch seine Lebenszustände wählt, spielen sie in der Beziehung zu Christus keine Rolle, da diese auf den freiwilligen Empfang der Taufe, auf die persönliche Wahl, „Christus angezogen zu haben" (Gal 3,27), gegründet ist. Warum sollte man also versuchen, den Zustand, in dem „Gott einen jeden berufen hat", zu ändern?

Dieses schöne Prinzip der Beibehaltung des Status quo könnte uns auch heute noch in gewissen heiklen Situationen weiterhelfen (zusammenlebende Paare, in Polygamie lebende Familien usw.). Es hat auch seine Grenzen, insbesondere, wenn

50 „Wie seine stoischen, kynischen und jüdischen Zeitgenossen scheint Paulus sexuelle Anziehung als einen Aspekt des menschlichen Daseins oder als Gottesgabe betrachtet zu haben". Deming, *Paul on Marriage and Celibacy*, S. 130.

die Situation wirklich provisorisch ist. Paulus ist sich dessen bewusst, denn er differenziert etwas später dieses Prinzip, wenn er über die Verlobten spricht, wobei es sich wirklich um eine gesonderte Situation handelt (1 Kor 7,36–38).

d. Verse 25–31: Der eschatologische Druck

Wenn Paulus von den Jungfrauen spricht,[51] ist er besonders vorsichtig. Er bringt klar zum Ausdruck, dass es sich nicht um ein „Gebot des Herrn" handelt, sondern um seine persönliche Meinung (wie in V. 12, aber anders als in V. 10), die er als „gemäßigt" darstellt („so meine ich nun") und die einen bestimmten Zusammenhang betrifft („um der gegenwärtigen Not willen", V. 26 EB). Er lädt also die Jungfrauen ein, ob Männer (V. 27) oder Frauen (V. 28), in diesem Zustand zu bleiben.

Dass Paulus so vorsichtig wie möglich und vielleicht sogar verlegen ist, kommt auch in Vers 28 zum Ausdruck: Die Ehe eines Mannes oder einer Frau darf unter keinen Umständen als Sünde betrachtet werden. Man könnte sich fragen, wie weit die asketische Tendenz in Korinth wohl gegangen war, um zu der Empfehlung zu kommen: „Es ist gut für den Mann, keine Frau zu berühren" (V. 1). Als Erbe der jüdischen Religion, Kultur und Mentalität, die die Ehe so positiv sieht, fühlt sich Paulus also dazu gezwungen, seine Leser davon zu überzeugen, dass, wer heiratet, nicht sündigt.[52]

Wenn der Apostel die Ehelosigkeit der Ehe vorzieht, so hat er nicht die gleichen Gründe wie die Korinther.[53] Diese streben nach Enthaltsamkeit, Paulus möchte sie schonen, ihnen die „Bedrängnis ersparen" (V. 28), der Verheiratete nicht entgehen können, und zwar „um der gegenwärtigen Not willen" (V. 26, EB). „Paulus spricht ... von der gegenwärtigen Not dieser Welt, von dieser Zeitspanne zwischen Christi ersten und zweiten Kommen, wie lange sie auch dauern mag."[54] Er sagt nichts über diese speziell eheliche Not;[55] hingegen entwickelt er in den Versen 29–31 das Thema „dieser Welt", dessen „Wesen vergeht". Die fünf verwendeten Bilder laden zu einer Art Gleichgültigkeit gegenüber den Dingen dieser Welt ein, die mit ihr vergehen werden. Die Ehe gehört zu dieser vergehenden Welt und nicht zur

---

51 Der Begriff *parthenos* bezeichnet einen Menschen, der noch nie verheiratet war, ob Mann oder Frau (V. 25–27; vgl. Offb 14,4). Die sexuelle Jungfräulichkeit dieses Menschen wird mit dem Ausdruck sicher vermutet, jedoch nicht betont.

52 Auch hier erkennt man den Einfluss der stoischen Philosophie, für die, „wenn die Ehe auch moralisch gesehen neutral war, es manchmal für einen Menschen von Vorteil war zu heiraten, und manchmal von Nachteil; dies hing von den Lebensumständen des Menschen ab. Unter normalen Umständen war es also passend zu heiraten, in unglücklichen Umständen jedoch wurde die Heirat zu einem Fehler oder zu einer Sünde". Deming, *Paul on Marriage and Celibacy*, S. 176.

53 Siehe Roetzel, *Paul*, S. 150, der den Kontrast zwischen dem korinthischen Streben nach Tugend und der nach Paulus in Krisenzeiten notwendigen totalen Hingabe an Gott aufzeigt.

54 Léon-Dufour, „Signification théologique", S. 32.

55 Jesu Worte über schwangere oder stillende Frauen (Lk 21,23) könnten die Bedeutung dieser eschatologischen eheliche Not erhellen.

ewigen Wirklichkeit; sie ist also neutral, weder gut noch schlecht, weder ein Plus noch eine Sünde; aber auch nicht notwendig und gering, da sie in so kurzer Zeit verschwinden wird.

e. Verse 32–35: Gott zur Verfügung stehen

Von dem Thema der eschatologischen Not gleitet Paulus zu einer anderen „Sorge", die er den Verheirateten gern ersparen würde; es handelt sich hier um Verfügbarkeit und Ablenkung.

„Der Unverheiratete ist für die Sache des Herrn besorgt, wie er dem Herrn gefallen möge" (V. 32, EB); Vers 34 besagt fast das gleiche betreffend der „Frau, die keinen Mann hat" (wahrscheinlich eine Witwe oder Geschiedene) sowie der „Jungfrau", die beide danach streben, heilig zu sein „an Leib und Geist". Diese Sätze ergeben nur dann einen Sinn, wenn man den Parallelismus, dem sie entnommen sind, versteht. Es wäre ein Fehler und sogar gefährlich, sie unabhängig voneinander zu betrachten, als ob die ledige Person in einer Art Besessenheit lebe, „dem Herrn zu gefallen", oder, was noch schlimmer wäre, als ob die Ehelosigkeit die einzige Möglichkeit darstellte, Gott angenehm zu sein und heilig an Leib und Geist zu bleiben, die sonst durch ein Eheleben verunreinigt würden.

Es geht darum, ganz einfach und logisch im Rahmen des Vergleichs zu bleiben. Der zweite Teil lautet wie folgt: „der Verheiratete aber ist um die Dinge der Welt besorgt, wie er der Frau gefallen möge, und so ist er geteilt" (V. 33; ebenso in der weiblichen Version in V. 34). Der Parallelismus ist sonnenklar: Es geht darum, was die Gedanken und die Zeit der Personen beschäftigt. Die ehelichen und familiären Angelegenheiten nehmen gezwungenermaßen im Leben verheirateter Männer und Frauen viel Zeit in Anspruch. Nun würden verheiratete Christen in der Begeisterung ihres Glaubens gern über die gleiche Freiheit verfügen wie Ledige; daher die korinthische Tendenz, den Ehepartner zu vernachlässigen oder gar zu verlassen, um ganz für Gott da zu sein. Paulus akzeptiert diese Lösung jedoch nicht (V. 2–6,10–14). Vielleicht kommt gerade in dieser Problematik die Aussage von Vers 7 ganz deutlich zum Ausdruck: Ehe wie Ehelosigkeit sind eine besondere „Gnadengabe" (EB) und „kommen von Gott". Ein Verheirateter muss es akzeptieren, zwischen den ehelichen Angelegenheiten, die der Schöpfungsordnung angehören („die Dinge der Welt"), und den geistlichen Angelegenheiten, die der Heilsordnung angehören („die Sache des Herrn"), geteilt zu sein, er muss mit diesen Sorgen, in diesem Zwiespalt leben und darauf verzichten, „dem Herrn ohne Ablenkung" (V. 35 EB) anzugehören. Er muss seine Zeit und Aufmerksamkeit gerecht zwischen Gott und seiner Familie aufteilen, und all diese Verpflichtungen erfordern wohl eine „Gnadengabe" wie die später erwähnten Gaben.[56]

56 Vers 7 gebraucht auch das Wort *charisma* wie 1. Korinther 12.

f. Verse 36–38 : Die Verlobten

Der nächste Absatz wurde auf drei verschiedene Arten interpretiert: Es geht hier entweder um den Wunsch eines Vaters, seine Tochter zu verheiraten,[57] oder um die Situation einer Jungfrau, die „geistlich" mit einem Mann verheiratetet ist, der für sie zu sorgen hat,[58] oder um den Wunsch eines jungen Mannes, seine Verlobte zu heiraten.[59] Worum es sich auch handelt – Paulus wiederholt und besteht also darauf, dass da, wo Leidenschaft vorhanden ist, Ehe passender ist als Ehelosigkeit (V. 36; vgl. V. 9), Ehe keine Sünde ist (V. 36; vgl. V. 28), vielmehr die Ehe eine gute Sache ist – ledig bleiben ist jedoch besser (V. 38; vgl. V. 8.26).

Was diese Stelle jedoch Besonderes bringt, ist die Art und Weise, wie Paulus auf die individuelle Freiheit besteht, keinerlei Druck oder Zwang ausübt und die persönliche Entscheidung betont: „Wenn einer aber in seinem Herzen fest ist, ... nicht unter Zwang ist und seinen freien Willen hat, und beschließt in seinem Herzen" (V. 37). Hier ist kein Platz für die korinthische asketische Bewegung, die ihre Überzeugungen den Verlobten vielleicht aufdrängen wollte.

Wie schon früher erwähnt differenziert Paulus hier das Prinzip der Beibehaltung des Status quo. Der Zustand der Verlobten kann nur schwierig beibehalten werden, denn er ist definitionsgemäß provisorisch und im Allgemeinen kurz. Trotz seines Vorzugs für die Ehelosigkeit vergisst der Apostel nie die Realität des Lebens.

Man könnte es bedauern, dass Paulus hier nur von der Leidenschaft und Entscheidung des Verlobten spricht. In seiner Argumentation spricht er überhaupt nicht von der jungen Frau. Dies ist umso erstaunlicher, als im Rest des Kapitels die männlichen und weiblichen Wünsche sehr ausgeglichen behandelt werden. Wenn man diesen Versen jedoch besondere Beachtung schenkt, könnte man zu folgendem Schluss kommen: Für Paulus und vielleicht auch für seine Zeitgenossen scheint eine Jungfrau kein Verlangen zu verspüren, im Gegensatz zu einer verheirateten Frau oder einer Frau, die früher schon verheiratet war.[60]

---

57 Die Übersetzung könnte dann so lauten: „Wenn jemand glaubt, gegenüber seiner Jungfrau gegen den Anstand zu verstoßen, wenn sie zu alt ist, und er es als seine Pflicht ansieht, so zu handeln, dann soll er tun, was er will, er sündigt nicht: sie sollen heiraten. Wenn einer aber in seinem Herzen entschlossen ist, nicht unter Zwang steht und seinen freien Willen voll ausübt, indem er in seinem Innern den Entschluss fasst, seine Jungfrau so zu behalten, der tut gut. Wer also seine Jungfrau verheiratet, tut gut, und wer sie nicht verheiratet, tut noch besser". Die Neue Genfer Übersetzung erwähnt diese Übersetzungsalternative in einer Fußnote; die Schlachter Bibel wählt sie durch die Übersetzung von V. 38 („wer verheiratet, handelt recht"). Die Hypothese bringt allerdings große philologische Schwierigkeiten mit sich und wird deshalb gewöhnlich als überholt angesehen; vgl. dazu Christophe Senft, *La première épître de saint Paul aux Corinthiens*, Delachaux et Niestlé, Neuchâtel 1979, S. 105.

58 Dass solche „Ehen", in denen jeder Geschlechtsverkehr ausgeschlossen war, existiert haben, wird später in der Kirchengeschichte bezeugt. Zur Widerlegung dieser These, die diese *virgines subintroductae* mit der Situation in 1. Korinther 7,36–38 identifiziert, siehe Deming, *Paul on Marriage and Celibacy*, S. 40–47.

59 Mehrere Übersetzungen haben die Hypothese der Verlobten gewählt (Hfa, NL, GNB, Neue Genfer Übersetzung); andere bleiben neutral (LB, EB, EÜ).

60 Es ist aufschlussreich, von dieser Perspektive aus die Verse 3–5, 8–9, 36 und 39 nochmals zu lesen und miteinander zu vergleichen.

g. Verse 39–40: Die Witwen

Das Kapitel 7 endet mit der Situation der Witwen.[61] Auch hier bleibt Paulus pragmatisch und frei von dem mystischen und asketischen Ideal, das die Korinther motivierte. Der Tod setzt der Ehe ein Ende; das stimmt auch mit der ungeschlechtlichen Vorstellung überein, die Jesus vom ewigen Leben gab. Die Witwe ist also „frei zu heiraten, wen sie will". Mit gutem Menschenverstand wie immer rät Paulus allerdings, dass sich dieses „wen sie will" auf einen Christen beschränke, denn er sagt, „nur dass es im Herrn geschehe". Die besonderen Probleme einer Ehe, in der nur einer der Partner Christ ist, wurden schon in den Versen 12–16 erwähnt; man versteht also, dass es besser ist, einen christlichen Partner zu wählen.

Wir können allerdings feststellen, dass Paulus diesen Rat nur den Witwen gibt und nicht den anderen früher erwähnten Gruppen. Ohne absolute Schlüsse aus dieser Besonderheit zu ziehen, möchten wir zwei Hypothesen aufstellen, die sich übrigens nicht gegenseitig ausschließen. 1. Die Ehe ist keine Sünde, selbst wenn ein Christ einen Nicht-Christen zum Ehepartner auserwählt; sonst hätte Paulus es vielleicht für notwendig erfunden, mehrmals „nur dass es im Herrn geschehe" zu wiederholen (1 Kor 7 zeigt ja, dass Paulus mit Wiederholungen nicht geizig umgeht). 2. Die sozio-historische Stellung der verheirateten Frau gab ihr wahrscheinlich kaum die Möglichkeit, einen Glauben auszuleben, den sie mit ihrem Mann nicht teilte; daher diese genauere Angabe für die Witwe, die beabsichtigt, wieder zu heiraten. (Warum aber sagt Paulus dann der Jungfrau, die heiraten möchte, nicht etwas Ähnliches?)

Paulus gibt hier noch ein letztes Mal seine eigene Meinung zum Besten:[62] Die Witwe sei „seliger", wenn sie unverheiratet bleibe. Das Adjektiv *makarios* kommt häufig im Neuen Testament vor, jedoch selten bei Paulus.[63] Es ist ein ausdruckstarkes Wort, eine Art Segen. So geht es also nicht so sehr darum, eine „lustige Witwe" zu werden, als sich vielmehr in einer durch Witwenschaft begründete Ehelosigkeit geistlich zu entfalten.

Die christliche Stellung zur Ehelosigkeit

Nachdem wir die nicht sehr häufigen, jedoch wichtigen Bibelstellen behandelt haben, die Ehelosigkeit betreffen, können wir nun die einzelnen Elemente zusammenfassen, indem wir drei Fragen beantworten: 1. Wen betrifft die Ehelosigkeit?

61 In 1. Timotheus 5,3–16 wird den Witwen ein wichtiger Absatz gewidmet. Die älteren („nicht unter sechzig Jahren", V. 9) befinden sich in einer Liste von Witwen, die von der Gemeinde finanziell unterhalten werden sollen. Von dieser Liste sollen all die ausgeschlossen werden, die nicht als „richtige Witwen" gelten: Die jüngeren sollen wieder heiraten und andere werden wiederum von ihrer Familie unterstützt.

62 Dreimal gibt Paulus in diesem Kapitel seine eigene Meinung zum Besten (V. 12.25.40), dagegen spricht er nur einmal von einem Gebot des Herrn (V. 10).

63 In den folgenden Versen bezeichnet *makarios* einen Menschen und nicht Gott selbst: Röm 4,7–8; 14,22. Man kann dabei feststellen, dass es sich dabei um eine gänzlich geistliche Glückseligkeit handelt.

2. Was ist Sinn und Zweck der Ehelosigkeit? 3. Welche Vorteile bringt die Ehelosigkeit? In der folgenden Synthese gilt es nicht zu vergessen, dass es sich bei diesem Thema um ein biblisches Randthema handelt und dass die längste der Ehelosigkeit gewidmeten Stelle von Paulus nicht auf eigene Initiative geschrieben wurde, sondern seine Antwort auf ein korinthisches Problem darstellte.

1. Wen betrifft die Ehelosigkeit?

Während die Ehelosigkeit im traditionellen Judentum praktisch undenkbar war, wurde sie in den jüdischen Sekten der Essener und Therapeuten wie auch in der kynischen Bewegung, die in der neutestamentlichen Zeit großen Anklang fand, zu positiv bewertet. In dieser komplizierten Situation stellen Jesus und Paulus einen mittleren Weg vor.

Für Jesus gibt es keinen Zwang, weder für die Ehe, noch gegen die Ehe. Die Ehelosigkeit stellt für die einen möglichen Weg dar, „denen es gegeben ist". Sie unterliegt einer persönlichen und freien „um des Himmelreichs willen" getroffenen Wahl und hat weder mit einer natürlichen Anlage zu tun („Verschnittene, die von Mutterleib so geboren sind"), noch mit von Menschen entschiedenen sozialen oder kirchlichen Zwängen („Verschnittene, die von den Menschen verschnitten worden sind").

Paulus sagt noch Präziseres aus und gibt uns mehr Einzelheiten. Es kommt nicht in Frage, dass sich Verheiratete wieder selbst zu Ledigen machen, indem sie ihre Familie verlassen oder Enthaltsamkeit aufzwingen. Es ist sogar ausgeschlossen, dass Alleinstehende, die die Neigung, das Verlangen, das Bedürfnis oder die soziale Notwendigkeit der Ehe verspüren, darauf verzichten. Die Ehe und die damit zusammenhängende Intimität dürfen nicht als Sünde angesehen werden. Im Gegenteil: Die Ehe ist eine Gabe Gottes.

Die Ehelosigkeit ist allerdings ein besserer Weg, den der Apostel selbst auslebt und all denen empfiehlt, die noch keinen Partner oder keinen Partner mehr haben, d. h. den Unverheirateten, den Geschiedenen und den Verwitweten.

2. Was ist Sinn und Zweck der Ehelosigkeit?

Jesus gibt keine Gründe an, die die Wahl der Ehelosigkeit rechtfertigen könnten. Er sagt nur „um des Himmelreichs willen", und das bleibt ziemlich vage. Paulus rechtfertigt den Zustand der Ehelosigkeit, wobei er gewisse – korinthische – Motivationen verurteilt, und andere – seine eigenen – empfiehlt.

Die folgenden Motivationen werden von dem Apostel verurteilt:

1. ein falsches Verständnis einer schon realisierten Eschatologie (2 Tim 2,18),
2. die Verurteilung der Ehe (1 Tim 4,3),
3. die Förderung der sexuellen Enthaltsamkeit bis in die Ehe (1 Kor 7,1),
4. die Förderung der Trennung von Ehepartnern (1 Kor 7,10–14), und
5. die Furcht vor Unreinheit (1 Kor 7,14).

Paulus ist selbst ledig (unverheiratet), hebt die Vorzüge seines Zustands hervor, empfiehlt ihn ohne Rückhalt und macht sich so zum „Vorkämpfer einer persönlich gewählten, achtbaren und bereichernden Ehelosigkeit, die auch frei von jedem Verdacht und sozialer Marginalisierung ist".[64] Auch wenn er vorsichtig ist und seine eigene Meinung vom Gebot des Herrn unterscheidet (denn zur Ehelosigkeit gibt es ein solches nicht), so gibt er doch die folgenden „guten" Gründe an, die für die Ehelosigkeit sprechen:

1. die Unnötigkeit, seinen Zustand zu ändern (1 Kor 7,17–24.27),
2. das Bewusstsein der eschatologischen Zeit und des Weltendes, und damit auch des vorübergehenden und provisorischen Zustandes der Ehe (1 Kor 7,26.31),
3. der Schutz vor eschatologischen und speziell ehelichen Nöten (1 Kor 7,28),
4. die völlige Verfügbarkeit gegenüber „der Sache des Herrn" (1 Kor 7,32.34),
5. ein höheres Glück (1 Kor 7,40).

3. Welche Vorteile bringt die Ehelosigkeit?

Paulus verleiht weder der Ehelosigkeit noch der Jungfräulichkeit eine moralische Überlegenheit gegenüber der Ehe. In seinen Augen sind beide Lebenszustände „Gnadengaben", die jeder von Gott erhält (1 Kor 7,7). Max Thurian, einer der Brüder von Taizé und aus calvinistischer Tradition stammend, fasst die Vorteile der Ehelosigkeit, wie sie von Paulus beschrieben werden, vorsichtig zusammen:

> Die christliche Tradition gemäß Paulus erkennt also der Ehelosigkeit keine geistliche oder moralische Überlegenheit gegenüber der Ehe an. Wir haben bei Paulus festgestellt, dass er den Zustand der Ehelosigkeit zum Zweck des Dienstes an der Gemeinde klar vorzieht. Die Gründe dieses Vorzugs sind jedoch praktischer Art und ... betreffen vielleicht sein inneres Leben; auf keinen Fall sind sie geistlich oder moralisch. Das heisst, dass der ehelose Zustand dem Heil oder dem Gehorsam im christlichen Leben von keinerlei Vorteil sind. Die Ehelosigkeit fördert das geistliche Leben des Christen nicht, genauso wenig wie die Ehe. In beiden Zuständen gibt es Freuden und Schwierigkeiten, die, wenn auch in verschiedener Weise, dennoch gleich zugemessen sind. Noch weniger könnte man dem ledigen Christen einen höheren Verdienst in der Heilsfrage oder eine größere Würde moralischer Ordnung einräumen.[65]

64 Badenas und Égasse, „Choisir le célibat", S. 9.

65 Max Thurian, *Mariage et célibat*, Delachaux et Niestlé, Neuchâtel, Paris 1955, S. 97. Vgl. auch die Bemerkung von Matura, „Le célibat", S. 595: „Die Ratschläge zur Erwählung der Ehelosigkeit und ihre Bewertung als besonderer Lebenszustand haben nichts mit Askese oder moralisierenden Überlegungen zu tun; sie sind die natürliche Schlussfolgerung seiner [des Paulus] Sicht von Zeit und Welt, so wie sie nach dem entscheidenden Heilsereignis sind."

Was die Ehelosigkeit in der Praxis interessant macht, ist die Verfügbarkeit „an Leib und Geist" (1 Kor 7,34), die durch die dem Ehepartner und den Kindern zustehende Zuwendung nicht verringert wird. Natürlich verschwindet dieser Vorteil, wenn sich der Ledige von anderen Beschäftigungen, die weder mit Familie noch mit Haushalt zu tun haben, in Beschlag nehmen lässt, und die ihn in gleicher Weise von „der Sache des Herrn" ablenken würden. Man könnte hier an Ablenkungen aller Art, berufliche Ambition, materiellen Besitz, Hobbys usw. denken.

Was das innere Leben betrifft, beschreibt Paulus den Vorteil der Ehelosigkeit so: Der Unverheiratete ist damit beschäftigt, „dem Herrn zu gefallen". Wenn diese Bemerkung auch nicht sehr präzise ist, so könnte man dabei verstehen, dass sich der Ledige einer größeren Nähe zu Gott erfreut, „einer besonderen Beziehung zu Christus, in der Gebet und Meditation eine wichtige Rolle spielen",[66] und dass er „ungehindert dem Herrn" dienen kann (1 Kor 7,35).

Max Thurian stellt noch einen dritten Vorteil der Ehelosigkeit fest und beruft sich dabei nach wie vor auf den ersten Korintherbrief:

> Den zwei ersten Bedeutungen könnte man noch eine dritte hinzufügen, die man als theologisch oder eschatologisch bezeichnen würde. Sie besteht darin, dass die Ehelosigkeit eine Ankündigung der neuen Zeiten und des kommenden Reiches ist. Wenn Christus von einem völligen Verzicht „um des Reiches Gottes willen" (Lk 18,29) oder „um des Evangeliums willen" (Mk 10,29) spricht, spielt er nicht nur auf den Dienst am Reich Gottes oder Evangelium an, sondern auch auf die neue Ordnung, die damit eingesetzt wird.
> Es ist unmöglich, den ursprünglichen Sinn der Wendung „um des Evangeliums oder um des Reiches Gottes willen" genau zu kennen. Wir müssen die beiden Bedeutungen zusammen lassen und als einander ergänzend auffassen. Aufgrund der guten, die neue Ordnung des Reiches Gottes schaffenden Nachricht können gewisse Menschen nicht mehr nach den üblichen Gesetzen der Natur leben und erwählen die Ehelosigkeit. Dieser Zustand ermöglicht es ihnen, das Evangelium mit größerer Verfügbarkeit zu verkünden und sogar selbst zu einem Zeichen des kommenden Gottesreiches zu werden.[67]

66 Thurian, *Mariage et célibat*, S. 136. Vgl. auch 1. Timotheus 5,5 bezüglich der Witwen.

67 Ebenda S. 131. Die katholische Theologie verleiht diesem Aspekt eine viel stärkere Bedeutung und begründet so die Überlegenheit der Ehelosigkeit gegenüber der Ehe. Als Beispiel sei der Jesuit Léon-Dufour zitiert: „Objektiv gesehen ist der Zustand der Jungfräulichkeit überlegen, denn er drückt das Bild der eschatologischen Welt aus, die mit dem Kommen Christi in die Welt der ersten Schöpfung hereingebrochen ist ... Die Ehe stellt also das Weiterführen der Schöpfungsordnung durch die Fortpflanzung dar; die Jungfräulichkeit dagegen bekundet die neue Schöpfung und steht für das Neue Testament im Gegensatz zum Alten Testament ... Von daher ist die Jungfräulichkeit als Bild der Ehe überlegen wie das Neue Testament dem Alten Testament überlegen ist, ohne es damit unnütz zu machen." (Léon-Dufour, „Signification théologique", S. 37–38)

Der Ledige wird zu einem doppelten Zeichen der Zeit. Einerseits lebt er schon in dem Zustand, der in der kommenden Welt für alle gültig sein wird, wenn die Menschen „weder heiraten noch sich heiraten lassen" werden (Mk 12,25). Andererseits verzichtet er darauf, an der gegenwärtigen Ordnung der Fortpflanzung teilzunehmen und betont damit, dass diese Welt vergeht, dass „die Zeit kurz ist" (1 Kor 7,31.29), und dass die üblichen Dinge von nun an nichtig sind.

Fazit

Trotz seiner Anstrengungen gelang es Paulus nicht lange, die Ausweitung der asketischen Bewegung in der Gemeinde zu verhindern. Das Christentum hat Paulus relativ schnell und paradox zum Verfechter der Askese gemacht.[68] In der Geschichte wurden Keuschheit und Christentum sogar unauflösbar miteinander verbunden. Die Jungfräulichkeit ist zum Dogma geworden und die Sexualität zur Erbsünde. Die Ehelosigkeit wurde für Kleriker verpflichtend und unveränderlich.

Wenn man eine allgemeine Abhandlung über die christliche Geschichte der Ehelosigkeit, Jungfräulichkeit, Keuschheit, Ehe und Sexualität (oder anderer Begriffe aus demselben Komplex) liest,[69] kann man nur verblüfft die große Entfernung von dem so pragmatischen und ausgeglichenen Verständnis des Paulus feststellen. Ein einziges Beispiel genügt, um sich ein Bild zu machen, und ist umso interessanter, weil es aus der christlichen Frühzeit stammt. Tertullian (ca. 150–ca. 230) schreibt zum Lob der Ledigen:

> Wie viele Männer und wie viele Frauen zählen um ihrer Enthaltsamkeit willen zu den kirchlichen Ständen! Sie wollten lieber Bräute Gottes sein, *sie brachten selbst ihren Leib wieder zu Ehren und erwarben schon hienieden die Weihe der Kinder der anderen Welt,* indem sie die Begierlichkeit des Fleisches und alles das in sich ertöteten, was keinen Zutritt ins Paradies erhalten kann.[70]

Will Deming fasst diese bedauerliche Entwicklung mit folgenden Worten zusammen:

> Statt am Anfang eines angeblichen Kurses zum christlichen Asketentum zu stehen ist 1. Korinther 7 wohl eines der letzten Beispiele in einer Reihe von Debatten zur Ehe, deren Vorgeschichte bis zu den Vorsokratikern zurück-

68 Roetzel, *Paul*, S. 157–163.

69 Siehe z. B. die Artikel zu diesen Begriffen im *Dictionnaire de spiritualité ascétique et mystique: Doctrine et histoire*, 16 Bände, Beauchesne, Paris 1937–1994, und die Abschnitte „Le christianisme primitif" et „Le christianisme tardif" in Abbott, *Histoire universelle de la chasteté et du célibat*, S. 57–202.

70 Tertullian, *De exhortatione castitatis* XIII, 4 (Übersetzung aus *Bibliothek der Kirchenväter*, Hervorhebung durch die Verfasserin).

> geht. Mitten im Thema dieser Debatten betont Paulus den Wert von Ehe und Ehelosigkeit entsprechend den jeweiligen Umständen. Es geht ihm nicht darum, einen niedereren oder höheren Moralstandard zu wählen, sondern wichtige Entscheidungen im Leben auf Zweckmäßigkeit zu gründen. Mit den Kirchenvätern dagegen hat sich die Betonung auf ein dualistisches Verständnis der Welt verschoben, die das Individuum in einen Körper und eine Seele teilt und damit die Wahl zwischen Sexualität und Spiritualität fordert.[71]

Wir leben heute in einer Gesellschaft, in der sich alle traditionellen Anhaltspunkte bezüglich des sexuellen, ehelichen und familiären Verhaltens auflösen. Selbst wenn der junge Mensch des 21. Jahrhunderts seine Ehelosigkeit nicht unbedingt gewählt hat und hofft, sie sei kurz und provisorisch, so kann er doch als Christ ein Zeugnis zugunsten des Gottes Reichs abgeben. Statt in Zügellosigkeit zu leben, wie es bei jungen, ledigen Leuten oft üblich ist, kann er seine Verfügbarkeit für die „Sache des Herrn" bekunden. Ein gläubiger Adventist könnte außerdem einen Zusammenhang zwischen seiner Ehelosigkeit, die ihn in einer schwierigen Zeit von familiären Sorgen befreit, und seinem eschatologischen Verständnis von der Zeit und der Welt, in der er lebt, sehen.

71 Deming, *Paul on Marriage and Celibacy*, S. 224.

Kapitel 4

Homosexuelle Partnerschaft im Licht der Heiligen Schrift

Ekkehard Müller

Homosexualität und homosexuelle Lebensgemeinschaften sind zurzeit Themen, die sehr kontrovers diskutiert werden. Die gelebte Praxis und die ständige Thematisierung beeinflussen viele Gesellschaftsschichten, ja sogar Kirchen. Denn homosexuelle Partnerschaften, besonders zwischen Geistlichen, werden in vielen Kirchen diskutiert. Während einige Konfessionen den Dienst ordinierter und beglaubigter homosexueller Pastoren und Bischöfe zulassen, zögern andere noch. Die Kirchenmitglieder sind in dieser Frage uneinig, so dass die Gefahr einer Spaltung für die jeweilige Konfession besteht.[1] Artikel und Bücher werden über dieses Thema in so großer Anzahl veröffentlicht, dass es unmöglich ist, mit all den einschlägigen Publikationen Schritt zu halten.

In diesem Beitrag wird zuerst ein Blick auf die augenblicklich laufende Auseinandersetzung geworfen, ehe er sich dem alttestamentlichen Hintergrund und den neutestamentlichen Texten und ihren daraus zu ziehenden praktischen Schlussfolgerungen zuwendet.

Die gegenwärtige Auseinandersetzung

1. Definition von Homosexualität

Da Homosexualität unterschiedlich verstanden wird, kann sie verschiedene Erscheinungsformen umfassen. Reginald E. O. White beschreibt Homosexualität als „sexuelles Verlangen, die auf ein Mitglied des eigenen Geschlechts gerichtet ist. Weibliche Homosexualität wird häufig als ‚lesbisch' bezeichnet."[2] E. A. Malloy schlägt die folgende Definition für jemanden vor, der homosexuell ist:

> Eine Person männlichen oder weiblichen Geschlechts, die als Erwachsener eine beständige und nahezu ausschließliche erotische Anziehung zu einem Mitglied desselben Geschlechts empfindet, während sie an sexuellen Beziehungen zum andern Geschlecht desinteressiert ist.[3]

---

1 Craig L. Nessan, *Many Members, One Body: Committed Same-Gender Relationships and the Mission of the Church*, Fortress, Minneapolis 2004, beleuchtet die Evangelisch-Lutherische Kirche in Amerika, die eine Spaltung stark befürchtet. In seiner Rezension dieses Buches schreibt Bischof Harold L. Usgaard: „Er fragt, welche Auswirkungen es wohl hätte, wenn beide Argumente richtig wären. Gebietet es eigentlich die Glaubenstreue immer ‚richtig' zu handeln? Muss die beste Entscheidung überhaupt nach den Kategorien von ‚richtig' oder ‚falsch' getroffen werden?"

2 Reginald E. O. White, „Homosexuality", in Walter A. Elwell (Hg.), *Evangelical Dictionary of Theology*, Baker, Grand Rapids 1986, S. 528.

3 E. A. Malloy, *Homosexuality and the Christian Way of Life*, University Press of America, Lanham 1981, S. 11.

Während White das Phänomen als solches in den Blickpunkt rückt, richtet Malloy die Aufmerksamkeit mehr auf die Person. Seiner Meinung nach sind Menschen noch keine echten Homosexuellen, wenn sie homosexuelle Praktiken ausüben, solange sie als Teenager oder Erwachsene nur aus Langeweile mit ihrer heterosexuellen Praxis eine Beziehung zum gleichen Geschlecht suchen. Er nennt sie auch „gelegentliche Homosexuelle" oder so genannte „Situations-Homosexuelle", die in Ermangelung einer heterosexuellen Begegnung „zur homosexuellen Befriedigung Zuflucht nehmen".[4] Diese Leute leben meist in gleichgeschlechtlicher Umgebung wie beispielsweise Gefängnissen, Militärlagern, Internaten, Klöstern o. ä. Malloys Definition trifft jene „anlagemäßigen Homosexuellen" oder „Invertierte", deren Homosexualität, wie behauptet wird, dauerhaft und Teil ihrer Veranlagung sei. Wie immer man den Ausdruck definieren will, entscheidend ist, dass man sich der verschiedenen Arten von homosexueller Verlangen und Praxis bewusst ist.

Auch gilt es zu bedenken, dass verschiedene Personen sich verschieden weit von den beiden Polen der Homosexualität und der Heterosexualität entfernt befinden.[5] Einigen liegt bei geringer homosexueller Neigung die Heterosexualität näher, wogegen andere sich nahezu ausschließlich an dem einen oder anderen Ende des Spektrums finden. Üblicherweise behaupten Invertierte, dass ihre Homosexualität vorherbestimmt, natürlich und normal sei. Den Vorschlag, zwischen homosexueller Orientierung und homosexueller Praxis zu unterscheiden, lehnen sie ab, denn das würde bedeuten, dass zwar das erstere zulässig wäre, das letztere aber nicht, was praktisch auf eine zölibatäre Lebensweise hinausliefe. Die homosexuelle Community beklagt dies als „eine völlig ungerechtfertigte Konsequenz ihrer Situation".[6]

Dennoch machen auch Homosexuelle einen Unterschied zwischen praktizierter Homosexualität und homosexueller Orientierung. Praktizierte Homosexualität kann in Päderastie [„Knabenliebe"], in gleichgeschlechtlichem Umgang mit Kindern, in Vergewaltigung, sexueller Brutalität, Prostitution und Promiskuität ihren Ausdruck finden, um nur einige Formen zu nennen. Aber sie kann auch in einem Leben verwirklicht werden, das lebenslang einem Partner des gleichen Geschlechtes gewidmet ist. Es ist diese letztere Form einer dauerhaften homosexuellen Liebesbeziehung oder Partnerschaft, die angeblich mit der Heiligen Schrift in Übereinstimmung stünde. Dennoch bleibt die Frage bestehen, ob Homosexualität natürlich und neutral ist, ob sie nur eine psychologische Fehlanpassung darstellt oder ob sie Sünde ist. Das führt uns unweigerlich zu der weiteren Frage: Was verursacht Homosexualität?

4 Ronald M. Springett, *Homosexuality in History and the Scriptures*, Biblical Research Institute of the General Conference of Seventh-day Adventists, Silver Spring 1988, S. 2.

5 Alfred C. Kinsey, Wardell B. Pomeroy und Clyde E. Martin, *Sexual Behavior in the Human Male*, Saunders, Philadelphia 1965, S. 650–651. Vgl. Springett, *Homosexuality*, S. 26–27.

6 Ebenda S. 4.

2. Ursachen der Homosexualität

R. E. O. White listet fünf Ursachen auf. Erstens: Eine pubertäre Phase von homosexuellem Interesse wird als normal betrachtet.

> Das homosexuelle Interesse einiger Erwachsener könnte daher einfach eine Entwicklungsstörung darstellen – aufgrund von extremer Schüchternheit, Introversion, körperlicher Verunstaltung, Furcht vor Zurückweisung, der Unfähigkeit eines Einzelkindes sich zu sozialisieren oder wegen eines körperlichen Defektes.

Als zweite Ursache könnte nach einer normalen heterosexuellen Entwicklung eine Lebenskrise auftreten. Zum Beispiel könnte „eine unglückliche Liebesaffäre, Krankheit, eine krankhafte Furcht vor Frauen oder Männern u. dgl. zu einer Rückwärtsentwicklung geführt haben." Die dritte Ursache wären umweltbedingte Faktoren, Lebenslagen, die – wie oben beschrieben – nur gleichgeschlechtlichen Umgang ermöglichen, Konflikte mit anderen, Bestrafung und überzogene Machtausübung gegen Männer oder Frauen. Als vierte Ursache kommen genetische oder hormonelle Faktoren in Betracht, die eine homosexuelle Disposition aktivieren können. Und schließlich kommen dafür noch Laster in Frage

> wie zügellose Sinnlichkeit, krasser Exhibitionismus, das mutwillige Verlangen andere zu schockieren, ferner die sexuelle Ausbeutung Jugendlicher, Schüchterner und mental Ungefestigter durch sittlich Verwahrloste, die ihre sinnliche Befriedigung suchen, sowie rücksichtsloser Zwang, Bestechung oder Erpressung.[7]

Springett dagegen unterteilt die Ursachen in drei Gruppen: „Genetische Faktoren, hormonale oder endokrine Einflüsse und psychologische Elemente." Zu den biologischen Faktoren sollten noch besondere Gehirnstrukturen hinzugerechnet werden.[8] Springett meint auch, dass „die große Anzahl von Ätiologien, die für die Homosexualität ins Feld geführt werden, der beste Hinweis auf den ungewissen Ausgang dieser Debatte ist".[9] Und zwar gilt dies sowohl für die genetische These wie auch für die vorgeburtliche These.

In einem Artikel der Zeitung *Washington Post* vom 23. April 1999 schreibt Rick Weiss:

7 White, „Homosexuality", S. 529.

8 William J. Webb, *Slaves, Women and Homosexuals: Exploring the Hermeneutics of Cultural Analysis*, InterVarsity, Downers Grove 2001, S. 232–233.

9 Springett, *Homosexuality*, S. 13.

> Der jüngste Versuch, die noch offen stehenden wissenschaftlichen Andeutungen dafür, dass einige schwule Männer ihre Homosexualität von ihren Müttern geerbt hätten, zu beweisen, ist ergebnislos geblieben ... Da es nicht gelungen ist, einen Zusammenhang zwischen der männlichen Homosexualität und besonderen von den Müttern ererbten Genstrukturen herzustellen, müssen zwei sowohl wissenschaftlich als auch politisch motivierte Studien in Frage gestellt werden, die angebliche solche Beweise für das weltweit erste ‚Schwulen-Gen' gefunden zu haben glauben ... Andere Wissenschaftler warnten, dass erst noch umfangreichere und bessere Untersuchungen nötig wären.[10]

Zwar hat die Amerikanische Psychiatrische Gesellschaft (American Psychiatric Association, APA) 1973 die Homosexualität aus ihrem Handbuch *(Diagnostic and Statistical Manual,* DSM II) herausgenommen, weil sie sie fortan für normal betrachtete. Dennoch gibt es noch immer eine ganze Anzahl von Stimmen, die Homosexualität als psychologische Fehlanpassung, als Entwicklungsstörung und/oder erworbenes Verhalten einstufen.[11] Springett fasst diese Gedanken treffend zusammen, wenn er schreibt:

> Was die homosexuelle Orientierung eines Individuums letztendlich verursacht, bleibt so etwas wie ein Geheimnis. Zweifellos ist dafür oft mehr als ein Faktor maßgebend, weswegen man die Bedingungen als vielschichtige Entstehungsursachen definieren könnte ... Auch vom christlichen Standpunkt aus umfasst die menschliche Homosexualität mehr als Gene, Genitalien und Hormone. Wiewohl das Körperliche für die Homosexualität eindeutig nötig ist, kann sie doch nicht befriedigend erklärt werden, ohne auch die Vernunft und die Freiheit des Denkens und der Wahl eines ganz bestimmten Menschen mit einzubeziehen. Im Gegensatz zu dem instinktiven und reflexgesteuerten Paarungsverhalten von Tieren spielt der Lernprozess bei der Ent-

10 „‚Gay Gene' Theory in Doubt", online: http://washingtonpost.com/wp-srv/health/digest/99/gaygene0423.htm, Zugriff am 23. April 1999.

11 Vgl. Joseph und Linda Ames Nicolosi, *A Parent's Guide to Preventing Homosexuality*, InterVarsityPress, Downers Grove 2002, S. 13; die Diskussion bei Springett, *Homosexuality*, S. 20–25; und Gerhard Naujokat, „Homosexualität", *Informationsbrief der Bekenntnisbewegung „Kein anderes Evangelium"* Nr. 217, 2003, S. 19–20. Naujokat schreibt (S. 20): „Zu den Entstehungsbedingungen kann man inzwischen u. a. folgende Fakten zählen: Falsche erzieherische Ansätze, negative Einflüsse in der jugendlichen Entwicklungszeit, die Erstbegegnung im körperlichen Bereich, unbewusste Angst vor dem Weiblichen (oder Männlichen), ein unfähiger oder unverfügbarer Elternteil, eine ideologische Irreführung, unzuträgliche Heimaufenthalte." Weiter zitiert er Martin Dannecker und Hartmut Reiche vom Institut für Sexualwissenschaft, Universität Frankfurt: „In dieser Gesellschaft ist kein Mensch mir-nichts-dir-nichts homosexuell. Damit man irgendwann einmal homosexuell ist, muss man homosexuell werden. Es gibt einen Prozess, der relativ leidvoll ist. Man wacht nicht eines Tages auf und ist homosexuell." (S. 19) Als sie gefragt wurden, ob Homosexualität angeboren sei, antworteten sie mit „Nein!".

> wicklung und Ausübung der menschlichen Homosexualität eine große Rolle. Das bedeutet daher, dass menschliche Wesen ihre sexuellen Äußerungen kontrollieren können und dafür verantwortlich sind.[12]

Offenbar hält er dafür, dass ausgeübte Homosexualität und/oder Partnerschaft eine Option darstellt, welche die einen freiwillig wählen, während sich andere davon enthalten. Der Arzt Jeffrey Satinover kommt zu einem ähnlichen Ergebnis, wenn er betont: „Der genetische Einfluss spielt nur eine geringe Rolle und ist jedenfalls unbedeutend beim Vorgang der Prägung eines Individuums, homosexuell zu werden."[13]

3. Das Thema Umpolung

Mit der Frage „Was verursacht Homosexualität" ist jene andere eng verbunden, nämlich ob Veränderungen möglich seien oder nicht. Es ist eine sehr heikle Frage, denn in vielen Kreisen ist es politisch bereits unzulässig, die Möglichkeit eines Veränderung der sexuellen Orientierung auch nur zu diskutieren.[14] Die Behauptung lautet einfach, dass Homosexualität ganz normal ist, sei sie nun angeboren oder erworben, und daher unumkehrbar.[15] Wenn jedoch Homosexualität nicht, oder doch zumindest nicht in jedem Fall angeboren ist, sollte sie doch zu einem gewissen Grade auch heilbar sein. Das meinen jedenfalls eine Anzahl von ehemaligen Homosexuellen und etliche Psychologen.[16] R. E. O. White schlägt vor, dass einige der oben erwähnten Ursachen durchaus behandelbar seien, während anlagemäßige Homosexualität „wahrscheinlich unheilbar ist".[17]

In einem Artikel der Zeitschrift *Time* vom 21. Mai 2001 schreibt Jeffrey Kluger unter der Überschrift „Can Gays Switch Sides?" (Können Homosexuelle die Seite wechseln?):

> Vor mehr als einer Generation half der Psychiater Robert Spitzer Millionen von Amerikanern, augenblicklich heil zu werden. Denn 1973 nahm sich Spitzer, der damals Professor an der Columbia Universität war, der Sache der Homosexuellen an, indem er sie aus den diagnostischen Handbüchern für mentale Krankheiten

12 Springett, *Homosexuality*, S. 25.

13 Jeffrey Satinover, *Homosexuality and the Politics of Truth*, Baker, Grand Rapids 1998, S. 245. Satinover erklärt hier weiter: „Die Homosexualität jedes Individuums ist wahrscheinlich das Ergebnis einer komplexen Mischung von intrauterinen und extrauterinen biologischen Faktoren in Verbindung mit familiären und sozialen Einflüssen und verstärkt durch wiederholte freiwillige Entscheidungen. Das alles zusammen schafft jene besondere Mixtur von Impulsen".

14 „Homosexuality", in F. L. Cross (Hg.), *The Oxford Dictionary of the Christian Church*, Oxford University Press, Oxford 1997, S. 786. Hier wird von einem Wandel in der Haltung von Psychiatern berichtet, „die nicht mehr dazu neigen, eine homosexuelle Tendenz als etwas zu betrachten, das behandelt werden müsste."

15 Vgl. Satinover, *Homosexuality and the Politics of Truth*, S. 71.

16 Ebenda S. 246.

17 White, „Homosexuality", S. 529.

> entfernte. Mit einem Schlag wurde damit ein ganzes Segment der Bevölkerung, das einst als sexuell abartig betrachtet worden war, für seelisch gesund erklärt. Letzte Woche nun schien Dr. Spitzer einen beunruhigenden Schritt hinweg von der klaren Gesundheitsrichtlinie zu nehmen. In einer Studie, die er auf einer Versammlung der Amerikanischen Psychiatrischen Gesellschaft vorstellte, legt er dar, dass einige ‚hoch motivierte' Homosexuelle in der Lage sein könnten, sich in Heterosexuelle umzuwandeln. Die APA distanzierte sich umgehend von der Studie, und die Organisationen zur Verteidigung von Schwulen-Rechten verdammten sie ... Er [Spitzer] hatte dabei per Telefonumfrage 143 Männern und 57 Frauen interviewt, die versucht hatten, ihre sexuelle Orientierung – in einigen Fällen mit Hilfe religiöser Gruppen, die offen gegen Homosexualität Stellung beziehen – zu ändern. Seine Umfrage hatte ihn davon überzeugt, dass 66% der Männer und 44% der Frauen tatsächlich eine gut funktionierende heterosexuelle Beziehung erlangt hatten ... Spitzer ist ganz eindeutig noch derselbe Forscher, der er 1973 war ... Diese neuere Arbeit jedoch fällt seltsamerweise gegenüber der Auffassung der großen Masse völlig aus dem Rahmen ... Eine andere Studie, die bei derselben Zusammenkunft vorgelegt wurde und sich mit dem gleichen Thema beschäftigte, fand nämlich heraus, dass von 202 Homosexuellen, die sich ändern wollten, 178 versagten ... Inmitten einer Kultur, in der sich Homosexuelle schon so viel [Zwang oder diskriminierender Behandlung] gegenüber sehen, ist [Spitzers] Arbeit keine Hilfe.[18]

Ein Artikel, der sich in der *Welt am Sonntag* vom 30. November 2003 findet, berichtet über die totale Neuorientierung eines ehemaligen Homosexuellen. Der Untertitel erwähnt, dass in Deutschland Ex-Schwule mehr Einfluss erlangen. Sie glauben, dass es ihnen möglich sei, Homosexuelle zu heilen.[19]

In seinem Buch *The Bible and Homosexual Practice* behandelt Robert A. J. Gagnon ausführlich das Problem der Veränderung sexueller Orientierung. Er glaubt, dass Homosexuelle sich ändern könnten, auch wenn er zugibt, dass es nicht leicht ist. Die Veränderung mag beinhalten, dass

> homosexuelles Verhalten zurückgedrängt oder ausgeschlossen wird, dass die Anlässe zu homosexuellem Verhalten sowohl an Intensität als auch an Zahl reduziert werden, dass heterosexuelle Erregung und Ehe praktiziert werden und dass eine Umorientierung von ausschließlich oder vorherrschend homosexuellem Verhalten zu ausschließlich oder vorherrschend heterosexuellem Verhalten stattfindet.[20]

18 Jeffrey Kluger, „Can Gays Switch Sides?", *Time*, 21. Mai 2001, S. 62.

19 Till-R. Stoldt, „Ich war stockschwul", *Welt am Sonntag*, 30. November 2003.

20 Robert A. J. Gagnon, *The Bible and Homosexual Practice: Texts and Hermeneutics*, Abingdon, Nashville 2001, S. 420.

Er führt aus, dass von 2161 Patienten, die bei vierzehn Therapeuten behandelt wurden, 623 ein positives Ergebnis erzielten, was einem Prozentsatz von 28,8% entspricht. Die Erfolgsrate der Anonymen Alkoholiker beläuft sich ebenfalls auf 25–30%.[21]

Die sexuelle Umorientierung kann aus einer Reihe von Gründen wünschenswert sein, u. a. auch aus gesundheitlichen. Satinover zählt neun Probleme auf, die mit typisch männlichem homosexuellem Lebensstil einhergehen, u. a. die folgenden:

- eine um 25 bis 30 Jahre verkürzte Lebenserwartung,
- chronische, unter Umständen tödliche Leberkrankheiten, wie infektiöse Hepatitis, die das Risiko von Leberkrebs drastisch erhöht,
- unausweichlich tödliche Immunkrankheiten, einschließlich Krebs,
- häufig tödlich endender Krebs im Analbereich,
- vielfache Bauch- und andere Infektionen, und
- eine viel höhere Selbstmordrate als allgemein üblich.[22]

4. Die biblische Position

Was Homosexualität und homosexuelle Partnerschaften anbelangt, so gibt es in der gegenwärtigen Christenheit hauptsächlich drei Positionen:

1. Für Christen ist nur Heterosexualität in einer Ehe annehmbar.
2. Homosexualität, so genannte „vertraglich geregelte" Homosexualität, ist für Christen nur dann akzeptabel, wenn beide Partner gleichen Status besitzen, erwachsen sind, dem freiwillig zustimmen und die Beziehung auf Dauer mit der gleichen Person (monogam) besteht.
3. Gelegentliche Homosexualität Erwachsener, d. h. Homosexualität in jedweder Form, ist für jedes Glied der Gesellschaft annehmbar.[23]

Man beachte den Unterschied zwischen Standpunkt Nr. 2 und 3! Die dritte Position bezieht sich nicht mehr allein auf Christen, sondern gilt für jedes Mitglied der Gesellschaft. Dieser Standpunkt ist mit der Heiligen Schrift nur sehr schwer zu verteidigen. Viele Christen fühlen sich bei einer solchen Auffassung sehr unwohl, denn sie würde letztendlich Promiskuität, ja vielleicht sogar Perversion gutheißen.

21 Gagnon berichtet ebenda S. 421: „1997 betreute die NARTH (National Association for Research and Therapy of Homosexuality) 882 Klienten, die, wie man annimmt, bis zu einem gewissen Grad eine sexuelle Umorientierung erfahren hatten. Die Prozentsätze ihrer Selbstbeurteilung vor und nach der Behandlung werden nachfolgend aufgeführt:

Kinsey-Skala	Vorher	Nachher
0 – ausschließlich heterosexuell	0%	15%
1 – fast völlig heterosexuell	0%	18%
2 – mehr heterosexuell als homosexuell	0%	20%
3 – gleich heterosexuell wie homosexuell	9%	11%
4 – mehr homosexuell als heterosexuell	22%	23%
5 – nahezu ausschließlich homosexuell	31%	8%
6 – ausschließlich homosexuell	36%	5%

Weitere Informationen siehe ebenda S. 420–429.

22 Satinover, *Homosexuality and the Politics of Truth*, S. 51; vgl. auch S. 49–55.

23 Vgl. Webb, *Slaves, Women and Homosexuals*, S. 28.

Position 2 dagegen erfreut sich größerer Akzeptanz. Denn in einer solchen homosexuellen Partnerschaft scheinen die Wesensmerkmale einer heterosexuellen Ehe vorhanden zu sein. Deshalb dreht sich die eigentliche Diskussion kontrovers um die Frage, ob Standpunkt 1 oder Standpunkt 2 für einen Christen gelten soll.

Sollte aber Position 2 gutgeheißen werden, wie vereinbart man dann eine solche Position mit den Aussagen der Heiligen Schrift? Es gibt verschiedene Ansätze, die versuchen nachzuweisen, dass Homosexualität, zumindest die vertraglich geregelte Homosexualität, kein Problem darstellt.[24] Eine Reihe von Theologen behauptet nämlich, dass die Bibel eine monogame, auf Dauer angelegte Beziehung zwischen gleichgeschlechtlichen Partnern überhaupt nicht anspricht.[25] Man meint, dass die Heilige Schrift eine angeborene oder erworbene Homosexualität überhaupt nicht kennt,[26] sondern sich nur auf eine Art von Homosexualität bezieht, die den anderen schamlos ausnützt, wie z. B. Päderastie,[27] Vergewaltigung, Perversion oder exzessive Leidenschaft.[28]

Für andere wird die griechisch-römische Kultur zum Maßstab und bestimmt daher wie die neutestamentlichen Texte interpretiert werden müssen.[29] Man sagt, „die Bibel wende sich gegen Prostitution und Götzendienst in Verbindung mit Homosexualität, und nicht gegen Homosexualität an sich".[30] Wieder andere reinterpretieren die biblischen Texte und Ausdrücke, oder sie schlagen vor, dass man die Schrift nur in Verbindung mit Wissenschaft bzw. Vernunft als letzte Autorität betrachten könne, d. h. nur zusammen mit Biologie, Soziologie, Psychologie[31] und persönlicher Erfahrung, um eine kompetente Entscheidung treffen zu können.[32] Noch andere

24 Listen dieser Ansichten werden bei Springett, *Homosexuality*, S. 49–51, vorgestellt; vgl. James B. De Young, *Homosexuality: Contemporary Claims Examined in the Light of the Bible and Other Ancient Literature and Law*, Kregel, Grand Rapids 2000, S. 10–11.

25 Ebenda S. 155.

26 Vgl. Robin Scroggs, *The New Testament and Homosexuality*, Fortress, Minneapolis 1983, S. 28.

27 Scroggs argumentiert folgendermaßen: „Die Homosexualität, gegen die das Neue Testament spricht, ist die Päderastie des griechisch-römischen Kulturkreises. Die Haltung gegen Päderastie und teilweise auch die Sprache, mit der sie abgelehnt wird, ist vom jüdischen Hintergrund geprägt." Auf Seite 121 schränkt er sogar die Aussagen eines Paulus auf gewisse ausbeuterische Formen von Päderastie und nicht auf die Päderastie im Allgemeinen ein.

28 Vgl. David E. Fredrickson, „Natural and Unnatural Use in Romans 1:24–27: Paul and the Philosophic Critique of Eros", in David L. Balch (Hg.), *Homosexuality, Science, and the „Plain Sense" of Scripture*, Eerdmans, Grand Rapids 2000, S. 197–222.

29 Vgl. Scroggs, *The New Testament and Homosexuality*, S. 16; 127–128.

30 Springett, *Homosexuality*, S. 51. Dies ist aber nicht seine eigene Position.

31 Ebenda S. 231. Der letztere Standpunkt würde dem Sola-Scriptura-Prinzip widersprechen und wird daher abgelehnt von Stanton L. Jones und Mark A. Yarhouse, „The Use, Misuse, and Abuse of Science in the Ecclesiastical Homosexuality Debates", in Balch, *Homosexuality*, S. 120; ebenso bei Christopher Seitz, „Sexuality and Scripture's Plain Sense: The Christian Community and the Law of God", in Balch, *Homosexuality*, S. 177–196. Für Seitz sind gleichgeschlechtliche Praktiken verboten. Nach ihm muss das Gesetz hochgehalten werden, und die Kirche sollte ihren Gliedern Verhaltensweisen vorschreiben, denn christliche Maßstäbe sollten nicht niedriger angesetzt werden als die der alttestamentlichen Bundesgemeinde.

32 Vgl. Dan O. Via und Robert A. J. Gagnon, *Homosexuality and the Bible: Two Views*, Fortress, Minneapolis 2003, S. 29.

behaupten, dass der Geist der Schrift und das Konzept der Liebe offensichtlich wichtiger seien als eine engstirnige Auslegung einiger weniger Texte. Homosexuelle zu lieben, bedeute in der Tat auch, ihren Lebensstil zu akzeptieren.[33]

Das Argument der kulturellen Bedingtheit der Bibel wird stark betont;[34] auch wird die Behauptung erhoben, dass die Verbote des Alten Testaments in Bezug auf Homosexualität Teil des Reinheitsgesetzes gewesen seien, welches mit dem Neuen Testament aufgehoben sei.[35] Walter Wink meint: „In einem Zeitalter der Überbevölkerung ist die Orientierung auf das gleiche Geschlecht ökologisch vielleicht sogar besonders wünschenswert".[36] Andere fangen damit an, eine besondere biblische Lehre zur Norm zu erheben, zum Mittelpunkt des Kanons sozusagen oder zum Kanon im Kanon,[37] um damit andere biblische Standpunkte auszuhebeln.[38] Schließlich halten einige dafür, dass „unsere moderne Weltsicht Fortschritte und Entdeckungen mit sich brachte, die antiken Leuten unbekannt waren und die damit die biblischen Anweisungen zur Homosexualität unvollkommen, ja irrtümlich machen."[39]

Das bedeutet, dass das Problem der Homosexualität letztendlich auf die Frage der Hermeneutik hinausläuft. Was ist Heilige Schrift? Welche Autorität besitzt sie? Ist sie Offenbarung des göttlichen Willens und ist sie inspiriert? Wie sollen wir sie auslegen? Das Thema der Homosexualität in der gegenwärtigen theologischen Diskussion zwingt uns also über das Wesen, die Autorität und die Aus legung der Bibel nachzudenken, über unsere Voraussetzungen für Exegese und Theologie.

---

33 Vgl. Thomas Sören Hoffmann, „Zur aktuellen Diskussion um die ethische Bewertung der Homosexualität", *Informationsbrief der Bekenntnisbewegung „Kein anderes Evangelium"*, Nr. 198, 2000, S. 4–11; Webb, *Slaves, Women and Homosexuals*, S. 182.

34 Ebenda S. 161. Weiter führt Webb aus, dass „das Verbot des Geschlechtsverkehrs während der Menstruation, welches die Homosexualität herausfordere, ein Beispiel für solch ein kulturell bedingtes Tabu ist." (S. 168)

35 Homosexualität wird mit dem ungewollten Samenerguss verglichen, der ja auch eine Reinigung erforderte, oder mit der Levirats-Ehe, um zu untermauern, dass diese Gebote nur zeitlichen Charakter besaßen. Vgl. Webb, *Slaves, Women and Homosexuals*, S. 170.

36 Walter Wink, „Homosexuality and the Bible", in *Homosexuality and Christian Faith: Questions of Conscience for the Churches*, Fortress, Minneapolis 1999, S. 4; Webb, *Slaves, Women and Homosexuals*, S. 217–218.

37 Klaus Schmitz, „Gleichgeschlechtliche Liebe/Homosexualität – und die Bibel: Versuch einer hermeneutischen Reflexion der biblisch-christlichen Position auf der Grundlage wissenschaftlich-exegetischer Erkenntnisse und systematisch-theologischer Einsichten", unveröff. Manuskript, o. J. Auf Seite 16 fasst er zusammen und stellt fest: „Die Wahrheit Gottes ist weiter als manche biblischen Texte. Das Alte Testament ist uns gültiges Gotteswort, insoweit es inhaltlich-theologisch mit ‚Christus' deckungsgleich ist. Dasselbe gilt im Prinzip auch vom Neuen Testament, welches das Evangelium von Christus (die Glaubensgerechtigkeit aus Gottes Gnade und das neue Leben nach dem Willen Gottes) als Wahrheit bzw. Wahrheitskriterium bezeugt und erhält." Er fährt fort und schlägt vor, dass Befreiungen nötig seien, beispielsweise die Befreiung der Frau (Emanzipation) und die Befreiung der Homosexuellen.

38 Nancy Duff, „Christian Vocation, Freedom of God, and Homosexuality", in Balch, *Homosexuality*, S. 261–277, verschiebt den Schwerpunkt auf die Freiheit Gottes im Zusammenhang mit der Lehre der Berufung. So nimmt sie z. B. an, dass manche zu heterosexuellen Beziehungen berufen seien, andere zur Ehelosigkeit und wieder andere zu homosexuellen Beziehungen. Solch eine Berufung abzuweisen, sei eine Art Sünde. Gebote, die als absolut verstanden werden, dürften unsere Berufung nicht diktieren, weil sie sonst Gottes Freiheit beschränkten.

39 De Young, *Homosexuality*, S. 11.

Dale Martin, ein homosexueller Christ und Neutestamentler, meint: Jede Interpretation der Schrift, die Menschen verletzt, unterdrückt oder zugrunde richtet, kann nicht die richtige Interpretation der Schrift sein, auch wenn sie noch so traditionell, historisch oder exegetisch anerkannt sein mag. Die Tatsache könne nicht geleugnet werden, dass der Standpunkt der Kirche zur Homosexualität Ursache für Unterdrückung, Einsamkeit, Selbsthass, Gewaltanwendung, Krankheit und den Selbstmord von Millionen von Menschen war. Wenn die Kirche allerdings ihre traditionelle Auslegung weiter beizubehalten gedenkt, müsse sie zeigen und nicht nur behaupten, dass es liebevoller sei, Homosexualität zu verdammen als Homosexuelle zu bejahen.[40]

Via argumentiert: „Ich habe versucht darzulegen, dass wir die bedingungslose biblische Verdammung der homosexuellen Praxis eigentlich mit Recht übergehen können, sofern wir eine Reihe von biblischen Problemkreisen im Licht zeitgenössischer Erkenntnisse und Erfahrungen betrachten."[41] Und Scroggs hält fest:

> Alle, außer den ganz konservativen Gläubigen, werden zugeben, dass die Bibel in ihren Aussagen nicht vollständig übereinstimmt, ja, dass sich auf ihren Blättern tatsächlich Widersprüchlichkeiten finden über das, was richtig und recht ist. Einerseits lässt sie dadurch eine einheitliche Lehre über die Schöpfung unsicher erscheinen oder ein einheitliches Verständnis dessen, was Sünde ist usw. Andererseits gewährt sie uns einigen Freiraum für die Suche nach der Mitte des Evangeliums (wie Luther es ausdrückte). Damit können wir einige spezifische Schriftabschnitte, die mit dieser Mitte nicht im Einklang gesehen werden, abweisen. Das bedeutet folglich, dass es vorstellbar ist, bestimmte Anordnungen der Bibel nicht gelten zu lassen, weil sie mit dem wesentlichen Kern des Evangeliums unvereinbar sind.[42]

Nachdem er seine Ansicht über Homosexualität im Neuen Testament zusammengefasst hat, die seiner Meinung nach mit unserer gegenwärtigen Situation überhaupt nichts zu tun hat – „Die biblischen Urteile gegen die Homosexualität sind für unsere gegenwärtige Diskussion nicht relevant" – stellt Scroggs fest, dass es keine Möglichkeit gibt zu wissen, was Paulus gesagt hätte, wäre er mit dem Problem der Homosexualität heute konfrontiert worden. Dann fährt er fort:

> Natürlich bedeutet das für uns, dass wir keinen Weg mehr kennen, diese Frage einfach zu entscheiden. Wenn nämlich die biblischen Vorschriften aus

40 Zitiert bei Gagnon, *The Bible and Homosexual Practice*, S. 37.

41 Ebenda S. 38.

42 Scroggs, *The New Testament and Homosexuality*, S. 124.

> der Diskussion ausgeschlossen werden, wenn die Bibel erst aufhört als Keule für die eine oder andere Seite angewandt zu werden, dann sind wir alle in die gleiche Lage versetzt: Keiner von uns ist ein Wissender, sondern wir sind alle nur noch Suchende ... Nehmen wir allerdings den Anspruch dieser schwierigen Entscheidung, die da vor uns liegt, ernst, dann können wir die Bibel nicht länger als simple Waffe gebrauchen.[43]

Diese drei aus einer Fülle ähnlicher Texte ausgewählten Zitate haben allerdings weitreichende Konsequenzen. Sie fordern nämlich, dass wir die Schrift außer Acht lassen, wenn sie im Widerspruch zu unseren Gefühlen, unserer Erfahrung und zu unserem Wissen zu stehen scheint. Sollten wir Unvereinbarkeiten innerhalb der Schrift entdecken, müssen wir ein Zentrum der Heiligen Schrift herstellen, an dem wir andere Teile der Schrift messen können, wobei wir dann einige beibehalten und andere verwerfen.

Eine solche Handhabung der Heiligen Schrift war Jesus, so wie er uns in den Evangelien begegnet, unbekannt. Auch die Apostel kannten diesen Zugang zur Bibel nicht, Siebenten-Tags-Adventisten übrigens ebenso wenig. Adventisten glauben vielmehr, dass die Schrift das geschriebene Wort Gottes ist, das uns durch göttliche Inspiration gegeben wurde. Es ist die unfehlbare Offenbarung des Willens Gottes und der Maßstab für den Charakter, der Prüfstein für unsere Erfahrung, die autoritative Offenbarung von Lehre und der glaubwürdige Bericht von Gottes Handeln in der Geschichte. Zwar muss die Schrift interpretiert werden. Doch die Grundsätze, nach denen dies geschehen kann, müssen aus der Bibel selbst hergeleitet werden. Das Thema der homosexuellen Partnerschaft hängt daher eng mit unserem Schriftverständnis zusammen.

Homosexualität im Alten Testament

Das Alte Testament enthält verschiedene Texte, die sich direkt auf die Homosexualität beziehen. Aber auch indirekte Erwähnungen werden gefunden.[44] Zwei oder drei Abschnitte unter den direkten Hinweisen auf Homosexualität stehen im Zusammenhang mit gesetzlichen Vorschriften, wogegen die anderen unter den erzählenden oder historischen Berichten auftauchen. Sie sollen kurz betrachtet werden.

Israel lebte nicht isoliert, sondern umgeben von den Völkern des antiken Nahen Ostens. Diese Nationen pflegten Götzendienst. Sexualität und Fruchtbarkeitskulte spielten bei ihnen eine wichtige Rolle. Dieser historische Hintergrund des Alten Testaments wird von einer Reihe von Autoren beschrieben. Sie befassen sich mit der Sexualität und Homosexualität unter den Ägyptern, Babyloniern, Assyrern, He-

43 Ebenda S. 124 und 127–129.

44 Vgl. Springett, *Homosexuality*, S. 69–88.

thitern und Kanaanitern.[45] Kultische Prostitution, Homosexualität, Transvestitentum und Sadismus, das alles findet man bei den Nachbarvölkern Israels. Salomo erinnert uns daran, dass „nichts neues unter der Sonne" geschieht (k 1,9). Das Alte Testament lehnt jedoch alle diese Praktiken entschieden ab. Es greift die andern Götter an und verwirft Homosexualität.[46]

1. Die mosaischen Gesetze

a. 3. Mose 18 und 20

Das dritte Buch Mose enthält zwei Texte, die sich eindeutig mit Homosexualität befassen. 3. Mose 18,22 lautet: „Du sollst nicht bei einem Mann liegen wie bei einer Frau; es ist ein Gräuel." Kapitel 20,13 fährt fort: „Wenn jemand bei einem Manne liegt wie bei einer Frau, so haben sie getan, was ein Gräuel ist, und sollen beide des Todes sterben; Blutschuld lastet auf ihnen."

Es ist die Meinung vertreten worden, dass „das AT in 3. Mose 18 und 20 gleichgeschlechtliches sexuelles Verhalten nur im Ritus, also im gottesdienstlichen Rahmen, verbietet ... Diese Textstellen haben keinerlei Auswirkungen auf den neutestamentlich-christlichen Moralkodex."[47] Andere Theologen sind der Ansicht, dass der Zusammenhang nur die Reinheit oder Heiligkeit unterstreichen will, und dass dies für die Gemeinde des Neuen Testaments sicherlich ohne Bedeutung ist. Oder die homosexuelle Aktivität, von der Leviticus handelt, spricht angeblich ein gewaltorientiertes homosexuelles Verhalten an und hat nichts mit einer liebevollen und auf Dauer angelegten gleichgeschlechtlichen Beziehung, wie sie heute besteht, zu tun.

Es ist zwar richtig, dass im unmittelbaren oder weiteren Kontext Ausdrücke vorkommen, die sich auf Reinheit und Heiligkeit, aber auch auf Götzendienst beziehen. Dennoch ist die Frage angebracht, ob diese Textstellen die Warnungen vor Homosexualität nur auf bestimmte Situationen begrenzen. Wir glauben dies nicht, und zwar aus folgenden Gründen:

1. Diese beiden Texte beschreiben und verdammen die männliche Ausübung der Homosexualität. Irgendwelche Ausnahmen werden nicht erwähnt. Offenbar wird darin jedweder homosexuelle Akt und jede homosexuelle Partnerschaft abgelehnt.[48]

2. Obwohl sie im Zusammenhang von Heiligkeit und Reinheit genannt werden, besitzen sie eine moralische Qualität, wie man z. B. durch ihre Verwendung im Neuen Testament erkennt. Kaiser stellt fest:

---

45 Vgl. z. B. Springett, *Homosexuality*, S. 33–48, und Donald J. Wold, *Out of Order: Homosexuality in the Bible and the Ancient Near East*, Baker, Grand Rapids 1998, S. 43–61.

46 Vgl. Webb, *Slaves, Women and Homosexuals*, S. 81.

47 De Young, *Homosexuality*, S. 10.

48 Vgl. Springett, *Homosexuality*, S. 63.

Es gibt natürlich eine Reihe von zeitgebundenen Zeremonialgesetzen. Aber dass Homosexualität dazu gehört, dem kann ich keinesfalls zustimmen. Denn nichts von seinen Vorschriften weist auf Christus hin oder erwartet in ihm seine Erfüllung. Außerdem siedelt es die für seine Übertretung vorgesehene Todesstrafe im Bereich der Moralgesetze an und nicht in der zeitlich begrenzten Gesetzgebung.[49]

3. Es handelt sich um mehr als einen Akt der Ausbeutung. Die beiden an diesem unmoralischen Akt Beteiligten sind Männer, also wahrscheinlich nicht ein Erwachsener und ein Knabe. Beide mussten bestraft werden, weil beide für das, was sie tun oder taten, verantwortlich sind. Es ist eine Gräuelsünde.[50] Offenbar hatten beide ihre gegenseitige Zustimmung gegeben, an dieser Handlung beteiligt zu sein.

4. „Jeder Versuch eine klare Unterscheidungslinie zwischen Sünde und Unreinheit zu ziehen, ist zum Scheitern verurteilt. Tatsächlich ist es sogar eines der Kennzeichen der Gesetze über die Heiligkeit, dass es ethische Forderungen unter die Rubrik Reinheit einreiht, d. h. dass Sünde und Unreinheit in einander übergehen. (3 Mo 18,24–30; Hes 18,22.26)"[51]

5. „Der Grund, weshalb Geschlechtsverkehr von Mann zu Mann falsch ist, liegt in der Vorschrift selbst: ‚Wenn jemand bei einem Mann liegt wie bei einer Frau.' Geschlechtsverkehr von Mann zu Mann versetzt ein männliches Wesen in die Rolle einer Frau, zumindest was den Geschlechtsverkehr anbetrifft. Weil es sich aber bei der geschlechtlichen Vereinigung um sexuelle Vervollständigung handelt, braucht man dazu das sexuell andere Gegenstück." Außerdem sollten Menschen „nicht mit einem zu andersartigen Wesen (Abartigkeit, Perversion) oder einem zu gleichartigen Wesen (Inzest, Mann-zu-Mann-Verkehr) sexuellen Kontakt pflegen und nicht die Bindung an die eine Person, das legitime Ein-Fleisch-Werden in der sexuellen Vereinigung, zerbrechen (Ehebruch)."[52]

6. William Webb legt Wert darauf, dass die Aufzählungen aus 3. Mose 18 und 20 zusammen mit anderen Listen von Lastern und Tugenden „kulturübergreifende Werte widerspiegeln".[53] Er gibt auch einen Grund dafür an, weshalb das Opfer von Kindern in die Aufzählung der siebzehn Verbote für geschlechtlichen Umgang in 3. Mose mit aufgenommen wurde. Die dem Kinderopfer vorausgehenden fünfzehn verbotenen sexuellen Beziehungen könnten alle Nachkommen zeugen, die beiden folgenden, Homosexualität und Sodomie aber nicht. Das Kapitel befasst sich also

49 Zitiert bei Mark F. Rooker, „Leviticus", in *The New American Commentary*, Broadman and Holman, Nashville 2000, S. 247. Ebenso Webb, *Slaves, Women and Homosexuals*, S. 177.

50 Das Wort *bdelygma* (Gräuel) wird bei Wold, *Out of Order*, S. 118, besprochen.

51 Gagnon, *The Bible and Homosexual Practice*, S. 66.

52 Ebenda S. 64f.

53 Webb, *Slaves, Women and Homosexuals*, S. 196. Siehe auch S. 192–196.

mit den angemessenen sexuellen Grenzen zwischen Mann und Frau. „Solch grundlegender Gesichtspunkt spricht daher gegen jede Art von Homosexualität auch heute noch."[54]

7. Zum Kontext des Gesetzes gegen homosexuelle Praktiken in 3. Mose 18 und 20 gehört bis zu einem gewissen Grade auch 3. Mose 19. In 3. Mose 19,18 findet man das Gebot seinen Nächsten zu lieben wie sich selbst. Dieses Gebot aber ist keineswegs aufgehoben, obwohl andere im unmittelbaren Zusammenhang es sind, oder sein könnten (3 Mo 19,21–25.27). Selbst im Neuen Testament wird das Gebot der Nächstenliebe wieder und wieder betont. Wenn daher die Entscheidung ansteht, ob eine bestimmte Regel für Christen noch verbindlich ist, muss sie für jedes Gebot gesondert und entsprechend dem Rat des Neuen Testaments getroffen werden. Das Gesetz gegen Homosexualität kann mithin nicht so leicht abgetan werden.

8. In Römer 1,26.27 und 1. Korinther 6,9.10 bezieht sich Paulus auf 3. Mose 18 und 20 und trifft seine eigene Feststellung über Homosexualität. Zur Zeit des Paulus war dieses Gesetz noch gültig. Und Paulus deutet nicht an, dass es jetzt aufgehoben sei – im Gegenteil.

9. Über eine bestimmte Form von Unzucht, nämlich den Inzest, berichtet 1. Korinther 5. Das Faktum, intimen sexuellen Umgang mit seiner Stiefmutter zu haben, wird *porneia* genannt. Der Fall von 1. Korinther 5,1 wird in 3. Mose 18,8 ganz klar angesprochen. 3. Mose 18 bespricht ja alle ungesetzlichen Sexualbeziehungen. Zum Ersten ist offensichtlich, dass Paulus 3. Mose 18 oder zumindest Teile davon noch immer auch für Christen als bindend betrachtete. Auch wir nehmen die gleiche Haltung ein, wenn es sich um Inzest oder Perversion handelt, übrigens auch beim Kinderopfer. Zum andern wird der Ausdruck porneia eindeutig für alle Beziehungen von Inzest verwendet, kann aber auch alle anderen sexuellen Beziehungen, die dem Gesetz zuwiderlaufen, bezeichnen, so wie sie in 3. Mose 18 aufgezählt werden. Dazu gehören verschiedene Formen von Inzest, sexueller Verkehr mit einer Frau während ihrer Periode, sexuelle Beziehungen zur Frau eines anderen Mannes, Homosexualität und Sex mit Tieren.[55] So wie Inzest noch immer gemieden werden muss, so auch die Homosexualität.

10. Über das Thema der Hurerei wurde auch auf dem Jerusalemer Apostelkonzil gesprochen und ein Beschluss gefasst (Apg 15,20.29; 21,25). Den Heidenchristen war auferlegt worden, sich der Hurerei zu enthalten. Das Apostelkonzil hat offen-

54 Ebenda S. 197–200.

55 Wenn das Neue Testament Anspielungen auf alttestamentliche Bibelstellen macht oder sie zitiert, führt es häufig nicht nur den betreffenden Text an, sondern bezieht auch das ganze Umfeld mit ein. Wenn z. B. in Offenbarung 12,5 der Sohn, der Knabe, erwähnt wird, der alle Völker mit eisernem Stabe regieren soll, dann wird dazu nicht nur Psalm 2,9 herangezogen, sondern der gesamte zweite Psalm. Dieses Prinzip, das man im Neuen Testament häufig antrifft, kann durchaus auch auf 1. Korinther 5,1 und seine Quelle in 3. Mose 18 Anwendung finden.

bar die Gültigkeit des Dekalogs überhaupt nicht zum Gespräch gemacht. Denn die Sache, mit der sie sich beschäftigten, hieß *porneia,* wogegen in den Zehn Geboten nur das Verbum *moicheuō* (in der LXX) verwendet wird. Es scheint daher sicher zu sein, dass die Delegierten auf diesem Konzil und besonders Jakobus die Schriftstelle von 3. Mose 18 im Sinn hatten.[56] Paulus folgt dann bei dem Fall in der Gemeinde Korinth der Entscheidung des Jerusalemer Konzils. Der Ausdruck *porneia* bezeichnet ein breites Spektrum sexueller Verirrungen, einschließlich Inzest, Prostitution und Homosexualität.

b. 5. Mose 23

5. Mose 23,18.19 stellt fest:

> Es soll keine Tempeldirne sein unter den Töchtern Israels und kein Tempelhurer unter den Söhnen Israel. Du sollst keinen Hurenlohn noch Hundegeld in das Haus des HERRN, deines Gottes, bringen aus irgendeinem Gelübde; denn das ist dem HERRN, deinem Gott, beides ein Gräuel.

Springett meint, dass es sich bei den hier gebrauchten Ausdrücken auch um Homosexualität handelt, nämlich bei dem Wort, das mit „Tempelhurer" und „Hund" übersetzt ist.[57]

2. Alttestamentliche Erzählungen

a. 1. Mose 1 und 2

Obwohl der Schöpfungsbericht (1 Mo 1–2) nicht über Homosexualität spricht, bereitet er den Boden für alle nachfolgenden sexuellen Beziehungen vor. Webb kommentiert dies folgendermaßen: „Es ist ganz offensichtlich, dass dieses Modell nicht gut zu homosexuellen Beziehungen passt, seien sie nun angeboren oder erworben."[58] Gott schuf den ersten Mann und die erste Frau, Adam und Eva, und fügte sie in der Ehe zusammen. Der Schöpfungsbericht markiert also nicht nur ganz klar den Beginn der ehelichen Gemeinschaft, er zeigt auch das Ideal für die sexuellen Beziehungen unter den Menschen auf.

Die Autoren, die jedoch homosexuelle Partnerschaften befürworten, glauben, dass die Kombination von einem Mann und einer Frau nur deshalb gewählt wurde, weil die Vermehrung der menschlichen Rasse göttlich geboten (1 Mo 1,28) und am

56 Das wird z. B. auch durch die Randnotiz des griechischen Neuen Testaments von Nestle-Aland gestützt, ebenso durch ihre Aufzählung alttestamentlicher Zitate und Anspielungen. Bei der Diskussion des Apostelkonzils in Apostelgeschichte 15 verweist dementsprechend der Exeget Bruce auf 3. Mose 18 (Frederick F. Bruce, *Commentary on the Book of Acts*, Eerdmans, Grand Rapids 1966, S. 315).

57 Vgl. Springett, *Homosexuality*, S. 63–65.

58 Webb, *Slaves, Women and Homosexuals*, S. 131.

Anfang auch nötig war. Doch habe sich die Situation gründlich geändert und Überbevölkerung breite sich aus. Daher, so wird behauptet, passen homosexuelle Partnerschaften weit besser zu den Bedürfnissen der heutigen Welt als heterosexuelle. Daher seien 1. Mose 1 und 2 auch ungeeignet, nur eine einzige Form menschlicher Sexualität vorzuschreiben.

Bei dieser Argumentation liegt das Problem darin, dass die heterosexuelle Beziehung auf die bloße Funktion der Fortpflanzung reduziert wird. Aber das ist keineswegs das, was 1. Mose 1 und 2 uns zeigen. Mann und Frau wurden zum Bilde Gottes geschaffen. Bild Gottes zu sein bedeutet wahrscheinlich, dass die Menschen Gottes Stellvertreter auf Erden sind, aber ebenso, dass sie in einem innigen Verhältnis mit Gott leben. Dazu kommt noch, dass nach 1. Mose 5,1–5 das Bild Gottes eine Ähnlichkeit aller menschlichen Fähigkeiten, ja des gesamten menschlichen Seins mit dem Herrn des Universums beinhalten mag. Dieses Bild Gottes findet man in beiden Geschlechtern, die gesegnet wurden (1 Mo 5,2).[59] Gemeinsam stellen sie das Bild Gottes dar. Springett schreibt:

> Als Mann und Frau wurden die Menschen nicht allein der Fortpflanzung wegen geschaffen. Die Fähigkeit sich fortzupflanzen wird nämlich sorgfältig vom Bild Gottes getrennt und einem besonderen Wort des Segens zugewiesen.[60]

Die Schöpfungsgeschichte ist auch auf das Konzept der Vervollkommnung hin angelegt: Als Adam das Fehlen eines Gefährten bemerkt, schafft Gott für ihn die Frau, die genau zu ihm passt. Adam und Eva ergänzten einander. Diese Ergänzung ist Zeichen der Einheit, weil Gott selbst eine Einheit ist. Sie findet ihren Ausdruck in der heterosexuellen Ehe.

Nach dem Matthäus- und Markusevangelium (Mt 19; Mk 10) bestätigt Jesus den Schöpfungsbericht und die Unauflöslichkeit der Ehe. Damit stellt er 1. Mose 1 und 2 nicht nur als historisches Dokument hin, sondern auch als einen Text, der normativen Charakter für die gesamte Menschheit aller Zeitalter besitzt und jegliche homosexuelle Beziehung missbilligt. 1. Mose 1 und 2 bleiben somit fundamentale Texte, um die göttlich verordnete Sexualbeziehung zu beschreiben.

b. 1. Mose 19 und Richter 19

Während einerseits die Erzählungen, die von Homosexualität handeln, wie beispielsweise die Geschichte von Sodom (1 Mo 19,4–10) und die Schandtat von Gibea (Ri 19,22–

---

59 Vgl. Ekkehardt Müller, „The Image of God in Gen 1:16–17", *Reflections: A BRI Newsletter*, Nr. 3, 2003, S. 5–6; Miguel Gutierrez, „‚L'homme créé à l'image de Dieu' dans l'ensemble littéraire et canonique de Genèse 1 à 11", Diss. Université des Sciences Humaines, Straßburg 1993.

60 Springett, *Homosexuality*, S. 53.

25) von vielen neu interpretiert werden, wird andererseits in einige andere Berichte der Schrift die Homosexualität hineingelesen, wie beispielsweise in die Geschichte von David und Jonathan oder von Ruth und Naomi, obwohl der Text nichts darüber aussagt.

Man meint, dass die Geschichte, die von den Zuständen in Sodom berichtet, mehr einen Mangel an Gastfreundschaft beklage als Homosexualität anprangere, und dass der Ausdruck „erkennen" die Bedeutung habe „jemanden kennen lernen" und nicht Sexualverkehr mit ihm zu haben. „Wo sind die Männer, die zu dir gekommen sind diese Nacht? Führe sie heraus zu uns, dass wir sie erkennen". (1 Mo 19,5) Die Einheitsübersetzung schreibt jedoch: „wir wollen mit ihnen verkehren". Das scheint die richtige Bedeutung zu sein (1 Mo 4,1). Es sind auch nur wenige Theologen, die der Auslegung in Bezug auf Gastfreundschaft zustimmen.[61]

Obwohl Homosexualität eine der Sünden Sodoms war, stellte sie keineswegs die einzige Sünde dar. Die Stadt wurde zerstört wegen der vielen und schwer wiegenden Sünden – unter ihnen auch Homosexualität. Dieser Text ist für heutige christliche Homosexuelle jedoch von geringer Bedeutung, weil sie der Ansicht sind, dass das Problem in Sodom nicht die Homosexualität an sich war, sondern ein brutal vergewaltigender Typ von Homosexualität, der mit der heutigen, auf gegenseitige Zustimmung beruhenden Homosexualität nichts zu tun habe. Das trifft auch auf die Geschichte in Gibea zu; „die Verfasser des Judasbriefes und des zweiten Petrusbriefes verstanden zweifellos, dass ein Hauptvergehen Sodoms darin bestand, nach Männern geil zu sein, Sex mit Männern zu pflegen".[62]

c. Angebliche homosexuelle Beziehungen

Das Verhältnis zwischen David und Jonathan oder Ruths Beziehung zu ihrer Schwiegermutter als einen wunderschönen Ausdruck von Homosexualität hinzustellen, ist weit hergeholt. Selbst heute noch ist es im Nahen Osten allgemein üblich, dass Männer sich umarmen und küssen oder die Hände halten. Das hat mit Homosexualität nichts zu tun.

> In diesem Zusammenhang ist es nicht fehl am Platz, dem Wort Liebe mehr politische als sexuelle Bedeutung beizumessen.[63] Wenn Jonathan an David sein Kleid und seine Waffen übergab, so hatte dies mit einer königlichen Anerkennung zu tun, mit einer symbolischen Handlung, durch die Jonathan bereitwillig sein Recht der Thronfolge auf David übertrug. In diesem Zusammenhang geht Jonathan weit über nur persönliche Gefühle freundschaftlicher Natur hinaus und schließt einen feierlichen „Bund".[64]

61 Wold, *Out of Order*, S. 89.

62 Gagnon, *The Bible and Homosexual Practice*, S. 59.

63 Vgl. 1. Könige 5,1.

64 Springett, *Homosexuality*, S. 73. Dies wird auch unterstützt durch Webb, *Slaves, Women and Homosexuals*, S. 102.

3. Zusammenfassung

Das Alte Testament enthält klare Textaussagen, besonders in seinen Gesetzesteilen, die jede Form homosexueller Aktivität verbieten. Auf sie bezieht sich auch das Neue Testament und betrachtet sie als bindend. Andere Texte sind nicht so eindeutig und man sollte sich deshalb davor hüten, das eigene Wunschdenken in die alttestamentlichen Erzählungen hineinzulesen oder Texte, die gar nichts über Homosexualität aussagen, dahingehend auszulegen, dass sie das homosexuelle Programm unterstützen.

Homosexualität im Neuen Testament

Das Neue Testament enthält drei Textpassagen, die ausdrücklich das Anliegen der Homosexualität behandeln. Ehe wir auf sie eingehen, wollen wir noch einen Blick auf Jesus werfen.

1. Jesus und die Homosexualität

Obwohl Jesus keine direkten Aussagen zum Thema Homosexualität gemacht hat, ist seine Haltung in dieser Frage erkennbar.[65]

a. Jesus und das Gesetz. Jesus hat das Gesetz nicht abgeschafft, sondern seine wirkliche Bedeutung und seine Auswirkungen hervorgehoben. Die Bergpredigt in Matthäus 5 zum Beispiel enthält einen langen Abschnitt, in welchem er über das Gesetz spricht. In Matthäus 23,23 spricht er von dem „Wichtigste(n) im Gesetz", lässt dabei aber den Grundsatz des Zehntengebens nicht fallen. Gagnon macht eine interessante Anmerkung zu Markus 7:

> Die Rede in Markus 7,15–19 über das, was den Menschen verunreinigt, wird oft als Beweis dafür angeführt, dass Jesus die Speisegesetze aufhob. Viel wahrscheinlicher ist jedoch, dass Jesus hier einen übertreibenden Gegensatz beabsichtigte: Was am meisten zählt, ist nicht das, was in einen Menschen hineingeht, sondern das, was aus ihm herauskommt ... Wenn Jesus nicht einmal solche Dinge wie Speisegesetze oder das peinlich genaue Zehntengeben abschaffte, ist es unmöglich, dass er sich über eine Vorschrift gegen sexuelle Zügellosigkeit, die so ernst zu nehmen ist wie der Geschlechtsverkehr von Mann zu Mann, einfach hinweggesetzt hätte.[66]

b. Jesus und die Sexualität. Jesus duldete keine der verschiedenen Formen der Sexualität, mit Ausnahme der ehelichen Beziehung zwischen einem Mann und einer Frau. Obwohl er sich unter die Sünder begab und sich um sie kümmerte, ent-

65 Gagnon hat eine ganze Reihe von Seiten dem Thema Jesus und die Sexualität gewidmet (siehe *The Bible and Homosexual Practice*, S. 68–74).

66 Ebenda S. 69.

schuldigte er damit keinesfalls ihr Verhalten. Das geht ganz klar aus den drei Fällen von Frauen hervor, die sexuelle Sünden begangen hatten: Die Sünderin in Lukas 7,36–50, die ihn salbte, die Samariterin mit ihren verschiedenen Lebenspartnern in Johannes 4 und die Ehebrecherin in Johannes 8,3–11. „Gehe hin und sündige hinfort nicht mehr!" Ihre Lebenswege wurden ins Gegenteil verändert. Die Prostituierte glaubte an ihn und wird in das Reich Gottes eingehen (Matthäus 12,31.32). In der Bergpredigt widmete er zwei seiner Antithesen sexuellen Problemen. Er vertiefte hier das Gesetz. Ehebruch beginnt demnach schon in unserem Denkprozess. Das Zugeständnis der Scheidung wird aufgehoben und Scheidung und Wiederverheiratung werden nicht mehr als Möglichkeiten angesehen. Sowohl in Matthäus 19,18 als auch in Markus 10,19 bestätigt Jesus wiederum das siebente Gebot. „Mit seiner radikalen Forderung die Zahl der Lebenspartner auf einen zu beschränken, stand Jesus tatsächlich ganz allein."[67]

c. Jesus und die Homosexualität. In Matthäus 19 und Markus 10 führt Jesus ein Streitgespräch mit den Pharisäern über die Frage der Scheidung. In diesem Zusammenhang bezieht er sich auf den Schöpfungsbericht und zitiert 1. Mose 1,27 und 2,24. Zwei menschliche Wesen, ein Mann und eine Frau, werden ein Fleisch. Die Einheit wird hier betont, aber eine Einheit, die in der Ehe zwischen einem Ehemann und einer Ehefrau besteht. Im hebräischen Text fehlt das Wort „zwei". Es steht aber in der LXX. Dadurch, dass Jesus hier nachdrücklich unterstreicht, dass nur zwei Wesen verschiedenen Geschlechts eins werden können, verwirft er sowohl die Polygamie als auch die Homosexualität. Der Schöpfungsbericht besaß für Jesus offensichtlich nicht nur eine beschreibende Bedeutung, sondern war auch Vorschrift.

In Matthäus 19,12 spricht Jesus von drei Gruppen von Menschen, die zur Ehe unfähig sind: 1. Solche, die es von Geburt an sind, 2. solche, die von Menschen dazu gemacht wurden und 3. solche, die um des Himmelreichs willen sich eheunfähig machten. Die letzte Gruppe umfasst wahrscheinlich keine Kastraten, sondern Leute wie Johannes den Täufer, die ihres Dienstes wegen unverheiratet blieben. Das setzt voraus, dass Menschen die Fähigkeit besitzen, den Geschlechtsverkehr auf unbestimmte Zeit zu verschieben, wobei das für Personen mit heterosexuellen Neigungen genau so gilt, wie für solche mit homosexuellen. In Matthäus 19,1–12 stellt Jesus nur zwei Alternativen zur Wahl, nämlich mit einer Person des anderen Geschlechts verheiratet zu sein, oder allein zu bleiben. So wie die Scheidung keine Option darstellt, so wenig stellt die Homosexualität eine Möglichkeit dar.

Als Jesus in Markus 7 die Übel erwähnt, die aus dem menschlichen Herzen kommen, nennt er unter anderen Sünden auch die *porneia. Porneia* umspannte ein weites Spektrum von Bedeutungen, wie oben bereits beschrieben, unter anderem auch die Homosexualität. „Kein Jude des ersten Jahrhunderts hätte das Wort *porneia* (sexuelle Zügellosigkeit) gebraucht, ohne dabei an die Liste der verbotenen

[67] Ebenda S. 71.

sexuellen Vergehen in 3. Mose 18 und 20 zu denken, besonders natürlich an Inzest, Ehebruch, gleichgeschlechtlichen Umgang und Sodomie".[68] Jesus erwähnt ebenfalls Sodom (Matthäus 10,15; Lukas 10,12).[69]

Es geht Jesus darum, dass die Gebote gehalten werden und ein christlicher Lebensstil praktiziert wird, der natürlich auch die rechten sexuellen Beziehungen einschließt. Die Homosexualität wird also indirekt angesprochen und verworfen.

2. Paulus und die Homosexualität

Es gibt drei wichtige paulinische Texte, die von Homosexualität handeln. Diese sind Römer 1,26.27, 1. Korinther 6,9 und 1. Timotheus 1,10.

a. Römer 1,26.27

> Darum hat sie Gott dahingegeben in schändliche Leidenschaften; denn ihre Frauen haben den natürlichen Verkehr vertauscht mit dem widernatürlichen; desgleichen haben auch die Männer den natürlichen Verkehr mit der Frau verlassen und sind in Begierde zueinander entbrannt und haben Mann mit Mann Schande getrieben und den Lohn ihrer Verirrung, wie es ja sein musste, an sich selbst empfangen.

Während eine ganze Reihe von Christen überzeugt sind, dass dieser Text Homosexualität beschreibt und in all ihren Formen verwirft, anerkennen andere, dass dieser Text zwar von Homosexualität handelt, sie meinen aber, dass das Thema von Paulus Götzendienst und Päderastie ist und dass Paulus daher die sexuelle Orientierung, wie wir sie heute kennen, nicht in Betracht gezogen haben könne.[70] Mit anderen Worten: Paulus habe nichts von invertierter Homosexualität gewusst. Darüber hinaus wird behauptet, dass der Bezug auf die Natur folgendermaßen verstanden werden sollte:

68 Ebenda S. 73.

69 Sein Ausdruck „Hunde" in Matthäus 7,6 erinnert uns zwar an die „Hunde" in 5. Mose 23,18.19, also an die Homosexuellen, scheint sich aber in diesem Zusammenhang nicht auf sie zu beziehen.

70 Vgl. Everett R. Kalin, „Romans 1:26–27 and Homosexuality", *Currents in Theology and Mission* 30, 2003, S. 423–432. Scroggs, *The New Testament and Homosexuality*, stellt auf S. 121–122 fest: „Nur hier in Römer 1 wird ein negatives Urteil über sowohl weibliche als auch männliche Homosexualität ausgesprochen, was man als allgemeine Anklage verstehen könnte. Die gesamten in diesem Buch zusammengetragenen Beweise über männliche Homosexualität legen es aber nahe, dass trotz der scheinbar allgemeinen Ausdrucksweise, die Paulus benutzte, er gerade auch hier *nur eines*, nämlich die Päderastie *im Sinn gehabt haben kann*. Dass Paulus hier das Argument der Natur heranzieht, könnte natürlich zu der Meinung verführen, dass er das gleiche Urteil über *jede Art* von Homosexualität ausgesprochen hätte. Niemand darf jedoch mit Recht schlussfolgern, dass er es tatsächlich so gemeint hat. Wir wissen es einfach nicht genau." (Hervorhebungen im Original) Das ist ein beachtliches Eingeständnis von einem Theologen, der offenbar die griechisch-römische Kultur dem Apostel überstülpt, aber dennoch zugeben muss, das Römer 1,26.27 wie eine „allgemeine Verurteilung" klingt. Wold, *Out of Order*, S. 185f., fasst diese „revisionistischen Interpretationen" kurz zusammen und zieht daraus seine eigenen Schlüsse, die erheblich davon abweichen. Ähnlich, aber noch ausführlicher Springett, *Homosexuality*, S. 121f.

Wenn Paulus die Homosexualität als „widernatürlich" bezeichnet (Römer 1,26 Luther), verdamme er keineswegs die homosexuelle Orientierung oder irgendeine verantwortlich geführte gegenseitige Beziehung. Stattdessen verdamme er vielmehr die Perversion dessen, was natürlich ist. Für Homosexuelle sei es „widernatürlich" heterosexuelle Beziehungen zu praktizieren, so wie es für Heterosexuelle „widernatürlich" sein mag, Homosexualität zu praktizieren. Paulus verdamme daher niemand, der homosexuell geboren wurde, ebenso wenig verdamme er die (anlagemäßige) homosexuelle Orientierung.[71]

Das Problem besteht also darin zu entscheiden, ob die Homosexualität, die in Römer 1 angesprochen wird, alle Formen von Homosexualität einschließt und damit einen allgemeinen Standpunkt wiedergibt, oder nicht. Der Text selbst und sein Zusammenhang werden uns helfen, eine Antwort zu finden.

1. Der weitere Zusammenhang des Textes ist allgemeiner Natur. In Römer 1 zeigt Paulus, dass alle Heiden Sünder sind und führt eine Liste ihrer Verschuldungen auf (Römer 1,21–32). Römer 2 dagegen stellt fest, dass auch alle Juden Sünder sind. Römer 3 schließt damit ab, dass alle Menschen Sünder sind, und dass sie alle von der Gnade Gottes abhängen, wie sie im Opfer Christi für uns zum Ausdruck kam. In Römer 5 erklärt er die Tatsache, dass wir alle Sklaven der Sünde waren, in Jesus aber davon frei gemacht wurden. Die Beweisführung des Apostels beschränkt sich also nicht auf die Menschen des ersten nachchristlichen Jahrhunderts, sondern umfasst Leute aus allen Zeitaltern, weil er sich mit der Schöpfung, dem Sündenfall, der Sünde und der Erlösung beschäftigt.[72] Deshalb ist auch die Aufzählung der Schandtaten, einschließlich der Homosexualität, nicht auf irgendeine bestimmte Zeit begrenzt. Wenn dies stimmt, ist sie auch für heute anwendbar, und da Paulus nicht die verschiedenen Formen der Homosexualität unterscheidet, scheint er alle Fälle von Sex mit dem gleichen Geschlecht abzulehnen.

2. Der Hintergrund für diese Auseinandersetzung über Homosexualität ist die Schöpfung. In Römer 1,20 bezieht sich Paulus auf die Schöpfung der Welt und alle erschaffenen Werke. Offenbar ist Paulus davon überzeugt, dass man Gott durch die Schöpfung erkennen kann. „Denn obwohl sie von Gott wussten, haben sie ihn nicht als Gott gepriesen" (Römer 1,21), sondern „haben die Herrlichkeit des unvergänglichen Gottes vertauscht mit einem Bild gleich dem eines vergänglichen Menschen und der Vögel und der vierfüßigen und der kriechenden Tiere". Gott wurde durch Götzen ersetzt, die nichts anderes waren als Abbildungen geschaffener Wesen, seien es nun Menschen oder Tiere. Die Liste der Tiere, die Erwähnung des Menschen und die Vorstellung von der „Gleichheit, dem Bild" erwecken den Eindruck, dass in Römer 1,23 der Text aus 1. Mose 1,24–26 anklingt. Römer 1,25 streicht heraus, dass die Heiden die geschaffenen Dinge anstatt des Schöpfers anbeteten.

71 De Young, *Homosexuality*, S. 10.

72 Vgl. Springett, *Homosexuality*, S. 124.

Außerdem scheint Römer 1,26.27 den Text von 1. Mose 1,27 zu wiederholen, da dort die gleichen Ausdrücke verwendet werden, nämlich „männlich" *(arsēn)* und „weiblich" *(thēly)*, statt die Worte „Mann" und „Frau" zu gebrauchen.[73]

Da die Schöpfung in den vorhergehenden Versen so eindeutig als Bezug genannt wird, muss auch die Homosexualität im Zusammenhang mit der Schöpfung verstanden werden. „Götzendienst und gleichgeschlechtlicher Verkehr zusammen stellen einen Angriff auf das Werk des Schöpfers in der Natur dar",[74] unabhängig davon, um welche Form der Homosexualität es sich handelt. Denn der Schöpfungsbericht vermittelt Gottes Absicht für Männer und Frauen – eine monogame heterosexuelle Ehe.

3. Obwohl Paulus etliche Jahrhunderte nach der Gesetzgebung durch Moses lebte, ist dieses Gesetz seiner Meinung nach offensichtlich auch für das Neue Testament noch anwendbar. Die Erwähnung von Homosexualität zwischen Erwachsenen stützt sich auf 3. Mose 18 und 20.[75] Paulus geht sogar noch einen Schritt weiter, indem er gleichgeschlechtlichen Umgang zwischen Frauen mit einbezieht, der im AT nicht ausdrücklich erwähnt wurde.[76] De Young bemerkt sehr einsichtig, indem er sich mit der Meinung auseinandersetzt, dass Römer 1 „mehr eine zeitlich begrenzte jüdische Reinheitsvorschrift aufzeigt als ein universelles moralisches Prinzip": „Gott kann doch nicht die Heiden für das Übertreten eines jüdischen Reinheitsgebotes zu einer Strafe verdammen".[77] Da er aber die Strafe über sie ausspricht, müssen die Gesetzte von 3. Mose 18 und 20 eine moralische Qualität besitzen und ihrem Wesen nach universell sein.

4. Das Argument, dass der Ausdruck „natürlicher Verkehr" und sein Gegenteil „widernatürlich" in Römer 1,26.27 das beschreiben würden, was jeweils für ein Individuum als natürlich gelten mag, ist ohne Begründung. Nirgendwo sonst wird der Begriff *physis* in solch einem Sinne gebraucht. Im Römerbrief findet sich dieses Wort sieben Mal,[78] jedoch mit der Präposition *para physin* nur zwei Mal (Römer 1,26; 11,24). In Römer 11,24 wird ein „von Natur" *(kata physin)* wilder Ölbaum angeführt. Von diesem wilden Ölbaum werden Zweige abgeschnitten und „wider die

73 Peter Stuhlmacher, *Der Brief an die Römer*, Das Neue Testament Deutsch 16, Vandenhoeck & Ruprecht, Göttingen 1989, S. 36–37, stellt fest: „Mit allen Zeichen der Abscheu schildert der Apostel, wie die Heiden sich (in sündhafter Umkehr von Gen 1,27f.) in lesbischer Liebe und Sodomie selbst schänden ... Was die Heiden tun, ist schöpfungswidrig und Kennzeichen ihrer Schuldverfallenheit."

74 Gagnon, *The Bible and Homosexual Practice*, S. 78.

75 Vgl. De Young, *Homosexuality*, S. 157. Weiter meint er, dass Römer 1,32 den Text aus 3. Mose 20,13 widerspiegle (S. 158).

76 James D. G. Dunn, *Romans 1–8*, Word Biblical Commentary 38A, Word Books, Dallas 1988, S. 76, bemerkt: „Paulus akzeptiert es einfach als gegeben, dass die Abscheu des jüdischen Volkes gegenüber der heidnischen Sittenlosigkeit noch immer die passende ethische Antwort auch für den aus den Heiden bekehrten Christusgläubigen darstellt. Das bedeutet, dass er zumindest ein eindeutiges Element des jüdischen Heilsbundes anerkennt und es unverändert in die größere Freiheit des neuen Bundes übernimmt."

77 De Young, *Homosexuality*, S. 159.

78 Römer 1,26; 2,14.27; 11,21.24 (vier Mal).

Natur" *(para physin)* in den edlen Ölbaum eingepfropft. *Kata physin* bedeutet „in Übereinstimmung mit der geschaffenen Ordnung".

Andererseits bezieht sich *para physin* auf etwas, das im Widerspruch zu der vom Schöpfer vorgegebenen Ordnung steht.[79] Das stimmt übrigens genau mit Römer 1 überein, wo die Schöpfung als Hintergrund für die Auseinandersetzung mit Götzendienst, Homosexualität und anderen Lastern dient. Das hier beschriebene Verhalten und die hier beschriebenen Aktivitäten sind „widernatürlich" und schließen darum ein negatives moralisches Urteil ein: „die homosexuelle Praxis ist eine Verletzung der natürlichen Ordnung (wie sie von Gott bestimmt war)".[80] Das gleiche gilt für alle Formen der Homosexualität.[81]

5. Der Mensch der Antike kannte nicht nur das, was man „gelegentliche Homosexualität" und wahrscheinlich auch, was man „situationsbedingte Homosexualität" nennt, sondern er besaß auch eine Vorstellung von der „angeborenen Homosexualität". Zumindest die Vorstellung, dass jemand von einer Person des gleichen Geschlechts aufgrund seiner Anlagen angezogen sein könnte, findet man auch in Platos androgynem Mythos vom Mann-Weib.[82] Es ist kaum vorstellbar, dass Paulus als gebildeter Mann, der sogar einen kretischen Autor zitierte (Tit 1,12 – wahrscheinlich Epimenides aus dem 6. Jh. v. Chr.), den Mythos des Plato und die Idee

79 Joseph A. Fitzmyer, „Romans", *The Anchor Bible*, Bd. 33. Doubleday, New York 1992, S. 286. Er meint: „im Zusammenhang der Verse 19 bis 23 drückt für ihn (Paulus) das Wort ‚Natur' die Ordnung aus, die der Schöpfer beabsichtigt hatte, die Ordnung, die in Gottes Schöpfung sichtbar geworden ist. Das heißt in diesem besonderen Falle, es handelt sich um die Funktion der Fortpflanzungsorgane selbst, die dazu bestimmt waren, als ein Ausdruck der Liebe zwischen einem Mann und einer Frau und zur Fortpflanzung zu dienen. Paulus spricht nun aber von dem fehlgeleiteten Austausch dieser Organe als von einem Gebrauch *para physin* [gegen die Natur]". Vgl. De Young, *Homosexuality*, S. 156–157.

80 Dunn, „Romans 1–8", S. 74. Vgl. Gagnon, *The Bible and Homosexual Practice*, S. 79–80.

81 Springett, *Homosexuality*, S. 130–131 erklärt: „Wenn homosexuelle Akte in irgendeiner Weise die göttliche Zustimmung finden könnten, hätte Paulus hier sicherlich erwähnt, wie dies möglich ist, und die Grenzlinie aufgezeigt ... Wenn man nämlich diese Worte so auslegt, dass homosexuelle Aktivität zulässig sei, dann müssten folglich auch alle anderen Sünden aus dem nachfolgenden Lasterkatalog erlaubt sein."

82 Plato, Symposium, 189c-193e. Springett fasst Plato zusammen, wenn er auf S. 97–98 erklärt: „In diesem Mythos erklärt Plato, der erste Mensch sei dual gewesen. Er habe vier Hände, vier Füße, zwei Gesichter und zwei Geschlechtsteile besessen, d. h. er habe wie zwei Personen ausgesehen, die Rücken an Rücken in die entgegengesetzte Richtung blickten. Einige dieser dualen Urgeschöpfe seien auf beiden Seiten männlich gewesen, andere auf beiden Seiten weiblich und noch andere (ein drittes Geschlecht) teils männlich und teils weiblich. Diese Urmenschen waren derart stark, dass sie so dreist wurden, die Götter anzugreifen. Wegen ihrer fortgesetzten Aufmüpfigkeit teilte Zeus diese dualen, vierfüßigen Kreaturen in zweifüßige. Ein dualer Mann wurde zu zwei Männern, aus einer dualen Frau wurden zwei Frauen, und Mann-Weiber (androgyn) wurden zu je einem männlichen und einem weiblichen Wesen. Aufgrund dieser Idee begründet er das verschiedene sexuelle Begehren, das in der Gesellschaft zutage tritt. Denn jedes Geschöpf sucht sein eigenes Gegenstück, entsprechend seiner ursprünglichen Zusammengehörigkeit. Wenn die zwei Teile einander begegnen, verlieben sie sich. Durch die Erfindung dieses Märchens versucht Plato die Anziehungskraft zu erklären, die manche Männer und manche Frauen für Personen des gleichen Geschlechts empfinden." Anthony C. Thiselton, *The First Epistle to the Corinthians*, The New International Greek Testament Commentary, Eerdmans, Grand Rapids 2000, S. 452, erklärt: „Paulus wurde in seiner Umwelt Zeuge für die beiden ausbeutenden Formen um des Geldes und um der Macht willen, aber er sah auch Beispiele für ‚echte Liebe' zwischen Männern. Wir dürfen die ‚weltliche' Kenntnis des Paulus auf diesem Gebiet nicht unterschätzen."

der angeborenen Homosexualität nicht gekannt haben sollte. Deshalb kann die Meinung, dass Paulus nur die brutale, auf Kosten des Partners ausgeübte Homosexualität oder Päderastie kannte, nicht aber die dauerhafte, auf Fürsorge gerichtete gleichgeschlechtliche Beziehung, weil sie wahrscheinlich zu seiner Zeit nicht vorkam, nicht aufrechterhalten werden.[83]

6. Die Tatsache, dass Paulus zur männlichen Homosexualität auch die lesbische hinzurechnet, unterstreicht vielmehr den vorhergehenden Punkt. „Der lesbische Geschlechtsverkehr glich in der Antike normalerweise nicht dem männlichen, päderastischen Modell und hatte auch nichts mit kultischen Assoziationen oder Prostitution zu tun."[84] Er geschah auch nicht auf Kosten des Partners. Deshalb sind auch auf Fürsorge und nicht auf Ausbeutung des Partners gerichtete homosexuelle Partnerschaften im Lasterkatalog von Römer 1 durchaus enthalten.

7. Dass Paulus in einer homosexuellen Beziehung nicht so sehr an Zwang dachte, kann ebenso aus Römer 1,27 geschlossen werden: „Auch die Männer ... sind in Begierde zueinander entbrannt und haben Mann mit Mann Schande getrieben und den Lohn ihrer Verirrung, wie es ja sein musste, an sich selbst empfangen." Es ist ganz klar, dass in solch einer homoerotischen Vereinigung beide Partner an einander sexuelle Lustempfindungen haben. Daher sind beide für ihre Taten verantwortlich, beide erhalten folglich ihre Strafe. Gott ist doch nicht ungerecht, dass er einen jungen Knaben straft, nur weil er gezwungen wurde, in einer homosexuellen Beziehung die weibliche Rolle zu spielen, sei es durch Vergewaltigung oder durch eine päderastische Beziehung.[85] Die Homosexualität ist also in Römer 1 nicht auf eine bestimmte Zeit, Kultur oder nur auf eine bestimmte Form bezogen. Sie ist sündiges Verhalten.

b. 1. Korinther 6,9–10

> Oder wisst ihr nicht, dass die Ungerechten das Reich Gottes nicht ererben werden? Lasst euch nicht irreführen! Weder Unzüchtige noch Götzendiener, Ehebrecher, Lustknaben, Knabenschänder, Diebe, Geizige, Trunkenbolde, Lästerer oder Räuber werden das Reich Gottes ererben.

Wiederum wird behauptet, dass sich Paulus hier nicht auf eine homosexuelle Partnerschaft beziehe, die sich nur auf eine Person beschränkt, von gegenseitiger Achtung getragen ist, sondern Knabenschänderei und homosexuelle Prostitution verdamme. Sollte das stimmen, so wäre nicht jeglicher Geschlechtsverkehr von Mann zu Mann verboten.[86] Dies scheint aber aus folgenden Gründen nicht der Fall zu sein.

83 Gagnon, *The Bible and Homosexual Practice*, S. 81.

84 Ebenda S. 80.

85 Vgl. ebenda S. 80–81; De Young, *Homosexuality*, S. 158.

86 Vgl. De Young, *Homosexuality*, S. 10–11.

1. Der nähere Kontext zu 1. Korinther 6,9.10 reicht von 1. Korinther 5 bis 7 und handelt von der menschlichen Sexualität. In Kapitel 5 beschäftigt sich Paulus z. B. mit einem Fall von Blutschande in Korinth. Er akzeptiert dabei die Vorschrift aus 3. Mose 18 als verbindlich, die ja neben dem Inzest auch die Homosexualität behandelt, und fordert die Gemeinde in Korinth dazu auf, dieses Mitglied auszuschließen. Gegen Ende des 5. Kapitels legt er eine kurze Liste von vier verschiedenen Gruppen von Menschen vor, die in Laster (V. 10) verstrickt sind. Als erstes nennt er die Unzüchtigen (V. 9). Im nächsten Vers wird diese Liste um drei weitere Menschengruppen erweitert. Christen sollten sich von Gemeindegliedern fern halten, die derlei Schandtaten begehen.

In 1. Korinther 6,9.10 dehnt Paulus diese Aufzählung auf zehn verschiedene Gruppen von Leuten aus.[87] Dabei scheint diese Liste aus zwei Teilen zu bestehen.[88] Die ersten fünf Sündergruppen setzen sich aus den Götzendienern und sexuellen Gesetzesübertretern zusammen. Sie werden in 1. Korinther 5–7 besprochen. Das Problem der nächsten fünf Gruppen wird teilweise in 1. Korinther 11 behandelt. Im ersten Teil werden wahrscheinlich zwei Kategorien genannt, denen heterosexuelles Fehlverhalten vorgeworfen werden kann, und zwei Gruppen, die homosexuelles Fehlverhalten an den Tag legen. „Ehebrecher" sind verheiratete Leute, wogegen „Unzüchtige" sich auch auf Alleinstehende beziehen könnte, falls das Wort nicht in seiner allgemeinen Bedeutung gebraucht wird, wo es auch alle anderen Arten von sexuellen Sünden beinhalten kann.

Der Rest von Kapitel 6 warnt vor der Beziehung zu einer Prostituierten. In 1. Korinther 6,16 wird noch ein Text aus der Schöpfungsgeschichte zitiert, nämlich 1. Mose 2,24. Dann fährt Kapitel 7 damit fort, die heterosexuelle Ehe, das Unverheiratetsein und die Scheidung zu beschreiben.[89] Um *porneia* zu vermeiden, „sollte je-

---

87 In diesen ganzen Aufzählungen wird *porneia* immer zuerst genannt.

88 Die folgende Gliederung von 1. Korinther 6,9.10 legt nahe, dass die Ungerechten, die das Reich Gottes nicht erben werden, dieselben Leute sind, die im folgenden als die Übeltäter bezeichnet werden, die ebenfalls das Reich Gottes nicht erben werden. Man kann möglicherweise die zehn Gruppen aus den Versen 9b und 10 in zwei Hauptgruppen einteilen, weil vier von den fünf ersten Übeltätergruppen sexuelle Sünden begehen.

„Oder wisset ihr nicht, dass die Ungerechten das Reich Gottes nicht ererben werden?
Lasset euch nicht verführen, weder ...
(1) Unzüchtige
(2) noch Götzendiener,
(3) Ehebrecher,
(4) Lustknaben,
(5) Knabenschänder,
(6) Diebe,
(7) Geizige,
(8) Trunkenbolde,
(9) Lästerer oder
(10) Räuber
... werden das Reich Gottes ererben."

89 Vgl. Thiselton, *The First Epistle to the Corinthians*, S. 447; Gagnon, *The Bible and Homosexual Practice*, S. 84–87.

der seine eigene Frau haben und jede Frau ihren eigenen Mann" (1 Kor 7,2). Damit bleibt für Homosexualität kein Raum. „Wenn sie sich aber nicht enthalten können, sollen sie heiraten; denn es ist besser, zu heiraten als sich in Begierde zu verzehren." Paulus bezieht sich hier ganz eindeutig auf eine heterosexuelle Ehe.

1. Korinther 6,9.10 ist also Teil eines längeren Textzusammenhanges, der sich auf 3. Mose 18, auf den Schöpfungsbericht und auf die Auslegung Jesu dazu stützt. Obwohl sich Paulus an die Gemeinde in Korinth wendet, weil sie ein sexuelles Problem hatte, ist die ganze Thematik viel breiter. Der Zusammenhang von 1. Korinther 5 bis 7 setzt, ebenso wie der alttestamentliche Hintergrund dazu, eine viel allgemeinere Dimension voraus, die sich wiederum nicht auf eine bestimmte Epoche, Kultur oder Form von Homosexualität allein beschränken lässt. Der ganze Absatz trägt den Charakter einer Vorschrift, nicht nur den einer Beschreibung. Deshalb, so meint Thiselton, ist 1. Korinther 6,9.10 „noch weit wichtiger und grundlegender als die Textstelle in Römer 1".[90] Praktizierte Homosexualität schließt Menschen vom Reich Gottes aus, genauso wie jede der anderen Sünden, die Paulus erwähnt.

2. Die zwei Worte in 1. Korinther 6,9, die von Homosexualität handeln, sind *malakoi* und *arsenokoitai. Malakoi* wird als „Lustknabe" oder „Weichlinge" wiedergegeben, solche, „die sich selbst zu einer Frau machen", „Knaben- bzw. männliche Prostituierte" und „(perverse) Homosexuelle". Normalerweise bedeutet das Wort „weich" oder „luxuriös". Aber diejenigen, die hier als *malakoi* bezeichnet werden, sind nicht gerade sanfte, zarte oder gar schwache Männer. Die Mehrzahl der Ausleger ist sich dahingehend einig, dass dieser Ausdruck sich auf Homosexuelle bezieht, besonders aber auf die Partner, die in einer Schwulenverbindung die weibliche Rolle spielen.[91]

In Vers 9 wird *malakoi* eingerahmt von Worten, die sexuelles und homosexuelles Verhalten beschreiben, was eindeutig darauf schließen lässt, dass dieses Wort ebenfalls eine sexuelle Bedeutung hat. Es jedoch nur auf Kinder- und Knabenschänder zu beschränken, ist mehr als spekulativ.[92] Der Ausdruck *arsenokoitai* hilft den Ausdruck *malakoi* zu definieren. Es ist ein einzigartiges Wort, das im NT nur bei Paulus zu finden ist. Vielleicht ist es sogar von Paulus erfunden worden. Aber es geht ganz klar zurück auf 3. Mose 18,22 und 20,13 (nach der LXX). Diese beiden Worte *arsen* und *koitē,* die je einzeln existieren, hat Paulus zusammengefügt und einen einzigen Ausdruck daraus gebildet. Die wörtliche Übersetzung würde bedeuten, dass ein Mann bei einem Mann liegt während des homosexuellen Geschlechtsverkehrs. Seine Bedeutung kann nicht auf sexuellen Missbrauch von Knaben [Päderastie] allein

90 Thiselton, *The First Epistle to the Corinthians*, S. 449.

91 Vgl. Fitzmyer, „Romans", S. 287, und Springett, *Homosexuality*, S. 134. Leon Morris, „The First Epistle of Paul to the Corinthians: An Introduction and Commentary", *Tyndale New Testament Commentaries*, Eerdmans, Grand Rapids 1993, S. 93, versteht unter *malakoi* und *arsenokoitai* „die passiven und aktiven Partner in der Homosexualität".

92 Vgl. Thiselton, *The First Epistle to the Corinthians*, S. 449.

beschränkt werden. Die *arsenokoitai* in 1. Korinther 6,9 könnten aktive Partner in jedweder Art von homosexueller Verbindung sein.[93]

3. Die harte Strafe für den, der ein *malakos* oder ein *arsenokoitēs* ist, nämlich der Ausschluss aus dem Reich Gottes, zeigt deutlich, dass diese zwei Bezeichnungen erwachsene Männer betreffen, die aus eigenem freien Willen – ob aufgrund angeborener Orientierung oder auch nicht – homosexuellen Geschlechtsverkehr miteinander pflegen.[94]

Der Hintergrund des Schöpfungsberichts und von 3. Mose 18 und 20 legt ebenso wie die anderen Gründe nahe, dass die Homosexualität, die in 1. Korinther 6 genannt wird, alle Formen homosexueller Aktivität umfasst und damit eine ausschließlich auf die Korinthergemeinde bezogene Anwendung bei weitem übersteigt.[95]

c. 1. Timotheus 1,8–10

> Wir wissen aber, dass das Gesetz gut ist, wenn es jemand recht gebraucht, weil er weiß, dass dem Gerechten kein Gesetz gegeben ist, sondern den Ungerechten und Ungehorsamen, den Gottlosen und Sündern, den Unheiligen und Ungeistlichen, den Vatermördern und Muttermördern, den Totschlägern, den Unzüchtigen, den Knabenschändern, den Menschenhändlern, den Lügnern, den Meineidigen und wenn noch etwas anderes der heilsamen Lehre zuwider ist.

Der gleiche Ausdruck *arsenokoitai,* der bereits in 1. Korinther 6 auftauchte, findet sich auch hier. Auch der gleiche Hintergrund aus 3. Mose 18 und 20 liegt wieder zugrunde. Dieses Mal jedoch scheint die Ausdrucksweise weiter und umfassender zu sein als in 1. Korinther 6, denn die *malakoi* werden nicht genannt. Ein Unterschied zwischen aktiven und passiven Partnern wird nicht gemacht. Wahrscheinlich sind die *arsenokoitai* alle, die in irgendeine Art von Homosexualität verwickelt sind.[96]

---

93 Vgl. ebenda S. 448–450; Gagnon, *The Bible and Homosexual Practice*, S. 83. Springett, *Homosexuality*, S. 136, schlägt vor: „Wenn Paulus hier nur eine krude Form der Homosexualität verdammt hätte, dabei aber andere Formen erlaubt hätte, wäre seine Darelegung sicherlich ausführlicher gewesen." Denn Paulus kommt von einem jüdischen Hintergrund, und das Verdammungsurteil der Juden über die Homosexualität galt ohne Ausnahme.

94 Vgl. Gagnon, *The Bible and Homosexual Practice*, S. 82.

95 Thiselton reflektiert: „Aufgrund des großen zeitlichen Abstandes zwischen dem ersten und dem zwanzigsten Jahrhundert fragen viele: ‚Ist die Situation, die der biblische Schreiber hier anspricht, wirklich mit unserer heutigen vergleichbar?' Je genauer die Forscher die griechisch-römische Gesellschaft und den Pluralismus ihrer ethischen Traditionen unter die Lupe nehmen, desto klarer scheint die Lage in Korinth mit unserer eigenen überein zustimmen … Eines scheint jedenfalls aus der Verbindung von 1. Korinther 6,9 und Römer 1,26–29 mit ihren alttestamentlichen Wurzeln ganz klar hervorzugehen: Paulus stimmt der Ansicht zu, dass der Götzendienst, d. h. das Bevorzugen menschlicher Autonomie und selbst erwählter Werte vor dem Treuebund der Hingabe an Gott, zu einem Dominoeffekt führt, der alle moralischen Werte umstürzen lässt." (*The First Epistle to the Corinthians*, S. 452)

96 Vgl. Gagnon, *The Bible and Homosexual Practice*, S. 87.

Der Beitrag, den der 1. Timotheusbrief zu unserer Untersuchung leistet, besteht darin, dass Homosexualität mit dem Gesetz in Zusammenhang gebracht wird, und dieses Gesetz ist immer noch verbindlich. Außerdem gehören die „Knabenschänder" zu einem der längsten Lasterkataloge des NT, der aus 14 verschiedenen Sünden besteht. Acht dieser vierzehn Laster bilden jeweils ein Paar, die verbleibenden sechs beschreiben einzelne Kategorien von Sündern.[97]

„Bei genauerer Analyse stellt es sich heraus, dass die Anordnung der Vergehen in dieser Aufstellung von der Reihenfolge der Vorschriften in den Zehn Geboten bestimmt wird".[98] Zumindest die Hälfte der Sündenliste stimmt ganz eindeutig mit den Zehn Geboten überein: „Vatermörder und Muttermörder" – fünftes Gebot, „Totschläger" – sechstes Gebot, „Unzüchtige und Knabenschänder" – siebentes Gebot, „Menschenhändler" – achtes Gebot, „Lügner und Meineidige" – neuntes Gebot.[99] So betrachtet ist also Homosexualität auch eine Verletzung des siebenten Gebotes.

Das Studium einschlägiger paulinischer Textstellen, die sich mit Homosexualität beschäftigen, zeigte, dass Homosexualität bei ihm nicht auf gewaltsam erzwungene oder mit wahllos wechselnden Partnern durchgeführte Homosexualität eingeengt bleibt, auch nicht auf sexuellen Umgang mit Jungen (Päderastie). Jegliche Art von homosexueller Aktivität ist gegen die Schöpfungsordnung gerichtet und gegen das göttliche Gesetz und ist daher Sünde. Sünde muss aber bereut, vergeben und aufgegeben werden. Damit sprechen sowohl das Alte als auch das Neue Testament zu unserer gegenwärtigen Situation.

3. Andere neutestamentliche Texte über Homosexualität

Es gibt noch eine Reihe anderer Texte im Neuen Testament, welche ebenfalls homosexuelle Aktivitäten mit anzusprechen scheinen. Für unsere Untersuchung sind sie aber weniger bedeutsam als die vorangegangenen Texte. 2. Petrus 2,6–10 führt uns zurück zur Vernichtung von Sodom und Gomorra einschließlich ihrer Sünden. Lot wird erwähnt, der unter der Lebensweise der Einwohner Sodoms litt. In diesem Abschnitt werden u. a. ausdrücklich „ausschweifendes Leben", „nach dem Fleisch leben" und „unreine Begierde" aufgeführt; offensichtlich umfasst diese Beschreibung alle sexuellen Sünden, einschließlich der Homosexualität.[100]

In Judas 7 und 8 wird die Geschichte von Sodom erneut angeführt. Die Einwohner von Sodom und Gomorra haben „Unzucht getrieben" und sind „anderem Fleisch nachgegangen". Gleicherweise „beflecken diese Träumer (die Irrlehrer zur Zeit des Judas) ihr Fleisch", „verachten jede Herrschaft" und „lästern die himm-

97 Vgl. Raymond F. Collins, *I & II Timothy and Titus*, John Knox Press, Louisville 2002, S. 31.

98 Ebenda S. 30.

99 Vgl. Gagnon, *The Bible and Homosexual Practice*, S. 87.

100 Vgl. Springett, *Homosexuality*, S. 142–144.

lischen Mächte". Wiederum scheint in diesen Worten mehr als Homosexualität enthalten zu sein.[101]

In Offenbarung 22,14 und 15 werden die „Hunde" erwähnt. Sie gehören zur Gruppe derer, die nicht durch die Tore des Neuen Jerusalems eingehen dürfen. Nun mag sich die Bezeichnung „Hunde" ganz allgemein auf die Heiden (Matthäus 15,26), auf die Judaisten (Philipper 3,2), auf die Irrlehrer (2. Petrus 2,22) oder auf die männlichen Prostituierten (5 Mo 23,18) beziehen.[102] Aune glaubt jedoch: „Es kann sein, dass ... der Ausdruck ‚Hund' ... hier spezieller, nämlich für homosexuelle Männer, Päderasten oder Sodomiten gebraucht wird, weil in der parallelen Aufzählung in Kapitel 21,8 statt dessen die ‚Unzüchtigen' genannt werden".[103]

4. Zusammenfassung

Die Sachlage im Neuen Testament ist der im Alten Testament durchaus vergleichbar. Das Neue Testament enthält Texte, die eindeutig mit Homosexualität zu tun haben. Wir haben versucht zu zeigen, dass sie in ihrer Perspektive nicht eingeengt sind. In einer Reihe zusätzlicher Texte wird die Homosexualität unter den Schandtaten eingeschlossen, die Menschen von der Erlösung ausschließt und sie unter die göttliche Strafe stellt.

Schlussfolgerungen für die Kirche der Siebenten-Tags-Adventisten

1. Adventisten und die Heilige Schrift

Die Problematik der Homosexualität ist nicht nur eine Frage des persönlichen Lebensstils oder der sexuellen Orientierung. Sie ist weit umfassender. Denn sie zieht weitreichende Auswirkungen nach sich. Einige betreffen nur das einzelne Gemeindeglied, andere die gesamte Gemeinde.

Was sollte ein Adventist tun, der sich zum gleichen Geschlecht hingezogen fühlt? Wie sollte er oder sie seine/ihre Neigung beurteilen? Wie sollten heterosexuelle Adventisten, die Adventgemeinden und adventistische Pastoren mit Leuten umgehen, die Homosexualität praktizieren oder einen homosexuellen Lebensstil befürworten? Wie sollte die Verwaltung der Gemeinschaft mit Angestellten umgehen, die sich als praktizierende Homosexuelle zu erkennen geben? Wie sollte sich die Leitung der Gemeinschaft verhalten, falls staatliche Regierungen versuchen würden, sie unter dem Vorwand der Nicht-Diskriminierung dazu zu zwingen, Homosexuelle anzustellen?

---

101 Ebenda S. 144–148.

102 Vgl. David E. Aune, *Revelation 17–22*, Word Biblical Commentary 52C, Thomas Nelson, Nashville 1998, S. 1223; Robert H. Mounce, *The Book of Revelation*, Eerdmans, Grand Rapids 1998, S. 408; Grant R. Osborne, *Revelation*, Baker Exegetical Commentary on the New Testament, Baker, Grand Rapids 2002, S. 701; und Springett, *Homosexuality*, S. 148–150.

103 Aune, *Revelation 17–22*, S. 1222–1223.

Die eigentliche Frage, die hinter all diesen Problemen steht, heißt: Was bedeutet die Heilige Schrift für Adventisten? Adventisten verstehen die Schrift als das inspirierte Wort Gottes. Sie betrachten sie als Offenbarung des Willens Gottes und daher als normativ. Die Bibel ist der Maßstab, der unsere Vernunft, unsere Empfindungen, unsere Erfahrungen und alle Traditionen weit übersteigt. Wir weigern uns, die Schrift umzuinterpretieren, um sie unseren persönlichen Wünschen oder dem gerade herrschenden aktuellen Zeitgeist anzupassen. Durch Gottes Gnade stehen wir auf dem Boden der Schrift und handeln nach dem, was wir als Gottes Willen erkennen, auch wenn es unpopulär ist und unerwünschte Folgen für uns nach sich ziehen könnte.

2. Adventistische Dokumente über Homosexualität

Die Kirche der Siebenten-Tags-Adventisten hat Dokumente herausgegeben, die sich mit dem Problem der Homosexualität beschäftigen. In dem Dokument „Stellungnahme der Siebenten-Tags-Adventisten zur Homosexualität" aus dem Jahr 1999 vertritt die Kirche den Standpunkt:

> Siebenten-Tags-Adventisten glauben, dass sexuelle Beziehungen nur in die eheliche Gemeinschaft von Mann und Frau gehören. Dies war die Absicht Gottes bei der Schöpfung. Die Heilige Schrift erklärt: „Darum wird ein Mann seinen Vater und seine Mutter verlassen und seiner Frau anhangen, und sie werden sein ein Fleisch" (1 Mo 2,24). In der ganzen Heiligen Schrift wird dieses heterosexuelle Muster bestätigt. Die Bibel lässt keinen Raum für homosexuelle Betätigung oder Beziehungen. Sexuelle Handlungen außerhalb des Bereiches einer heterosexuellen Ehe sind untersagt (3 Mo 20,7–21; Röm 1,24–27; 1 Kor 6,9–11). Jesus Christus bestätigte die göttliche Absicht bei der Schöpfung ... Deshalb wenden sich Adventisten gegen homosexuelle Praktiken und Beziehungen.[104]

Eine weitere Erklärung, die auch gleichgeschlechtliche sexuelle Beziehungen behandelt, wurde im Jahr 2004 durch Beschluss angenommen. Es ist eine neuerliche Bekräftigung der christlichen Ehe im Zusammenhang mit der gegenwärtig in einer ganzen Reihe von Staaten laufenden Debatte zu der Frage, ob gleichgeschlechtliche Partnerschaften heterosexuellen Ehen gleich gestellt werden und dieselben Rechte und denselben Schutz genießen sollten. Die Erklärung befasst sich zwar mit

104 „Stellungnahme zur Homosexualität", in *Erklärungen, Richtlinien und Dokumente*, CD-ROM-Ausgabe, Advent-Verlag, Lüneburg 2002, S. 124. Diese Erklärung wurde 1999 vom Exekutivausschuss der Generalkonferenz (Weltkirchenleitung) der Siebenten-Tags-Adventisten verabschiedet. Das Original ist im Internet abrufbar: „Seventh-day Adventist Position Statement on Homosexuality", online: http://www.adventist.org/beliefs/statements/main_stat46.html.

Ehe und Familie, widmet aber dennoch dem Thema Homosexualität breiten Raum. Hier folgt ein Auszug daraus:

> Homosexualität ist sichtbares Zeichen der Unordnung menschlicher Neigungen und des Zerbrechens menschlicher Beziehungen, das von der Sünde verursacht in diese Welt Einzug gehalten hat ... Wir halten es zwar für unvertretbar, dass irgendeine Gruppe von Menschen der Verachtung und dem Spott ausgesetzt wird, geschweige denn dass sie ihrer Würde beraubt wird. Es ist aber ganz klar, dass das Wort Gottes einen homosexuellen Lebensstil keinesfalls zulässt, ebenso wenig wie die christliche Kirche in ihrer 2000-jährigen Geschichte. Siebenten-Tags-Adventisten glauben, dass die biblische Lehre auch heute noch Gültigkeit besitzt, denn sie stützt sich auf die Natur des Menschen und auf Gottes Plan für die Ehe, den er bei der Schöpfung zugrunde legte.[105]

Dieses neuerliche Dokument unterstreicht die früheren Erklärungen und zitiert dieselben, zusammen mit der Erklärung eines der Glaubensgrundsätze (Nr. 23) und zwei weiteren Dokumenten. Die Haltung der Adventgemeinde in der Frage der Homosexualität ist klar. Die Kirche ist gegen jegliche Ausübung von Homosexualität und gründet ihre Entscheidungen allein auf die Schrift. Adventisten akzeptieren auch keine homosexuellen Partnerschaften, selbst wenn sie von verschiedenen Staaten gut geheißen werden und in einigen Gesellschaften ihr Status sogar dem von heterosexuellen Ehen gleichgestellt oder ähnlich eingestuft wird. Sogar dann, wenn die homosexuelle Partnerschaft Ehe genannt wird und die betreffenden Personen ein vom Staat beglaubigtes Ehedokument vorweisen können, anerkennt und akzeptiert die Kirche dies nicht. Sie anerkennt staatliche Entscheidungen nur dann, wenn sie in Übereinstimmung mit der Heiligen Schrift stehen, nicht jedoch wenn sie ihr widersprechen. Gemeindeglieder werden ermutigt, den in den oben erwähnten Erklärungen enthaltenen Grundsätzen Folge zu leisten.

3. Adventisten und Homosexuelle

a. Achtung

Adventisten zollen allen Menschen Achtung, unabhängig davon, ob es sich um Heterosexuelle oder Homosexuelle handelt. Sie anerkennen, dass alle menschlichen Wesen Geschöpfe des himmlischen Vaters sind, der sie liebt und den sie lieben wollen. In Gottes Augen ist jeder Mensch wertvoll. Deshalb lehnen es Adventisten

105 „Seventh-day Adventist Response to Same-Sex Unions: A Reaffirmation of Christian Marriage", online: http://www.adventist.org/beliefs/statements/main_stat53.html, Zugriff am 1. Dezember 2007. Diese Erklärung wurde 2004 vom Verwaltungsausschuss der Generalkonferenz der Siebenten-Tags-Adventisten verabschiedet.

ab Homosexuelle zu hassen, zu verhöhnen oder herabzusetzen. Obwohl sie die Sünde der Homosexualität nicht entschuldigen, behandeln sie jeden mit Achtung, wohl wissend, dass alle Menschen Sünder sind und von Gottes Gnade abhängen. Sie wissen aber auch, dass sie berufen sind, Christus zu dienen und sich von der Sünde abzusondern.

b. Prävention

Joseph und Linda Nicolosi sind überzeugt, dass Homosexualität in vielen Fällen vermieden werden kann und dass die Mehrzahl der Elternpaare „es lieber hätten, wenn ihre Kinder nicht mit homosexuellem Verhalten zu tun hätten".[106] Identitätsprobleme hinsichtlich der Geschlechtsfindung können zwar schon in der Kindheit auftreten. Aber ein ‚schwules Kind' oder einen ‚schwulen Teenager' gebe es nicht. Wir seien alle so angelegt, dass wir heterosexuell sind. Unsicherheit bezüglich des Geschlechts sei in erster Linie ein psychologisches Syndrom und könne bis zu einem gewissen Grad verändert werden. Das Problem könne „mit oder ohne psychiatrische Hilfe" gelöst werden.[107] Dabei sei die Rolle der Eltern ganz entscheidend. Die Kirche der Siebenten-Tags-Adventisten mag in der Lage sein, Eltern zu helfen, und zwar durch ihre Abteilung Familiendienste und durch Programme, die die Heterosexualität in Kindern fördern und eine homosexuelle Orientierung im späteren Leben vermeiden helfen. Vorbeugen ist besser als Heilen, und es ist leichter.

c. Fürsorge

Obwohl sich der nächste Abschnitt speziell an Pastoren richtet, gilt er auch für andere Gemeindeglieder, die homosexuelle Partnerschaften oder homosexuelle Betätigung bei anderen Gemeindegliedern irgendwie mitbekommen

Pastoren und Gemeindeglieder, die erfahren, dass Mitgeschwister in homosexuelle Aktivitäten involviert sind, eine homosexuelle Partnerschaft unterhalten oder einen homosexuellen Lebensstil propagieren, werden gebeten, genügend Liebe für sie aufzubringen, um sich um ihr ewiges Wohlbefinden zu kümmern, sie zu besuchen und ein sachliches Gespräch mit ihnen zu führen, frei von Verurteilung, und ihre Herzen zu gewinnen. Das Zuhören ist das Entscheidende in allen Phasen dieses Kommunikationsprozesses, besonders aber am Beginn. Homosexuelle brauchen keine „Lektion" über ihr sündiges Verhalten. Sie brauchen aber eine Person, die bereit ist, offen für sie zu sein und ihnen so nahe zu kommen, dass sie

106 Nicolosi und Nicolosi, *A Parent's Guide*, S. 12.

107 Ebenda S. 16. Dieses ganze Problem fordert die politische Korrektheit unserer Zeit heraus, in der es ein Tabu ist, über die Änderung oder Festlegung der sexuellen Orientierung bei Kindern zu sprechen. Die Nicolosis erklären: „Vor der Entscheidung der APA (Amerikanischen Psychiatrischen Gesellschaft) im Jahre 1973 war es gängige Praxis zu versuchen, dass Homosexualität vermieden wird. Die Auffassung war, dass es sich um ein Krankheitsbild handle, und eine krankhafte sexuelle Identitätsfindung sollte nach Möglichkeit immer vermieden werden. Heute, so glauben wir, ist es höchste Zeit, dass diese Idee der Vorbeugung wieder neu aufgelegt wird." (Ebenda S. 14)

hört, was sie zu sagen haben. Mitfühlende Konfrontation ist erst in einem späteren Zeitpunkt erforderlich, nachdem das anfängliche gegenseitige Verständnis gefunden wurde. Normalerweise ist dies während des (der) ersten Besuche(s) noch nicht angebracht. Die Menschen müssen die Gelegenheit bekommen, über ihre Freuden und Verletzungen zu sprechen, ebenso über ihre Gefühle, Frustrationen, Zurückweisungen, über ihre Schuld und Scham. Manche wissen wahrscheinlich schon, dass ihr Verhalten dem Willen Gottes widerspricht. Vielleicht sind sie dann offen genug, um neue Richtungen für ihr Leben zu erkunden.

In den meisten Fällen aber werden Pastoren und andere Helfer es nicht schaffen, eine Konfrontation zu vermeiden. Sie ist sogar notwendig, wenn „Spiele" durchgeführt werden und die Sünde geleugnet wird. Die Konfrontation muss jedoch mit großer Fürsorge und vor allem zur rechten Zeit und im rechten Geist ausgeübt werden. In einigen Fällen wird es notwendig sein, das biblische Zeugnis zu vermitteln, weil bei dem irrenden Gemeindeglied ein Mangel an biblischer Erkenntnis vorhanden sein mag.

Häufig verläuft der Prozess der Fürsorge und der Beratung in den folgenden drei Phasen:

1. Untersuchung der Situation aus der Sicht des Kommunikationspartners. Seine oder ihre Gefühle und Verständnis der Situation zu kennen ist für den Pastor wichtig.
2. Hilfe für das irrende Gemeindeglied, neue Perspektiven und Ziele für sein Leben zu entwickeln.
3. Formulieren und Ausführen eines Aktionsplans, den das Gemeindeglied mit Hilfe des Pastors ausgewählt hat und der mit der Bibel im Einklang steht.

Wenn trotz aller Bemühungen die homosexuelle Partnerschaft des Gemeindegliedes auch weiterhin fortgesetzt wird, wenn die Person andere homosexuelle Aktivitäten praktiziert oder einen homosexuellen Lebensstil weiter propagiert, müssen die Schritte, die Jesus in Matthäus 18,15–20 vorsieht, gegangen werden. Das Ziel muss dennoch immer das gleiche bleiben: den Sünder zu lieben und ihn oder sie zurückzugewinnen suchen, ohne dabei die Sünde zu bemänteln.[108] Denn auch solch eine Handlungsweise ist Teil seelsorgerlicher Fürsorge.

d. Veränderung

Bei der Untersuchung von 1. Korinther 6,9 und 10, einem der klassischen Texte des Neuen Testaments zu diesem Thema, sind wir zu dem Ergebnis gelangt, dass die Homosexualität in Vers 9 nicht auf bestimmte Formen der Praxis beschränkt ist. Allerdings ist Vers 11 noch nicht besprochen worden: „Und solche sind einige von euch gewesen. Aber ihr seid rein gewaschen, ihr seid geheiligt, ihr seid gerecht geworden durch den Namen des Herrn Jesus Christus und durch den Geist unseres Gottes." Nachdem Paulus ihnen seinen Lasterkatalog vorgestellt hat, stellt er ab-

108 Vgl. 1. Korinther 5,5.

schließend fest, dass einige der Gemeindeglieder in Korinth an diesen üblen Taten beteiligt gewesen sind. Auch die Sünde der Homosexualität gehörte dazu. Aber sie haben einen Wandel erfahren. Jetzt sind sie keine Unzüchtigen noch Götzendiener, Ehebrecher, Lustknaben, Knabenschänder, Diebe, Geizige, Trunkenbolde, Lästerer oder Räuber mehr, die das Reich Gottes nicht ererben werden. Nun sind sie erlöst.

Ein Wandel ist also möglich. Das bezeugt sowohl die Heilige Schrift als auch Ellen G. White: „Eine echte Bekehrung verändert nicht nur die ererbten, sondern auch die durch Pflege erworbenen Tendenzen zum Bösen".[109] Es gibt religiös motivierte Hilfsorganisationen, die Homosexuellen während ihrem Umwandlungsprozess Unterstützung gewähren. Dazu gehören z. B. Desert Stream, Exodus International, Homosexuals Anonymous, Courage, OneByOne und Regeneration.[110] Adventistische Pastoren und Gemeindeglieder stehen Personen bei, die willens sind sich zu verändern.[111]

e. Unterstützung

Obwohl Ortsgemeinden sich möglicherweise gezwungen sehen mögen, korrigierende Seelsorge als letzte Maßnahme für Gemeindeglieder anzuwenden, die permanent weiter sündigen, die nicht bereuen oder einen homosexuellen Lebensstil propagieren, unterstützen Adventisten grundsätzlich all diejenigen, die mit ihrer Sünde kämpfen, wie es in der offiziellen „Stellungnahme zur Homosexualität" heißt:.

> Siebenten-Tags-Adventisten streben danach, der Lehre und dem Beispiel Jesu zu folgen. Er bestätigte die Würde aller Menschen und wandte sich mitleidsvoll Personen und Familien zu, die an den Folgen der Sünde litten. Er half den sich abmühenden Menschen und hatte Worte des Trostes für sie, obwohl er seine Liebe zu Sündern von seiner deutlichen Lehre über sündige Handlungsweisen unterschied.[112]

109 Ellen G. White, *Maranatha: The Lord is Coming*, Review and Herald, Washington D.C. 1976, S. 237.

110 Vgl. Gagnon, *The Bible and Homosexual Practice*, S. 422–423.

111 Zu den Autoren, die den Gedanken unterstützen, dass eine Umwandlung möglich ist, gehören Satinover, *Homosexuality and the Politics of Truth*, S. 245–246, und Wold, *Out of Order*, S. 205.

112 „Stellungnahme zur Homosexualität", in *Erklärungen, Richtlinien und Dokumente*, CD-ROM-Ausgabe, Advent-Verlag, Lüneburg 2002, S. 124.

Kapitel 5

Eheähnliche Lebensgemeinschaft (Konkubinat)

Johannes Kovar

Es ist allgemein bekannt, dass die Zahl der Paare, die ohne Trauschein zusammenleben, in westlichen Gesellschaften stetig steigt. Statistiken zufolge leben in Schweden 90% der Paare schon vor der Eheschließung zusammen, in Italien dagegen nur 2%.[1] In den USA haben mehr als 50% der Paare schon vor der Ehe eine gemeinsame Wohnung.[2] Die Gründe dafür sind vielfältig.[3] Diese Entwicklung macht natürlich auch vor Siebenten-Tags-Adventisten nicht Halt. Es stellt sich die Frage, wie Christen dieses Phänomen bewerten sollen. Meines Wissens gibt es keine ausführlichen Studien, die sich mit der Thematik „Konkubinat in der Bibel" beschäftigen. Auch die Hinweise in der adventistischen Literatur sind sehr spärlich, sprechen sich aber einmütig gegen das Konkubinat aus.[4]

In diesem Aufsatz soll der Frage nachgegangen werden, wie das Konkubinat in der Antike und Kirchengeschichte gesehen wurde. Besonders wichtig wird sein, welche biblischen Aussagen herangezogen werden können, um die modernen Formen nichtehelicher Lebensgemeinschaften zu bewerten. Die seelsorgerliche Herausforderung, die sich in der Praxis stellt, kann dabei nur kurz angerissen werden.

Es ist nicht einfach, eine passende Terminologie für Paare zu finden, die unverheiratet zusammenleben. Gegen den Begriff „Konkubinat" wird eingewandt, dass er zu negativ besetzt sei, eine Verengung auf Sexualität darstelle und geschichtlich

1 Gary Jenkins, *Cohabitation: A Biblical Perspective*, 3. Aufl., Grove Books, Cambridge 2002, S. 4. Mehr statistisches Material findet sich in Adrian Thatcher, *Living Together and Christian Ethics*, New Studies in Christian Ethics 21, Cambridge University Press, Cambridge 2002.

2 United States Conference of Catholic Bishops, „Marriage Preparation and Cohabiting Couples", online: http://www.usccb.org/laity/marriage/cohabiting.shtml, Zugriff am 11. Juli 2008, mit vielen sehr nützlichen Informationen.

3 Volker Gäckle, „‚Wir lieben uns auch ohne Trauschein!': Die sexualethische Herausforderung des Individualismus", online: http://www.ejwue.de/cvjm/upload/Sexualethik-Artikel.doc, Zugriff am 11. Juli 2008.

4 Miroslav M. Kiš, „Christian Lifestyle and Behavior", in Raoul Dederen (Hg.), *Handbook of Seventh-Day Adventist Theology*, Review and Herald, Hagerstown 2000, S. 675–723, dort besonders S. 695f.; Ángel Manuel Rodríguez, „Cohabitation", Manuskript, Biblical Research Institute, 2001, online: http://biblicalresearch.gc.adventist.org/documents/Cohabitation.htm, Zugriff am 11. Juli 2008 (in kürzerer Fassung: Ángel Manuel Rodríguez, „Living Together", *Adventist Review*, 12. Juli 2001, S. 28).

Breiter angelegt ist Alexander Vilem, „Kirchliche Ehesegnung ohne staatlichen Trauschein?", unveröffentlichte Diplomarbeit, Theologische Hochschule Friedensau 2003: Er tritt für eine Segnung bei Vorliegen eines Partnerschaftsvertrages ein. Ein Beschluss der Euro-Afrika-Division vom 24. April 1985 spricht sich gegen das Konkubinat auch dann aus, wenn die allgemeine gesellschaftliche Tendenz ein solches toleriert oder wenn sich durch eine Eheschließung finanzielle Nachteile ergäben. Es wird empfohlen, dem Staat eine Gesetzesänderung vorzuschlagen, wenn es zu einer finanziellen Schlechterstellung bei einer Heirat kommt.

Siehe auch die Artikelserie von Lothar Wilhelm über „Nichteheliche Lebensgemeinschaft", *AdventEcho*, März bis Juli 2005 (zusammengefasst in „Das Problem eheänlicher Lebensgemeinschaften", verfügbar auf der Internetseite www.advent-verlag.de unter „Bücher", „Alle Bücher", „Die Ehe", weitere Beiträge).

betrachtet asymmetrische Beziehungen bezeichne, weil er in der Antike Frauen benachteiligte.[5] Statt „Konkubinat" wurde auch „nichteheliche" oder „eheähnliche Lebensgemeinschaft" vorgeschlagen. Trotz der verständlichen Einwände gegen „Konkubinat" werde ich diesen Begriff in der vorliegenden Arbeit immer wieder verwenden.

Zuerst müssen die Begriffe „Konkubinat" und „Konkubine" inhaltlich geklärt werden, um sie klar von anderen Formen eines Zusammenlebens bzw. anderen sexuellen Verbindungen zu unterscheiden. Die knappe Definition im Wörterbuch lautet: „das Konkubinat = eheähnliche Gemeinschaft ohne Eheschließung".[6]

Der Unterschied zwischen *Prostitution* und Konkubinat liegt darin, dass Prostitution eine kurzzeitige Beziehung gegen Geld darstellt, das Konkubinat aber auf längere Zeit angelegt ist und ein Zusammenleben voraussetzt, das nicht nur die Befriedigung der Sexualität zum Ziel hat.

Der Unterschied zwischen *Ehe* und Konkubinat liegt in dem Umstand, dass die Eheschließung einen rechtlichen Aspekt (standesamtliche Trauung vor dem Staat) und oft auch eine religiöse Komponente (kirchliche Trauung) umfasst und somit offiziellen und öffentlichen Charakter annimmt. Die Grenzlinien sind dabei nicht immer leicht zu ziehen, wenn man z. B. an Frankreich denkt, wo es möglich ist, dass zwei Partner einen Sozialpakt schließen, der rechtlich und sozial zwischen einem ungeregelten Zusammenleben und einer vollgültigen Ehe liegt. Diese in Frankreich als „PACS" bekannte Art des Zusammenlebens soll hier von unseren Überlegungen ausgeklammert bleiben.[7]

Auch vor- und außerehelicher Sex sowie der Themenbereich Polygamie müssen mit berücksichtigt werden. Es ist natürlich nicht leicht, eine scharfe Trennung zwischen vorehelichem[8] Geschlechtsverkehr und Konkubinat zu ziehen. Trotzdem meint Konkubinat ein auf längere Dauer angelegtes Zusammenleben in einer Wohn-, Wirtschafts- und Geschlechtsgemeinschaft, wogegen diese Komponenten bei vorehelichem Sex nur teilweise erfüllt sein müssen.

Noch eine Vorbemerkung. Mir ist bewusst, dass es problematisch ist, unsere moderne Terminologie für antike Sachverhalte in ihrem unterschiedlichen sozialen und kulturellen Rahmen zu verwenden. Aber obwohl die Bibel den Ausdruck

5 Zur Frage der Terminologie siehe Andreas Heller, *Zusammenleben von Frau und Mann: Kirche und nichteheliche Lebensgemeinschaften*, Hermagoras-Verlag, Wien und Klagenfurt 1989, S. 35 und 39, und Hermann Ringeling, „Die nichteheliche Lebensgemeinschaft", in Anselm Hertz u. a. (Hg.), *Handbuch der christlichen Ethik*, Bd. 3, Herder, Freiburg, Basel und Wien 1993, S. 298–316.

6 *Duden – Die deutsche Rechtschreibung*, 22. Aufl., Dudenverlag, Mannheim u. a. 2001, S. 563.

7 In einem Gesetz aus dem Jahr 1999 werden die Details geregelt. Im französischen Gesetz Nr. 99-944 vom 15. November 1999 kann man folgende Definition lesen: „Das Konkubinat ist eine auf Stabilität und Kontinuität gegründete Verbindung, die sich durch ein gemeinsames Leben auszeichnet und zwei Menschen unterschiedlichen oder gleichen Geschlechts verbindet, die als Paar zusammenleben." Es handelt sich dabei um einen Vertrag, aber nicht um ein moralisches Engagement dem Partner gegenüber.

8 Ich verwende diesen Ausdruck, obwohl natürlich oft gar keine spätere Ehe beabsichtigt ist.

„eheähnliche Lebensgemeinschaft" natürlich nicht verwendet, sollte es dennoch möglich sein herauszufinden, ob es Hinweise auf ein Phänomen gibt, das wir heute „Konkubinat" nennen würden.

Konkubinat in der Geschichte[9]

1. Konkubinat im antiken Griechenland

Offensichtlich gab es im Athen[10] des 5. und 4. Jh. v. Chr. neben der Ehe auch Hetären und Konkubinen, wie ein Ausspruch in einer Gerichtssitzung um 340 formuliert: „Zwar haben wir Hetären (*hetairas*) für die Lust, auch Konkubinen (*pallakas*) für die tägliche Pflege unserer Körper, aber Ehefrauen (*gynaikas*), damit sie uns legitime Kinder gebären und treue Wächterinnen unserer Häuser sind".[11] Das Perikleische Bürgerrechtsgesetz von 451/450 verlangte für Bürger die athenische Herkunft der Eltern, wobei es in der Forschung umstritten ist, ob auch ihre Ehe Bedingung war.[12] Im Verlauf des 4. Jh. wurden Gesetze erlassen, die das Zusammenleben eines Atheners mit einer fremden Person unter Strafe stellten,[13] wohl um zu verhindern, dass die aus einer solchen Verbindung hervorgegangenen Nachkommen rechtliche Probleme heraufbeschwören.[14]

Im Athen der damaligen Zeit gingen Männer, zumeist jung und noch unverheiratet, des öfteren Beziehungen zu Hetären ein, die zumeist lange unterhalten wurden.[15] Während die Hetäre nicht im Haus des Mannes wohnte, tat dies die Konkubine.[16] Obwohl die Quellenlage nicht zu eindeutigen Aussagen berechtigt, ist zu vermuten, dass insbesondere nach dem Tod der Ehefrau der Witwer oft eine neue Beziehung in Form eines Konkubinats einging. Wenn es Kinder aus der früheren Ehe gab, galt es als verpönt, eine weitere Ehe einzugehen, weil dies normalerweise in Erbstreitigkeiten der Kinder aus den verschiedenen Ehen mündete. Da es im Fall des Konkubinats keine rechtsgültige Eheschließung gab, waren die Kinder aus einer solchen Beziehung auch nicht erbberechtigt. Die Konkubine, die nicht den Bürgerstatus besaß (oft eine freigelassene Sklavin), übernahm aber die Rolle der Frau, die sich um Haushalt, Kranken- und Alterspflege kümmerte und natürlich auch die erotischen Bedürfnisse ihres Partners befriedigte. Es scheint, dass man im

9 Für einen Überblick und Literaturangaben siehe Raimund Friedl, „Konkubinat (concubinatus, contubernium)", *Reallexikon für Antike und Christentum*, Bd. 21, Hiersemann, Stuttgart 2006, S. 416–435.

10 Siehe dazu: Elke Hartmann, *Heirat, Hetärentum und Konkubinat im klassischen Athen*, Campus Historische Studien 30, Campus, Frankfurt und New York 2002.

11 Demosthenes, *Orationes* 59,122.

12 Hartmann, *Heirat*, S. 52ff.

13 Demosthenes, *Orationes* 59,16.

14 Hartmann, *Heirat*, S. 57f.

15 Ebenda S. 191.

16 Ebenda S. 212–235.

alten Athen ein solches Konkubinat duldete und nicht als anstößig empfand. Wie oft es vorkam, ist schwer zu beurteilen.

2. Konkubinat im Römischen Reich zur Zeit des Neuen Testaments

Die Thematik des Konkubinats im Römischen Reich wurde in der Forschungsgeschichte schon sehr unterschiedlich bewertet. Nachstehend will ich in erster Linie die Meinung der neuesten Untersuchungen wiedergeben.

Insgesamt lässt sich feststellen, dass es im Römischen Reich nur relativ selten zum Konkubinat kam.[17] Nur in stark urbanisierten und romanisierten Gebieten lassen sich Abweichungen von der überall verwurzelten Praxis der Ehe feststellen,[18] wenngleich Ehescheidungen häufig vorkamen. Konkubinate wurden jedoch nur dann eingegangen, wenn Eheverbote eine vollgültige Ehe ausschlossen,[19] z. B. Ehen von Soldaten[20] oder unter Sklaven. Trotzdem fällt auf, dass gerade Soldateninschriften Termini verwenden, die nur vollgültigen Ehen vorbehalten waren. Das heißt, dass im Verständnis der Zeit diese Verbindungen Ehen gleichgestellt waren, obwohl sie nicht den offiziellen Gesetzen entsprachen.[21] Man könnte sie als „Quasi-Ehen" bezeichnen.[22]

Die Verbreitung des Konkubinats war kein Zeichen von Dekadenz oder einer Atmosphäre vermeintlicher sexueller Freizügigkeit in der Gesellschaft. Im Gegenteil: Diese Konkubinate resultierten aus Eheverboten, die Menschen trafen, die eigentlich dem Ideal der Ehe anhingen.[23] Durch die augusteischen Ehegesetze[24]

---

17 Das wurde in der älteren Forschung anders gesehen.

18 Raimund Friedl, *Der Konkubinat im kaiserzeitlichen Rom: Von Augustus bis Septimius Severus*, Historia Einzelschriften 98, Steiner, Stuttgart 1996, S. 270. So auch Gerhard Höppler, *Nichteheliche Lebensgemeinschaften als Problem für das staatliche und kirchliche Recht*, Europäische Hochschulschriften, Reihe 23, Theologie 663, Peter Lang, Frankfurt u. a. 1999, S. 26f. Ähnlich Lise Arends Olsen, *La femme et l'enfant dans les unions illégitimes à Rome: L'évolution du droit jusqu'au début de l'Empire*, Lang, Bern 1999, S. 198f.

19 Friedl, *Der Konkubinat im kaiserzeitlichen Rom*, S. 274; Martin Grosse, *Freie römische Ehe und nichteheliche Lebensgemeinschaft*, Reihe Rechtswissenschaft 123, Centaurus, Pfaffenweiler 1991, S. 263; R. Leonhard, „Concubinatus", *Pauly-Wissowa RE*, Bd. 4, S. 835–838.

20 Sie wurden erst von Septimius Severus im Jahr 197 n. Chr. erlaubt. Siehe Friedl, *Der Konkubinat im kaiserzeitlichen Rom*, S. 247.

21 Friedl, *Der Konkubinat im kaiserzeitlichen Rom*, S. 237–269.

22 Ebenda S. 271.

23 Ebenda S. 275. Auf den Seiten 150–165 zählt Friedl eine Fülle von Verbotsfällen auf. Siehe auch Olsen, *La femme et l'enfant*, S.166. Den eigentlichen Grund für das Konkubinat sehen praktisch alle Autoren in den Gesetzen des Augustus. So auch Max Kaser, *Das Römische Privatrecht*, Handbuch der Altertumswissenschaft, Abt. 10.3.3, Bd. 1, Beck, München 1971, S. 328f.; Gottfried Schiemann, „Concubinatus", *Der neue Pauly*, Metzler, Stuttgart 1997, Bd. 3, S. 118f.

24 Friedl, *Der Konkubinat im kaiserzeitlichen Rom*, S. 60ff.; Höppler, *Nichteheliche Lebensgemeinschaften*, S. 17ff. Die Gesetze stammen aus den Jahren 18 v. Chr. (*lex Iulia de maritandis ordinibus*) und 9 v. Chr. (*lex Papia Poppaea nuptialis*). Sie blieben bis Konstantin (306–337) in Kraft. Siehe auch Grosse, *Freie römische Ehe*, S. 126–129 und Gerhard Delling, „Ehegesetze", *Reallexikon für Antike und Christentum*, Bd. 4, Hiersemann, Stuttgart 1959, S. 677–680.

war jeder Mann zwischen 25 und 60 und jede Frau zwischen 20 und 50 Jahren zur Ehe verpflichtet. Das galt auch für Geschiedene und Verwitwete, die nicht zumindest drei Kinder besaßen.[25] Allerdings durften nur römische Bürger vollgültige Ehen schließen. Sklaven konnten untereinander oder mit römischen Bürgern eine *contubernium* genannte Verbindung eingehen, die keinen Rechtsstatus brachte und vom Patron jederzeit beendet werden konnte.[26] Verbindungen zwischen freien Bürgern und Freigelassenen oder Frauen niedriger Herkunft wurden unter Augustus erstmals im Rechtsbegriff *concubinatus* erfasst. Dieser Rechtsstatus war für die Frau aber nicht wirklich erstrebenswert, weil er ihr die volle Anerkennung als Ehefrau (*iustum matrimonium* und *honor matrimonii*) verwehrte und die gemeinsamen Kinder als nichtehelich galten.[27]:

Man geht heute davon aus, dass die augusteische Ehegesetzgebung höchstens teilweise ihr Ziel erreichte und wohl nicht beliebt war,[28] trotzdem aber überall mehr oder weniger streng gehandhabt wurde.[29] Wer ging nun ein Konkubinat aus welchen Motiven ein?

- Soldaten, weil sie während ihrer Dienstzeit nicht offiziell verheiratet sein durften.
- Römer mit Sklavinnen, wobei das Konkubinat nach der Freilassung der Sklavin später in eine Ehe münden konnte, was aber aus Standes- und Erbschaftsüberlegungen heraus oft unterblieb.[30]
- Freigelassene, weil sie von ihren früheren Besitzern mit einem Eheverbot belegt worden waren, was erbrechtliche Vorteile für diese Patrone brachte[31] und den Freigelassenen ein Konkubinat aufzwang.

Ein freiwillig gewähltes Konkubinat im Gegensatz zu einer vollgültigen Ehe kann von den Quellen kaum belegt werden, trifft aber auf einige Kaiser zu[32] – also nicht auf die Mehrheit der Bevölkerung. Die öffentliche Meinung scheint gegen Konkubinate ehrenwerter Bürger sehr wohl große Vorbehalte gehabt zu haben.[33]

---

25 Olsen, *La femme et l'enfant*, S. 160–162.

26 Grosse, *Freie römische Ehe*, S. 157f.

27 Ebenda S. 152–157.

28 Ebenda S. 126–129.

29 Eine Urkunde (*testatio*) aus dem Jahr 145 n. Chr. in Ägypten bestätigt die Geburt illegitimer Zwillinge, wobei ausdrücklich auf die augusteischen Gesetze verwiesen wird. Das könnte ein Hinweis darauf sein, dass diese Gesetze auch weit von Rom entfernt respektiert wurden. Siehe dazu Olsen, *La femme et l'enfant*, S. 175.

30 Friedl, *Der Konkubinat im kaiserzeitlichen Rom*, S. 176–180.

31 Ebenda S. 199–213 und 272.

32 Ebenda S. 170–176; Höppler, *Nichteheliche Lebensgemeinschaften*, S. 25f. Für die Zeit des NT trifft das speziell auf Nero zu, der nacheinander mit verschiedenen Frauen verheiratet war, daneben aber auch viele unterschiedliche Beziehungen unterhielt. Vespasian lebte nach dem Tod seiner Gattin auch als Kaiser mit seiner einstigen Geliebten im Konkubinat, die fast den Platz einer Ehefrau einnahm.

33 Olsen, *La femme et l'enfant*, S. 168f.; Albrecht Oepke, „*gynē*", *Theologisches Wörterbuch zum Neuen Testament*, Bd. 1, Kohlhammer, Stuttgart 1993, S. 776–790, besonders S. 778–780. In der antiken griechischen und

Kann man die römische Zeit mit heutigen Verhältnissen vergleichen?

> Diese Grundkonstituenten rückten den Konkubinat in römischer Zeit in weite Ferne von dem, was man heute unter „nichtehelicher Lebensgemeinschaft" versteht. Der römische Konkubinat basierte auf völlig anderen Grundlagen und anderen Motiven. Während es sich also in Rom vornehmlich um eine erzwungene Form des Zusammenlebens mit dem Ziel einer größtmöglichen Annäherung an die Ehe handelte, will die „nichteheliche Lebensgemeinschaft" heute entweder eine „Ehe auf Probe" oder eine bewusste Alternative zur Ehe sein. Die elementare Verschiedenheit der römischen Gesellschaft, die von der Ungleichheit der Individuen ausging, und der modernen, die dem Ideal der Gleichheit verpflichtet ist, lässt also nur wenige Analogien übrig.[34]

Da es derzeit keine vergleichbaren Eheverbote gibt (zumindest nicht in der westlichen Welt), sind die damaligen Umstände nicht mit den heutigen zu vergleichen, weil jeder, der es wünscht, eine vollgültige Ehe eingehen kann.

Es stellt sich natürlich die Frage, wie z. B. Paulus zu den augusteischen Ehegesetzen stand. Grundsätzlich forderte er, den Staat und seine Gesetzgebung zu respektieren (Röm 13,1ff). Allerdings ist Paulus in der Ehefrage keinesfalls gewillt, von allen eine Heirat zu fordern (1 Kor 7), was im Gegensatz zur staatlichen Intention stand. Da Paulus in seiner theologischen Ausdrucksweise auch gern juristische Begriffe verwendet, können wir vermuten, dass er auch die Ehegesetze kannte. Allerdings stufte er sie – offensichtlich – als für Christen nicht verbindlich ein.

3. Konkubinat im Judentum in nachbiblischer Zeit

Grundsätzlich galt die Ehe für den jüdischen Mann als Pflichtgebot.[35] Rabbi Eleazar (um 270) formulierte: „Ein Mensch, der kein Weib hat, ist kein Mensch."[36] Es gibt in den Quellen nur Weniges, was für unser Thema Konkubinat interessant ist. Wenn eine Ehe vertraglich vereinbart wurde, setzte man eine Hochzeitsverschreibung (Ketuba) fest.[37] Diese Geldsumme wurde bei Auflösung der Ehe (Scheidung, Tod des Mannes) aus dem Vermögen des Mannes an die Frau ausbezahlt. Wenn sie

römischen Welt scheint die monogame Ehe der Normalfall gewesen zu sein. Obwohl der Verkehr mit der Dirne oder Sklavin oft nicht als verwerflich galt, unterhielt der Mann im Regelfall eine aufrechte Ehe. Wenn Satiriker darüber spotten, dass acht Ehen im Verlauf von fünf Herbsten geschlossen werden (Juvenal, *Satiren* 6,229f.), dann zeugt das zwar vom Verfall der Moral, aber auch davon, dass die Ehe – und nicht das Konkubinat – das Übliche war.

34 Friedl, *Der Konkubinat im kaiserzeitlichen Rom*, S. 276; ähnlich Grosse, *Freie römische Ehe*, S. 244f.

35 Albrecht Oepke, „Ehe", *Reallexikon für Antike und Christentum*, Bd. 4, Hiersemann, Stuttgart 1959, S. 650–666, dort 656.

36 Paul Billerbeck, *Kommentar zum Neuen Testament aus Talmud und Midrasch*, Bd. 2, 9. Aufl., Beck, München 1989 [= 1924], S. 373. Dort auch weitere Zitate.

37 Billerbeck, *Kommentar*, Bd. 2, S. 388 bzw. 391ff.

vereinbart wurde, dann galt die Ehe als legitim, wenn nicht, dann nur als Konkubinat (Rabbi Meir nannte das „hurerische Beiwohnung").[38] Spätere Gelehrte im 3. Jh. definierten das „Kebsweib" als Frau ohne Ketuba und ohne Verlobung. Ehevertrag und Verlobung waren also allgemein übliche Vorbedingungen für das Eingehen einer Ehe.

Konkubinat in der Kirchengeschichte

1. Alte Kirchengeschichte

Vornehme Christinnen hatten in der ältesten Zeit offensichtlich Schwierigkeiten, einen standesgemäßen christlichen Ehemann zu finden. Sie heirateten entweder Heiden[39] oder lebten mit Christen niederen Standes im Konkubinat, weil eine Ehe gesetzlich unmöglich war. Dies führte zu einer Kontroverse zwischen Hippolyt von Rom und Bischof Kallist (218–222), der Christinnen das monogame Konkubinat erlaubte, wogegen Hippolyt protestierte.[40] Kallist dürfte die Ausnahme darstellen.[41] In einem Fall gibt Hippolyt einem im Konkubinat lebenden Mann den Rat, von dieser Konkubine zu lassen und sich eine Frau nach dem Gesetz zu nehmen.[42]

Kaiser Konstantin versuchte vergeblich, das Konkubinat abzuschaffen.[43] Seine Familiengesetzgebung ließ sich allerdings von privaten und nicht von christlichen Motiven leiten.[44] Ambrosius von Mailand (339–397) erklärt jegliche Sexualität außerhalb einer legitimen Ehe für schuldhaft,[45] was Ehebruch und Konkubinat für Christen ausschloss. Im Konzil von Toledo (400) wurde jeder, der neben einer Ehefrau noch eine Konkubine hielt, von den Sakramenten ausgeschlossen, nicht jedoch, wenn er nur mit einer einzigen Konkubine lebte.[46] Bischof Maximus von Turin (gestorben vor 423) empfiehlt Männern, die mit ihnen im Konkubinat lebenden

38 Ebenda S. 391.

39 Höppler, *Nichteheliche Lebensgemeinschaften*, S. 34–36. Tertullian polemisiert gegen eine Heirat mit einem Ungläubigen (*Ad uxorem* 2).

40 Hippolyt, *Refutatio omnium haeresium* 9,12,24f. Vgl. Höppler, *Nichteheliche Lebensgemeinschaften*, S. 36ff. Ausführlicher zu dieser Frage ist Hermann J. Vogt, „Die Eheschließung in der frühen Kirche", in Klemens Richter (Hg.), *Eheschließung – mehr als ein rechtlich Ding?*, Quaestiones Disputatae 120, Herder, Freiburg 1989, S. 119–132.

41 Kirchliche Trauungen gab es in der frühesten Zeit wohl noch nicht – so offensichtlich die derzeitige Mehrheitsmeinung. Trotzdem sollte die Zustimmung zur Eheschließung beim Bischof eingeholt werden (Ignatius, *Ad Polycarpum* 5,2). Zur Quellenlage siehe G. Delling, „Eheschließung", *Reallexikon für Antike und Christentum*, Bd. 4, Hiersemann, Stuttgart 1959, S. 719–731; Heller, *Zusammenleben von Frau und Mann*, S. 203ff.

42 Hippolyt, *Traditio Apostolica* 16.

43 Friedl, *Der Konkubinat im kaiserzeitlichen Rom*, S. 33. Siehe auch Kaser, *Römisches Privatrecht*, Bd. 2, S. 183.

44 Höppler, *Nichteheliche Lebensgemeinschaften*, S. 28–30.

45 Ambrosius, *De Abraham* 1,7,59 (CSEL 32,1).

46 Friedl, *Der Konkubinat im kaiserzeitlichen Rom*, S. 34; Höppler, *Nichteheliche Lebensgemeinschaften*, S. 47f.; Heller, *Zusammenleben von Frau und Mann*, S. 201.

Sklavinnen freizulassen und zu heiraten, um den ehebrecherischen Zustand zu beenden.[47]

Vor seiner Bekehrung lebte Augustinus (354–430) in zwei Konkubinaten.[48] Im reiferen Alter stellte er dann Sexualität in einem schlechten Licht dar.[49] An einer Stelle beurteilt er das Konkubinat relativ wohlwollend, rückt es aber auch gleichzeitig in die Nähe von Ehebruch.[50] Papst Leo I (440–461) erlaubt Christinnen, Männer zu heiraten, die zuvor mit einer anderen Frau im Konkubinat gelebt hatten. Er gestattet Männern auch bedenkenlos, die mit ihnen im Konkubinat lebende Sklavin zu verjagen und eine Ehe mit einer freien Frau einzugehen.[51] Später beklagt Bischof Cäsarius von Arles (470–542), nicht alle Männer wegen eines vorehelichen Konkubinats exkommunizieren zu können, weil ihre Zahl so groß sei.[52]

2. Mittelalter und Neuzeit

Wenn wir in die Zeit des 10.–12. Jh. schwenken, müssen wir feststellen, dass Fragen der Ehe und des Konkubinats noch nicht endgültig geklärt waren, wenngleich man dazu tendierte, eine kirchliche Eheschließung anzustreben. Vielleicht wurde das Konkubinat noch geduldet, weil es vielen Männern aus ökonomischen Gründen nicht möglich war, eine Ehe einzugehen.[53] Auf kirchlicher Ebene verboten das 1. und 2. Laterankonzil (1123 und 1139) das Konkubinat von Klerikern. Erst das Konzil von Basel (1435) und später Papst Leo X. (auf dem 5. Laterankonzil 1514) erließen ein offizielles Verbot des Laienkonkubinats. Mit dem Konzil von Trient (1563) wurde die Ehe endgültig zur einzigen legitimen Form des Zusammenlebens proklamiert.[54]

Von staatlicher Seite wurde das Konkubinat erstmals 1530 durch eine Reichspolizeiordnung unter Strafe gestellt.[55] Man vermutet, dass bis ins 19. Jh. nur die Hälfte der Bevölkerung heiraten konnte, weil die Menschen nicht in der Lage waren, ein zur Eheschließung nötiges Mindestvermögen nachzuweisen, was zwangsläufig zu vielen Konkubinaten führte.[56]

---

47 Maximus, *Sermo* 88,5 (CCL 23,361f.).

48 Augustinus, *Confessiones* IV,2,2 und VI,15,25. Siehe auch Alfred Niebergall, *Ehe und Eheschließung in der Bibel und in der Geschichte der alten Kirche*, Marburger theologische Studien 18, Elwert, Marburg 1985, S. 192f. Für Augustinus wurde die Ehe geschlossen, um Kinder zu zeugen, das Konkubinat diente nicht diesem Zweck und war auflösbar (Niebergall, *Ehe und Eheschließung*, S. 196 und 229).

49 Quellen bei Friedl, *Der Konkubinat im kaiserzeitlichen Rom*, S. 34.

50 Augustinus, *De bono coniugali* 5.

51 Leo, *Epistula* 167.

52 Cäsarius, *Sermo* 32,4 und 42,5 (SC 243).

53 Höppler, *Nichteheliche Lebensgemeinschaften*, S. 60ff.

54 Friedl, *Der Konkubinat im kaiserzeitlichen Rom*, S. 37; ausführlicher Höppler, *Nichteheliche Lebensgemeinschaften*, S. 63–70.

55 Höppler, *Nichteheliche Lebensgemeinschaften*, S. 75.

56 Helga Frisch, *„Wilde Ehe" mit kirchlichem Segen?*, Gütersloher, Gütersloh 1990, S. 52–54.

3. Die Römisch-katholische Kirche in jüngerer Zeit

Wir können hier nur ganz kurz die letzten 160 Jahre anschneiden.[57] Im Jahr 1852 bezeichnete Papst Pius IX. die bloße Zivilehe ohne kirchliche Trauung als „schändliches und verhängnisvolles Konkubinat".[58] Der jetzt aktuelle Katechismus formuliert:

> 2390. Ein Verhältnis liegt dann vor, wenn ein Mann und eine Frau sich weigern, ihrer auch die sexuelle Intimität einbegreifenden Beziehung eine öffentliche Rechtsform zu geben ... Der Ausdruck ‚Verhältnis' bezeichnet unterschiedliche Situationen: Konkubinat, Ablehnung der Ehe als solcher und Unfähigkeit, sich durch langfristige Verpflichtungen zu binden ... Der Geschlechtsakt darf ausschließlich in der Ehe stattfinden; außerhalb der Ehe ist er stets eine schwere Sünde und schließt vom Empfang der Heiligen Kommunion aus.[59]

Gleich anschließend wird auch die „Ehe auf Probe" verurteilt.

Vor dem *Codex Iuris Canonici* (CIC) 1917 konnten Laien, die im Konkubinat lebten, nach dreimaliger fruchtloser Mahnung exkommuniziert werden. Mit dem CIC 1917 wurden sie nur noch von den Sakramenten und von kirchlichen Ehrendiensten ausgeschlossen. Gemäß dem CIC 1983 gilt das lediglich indirekt, weil der Tatbestand „Konkubinat" nicht mehr ausdrücklich erwähnt wird. Allerdings kann es noch immer zu Beschränkungen wie für „öffentliche Sünder" kommen (Ausschluss von Kommunion, Krankensalbung, Begräbnis).[60] In den letzten Jahren wurde jedoch die Notwendigkeit der Seelsorge in Fällen des Konkubinats immer wieder hervorgehoben.

Wenn Rentner oder Studenten durch eine staatliche Eheschließung finanzielle Nachteile erfahren würden, weichen Katholiken öfter auf Staaten aus, in denen eine nur kirchliche Eheschließung ohne Standesamt möglich ist.[61] Es entsteht somit der Eindruck, dass die Katholische Kirche in ihrer Lehre das Konkubinat nach wie vor klar ablehnt, allerdings in der Praxis moderater auftritt.

Konkubinat in der Bibel

Im Folgenden betrachten wir das Thema Konkubinat in der Bibel. Zum Teil wird behauptet, dass die Bibel zur Frage des Konkubinats nirgendwo Stellung bezieht,[62] was viele als Vorwand für ihr uneheliches Zusammenleben vorbringen. Wir werden allerdings sehen, dass sich doch einige Hinweise auf ein nichteheliches Zusam-

57 Siehe sehr ausführlich Höppler, *Nichteheliche Lebensgemeinschaften*, S. 226–320.

58 Ansprache „Acerbissimum" vom 27.9.1852, zit. bei Höppler, *Nichteheliche Lebensgemeinschaften*, S. 226.

59 *Katechismus der Katholischen Kirche*, Oldenbourg, München 2003, S. 604.

60 Severin Lederhilger, „Konkubinat", *Lexikon für Theologie und Kirche*, Bd. 4, Herder, Freiburg 1997, S. 271.

61 Details bei Höppler, *Nichteheliche Lebensgemeinschaften*, S. 302–310. In manchen Staaten ist eine rein kirchliche Eheschließung ohne Standesamt möglich (z. B. Italien), in anderen Ländern aber vom Gesetz untersagt (z. B. Deutschland bis 31. Dezember 2008).

62 So z. B. G. J. Jenkins, „Cohabitation", in David J. Atkinson u. a. (Hg.), *New Dictionary of Christian Ethics & Pastoral Theology*, InterVarsity, Downers Grove 1995, S. 238–239.

menleben in der Bibel finden. Nur für unsere Fragestellung relevantes Material kann erwähnt werden. Alle Texte, die in der Vergangenheit schon mit dem Thema Konkubinat in Verbindung gebracht wurden, möchte ich zumindest kurz streifen.

1. Konkubinat im Alten Testament

a. Fälle von Polygamie

Im Alten Testament begegnet uns mehrmals der Ausdruck „Kebsweib" (Luther 1912) oder „Nebenfrau" (moderne Übersetzungen). Der hebräische Ausdruck *pilegeš*[63] wird sowohl in der LXX (*pallakē*) als auch in englischen Bibeln („concubine")[64] als Konkubinat verstanden. Wir wollen diesen Sachverhalt für unsere Überlegungen nur kurz anreißen, weil er auf polygame Beziehungen abzielt, die mit heutigen Verhältnissen nicht vergleichbar sind.

Diese zahlreichen „Konkubinen"[65] waren juristisch betrachtet Frauen ihrer Ehemänner, allerdings der Hauptfrau nachgeordnet. Das verschlechterte ihre rechtliche Situation. Oft waren sie frühere Sklavinnen, was zur Folge hatte, dass ihre Kinder nicht erbberechtigt waren (z. B. bei Ismael; 1 Mo 21,10). Andererseits konnte der Vater auch alle seine Söhne, egal ob von einer Frau oder Nebenfrau, gleichermaßen erben lassen (z. B. Jakobs Söhne; 1 Mo 49).[66] Offensichtlich war Polygamie Vorrecht der Reichen und Volksführer und sonst kaum üblich.[67] Das mosaische Gesetz erwähnt keine „Nebenfrauen", was man dahingehend deuten kann, dass Polygamie im Plan Gottes nicht vorgesehen war und der Schöpfungsordnung nicht entsprach.[68] Obwohl auch Glaubensmänner des Alten Testaments Nebenfrauen hatten (z. B. Abraham, Jakob, David), wird im Neuen Testament das Prinzip der Monogamie deutlich hervorgehoben.[69]

In neutestamentlicher Zeit verwenden auch Josephus und Philo die Wortgruppe um *pallakē* so wie die LXX im Sinn von Nebenfrauen.[70] Da diese eigentlich polyga-

63 Für das AT siehe K. Engelken, *„pilegeš", Theologisches Wörterbuch zum Alten Testament*, Bd. 6, S. 586–589. Zum Thema Polygamie in der Bibel siehe Ronald A. G. du Preez, *Polygamy in the Bible*, ATS Publications, Berrien Springs 1993.

64 Z. B. in der King James Version, der New International Version und der Revised Standard Version (die gängigsten Übersetzungen); ebenso in der Vulgata.

65 Zu erwähnen sind z. B. die „Nebenfrauen" von Abraham (1 Mo 25,6), Jakob (1 Mo 35,22), Manasse (1 Chr 7,14), Gideon (Ri 8,31), einem Leviten (Ri 19,2ff.), Elkana (1 Sam 1), Saul (2 Sam 3,7), David (2 Sam 3,1–16; 5,13; 15,16; 16,21), Salomo (1 Kön 11,3), Rehabeam (2 Chr 11,21) oder Belsazar (Dan 5,2f.) und anderen heidnischen Königen (3 Esdr 4,29; Neh 2,6 [LXX], 2 Makk 4,30).

66 R. H. McGrath, „Concubine (in the Bible)", *New Catholic Encyclopedia*, Bd. 4, McGraw-Hill, New York 1967, S. 121.

67 Victor P. Hamilton, „Marriage (OT and ANE)", *Anchor Bible Dictionary*, Bd. 4, Doubleday, New York 1992, S. 559–569, besonders 565.

68 Du Preez, *Polygamy*, S. 61–64.

69 Siehe z. B. Röm 7,1–3; 1 Kor 7,1–4; 1 Tim 3,2.12; Tit 1,6.

70 Craig Steven de Vos, „Stepmothers, Concubines and the Case of *porneia* in 1 Corinthians 5", *New Testament Studies* 44, 1998, S. 104–114, dort 113.

men Ehen des Alten Testaments nichts mit unserem modernen Konkubinat zu tun haben, brauchen wir dieser Frage hier nicht weiter nachzugehen. Wir können aber schon jetzt vorwegnehmen, dass die Wortgruppe um *pallakē* im Neuen Testament nicht vorkommt.[71] Das wird seinen Grund darin haben, dass auch im 1. Jh. n. Chr. im noch jüdisch geprägten Verständnis unter *pallakē* immer die Nebenfrau und nicht die Konkubine im antiken griechisch-römischen oder modernen Verständnis gemeint war. Offensichtlich verzichtete man im Neuen Testament auf diesen Ausdruck, um Missverständnissen vorzubeugen.

b. Esra und Nehemia: Entlassung der ausländischen Frauen

Die Bücher Esra und Nehemia berichten von Juden, die ausländische Frauen hatten und aufgefordert wurden, diese samt ihren Kindern wegzuschicken (Esr 10; Neh 13,23–30). Es stellt sich dabei die Frage, in welchem Rechtsverhältnis sich diese Männer und Frauen gegenüberstanden: Lebten sie im Konkubinat oder waren sie verheiratet? Waren es Nebenfrauen?[72] Die Ausdrucksweise im masoretischen Text bzw. der Septuaginta ist jedenfalls auffällig.

Die Stellen mit *yāšab nāšîm / kathizō gynaikas* sind Esra 10,2.10.14.17.18; Nehemia 13,23.27. Das hebräische Verb *yāšab* meint „sich hinsetzen, sitzen, wohnen" und soll hier im Hif'il bei Esra und Nehemia die Bedeutung haben, „eine Ausländerin ansässig machen, heiraten"[73] bzw. „(eine Frau) bei sich wohnen lassen, im Sinne von heiraten"[74] oder nur „heiraten".[75] Dafür wird die Verwandtschaft mit anderen Sprachen angeführt.[76] Wörtlich könnte man jedoch mit „(bei sich) wohnen lassen" übersetzen.[77] In der Septuaginta bedeutet das Verb *kathizō* eigentlich „hinsetzen, sich setzen", an unseren Stellen jedoch soll es „heiraten" meinen.[78] Vorsichtiger beurteilt das neueste Wörterbuch zur Septuaginta die Frage, wenn es zu Esra 10,2 die Bedeutung „mit einer Frau leben" angibt.[79]

---

71 Die Vulgata verwendet im NT verwandte Ausdrücke in 1. Korinther 6,9–10 (*masculorum concubitores*) und 1. Timotheus 1,10 (*masculorum concubitoribus*).

72 An Nebenfrauen denkt Francis D. Nichol (Hg.), *The Seventh-Day Adventist Bible Commentary*, Bd. 3, Review and Herald, Washington 1976, S. 452: „welche in vielen Fällen zweite Ehefrauen gewesen sein könnten".

73 Ludwig Koehler und Walter Baumgartner, *Hebräisches und Aramäisches Lexikon zum Alten Testament*, Bd. 2, 3. Aufl., Brill, Leiden 1974, S. 423–425.

74 Wilhelm Gesenius, *Hebräisches und Aramäisches Handwörterbuch über das Alte Testament*, Bd. 2, 18. Aufl., Springer, Berlin 1995, S. 506.

75 David J. A. Clines (Hg.), *The Dictionary of Classical Hebrew*, Bd. 4, Sheffield Academic Press, Sheffield 1998, S. 329.

76 So mit dem äthiopischen *vawsaba* (Koehler und Baumgartner, *Hebräisches und Aramäisches Lexikon*, S. 423–424) bzw. mit dem Syrischen und Mandäischen (Gesenius, *Hebräisches und Aramäisches Handwörterbuch*, S. 506).

77 So Antonius H. J. Gunneweg, *Esra*, Kommentar zum Alten Testament 19,1, Mohn, Gütersloh 1985, S. 173.

78 So auch Henry G. Liddell und Robert Scott, *A Greek-English Lexicon*, 9. Aufl., Clarendon, Oxford 1996, S. 854. Für diese Bedeutung werden nur die Bibelstellen erwähnt, jedoch keine außerbiblischen Quellen genannt.

79 Johann Lust, Erik Eynikel und Katrin Hauspie, *Greek-English Lexicon of the Septuagint*, Deutsche Bibelgesellschaft, Stuttgart 2003, S. 296.

Es scheint schwer verständlich, dass nur Esra und Nehemia diese doch unerwartete Konnotation von „heiraten" bieten sollen, da doch das angemessenere *gameō* (in der Septuaginta sehr selten) oder *lambanō gynaika* (häufig, auch Esr 2,61; 10,44) bzw. nur *lambanō* (auch Esr 9,2.12) zur Verfügung standen.

Das Verb *kathizō* wird von Esra und Nehemia sonst im üblichen Sinn von „(sich) setzen" (Esr 10,9; Neh 1,4), „sich niederlassen/wohnen"[80] bzw. „bleiben" (Esr 8,32) oder „einsetzen" (Neh 6,7) verwendet. Am häufigsten findet sich in diesen beiden Büchern die Bedeutung „wohnen". Meinen sie im Zusammenhang der ausländischen Frauen „beiwohnen" im Sinn von Sexualität, ohne dass sie aber von einer offiziellen Eheschließung sprechen wollen? Manche Kommentatoren ziehen daher in Erwägung, dass die jüdischen Männer nicht mit richtigen Ehefrauen zusammenlebten, sondern mit Dirnen[81] oder in einer nicht offiziellen Form von Ehe (im Sinne eines Konkubinats).[82] Als Gründe werden angeführt, dass das hebräische Wort anderswo nie für „heiraten" verwendet wird, und sich das im Zusammenhang erwähnte „Fortschicken" der Frauen von den sonst üblichen Ausdrücken für eine Ehescheidung unterscheidet.[83] Neuerdings wird argumentiert, dass die Aufteilung der Kinder in Neh 13,23f ein Hinweis dafür sein muss, dass es sich nicht um voll gültige Ehen handeln konnte, was zu folgender Schlussfolgerung führt:

> Ich schlage außerdem vor, dass das Hif'il von *yāšab* eine eheähnliche Gemeinschaft meint, die auch zu einer formalen Ehe führen konnte. Der Text legt nahe, dass in dieser Art von Ehe die Besitztümer und Kinder, die sie im Laufe ihrer Kohabitation bekamen, zwischen den Zusammenwohnenden [cohabitants] gleichmäßig aufgeteilt wurden.[84]

Es wird leider nicht wirklich ganz klar, ob Esra und Nehemia mit Fällen von Konkubinat zu tun hatten, oder ob die Ehen formal richtig geschlossen worden waren. Falls es – was durchaus möglich ist – tatsächlich Konkubinat im eigentlichen Sinne war, dann hätten wir hier einen ersten biblischen Hinweis für seine Ablehnung. Das kann aber nicht als gesichert gelten.[85] Darüber hinaus ist es wahrscheinlich, dass

80 Esr 2,7; Neh 7,72 (LXX 7,73); 8,17; 11,1.2.3.4.25; 13,16.

81 H. G. M. Williamson, *Ezra, Nehemiah*, Word Biblical Commentary 16, Word, Waco 1985, S. 143 und 150. Er spricht an anderen Stellen dann doch wieder von Ehen. F. Charles Fensham, *The Books of Ezra and Nehemiah*, NICOT, Eerdmans, Grand Rapids 1982, S. 135, betont auch den illegalen Charakter der von den jüdischen Männern eingegangenen Verbindungen, die er aber als Verehelichungen versteht.

82 Allen Guenther, „A Typology of Israelite Marriage: Kinship, Socio-Economic, and Religious Factors" *Journal for the Study of the Old Testament* 29, 2005, S. 387–407, dort 401f. Er spricht von einem „live-in arrangement".

83 Siehe dazu auch Gordon J. Wenham und William E. Heth, *Jesus and Divorce*, Paternoster, Carlisle 1997, S. 162–164 und 277.

84 Guenther, „A Typology of Israelite Marriage", S. 405.

85 Ellen G. White denkt offensichtlich an Ehen, wenngleich sie dieser Frage nicht weiter nachgeht und ihre Aussagen in beide Richtungen interpretiert werden könnten (Ellen G. White, *Propheten und Könige*, Saatkorn-Verlag, Hamburg [1975], S. 433–436 und 473–474). Sie verwendet im Original Ausdrücke wie „unlawful

diese Verbindungen als dem mosaischen Gesetz nicht entsprechend und damit als illegal angesehen wurden und so für nichtig erklärt werden konnten.[86] Trotzdem würden diese Verbindungen in die Nähe eines Konkubinats rücken, weil es zu einem nicht statthaften Zusammenleben kam.

Diese Geschichte zeigt jedenfalls, dass obwohl Teile der damaligen Gesellschaft kein Problem in diesen Verbindungen sahen, die durch Esra und Nehemia vorgetragene bibische Ethik wichtiger ist als die öffentliche Meinung.

c. Sexuelle Kontakte vor oder außerhalb der Ehe

Das mosaische Gesetz regelte und bewertete unterschiedliche Formen von Sexualität außerhalb der Ehe (5 Mo 22,13–23,1). Für Verlobte und Verheiratete galt außerehelicher Sex als schweres Vergehen, das mit der Todesstrafe geahndet wurde. Betörte ein Mann eine Jungfrau, dann musste er sie heiraten bzw. einen Geldbetrag zahlen, falls der Vater einer Ehe nicht zustimmte (2 Mo 22,15f.; 5 Mo 22,28f). Von dieser Verfahrensweise kann man ableiten, dass sich das Alte Testament gegen Beziehungen außerhalb der Ehe und gegen nichteheliche Partnerschaften ausspricht. Insgesamt wird deutlich, dass die Gesetze darauf abzielten, sexuelle Aktivität vor und außerhalb der Ehe auszuschließen und das Ideal der jungfräulichen Reinheit anvisierten.[87] Das ist umso erstaunlicher, als nur in Israel Geschlechtsverkehr vor der Ehe strafbar war, nicht aber anderswo im Alten Orient.[88]

2. Konkubinat im NT

a. Herodes Antipas mit Herodias

Markus 6,18 berichtet: „Denn Johannes hatte dem Herodes gesagt: Es ist dir nicht erlaubt, die Frau deines Bruders zu haben (*echein*)“. Leider kennen wir nicht den genauen zeitlichen Ablauf, in dem diese Aussage eingebettet ist. Herodes war schon lange mit der Tochter von König Aretas verheiratet gewesen, als er sich in die ebenfalls verheiratete Herodias verliebte. Er versprach ihr, sich nach seiner Rückkehr von einer Romreise von der Tochter Aretas scheiden zu lassen und sie zu heiraten. Bei seiner Heimkehr floh seine Frau zu ihrem Vater Aretas, der Herodes den Krieg erklärte und ihn in einer Schlacht auch besiegte. Josephus begründet die spätere Niederlage von Herodes mit der Ermordung des Täufers Johannes.[89]

alliances“, „even some of the men entrusted with responsibilities were living in open sin“, „intermarriage“, „to intermarry with the surrounding peoples“ und „many who had married idolaters“ (Ellen G. White, *The Story of Prophets and Kings: As Illustrated in the Captivity and Restoration of Israel*, Pacific Press, Mountain View 1917/1943, S. 619–622 und S. 673–674).

86 So Wenham und Heth, *Jesus and Divorce*, S. 163.

87 Duane L. Christensen, *Deuteronomy 21:10–34:12*, Word Biblical Commentary 6B, Nelson, Nashville 2002, S. 522f.

88 J. Gordon McConville, *Deuteronomy*, Apollos OT Commentary 5, Apollos, Leicester 2002, S. 341.

89 Details bei Josephus, *Antiquitates Judaicae* 18,109–119, und Emil Schürer, *The History of the Jewish People in the Age of Jesus Christ*, Bd. 1, T&T Clark, Edinburgh 1973, S. 344.

Es stellt sich die Frage, ob Markus 6,18 die Zeit vor oder nach der Hochzeit mit Herodes meint. In Markus 6,17 schreibt Markus „denn er hatte sie geheiratet", wobei aber zu bedenken ist, dass der Bericht über Johannes ab Vers 14 sprunghaft zwischen verschiedenen Zeiten wechselt. Es wäre daher theoretisch denkbar, dass die Enthauptung des Johannes noch vor der Eheschließung des Herodes stattfand[90] und die beiden zu diesem Zeitpunkt noch im Konkubinat lebten. Dafür spräche die Formulierung, sie zu „haben" (Mk 6,18; Mt 14,4), auf die wir später noch eingehen werden. Wenn das zutrifft, kritisierte Johannes ein Konkubinat (neben dem Ehebruch). Das kann aber nicht bewiesen werden und scheint auch nicht sehr wahrscheinlich.

b. Berenike (Apg 25,13ff)

Berenike lebte nach dem Tod ihres Mannes mit ihrem Bruder Herodes Agrippa II zusammen, was zu unrühmlichen Spekulationen führte.[91] Nach einer weiteren Ehe ging sie ein Verhältnis mit Titus ein (zuerst in Palästina, dann in Rom fortgeführt), der knapp davor stand, sie offiziell zu heiraten. Erst der Widerstand der Römer hielt ihn davon ab.[92] Da die Bibel zu den für uns relevanten Fragen nicht Stellung bezieht, erübrigt sich eine ausführliche Diskussion.

c. Die Samariterin (Joh 4)

Im Gespräch zwischen Jesus und der Samariterin kommt es zu folgendem Dialog (Joh 4,16–18):

> Er spricht zu ihr: Geh hin, rufe deinen Mann und komm hierher! Die Frau antwortete und sprach zu ihm: Ich habe keinen Mann. Jesus spricht zu ihr: Du hast recht gesagt: Ich habe keinen Mann; denn fünf Männer hast du gehabt, und der, den du jetzt hast, ist nicht dein Mann; hierin hast du wahr geredet.

Die jüdische Gelehrtenmeinung gestattete einer Frau höchstens drei Ehen,[93] obwohl das Alte Testament keine Zahl festlegt. Offenbar hatte die Samariterin mehrere Ehescheidungen hinter sich[94] und lebte jetzt mit einem Mann zusammen, den sie nie geheiratet hatte.[95] Die Aufforderung Jesu, ihren Mann zu holen (Joh 4,16),

90 So Robert H. Gundry, *Matthew: A Commentary on his Handbook for a Mixed Church under Persecution*, 2. Aufl., Eerdmans, Grand Rapids 1994, S. 286f.

91 Juvenal, *Satiren* 6,156–160.

92 Genaueres bei Schürer, *History of the Jewish People*, Bd. 1, S. 474–479.

93 Billerbeck, *Kommentar*, Bd. 2, S. 437.

94 Wir wissen nicht, ob die Samariterin durch eine oder mehrere Ehescheidungen gegangen war. Es ist zwar unwahrscheinlich, aber doch möglich, dass alle ihre früheren Männer starben.

95 So als Auswahl folgende Autoren in alphabetischer Reihenfolge: George R. Beasley-Murray, *John*, Word Biblical Commentary 36, Thomas Nelson, 2. Aufl., Nashville 1999, S. 61; Jürgen Becker, *Das Evangelium nach Johannes*, Ökumenischer Taschenbuchkommentar 4/1, 3. Aufl., Mohn, Gütersloh 1991, S. 204f: „eine wilde Ehe ist jüdisch wie sicher auch samaritanisch verboten"; Werner De Boor, *Das Evangelium des Johannes*,

beantwortet die Samariterin auffällig kurz (4,17) mit: „Ich habe keinen Mann (*ouk echō andra*)". Sonst sind ihre Antworten weit ausführlicher (4,11.12.15), aber jetzt, vom schlechten Gewissen bedrückt, fällt ihre Erwiderung sehr kurz aus. Diese ist zwar formal richtig, aber doch irreführend. Der Begriff „Mann" steht im Griechischen am Satzende. Jesus weiß natürlich, dass sie nicht meint, unverheiratet oder eine Witwe zu sein. In seiner Entgegnung dreht er die Wortstellung auffällig um[96] und das Wort „Mann" rückt im Griechischen an den Satzanfang: „Du hast recht gesagt: Ich habe keinen Mann (*kalōs eipas hoti andra ouk echō*)". Offensichtlich betont Jesus die Bedeutung „Ehemann". Es ist wichtig festzuhalten, dass das Zusammenleben der Samariterin keineswegs automatisch eine Ehe konstituierte, sondern nach wie vor ein illegitimes Verhältnis blieb.[97]

Die Reaktion der Samariterin (4,19) enthält keinen Einspruch gegen den Vorwurf Jesu, in einem unmoralischen Verhältnis zu leben. Im Gegenteil, sie kommt zur Sündenerkenntnis[98] und erkennt seine prophetische Gabe an.[99] Später wiederholt sie das, wenn sie formuliert: „Er hat mir alles gesagt, was ich getan habe." (4,39) Sie gibt damit ihr Fehlverhalten zu. Die Kommentare erörtern die Frage, ob Jesus die Samariterin zu einem Eingeständnis ihrer Schuld oder zur Erkenntnis seiner Messianität führen wollte. Das eine braucht hier nicht gegen das andere ausgespielt zu werden, denn die eigene Sünde lässt erst die Sehnsucht nach einem Erlöser wachsen.

Offen bleibt, warum Jesus nicht darauf besteht, dass die Frau ihre Lebensverhältnisse regelt. Obwohl der kurz gefasste Bibelbericht darauf nicht antwortet, ist die Aussage Jesu „sündige von jetzt an nicht mehr" (Joh 8,11) auch auf die Samari-

---

Wuppertaler Studienbibel, Brockhaus, Wuppertal 1968, S. 135f.; Frederick F. Bruce, *The Gospel of John*, Eerdmans, Grand Rapids 2001, S. 107; Rudolf Bultmann, *Das Evangelium des Johannes*, Kritisch-exegetischer Kommentar über das Neue Testament 2, 20. Aufl., Vandenhoeck & Ruprecht, Göttingen 1978, S. 138, Fußnote 5: „ist schon das Eheleben der Frau eine Schande, erst recht das jetzige illegitime Verhältnis"; Ernst Haenchen, *Das Johannesevangelium: Ein Kommentar*, Mohr, Tübingen 1980, S. 242, spricht von einer wilden Ehe; Frédéric Godet, *Kommentar zu dem Evangelium des Johannes*, Meyer, Hannover 1903, S. 188: „nach fünf rechtmäßigen lebte sie in einer unerlaubten Verbindung"; Andreas J. Köstenberger, *John*, Baker, Grand Rapids 2004, S. 152f.; Gerhard Maier, *Johannes-Evangelium 1. Teil*, Edition C, Hänssler, Neuhausen-Stuttgart 1984, S. 157f.; Jon Paulien, *Das Johannesevangelium*, Studienreihe zur Bibel, Advent-Verlag, Lüneburg 2000, S. 120; Theodor Zahn, *Das Evangelium des Johannes*, Brockhaus, Wuppertal 1983 [=6. Aufl. 1921], S. 244: „sie ist nur seine Konkubine".

96 William Hendriksen, *Exposition of the Gospel according to John*, New Testament Commentary, Baker, Grand Rapids 1983, S. 164.

97 Barnabas Lindras, *The Gospel of John*, New Century Bible Commentary, Eerdmans, Grand Rapids 1987, S. 186: „Der Punkt ist jedoch, dass in Jesu Augen ihre permanente Verbindung keine wirkliche Ehe darstellt." Siehe auch Gäckle, „Liebe ohne Trauschein", S. 13; Wilhelm, „Nichteheliche Lebensgemeinschaft", *AdventEcho*, März 2005, S. 26: „In der Begegnung mit der Frau am Jakobsbrunnen macht Jesus deutlich, dass er zwischen der Ehe und einer nichtehelichen Lebensgemeinschaft unterscheidet."

98 Ellen G. White, *Das Leben Jesu*, Saatkorn-Verlag, Hamburg [1975], S. 170, schreibt, dass die Samariterin durch die Frage Jesu nach ihrem Mann zur Sündenerkenntnis geführt werden sollte. Damit bewertet Ellen White das Zusammenleben klar als nicht im Sinn der Bibel.

99 Hendriksen, *Exposition of the Gospel*, S. 165.

terin anzuwenden. Jesus handelt hier also seelsorgerlich weise, obwohl er sich nicht scheut, das Thema anzusprechen.

d. Ein Verhältnis mit „der Frau des Vaters" (1 Kor 5)

Paulus hatte schon in einem früheren Brief[100] angeordnet, dass die Gemeinde mit „Unzüchtigen" (*pornois*) keinen Umgang pflegen solle (5,9). Jetzt begegnet ihm in 1. Korinther 5 ein besonders erstaunlicher Fall von Unmoral (in 5,1 *porneia*[101] genannt): In Korinth hatte ein Glaubensbruder „die Frau[102] seines Vaters" (5,1), wobei Paulus den Ausdruck „Stiefmutter" geradezu vermeidet.[103] Die Formulierung „Frau seines Vaters" kann verschieden gedeutet werden.[104] Hier die hauptsächlich in Frage kommenden Möglichkeiten:

- eine Affäre mit der Stiefmutter, während der Vater noch lebt,
- ein Zusammenleben mit der ehemaligen Konkubine des Vaters,[105]
- ein Verhältnis mit der geschiedenen Stiefmutter,[106] oder
- Verhältnis mit der Stiefmutter nach dem Tod des Vaters.

Am wahrscheinlichsten scheint, dass das Gemeindeglied mit seiner verwitweten Stiefmutter oder der Konkubine des Vaters[107] in einer eheähnlichen Beziehung, also

100 Unsere Zählung 1. Korinther und 2. Korinther berücksichtigt nur die kanonischen Korintherbriefe. Paulus muss darüber hinaus zumindest einen weiteren – verlorenen – Brief an die Korinther geschrieben haben (vgl. Ellen G. White, *Das Wirken der Apostel*, Saatkorn-Verlag, Hamburg [1976], S. 300).

101 Dieser Ausdruck besitzt eine große Bandbreite an Bedeutungen und bezeichnet jeden außerehelichen oder vorehelichen Geschlechtsverkehr. Vgl. Gerhard Dautzenberg, „*Pheugete tēn porneian* (1 Kor 6,18)", in Helmut Merklein (Hg.), *Neues Testament und Ethik*, FS Rudolf Schnackenburg, Herder, Freiburg, Basel und Wien 1989, S. 271–298. Im klassischen Griechisch konnte mit der Wortgruppe um *porneuō* auch Konkubinat gemeint sein – so H. Reißler und Karl-Wilhelm Niebuhr, „*porneuō*", *Theologisches Begriffslexikon zum Neuen Testament*, Bd. 1, 1997, S. 298–303, dort 298.

102 Es kann sich sicher nicht um die eigene Mutter handeln. Schon in 3. Mose 18,7–8 wird zwischen Mutter und Stiefmutter unterschieden.

103 Das Griechische besitzt einen eigenen Begriff für „Stiefmutter" (*penthera*). Er findet sich in 5 Mo 27,23; Rut 1,14; 2,11.18.19.21.23; 3,1.6.16.17; Mi 7,6; Mt 8,14; 10,35; Mk 1,30; Lk 4,38; 12,53. Paulus gebrauchte jedoch die im AT auffälligere Ausdrucksweise „Frau deines/seines Vaters" (1 Mo 37,2; 3 Mo 18,8.11; 20,11; 5 Mo 23,1; 27,20), um auf das mosaische Gesetz anzuspielen. Vgl. Wolfgang Schrage, *Der erste Brief an die Korinther*, Evangelisch-Katholischer Kommentar 7, Bd. 1, Neukirchener Verlag, Neukirchen 1991, S. 369. Auch Ellen G. White legt sich nicht fest, vermeidet aber den Ausdruck „Stiefmutter" und spricht von einem „unzüchtigen Wandel" (White, *Das Wirken der Apostel*, S. 304; Englisch: „licentious course").

104 David E. Garland, *1 Corinthians*, Baker Exegetical Commentary NT, Baker, Grand Rapids 2003, S. 181f. Auf Seite 158 lässt er die Entscheidung darüber offen, in welchem Verhältnis die beiden zueinander standen. Anthony C. Thiselton, *The First Epistle to the Corinthians*, New International Greek Testament Commentary, Eerdmans, Grand Rapids 2000, S. 386, denkt, dass es vielleicht Konkubinat oder eher unerlaubte Verehelichung war. Ähnlich Hans Conzelmann, *Der erste Brief an die Korinther*, Kritisch-exegetischer Kommentar über das Neue Testament 5, Vandenhoeck & Ruprecht, 2. Aufl., Göttingen 1981, S. 123f.

105 Schon in Amos 2,7 wird kritisiert: „Und ein Mann und sein Vater gehen zu demselben Mädchen, um meinen heiligen Namen zu entweihen". In der pseudepigraphischen Schrift *Testament Rubens* 1,6 und 4,8 wird für das Vergehen Rubens, der mit der Nebenfrau-Konkubine seines Vaters ein Verhältnis einging, der Ausdruck *porneia* verwendet.

106 So Hans Lietzmann, *An die Korinther I/II*, Handbuch zum Neuen Testament 9, Mohr, Tübingen 1969, S. 23: „Wahrscheinlich handelt es sich um eine wilde Ehe mit der entlaufenen oder geschiedenen Frau des noch lebenden Vaters".

im Konkubinat, lebte.[108] Wenn es sich in dieser Verbindung von 1. Korinther 5 um die Stiefmutter handelte, lag eine doppelte Sünde vor: Inzest und Konkubinat.[109] Wenn es die Konkubine des Vaters war, dann lag ein als unmoralisch bewertetes Konkubinat vor.

Einerseits ist es denkbar, dass Paulus in seinem Brief besonders an Inzest denkt.[110] So bezeichnet er dieses Verhältnis nicht als „illegal" im Sinne des römischen Gesetzes,[111] sondern als „unmoralisch" im Sinne des AT (3 Mo 18,7f.; 5 Mo 23,1; 27,20).[112] Er belegt es daher mit dem Ausdruck *porneia*. Im AT (3 Mo 18,6–8; 20,11) sowie in der Mischna[113] stand auf inzestuöse Verbindungen die Todesstrafe. Im römischen Gesetz waren sie verboten und galten als verabscheuungswürdig.[114]

Andererseits könnte Paulus aber genauso gut (oder darüber hinaus) ein Konkubinat kritisieren. Folgendes spricht für ein Konkubinat:

- Das römische Recht untersagte Ehen zwischen Stiefverwandten[115] und auch

107 So de Vos, „Stepmothers and Concubines", S. 104–114 und Michael Wolter, „Der Brief des so genannten Unzuchtsünders", in Marlies Gielen (Hg.), *Liebe, Macht und Religion: Interdisziplinäre Studien zu Grunddimensionen menschlicher Existenz. Gedenkschrift für Helmut Merklein*, Kath. Bibelwerk, Stuttgart 2003, S. 323–337.

108 Gerhard Delling, „Ehehindernisse", *Reallexikon für Antike und Christentum*, Bd. 4, Hiersemann, Stuttgart 1959, S. 680–691, dort 687.

109 Schrage, *Erster Brief an die Korinther*, Bd. 1, S. 368–371.

110 Eckhard J. Schnabel, *Der erste Brief des Paulus an die Korinther*, Historisch-Theologische Auslegung Neues Testament, Brockhaus, Wuppertal 2006, S. 270–276. Schnabel verwendet in seiner Kommentierung unterschiedliche Ausdrücke: „wilde Ehe" (S. 270 und 274), „sexuelle Liaison" (S. 271), „illegitime sexuelle Beziehung" (S. 271) „inzestuöse Beziehung" (S. 272), „eheähnliche Verbindung" (S. 274).

111 Darin sieht de Vos ein starkes Argument für seine These, dass die Frau die Konkubine des Vaters gewesen war (De Vos, „Stepmothers and Concubines", S. 109). Dass ältere Männer nach dem Tod ihrer Frau eine Konkubine nahmen, war durchaus üblich (ebenda S. 111).

112 Lorenz Oberlinner, „Unzucht", *Münchener Theologisches Wörterbuch zum Neuen Tstament*, Patmos, Düsseldorf 1997, S. 361–364, dort 363. Brian S. Rosner, *Paul, Scripture, & Ethics: A Study of 1 Corinthians 5–7*, Brill, Leiden 1994, betont, wie stark die Moralvorstellungen des Apostels vom AT abhängig sind.

113 *Sanhedrin* 7,4. Die alte Synagoge im 2. Jh. n. Chr. war allerdings in der Frage gespalten, ob es einem Heiden erlaubt war, seine Stiefmutter zu heiraten (Billerbeck, *Kommentar*, Bd. 3, S. 345f.): Aqiba (gest. 135) war dagegen, Elieser (um 90) und Meir (um 150) hatten nichts dagegen einzuwenden. Diese Frage blieb nicht ohne Konsequenzen: Einem Proselyten war nämlich so die legitime Ehe mit seiner Stiefmutter durchaus möglich, weil er nach jüdischem Verständnis mit der Konvertierung seine alten Verwandtschaftsverhältnisse verlor (Billerbeck, *Kommentar*, Bd. 3, S. 353–356). Solch einer Sichtweise konnte sich Paulus natürlich nicht anschließen.

114 Quellen bei Schrage, *Erster Brief an die Korinther*, Bd. 1, S. 370, Fußnote 16. Dass gerade ein sexuelles Verhältnis mit der Stiefmutter als unerhört anstößig galt, liest man auch bei Cicero, *Pro Aulo Cluentio* 5,27; 6,15, und Catull, *Carmina* 74; 88–90.

115 Quellen bei Friedl, *Der Konkubinat im kaiserzeitlichen Rom*, S. 154f.; siehe auch Olsen, *La femme et l'enfant*, S. 150–154. Man beruft sich dabei auf den römischen Juristen Gaius, der etwa 161 n. Chr. formulierte: „Es ist illegal, die Schwester des Vaters oder der Mutter zu heiraten, noch kann ich die Frau heiraten, die früher meine Schwiegermutter oder Stiefmutter war." (*Institutes* 1,63) Offensichtlich verboten alle Rechtsformen (Ehe, Konkubinat, *contubernium*) inzestuöse Beziehungen. Auch ein Verhältnis mit der ehemaligen Konkubine des Vaters war verboten. Auch das spräche für die Annahme, dass Vater und Sohn im Konkubinat mit ein und derselben Frau lebten.

mit der Konkubine des Vaters[116], was ein Konkubinat sehr wahrscheinlich macht.

- Korinth war römische Kolonie[117] und das römische Recht fand daher grundsätzlich Anwendung. Bei einer Heirat des Gemeindeglieds hätte es leicht zu strafrechtlichen Folgen kommen können.
- Ein altkirchliches Zeugnis bezeichnet diesen Fall des Zusammenlebens eindeutig als Konkubinat.[118]
- Das Verb *echō* verbindet offensichtlich Johannes 4 mit 1. Korinther 5.[119]

Die Form des griechischen Verbs (Präsens) verdeutlicht, dass der sogar bei Heiden anrüchige Zustand schon lange andauerte.[120] Bei *echō* ist zu prüfen, ob es ein Zusammenleben im Konkubinat meinen könnte, was wir eindeutig bejahen können.[121] Im NT kann die Verbindung *anēr/gynē* mit *echō* die legale Ehe bedeuten,[122] aber auch unrechtmäßige Verbindungen.[123] Auch in der Septuaginta steht die Wendung sowohl für unerlaubte Verbindungen[124] als auch für die rechtmäßige Ehe.[125] Jedenfalls ist *echein* ein Euphemismus für Geschlechtsverkehr.[126]

Paulus kritisierte im Verlauf von 1. Korinther 5 in erster Linie die laxe Haltung der Gemeinde, welche die Unzuchtsünde zwar nicht legitimiert, aber doch bagatelli-

116 Friedl, „Konkubinat", S. 421.

117 Siehe Thiselton, *First Epistle to the Corinthians*, S. 3–5; Garland, *1 Corinthians*, S. 1–4. Diese Autoren zeigen den starken römischen Einschlag in Korinth.

118 Wolter, „Der Brief des so genannten Unzuchtsünders", S. 323–337. Er übersetzt und kommentiert einen Brief, dessen griechisches Original verloren ging und den er allerdings als altkirchliche Fälschung betrachtet. Darin wendet sich ein gewisser Eutychus (der Unzüchtige aus 1 Kor 5) an Paulus und verteidigt sein Konkubinat mit Chariklea, die zuvor die Konkubine seines verstorbenen Vaters gewesen war und mit der er schon vor seiner Bekehrung zum Christentum zusammenlebte.

119 So schon Bultmann, *Johannes Evangelium*, S. 138; Charles Kingsley Barrett, *Das Evangelium nach Johannes*, Kritisch-exegetischer Kommentar über das Neue Testament, Band S, Vandenhoeck & Ruprecht, Göttingen 1990, S. 253; Conzelmann, *Erster Korinther-Brief*, S. 123, und auch Walter Bauer, *Das Johannesevangelium*, Handbuch zum Neuen Testament 6, 2. Aufl., Mohr, Tübingen 1925, S. 66.

120 De Vos, „Stepmothers and Concubines", S. 104f. Die Aoristpartizipien in 5,2.3 könnten zwar auf einen Eheschluss hindeuten, aber wahrscheinlicher auf das Eingehen des Konkubinats (so Schrage, *Erster Brief an die Korinther*, Bd. 1, S. 369). Helmut Merklein, *Der erste Brief an die Korinther*, Ökumenischer Taschenbuchkommentar 7/2, Verlagshaus, Gütersloh 2000, S. 32: „deutet auf ein festes Verhältnis, nicht unbedingt auf eine Ehe. Ein ehebrecherisches Verhältnis ist aber eher auszuschließen". Friedrich Lang, *Die Briefe an die Korinther*, NTD 7, Vandenhoeck & Ruprecht, Göttingen 1994, S. 71: „ist m. E. ein geschlechtliches Verhältnis mit der Stiefmutter, vielleicht sogar bei Lebzeiten des Vaters, wahrscheinlicher als eine Ehe".

121 Lucian, *Dialogi meretricii* 8,3: Dort wird ein Mann erwähnt, der seine Prostituierte für acht Monate ausschließlich für sich hat, ohne natürlich eine Ehe eingegangen zu sein (*echein oktō holous mēnas*). Auch hier steht das Verb *echō* für eine nicht sanktionierte Verbindung (zu Joh 4, zitiert bei Bultmann, *Johannes-Evangelium*, S. 138, Fußnote 5).

122 Mt 22,28; Mk12,23; Lk 20,28.33; 1 Kor 7,2.12.13.29; Gal 4,27.

123 Mt 16,4; Mk 6,18; Joh 4,17.18; 1 Kor 5,1.

124 5 Mo 28,30 LXX; Polygamie in 2 Chr 11,21.

125 Jes 54,1; Tobit 3,8.

126 Garland, *1 Corinthians*, S. 256.

siert hatte. Da die Sünde schwer, lang andauernd und rufschädigend war, verlangte Paulus den Gemeindeausschluss[127] des Bruders.[128] Die Gemeinde sollte über den beklagenswerten Zustand „Leid tragen" (5,2) und nicht einfach wegschauen. Der gesamten Gemeinde wird aufgetragen, den Ausschluss zu vollziehen (5,4 „wenn ihr versammelt seid"). Damit verfolgte Paulus ein doppeltes Anliegen: Einerseits soll der Sünder gerettet werden, andererseits müssen die Werte der Gemeinde gewahrt bleiben. Jedenfalls haben disziplinäre Maßnahmen immer das Ziel der Rettung im Auge. Ob sich der Unzüchtige von 1. Korinther 5 bekehrte, hängt von der Interpretation von 2. Korinther 2,6–8 ab. Wenn sich dieser Abschnitt auf 1. Korinther 5 bezieht, was nicht unmöglich scheint, dann hätten die Disziplinarmaßnahmen gefruchtet.[129] Jedenfalls zeigt 1. Korinther 5 ausführlich, wie die Bibel das Beharren in Unzuchtsünden bewältigt haben will: Im AT stand darauf normalerweise die Todesstrafe (z. B. 3 Mo 18 und 20; 5 Mo 22), im NT der Gemeindeausschluss.

Allgemeine theologische Überlegungen

1. Offizieller Ehebeginn

Grundsätzlich war eine Eheschließung zur Zeit des AT und NT ein Rechtsgeschäft zwischen dem Bräutigam und der Familie der Braut.[130] So musste ein Brautpreis bezahlt werden[131] und die Braut trat in aller Öffentlichkeit in die Familie des Bräutigams ein.[132] Die Geschichte im Buch Rut zeigt dies sehr schön. Das gleiche Verständnis galt auch noch nach der Zeit des NT.[133] Sogar für die Leviratsehe war eine Heirat nötig (Mt 22,24 *epigambreuō*, Mt 22,25 *gameō*). Gemäß Tertullian galten Ehen, die nicht vor der Gemeinde geschlossen wurden, bald als suspekt; an ihnen haftete der Makel des Ehebruchs.[134] Im Gegensatz zu einer Eheschließung kann bei einem Konkubinat der Anfangspunkt oft nur schwer angegeben werden.

Ein Zitat zu Matthäus 19 bekräftigt dies:

---

127 Mit seinen unterschiedlichen Formulierungen im Laufe des Kapitels meinte er immer dasselbe: 1 Kor 5,2 „aus eurer Mitte hinwegtun"; 5,5 „dem Satan überliefern" (vgl. 1 Tim 1,20); 5,7 „fegt den alten Sauerteig aus"; 5,9 „nicht mit Unzüchtigen Umgang haben" (in der Septuaginta wird dasselbe griechische Wort verwendet, um vor Vermischung mit fremden Völkern zu warnen [Hos 7,8]); 5,11 „keinen Umgang haben" (vgl. 2 Ths 3,14f.); 5,13 „tut den Bösen von euch selbst hinaus" (vgl. 5 Mo 17,7; 19,19).

128 Die Stiefmutter oder Konkubine des Vaters gehörte der Gemeinde offensichtlich nicht an, weil Paulus nur auf den Fall des Mannes eingeht. So die meisten Kommentatoren (Schrage, *Erster Brief an die Korinther*, Bd. 1, S. 371). In 1. Korinther 5,12–13 macht Paulus deutlich, dass er über Außenstehende nicht urteilen will.

129 Praktisch alle Kirchenväter (außer Tertullian) sowie Martin Luther meinten, es handle sich um denselben Mann. Die meisten modernen Kommentatoren denken jedoch an zwei unterschiedliche Personen. Siehe dazu Victor P. Furnish, *II Corinthians*, Anchor Bible 32A, Doubleday, Garden City 1984, S. 163–168.

130 Niebergall, *Ehe und Eheschließung*, S. 4–12.

131 Siehe 1 Mo 34,12; 2 Mo 22,15f.; 1 Sam 18,25 LXX; Jos 16,10; 2 Makk 1,14.

132 Siehe 1 Mo 29,22; Ri 14,11; Rut 4,1ff.; Ps 45,15; Jer 7,34; Tob 8,1; Mt 9,15; 22,2ff.; Joh 2,1ff.

133 Über Ehevertrag, Aussteuer, Mitgift usw. siehe Billerbeck, *Kommentar*, Bd. 2, S. 384–399.

134 Siehe Niebergall, *Ehe und Eheschließung*, S. 143f.

Jesus bestätigt damit nicht nur die atl., sondern auch die antike Praxis seiner Zeit, die durchwegs an der deutlichen Unterscheidbarkeit von ehelichen und nichtehelichen Gemeinschaften – und damit an einem deutlich sichtbaren Ehebeginn – festgehalten hat. Von daher wird verständlich, dass die ntl. Gemeinden keine Unsicherheit bzgl. des Ehebeginns kennen (vgl. 1 Kor 7,8.10).[135]

2. Aussagen über Sexualität in 1. Korinther 5–7

Paulus missbilligt in 1. Korinther 6,12–20 den Verkehr mit Prostituierten, der genauso *porneia* ist (1 Kor 6,18) wie der Fall von 1. Korinther 5, wo es um ein langfristig angelegtes Zusammenleben geht. Er beruft sich mit 1. Mose 2,24 auf die Schöpfungsordnung, „die den rechtmäßigen und geordneten Sexualverkehr nur mit der Ehefrau vorsieht und deshalb sexuelle Beziehungen mit einer *pornē* ausschließt".[136]

In 1. Korinther 7 verwendet Paulus die Begriffe „Mann", „Frau", „Jungfrau", „Witwe" als mögliche Bezeichnungen für ein vor Gott annehmbares Standesverhältnis. Der Ausdruck „Lebensgefährte" fehlt, weil er nicht dem biblischen Verständnis für erlaubte Beziehungen entspricht und auch in der Welt außerhalb jüdisch-christlicher Kreise kaum ein Thema war.

Dies wird deutlich in einer Übersicht zur Terminologie in 1. Korinther 7:

Bezeichnung	**Griechisch**	**Zusammenhang**	**1. Korintherbrief**
Frau	*gynē*	Ehefrau	7,2–4.10–14.16.27.29.33.39
Frau	*gynē*	heiratsfähige, aber unverheiratete Frau	7,27
die Verheiratete	*hē gamēsasa*		7,34
Jungfrau	*parthenos*	allein stehend, unverheiratet	7,25.28.34.36–38
seine* Jungfrau	*parthenos*	verlobt, aber noch immer Jungfrau	7,36–38
Schwester	*adelphē*	geschiedene Frau	7,15
unverheiratet	*agamos*	geschiedene Frau bleibt unverheiratet	7,11
unverheiratete Frau	*hē gynē hē agamos*	keine Jungfrau, trotzdem unverheiratet**	7,34

* Die Kommentare diskutieren, ob es um die Väter geht, die ihre Töchter verheiraten, oder um die Verlobten dieser Jungfrauen. Dazu siehe Garland, *1 Corinthians*, S. 336ff., der sich für die zweite Ansicht entscheidet.

** Vers 34 bietet ein textkritisches Problem. Offensichtlich handelt es sich hier hauptsächlich um einen Überbegriff für Witwen, aber auch für geschiedene und getrennt lebende Frauen (so Thiselton, *First Epistle to the Corinthians*, S. 509).

135 Werner Neuer „Ehe, Ehescheidung, Ehelosigkeit", in Helmut Burkhardt u. a. (Hg.), *Das große Bibellexikon*, Bd. 2, 2. Aufl., Brockhaus, Wuppertal 1990, S. 292–297, dort 296.

136 Oberlinner, „Unzucht", S. 363.

Witwe	*chēra*		7,8
Mann	*anēr*	Ehemann	7,2–4.10.11.13.14. 16.34.39
Unverheiratete	*tois agamois*	maskulin, könnte aber Frauen mit einschließen	7,8
der Unverheiratete	*ho agamos*	unverheirateter Mann	7,32
der Verheiratete	*ho gamēsas*	verheirateter Mann	7,33
Verheiratete	*tois gegamēkosin*	verheiratete Männer und Frauen	7,10
heiraten	*gameō*		7,9.28.36.39
unverheiratet	*agamos*		7,8

Für das Judentum und Paulus[137] ist klar, dass die Ehe die einzige legitime Alternative zur *porneia* (siehe 1 Kor 7,2) in der Gestaltung der menschlichen Sexualität darstellt.[138] Man ist entweder verheiratet oder eben nicht. Dazwischen gibt es keinen möglichen Stand. Der Begriff „heiraten/verheiraten" kommt elfmal in 1. Korinther 7 vor und stellt das Kriterium dar.[139] Bis zur Hochzeit ist man Jungfrau (oder Witwe), danach Ehefrau (1 Kor 7,36–38). Für ein unverheiratetes Zusammenleben gibt es dabei keinen Platz.[140] Mit anderen Worten: Das Leben im Konkubinat hat keine biblische Basis.[141]

Für Paulus kann *porneia* sowohl der einmalige Verkehr mit einer Prostituierten als auch das auf lange Zeit angelegte Zusammenleben in einer eheähnlichen Gemeinschaft sein. Für beides verwendet er den Begriff *porneia*, weil nach biblischer Anschauung Mann und Frau „ein Fleisch" werden (1 Mo 2,24; Mt 19,5f.; 1 Kor 6,16; Eph 5,31).[142]

3. Kein Zusammenleben vor der Ehe: Jesu Eltern in Matthäus 1

Jüdische Lehrer unterrichteten durch Wort und Tat. Matthäus ist viel daran gelegen, Jesus als großen Lehrer darzustellen. Es ist daher naheliegend, der Beziehung von Josef und Maria modellhaften Charakter zuzusprechen. Ihre Lebensführung sollte Vorbildwirkung haben.[143]

137 Das wurde auch teilweise im Heidentum so gesehen. So vertritt der stoische Philosoph Musonius Rufus (1. Jh. n. Chr.) die Meinung, dass ehelicher Verkehr nur in die Ehe gehört (Musonius, *Lehrgespräche* 12 [Von den Beziehungen der beiden Geschlechter, überliefert bei Epiktet]).

138 Dautzenberg, *„Pheugete tēn porneian"*, S. 293–296; Garland, *1 Corinthians*, S. 247 und 256. Diese Sicht teilt auch die Kirche der Siebenten-Tags-Adventisten. In einer Erklärung der Generalkonferenz vom 23. April 1996 heißt es: „Die monogame Einheit eines Mannes und einer Frau in der Ehe wird als göttlich eingesetzte Gründung der Familie und des sozialen Lebens bestätigt und als der einzige moralisch angemessene Ort für eine geschlechtliche oder intime sexuelle Beziehung." Siehe *Erklärungen, Richtlinien und andere Dokumente*, Advent-Verlag, Lüneburg 1998, S. 84.

139 Die Verben *gamizō* in 1 Kor 7,38 (zweimal) und *gameō* in 1 Kor 7,9 (zweimal).10.28 (zweimal).33.34.36.39.

140 Eine Art „geistliche Ehe" oder „Josefsehe" gab es damals noch nicht. Siehe Garland, *1 Corinthians*, S. 339f.

141 Kiš, „Christian Lifestyle", S. 695.

142 Schrage, *Erster Brief an die Korinther*, S. 27.

143 Craig S. Keener, *A Commentary on the Gospel of Matthew*, Eerdmans, Grand Rapids 1999, S. 88–90.

Matthäus betont in seinem Bericht, dass Maria und der „gerechte" (*dikaios*; Mt 1,19) Josef vor ihrer Eheschließung keine sexuelle Beziehung eingingen. Sie entsprachen damit den zeitgenössischen jüdischen Moralvorstellungen, für die sich auch außerhalb der Bibel genügend Hinweise finden. Diesen zufolge war vorehelicher Geschlechtsverkehr verpönt[144] und schlicht undenkbar.[145] Matthäus betont, dass Maria schwanger wurde, bevor „sie zusammengekommen waren" (Mt 1,18). Das heißt, dass sie keinen Geschlechtsverkehr hatten und in getrennten Haushalten wohnten.[146] Wie lange die beiden verlobt waren und wann sie sich verehelichten, wird im biblischen Bericht nicht ausgeführt. Zum Zeitpunkt der Geburt Jesu waren sie offensichtlich schon verheiratet. Trotzdem hatten sie noch keinen ehelichen Verkehr aufgenommen (Mt 1,25).

In Johannes 8,41 formulieren die Gegner Jesu „wir sind nicht durch Hurerei geboren (*hēmeis ek porneias ou gegennēmetha*)". Das muss als perfide Anspielung auf die Umstände der Geburt Jesu gedeutet werden.[147] Ob die Juden hier mehr vorehelichen Geschlechtsverkehr oder eine dauerhafte Beziehung im Konkubinat im Sinn hatten, können und müssen wir nicht klären. Wir haben hier jedenfalls einen biblischen Hinweis darauf, dass das Judentum zur Zeit Jesu Konkubinat bzw. vorehelichen Geschlechtsverkehr mit „Hurerei" gleichsetzte.

4. Weitere theologische Argumente zugunsten der Ehe

a. Ehe im biblischen Sinn ist immer auf eine lebenslange Verbindung angelegt (Mt 19,8–9), im Falle eines Konkubinats ist das nicht immer so.

144 *Joseph und Asenath* 21,1: „Und Joseph blieb an jenem Tag bei Pentephres, doch ging er nicht zu Asenath; er sagte sich: ‚Es schickt sich nicht für einen gottesfürchtigen Mann, vor seinem Hochzeitstag bei seinem Weib zu sein'." (Übersetzung: Riessler) Josephus, *Contra Apionem* II,199: „Wie steht es um unsere Ehegesetze? Das Gesetz erlaubt keine sexuellen Verbindungen, außer die natürliche zwischen Mann und Frau." Rabbi Eliezer (um 90 n. Chr.) sagte: „Ein Lediger, der einer Ledigen beiwohnt nicht zwecks Eheschließung, macht sie zu einer Hure." (Billerbeck, *Kommentar*, Bd. 3, S. 343)

145 Jacob Neusner, *A History of the Mishnaic Law of Women*, Brill, Leiden 1980, S. 266: „Für die Mischna ist es unvorstellbar, dass ein Mann und eine Frau ohne Verlobung, Ehevertrag und Vollzug der Ehe zusammenleben. Ich kenne keine einzige Regel, die ein Zusammenleben ohne Einhaltung des normalen Rechtswegs ermöglichen würde." Dieser Sicht wurde natürlich auch widersprochen: siehe z. B. Tal Ilan, „Premarital Cohabitation in Ancient Judea: The Evidence of the Babatha Archive and the Mishnah (Ketubbot 1.4)", *Harvard Theological Review* 86, 1993, S. 247–264, der von einem Heiratsvertrag aus dem Jahr 131 n. Chr. berichtet, der möglicherweise ein Zusammenleben vor der Hochzeit erwähnt. Seine Sicht ist aber nicht die einzig mögliche Interpretation des Dokuments, und es wird von anderen Forschern auch tatsächlich anders gedeutet.

146 W. D. Davies und Dale C. Allison, *The Gospel according to Saint Matthew*, International Critical Commentary, T&T Clark, Edinburgh 1988, S. 199. Nach dem 1. Jh. ist diese Regel speziell für Galiläa belegt, wie die Quellen berichten (vgl. Billerbeck, *Kommentar*, Bd. 1, S. 45–47 und Ilan, „Premarital Cohabitation"). Zur Zeit des NT war sie offensichtlich allgemein gültig.

147 So schon Origenes, *Commentarii in Johannem* II,16 und *Contra Celsum* 1,28. Bei modernen Kommentaren siehe z. B. Barrett, *Johannes-Evangelium*, S. 351f.; Raymond E. Brown, *The Gospel according to John*, Anchor Bible 29, Bd. 1, Doubleday, Garden City 1966, S. 357; Leon Morris, *The Gospel according to John*, New International Commentary on the New Testament, Eerdmans, Grand Rapids 1987, S. 462. So auch *Seventh-Day Adventist Bible Commentary*, Bd. 5, S. 991.

b. Die Ehe schützt am besten vor sexuellen Ambitionen Außenstehender (vgl. Abraham: 1 Mo 12,12ff.; 20,1ff.).
c. Die biblische Ehe versteht sich als Bundesschluss und dient als Vergleich für die Beziehung zwischen Gott und seinem Volk (Jer 3; Hes 16; Hos 1–3; Eph 5,22f.; Offb 19,7–9). Dieser Aspekt fehlt im Konkubinat.
d. Keuschheit bzw. Reinheit gelten im NT als Ideal (2 Kor 11,2; Offb 14,4) und sind jeglichem Konkubinat diametral entgegengesetzt.

Überlegungen zur Praxis

Man kann die Frage der Praxis aus verschiedenen Richtungen beleuchten, da es eine rechtliche, eine soziale und eine seelsorgerliche Seite zu bedenken gilt.

1. Rechtliche Fragen

Obwohl die Rechtssprechung in jedem Staat unterschiedlich ausfallen kann, dürfte die allgemeine Tendenz in der westlichen Welt in die Richtung gehen, nichteheliche Lebensgemeinschaften immer mehr den ehelichen anzugleichen. In folgenden Fällen könnte es – von Land zu Land unterschiedlich – jedoch zu Nachteilen von Lebenspartnerschaften im Vergleich zu Ehen kommen:

- Benachteiligung im Erbrecht (falls ein Partner stirbt) und Steuerrecht (Einkommensteuer, Erbschaftssteuer).
- Keine Unterhaltsansprüche im Trennungsfall.
- Im Mietrecht kann es zum Verlust der gemeinsamen Wohnung kommen, wenn nur einer der Partner als Mieter auftritt.
- Sorgerecht für minderjährige Kinder,[148] wobei z. B. in Deutschland kaum noch ein rechtlicher Unterschied zwischen ehelichen und unehelichen Kindern besteht.[149]

Diese Punkte könnten auch in einem Partnerschaftsvertrag – zumindest teilweise – geregelt werden. Es stellt sich dann aber sofort die Frage, warum man nicht gleich eine Ehe vor dem Standesamt eingehen will.

2. Dauer und Verbindlichkeit

Wer eine „wilde Ehe" eingeht oder einfach mit seinem „Lebensgefährten" unehelich zusammenlebt, muss sich darüber im Klaren sein, dass diese Form des Zusammenlebens auch mit Schattenseiten verbunden ist. Die Wahrscheinlichkeit, dass ein Konkubinat irgendwann ein Ende findet, ist größer als die Wahrscheinlichkeit, dass eine Ehe aufgelöst wird.[150] Nur ein Drittel der Verbindungen ohne Trauschein besteht

148 Grosse, *Freie römische Ehe*, S. 227.

149 Für Deutschland siehe: Kinder brauchen Mütter und Väter e. V., „Kindschaftsreform 1998", http://www.vaeterinitiative.de/reform.htm, Zugriff am 11. Juli 2008.

150 Heinzpeter Hempelmann, *Ehe, Ehescheidung und Wiederheirat: Eine biblisch-exegetische und praktisch-seelsorgerliche Orientierung*, Verlag Liebenzeller Mission, Bad Liebenzell 2003, S. 122f.

länger als zwei Jahre.[151] Studien lassen erkennen, dass „Probeehen", die in eine Ehe mündeten, schlechtere Chancen auf Dauerhaftigkeit besitzen als Ehen, die ohne vorheriges Zusammenleben geschlossen wurden.[152] Außerdem belegen Untersuchungen, dass verheiratete Paare zu 70% noch immer zusammenleben, wenn ihre Kinder 16 Jahre alt sind, während es ohne Trauschein nur 36% sind.[153] Man muss sich schließlich die Frage stellen, ob Liebe ohne Treue denn wirklich echt ist.[154]

3. Seelsorgerliche und praktische Fragen

Es ist hier nicht der Platz, die moderne Diskussion nachzuzeichnen.[155] Folgendes ist jedoch sicher: Ein Zusammenleben ohne Trauschein lässt tiefste Geborgenheit vermissen und schränkt die Möglichkeit ein, Konflikte angemessen auszutragen.[156] Menschen im Konkubinat bewerten ihr psychologisches Wohlbefinden schlechter als verheiratete Paare.[157] Studien in den USA und England lassen überdies erkennen, dass Kindesmissbrauch in nichtehelichen Partnerschaften um ein Vielfaches häufiger auftritt als bei Ehepaaren.[158]

Auch der geistliche Aspekt ist zu beachten: Eine Verbindung ist stärker, wenn sich die Partner auch Gott gegenüber verpflichtet fühlen, jedoch weit schwächer, wenn diese Dimension fehlt.[159] Untersuchungen lassen erkennen, dass Personen, die im Konkubinat leben, weniger Zugang zur Religion haben und seltener den Gottesdienst besuchen.[160] Zweifelsohne ist es angebracht, die Spannung zwischen der Art, wie der Bibel gemäß gelebt werden soll, und der anders ausfallenden Praxis im seelsorgerlichen Gespräch anzusprechen.[161]

In der Praxis wird man nicht verheirateten Paaren raten, sich voneinander zu trennen oder bald zu heiraten.[162] In der Ehevorbereitung sollte die Thematik auf jeden Fall angesprochen werden. Auch für die Zeit vor der Hochzeit muss überlegt

---

151 Christoph Morgner, „Ehe ohne Trauschein – eine christliche Lebensform?", in Elí Diez (Hg.), *Glauben heute*, Advent-Verlag, Lüneburg 1995, S. 16–34, dort 32. Siehe auch *Idea-Spektrum* Nr. 21, 1991.

152 Calvin B. Rock, „Marriage and Family", in Raoul Dederen (Hg.), *Handbook of Seventh-Day Adventist Theology*, Review and Herald, Hagerstown 2000, S. 724–750, dort 736; Michael W. Mangis, „Cohabitation", in David G. Benner und Peter C. Hill (Hg.), *Baker Encyclopedia of Psychology & Counseling*, 2. Aufl., Baker, Grand Rapids 1999, S. 223.

153 Jenkins, *Cohabitation*, S. 17.

154 Morgner, „Ehe ohne Trauschein", S. 30.

155 Viele Dokumente zur heutigen Diskussion in Deutschland finden sich in *Idea Dokumentation* 5/1997 („Löst die Kirche ihre Grundlagen auf?").

156 Morgner, „Ehe ohne Trauschein", S. 28.

157 Thatcher, *Living Together*, S. 15.

158 Joseph M. Champlin, „Cohabitation Before Marriage", *Catholic Update* Nr. 6, 2003, online: http://www.americancatholic.org/Newsletters/CU/ac0603.asp, Zugriff am 11. Juli 2008.

159 Kiš, „Christian Lifestyle", S. 695f.; Thatcher, *Living Together*, S. 33–35.

160 Heller, *Zusammenleben von Frau und Mann*, S. 48ff.; Mangis, „Cohabitation", S. 223.

161 Heller, *Zusammenleben von Frau und Mann*, S. 154ff.

162 Baldige Heirat wird vorgeschlagen von Rodríguez, „Cohabitation".

werden, ob eine vorübergehende Trennung nicht sinnvoll ist (sofern keine Kinder vorhanden sind).

4. Rentnerkonkubinat

Wir müssen zugeben, dass wir nicht nur mit jungen, sondern auch mit alten Menschen das Problem eines losen Zusammenlebens diskutieren müssen. Ältere Personen würden zwar vielleicht gern heiraten, verlören aber in der derzeitigen Rechtslage eine Witwenpension und wagen es nicht, bei einer deutlichen Verminderung ihres Einkommens eine gemeinsame Ehe einzugehen.[163] Ihre Hingabe in der Liebe wird folglich durch mangelnde finanzielle Opferbereitschaft beschränkt.[164] Obwohl die gesetzlichen Regelungen in vielen Ländern Eheschließungen benachteiligen, ist das noch kein ausreichender Grund, solche Ehen nur kirchlich und ohne Standesamt zu schließen.[165] Man kann dabei überlegen, ob ein Partnerschaftsvertrag als Grundlage für eine kirchliche Segnung von der Kirche der Siebenten-Tags-Adventisten akzeptiert werden könnte.[166] Es scheint mir allerdings problematisch, einen kaum noch merklichen Unterschied zwischen „Trauung" und „Segnung" zu machen, um dem staatlichen Gesetz noch zu entsprechen, das ja Geistlichen bisher verbot, Trauungen ohne vorangehende standesamtliche Eheschließung zu vollziehen.[167] Es

163 Siehe dazu sehr ausführlich Hempelmann, *Ehe*, S. 127–138.

164 Rodríguez, „Cohabitation".

165 Die rechtliche Problematik (nur für Deutschland) diskutiert Hans Hattenhauer „Was wird aus der Ehe? Christliche Ehe und Rentnerkonkubinat", online: http://www.iguw.de/texte/hattenhauer_ehe.pdf, Zugriff am 11. Juli 2008. Er macht den Vorschlag, eine rein kirchliche Trauung ohne Standesamt vorzunehmen. Er rät aber davon ab, dass dies Gemeinden mit Körperschaftsrecht tun. Dieser Empfehlung kann ich mich jedoch aus theologischen Gründen nicht anschließen. In Italien beispielsweise (und auch anderen Staaten) ist eine kirchliche Trauung ohne Standesamt möglich. Eine grundsätzliche Kritik am Ansatz von Hattenhauer bietet Hempelmann, *Ehe*, S. 133–138. Hempelmann zeigt deutlich auf, dass hinter seinem Denken eine Trennung von standesamtlicher und kirchlicher Trauung liegt, die – eigentlich gut katholisch – der kirchlichen Hochzeit den Vorrang gibt. Im Sinne von Römer 13 ist eine solche Aufspaltung aber nicht legitim.

166 So vorgeschlagen von Vilem, „Kirchliche Ehesegnung", S. 68–70. Er beruft sich auf das aktuelle deutsche Predigerhandbuch und versteht unter der dort verwendeten Formulierung auch einen Partnerschaftsvertrag. Wörtlich heißt es im Predigerhandbuch: „Die Gemeinde kann daher das Zusammenleben von Menschen ohne jede rechtliche Grundlage nicht als Ehe anerkennen" (*Handbuch für Prediger*, Advent-Verlag, Lüneburg 2002, S. 357). Dazu muss allerdings angemerkt werden, dass im Zusammenhang immer nur von einer zivilrechtlichen Eheschließung die Rede ist. In der englischen Ausgabe fehlt obige Aussage (*Seventh-Day Adventist Minister's Handbook*, Ministerial Association of the General Conference of Seventh-day Adventists, Silver Spring 1997, S. 259f.). Die Baptisten in Deutschland überlegten 2004, den Weg eines notariell beglaubigten Partnerschaftsvertrages zu gehen (siehe „Baptisten: Trauung ohne Trauschein", *Idea-Spektrum*, Nr. 50, 2004, S. 7). Der Bund Freier evangelischer Gemeinden lehnt eine kirchliche Eheschließung ohne standesamtliche Trauung inzwischen aber ab (siehe „Freikirche lehnt ‚Seniorenehe' ab", *Idea-Spektrum*, Nr. 7, 2005, S. 7).

167 Seit 1. Januar 2009 ist in Deutschland eine Trauung ohne Standesamt möglich. Die Evangelische Kirche in Deutschland wird aber daran festhalten, vor einer kirchlichen Trauung den Gang zum Standesamt zu verlangen. Auch die Deutsche Evangelische Allianz lehnt eine Trauung ohne Standesamt ab, während dies im Bund Evangelisch-Freikirchlicher Gemeinden gestattet wird („Volkskirchen: Keine Trauung ohne Standesamt", *Idea-Spektrum* Nr. 28, 2008, S. 8–9). Allerdings betont man, dass man eine Trauung ohne Standesamt nicht gutheißt: *Idea-Spektrum* Nr. 29/30, 2008, S. 5.

wirkt schizophren, vor Gott verheiratet sein zu wollen (Gemeinde) und gleichzeitig vor den Menschen zu bekräftigen, es ja doch nicht zu sein (Staat).[168]

Hier wären wir als Gemeinden und Kirchen gefordert, den Staat zu bitten, neue Wege einzuschlagen, die christliche Werte berücksichtigen und eine bessere finanzielle Grundlage für eine Ehe schaffen.[169] Auch wäre es denkbar, dass die Gemeinde benachteiligten und bedürftigen Paaren in irgendeiner Form finanziell beisteht (vgl. Apg 6,1–6 und 1 Tim 5,3–16). Außerdem macht es die Vorbildwirkung auf junge Menschen unmöglich, alten Gemeindegliedern Ausnahmen zu gestatten.[170]

Schlussfolgerungen

Es gibt einige Abschnitte in der Bibel, die ein Konkubinat vermuten lassen (Esra 10 / Nehemia 13). Allerdings sind nur zwei Passagen wirklich deutlich und werden von der überwiegenden Mehrzahl der Theologen als das, was wir heute Konkubinat nennen, verstanden: Johannes 4 und 1. Korinther 5. Trotzdem spricht sich die Bibel insgesamt deutlich gegen sexuelle Beziehungen außerhalb der Ehe aus. Aus den beiden gerade genannten Stellen und allgemeinen theologischen Überlegungen können wir Folgendes ableiten:

1. Konkubinat und Ehe sind aus biblischer Sicht nicht als gleichwertig zu betrachten. Dem Konkubinat fehlen der öffentliche Bundesschluss am Anfang und zumeist der Wunsch nach einer lebenslang dauernden Partnerschaft.
2. Weil nach biblischem Verständnis jegliche Sexualität außerhalb der Ehe als Sünde betrachtet wird, zählt auch ein Zusammenleben im Konkubinat als Verstoß gegen den Willen Gottes und wird sogar unter die Unzuchtsünden gezählt.
3. Wenn der Gemeinde ein Konkubinat bekannt wird, ist sie aufgerufen, seelsorgerlich vorzugehen und das Problem im Lichte der Bibel anzusprechen. Wenn ein Gemeindeglied trotz länger anhaltender seelsorgerlicher Bemühungen der Gemeinde weiter im Konkubinat lebt, sind nach Paulus in manchen Fällen auch disziplinäre Maßnahmen nötig.[171]
4. Wir sind als Gemeinde aufgerufen, das Thema Ehe (und alle Probleme in seinem Umfeld) vermehrt in Predigt, Veröffentlichungen und Jugendarbeit biblisch fundiert darzustellen.[172]

---

168 Siehe „Jurist: Ohne Trauschein niemanden kirchlich trauen", *Idea-Spektrum* Nr. 51, 2004, S. 9.

169 Rodríguez, „Cohabitation".

170 Ebenda.

171 Vgl. auch Kapitel 16 „Seelsorge an Paaren, die ohne Trauschein zusammenleben" in diesem Buch (siehe Seite 357ff.).

172 Jenkins, *Cohabitation*, S. 122f.

Kapitel 6

Scheidung und Wiederheirat im Alten Testament

Richard M. Davidson

Nach dem im Paradies vorgesehenen Modell der Ehe sollten Mann und Frau in einer lebenslangen Beziehung einander „anhangen" (1 Mo 2,24). Dieses „Anhangen" implizierte eine dauerhafte Verbindung zwischen Mann und Frau, die nicht nur durch die Bundesbezeichnung „anhangen", sondern auch durch den „Bundeseid" Adams gegenüber Eva mit Gott als Zeugen bekräftigt wurde: „Das ist doch Bein von meinem Bein und Fleisch von meinem Fleisch" (1 Mo 2,23).[1]

Außerhalb des Gartens Eden wird das göttliche Ideal in allen alttestamentlichen Zeugnissen aufrecht erhalten. Die Ehe ist auch weiterhin ein lebenslanger Bund zwischen Mann und Frau, feierlich bestätigt durch einen gegenseitigen Bundeseid (*verba solemnia*) der Ehegatten vor Gott selbst.[2] Die lebenslange Dauer, die der vertragsartige Charakter der Ehe impliziert, ist auch das Muster für die Darstellungen verheirateter Paare im gesamten Alten Testament.[3] Das biblische Zeugnis bezieht den Aufruf zur Bundestreue auf beide, Mann und Frau. Im Gegensatz zur üblichen theologischen Meinung gibt der biblische Bericht dem Ehemann gegenüber der Ehefrau keine „Ausnahmeerlaubnis", den Bund durch Übertretung des Eheversprechens zu brechen.[4]

Die Verletzung dieses im Paradies gestifteten göttlichen Mandats der lebenslangen Dauer der Ehe führte zur Praxis der Ehescheidung. Die reiche Auswahl an alttestamentlichen Texten, die sich auf das Thema Scheidung und Wiederheirat beziehen, enthält mindestens sechs verschiedene hebräische Wörter für Scheidung, die an 27 Stellen[5] vorkommen, und mehrere Bezüge zur Wiederhei-

1 Siehe Walter Brueggemann, „Of the Same Flesh and Bone (Gen 2,23 a)", *Catholic Biblical Quarterly* 32, 1970, S. 532–542 und Gordon P. Hugenberger, *Marriage as a Covenant: Biblical Law and Ethics as Developed from Malachi*, E. J. Brill, Baker, Grand Rapids 1998, S. 165, 202.

2 Der deutlichste Text ist Mal 2,15; vgl. Spr 2,17; Hos 2,18–22; Jes 54,5.10; Hes 16,8.59.60.62. Zur Diskussion über diese Textabschnitte siehe besonders Hugenberger, *Marriage as a Covenant*, S. 27–47; 280–312.

3 Dieses Konzept der Dauerhaftigkeit darf jedoch nicht zu weit gefasst werden, als ob es um eine ontologische Unauflöslichkeit, nach der die eheliche Verbindung nicht mehr – außer durch Tod – gelöst werden könnte, selbst in einem sündigen Zusammenhang ehelicher Untreue ginge, so wie einige es verstanden haben (vgl. auch William A. Heth und Gordon J. Wenham, *Jesus and Divorce: The Problem with the Evangelical Consensus*, Thomas Nelson, Nashville 1984, S. 100–106). Das wird in der folgenden Diskussion dieses Kapitels deutlich.

4 Siehe Hugenberger, *Marriage as a Covenant*, S. 313–338, wo er die verschiedenen Abschnitte untersucht, die oft als Nachweis für eine „doppelte Moral" galten, die dem Mann erlaubten, ungestraft außerehelichen Verkehr zu haben. Hugenberger zeigt auf, dass keiner dieser Texte die angebliche Gleichgültigkeit des Alten Testament gegenüber sexueller Untreue des Mannes bestätigt.

5 Die hebräischen Begriffe und ihre Textstellen lauten wie folgt: 1. *šlḥ* „wegschicken", „scheiden", alle im Pi'el (Intensiv): 1 Mo 21,14; 5 Mo 21,14; 22,19.29; 24,1.3.4; Jes 50,1; Jer 3,1.8; Mal 2,16. 2. *grš* „hinaustreiben, hinausdrängen, hinauswerfen, verbannen, scheiden", Pi'el (intensiv): 1 Mo 21,10; Kal passiv): 3 Mo 21,7.14;

rat.[6] Trotz der zahlreichen hebräischen Begriffe im Alten Testament, die sich auf die Scheidung beziehen, sieht die überraschende Tatsache so aus, dass das Alte Testament keine Gesetzgebung kennt, die sich direkt mit dem Thema Scheidung befasst. Scheidung wird toleriert, gewährt, erlaubt, aber niemals geboten, empfohlen oder durch göttliche Gesetze gebilligt. Dies trifft sogar auf den herausragenden alttestamentlichen Textabschnitt zu, nämlich 5. Mose 24,1–4.

In diesem Kapitel werden wir zunächst die Textstellen betrachten, die sich in den Erzählungen und der Gesetzgebung des Pentateuchs mit Scheidung und Wiederheirat beschäftigen. Darauf folgt eine Diskussion zum Thema Scheidung und Wiederheirat bei den Propheten und in den weiteren Schriften des Alten Testaments.

Scheidung und Wiederheirat im Pentateuch

1. Erzählungen im Pentateuch

a. „Scheidung" bei den Patriarchen (1 Mo 21,9–14)

In der Genesis finden wir nach Meinung einiger Experten – ein Beispiel für eine Scheidung: Abraham und Hagar. 1. Mose 16 beschreibt Abrahams polygame Beziehung zu Saras Dienstmagd und die Geburt von Hagars Sohn Ismael. In 1. Mose 21 findet sich der Ausgang der Geschichte einige Jahre später, als Sara ebenfalls einen Sohn geboren hat: Isaak. Als Isaak entwöhnt war, machte sich Ismael über ihn lustig oder verspottete ihn (wörtlich: „lachte über ihn"), und Sara sagte zu Abraham: „Treibe diese Magd aus mit ihrem Sohn; denn der Sohn dieser Magd soll nicht erben mit meinem Sohn Isaak." (1 Mo 21,10) Als Abraham zögerte, weil er nicht wusste, was er tun sollte, sprach Gott zu ihm: „Lass es dir nicht missfallen wegen des Knaben und der Magd. Alles, was Sara dir gesagt hat, dem gehorche; denn nur nach Isaak soll dein Geschlecht benannt werden." (V. 12) Abraham gehorchte den Anweisungen Gottes, gab Hagar Essen und Wasser mit und schickte sie fort (*šlḥ*). So trennte sich Abraham von Hagar.

Es erhebt sich die Frage, ob Gott in dieser Geschichte die Scheidung tatsächlich geduldet, ja sogar geboten hat. Zunächst macht der Erzähler deutlich: Gott hat die Beziehung zwischen Abraham und Hagar niemals als erste, legitime Ehe anerkannt. Obwohl Hagar menschlich gesehen als Abrahams Frau galt, berichtet der Erzähler sorgfältig über den Kontrast zwischen dem menschlichen Verständnis und der göttlichen Perspektive. Während der gesamten Erzählung spricht Gott von Hagar nie als Abrahams Frau. Während Gott in der Anrede Abrahams betont von „Sarai/Sara, dei-

22,13; 4 Mo 30,10; Hes 44,22. (3) [*sēper*] *kĕrîtût*, „[Dokument] der Trennung oder Scheidung": 5 Mo 24,1.3; Jes 50,1; Jer 3,8.4. *yṣ'* „zum Hinausgehen veranlassen = scheiden", Hif'il (kausativ): Esr 10,3.19. (5) *bdl* „sich trennen von = scheiden", Nif'al (passiv/reflexiv), Esr 10,11. (6) *bgd* „jemanden betrügen, untreu werden = scheiden", Qal (aktiv), Mal 2,14.15.16.

6 Siehe 1 Mo 25,1; 5 Mo 24,1–4; Ri 14,20–15,2; 1 Sam 25,44; und eventuell Jes 7,14; 8,3.

ner Frau" spricht (1 Mo 17,15.19; 18,9.10), bezeichnet er Hagar dagegen als „Sarais Magd" (1 Mo 16,8) oder „deine Magd" (1 Mo 21,12). Auch ist zu beachten, dass Hagar von Gott aufgefordert wurde, nachdem sie vor Sara geflohen war: „Kehre wieder um zu deiner Herrin und demütige dich unter ihre Hand." (1 Mo 16,9) Es wird nichts darüber berichtet, dass sie wieder als Abrahams Frau gegolten hätte.

Aus Gottes Sicht hatte Abraham nur eine Frau: Sara. Der Erzähler drückt sich in seinem Bericht geflissentlich so aus, dass Gott Abraham nicht gesagt hat, er solle sich von Hagar „scheiden". Gott geht vielmehr einen Umweg und sagt: „Tu, was Sara dir sagt!" Nach Abrahams eigener Vorstellung hatte er sich von Hagar geschieden – er hatte sie „fortgejagt" (*grš*) und „weggeschickt" (*šlḥ*) –, doch in Gottes Augen hatte es noch gar keine gültige Ehe gegeben und daher auch keine wirkliche Scheidung, nur die Auflösung einer illegitimen Beziehung.[7]

b. Wiederheirat bei den Patriarchen (1 Mo 25,1)

Abraham ist ein herausragendes Beispiel für einen alttestamentlichen Patriarchen, der nach dem Tod seiner ersten Frau wieder geheiratet hat. Nach dem Bericht in 1. Mose 23 starb Sara mit 127 Jahren und erhielt ein ehrenvolles Begräbnis. Später in der Geschichte wird nach 1. Mose 25,1 berichtet: „Abraham nahm wieder eine Frau, die hieß Ketura." Beim Bericht über Abrahams zweite Heirat, nachdem seine erste Frau gestorben war, gibt es keinen Hinweis des Erzählers, dass diese Ehe der Ordnung oder dem göttlichen Willen widersprechen würde. Wiederheirat nach dem Tod des ersten Ehepartners scheint in alttestamentlichen Zeiten eine normale, akzeptierte Praxis gewesen zu sein.

2. Die Gesetzgebung des Pentateuch

a. 5. Mose 24,1–4

Dieser Textabschnitt ist in Bezug auf Anweisungen Gottes zum Thema Scheidung (im Alten und Neuen Testament) von entscheidender Bedeutung, und ich habe an anderer Stelle bereits eine detaillierte Auslegung dieses Abschnitts publiziert.[8] Hier fasse ich die Ergebnisse dieser Studie zusammen. Ich habe herausgefunden, dass dieser Textabschnitt weit reichende Implikationen zum Verständnis neutestamentlicher Texte zum Thema und zur richtigen Einordnung der hermeneutischen Bezüge zwischen der alttestamentlichen und neutestamentlichen Scheidungs- und Wiederheiratsgesetzgebung enthält. In früheren Studien von 5. Mose 24,1–4 wurden entscheidende grammatikalisch-syntaktische und textübergreifende Merkmale der Gesetzgebung meist übersehen. Doch gerade diese Merkmale enthalten

7 Weitere Ausführungen zu diesem Punkt siehe bei Ronald A. G. du Preez, *Polygamy in the Bible*, ATS Publications, Berrien Springs 1993, S. 154–164.

8 Richard M. Davidson, „Divorce and Remarriage in Deuteronomy 24:1–4", *Journal of the Adventist Theological Society* 10, 1999, S. 2–22.

Schlüssel zum Verständnis der klaren göttlichen Ablehnung der Scheidung in der Gesetzgebung des Pentateuch. Die Exegese dieses Textabschnitts führt zu folgenden Schlüssen und Implikationen:

1. Die grammatikalische Struktur von 5. Mose 24,1–14 im Hebräischen offenbart deutlich, dass die Verse 1–3 die Protasis (Lagebeschreibung) darstellen, und der Vers 4 (mit dem hebräischen Begriff *lō'* [nicht]) beginnt mit der Apodosis oder der konkreten Gesetzgebung. Die einzige Gesetzgebung in diesem Abschnitt findet sich in Vers 4a, wo dem früheren Ehemann der Frau verboten wird, sie unter den in den Versen 1–3 beschriebenen Umständen wieder zur Ehefrau zu nehmen. In keiner Weise jedoch regelt oder sanktioniert Gott in diesem Abschnitt die Ehescheidung.

2. 5. Mose 24,1 beschreibt den Umstand der Scheidung (ohne dass es in diesem Vers schon um eine Gesetzgebung ginge): Ein Ehemann kann seine Frau nicht länger lieben (ein subjektives Element), weil er (und hier folgen die konkreten Gründe der Scheidung) bei ihr „etwas Schändliches" (*'erwat dābār*; wörtlich: „die Blöße einer Sache") gefunden hat. Hier schließe ich, dass es um ein ernstlich schamloses und schändliches Verhalten geht, bei dem sich seine Frau unziemlich zur Schau gestellt hat, möglicherweise im Zusammenhang mit sexueller Aktivität, aber wahrscheinlich nicht um unerlaubten sexuellen Verkehr (was die Todesstrafe zur Folge gehabt hätte; siehe 3 Mo 20,10; 5 Mo 22,22).[9]

3. Während die Protasis (V. 1–3) den Umstand der Scheidung erwähnt, ist in der Gesetzgebung (V. 4) die seltene Form des Hothpa'el (reflexives Passiv von *ṭāme'*) ein interner Indikator dafür, dass eine solche Scheidung nicht die göttliche Billigung findet. Wenn der Ehemann sich von seiner Frau trennt (*šlḥ*), dann wird sie in einer zweiten Ehe unrein (Hothpa'el von *ṭāme'*), als ob sie Ehebruch begangen hätte (mit derselben Terminologie, wie sie beim Ehebruch verwendet wird; obwohl dieser als solcher nicht bestraft wird, weil der erste Ehemann, nicht die Frau, Schuld hat). So wird in 5. Mose 24,4 bereits angedeutet, dass der Bruch des Ehebundes aus anderen Gründen als unerlaubtem Geschlechtsverkehr die Frau unrein macht, das heißt, solch ein Bruch wäre gleichbedeutend mit Ehebruch, wenn sie wieder heiratet.

4. Durch diesen internen Indikator der göttlichen Missbilligung der Scheidung weist die Gesetzgebung in 5. Mose 24,1–4 zurück auf Gottes Ideal der lebenslangen Ehe im Paradies. Moses Entgegenkommen gegenüber der „Herzenshärtigkeit" Israels hat die in 1. Mose 2,24 aufgestellte göttliche Absicht nicht ersetzt. Diese Gesetzgebung befindet sich auch in Übereinstimmung mit der späteren zusammenfassenden Aussage Jahwes: „Darum ... brecht nicht die Treue!" (Mal 2,16), auf die im Folgenden eingegangen werden soll.

9 Eine weitere Konkretisierung und Ausarbeitung dieses Schlusses zur Bedeutung von *'erwat dābār* über meinen Artikel hinaus findet sich bei Roy Gane, „Old Testament Principles Related to Divorce and Remarriage", *Journal of the Adventist Theological Society* 12, 2001, S. 41–49.

5. Der legislative Teil von 5. Mose 24,1–4, in dem einer Frau verboten wird, zu ihrem ersten Ehemann zurückzukehren, nachdem sie wieder geheiratet hat und der zweite Ehemann entweder gestorben ist oder sich von ihr getrennt hat, ist durch die Terminologie und Vorstellungen von zentraler Bedeutung mit der permanent gültigen und universalen Gesetzgebung von 3. Mose 18 verbunden, die für Nichtisraeliten wie für Israeliten galt und daher auch in ihrer Anwendung für heute als relevant betrachtet werden sollte.

6. Von acht verschiedenen theologischen Ansätzen zu einer allgemeinen Gültigkeit dieser Gesetzgebung müssen drei verworfen werden, da sie im Text keine Basis finden. Das Anliegen ist nicht die Suche nach einer geeigneten legalen Scheidungsprozedur, nicht die Bekämpfung von Inzest und nicht die Darstellung eines Tabus zum Geschlechtsverkehr mit einer Person, die bereits mit einer anderen Verkehr hatte. Fünf Anliegen haben eine gewisse Berechtigung hinsichtlich der Exegese dieses Abschnitts (obwohl nicht alle Details dieser Interpretationen akzeptabel sind): die Abwehr einer schnellen Trennung, die Abwehr der Wiederheirat als einer „legalen" Form des Ehebruchs, der Schutz einer zweiten Ehe, der Schutz einer stigmatisierten Frau vor weiterem Missbrauch durch ihren ersten Ehemann und das Verhindern von Profitsucht beim ersten Ehemann.

7. Den Schlüssel zum Sinn der Gesetzgebung in 5. Mose 24,1–4 finden wir durch ihre Einbettung in den größeren Zusammenhang des deuteronomischen Gesetzes. Es gibt Studien, die gezeigt haben, dass 5. Mose 12–26 eine Erweiterung des Dekaloges darstellt und sich in seiner Anordnung auf jedes einzelne der Zehn Gebote bezieht.[10] Die Gesetzgebung in 5. Mose 24,1–4 steht dabei nicht – wie man erwarten würde – im Kontext einer Erläuterung des siebten Gebots, sondern gehört zum Bereich des Themas „Stehlen". Wenn man diesen Textabschnitt also in diesen größeren Zusammenhang des Deuteronomium stellt, geht es in ihm um eine Gesetzgebung mit dem Ziel, Frauen vor dem Raub ihrer Persönlichkeit, ihrer Würde und ihrer Selbstachtung zu bewahren. Männer sollen daran gehindert werden, Frauen nur als bewegliche Habe zu betrachten, als Eigentum, das man willkürlich auswechseln kann. So wird die Würde der Frau und ihr Wert als Persönlichkeit bewahrt.[11]

8. Mit seiner Toleranz und gleichzeitigen Missbilligung der inadäquaten Behandlung von Frauen aufgrund der Herzenshärte der Männer weist dieses Gesetz auf den Tag hin, an dem es solche Ungerechtigkeiten durch die Rückkehr zur ursprünglichen Ehevorstellung aus dem Paradies nicht mehr geben wird. Ein solcher Tag wird von Jesus in seiner Aussage zum Thema Scheidung angekündigt.[12]

Es scheint, dass potenziell zu Missbrauch führende und von Männern dominierte Praktiken wie die Scheidung auf derselben Ebene wie zum Beispiel die Skla-

10 Stephen A. Kaufmann, „The Structure of the Deuteronomic Law", *Maarav* 1–2, 1978–1979, S. 105–158.

11 Ebenda S. 156f.

12 Siehe zur Vertiefung den Schluss dieser Studie.

verei verstanden werden müssen. Hierbei handelt es sich um Praktiken, die Gott zwar durch Gesetzgebung geregelt, aber im sozialen Leben des alttestamentlichen Volkes Israel nicht völlig abgeschafft hat. Wegen „ihrer Herzenshärtigkeit" toleriert Gott die Fortsetzung bestimmter Situationen, während er gleichzeitig in 1. Mose 1–3 und im Zusammenhang mit den Geboten selbst sehr deutlich macht, dass dies „von Anfang an ... nicht so gewesen" ist (Mt 19,8). Gott offenbart seine große Geduld und sein Entgegenkommen, indem er dem Volk Israel auf seiner Ebene begegnet und es dennoch zu einer höheren Berufung ermutigt.

Die mosaische Gesetzgebung war für damalige Zeiten revolutionär. Sie erhob die ethischen Standards in Israel (und vor allem die Auffassung von Sexualität und der Behandlung von Frauen) über die Ethik der Ägypter, aus deren Land sie kamen, und der Kanaaniter, in deren Gebiet sie zogen. Was Ehescheidung betrifft, ist es wichtig festzustellen, dass in 5. Mose 24,1–4 ein Bezug zu einem Scheidebrief hergestellt wird, der der Frau ausgehändigt wurde und ihr die rechtliche Möglichkeit zur Wiederheirat einräumte. Dies war ein deutlicher Unterschied zu anderen altorientalischen Gesetzen. In anderen Ländern des Alten Orients findet sich kein Hinweis auf ein solches Scheidungsdokument, und manche Gesetze machen deutlich, dass ein Mann seine Frau verlassen und sie dann mit Gewalt wieder zurückholen konnte, selbst wenn sie in der Zwischenzeit wieder geheiratet hatte.[13] So gab die Scheidungsgesetzgebung im Pentateuch „Frauen größere Freiheit als in jedem anderen altorientalischen Gesetz".[14]

Über den anschaulich beschriebenen Fallbeispielen des mosaischen Gesetzes standen die allgemeingültigen Prinzipien des Dekalogs. Wenn diese im Bereich der Sexualität voll angewendet worden wären, hätten sie Israel zum Schöpfungsideal zurückgeführt.

b. Verbot der Scheidung

In zwei Abschnitten des Deuteronomium, „die sich beide im Bereich der deuteronomischen Gesetze befinden, die das siebte Gebot erläutern",[15] wird Scheidung unter bestimmten Umständen verboten. Im ersten Abschnitt, 5. Mose 22,13–19, geht es um den Fall der Verleumdung einer Frau durch ihren Ehemann, der behauptet, sie habe ihm bei der Heirat verschwiegen, dass sie keine Jungfrau mehr sei. Wenn sich solche Anschuldungen durch die Vorlage der „Zeichen ihrer Jungfräulichkeit" (die mit Blut befleckten Betttücher oder Kleider) als nichtig erwiesen, dann musste der Ehemann eine Geldbuße zahlen; es galt dann: „er soll sie als Frau behalten und darf sie sein Leben lang nicht entlassen [*šlḥ*]" (5 Mo 22,19). So wurde die neu vermählte

13 Zur Lage im Alten Orient siehe David Instone-Brewer, *Divorce and Remarriage in the Bible: The Social and Literary Context*, Eerdmans, Grand Rapids 2002, S. 28–31.

14 Ebenda S. 31.

15 Kaufmann, „The Structure of the Deuteronomic Law", S. 138.

Braut vor den Launen und Verleumdungen ihres Ehemanns geschützt. Einen solchen Schutz gab es in anderen Ländern des Alten Orients nicht.[16]

Der zweite Fall eines Scheidungsverbots trat ein, wenn ein Mann bei der Entführung oder Verführung einer nicht verlobten Jungfrau ertappt wurde. Dieser Fall wird in 5. Mose 22,28–29 berichtet. Dieses Gesetz ist möglicherweise eine Erweiterung des Parallelgesetzes in 2. Mose 22,15–16. Beide beschreiben eine Situation, in der sich die unverheiratete Frau nicht wehrte und beim Sexualverkehr zur willigen Partnerin wurde. Eine ähnliche Vorschrift findet sich in den mittelassyrischen Gesetzen. Sie besagt, „ihr Entführer soll sie heiraten und nicht verstoßen".[17] Die Gesetzgebung im Pentateuch „war ihr gegenüber [dem Entführungsopfer gegenüber] jedoch wesentlich großzügiger als die mittelassyrischen Gesetze".[18] Die Einschränkung der Scheidungsmöglichkeiten des Mannes sollten nicht nur dem vorehelichen Sexualverkehr entgegenwirken, sondern auch die Frau schützen und für ihre soziale und finanzielle Sicherheit sorgen. Eine solche Absicherung war besonders wichtig in einer patriarchalischen Gesellschaft, in der eine geschiedene Frau schutzlos dastand und nach der Verstoßung durch ihren Ehemann kaum einen anderen Partner finden konnte.

c. Verbot der Heirat mit einer geschiedenen Frau

3. Mose 21 beschreibt zwei spezielle, für Priester geltende Verbote der Heirat mit einer geschiedenen Frau. In Vers 7 gilt das Verbot für den einfachen Priester und in Vers 14 für den Hohepriester. Ähnliche für Priester geltende Restriktionen werden in der Gesetzgebung von Hesekiel 44,22 für den Dienst im neuen Tempel wiederholt. Wie Andrew Cornes zutreffend bemerkt, „finden wir hier [im AT] den höheren Standard, der von Gottes besonderen Dienern erwartet wird und der uns im Neuen Testament wieder begegnet".[19]

d. Rechte geschiedener Frauen

Zwei Abschnitte im Pentateuch handeln von den Rechten geschiedener Frauen. Wenn die Tochter eines Priesters geschieden ist und keine Kinder hat, kann sie nach 3. Mose 22,12–13 ins Haus ihres Vaters und damit zu ihrem vorehelichen Status zurückkehren. Hier erkennen wir deutlich die Vorkehrung zum Lebensunterhalt der Frau, wenn sie keine anderen Möglichkeiten der Unterstützung besitzt. In 4. Mose 30,9 wird das Recht einer geschiedenen Frau bekräftigt, in juristischen Angelegenheiten selbst Verantwortung zu übernehmen – im Gegensatz zu einer

16 Instone-Brewer, *Divorce and Remarriage*, S. 28.

17 J. B. Pritchard, *Ancient Near Eastern Texts Relating to the Old Testament*, 2. Aufl., Princeton University Press, Princeton 1954, S. 185.

18 Details siehe bei Instone-Brewer, *Divorce and Remarriage*, S. 27.

19 Andrew Cornes, *Divorce and Remarriage: Biblical Principles and Pastoral Practice*, Eerdmans, Grand Rapids 1993, S. 139.

verheirateten Frau, deren „Rechtsschutz" durch ihren Vater oder Ehemann ausgeübt wird (V. 3–8).

e. Das Recht der Frau auf Ehescheidung

Es gibt zwei Abschnitte, die das Recht einer Frau auf Scheidung implizieren, doch diese Fallbeispiele betreffen die sehr speziellen Umstände der Heirat eines Dienstherrn mit seiner Dienerin. Im ersten Abschnitt, 2. Mose 21,26–27, heißt es:

> Wenn jemand seinen Sklaven oder seine Sklavin ins Auge schlägt und zerstört es, der soll sie freilassen [*šlḥ*, wörtlich: „wegschicken"] um des Auges willen. Desgleichen wenn er seinem Sklaven oder seiner Sklavin einen Zahn ausschlägt, soll er sie freilassen [*šlḥ*, wörtlich: „wegschicken"] um des Zahnes willen.

Obwohl es bei diesem Gesetz im Allgemeinen um das Recht eines (männlichen oder weiblichen) Sklaven geht, der freigelassen werden soll, wenn er oder sie von seinem/ihrem Herrn verletzt wurde und dadurch ein dauerhafter körperlicher Schaden entstanden war, kann man hieraus sicherlich schließen, dass – wie Gane feststellt – auch „der Fall einer Magd, die einen solchen Missbrauch erlitt und mit ihrem Herrn verheiratet war, unter dieses Gesetz fiel. Durch ihre Freilassung würde damit nicht nur ihr dienender Status, sondern auch ihre Ehe beendet."[20] Das Verb *šlḥ* scheint hier beides zu beinhalten, ihre Lösung aus der Ehe (d. h. das Recht zur Scheidung) und aus der Sklaverei (d. h. das Recht auf Freilassung).

Der zweite Abschnitt in 5. Mose 21,10–14 steht unter der allgemeinen Überschrift der Gesetze, die sich auf Totschlag beziehen (wahrscheinlich weil es im Kontext um die Behandlung von Kriegsgefangenen geht).[21] In diesem Gesetz geht es im Wesentlichen darum, dass ein Mann, der nach einer Schlacht eine weibliche Kriegsgefangene sieht und sie zur Frau nehmen möchte, sie in sein Haus nehmen und ihr erlauben soll, einen Monat lang ihre Eltern zu betrauern. Nach dieser Zeit kann er sie zur Frau nehmen und sexuelle Beziehungen mit ihr haben. In Vers 14 heißt es: „Wenn du aber kein Gefallen mehr an ihr hast, so sollst du sie gehen lassen, wohin sie will [wörtlich: ‚sie senden (*šlḥ*) nach ihrer Seele']; du sollst sie aber nicht um Geld verkaufen oder als Sklavin behandeln, weil du zu ihr eingegangen bist."

Diese Gesetzgebung dient zum Schutz für das wehrlose gefangene Sklavenmädchen. Eine sofortige Heirat oder sexuelle Beziehung zu ihr ist verboten. Diese Vorschrift sollte der Vergewaltigung einer Kriegsgefangenen durch einen Soldaten entgegenwirken. Es wird ihr erlaubt, ihre Eltern (die wahrscheinlich ums Leben gekommen sind oder zurückgelassen wurden) einen Monat lang zu betrauern und

20 Gane, „Old Testament Principles", S. 55f.

21 Siehe die Diskussion in Kaufmann, „The Structure of Deuternonomic Law", S. 134–137.

sich an die neue Situation in einem unbekannten Land zu gewöhnen. Eine derartige auferlegte Verzögerung würde den israelitischen Soldaten ebenso länger darüber nachdenken lassen, ob er das Sklavenmädchen tatsächlich heiraten sollte. Auch die besondere Vorkehrung hinsichtlich der Scheidung hat dies zum Ziel und soll der Frau zwei Rechte erhalten. Der hier wie auch oben in 2. Mose 21,26–27 verwendete Begriff *šlḥ* scheint sich auf beide Situationen zu beziehen, auf die Befreiung von der Ehe (was das Recht auf Scheidung impliziert) und aus der Sklaverei (was das Recht auf Freiheit bedeutet). Derartige Anweisungen ermöglichen dem Ehemann *in spe* eine Überlegungspause vor der Heirat des gefangenen Mädchens und vor einer eventuellen Scheidung. Wenn er sich von ihr trennt, verliert er sie als Sklavin ebenfalls und hat keinen finanziellen Vorteil von ihrem Weggang. So ermöglicht dieses Gesetz einer weiblichen Kriegsgefangenen einen gewissen Schutz und eine potienzielle Wiedergutmachung für ihre „Demütigung" (oder „Verletzung", d. h. die Auslieferung an eine erzwungene Heirat und erzwungene Scheidung).

Einige Theologen sind der Auffassung, eine dritte Passage, 2. Mose 21,7–11, würde ebenfalls von Umständen sprechen, unter denen eine Dienerin das Recht habe, sich von ihrem Dienstherrn scheiden zu lassen, und das Prinzip des Verlassens als Scheidungsgrund vertreten. Doch eine genauere Betrachtung der Lage zeigt, dass dieser Abschnitt weder von Ehe noch von Scheidung spricht.[22]

Obwohl es keine weiteren Abschnitte im Pentateuch gibt, die explizit vom Recht einer freien Frau (keiner Sklavin) auf Scheidung sprechen, kann diese Möglichkeit nicht kategorisch ausgeschlossen werden. Die meisten Gesetze im Pentateuch sind in der maskulinen Form abgefasst, und dennoch beziehen sich diese Gesetze ganz klar sowohl auf Männer als auch auf Frauen. Es wäre möglich, dass eine solche geschlechtliche Neutralität auch im Fall der Scheidungsgesetzgebung beabsichtigt war. Andere altorientalische Dokumente sprechen vom Recht einer Frau auf Scheidung,[23] und dies war eindeutig auch die Praxis in der jüdischen Gemeinde

22 Es wird in der Literatur die Ansicht vertreten, dass diese Gesetzgebung das Recht einer Sklavin auf „Freilassung [aus der Sklaverei und aus der Ehe] ohne Verpflichtung" (V. 11) beinhaltet, wenn ihr Dienstherr/Ehemann eine andere Frau heiratet und es versäumt, für die Grundbedürfnisse „Nahrung, Kleidung und eheliche[s] Recht" (V. 10) seiner ersten (Sklaven-)Frau zu sorgen. Allerdings ist der oft mit „Gattenrecht" oder „eheliches Recht" übersetzte Begriff in Vers 10 (*'ōnatâ*) ein *hapax legomenon* im Alten Testament und sollte eher mit „Wohnung/Schutz" oder „Öle/Salben" übersetzt werden (siehe Umberto Cassuto, *A Commentary on the Book of Exodus*, Magnes Press, Jerusalem 1967, S. 269; und Shalom M. Paul, „Exodus 21:10: A Threefold Maintenance Clause", *Journal of Near Eastern Studies* 28, 1969, S. 48–53). Außerdem bin ich davon überzeugt, dass sich dieser Abschnitt in Wirklichkeit weder mit der Heirat einer Sklavin noch mit ihrem Recht zu einer Scheidung aufgrund Verlassens (d. h. des Versäumnisses, für sie zu sorgen) beschäftigt. Bei Vers 8 folgen viele der LXX und übersetzen „er verlobt sich ihr" (= hebr. *lô*), doch die bessere Lesart, die der Mehrheit der hebräischen Manuskripte folgt, lautet: „er verlobt sich nicht (*lō'*) mit ihr". Wenn er sich nicht mit ihr verlobt (V. 8), dann würde sich die Aussage in Vers 10 „nimmt er sich aber noch eine andere" nicht auf eine zweite Frau beziehen, sondern auf eine andere Frau *an ihrer Stelle*. So favorisiert der Kontext die Auslegung, dass der Dienstherr sich nicht (selbst) mit der Frau verlobt, sondern an ihrer Stelle eine andere zur Frau nimmt. Deshalb schließe ich daraus, dass sich dieser Abschnitt nicht mit einer Scheidungs- und Wiederheiratssituation beschäftigt. Zur Vertiefung siehe Walter C. Kaiser, *Toward Old Testament Ethics*, Zondervan, Grand Rapids 1983, S. 184.

23 Eine Zusammenfassung finden wir bei Instone-Brewer, *Divorce and Remarriage*, S. 24–26.

von Elephantine (5. Jh. v. Chr.).[24] Es könnte auch in der alttestamentlichen Zeit gängige Praxis gewesen sein.

Scheidung und Wiederheirat in den Prophetenbüchern und Schriften

1. Frühere Propheten: Wiederheirat nach Verlassen

Zwei Textabschnitte in den früheren Prophetenbüchern des hebräischen Kanons sind für das Thema Ehe und Scheidung relevant, und beide beschäftigen sich mit einer Situation der Wiederheirat nach dem Verlassen-Werden. Der erste kommt in der Simsongeschichte vor. Es wird beschrieben, wie Simsons Frau nach seiner Rückkehr in das Haus seines Vaters seinem „Gesellen" zur Frau gegeben wurde. Der Vater der Braut interpretierte sein Weggehen als Verlassen (Ri 14,20; 15,2). Dieser Vorfall mag zwar die damalige Praxis der Philister beschreiben, gibt uns jedoch keinen Hinweis auf den Willen Jahwes in Bezug auf das Scheidungsrecht nachdem ein Partner verlassen wurde.

Der zweite Abschnitt findet sich in 1. Samuel 25,44, wo berichtet wird: „Saul aber hatte seine Tochter Michal, Davids Frau, Palti [oder Paltiel, 2 Sam 3,15], dem Sohn des Lajisch aus Gallim, gegeben." Dies geschah, nachdem David vor König Saul geflohen war. Obwohl Saul über königliche Macht verfügte und David abgrundtief hasste, lässt sich aus der Geschichte doch schließen, dass das Verlassen einer Frau durch ihren Ehemann in Israel wie im Land der Philister (zumindest unter bestimmten Umständen) als Grund zur Auflösung einer Ehe betrachtet wurde und die verlassene Ehefrau frei war, wieder zu heiraten. David jedoch hatte Michal gezwungenermaßen verlassen und nicht aufgrund eines eigenen Fehlers; daher war David nicht der Meinung, dass die Auflösung seiner Ehe mit ihr rechtens gewesen wäre.[25] Offensichtlich unter Berufung auf den vorherrschenden israelitischen Brauch, dass nur ein bewusstes Verlassen einer Ehefrau als Grund zur Auflösung einer Ehe galt, hat David später seine politische Macht eingesetzt, um Michals Heirat mit Palti aufzulösen und sie wieder zurückzunehmen (2 Sam 3,13–16). Diese Maßnahme wurde von David höchstwahrscheinlich nicht als Verletzung von 5. Mose 24,1–4 (Verbot der Rücknahme einer Ehefrau nach einer inzwischen erfolgten neuen Heirat, siehe oben) betrachtet, da er sich nicht von Michal getrennt und sie auch nicht absichtlich verlassen hatte.

Manche möchten vielleicht aus den genannten Berichten über Simson und David ableiten, Gott habe in alttestamentlichen Zeiten diese Scheidungspraxis aufgrund von Verlassen ausdrücklich erlaubt. Doch es muss beachtet werden, dass es

24 Eine Zusammenfassung findet sich bei Tamara C. Eskenazi, „Out from the Shadows: Biblical Women in the Postexilic Era", *Journal for the Study of the Old Testament* 54, 1992, S. 25–43.

25 Vgl. die Parallele im Codex Hammurabi 135–136 (Pritchard, *Ancient Near Eastern Texts*, 2. Aufl., S. 184), das zwischen der unfreiwilligen Gefangennahme eines Mannes und dem bewussten Verlassen seiner Ehefrau unterscheidet.

keine Gesetzgebung im Pentateuch gibt, die derartige Scheidungsgründe gelten lässt. Weiterhin scheint der Erzähler dieser Geschichten keine Hinweise zu nennen, dass eine solche Praxis göttlich sanktioniert gewesen wäre. Daher wäre es nicht gerechtfertigt, aus diesen Abschnitten unser Verständnis des Willens Gottes hinsichtlich Scheidungs- und Wiederverheiratungsgründen im Alten Testament abzuleiten.

2. Präexilische, spätere Propheten: Scheidung auf der metaphorischen Ebene

Verschiedene Abschnitte in den Schriften der präexilischen Propheten spielen auf Scheidung auf der metaphorischen Ebene an, d. h. es geht hier um Gott und seinem Volk.

a. Hosea 2,4

In diesem Abschnitt sagt Gott über Israel: „Sie ist ja nicht meine Frau und ich bin nicht ihr Mann". Kommentatoren haben diskutiert, ob dieser Satz eine Art Scheidungsformel beinhaltet, die möglicherweise bedeutet, Gott habe sich von Israel „getrennt".[26] Es trifft zwar zu, dass hier Parallelen zu ähnlichen altorientalischen Scheidungsformeln vorhanden sind,[27] und es scheint in diesem Abschnitt eine gewisse *Anspielung* auf eine Scheidungsformel zu geben. Der Vorschlag von Paul Hugenberger erscheint mir sehr überzeugend, wenn er sagt: „Man könnte Hosea 2,4a ... aufgrund dieser Nennung der Scheidungsformel durchaus als sofortige und verdiente Drohung einer Scheidung verstehen", und zwar parallel zur Wortwahl in Hosea 1,9.[28] Als göttlicher Ehemann und Ankläger im juristischen Prozess gegen seine Ehefrau betrachtet Gott die Scheidung zwar als eine der Möglichkeiten, aber er führt diese Drohung nicht aus. Stattdessen sucht er nicht die Scheidung, sondern die Versöhnung, nicht die Todesstrafe, sondern das Ende der Untreue Israels.

Während es möglich erscheint, dass es in Hosea 2 nicht wirklich um Scheidung geht, ist später im juristischen Verfahren um den Bund (in Hos 4,1 mit *rîb* beginnend) anzunehmen, dass das Nordreich („Ephraim" genannt) alle Appelle Gottes

---

26 Zu den Hauptargumenten für eine Scheidungsformel in Hosea 2,4a, die für die Sicht angeführt werden, Gott habe sich tatsächlich von Israel getrennt, siehe besonders Paul Krüger, „The Marriage Metaphor in Hosea 2:4–17: Against its Ancient Near Eastern Background", *Old Testament Essays* 5, 1992, S. 7–25. Argumente dafür, dass Hosea 2,4 keine Scheidungsformel benutzt und dass in Hosea 2 nicht die Rede von Scheidung ist, siehe z. B. bei Francis I. Andersen und David N. Freedman, *Hosea: A New Translation with Introduction and Commentary*, Anchor Bible 24A, Doubleday, New York 1989, S. 221–224. Argumente zugunsten einer Mediation, was bedeuten würde, dass die Sprache in Hosea 2,4a in der Tat eine juristische Scheidungsformel verwendet, aber in Hosea 2 keine tatsächliche Scheidungssituation beschrieben wird, finden sich besonders bei Hugenberger, *Marriage as a Covenant*, S. 231–234.

27 Als Diskussionsgrundlage und Beispiel siehe Mordechai A. Friedman, „Israel's Response in Hos 2:17b: ‚You are My Husband'", *Journal of Biblical Literature* 99, 1980, S. 199–204.

28 Hugenberger, *Marriage as a Covenant*, S. 232. Ich stimme jedoch nicht mit Hugenberger überein, dass diese Drohung „am Ende von Vers 15 realisiert wird". Ich schließe mich hier Andersen und Freedman an, die im gesamten Kapitel Hosea 2 keine Scheidungssituation finden.

verachtet und nur noch die Option der Scheidung übrig bleibt (Hos 4,17 und 11,8). Dass eine „Scheidung" zwischen Gott und dem Nordreich am Ende unvermeidlich war und auch stattfand, wird in anderen prophetischen Bezügen auf diese Situation bestätigt (besonders bei Jeremia, s. u.).

b. Jesaja 50,1; 54,5–6

In Jesaja 50,1 fragt Gott Juda (das Südreich):
(A) Wo ist der Scheidebrief [*sēper kĕrîtût*] eurer Mutter,
mit dem ich sie entlassen [*šlḥ*] hätte?
(B) Oder wer ist mein Gläubiger, dem ich euch verkauft hätte?
(B') Siehe, ihr seid um eurer Sünden willen verkauft,
(A') und eure Mutter ist um eurer Abtrünnigkeit willen entlassen [*šlḥ*].

Dieser poetische Vers hat deutlich eine chiastische Struktur (A-B-B'-A'). Das Scheidungsthema beherrscht die beiden äußeren Verszeilen, und der Verkauf an die Gläubiger die beiden inneren. Obwohl Vers 1 die Ausdrucksweise einer Scheidung und den Preis der Scheidung erwähnt, wird im Text deutlich, dass es nicht um eine tatsächliche Scheidung geht. Jahwe fragt: Wo ist der offizielle Scheidebrief (wie in 5 Mo 24,1–4 erwähnt), um eure Ansprüche nachzuweisen? Die Konzentration der Kommentatoren auf diesen Textabschnitt zeigt, dass die hier ausgesprochene hypothetische Frage eine negative Antwort verlangt.[29] Es gibt keinen Scheidebrief. Kein Scheidebrief – keine Scheidung! Jahwes Antwort auf den Vorwurf gegen ihn bedeutet, dass er sich in Wirklichkeit nicht von Juda getrennt hat. Anscheinend verwendet Gott bewusst das doppeldeutige Wort *šlḥ* (wegschicken). Es kann als Fachausdruck für eine juristisch vollzogene „Scheidung" benutzt werden. Gott behauptet, er habe eine solche dem Südreich Juda, anders als dem Nordreich Israel (wie wir in der Diskussion von Jer 3,8 unten sehen werden), nicht angetan.

Gleichzeitig sagt Jahwe in der chiastischen Parallele hierzu im A'-Satz von Vers 1, dass Juda „um seiner Sünden willen" weggeschickt [*šlḥ*] wurde. In diesem Fall verwendet Gott *šlḥ* (weggeschickt) offensichtlich nicht als juristischen Fachbegriff im Sinne von „geschieden", sondern im Sinne des Weggehens ins Exil.[30] Es gibt im Fall von Jahwe und Juda – so drückt es R. N. Whybray aus – nur eine „informelle Trennung oder ein ‚Wegschicken', und daher keinen Hinderungsgrund zur anschließenden Fortsetzung der Ehe."[31]

29 Siehe u. a. J. Ridderbos, „Isaiah", *The Bible Student's Commentary*, Zondervan, Grand Rapids 1985, S. 447: „Was Zion (Israel) betrifft, so bekräftigt der Herr mit einer rhetorischen Frage, auf die nur eine negative Antwort möglich ist, dass er ihr keinen Scheidebrief (Nachweis einer offiziellen Scheidung) ausgestellt hat, um sie dadurch zu verstoßen."

30 Vgl. Jes 27,8, wo *šlḥ* im Sinne von „Exil" verwendet wird.

31 R. N. Whybray, *Isaiah 40–66*, Oliphants, London 1975, S. 149.

Die Folgeszene zu dieser Gerichtsszene findet sich in Jesaja 54,5–6. Vers 5 versichert Juda: „der dich gemacht hat, ist dein Mann, HERR Zebaoth heißt sein Name". Die Verse 6–8 beschreiben die „Wiederherstellung einer zerbrochenen Ehe". Es gab keine Scheidung vom Südreich; es ging mehr um eine kurze Trennung aufgrund der Sünden Israels. Aber nun bringt Gott es wieder in den Bund zurück (vgl. Jes 54,9–10).

c. Jeremia 3,1.6–8

Jeremia 3,1–5 bildet einen Übergang von der gerichtlichen Anklage der Bundesübertretung in Jeremia 2 zu einem leidenschaftlichen Aufruf zur Reue in Jeremia 3,6–4,4. Zunächst richtet sich unser Interesse an diesem Abschnitt auf Jeremia 3,1:

> Und er sprach: „Wenn sich ein Mann von seiner Frau scheidet [*šlḥ*]
> und sie geht von ihm
> und gehört einem andern,
> darf er sie auch wieder annehmen?
> Ist's nicht so, dass das Land unrein würde?
> Du aber hast mit vielen gehurt
> und solltest wieder zu mir kommen?", spricht der HERR.

Die Worte des Volkes in Vers 1 entsprechen exakt dem Gesetz in 5. Mose 24,1: Eine Frau darf nicht wieder mit ihrem früheren Ehemann verheiratet werden, nachdem sie mit einem anderen verheiratet war, denn dies würde das Land unrein machen. Die Antwort auf die Frage, ob eine solche Frau zu ihrem ersten Ehemann zurückkehren könnte oder das Land unrein würde, ist für Jeremias Zuhörer eindeutig: Sie würden der Gesetzgebung in 5. Mose aus vollem Herzen zustimmen, da sie zu Ehe- und Scheidungssitutionen auf menschlicher Ebene passt. Gott nimmt jedoch nun diese menschliche Analogie und überträgt sie auf das Bundesverhältnis zwischen ihm und seinem Volk. Er verwendet ein *a fortiori*-Argument. Wenn es gegen das Gesetz verstößt, dass eine Frau nach anschließender Heirat wieder zu ihrem ersten Ehemann zurückkehrt, *wie viel schwieriger* ist es dann für Juda, sich vorzustellen, nach Affären mit zahlreichen Liebhabern wieder zu Jahwe zurückkehren zu dürfen! Sie wollen „ihren Fruchtbarkeitskuchen essen und Unzucht treiben" mit den Fruchtbarkeitskulten Baals, aber gleichzeitig den Schein erwecken, zu Jahwe „zurückzukehren".

In den folgenden Versen (Jer 3,2–5) beschreibt Jahwe das Ausmaß von Judas Untreue. Dann entwickelt Jeremia das „Hurerei"-Thema in eine andere Richtung als Hosea, der seine Aussage ein Jahrhundert früher geschrieben hatte. Wir lesen in den Versen 6 bis 8:

(6) Und der HERR sprach zu mir zur Zeit des Königs Josia: Hast du gesehen, was Israel, die Abtrünnige, tat? Sie ging hin auf alle hohen Berge und unter alle grünen Bäume und trieb dort Hurerei [*znh*].
(7) Und ich dachte, nachdem sie das alles getan, würde sie zu mir zurückkehren. Aber sie kehrte nicht zurück. Und obwohl ihre Schwester Juda, die Treulose, gesehen hat,
(8) wie ich Israel, die Abtrünnige, wegen ihres Ehebruchs [*n'p*] gestraft und sie entlassen [*šlḥ*] und ihr einen Scheidebrief [*sēper kĕrîtût*] gegeben habe, scheut sich dennoch ihre Schwester, das treulose Juda, nicht, sondern geht hin und treibt auch Hurerei [*znh*].

Der Herr spricht seine Hörer im Stamm Juda an und verweist auf die Erfahrung des Nordreiches Israel zur Zeit des Hosea (8. Jh. v. Chr.). Ein Jahrhundert später bestätigt Gott Jeremia, was wir bei Hosea impliziert sahen (nicht in den Kapiteln 1–3, sondern später beim Prozessverlauf), dass er sich schließlich von Israel getrennt hat. Er hatte sie aufgerufen, zu ihm zurückzukehren [hebr. *šûb*, was sowohl „zurückkehren" als auch „bereuen" bedeutet] (V. 7; vgl. die Bitten Hoseas), sie aber hatten seine Aufrufe verschmäht. Schließlich blieb nur noch die Scheidung. Diese „Scheidung" bezieht sich zweifellos auf die Eroberung des Nordreiches Israel durch die Armee der Assyrer, die in der Einnahme der Hauptstadt Samaria im Jahr 722/21 v. Chr. ihren Höhepunkt fand. Die Mehrheit der Bevölkerung wurde in entfernte Länder deportiert und durch Fremde ersetzt.

In diesem Abschnitt bedeutet der Begriff „Scheidung" eindeutig diesen Zusammenbruch und das Exil des Nordreiches: „[Ich habe] sie entlassen und ihr einen Scheidebrief gegeben". Doch nach dem mosaischen Gesetz riefen die Taten Hurerei/Ehebruch nach einer größeren Strafe als der Scheidung, wie wir bereits gesehen haben. Die Strafe wäre eigentlich die Todesstrafe gewesen. Warum sprach Gott dann nur von einer Trennung von Israel? Möglicherweise wurde die Todesstrafe zur Zeit Jeremias bei Fällen von Ehebruch und Hurerei normalerweise nicht angewandt, aber eine Scheidung war die akzeptierte Ersatzstrafe.

Bereits im Pentateuch scheint es die Möglichkeit gegeben zu haben, bei der Strafe angesichts sexueller Verfehlungen „Mitleid" (*ḥûs*) oder „Mitgefühl" (*ḥml*), d. h. Gnade, zu zeigen.[32] Auch der Text in Sprüche 6,35 scheint hierauf hinzuweisen, und

32 Das wird im Buch 5. Mose ganz offensichtlich, wenn man sich die verschiedenen Situationen ansieht, in denen diese Anweisung erscheint: „Dein Auge soll kein Mitleid [*ḥûs*] haben", oder „du sollst kein Mitgefühl [*ḥml*] zeigen" gegenüber dem, der als Verbrecher angeklagt ist. Diese absoluten Begnadigungsverbote, bei denen also eine Umwandlung der Strafe nicht erlaubt war, stehen im Zusammenhang mit Abfall zum Götzendienst (5 Mo 7,16; 13,8), geplantem Mord (5 Mo 19,11), übler Nachrede (5 Mo 19,21) und mit einer Frau, die beim Kampf gegen ihren Ehemann die Genitalien eines Mannes ergreift (5 Mo 25,12). Die Tatsache, dass eine Begnadigung (d. h. eine Umwandlung der Strafe) in den beschriebenen Situationen *nicht* erlaubt ist, deutet darauf hin, dass Urteile bei anderen Vergehen (inklusive Ehebruch und außerehelichem Sexualverkehr) nicht so restriktiv gehandhabt wurden und je nach den Umständen tatsächlich umgewandelt werden konnten.

zwar bei der Beschreibung des eifersüchtigen und zornigen Ehemanns, der, wenn er von dem Ehebruch eines Mannes mit seiner Frau erfährt, „achtet kein Sühnegeld und nimmt nichts an, wenn du auch viel schenken wolltest". Schon die Erwähnung der Weigerung des wutentbrannten Ehemanns, Sühnegeld anzunehmen, scheint darauf hinzudeuten, dass das Gesetz ein solches „Bußgeld" theoretisch durchaus zuließ.[33] Dass in Israel das Recht des Ehemanns, seiner ehebrecherischen Frau zu vergeben, möglich war, wird im Fall Gomer verdeutlicht, in dem Gott Hosea ausdrücklich befiehlt, seiner treulosen Ehefrau zu vergeben und sie zurückzunehmen (Hos 3,1–3).

Gleichzeitig war die Trennung Gottes vom Nordreich *de facto* schon ein Todesurteil. Das Nordreich war zerstört und hatte aufgehört zu existieren; die Mehrheit der Bevölkerung war entweder umgekommen oder ins Exil verschleppt worden. Obwohl also Scheidungsterminologie verwendet wird, stimmt die Strafe in der historischen Realität eher mit der Todesstrafe überein, die bei Ehebruch gesetzlich vorgeschrieben war. Die Beschreibung dieser Situation von Hesekiel (23,5–10) stellt Israels Sünde als Hurerei oder Ehebruch dar und das göttliche Strafgericht als Tod und Zerstörung.

Das wesentliche Ziel Jeremias (wie auch Hesekiels) beim Bezug auf die Erfahrung des Nordreiches ist das Aufrütteln des Südreiches, damit es bereuen und zur wahren Bundestreue zurückkehren möge. Es wird betont, dass der Verrat und die Untreue Judas – das eigentlich erlebt hatte, was mit Israel geschehen war – noch schlimmer war als bei den Nachbarn im Norden. Doch Jeremia kündigt auch an, dass die Nation, mit der sich Gott am Ende versöhnen wird, nicht das untreue Israel ist (von dem er sich „getrennt" hat und das durch sein Exil auch die Todesstrafe empfangen hatte), sondern eine neue Nation, das erneut wiedervereinigte Israel und Juda (Jer 3,18), das in Wirklichkeit jedoch nicht mehr das ursprüngliche Israel darstellt, sondern sich vielmehr aus seinen Kindern (V. 22) zusammensetzt, die einen Teil dieser Nation bilden werden. David Instone-Brewer schlussfolgert:

> Auf diese Art und Weise wird das Gesetz in 5. Mose 24 nicht gebrochen, weil Gott nicht mehr dieselbe frühere Ehefrau heiratet, und die Prophezeiung Hoseas erfüllt sich, weil das zukünftige Israel wieder aufgenommen wird, wenn es in der Vereinigung mit Juda zu einer neuen Ehefrau wird.[34]

---

33 Eine weiterführenden Diskussion dieser Hinweise bezüglich Milde im Fall von Ehebruch findet sich u. a. bei Joe M. Sprinkle, „Sexuality, Sexual Ethics," in T. Desmond Alexander und D. W. Baker (Hg.), *Dictionary of the Old Testament: Pentateuch*, Band 3, InterVarsity, Downers Grove 2003, S. 744. Sprinkle folgt Bruce Wells („Adultery: Its Punishment, and the Nature of Old Testament Law", Vortrag bei der Jahrestagung der Evangelical Theological Society, Orlando, November 1998). Vgl. auch Hilary B. Lipka, „Such a Thing is Not Done in Israel", *The Construction of Sexual Transgression in the Hebrew Bible*, Diss. Brandeis University 2004, S. 220, 223.

34 Instone-Brewer, *Divorce and Remarriage*, S. 42.

3. Postexilische Propheten und Schriften: Probleme im Zusammenhang mit Scheidung und Wiederheirat

a. Esra 9–10

Die letzten beiden Kapitel des Buches Esra beschreiben eine Situation, in der sich Esra nach der Rückkehr aus dem Exil im Sommer 457 v. Chr. mit einigen führenden Juden auseinandersetzt, die heidnische [*nēkār*, „fremd"] Frauen geheiratet hatten. Es ging um eine offensichtliche Missachtung eindeutiger Anweisungen der Tora (5 Mo 7,1–5) seitens der postexilischen Juden. Die ausführlichen Zitate der deuteronomischen Gesetzgebung durch die Oberen des Volkes einschließlich dem ausdrücklichen Hinweis auf die „Gräuel" der heidnischen Nationen scheinen deutlich darauf hinzuweisen, dass es nicht um ethnische Reinheit geht, sondern um die Bewahrung der wahren Anbetung Jahwes vor den Einflüssen heidnischer Religionen. Anscheinend gab es eindeutige Hinweise, dass die heidnischen Frauen der Juden immer noch Götzen anbeteten. Wahrscheinlich gehörten sie zu der synkretistischen religiösen Oppositionsgruppe, gegen die sich Esra und Nehemia behaupten mussten.[35]

Esra ermahnte die Übertreter (Kap. 10,10–11):

> Ihr habt dem Herrn die Treue gebrochen, als ihr euch fremde Frauen genommen und so die Schuld Israels gemehrt habt. Bekennt sie nun dem HERRN, dem Gott eurer Väter, und tut seinen Willen und scheidet euch [*bdl*, Nif'al (reflexiv)] von den Völkern des Landes und von den fremden Frauen.

Dann folgte eine dreimonatige Untersuchung, und diejenigen, die mit fremden Frauen verheiratet waren, versprachen, sie würden ihre Frauen wegschicken (Esra 10,19f, *yṣ'*, Hif'il [kausativ]). Als Ergebnis dieser Reformen trennten sich 113 jüdische Männer (17 Priester, 10 Leviten und 86 andere) von ihren Frauen.

Es ist bemerkenswert, dass sich die spezifische Terminologie für „Scheidung" in diesen Abschnitten des Buches Esra von der Terminologie anderer alttestamentlicher Texte unterscheidet. Beide Verben, *yṣ'* (im Hif'il: „zum Gehen veranlassen, weggeben") und *bdl* (im Nif'al: „sich trennen von") werden an keiner anderen Stelle im biblischen Kanon für das Bezeichnen der Scheidung verwendet. Es ist möglich, dass damals eine andere Terminologie gepflegt wurde, aber diese Möglichkeit wird durch die Verwendung der passenden Terminologie für Scheidung beim zeitgenössischen Propheten Maleachi in Zweifel gezogen. Es ist wahrscheinlicher, dass diese Ehen, gar nicht als legitime und gültige Ehen betrachtet wurden, da sie als direkte

35 Siehe dazu die Zusammenfassung der Belege bei Hyam Maccoby, „Holiness and Purity: The Holy People in Leviticus and Ezra-Nehemiah", in John F. A. Sawyer (Hsg.), *Reading Leviticus: A Conversation with Mary Douglas*, Sheffield Academic Press, Sheffield 1996, S. 153–170.

Übertretung des Gebotes der Tora galten. Esra, der „Schriftgelehrte, kundig im Gesetz des Mose" (Esr 7,6), der die Scheidungsterminologie sicherlich kannte, verwendete bewusst nicht die gängigen Begriffe für „heiraten" [*nś'* und *yṣ'*][36] und das „Wegschicken" der Frauen. Dieses „Wegschicken" war keine echte Scheidung, sondern die Auflösung ungültiger Ehen.[37] William Heth und Gordon Wenham drücken es so aus: „In den Augen Esras ging es nicht um den Bruch legitimer Ehen, sondern um die Annullierung von Ehen, die gegen das Gesetz verstießen."[38]

Solche Aktionen im postexilischen Israel „waren mehr als rassische oder kulturelle Maßnahmen. Es ging darum, das geistliche Erbe Israels zu bewahren".[39] Edwin Yamauchi verweist in diesem Zusammenhang auf das Beispiel der jüdischen Siedlung von Elephantine (Ägypten) zur Zeit Esras und Nehemias. Dort waren Ehen mit heidnischen Götzenanbeterinnen für Laien und Priester erlaubt. Bald entwickelte sich dort eine synkretistische Religion mit der Anbetung Jahwes und seiner heidnischen Begleiterin, der Göttin Anat.[40]

Der biblische Text in Esra 10,11 sagt ausdrücklich, dass das „Wegschicken" der heidnischen Frauen „seinem [Gottes] Willen" entsprach. Da allerdings die Tora für solche Situationen kein spezifisches Gebot enthält, sollte man nicht allzu schnell verallgemeinern und darauf beharren, dass die von Esra ergriffenen extremen Maßnahmen als Muster für alle zukünftigen Ehen zwischen gläubigen und ungläubigen Partnern gelten sollten. Edward Dobson betont mit Recht: „Es handelte sich um besondere einmalige Umstände. Die messianische Linie (‚der heilige Same') stand in der Gefahr, ausgelöscht zu werden, und Gott befahl eine weitreichende, drastische Handlung."[41] Gleichzeitig unterstreicht dieser Abschnitt sicherlich die Gefahren im Zusammenhang mit der Heirat Ungläubiger.

b. Maleachi 2,13–16

Maleachi, ein Zeitgenosse Esras und Nehemias, schreibt sein Buch zur selben Zeit und beschäftigt sich mit ähnlichen Problemen. In Maleachi 2,10–16 begegnen wir

36 Obwohl Esra das im Hebräischen übliche *lqḥ*, „zur Ehe nehmen", kannte und sonst in seinem Buch auch verwendete (Esr 2,61), nimmt er bei der „Hochzeit" mit den fremden Frauen andere Begriffe, nämlich *nś'* = „aufnehmen" (Esr 9,2.12; 10,44) und *yḥb* = „eine Wohnung geben". Mit dem Wort *nś'* für Heirat werden an anderen Stellen im Alten Testament stets die Ehe mit Fremden, die Vielehe und Konkubinate (Rut 1,4; 2 Chr 11,31; 13,21; 24,3; Neh 13,25) bezeichnet, während *yḥb* im Zusammenhang mit Ehe nur hier in Esra und in Nehemia 13,24.27 genannt wird, und zwar erneut mit Bezug auf fremde Frauen.

37 Zusätzliche Anhaltspunkte zugunsten dieser Schlussfolgerung finden sich vor allem bei Heth und Wenham, *Jesus and Divorce*, S. 163–164. Da diese Ehen nicht als gültige Ehen betrachtet wurden, ging es nicht darum, „das geringere Übel" zu wählen, wie oft behauptet wird.

38 Ebenda S. 163.

39 Edwin M. Yamauchi, „Ezra-Nehemiah", in Frank E. Gaebelein (Hg.), *The Expositor's Bible Commentary*, Band 4, Zondervan, Grand Rapids 1988, S. 563–771, hier 677.

40 Siehe ebenda zur weiteren Diskussion und relevanten Bibliografie.

41 Edward G. Dobson, *What the Bible Really Says about Marriage, Divorce, and Remarriage*, Revell, New Jersey 1986, S. 47.

der Kehrseite des in Esra 9–10 behandelten Punktes. Maleachi schreibt über einige Fälle, in denen sich ein jüdischer Mann von der jüdischen Ehefrau seiner Jugend getrennt hat (V. 14), um eine heidnische Frau, „eines fremden Gottes Tochter" (V. 11) zu heiraten. Solche Ehen haben das Heilige [*qdš*] des HERRN, das er liebt, „entheiligt" [*ḥll*]. Bei dieser Situation geht es eindeutig um eine Scheidung (*šlḥ*, V. 16), nicht um die Auflösung einer illegitimen Ehe mit heidnischen Frauen wie in Esra 9–10. Die jüdischen Rückkehrer üben Verrat, handeln treulos (*bgd*) an den jüdischen Ehepartnern ihrer Jugend (V. 14).

Maleachi 2,14 macht Vertragscharakter der Ehe deutlich, wie er bereits in der Einführung zu diesem Kapitel erläutert wurde. Gott zeigt auf, warum er die Gebete und Opfer der Menschen nicht angenommen hat (V. 13): „Weil der HERR Zeuge war zwischen dir und der Frau deiner Jugend, der du treulos geworden bist, obwohl sie doch deine Gefährtin und die Frau ist, mit der du einen Bund geschlossen hast." (V. 14) Die Antwort des HERRN auf dieses Verhalten ist klar: „Darum so seht euch vor in eurem Geist, und werde keiner treulos der Frau seiner Jugend." (V. 15)

Darauf folgt die deutlichste Aussage des ganzen Alten Testaments zur Einstellung Gottes gegenüber der Scheidung, eine Einstellung, die bereits in 5. Mose 24,1–4 und anderen Textabschnitten impliziert wird: „Denn ich hasse Scheidung [*šlḥ*, Pi'el, Inf. konstr.], spricht der HERR, der Gott Israels" (EB, V. 16). Viele moderne Versionen übersetzen ähnlich.[42] Es spielt in diesem Zusammenhang keine Rolle, ob man diesen Vers mit „Er [Jahwe] hasst Ehescheidung" oder „Ich [Jahwe] hasse Ehescheidung" übersetzt. Wie in 5. Mose 24,1–4 wird die Rechtmäßigkeit der Ehescheidung nicht bezweifelt, aber eine solche Praxis als moralisch verwerflich gegenüber Gott dargestellt.[43] Markus Zehnder schreibt über die Männer, die von Maleachi getadelt werden: „Ihre Praxis ist nicht illegal, doch in den Augen Jahwes stellt das Verstoßen ihrer Frauen, weil sie eine andere, heidnische Frau heiraten wollen, ein moralisches Unrecht dar."[44]

Ich stimme mit den meisten modernen Kommentaren und Versionen darin überein, dass dieser Vers eine unbedingte göttliche Verurteilung der Ehescheidung darstellt. Peter Verhoef fasst den weitgehenden Konsens unter den Theologen zusammen:

---

42 Hfa, NL, Schlachter 2000; ähnlich GNB, EÜ. LB interpretiert den Urtext hier anders. Zur Erörterung von textlichen Herausforderungen in Maleachi 2,10–16 siehe u. a. Ralph Smith, *Micah-Malachi*, Word Biblical Commentary, Word, Waco 1984, S. 318–325. Zur Bestätigung der in dieser Studie vorgeschlagenen Auslegung siehe besonders Markus Zehnder, „A Fresh Look at Malachi II 13–16", *Vetus Testamentum* 53.2, 2003, S. 224–259.

43 Manche argumentieren, dass die Verwendung des Verbs *śn'* = hassen in diesem Zusammenhang auf 5 Mo 24,3 zurückgeht, wo *śn'* sich auf den Ehemann bezieht, der sich von seine Frau trennt und nicht auf Jahwe als denjenigen, der die Scheidung hasst. Allerdings ist darauf hinzuweisen, dass das Verb *śn'* sich an anderer Stelle im Buch Maleachi nur auf Jahwe bezieht (Mal 1,3); auch der unmittelbare Kontext von Maleachi 2,10–16 scheint sich auf Jahwe zu beziehen, nicht auf einen jüdischen Ehemann als das zum Verb *śn'* gehörende Subjekt.

44 Zehnder, „Malachi 2,13–16", S. 256.

> An keiner anderen Stelle im Alten Testament finden wir eine so erhabene Auffassung von der Ehe wie in Maleachi 2,10–16. An keiner anderen Stelle wird Scheidung so explizit verurteilt ... Der Prophet Maleachi ... bietet uns in dieser Hinsicht [was Scheidung betrifft] die höchste alttestamentliche Offenbarung.[45]

Dieser Abschnitt ist sehr gut geeignet, den Überblick über alttestamentliche Texte zum Thema Scheidung und Wiederheirat abzuschließen. Ich schließe aus ihm, dass diese Aussage nicht neu ist und keinen späten Fortschritt in der alttestamentlichen Sicht und der Entwicklung des Scheidungsverständnisses bedeutet. Seit dem Anfang in 1. Mose 1–3 war das göttliche Ideal klar. Theologen haben nachvollziehbar gezeigt, dass die Verwendung des Begriffes „einer" [*'eḥād*] in Maleachi 2,10 für Gott und in Maleachi 2,15 für das ein-Fleisch-Werden in der Ehe („aber schuf er sie nicht als eins?") eine textliche Verbindung mit dem göttlichen Eheideal vom Ein-Fleisch-Sein in 1. Mose 2,25 darstellt.[46] Walter Kaisers rhetorische Frage fasst das Problem treffend zusammen: „Was könnte für den Propheten in einer Disputation über vertragsbrüchige Scheidungen natürlicher sein als auf das ursprüngliche Textzeugnis zurückzukommen, in dem die biblische Ehenorm festgesetzt wurde?"[47] Der Allmächtige ruft zu einer Rückkehr zum ursprünglichen göttlichen Ideal auf!

Schlussfolgerungen und Implikationen für das Studium des Neuen Testaments und für die Gegenwart

1. Nach dem im Paradies gegebenen göttlichen Plan für die Ehe sollte es zwischen Mann und Frau eine dauerhafte vertragliche Vereinbarung geben (1 Mo 2,24), und dasselbe göttliche Modell wird im Neuen Testament von Jesus und Paulus bekräftigt (Mt 19,5–9; 1 Kor 6,16; Eph 5,31).

2. Im Alten Testament war es dem überlebenden Partner einer Ehe freigestellt, nach dem Tod seines oder ihres Ehepartners wieder zu heiraten (1 Mo 25,1), und Paulus bekräftigte dieses Prinzip erneut (Röm 7,1–3).

3. In den gesetzlichen Vorschriften des Pentateuchs stand auf sexuelle Untreue (bewusst praktizierter außerehelicher Geschlechtsverkehr) die Todesstrafe (3 Mo 20,10; 5 Mo 22,22), obwohl es offensichtlich die Möglichkeit gab, dem schuldig gewordenen Partner Barmherzigkeit zu erweisen. Die verschiedenen Arten uner-

---

45 Peter A. Verhoef, *The Books of Haggai and Malachi*, Eerdmans, Grand Rapids 1987, S. 280.

46 Walter Kaiser, „Divorce in Malachi 2:10–16", *Chriswell Theological Review* 2, 1987, S. 73–84; Hugenberger, *Marriage as a Covenant*, S. 124–167.

47 Kaiser, „Divorce in Malachi 2:10–16", S. 75. Dies sollte nicht als Grund angeführt werden, als würde Gott jede Art von Scheidung verbieten, selbst aus adäquaten biblischen Gründen. Im Kontext von Mal 2 wird die Person kritisiert, die „die Scheidung verursacht hat, weil sie dem Ehebund nicht treu war" (Instone-Brewer, *Divorce and Remarriage*, S. 57). Gleichzeitig ist hier – durch die intertextuelle Verbindung zu 1 Mo 2 – ein göttlicher Aufruf, zum Ideal der lebenslangen Ehe zurückzukehren.

laubten Geschlechtsverkehrs werden in 3. Mose 18 zusammengefasst, und diese Gesetze gelten unabhängig von Zeit und Kultur, für Nichtisraeliten („Fremde") genau so wie für Israeliten (3 Mo 18,24–30).

4. Man muss 3. Mose 18 als Teil eines größeren Abschnitts betrachten, der auch 3. Mose 17 einschließt. In diesen beiden Kapiteln werden vier wesentliche gesetzliche Verbote genannt, die explizit für Fremde genauso galten wie für geborene Israeliten. Hierbei geht es um:

a. Das Opfern für Götzen/Dämonen (3 Mo 17,7–9),
b. der Genuss von Blut (3 Mo 17,10–12),
c. der Genuss von nicht sofort ausgeblutetem Fleisch (3 Mo 17,13–16) und
d. verschiedene unerlaubte Sexualpraktiken (3 Mo 18,6–29).

Besonders erstaunlich ist es, dass es sich hier um dieselbe Auflistung, und zwar *in derselben Reihenfolge*, handelt wie bei den Verboten für Heidenchristen, die vom Konzil zu Jerusalem beschlossen wurden (Apg 15,29): „dass ihr euch enthaltet vom Götzenopfer und vom Blut und vom Erstickten[48] und von Unzucht [*porneia*]". Das Konzil von Jerusalem beschloss eindeutig, dass die in 3. Mose 17–18 genannten, den Fremden verbotenen Praktiken ebenfalls den Heidenchristen in der Gemeinde verboten waren.

Diese Entsprechung zwischen Apostelgeschichte 15 und 3. Mose 17–18 ist eine solide Grundlage für ein Verständnis davon, wie die frühen Christen *porneia* verstanden, wenn die Bedeutung des Worts aus einem Zusammenhang nicht klar wird. Es schließt all die diversen sexuellen Aktivitäten ein, die in 3. Mose 18 genannt werden. Diese Praktiken können als unerlaubter Geschlechtsverkehr zusammengefasst werden; dazu gehört Inzest, Ehebruch, Homosexualität und Verkehr mit Tieren.[49]

48 Das griechische Adjektiv *pniktos*, das normalerweise mit „erwürgt" oder „erstickt" übersetzt wird, trifft genau die in 3 Mo 17,13–16 beschriebene Situation. H. Bietenhard, *„pniktos"*, in Colin Brown (Hg.), *The New International Dictionary of New Testament Theology*, Bd. 1, Zondervan, Grand Rapids 1975, S. 226, erklärt: „Die Vorschriften [Apg 15,20.29] von 3. Mose 17,13f. und 5. Mose 12,16.23 verlangen, dass beim Schlachten eines Tieres so verfahren wird, dass alles Blut aus seinem Körper ausströmt. Wird das Tier auf andere Weise getötet, dann erstickt es, wenn das im Blute sitzende Leben im Kadaver bleibt."

49 Zur weiteren Unterstützung dieser Position in Bezug auf die Parallele von Apg 15 und 3 Mo 17–18 sowie zur Bedeutung von *porneia* siehe besonders H. Reisser, „porneuō", in Lothar Coenen, Erich Beyreuther und Hans Bietenhard (Hg.), *Theologisches Begriffslexikon zum Neuen Testament*, Bd. 2, Brockhaus, Wuppertal 1983, S. 1504–1509; F. Hauck und S. Schulz, *„pornē, pornos, porneia, porneuō, ekporneuō"*, in Gerhard Friedrich (Hg.), *Theologisches Wörterbuch zum NT*, Band 6, S. 579–595; und James B. Hurley, *Man and Woman in Biblical Perspective*, Zondervan, Grand Rapids 1981, S. 95–106.129–137. Diese Ansicht widerspricht jenen, die die *porneia* von Apg 15 nur auf die inzestuösen Beziehungen von 3 Mo 18,6–18 beziehen. Diese Auffassung verkennt die Tatsache, dass das gesamte Kapitel 3 Mo 18 eine Einheit bildet, die die verschiedenen unerlaubten Sexualpraktiken der Kanaaniter beschreibt (vgl. die Inclusio in den Versen 3 und 30). Diese letztgenannte Auffassung wird u. a. vertreten von Joseph A. Fitzmeyer, „The Matthean Divorce Texts and Some New Palestinian Evidence", *Theological Studies* 37, 1976, S. 197–226, und Samuele Bacchiocchi, *The Marriage Covenant: A Biblical Study on Marriage, Divorce, and Remarriage*, Biblical Perspectives, Berrien Springs 1991, S. 182–189. Eine überzeugende Kritik der Inzest-Interpretation (besonders in den Abschnitten des Matthäusevangeliums) ist Craig L. Blomberg, „Marriage, Divorce, Remarriage, and Celibacy: An Exegesis of Matthew 19:3–12", *Tyndale Journal* 11, 1990, S. 176–178.

Diese innerbiblische Definition von *porneia* ist auch entscheidend, um zu verstehen, was Jesus bei der „Ausnahmeregelung" bezüglich der Scheidung aufgrund von *porneia* in Matthäus 5,32; 19,9 meinte.

5. Scheidung wird im Alten Testament zwar toleriert, aber niemals befohlen, geboten oder durch göttliche Gesetzgebung gutgeheißen. Tatsächlich wird sie an keiner Stelle im Alten Testament offiziell gesetzlich begründet. Gott hat Ehescheidung nicht befohlen, auch nicht in den Fällen von Abraham und Hagar (1 Mo 21) und bei den gemischten Ehen mit heidnischen Götzenanbeterinnen in der Zeit Esras (Esr 9–10). Wenn der Text aufmerksam gelesen wird, stellt man fest, dass Gott diese Beziehungen als ungültige Ehen betrachtet hat und ihre Auflösung keine Scheidung, sondern die Beendigung einer illegitimen Beziehung darstellte. Im Gegensatz zur allgemeinen Auffassung enthält das Alte Testament keine gesetzliche Regelung hinsichtlich des Rechtes einer Ehefrau zur Scheidung von ihrem Ehemann aufgrund von Verlassen. 2. Mose 21,7–11 spricht weder von Ehe noch von Scheidung.

6. Obwohl 5. Mose 24,1–4 Scheidung aufgrund schändlichen Verhaltens (*'erwat dābār*) der Ehefrau toleriert, kommt innerhalb dieses Gesetzes gleichzeitig durch eine seltene Form des hebräischen Begriffs für „verunreinigen" (*ṭm'* im Hothpa'el, d. h. reflexiven Passiv) zum Ausdruck, dass eine solche Scheidung keine göttliche Billigung findet. Die Frau, deren Ehemann sie weggeschickt hat, hat sich mit einer zweiten Ehe ähnlich „verunreinigt", als ob sie Ehebruch begangen hätte (obwohl dies nicht als solches bestraft wird, weil der erste Ehemann zu tadeln ist und nicht die Frau). So impliziert bereits 5. Mose 24,4, dass der Bruch des Ehebundes aus anderen Gründen als unerlaubtem Geschlechtsverkehr die Frau verunreinigt, d. h. sie veranlasst, etwas zu tun, was gleichbedeutend mit Ehebruch ist (wenn sie wieder heiratet).

7. Die korrekte Übersetzung von 5. Mose 24,4 („nachdem sie unrein geworden ist") erklärt die Worte Jesu aus Matthäus 5,32: „Wer sich von seiner Frau scheidet, es sei denn wegen Ehebruchs [*porneia*], der *macht, dass sie die Ehe bricht* [wahrscheinlich, wenn sie wieder heiratet]". Für Jesus war der Ausdruck in 5. Mose 24,4 „nachdem sie unrein geworden ist" gleichbedeutend mit der Veranlassung, Ehebruch zu begehen, wie sie im Alten Testament genannt wird. Daher ist Matthäus 5,32 für Jesus keine Ausnahme seiner Regel der „Ich aber sage euch"-Aussagen in Matthäus 5. Wie an anderer Stelle in diesem Kapitel, verändert er hier nicht die alttestamentliche Bedeutung des Gesetzes, sondern bewahrt ihre ursprüngliche volle Gültigkeit vor einer späteren Falschinterpretation.

8. Die in 5. Mose 24,1 genannten Gründe für eine Scheidung sind die Grundlage für die Diskussion Jesu mit den Pharisäern in Matthäus 19. Die Schule von Shammai interpretierte *'erwat dābār* („die Blöße einer Sache") als unziemliches Verhalten, zu dem Ehebruch und andere verbotene Sexualpraktiken gehörten (da diese zu seiner Zeit nicht oft die Todesstrafe bedeuteten), und die Schule von Hillel verstand un-

ter diesen Gründen jede Art von unziemlichem Verhalten, sogar so triviale Dinge wie das Zerbrechen des Geschirrs durch die Ehefrau. Jesu „Ausnahmeregelung" ist strikter als die beider Schulen, Shammais und Hillels; er lässt nur *porneia* (unerlaubten Sexualverkehr) als legitimen Scheidungsgrund gelten.

9. Die Gründe für eine Scheidung, die Jesus anführt (*porneia*), entsprechen den im Alten Testament mit der Todesstrafe belegten Praktiken. Deshalb kann man sagen, dass die von Jesus im Matthäusevangelium angeführte Ausnahmeregelung keinen Widerspruch zu den anderen Synoptikern darstellt, bei denen diese Ausnahmeregelung fehlt. Markus und Lukas erwähnen keine Ausnahmeregelung, wahrscheinlich weil eine solche Ausnahme (aufgrund der Todesstrafe und der de-facto-Auflösung der Ehe) im alttestamentlichen Gesetz angenommen wurde. Matthäus beschreibt die Ausnahmeregelung, um die Bedeutung der Worte Jesu deutlich zu machen, und zwar in einem Umfeld, in dem die Todesstrafe für *porneia* ohnehin nicht mehr galt.[50]

10. Der legislative Teil von 5. Mose 24,1–4, der einer Ehefrau verbot, nach einer weiteren Heirat und nach dem Tod des zweiten Ehemanns oder der Scheidung von ihm zu ihrem ersten Ehemann zurückzukehren, wird heute noch angewandt, da er von seiner Terminologie und Konzeption her mit der dauerhaft gültigen und universellen Gesetzgebung von 3. Mose 18 verbunden ist.

11. Im weiteren Zusammenhang des Deuteronomium enthält der Abschnitt 24,1–4 Gesetze, die die Rechte der Frauen, ihre Würde und ihre Selbstachtung fördern und schützen sollen. Dieses Gesetz weist mit seiner Toleranz gegenüber Ungerechtigkeiten, die Frauen aufgrund der Herzenshärte der Männer erdulden müssen, die es aber dennoch missbilligt, auf den Tag hin, an dem solche Ungerechtigkeiten durch die Rückkehr zum Ehe-Modell der Schöpfung aufgehoben werden. In Matthäus 19,5–9 hat Jesus diesen Tag angekündigt. Auch andere Gesetze im Pentateuch, die mit Scheidungsfragen zusammenhängen, weisen in diese Richtung, schützen die Frau vor Missbrauch durch ihren Ehemann und setzen sich für die Rechte von geschiedenen Frauen ein.

12. Die Gesetze des Pentateuch fordern von Gottes besonders gesalbten Priestern einen höheren Standard der ehelichen Beziehungen als von Laien (3 Mo 21,7.14; Hes 44,22).

13. Gottes Eingehen auf die menschliche Herzenshärte in der inspirierten alttestamentlichen Gesetzgebung zur Ehescheidung stellt auch denen die göttliche Gnade und Vergebung in Aussicht, die den Schritt der Scheidung in unserer heutigen Zeit bereits unwiderruflich vollzogen haben. Die Propheten offenbaren das Element der Gnade besonders angesichts der Einstellung des göttlichen Ehemanns zu seiner treulosen, ehebrecherischen Frau Israel. Er ist wirklich wie ein eifersüch-

50 Nach dem babylonischen Talmud (*Sanhedrin* 41a) wurde die Todesstrafe wegen Ehebruchs im Jahr 30 v. Chr. abgeschafft.

tiger Ehemann, der die ausschließliche und treue Zuneigung seiner Frau zu ihm möchte; aber er ist auch wie ein Ehemann mit einem gebrochenen Herzen, der sich danach sehnt, dass seine Frau zu ihm zurückkehrt (Jes 50,54; Jer 3; Hos 2). Er wünscht sich Versöhnung, nicht Scheidung. Er ist auch der weinende Ehemann, untröstlich in seinem Kummer über seine ungetreue Ehefrau (Jer 8,18–9,22).[51] Das göttliche Verhalten bietet dem Ehemann oder der Ehefrau von heute, die entdecken, dass der Partner untreu wurde, ein Modell der Gnade an. Für den Geschiedenen, der vielleicht zum Scheitern der Ehe beigetragen hat, der möglicherweise ein unschuldiges Opfer von Konsequenzen ist, die außerhalb seines Einflusses lagen, der sich aufgrund der Scheidung wie ein völliger Versager fühlt – für ihn, für sie hat Gott ein Wort der Gnade zu allen diesen Situationen. Wie im Leben derer, die in alttestamentlichen Zeiten eine Scheidung erlebten, arbeitet Gott auch mit den Fehlern der Vergangenheit. Er nimmt die Scherben und ermöglicht Geschiedenen einen neuen Anfang.

14. Mit der thematischen und terminologischen Verbindung zu 1. Mose 1–3 hält Maleachi 2,13–16 am Ehemodell des Paradieses fest. Gottes eigene vergebende Gnade und die Gnade, die er Männern und Frauen für ihre untreuen Ehepartner aufträgt, sind überall im Alten Testament spürbar. Dennoch wird dadurch das Wort Gottes, das schon ganz am Anfang implizit vorhanden, im gesamten Alten Testament hörbar und am Ende der alttestamentlichen Zeit wie ein Donnerhall zu vernehmen war, weder ungültig werden noch verstummen (Mal 2,16): „Ich hasse Scheidung!"

51 Ausleger diskutieren darüber, wer in Jer 8,18–9,22 der Weinende ist. Kathleen M. O'Connor, „The Tears of God and Divine Character in Jeremiah 2–9", in A. R. Pete Diamond, Kathleen M. O'Connor und Louis Stulman (Hg.), *Troubling Jeremiah*, Sheffield Academic Press, Sheffield 1999, S. 387–401, präsentiert starke Argumente dafür, dass in diesen Text Gott mit dem Weinenden gemeint ist. Doch selbst wenn Jeremia gemeint sein sollte, ist Jeremia zweifellos voll von „Kummer des Herrn", so wie er in Jeremia 6,11 „von des HERRN Zorn so voll" ist.

Kapitel 7

Jesus und die Frage der Scheidung: Eine exegetische Studie über Matthäus 19,1–12

Miguel Ángel Roig

Das Thema Scheidung und Wiederverheiratung wird häufig und kontrovers diskutiert, nicht nur in unserer Gesellschaft, sondern auch innerhalb der Kirche der Siebenten-Tags-Adventisten – ein Zeichen für die Aktualität dieses Problems. Eine Scheidung wirkt sich auf mehrere Bereiche aus, die alle zu beachten sind. Man kann diese Frage aus unterschiedlichem Blickwinkel studieren – aus juristischer, psychologischer, ethischer, therapeutischer, ökonomischer und natürlich aus theologischer Sicht; denn die Ehe ist eine von Gott geschaffene Institution, und es gibt zahlreiche biblische Aussagen zu diesem Thema. Angesichts einer Vielfalt von Meinungen müssen wir als gläubige Christen zunächst ernsthaft nach den Aussagen des Wortes Gottes fragen und uns an dem dort dargestellten Ideal orientieren, bevor wir für die eine oder andere Tendenz Partei ergreifen oder irgendeine Praxis akzeptieren.

Die vorliegende Studie beschränkt sich auf den Textabschnitt in Matthäus 19,1–12, obwohl sie auch andere Texte betrachtet, weil es sich um sehr wichtige Verse handelt, in denen Jesus eine ganze Reihe von Fragen rund um das Thema Scheidung präzisiert und verdeutlicht, die man beachten sollte, wenn man sich mit Scheidung und Wiederverheiratung beschäftigt.

Die Ausgangssituation im Matthäus-Text

Die Verse, um die es hier geht, gehören zu einem Abschnitt des Evangeliums (Mt 19,1b–22,46), der – was seine charakteristische konzentrische Struktur betrifft[1] – eine Parallele in Matthäus 8,2–10,4 findet. Es handelt sich um zwei im Wesentlichen erzählende Abschnitte,[2] in denen seine Gegner in gewisser Weise Jesu Autorität (*exousia*),[3] mit der er spricht und handelt (vgl. Mt 9,6.8; 21,23), in Frage stellen.[4] In

1 Miguel Ángel Roig, „La estructura literaria del evangelio de San Mateo", Diss. Universidad Complutense de Madrid 2000, S. 103–124.

2 Der Begriff „erzählend" soll zur Unterscheidung von den fünf Lehrabschnitten (Mt 5,1–8,1; 10,5–11,1; 13,1–53; 18,1–19a; 23,1–26a) des Matthäusevangeliums dienen, die mit wenigen Abwandlungen von den meisten Forschern als solche anerkannt werden. Es ist jedoch offensichtlich, dass auch die erzählenden Textabschnitte gelegentlich Lehrbeiträge enthalten.

3 Es ist interessant zu beobachten, dass der Begriff *exousia* im Matthäusevangelium insgesamt zehnmal vorkommt, davon allein in den beiden Textabschnitten, auf die wir uns beziehen, achtmal (je viermal).

4 Zum umfassenderen Verständnis dieser Polemik siehe D. J. Mood, „Jesus and the Authority of the Mosaic Law", *Journal for the Study of the New Testament* 20, 1984, S. 3–49.

diesem Abschnitt wird Jesus um seine Meinung zu aktuellen Fragen der damaligen jüdischen Gesellschaft gebeten. Es handelte sich um Themen wie Ehescheidung, Steuern, Auferstehung, Gebote Gottes usw.

Seine Auskünfte waren so klar und voller Autorität, dass – wie der Evangelist es ausdrückt – „niemand ... ihm ein Wort antworten [konnte], auch wagte niemand von dem Tage an, ihn hinfort zu fragen" (Mt 22,46). Es ist daher wichtig, diese Details in Betracht zu ziehen, um die Bedeutung und Reichweite dieser Aussagen Jesu zu verstehen. Die Struktur des Textabschnittes wird von den Antworten Jesu auf zwei Fragen der Pharisäer geprägt sowie davon, dass er auf weitere Kommentare seiner eigenen Jünger eingeht. Diese Fragen und Antworten bilden den roten Faden der folgenden Überlegungen. Die Gliederung des polemischen Dialogs kann folgendermaßen dargestellt werden:

1a. die erste Frage der Pharisäer (V. 3b),
1b. die erste Antwort Jesu (V. 4–6),
2a. die zweite Frage der Pharisäer (V. 7),
2b. die zweite Antwort Jesu (V. 8–9),
3a. der Einwand der Jünger (V. 10),
3b. die Antwort Jesu an die Jünger (V. 11–12).

Es sollte auch darauf hingewiesen werden, dass sich der Textabschnitt unmittelbar jenem Evangeliumstext anschließt, der dazu aufruft, sich vor der Verachtung der Kleinen und Schwachen zu hüten, Unrecht zu vergeben und Schulden zurückzuzahlen (Mt 18,1–35).

Der Hintergrund der Diskussion (V. 1–3)

Vor seiner Ankunft in Jerusalem und seinem letzten Aufenthalt dort überquerte Jesus, gefolgt von einer Menschenmenge, die Grenze nach Judäa (Mt 19,1). Man muss hier darauf hinweisen, dass dieses Gebiet von Herodes Antipas regiert wurde, der die Enthauptung Johannes des Täufers befohlen hatte, weil dieser seine illegitime Verbindung mit Herodias, der Frau seines Bruders Philippus, getadelt hatte (Mt 14,1–12). Flavius Josephus bestätigt, dass dieses unglückselige Ereignis in der berühmten Festung Machaerus in Südjudäa stattfand.[5]

Wenn man den Respekt und die Bewunderung bedenkt, die die Menschen für Johannes empfanden (vgl. Mt 14,5), so waren die Einwohner dieser Gegend sicherlich sehr bestürzt über die Nachricht von seinem gewaltsamen Tod und besonders über den Grund für seine Ermordung. Dieser historische und geografische Kontext muss hinsichtlich der Frage der Pharisäer an Jesus zum Thema Scheidung auf jeden Fall berücksichtigt werden.

5 Ant. Jud. XVII, 2.

Die erste Frage der Pharisäer (V. 3)

Die Pharisäer nähern sich Jesus[6] und richten die folgende Frage an ihn in der Absicht, ihn zu Fall zu bringen[7] (Mt 19,3a) und seinen messianischen Anspruch zu widerlegen: „Ist's erlaubt, dass sich ein Mann aus irgendeinem Grund von seiner Frau scheidet?" (Mt 19,3b). Sie wollen wissen, welches Motiv die Legitimation bietet, seine Frau zu verstoßen. Das Verb *exestin*[8] („es ist erlaubt"), von dem sich das Substantiv *exousia* (Autorität) ableitet, kommt aus der Juristensprache. Die Tatsache, dass die Pharisäer mit diesem Anliegen zu Jesus kamen, zeigt, dass sie (und natürlich auch die Gesellschaft) daran interessiert waren, die Meinung einer Persönlichkeit zu hören, die als moralische Autorität – in diesem Fall für die Frage der Scheidung – anerkannt war (vgl. Mt 7,29).

In der Frage der Pharisäer, wie sie von Matthäus überliefert ist, finden sich noch zwei weitere juristische Bezeichnungen, die eindeutig auf ihre Absicht hinweisen, Klarheit bezüglich einer Situation zu erlangen, die zu jener Zeit unter den Gelehrten der Pharisäer diskutiert wurde.[9] Das Verb *apolyō*[10] (wegschicken, freilassen) und die Wendung *kata pasan aitian* (aus irgendeinem Grund) – beides stark juristische Formulierungen – offenbaren die Absicht der Pharisäer, die Debatte auf den Punkt zu bringen, ob nämlich ein solches Verhalten korrekt sei oder nicht, ob Gott es akzeptiere oder ob es seinem Willen widerspreche, ob es aus Sicht der Tora legal oder illegal sei (5 Mo 24,1). Aber vergessen wir bei der Untersuchung der Terminologie nicht die Andeutung des Evangelisten (Mt 19,3a), dass die Pharisäer das Ziel verfolgten, Jesus aufgrund seiner Aussagen zu „versuchen". Ob er für die Schule Hillels oder die Schule Shammais Partei ergreifen würde, es gäbe sicherlich genügend Argumente, um ihn in der Diskussion zu schlagen oder zu Widersprüchlichkeiten zu verleiten. Jesus aber fürchtet die Frage nicht. Er akzeptiert die Debatte

6 Bevor er auf den Inhalt der gestellten Frage eingeht, beschreibt der Evangelist Matthäus, wie die Pharisäer sich Jesus näherten: Sie „traten zu ihm". Das hier verwendete Verb lautet *proserchomai.* Im Neuen Testament kommt es 87 Mal vor, davon 52 Mal – mehr als die Hälfte – im Matthäusevangelium. Ein detailliertes Studium der Abschnitte, in denen dieses Verb verwendet wird, zeigt, dass es häufig zur Beschreibung des Verhaltens von Personen angewandt wurde, die zu Jesus kamen, um ihn zu befragen und von ihm die Antwort einer Autoritätsperson zu erhalten (vgl. Mt 8,19; 15,1; 19,3; 22,23). Eine detaillierte Studie dieses Verbs im Matthäusevangelium bietet James R. Edwards, „The Use of *proserchesthai* in the Gospel of Matthew", *Journal of Biblical Literature* 106.2, 1987, S. 65–74.

7 Das Verb *peirazō* erscheint bei Matthäus sechsmal (Mt 4,1.3; 16,1; 19,3; 2,18; 22,35) und bezieht sich auf verschiedene Gegner Jesu. Die Tatsache, dass es Gegner sind, die seine Autorität herausfordern, schließt jedoch nicht aus, dass sie ihn durchaus als wichtige moralische Autorität anerkannten (vgl. Mt 22,16).

8 An allen 32 Stellen, an denen dieses Verb im Neuen Testament erscheint, steht es in Verbindung mit Aktionen, die entweder erlaubt oder verboten sind.

9 Die Schulen von Hillel und Shammai diskutierten über die Interpretation von 5. Mose 24,1. Shammai interpretiert diesen Textabschnitt restriktiv, Hillel dagegen ist offener, das heißt, er erlaubt die Scheidung von einer Frau aus verschiedenen Gründen.

10 Neben der Scheidung wird mit diesem Verb im Neuen Testament oft die Befreiung von Gefangenen oder Sklaven bezeichnet (vgl. Mt 27,15; Mk 15,6; Joh 19,10; Apg 16,36 etc.), das heißt ein juristischer Akt, mit dem eine Person von einer Verpflichtung oder einem erzwungenen Zustand befreit wird.

und beantwortet ohne Umschweife diese ihm von den Pharisäern gestellte Frage – allerdings anders, als sie es erwartet hatten.

Die erste Antwort Jesu (V. 4–6)

Die Antwort Jesu bringt die Pharisäer völlig aus der Fassung. Sie hatten erwartet, er würde sich für die eine oder andere Auffassung der erwähnten rabbinischen Schulen aussprechen, doch statt einer konkreten Antwort ergreift Jesus die Initiative und spielt ihnen den Ball zu, indem er ihnen eine rhetorische Frage stellt, die der Debatte eine neue Dimension verleiht (Mt 19,4–5).

1. „Im Anfang" (V. 4–6)

Statt über die Frage des juristischen Textes von 5. Mose 24,1 zu debattieren, führt Jesus seine Gesprächspartner zu dem ihnen wohlbekannten Schöpfungsbericht,[11] damit sie sich auf das Ziel besinnen, das Gott mit der Schöpfung von Mann und Frau im Sinn hatte. Insbesondere das Verb *ktizō* (erschaffen) und die Wendung *ap'archēs* (im Anfang) bringen uns zum Schöpfungsbericht (1 Mo 1,27), zu dem Augenblick, als es noch keine menschliche Gesetzgebung gab und der Wille Gottes gegenüber dem Menschen offenbar wurde, als dieser noch nicht gesündigt hatte. In diesem Zusammenhang bezieht Jesus die Worte in 1. Mose 1,27auf die Ehe und setzt Mann und Frau auf dieselbe Ebene, indem er erklärt, der Schöpfer (*ho ktisas*) habe sie als Mann und Frau (*arsen kai thēly*) erschaffen (*epoiēsen autous*).

2. „Und die zwei werden ein Fleisch sein" (V. 5)

In Vers 5 setzt Jesus fort und bezieht sich erneut auf den Schöpfungsbericht, den er nun aus 1. Mose 2,24 zitiert: „Darum wird ein Mann seinen Vater und seine Mutter verlassen und seiner Frau anhangen, und sie werden sein ein Fleisch". Was bei diesem Zitat überrascht, ist die Tatsache, dass er es mit dem vorausgehenden Text verbindet.[12] Wenn der Schöpfer selbst (*ho ktisas*) Mann und Frau gemacht hat (*epoiēsen*), spricht (*eipen*) dieser selbe Schöpfer die Erklärung in 1. Mose 2,24 (Mt 19,5) aus. Indem er den Pharisäern deutlich macht, dass die beiden Textabschnitte in 1. Mose 1,27 und 2,24 zusammengehören und sich auf die ursprüngliche Absicht Gottes für die Ehe beziehen, möchte Jesus ihnen zeigen, dass Gott selbst derjenige ist, der hier spricht. Was Gott gesagt hat, gilt und darf nicht gering geachtet werden.

Indem nun Jesus 1. Mose 2,24 zitiert, stellt er das Verlassen der Eltern durch den Ehemann zugunsten der Vereinigung mit seiner Frau in einen Gegensatz zum Verstoßen der Frau (aus welchem Grund auch immer), um sich von ihr zu befreien – das war ja Gegenstand der Frage der Pharisäer.

---

11 Das Verb *anaginōskō* bedeutet nicht nur „lesen", sondern auch „im Innern und sicher kennen". Vgl. Rudolf Bultmann, *„anaginōskō, anagnōsis"*, in Georg Kittel (Hg.), *Theologisches Wörterbuch zum Neuen Testament*, Bd. 1, Kohlhammer, Stuttgart 1933, S. 347.

12 Die Präposition *heneka toutou* (deshalb) verbindet diese Erklärung mit Matthäus 19,4.

Das Verb *kollaō* (sich anhängen), aus dem sich das Substantiv *kollēma* (Leim, Schweißnaht) ableitet, bezeichnet eine sehr enge Verbindung. Im Neuen Testament erscheint dieser Begriff nur in diesem Abschnitt, der sich auf die Ehe bezieht; in seiner üblichen Verwendung bedeutet er „kleben, zusammenschweißen, fest miteinander verbinden", so fest, dass die beiden Personen, obwohl sie Individuen sind, nicht mehr zwei, sondern „ein Fleisch" – eine Einheit – geworden sind.

Ein anderes Detail der Verbform *kollaō*, das Aufmerksamkeit erregt: In diesem Textabschnitt und im Text von 1. Mose 2,24 handelt es sich in der Septuaginta um das Passiv Futur. Im Passiv handelt das Subjekt – in diesem Fall der Mann – nicht, sondern es empfängt etwas. Das bedeutet, dass bei der Vereinigung von Mann und Frau nicht nur die Ehegatten eine Rolle spielen, sondern auch derjenige, der sie zusammengebracht hat – in diesem Fall Gott. Etwas zu trennen oder zu verändern, was Gott zusammengefügt hat, wie der folgende Vers es ausdrückt (Mt 19,6), muss daher äußerst sorgfältig überlegt werden, denn es verstößt gegen den Willen Gottes. Vers 5 endet folgerichtig, indem er mit seinem Bezug auf den Schöpfungsbericht einen Gegensatz zwischen „zwei" (*dyo*) und „einem" (*mia*) hergestellt hat. Die beiden Wesen, die vereint wurden, sind „ein Fleisch" (*mian sarka*) geworden, d. h. sie bilden nun eine Einheit.

3. „Was nun Gott zusammengefügt hat, das soll der Mensch nicht scheiden!" (V. 6)

Nachdem das prinzipielle Ziel Gottes für die Einrichtung der Ehe (*ap'archēs*) klar und sie als Teil des Schöpfungsplans deutlich geworden ist, verlässt Jesus den Schöpfungsbericht wieder. Mit seinen eigenen Worten fasst er zusammen, was Gott im Schöpfungsbericht gesagt hatte und entwickelt aus den Erklärungen des Schöpfers seine Lehre. Deshalb beginnt der Vers 6 mit der Konjunktion *hōste,*[13] die eine Folge andeutet (aus diesem Grund, deshalb, daher). Jesus erklärt, dass wenn Mann und Frau nun ein Fleisch geworden sind, sie nicht mehr zwei sind, sondern *eine* neue Wirklichkeit.

Jesus beschließt seine erste Antwort (Mt 19,6b) mit einer kategorischen Bekräftigung, die keinen Zweifel zulässt: „Was nun Gott zusammengefügt hat, das soll der Mensch nicht scheiden!" Der antithetische Parallelismus dieses Satzes ist eindeutig:

Ho oun	*ho theos*		*synezeuxen*
Was aber	Gott		zusammengefügt hat
	anthrōpos	*mē*	*chōrizeto*
	der Mensch	nicht	trenne

13 Die aufeinander folgenden Sätze verwenden den Infinitiv, wenn eine Folge möglich ist und den Indikativ, wenn eine bestimmte Folge tatsächlich eintritt. In diesem Fall steht das Verb (*eisin*) im Indikativ (*ouketi* = nicht mehr, kann nur mit Indikativ gebraucht werden), was eine zwingend eintretende Folge aufzeigt.

In diesem Parallelismus gibt es mehrere Details, über die intensiver nachgedacht werden sollte:

1. Die Konjunktion *oun* (aber) spielt keine untergeordnete Rolle.[14] In gewisser Weise soll sie den Ernst der Aussage Jesu bestätigen.

2. Es ist interessant, dass das Relativpronomen im Akkusativ Singular Neutrum steht – *ho* (das, was). Hier bezieht sich Jesus nicht auf „diejenigen (im Plural), die Gott zusammengefügt hat", sondern auf eine neue Realität, die aus dieser konkreten Vereinigung zu einem Fleisch entstanden ist.

3. Wir müssen nicht nur den Gegensatz zwischen den beiden Subjekten (*ho theos/anthrōpos*) beachten, sondern auch den Gegensatz zwischen den beiden Verben. Das Verb *syzeugnymi* steht im Indikativ und bezeichnet das Handeln Gottes. Wörtlich bedeutet es „unter dasselbe Joch spannen", aber nicht im negativen, sondern im positiven Sinn des gemeinsamen Marschierens oder des Arbeitens für ein gemeinsames Ziel. Wenn Jesus in Vers 5 sagt, der Mann werde „an seiner Frau hängen" (*kollēthēsetai*), geht es eindeutig um Gott, der den Mann mit seiner Frau vereint.[15] Damit verurteilt Jesus die Praxis der Pharisäer, sich „aus irgendeinem Grund" von einer Frau zu trennen. Diese Auffassung wird noch verstärkt durch die Verwendung des zweiten Parallelismus-Elements, des Begriffs *mē chōrizeto* (trenne nicht). Das Verb steht nicht im Konjunktiv – wie es in Übersetzungen in manchen Sprachen den Anschein hat –, sondern im Imperativ, was eindeutig besagt, dass der Mensch nicht gegen etwas auftreten oder es verändern darf, „was ... Gott zusammengefügt hat".

Die zweite Frage der Pharisäer (V. 7)

Jesu Antwort auf ihre erste Frage verwirrt die Pharisäer vollkommen. Sie haben nicht erwartet, dass Jesus sie auf den Schöpfungsbericht und das eigentliche Ziel Gottes mit der Ehe verweisen würde. Angesichts der bestechenden Logik Jesu ziehen sie es vor, mit ihm nicht über die Genesis-Texte zu debattieren und entschieden sich dafür, ihm gegenüber sogleich Mose zu zitieren, den großen jüdischen Gesetzgeber: „Warum hat dann Mose geboten, ihr einen Scheidebrief zu geben und sich von ihr zu scheiden?" (Mt 19,7) Wenn Jesus die Autorität Gottes anführte, wollten sie die Autorität der Heiligen Schrift anführen; deshalb versteckten sie sich hinter Mose (5 Mo 24,1).

Hinter dieser zweiten Frage der Pharisäer verbirgt sich jedoch – wie bereits bei der ersten – eine böse Absicht. Mit der ersten Frage wollten sie Jesus in eine Polemik hinsichtlich der rabbinischen Auslegung von 5. Mose 24,1 verwickeln, weil es klar war, dass es in der jüdischen Gesellschaft die Möglichkeit gab, bei Bedarf na-

14 Archibald T. Robertson, *A Grammar of the Greek New Testament in the Light of Historical Research*, Broadman Press, Nashville 1934, S. 1119–1192.

15 Der Kontrast zwischen den Verben *kollaō* (vereinen) und *syzeugnymi* (zusammenspannen) einerseits und *apolyō* (trennen, befreien) auf der anderen Seite ist sehr intensiv.

hezu alle Ehen aufzulösen.[16] Dies ist ihnen nicht gelungen, und nun wollen sie Jesus mit der Autorität Moses konfrontieren. Sie beziehen sich darauf, dass es Mose gewesen sei, der angeordnet habe, einer Frau einen Scheidebrief (*biblion apostasiou*) auszustellen und sich von ihr zu trennen (*apolysai*).

Bei dieser zweiten Frage verwenden die Pharisäer nicht mehr den Ausdruck „aus irgendeinem Grund" (*kata pasan aitian*), der in 5. Mose 24,1 nicht vorkommt; sie konzentrieren sich vielmehr auf die Israel von Mose erteilte Erlaubnis, einen Scheidebrief auszustellen und sich von seiner Frau zu trennen.[17] Jesus hatte mit der Absicht Gottes für die Ehe bei der Schöpfung argumentiert und deutlich gemacht, dass diese nicht mit ihrer Scheidungspraxis zu vereinbaren sei. Nun sollte er die Gesetzgebung des Mose zu diesem Thema erklären.

Die zweite Antwort Jesu (V. 8–9)

1. „Eures Herzens Härte wegen" (V. 8a)

Die Pharisäer zitieren Mose; auch Jesus zitiert Mose, aber mit wichtigen Nuancierungen. Während sich die Pharisäer an den Buchstaben des Gesetzes klammern, geht Jesus – wie er es bei der Bergpredigt getan hatte (Mt 5,21–48) – über den reinen Wortlaut hinaus und offenbart den wahren Grund für diese Anordnung Moses. In ihrer Frage sagen die Pharisäer zu Jesus, Mose habe ihnen „geboten" (*eneteilato*), der Frau einen Scheidebrief auszustellen, aber Jesus erinnert sie daran, dass bei Mose nicht von „gebieten" (*entellomai*) die Rede ist, sondern dass er ihnen „erlaubt" (*epetrepsen*)[18] habe, sich von ihren Frauen zu trennen. Mit anderen Worten: Jesus erklärt, Mose habe derartiges eben *nicht* geboten, sondern sei auf diese Situation eingegangen, um Schlimmeres zu vermeiden, nämlich Missbrauch und Verlust des männlichen Schutzes.

Nach M. J. Lagrange hat Mose nicht die Scheidung verordnet, sondern angesichts eines Volkes, das den Willen Gottes hinsichtlich der Ehe nicht achtete, seine Gesetzgebung angepasst und die Erlaubnis zur Scheidung hinzugefügt.[19] Jesus sagt ihnen deutlich, Mose habe sich nur „eures Herzens Härte (*sklērokardia*) wegen" gedrungen gefühlt, die Scheidung gesetzlich zu legitimieren. Der Begriff *sklērokardia* erscheint nur dreimal im Neuen Testament (Mt 19,8; Mk 10,15; 16,14); wir finden ihn in der Septuaginta jedoch häufig, und dort wiegt er dann schwer. Die Härte

16 Siehe Joachim Gnilka, *Das Evangelium nach Markus (8,27–16–20)*, Bd. 2, St. Benno-Verlag, Leipzig 2001, S. 71.

17 Der Scheidebrief schuf in der Praxis eine Gleichberechtigung bezüglich der Scheidung, denn beide, Mann und Frau, wurden frei, um sich wieder zu verheiraten. Siehe Juan Mateos und Fernando Camacho, „El evangelio de Marcos", in *Análisis lingüístico y comentario exegético*, Bd. 2, El Almendro, Córdoba 1993, S. 441; Gnilka, *Das Evangelium nach Markus*, S. 71–72.

18 In diesem Zusammenhang ist es wichtig, den Unterschied zwischen *exeinai* (zulässig sein) und *epistrepo* (erlauben) zu unterstreichen.

19 Marie Joseph Lagrange, *Evangile selon Saint Marc*, Gabalda, Paris 1966, S. 258.

des Herzens hängt mit dem Bundesbruch zusammen und zeigt nach Gnilka,[20] dass das menschliche Herz auf verschiedene Gebote gleichgültig reagiert – eine Folge des beständigen Ungehorsams (vgl. 5 Mo 10,16; Jer 4,4; Sirach 16,10). Deshalb hatte Mose sich entschlossen, diese Praxis zuzulassen.[21] Jesus möchte jedoch keine biblische Norm abschaffen. Er erkennt sie an, aber Kraft seiner Autorität (*exousia*) drückt er seinen Wunsch aus, über diese hinauszugehen und die ursprüngliche Absicht des göttlichen Plans zu erfüllen.

2. „Von Anfang an aber ist's nicht so gewesen" (V. 8b)

In seiner ersten Antwort beruft sich Jesus positiv auf Gottes Absicht mit der Schöpfung von Mann und Frau (Mt 19,4) von Anfang an (*ap'archēs*). Dieses Mal beendet er die Erklärung in Vers 8 mit demselben Begriff, aber unter einem negativen Vorzeichen, um die Lehre der Pharisäer zurückzuweisen: „von Anfang an aber ist's nicht so gewesen (*ou gegonen*)". Die Kraft des Perfekt im Verb *ginomai*, wie es der Evangelist Matthäus verwendet, sollte nicht übersehen werden, denn es „drückt das gegenwärtige und andauernde Ergebnis einer Aktion aus", wie Carrez es formuliert,[22] und hinzufügt: „in manchen Fällen kann das Perfekt durchaus die definitive Verwirklichung dieser Aktion in der Vergangenheit oder das Fortdauern der Wirkung in der Gegenwart anzeigen." Die Praxis der Scheidung stimmte also mit dem göttlichen Plan der Vergangenheit (*ap'archēs*) nicht überein und entspricht auch nicht dem Plan Gottes für die Gegenwart und Zukunft.

3. „Ich aber sage euch" (V. 9)

Vers 9 beginnt mit einem wichtigen Satz: Ich aber sage euch (*legō de hymin*). Hier handelt es sich um eine feierliche Wendung, die uns an die Sätze der Bergpredigt erinnert: „ihr habt gehört ... ich aber sage euch" (Mt 5,22.28.32.34.39.44), also an Situationen, wo Jesus seine ganze Autorität einsetzte, um den wahren Geist des Gesetzes zu offenbaren. Nun sind die Pharisäer an der Reihe, mit ihrer Argumentation nachzuweisen, dass sie Mose folgen.

Jesus anerkennt die biblische Gesetzgebung hinsichtlich der Scheidung (Mt 5,31.32; vgl. 5 Mo 24,1), doch (*de*)[23] ausgestattet mit himmlischer Autorität (*exousia*; vgl. Mt 28,18), welche die Menschen an ihm ebenfalls respektierten (vgl. Mt 7,29), erklärt er, dass diese Scheidungspraxis nicht mit dem Willen Gottes übereinstimme und korrigiert werden müsse. Die Beibehaltung dieser Praxis zur Recht-

20 Gnilka, *Das Evangelium nach Markus*, S. 72. Zu diesem Thema siehe auch Ekkehardt Müller, „The Hardness of Human Heart: Jesus speaks out on Divorce", *Ministry*, August 2001, S. 18–20.

21 Texte wie Hesekiel 20,25 zeigen, dass bestimmte Gesetze Gottes für Israel nicht vollkommen mit seinem Willen übereinstimmten.

22 Gnilka, *Das Evangelium nach Markus*, S. 143.

23 Nach einem verneinenden Satz erklärt die gegenüberstellende Konjunktion *de* intensiv das Gegenteil des zuvor Gesagten.

fertigung einer Wiederverheiratung würde ganz einfach zum Ehebruch (*moicheia*) führen, und Ehebruch würde nicht nur zur Übertretung des Bundes zwischen den Eheleuten führen, sondern auch zur Übertretung des Bundes mit Gott, in dessen Gegenwart die Ehe eingegangen wird (vgl. Spr 2,16–17; Mal 2,1).[24]

4. „Es sei denn wegen Ehebruchs" (V. 9b)[25]

Als Jesus seinen Gedanken ausgesprochen hatte, fügte er schließlich die einzige Ausnahmeregelung hinzu, die eine Ehe trennen konnte: die *porneia*. Dieser hier von Jesus verwendete Begriff bezieht sich auf jede Art von unerlaubter sexueller Beziehung verheirateter oder lediger Personen.[26] Im Hebräischen (*znh*) und im Griechischen (*porneia*) umfasst das Wort Unzucht unzüchtiges Verhalten im Allgemeinen, aber auch Inzest, Sodomie, Prostitution, Perversion und jede andere sexuelle Verfehlung[27] außerhalb und innerhalb der Ehe. Ehebruch (*moicheia*) fällt unter *porneia*, betrifft jedoch nur Eheleute.

Es ist interessant, dass der Begriff *porneia*[28] in bestimmten Texten des Neuen Testaments und vielen Texten der Septuaginta mit dem Begriff Götzendienst verbunden wird. Das kommt daher, dass die Beziehung Gottes zu seinem Volk oder die Beziehung Christi zu seiner Gemeinde symbolisch als Ehebund betrachtet wird. Wenn nun jemand sich von Gott trennt und anderen Göttern folgt, begeht er *porneia* und bricht die „Ehebeziehung" mit Gott.

Dieses Verständnis des Begriffs *porneia* erscheint im Paralleltext von Markus (Mk 10,1–11) jedoch nicht. Markus spricht nicht von *porneia*, er sagt einfach: „Wer sich scheidet von seiner Frau und heiratet eine andere, der bricht ihr gegenüber die Ehe (*moichatai*)". Dass Matthäus am Begriff *porneia* festhält, könnte nach Luz[29]

---

24 Die zahlreichen Varianten und Unsicherheiten des griechischen Textes zeigen, welche Schwierigkeiten die Kirche mit der Akzeptanz dieses Verses hatte; vgl. den textkritischen Apparat des *Novum Testamentum Graece*.

25 Unter Berücksichtigung des zeitgeschichtlichen Kontextes und der grammatischen Konstruktion kann man auch zu einer ganz anderen Deutung der Aussage Jesu in Mt 19,9 und 5,32 kommen; siehe Werner Lange, „Die Aussagen von Jesus und Paulus über Scheidung und Wiederheirat", in Andreas Bochmann und Klaus-J. van Treeck (Hg.), *Ehescheidung und Wiederheirat, Spes Christiana*, Beiheft 4, Theologische Hochschule Friedensau 2000, S. 203–213; dieser Artikel ist verfügbar auf der Internetseite des Advent-Verlags www.advent-verlag.de unter „Bücher", „Alle Bücher", „Die Ehe", Weitere Artikel (Anm. d. Red.).

26 Vgl. Samuele Bacchiochi, *The Marriage Covenant: A Biblical Study on Marriage, Divorce and Remarriage*, Biblical Perspectives, Berrien Springs 1991, S. 177–189.

27 Vgl. Röm 1,24–29; 1 Kor 6,9; 1 Tim 1,9.

28 Zu *porneia* siehe Friedrich Hauck und Siegfried Schulz, *„porneia"*, in Kittel, *Theologisches Wörterbuch zum Neuen Testament*, Bd. 6, S. 579–595, und Horst Reisser, *„porneia"*, in *The New International Dictionary of New Testament Theology*, Bd. 1, Zondervan, Grand Rapids 1979, S. 499–501. Bzgl. der Beziehung von *porneia*, „Ehebruch" und „Unzucht" siehe Ekkehardt Müller, „Fornication", Manuskript, Biblical Research Institute, online: http://www.adventistbiblicalresearch.org/documents/fornication.pdf, Zugriff am 1. März 2008. Die Studie dieses Begriffes im vorliegenden Beitrag ist nicht erschöpfend. Ein vertieftes systematisches Studium der diversen Bedeutungen wäre zur Klärung der biblischen Basis des Themas Scheidung erforderlich.

29 Ulrich Luz, *Das Evangelium nach Matthäus (Mt 1–7)*, Bd. 1, Neukirchener-Benziger, Zürich 1985, S. 383.

daran liegen, dass das Wort oft – und vor allem in unserem Text – sexuelle Aktivitäten der *Frau* außerhalb der Ehe bezeichnet. Manche Kommentatoren meinen, dass Jesus hier von der Unzucht der Frau spricht, und einer der Gründe, warum er diesen Begriff verwendet, sei die sprachliche Tradition der Bibel, die die Wortwurzel *porn-* vor allem bei der Frau und die Wurzel *moich-* vor allem für den Mann anwenden würde. Dies ist jedoch nicht erwiesen, weil die beiden Wurzeln nicht verschiedene, sondern eher synonyme Aktionen bezeichnen, denn wie bereits festgestellt ist *moicheia* eine Form von *porneia*.[30]

Was im Paralleltext von Markus unsere Aufmerksamkeit erregt, ist die Tatsache, dass auch die Frau ihrerseits den Mann zurückweisen darf (Mk 10,12). Es überrascht, dass Jesus das sagt, denn in der jüdischen Gesellschaft wird diese Praxis nicht in Erwägung gezogen.[31] Es ist jedoch möglich, dass Jesus der griechisch-römischen Welt Rechnung trägt, wo es die Scheidung gab und die Frau sich auch von ihrem Mann trennen konnte.[32] Wenn wir berücksichtigen, dass sich Markus an Heidenchristen und Matthäus an Judenchristen wandte, können wir verstehen, warum der eine diesen Grund erwähnt und der andere nicht. In jedem Fall ist *porneia* die einzige Ausnahme, die Jesus explizit für die Ausstellung eines Scheidebriefs zulässt.[33] Im Hinblick auf die alten jüdischen Bräuche erstaunt diese Aussage nicht nur die Pharisäer, die nicht näher nachgefragt hatten, sondern auch die Jünger Jesu.

Der Einwand der Jünger (V. 10–11)

Die letzten Verse dieser Perikope erscheinen nur bei Matthäus. In den Versen 3 bis 6 geht es um Jesus und die Pharisäer, aber Vers 2 berichtet uns, dass viele Menschen Jesus folgten und von ihm geheilt wurden.[34] Die Jünger, die auch dabei waren, hatten sich in die Debatte zwischen Jesus und den Pharisäern nicht eingemischt, aber ganz offensichtlich verfolgten sie den Dialog aufmerksam, weil sie am Ende Jesus gegenüber meinten: „Steht die Sache eines Mannes mit seiner Frau so, dann ist's nicht gut zu heiraten." (V. 10)

Die Erklärungen Jesu – gegründet auf und begründet mit der Heiligen Schrift und seiner eigenen Autorität – überraschen die Jünger. Sie erscheinen ihnen zu radikal. Verwurzelt in der damaligen Gesellschaft Palästinas, in welcher der Mann gegenüber der Frau privilegiert war, ihr gegenüber eine dominante Stellung besaß

30 Ebenda S. 383f.

31 Mateos und Camacho, „El evangelio de Marcos", S. 425.

32 Lagrange, *Evangile selon Saint Marc*, S. 260f.

33 Paulus lässt auch das Verlassenwerden als möglichen Grund für die Auflösung der Ehe zu (vgl. 1 Kor 7,12–16).

34 Pierre Bonnard, *Evangelio según San Mateo*, 2. Aufl., Cristiandad, Madrid 1983, S. 419, nimmt an, dass dieser Begriff, wie im Gleichnis von Markus 12,15, wo gesagt wird, was er bedeutet, eine stereotype Formel darstellt und „diese beiden Aktivitäten in der Konzeption der Evangelien von seiner messianischen Autorität zeugen, das heißt, Zeichen dieser Autorität sind". Wenn das stimmt, wäre das ein zusätzlicher Nachweis für den feierlichen Charakter der Erklärungen Jesu in diesem Textabschnitt.

und ungeachtet seiner Beziehung zu ihr bei einer Trennung immer im Vorteil war,[35] erschienen ihnen die Worte Jesu so absolut, dass damit die Ehe in ihren Augen eine zu schwere Last bedeutete.

Die Jünger nahmen die Erklärungen Jesu also mit Überraschung und Skepsis auf. Deshalb begannen sie ihren Einwand mit einem kleinen Hinweis auf die Sachlage.[36] Wenn die Sache (*aitia*) des Mannes so stünde, wie Jesus dies bekräftigte[37] dann sei es nicht gut (*ou sympherei*)[38] zu heiraten, denn dies würde eine so große Verantwortung bedeuten, wie sie es nicht gewohnt waren. Jesu Idealvorstellung von der Ehe schien ihnen zu überhöht und zu rigoros, und sie meinten, es sei besser, eine solche Ehebeziehung, aus der man nicht mehr so leicht herauskäme, gar nicht erst einzugehen. Sie betrachteten die Frage nur vom Standpunkt des Mannes aus, ohne die negativen Konsequenzen zu bedenken, die eine Scheidung für die Frau mit sich brachte.[39] So ist es notwendig, dass Jesus das, was er sagen möchte, präzisiert oder nuanciert.

Die Antwort Jesu an die Jünger (V. 12–13)

Die letzten Worte Jesu an seine Jünger zu diesem Thema werden oft falsch interpretiert, in dem Sinn, als würde Jesus „einen Zustand oder eine Berufung, die der Ehe überlegen sind" vorschlagen, nämlich „Enthaltsamkeit oder Zölibat".[40] Doch diese Einschätzung korrespondiert weder mit Jesu Bestätigung der Ehe in den vorangegangenen Versen noch mit der jüdischen Vorstellung seiner Zeit, die die Ehe mehrheitlich als religiöse Pflicht ansieht.[41]

Jesus versteht die Verwirrung und den Zweifel seiner Jünger und antwortet – im Verständnis, dass sich ihr Einwand auf das Heiraten (*gamēsai*) bezieht – auf die Alternative, die sie vorschlagen (*ton logon touton*),[42] das heißt, den Zölibat. Dieser kann durchaus positiv und unter bestimmten Bedingungen (vgl. 1 Kor 7,7.9) eine Gabe (*dedotai*: es ist gegeben) für jene (*hois*) sein, die sich freiwillig für seine

---

35 Siehe Joachim Jeremias, *Jerusalem zur Zeit Jesu*, Evangelische Verlagsanstalt, Berlin 1958, S. 372–387.

36 Dieses Wörtchen (*ei*) führt einen realen Konditionalsatz ein, das heißt, was in der Protasis gesagt wird, wird in der Apodosis bekräftigt. Aus der Sicht der Jünger stellt sich die Situation also genau so dar.

37 Das modale Adverb *houtōs* bezieht sich auf alles, was Jesus sagen wird.

38 Das Verb *sympherō* (vorteilhaft, nützlich, interessant sein) wird häufig in der unpersönlichen Form verwendet und bezeichnet sehr treffend diese privilegierte Position des Mannes gegenüber der Frau.

39 Daniel Carro in Jose T. Poe und Ruben O. Zorzoli (Hg.), *Comentario Bíblico Mundo Hispano. Mateo*, Bd. 14, Editorial Mundo Hispano, El Paso 1993, S. 252.

40 Bonnard, *Evangelio según San Mateo*, S. 423. Bonnard wendet sich gegen diese Vorstellung, die sich häufig bei katholischen Autoren findet.

41 Ebenda S. 423–424.

42 Es gibt Kommentatoren, die die Ansicht vertreten, die Wendung *ton logon touton* beziehe sich nicht auf die Worte der Jünger, sondern auf die Worte Jesu in den vorangegangenen Versen (vgl. Bonnard, *Evangelio según San Mateo*, S. 423). Es ist jedoch anzunehmen, dass die Erklärung des Verses 12 unter bestimmten Umständen den Zölibat einschließt, was den Vers 11 erklären würde. Die Kausalkonjunktion *gar* am Anfang des Verses erläutert diese Frage in ausreichender Weise.

Annahme entscheiden. In der Entwicklung seiner Argumentation nennt Jesus in Matthäus 19,12 drei Personengruppen, die hier etwas abwertend mit *eunouchoi* bezeichnet werden, die kein Eheleben führen. Die ersten beiden Gruppen haben diesen Zustand nicht freiwillig gewählt,[43] aber die dritte Gruppe ist allein geblieben und hat sich „um des Himmelreichs willen" für den Zölibat entschieden.[44] Wenn jemand meint, sich auf diese Weise intensiver für die Evangeliumsverkündigung einsetzen und auf die unleugbaren Segnungen der Ehe verzichten zu können (Jes 62,5; Hos 2,19; 2 Kor 11,2; Apg 19,7), kann er so leben und Gott ehren. Dieser Vers impliziert jedoch nicht die Vorstellung, Jesus würde den Zölibat für die Christen im Allgemeinen oder für den Klerus empfehlen oder ihn als eine der Ehe überlegene Lebensweise betrachten.

Schlussfolgerung

So schlussfolgern wir, dass Jesus in diesem Text erklärt, die Scheidung „aus irgendeinem Grund" sei biblisch nicht akzeptabel. Nur im Fall von *porneia* sei die von Mose „eures Herzens Härte wegen" eingeführte Scheidung zulässig. In seiner Antwort an die Pharisäer führt der Meister sie wieder zum eigentlichen Willen Gottes zurück. Scheidung ist ein Treuebruch, ein Bruch des Bundes mit Gott und widerspricht radikal seinem ursprünglichen Plan und dem Wohl des Menschen. Mit seiner Aussage weicht Jesus von der üblichen Praxis jener Zeit ab und lädt uns ein, die Lösung unserer Eheprobleme auf anderen Wegen zu suchen.

Auch wenn es in unserer westlichen Welt die Art der Scheidung, wie sie zur Zeit Jesu praktiziert wurde, nicht mehr gibt, müssen wir sehr sorgfältig sein, wenn wir Schlüsse aus dem analysierten Text auf bestimmte aktuelle Situationen von Scheidung und Wiederverheiratung beziehen. Dennoch sind die Erklärungen Jesu von zeitloser Bedeutung und verlieren ihre Verbindlichkeit für Christen nicht.

Unglücklicherweise leben wir in einer sündigen Welt mit verhärteten Menschenherzen, in der wir uns immer wieder an das göttliche Ideal der Ehe erinnern müssen. In dieser Welt gibt es auch extrem schwierige Eheprobleme, die mit Verständnis, Einfühlungsvermögen, Toleranz und viel Liebe gelöst werden müssen. In diesem aktuellen Kontext enthält der Text sicherlich auch eine Einladung, die reichen Möglichkeiten der Vergebung auszuschöpfen. Aber jeder Einzelfall muss mit dem ganzen Respekt, der ihm gebührt, betrachtet werden; wir müssen uns anstrengen, nach passenden Lösungen zu suchen und für jede Situation die Umstände berücksichtigen, aber auch stets nach dem Licht des Wortes Gottes fragen.

43 Die Passivformen *egennēthēsan* (wurden ... verursacht) und *eunouchisthēsan* (wurden zur Ehe unfähig gemacht) sind sehr aufschlussreich.

44 Beachten wir die Aussagekraft, die das Reflexivpronomen *heautous* hier besitzt.

Kapitel 8

Das Problem der Mischehen in 1. Korinther 7,12–16

Hans Heinz

Der Apostel Paulus behandelt im ersten Korintherbrief unter anderem auch Fragen, die ihm von den korinthischen Christen gestellt worden waren: „Wovon ihr mir geschrieben habt, darauf antworte ich" (7,1). Es handelt sich dabei um Probleme über die Ehe (Kap. 7), über das Götzenopfer (8,1), über die Geistesgaben (12,1) und um Fragen im Zusammenhang mit der Sammlung für die Gemeindeglieder von Judäa (16,1; Apg 11,29).

Im Fragenkomplex über die Ehe geht es vor allem um folgende Themen: Eheliche Sexualität (7,2–6), Ehelosigkeit (7,1.8.25–40), Unauflöslichkeit der christlichen Ehe (7,10.11.39) und das Problem der heidnisch-christlichen Mischehen (7,12–16).

Dabei hält Paulus die Mitte zwischen den Libertinern, die der Meinung waren, Hurerei könne dem Geistmenschen nicht schaden (6,15–20) und den Asketen, welche die Ehe als Sünde betrachteten (7,28). Der Apostel tritt gegen diese Extreme für die Ehe als Grundform menschlicher Existenz ein (7,2–5) und entfaltet seinen Gedankengang in drei Schritten:

1. die Legitimität der Ehe (7,1–9),
2. das Charisma des Zölibats als Voraussetzung zur Ehelosigkeit (7,7),
3. die grundsätzliche Unauflöslichkeit der christlichen Ehe (7,10.11).

Es bleibt allerdings festzuhalten, dass dies nicht alles ist, was Paulus über die Ehe zu sagen hat. 1. Korinther 7 muss immer durch Texte wie Kolosser 3,18.19 und Epheser 5,22–33 ergänzt werden.

Über die in Mischehen Lebenden

Nach den Fragen über die Führung einer christlichen Ehe (7,3–6) und dem Rat an christliche Unverheiratete und Witwen (7,8.9) sowie der Einschärfung von Christi Gebot im Hinblick auf die christlichen Ehen (7,10.11) wendet sich Paulus den „übrigen" zu (7,12). Die „übrigen" (EB; Menge) oder die „anderen" (LB; Albrecht) sind die, die nicht unter die in Vers 8 und 10 Genannten fallen. Daraus ergibt sich, dass es im vorliegenden Fall um das Problem der Ehefortsetzung oder der Ehescheidung der in heidnisch-christlichen Mischehen Lebenden geht (7,12–16). Es handelt sich dabei offensichtlich um bereits bestehende Ehen, in denen ein Partner Christ geworden und der andere Heide geblieben ist[1] und nicht um die Frage,

---

1 Adolf Schlatter, *Paulus: Der Bote Jesu*, 4. Aufl., Calwer, Stuttgart 1969, S. 222; Friedrich Lang, *Die Briefe an die Korinther*, Das Neue Testament Deutsch 7, Vandenhoeck & Ruprecht, Göttingen 1993, S. 93; Hans Conzelmann, *Der erste Brief an die Korinther*, Kritisch-exegetischer Kommentar über das NT 5, 2. Aufl., Vandenhoeck & Ruprecht, Göttingen 1981, S. 153; Helmut Merklein, *Der erste Brief an die Korinther*, *Ökumenischer Taschenbuchkommentar zum NT* 7.2, Gütersloher, Gütersloh 2000, S. 118; *Seventh-day Adventist*

ob ein zur Ehe entschlossener Christ oder eine Christin den Ehebund mit einem heidnischen Partner eingehen solle. Auch bei der durch Bekehrung eines Ehepartners entstandenen Situation denkt Paulus grundsätzlich an die Fortsetzung der Ehe (7,12.13). Dies klingt erstaunlich, wenn man bedenkt, mit welcher Kraft sich die Urchristenheit gegen das umgebende Heidentum abgrenzte. Der christliche Teil soll auf jeden Fall nie die Scheidungsinitiative wegen Religionsverschiedenheit ergreifen (7,12b.13b: „Er [der christliche Ehemann] schicke sie [die ungläubige Gattin] nicht weg"; „sie [die christliche Ehefrau] schicke den [ungläubigen] Mann nicht weg").[2] Wenn sich aber der nichtchristliche Teil trennt, so ist der „Bruder" oder die „Schwester" nicht „sklavisch gebunden" (7,15).[3] Der „Ungläubige" (griech. *apistos*) ist zweifellos nach der in Korinth vorliegenden Situation der „heidnisch gebliebene Ehegatte",[4] der „Taufverweigerer",[5] der „Gegner Christi".[6] Dabei ist die breite Skala der antiken Geisteswelt zu bedenken, in der es Fetischisten, Polytheisten, Monotheisten, Atheisten und Pantheisten gab. Der „Ungläubige" ist daher eigentlich der „Andersgläubige".[7]

Obwohl sich Paulus in der durch die Mission der Urgemeinde neu entstandenen Lage auf kein ausdrückliches Wort Jesu berufen konnte, gibt er hier nicht seine „subjektiv-persönliche Meinung" wieder, sondern legt die Aussagen Jesu in der neu eingetretenen Situation aus.[8] Das „Ich sage" (griech. *legō*) aus Vers 12 entspricht nach Findlay dem Satz in Vers 10 „der Herr gebietet" (griech. *parangellō*;

Bible Commentary, Bd. 6, Review and Herald, Washington, D. C. 1953–1957, S. 708f. Der Umstand, dass es solche Mischehen gab, zeigt, dass der Taufe in apostolischer Zeit die persönliche Glaubensentscheidung vorausging und Frauen oder gar Kleinkinder nicht automatisch auch mit der Taufe des Haushaltsvorstandes mitgetauft wurden.

2 Der Rat zur Fortsetzung der Ehe hebt sich deutlich von der laxistischen Praxis des Heidentums ab, wo Männer ihre Frauen oft nur wegen derer körperlichen Vorzüge liebten und sie daher im Alter häufig entließen, während sich manche Frauen – so beklagt Juvenal – in fünf Jahren acht Männer geangelt hatten (*Satiren* VI, 141–147. 224–230).

3 In der röm.-kath. Kirche wird diese Möglichkeit als Privilegium Paulinum bezeichnet (*Codex Iuris Canonici*, 4. Aufl., Butzon und Bercker, Kevelaer 1994, Can. 1143), d. h. als Ausnahme vom allgemein gültigen Scheidungsverbot der christlichen Ehe (7,10.11). Die Formulierung ist aber auch unter kath. Theologen umstritten (Merklein, *Erster Brief an die Korinther*, S. 119), da das von Paulus zitierte Wort Jesu eigentlich nur christliche Eheleute verpflichtet. Im vorliegenden Fall aber geht es um eine Mischehensituation und daher um keine Ausnahme.

4 Hans Lietzmann, *An die Korinther I/II*, Handbuch zum Neuen Testament 9, 4. Aufl., Mohr Siebeck, Tübingen 1949, S. 31.

5 Schlatter, *Paulus*, S. 222.

6 Werner de Boor, *Der erste Brief des Paulus an die Korinther*, Wuppertaler Studienbibel, 2. Aufl., Brockhaus, Wuppertal 1973, S. 126. Die Übersetzung von *apistos* (ungläubig, unglaubhaft) mit „treulos" in der Bedeutung von „ehebrecherisch" oder „unverträglich" setzt sich in diesem Abschnitt über die historische Situation hinweg, denn es geht um religiösen Dissens (7,16) und nicht um allgemeine Unverträglichkeit, Lieblosigkeit und Ehebruch.

7 Erich Fascher, *Der erste Brief des Paulus an die Korinther*, Theologischer Handkommentar zum Neuen Testament 7.1, 3. Aufl., Evangelische Verlagsanstalt, Berlin 1975, S. 185.

8 Lang, *Briefe an die Korinther*, S. 93.

vgl. Röm 12,3; 1 Kor 14,37).[9] Die „Meinung" (griech. *gnōmē*), die der Apostel äußert (7,40), ist daher aufgrund des durch ihn wirkenden Geistes Gottes maßgebend und als „autoritativ" zu werten.[10]

„Entlassen" und „trennen"

Grundsätzlich ist daher auch eine religiöse Mischehe richtige Ehe, in der es, wenn der andersgläubige Teil die Ehefortsetzung wünscht, keine Scheidung geben soll. Der Apostel gebraucht in dem Abschnitt (7,10–15) für „scheiden" zwei verschiedene griech. Verben: *aphiēmi* (loslassen, freilassen: V. 11b.12.13) und *chōrizō* (trennen, sich scheiden: V. 10.11.15).

Als juristischer Begriff war *aphiēmi* bei den Griechen die Bezeichnung für die Entlassung einer Person aus einem Rechtsverhältnis wie Amt, Ehe, Haft oder Strafe.[11] Im Falle der Entbindung vom Eheverhältnis kann man das Verb mit „entlassen" (EB; Albrecht), aber auch mit „verstoßen" (Bruns, Menge) übersetzen. Ähnlich wie *aphiēmi* wurde auch *chōrizō* (sich trennen) im juristischen Sinn für Ehescheidung gebraucht.[12]

Hat Paulus mit dem unterschiedlichen Gebrauch von „sich trennen" für die Frau (V. 10.11a) und von „verstoßen" für den Mann (V. 11b.12b) nach Schlatter die juristischen Verhältnisse des Judentums vor Augen, wo der Weggang einer Frau rechtlich nicht geregelt war und nur der Mann sich scheiden lassen konnte, indem er die Frau wegschickte (5 Mo 24,1)?[13] Dagegen spricht allerdings, dass bei Paulus auch die Frau den Mann entlassen kann (V. 13b). Dies entspricht eher den Verhältnissen des hellenistischen Kulturraumes, wo nach griechisch-römischem Recht eine Scheidung sowohl vom Mann als auch von der Frau ausgehen konnte.[14] Paulus ist mit dieser rechtlichen Gleichstellung von Mann und Frau sehr deutlich für die „Gleichberechtigung der Ehegatten" eingetreten.[15]

Aus der Ablehnung von „Trennung" und „Verstoßung" für beide Ehepartner ergibt sich daher wesentlich ein Ziel: Scheidung ist sowohl im Fall einer christlichen Ehe als auch im Fall einer Mischehe grundsätzlich auszuschließen. Sollte sie in ei-

9 George G. Findlay, *St. Paul's First Epistle to the Corinthians*, The Expositor's Greek Testament 2, Eerdmans, Grand Rapids 1980, S. 826. Die Unterscheidung zwischen dem „Gebot des Herrn" (7,10.25) und dem „Wort" (V. 12) bzw. der „Meinung" (V. 25.40) des Apostels zeigt, dass die Urgemeinde einen klaren Unterschied zwischen dem jesuanischen Kerygma (Verkündigung) und der apostolischen Didache (Lehre) gemacht und somit nichts in den Mund Jesu gelegt hat (Leon Morris, *1 Corinthians*, Tyndale NT Commentaries 7, 2. Aufl., Eerdmans, Leicester 1985, S. 106).

10 Heinz-Dietrich Wendland, *Die Briefe an die Korinther*, Das Neue Testament Deutsch 12, 5. Aufl., Vandenhoeck & Ruprecht, Göttingen 1948, S. 47; Conzelmann, *Der erste Brief an die Korinther*, S. 154; Findlay, *First Epistle to the Corinthians*, S. 826.

11 Georg Kittel (Hg.), *Theologisches Wörterbuch zum NT*, Bd. 1, Kohlhammer, Stuttgart 1990 (Reprint), S. 506.

12 Justin, *2. Apologie* 2.

13 Schlatter, *Paulus*, S. 222.

14 Wendland, *Briefe an die Korinther*, S. 41.

15 Lang, *Briefe an die Korinther*, S. 93; Fascher, *Erster Brief an die Korinther*, S. 186.

ner christlichen Ehe dennoch geschehen sein oder geschehen,[16] dann wird beiden christlichen Partnern Versöhnung zur Pflicht gemacht oder Ehelosigkeit geboten (7,10.11). Im Falle der Mischehe gilt die Pflicht zur Fortsetzung der Ehe auf jeden Fall für den christlichen Teil, sofern der Andersgläubige gewillt ist, die Ehe trotz des Religionsunterschiedes fortzusetzen (7,12.13).

Die Heiligung des Andersgläubigen

Ein wesentliches Motiv für die Fortsetzung der religiösen Mischehe ist für Paulus die „Heiligung" des Andersgläubigen durch den christlichen Partner (7,14). Der an Christus Glaubende (Eph 1,1) und Getaufte (Eph 1,13) ist der „Heilige" (1 Kor 1,2), der, welcher den Ruf Gottes gehört hat (Röm 1,7) und Christus als Herrn anruft. Der Heilige gehört Gott, weil Gott ihn „geheiligt" hat, d. h. in ein neues Sein, in die Christus-Gemeinschaft versetzt hat. Ermächtigt durch Christus, ist der Heilige im Zusammenleben mit der Welt der stärkere Teil.[17] Gottes Absicht ist es, den Andersgläubigen über die Lebensgemeinschaft mit dem christlichen Partner in den „Bereich der Christusherrschaft" einzubeziehen.[18] Des Gläubigen „Leben nach dem Geist" soll auf den anderen „ausstrahlen"[19] und ihm ein „Leben im Raum des Segens"[20] schenken (1 Kor 6,11).

Die Art und Weise der Heiligung des Andersgläubigen darf daher nicht „dinglich" (durch Berührung mit rituell Reinem), „magisch" (durch Übertragung von stofflicher Kraft) oder gar „sinnlich" (durch Sexualkontakt) interpretiert und damit verfälscht werden. Denn Gottes Gnade ist „nicht dinglich";[21] magisches Denken in Paulus hineinzulesen ist „töricht"[22] und die Lebensbeziehung auf das Sinnliche zu beschränken ist eine „Verengung". Die Macht der göttlichen Gnade kennt weder Dinge noch Handlungen, „die durch sich selbst Heiligkeit bewirken".[23] Die „Infiltration" des Heiligen geschieht nicht durch „Übertragung", sondern durch praktischen

16 Der Aorist Konjunktiv Passiv in Vers 11a (*ean de kai chōristhē*: „wenn aber doch sie sich getrennt hat") ist zeitlos. Die Scheidung kann als schon vollzogen oder noch als zukünftig gedacht sein. Das grundsätzliche Scheidungsverbot Jesu (Mt 19,6) ist davon nicht berührt, denn es kann unter sündigen Menschen – der Apostel spricht Mann und Frau an (V. 10a) – Situationen geben, die auch durch „Liebe und christliche Geduld" nicht gelöst werden können (The Seventh-day Adventist Bible Commentary, Bd. 6, S. 708). Trotzdem soll auch in einem solchen Fall immer noch Versöhnung angestrebt werden. Als Alternative dazu bleibt nur die Ehelosigkeit der Geschiedenen (s. o.), die bis zum Lebensende eines Partners aneinander gebunden bleiben (V. 39). Den Ausnahmegrund für Scheidung und Wiederverheiratung (Mt 19,9) erwähnt Paulus hier nicht.

17 Conzelmann, *Der erste Brief an die Korinther*, S. 155.

18 Lang, *Briefe an die Korinther*, S. 93.

19 Ebenda.

20 de Boor, *Der erste Brief an die Korinther*, S. 127.

21 Wendland, *Briefe an die Korinther*, S. 42.

22 Schlatter, *Paulus*, S. 223.

23 Wendland, *Briefe an die Korinther*, S. 42.

Lebensvollzug, durch Lebensgemeinschaft, durch den Raum des „Protektorats", in dem sich der Andersgläubige bewegen darf.[24] Damit wird nicht einer penetrant-aggressiven Beeinflussung das Wort geredet, denn diese würde nur zu neuen Problemen führen,[25] sondern es wird im Neuen Testament das glaubwürdige Lebenszeugnis des Christen bzw. der Christin betont (1 Ptr 3,1).

Damit ist der Andersgläubige zwar „geheiligt", aber noch nicht „gerettet". Die Lebensgemeinschaft mit dem Gläubigen ist kein Ersatz für die persönliche Glaubensentscheidung.[26] Der Andersgläubige ist nicht „beinahe Christ",[27] er bleibt zunächst noch Ungläubiger. Er ist jetzt über seinen gläubigen Partner in die Gottesgemeinschaft „hineingestellt", um durch Bekehrung die Gottesgemeinschaft auch „verliehen" zu bekommen.[28]

Die „Reinheit" und „Heiligkeit" der Kinder

Dabei stützt Paulus seine Argumentation auf eine Überzeugung, die er offensichtlich bei den Korinthern als gegeben voraussetzen konnte: Kinder christlicher Eltern oder eines christlichen Elternteils sind nicht „unrein", sondern „heilig" (7,14b). D. h. sie sind nicht Teil der unsittlichen Welt (2 Kor 6,17; Eph 5,5), in die sie zwar hineingeboren wurden, aber aus der sie durch den heiligenden Einfluss der Eltern herausgehoben sind. Sie gehören über Eltern oder Elternteil zum Gemeindebereich, in den sie eingeschlossen sind.

Der Apostel stellt also die Kinder und den andersgläubigen Ehegatten auf eine Stufe.[29] Beide stehen unter heiligenden Einfluss und sind damit zum Christsein durch die noch in der Zukunft zu treffende Taufentscheidung berufen. Ähnlich wie das ungläubige Israel noch über den Verbund mit den Patriarchen geheiligt wird, aber damit keineswegs aus der Glaubensentscheidung für Christus entlassen ist (Röm 11,16.23.28), so sind auch Ehepartner und Kinder wohl potenziell, aber noch nicht faktisch Christen. Dabei spielt es eigentlich keine Rolle, ob Paulus mit „eure Kinder" an alle Kinder der Gemeinde[30] oder nach dem Kontext eher an die Kinder aus Mischehen denkt.[31]

24 Merklein, *Erster Brief an die Korinther*, S. 122; Philipp Bachmann, *Der erste Brief an die Korinther*, Kommentar zum Neuen Testament 7, Deichert, Leipzig 1905, S. 278; Helmut Lamparter, *Der erste Korintherbrief*, Kreuz-Verlag, Stuttgart 1955, S. 53.

25 William F. Orr und James A. Walther, *1 Corinthians*, The Anchor Bible 32, Doubleday, New York 1976, S. 213.

26 Merklein, *Erster Brief an die Korinther*, S. 121.

27 de Boor, *Der erste Brief an die Korinther*, S. 127.

28 Schlatter, *Paulus*, S. 223.

29 Ebenda; Lang, *Briefe an die Korinther*, S. 94.

30 Bachmann, *Erster Brief an die Korinther*, S. 277; Schlatter, *Paulus*, S. 224.

31 Conzelmann, *Der erste Brief an die Korinther*, S. 156; Lang, *Briefe an die Korinther*, S. 94; Merklein, *Erster Brief an die Korinther*, S. 121.

Der Gedanke ist allerdings nur dann beweiskräftig, „wenn die Übung der Kindertaufe damals noch nicht bestand".[32] Die Behauptung, die Kinder seien „heilig", weil sie die Taufe empfangen hätten, ist mit Recht als „eine der Kuriositäten des Schriftgebrauchs" apostrophiert worden.[33] Nicht weil sie getauft worden sind, sondern weil sie von Christen abstammen, sind sie heilig.[34] Dies gilt auch, wenn nur ein Elternteil christlich ist und der andere das Christentum für sich und seine übrige Familie ablehnen sollte. Für eine etwaige Taufe sowohl des Ehegatten als auch des Kindes war der Glaube in apostolischer Zeit unbestrittene *conditio sine qua non*.[35] Wenn daher Kinder getauft wurden, handelte es sich nie um Säuglinge oder Kleinkinder, sondern um ältere Kinder, die sich ihrer Erlösungsbedürftigkeit bewusst sein konnten (1 Petr 3,21b).[36]

Nicht „sklavisch gebunden"

Beruhte in 7,12–14 der Rat des Paulus auf der Bedingung, dass der nichtchristliche Partner die Fortsetzung der Ehe wünscht, so geht der Apostel in Vers 15 auf den gegenteiligen Fall über: Wünscht der heidnische Gatte oder die heidnische Gattin die Scheidung, dann soll der christliche Partner die Ehe nicht um jeden Preis fortsetzen wollen. Er oder sie ist dann nicht mehr an die Ehe[37] oder an das Wort des Herrn[38] „gebunden".[39] Die Fortsetzung der Ehe erzwingen zu wollen, wäre ja Anlass zu beständigem Zwist, wo doch Gott will, dass Eheleute im Frieden miteinander leben sollen (V. 15b). Nicht einmal die gute Absicht, den anderen für Christus gewinnen zu wollen, rechtfertigt die Ehefortsetzung, denn niemand kann wissen, ob er je dieses Ziel auch erreichen wird (V. 16). Einen stellvertretenden Glauben gibt es im Neuen Testament nicht.[40]

Ob dann der um des Glaubens willen verlassene Christ oder die Christin eine Wiederverheiratung anstreben darf, wird in der neueren Auslegung verschieden

32 Wendland, *Briefe an die Korinther*, S. 42; Lang, *Briefe an die Korinther*, S. 94.

33 Gordon D. Fee, *The First Epistle to the Corinthians*, Eerdmans, Grand Rapids 1987, S. 301.

34 Lietzmann, *An die Korinther*, S. 31.

35 Charles K. Barrett, *A Commentary on the First Epistle to the Corinthians*, Harper's NT Commentaries, Harper & Row, New York 1968, S. 166. Von daher ist jede Analogie zur jüdischen Proselytentaufe (Mittaufe des Embryos als Teil der Mutter oder als Säugling zusammen mit der Mutter nach dem Babylonischen Talmud [*Jevamot* 78a]) zurückzuweisen. Außerdem ist sie erst für die Zeit um 80 n. Chr. sicher nachweisbar (s. Erich Dinkler, „Taufe im Urchristentum", Kurt Galling u. a. [Hg.], *Die Religion in Geschichte und Gegenwart*, Bd. 6, 3. Aufl., Mohr, Tübingen 1986, Sp. 628).

36 Das griechische Substantiv *eperōtēma* heißt „Frage" oder „Bitte". Daher wird der zweite Teil von Vers 21 mit „Begehren eines guten Gewissens" (EB), „Bitte um ein gutes Gewissen" (Menge) und „Ablegung des Gelübdes, mit reinem Gewissen zu wandeln" (Albrecht) übersetzt.

37 Lietzmann, *An die Korinther*, S. 31.

38 Conzelmann, *Der erste Brief an die Korinther*, S. 156.

39 Das griech. Verb *douloō* heißt „zum Sklaven machen", „untertänig machen", „knechten"; das hier verwendete Perfekt Passiv „sklavisch gebunden sein" (Menge).

40 Lamparter, *Der erste Korintherbrief*, S. 53.

beurteilt. Schlatter meint, die Frage wäre nicht zu entscheiden.[41] Für andere wie Findlay und Fee wird das Problem hier nicht angesprochen.[42] Lamparter verweist auf die christliche Ehe (7,11) und meint daher, dass die Möglichkeit zu einer Wiederverheiratung „kaum anzunehmen" sei.[43] Manchmal wird die Verneinung mit der im Hellenismus häufig akzeptierten kynisch-stoischen Sicht begründet, auch eine religionsverschiedene Ehe sei unauflöslich.[44]

Ganz anders urteilen Conzelmann, Fascher und Morris.[45] Sollte sich der heidnische Teil zur Scheidung entschließen, dann ist der oder die um des Glaubens willen Verlassene frei, eine neue Ehe einzugehen. Wenn Paulus nur an eine Trennung gedacht hätte, dann hätte er den Fall nicht gesondert behandeln müssen, er wäre dann im Sinne von 7,10.11 bereits gelöst gewesen.[46] Es wäre höchst merkwürdig, so meint Morris, wenn der Apostel mit dem Wort vom „Nichtgebundensein" nur die Ehelosigkeit und nicht auch die Möglichkeit zur Wiederverheiratung gemeint hätte.[47] F. F. Bruce wertet daher das Faktum des Verlassenwerdens (7,15) als Parallele zur Witwenschaft.[48] Eine Witwe aber darf sich wieder verehelichen (7,39). Man kann tatsächlich in den Verben *douloō* (V. 15: sklavisch binden) und *deō* (V. 39: binden) bzw. in den Aussagen „nicht gebunden" (V. 15) und „frei" (V. 39; griech. *eleutheros*) Parallelen sehen. Damit wäre offenkundig der Fall eines um des Glaubens willen verlassenen Partners wie der Fall einer durch den Tod des Ehegatten verlassenen Person zu betrachten und damit auch eine neue Heirat für den christlichen Teil möglich.

Dieser Standpunkt wurde und wird von den Großkirchen und manchen Freikirchen geteilt. So hält sich die evangelisch-lutherische Kirche an Luthers Prinzip: „Welcher unschuldig ist, kann sich verändern".[49] Bei einer *desertio malitiosa*, einem bösartigen Verlassen, darf der unschuldige Teil sich scheiden und neu verehelichen. Die anglikanische Kirche betont sehr stark die lebenslange Verpflichtung der Ehepartner zu gegenseitiger Treue und wertet Scheidung und Wiederverheiratung als „außergewöhnliche Fälle", die mit „großer Ehrlichkeit und Umsicht" gelöst werden müssen.[50] In der römisch-katholischen Kirche können aufgrund des Privilegium

41 Schlatter, *Paulus*, S. 225.

42 Findlay, *First Epistle to the Corinthians*, S. 827; Fee, *First Epistle to the Corinthians*, S. 302f.

43 Lamparter, *Der erste Korintherbrief*, S. 54.

44 Anthony C. Thiselton, *The First Epistle to the Corinthians*, The New International Greek Testament Commentary, Eerdmans, Grand Rapids 2000, S. 535.

45 Conzelmann, *Der erste Brief an die Korinther*, S. 156; Fascher, *Erster Brief an die Korinther*, S. 188; Morris, *1 Corinthians*, S. 107.

46 J. Renié, *Manuel d'Ecriture Sainte*, Bd. 6, 3. Aufl., Librairie catholique Emmanuel Vitte, Lyon 1948, S. 185f.

47 Morris, *1 Corinthians*, S. 107.

48 Bei Thiselton, *First Epistle to the Corinthians*, S. 536.

49 *Vom ehelichen Leben* (1522; WA 10 II, 288).

50 *Marriage: A Teaching Document from the House of Bishops*, Church House, London 1999, S. 18.

Paulinum, wie unser Abschnitt bezeichnet wird, nach dem *Codex Iuris Canonici* (Can. 1143–1147) Ehen mit Nichtkatholiken, bei denen sich unlösbare Schwierigkeiten für das religiöse Leben ergeben, von der Kirche zugunsten des Glaubens, d. h. zugunsten des katholisch gewordenen Teils, aufgelöst werden. Der Katholik hat in solchem Fall das Recht zur Wiederverheiratung. Auch in der Kirche der Siebenten-Tags-Adventisten wird eine Möglichkeit zu Scheidung und Wiederverheiratung für den unschuldigen Teil nicht nur im Fall schwerwiegender sexueller Vergehen wie Ehebruch und Unzucht (sexuelle Perversionen), sondern auch im Fall des Verlassens von Seiten des ungläubigen Ehepartners eingeräumt.[51]

Zur Aktualisierung des Textes

Der Rat des Paulus trifft nach wie vor auf die gegenwärtige Missionssituation zu, entweder in nichtchristlichen Ländern oder bei Nichtchristen im christlichen Raum, wo sich ein Ehepartner durch die Taufe für Christus entschieden hat, aber der andere Nichtchrist bleiben will (religionsverschiedene Ehe).

Kann das Wort des Apostels aber auch auf die christlich-konfessionsverschiedene Ehe angewandt werden? Ellen G. White scheint 1. Korinther 7 im Auge gehabt zu haben, als sie im Jahre 1888 von einem christlichen Gatten verlangte, die Ehe so lange mit einer „Ungläubigen" und „Gegnerin" – offensichtlich Namenschristin, abgefallene Christin oder Nichtadventistin – fortzusetzen, solange diese gewillt ist, die Ehe aufrecht zu erhalten.[52] Ähnliche Ratschläge erteilte sie auch gläubigen Ehefrauen, die an Ungläubige gebunden waren. In solchem Fall fällt dem gläubigen Partner die Aufgabe zu, ein „täglicher Heim-Missionar" in Liebe und Güte an Kindern und Gatten zu sein.[53] Obwohl der *Seventh-day Adventist Bible Commentary* eine neue Eheschließung des verlassenen Teils nur bei „Trennung und Wiederverheiratung" des Ungläubigen vorsieht,[54] so wird man doch aufgrund der oben dargelegten exegetischen und historischen Gründe die Möglichkeit einer Wiederverheiratung für den christlich-adventistischen Teil bei angezeigter Verweigerung der Ehefortsetzung bzw. erfolgter Scheidung durch den Andersgläubigen nicht verneinen können.

51 *Gemeindeordnung – Gemeindehandbuch, Ausgabe 2006*, Euro-Afrika-Division der Gemeinschaft der Siebenten-Tags-Adventisten (Hg.), Advent-Verlag, Lüneburg 2006, S. 255.

52 Ellen G. White, *Testimonies on Sexual Behavior, Adultery and Divorce*, Ellen G. White Estate, Silver Spring 1989, S. 39.

53 Ebenda S. 44f.

54 *Seventh-day Adventist Bible Commentary*, Bd. 6, S. 709.

Kapitel 9

Konfessionsverschiedene Ehen: Eine Studie über 2. Korinther 6,14

Ángel Manuel Rodríguez

Im Allgemeinen herrscht die Meinung vor, dass die Wahl eines Ehepartners eine rein private Angelegenheit sei, die zwischen zwei Individuen geklärt werden müsse. Grundsätzlich ist das natürlich richtig; allerdings gibt die Heilige Schrift dazu gewisse Rahmenrichtlinien, innerhalb derer eine rechte Ehe gestaltet werden sollte. Zum Beispiel ist die Ehe eine Einheit ausschließlich zwischen einem Mann und einer Frau. Auch erwartet die Schrift, dass Gotteskinder nur einen Partner heiraten, der mit ihm dieselbe Hingabe an Gott und denselben Glauben teilt. Im Alten Testament waren Mischehen mit Personen, die nicht dem Volk Israel angehörten, verboten (5 Mo 7,3.4). Im Neuen Testament wurde selbstverständlich vorausgesetzt, dass Christen nur wiederum Christen ehelichen (1 Kor 7,39).

Die Spaltungen innerhalb der Christenheit haben zu diesem Problemkreis neue Fragen aufgeworfen. Die Unterschiede zwischen den verschiedenen christlichen Bekenntnissen sind so tiefgreifend, dass man gezwungen ist zu fragen, inwieweit die eheliche Verbindung einer Person mit einem Partner aus nichtadventistischen Kirchen als Mischehe bezeichnet werden sollte. Genau dies ist das besondere Anliegen, das im vorliegenden Kapitel untersucht werden soll.

Die einzige Bibelstelle, die diese Frage anzusprechen scheint, ist 2. Korinther 6,14. Daher werden wir diesen Abschnitt in seinem Kontext untersuchen, wobei wir unsere besondere Aufmerksamkeit zwei Fragen widmen wollen:

1. Spricht diese Textstelle überhaupt von Mischehen (Ist das wirklich die Bedeutung des Satzes „Ziehet nicht am fremden Joch mit den Ungläubigen")?

2. Meint das Substantiv „Ungläubige" (*apistoi*) nur Nichtchristen oder könnte es sich auch auf bestimmte Arten von Christen beziehen?

Anschließend folgt eine kurze Abhandlung über den Beitrag von Ellen G. White zu diesem Thema, sodann eine Besprechung der Schlussfolgerungen, die sich aus dem Ergebnis dieser Studie für das Gemeindeleben ergeben und schließlich Leitlinien, wie mit konfessionsverschiedenen Ehen in unseren Gemeinden umgegangen werden soll.

Der Textabschnitt in seinem Zusammenhang

1. Allgemeine Bemerkungen

Der zweite Korintherbrief ist ein pastoraler Brief, dessen Hauptabsicht die erneute Bestätigung der apostolischen Botschaft und des Aposteldienstes von Paulus war, um „Versöhnung zwischen Paulus und seinen Bekehrten zu bewirken."[1] Anlass dazu

1 Ben Witherington, *Conflict and Community in Corinth: A Socio-Rhetorical Commentary on 1 and 2 Corinthians,*

war die Tatsache, dass die Gemeinde in Korinth schwerwiegende Zweifel am Dienst des Paulus als Apostel und an seinem Evangelium hatte. Für Paulus war es daher notwendig geworden in einem Brief seine Aufrichtigkeit in seinem Umgang mit ihnen (1,12–2,13), das Wesen seines Dienstes (2,14–5,10), den Inhalt seines Predigens (5,11–6,2) und die Qualität seiner Arbeit (6,3–10) zu betonen.

Bis Kapitel 6,13 hatte der Apostel seiner Liebe und Anteilnahme für die Korinther Ausdruck verliehen und sie herzlich eingeladen diese Liebe zu erwidern. Ab Kapitel 6,14 bis 7,1 stellen wir plötzlich einen Wechsel in der Tonlage fest. Nahezu unerwartet nimmt Paulus hier eine befehlende Haltung ein, indem er sie auffordert sich nicht mit Ungläubigen unter ein Joch spannen zu lassen, sondern dem Herrn heilig zu bleiben. Dann, in Kapitel 7,2–4, kehrt er wieder zu seinem vorherigen Stil zurück: „Gebt uns Raum in euren Herzen! Wir haben niemand Unrecht getan." (V. 2) Er beginnt diesen neuen Abschnitt genauso, wie er seine Ermahnung in Kapitel 6,13 beendete. Man könnte tatsächlich leicht den Eindruck gewinnen, dass sich der Gedankengang des Paulus ganz folgerichtig fortsetzt, wenn man das Zwischenstück von (6,14–7,1) aus dem Brief entfernt.

2. Ursprung des Abschnitts

Theologen aller Richtungen haben das eben erwähnte Phänomen bemerkt und dazu verschiedene Theorien vorgeschlagen, um das Vorhandensein dieses Abschnittes im Brief zu erklären.[2] Schon sehr früh wurde in dieser Debatte der Vorschlag eingebracht, dass der Abschnitt ein Einschub eines möglicherweise anderen Schreibers sei, also nicht von Paulus stamme,[3] oder dass es sich vielleicht um ein paulinisches Fragment handele,[4] das nicht an der richtigen Stelle in seinen gegenwärtigen Kontext eingesetzt wurde. Andere argumentierten, dass der Abschnitt, wiewohl er nicht in seinen gegenwärtigen Textzusammenhang passe, als Exkurs

---

Eerdmans, Grand Rapids 1995, S. 328.

2 Eine sehr brauchbare Zusammenfassung dieser Debatte findet sich bei Reimund Bieringer, „2. Korinther 6,14 bis 7,1 im Kontext des 2. Korintherbriefes", in Reimund Bieringer und Jan Lambrecht (Hg.), *Studies on 2 Corinthians*, University Press, Löwen 1994, S. 551–559. Die Auseinandersetzung dauert noch immer an, begleitet von einem beträchtlichen Maß an Spekulationen. Siehe auch Stephen J. Hultgren, „2 Cor 6.14–7.1 and Rev 21.3–8: Evidence for the Ephesian Redaction of 2 Corinthians", *New Testament Studies* 49, 2003, S. 39–56. Eine mehr ins Detail gehenden Analyse und Bewertung der verschiedenen Ansichten bieten William J. Webb, *Returning Home: New Covenant and Second Exodus as the Context for 2 Corinthians 6.14–7.1*, Sheffield Academic Press, Sheffield 1993, S. 16–30, S. 159–175, und J. Ayodeji Adewuya, *Holiness and Community in 2 Cor 6:14–7:1: Paul's View of Communal Holiness in the Corinthian Correspondence*, Lang, New York 2003, S. 13–43.

3 Siehe z. B. Joseph A. Fitzmyer, „Qumran and the Interpolated Paragraph in 2 Cor 6,14–7,1", *Catholic Biblical Quarterly* 23, 1961, S. 2; Dieter Georgi, *The Opponents of Paul in Second Corinthians: Study of Religious Propaganda in Late Antiquity*, Fortress, Philadelphia 1986, S. 12–13.

4 Siehe zum Beispiel, K. J. Foreman, *Second Letter of Paul to the Corinthians*, John Knox, Richmond 1961, S. 134; und Walter Schmithals, *Gnosticism in Corinth: An Investigation of the Letters to the Corinthians*, Abingdon, Nashville 1971, S. 282–286.

des Paulus gelesen werden sollte.[5] Gegenwärtig wächst unter Theologen die Tendenz anzunehmen, dass der Abschnitt durchaus in seinen jetzigen Zusammenhang hineinpasst und als integraler Bestandteil des Briefes betrachtet werden sollte.[6]

Manche mutmaßen, dass Paulus diese Sätze aus rhetorischen Gründen an gerade diese Stelle im Brief platziert habe, d. h. er habe die Schärfe der Imperative abgemildert, indem er sie nach einer langen Reihe von Entschuldigungen brachte und ehe er die vollständige Versöhnung nochmals bekräftigte.[7] Auch wurde schon vorgeschlagen Kapitel 6,14 bis 7,1 als eine erweiterte Ausformung der Ermahnung von Kapitel 6,1 zu verstehen.[8] William J. Webb hat vielleicht die beste Erklärung für die Einfügung dieses Textabschnittes in seinen erweiterten Textrahmen (2 Kor 2,14–5,10) und in seinen unmittelbaren Zusammenhang (2 Kor 5,11–7,4) angeboten.[9] Er findet im Zusammenhang des Abschnittes überall Ausdrücke und Symbolik, die mit dem Neuen Bund wie auch mit der alttestamentlichen Exodustradition in Verbindung stehen. Webb zeigt so, dass dem Apostel Paulus in diesen Textabschnitten einerseits die Theologie des Neuen Bundes sehr am Herzen liegt, andererseits das Thema des Exodus von Paulus eingeführt wird, um den Korinthern die Notwendigkeit zu zeigen, aus ihrem augenblicklichen Zustand herauszukommen und zu ihm, dem Apostel, und zu Gott zurückzukehren.[10]

Webbs Argumentation wird auch von J. Ayodeji Adewuya unterstützt, der zeigt, dass Paulus im Briefwechsel mit den Korinthern und ganz besonders in 2. Korinther 6,14–7,1 sowohl die Traditionen des Neuen Bundes als auch die des 2. Mose-

5 Zum Beispiel Charles K. Barrett, *A Commentary on the Second Epistle to the Corinthians*, Harper and Row, New York 1973, S. 194, und Jan Lambrecht, „The Fragment 2 Cor. VI 14–VII 1: A Plea for Its Authenticity", in Tjitze Baarda, Albertus F. J. Klijn und Willem C. van Unnik (Hg.), *Miscellanea Neotestamentica*, Brill, Leiden 1978, S. 151. Andere meinen, dass Paulus bei Kapitel 6,13 das Diktat seines Briefes unterbrach und, als er dann zurückkehrte, das besondere Anliegen in diesem Abschnitt aufnahm, ohne noch einmal zu berücksichtigen, was er vorher geschrieben hatte (beispielsweise Murray J. Harris, *Second Epistle to the Corinthians: A Commentary on the Greek Text*, Eerdmans, Grand Rapids 2005, S. 497). Es wurde auch vorgeschlagen, dass in dieser Textstelle eine besondere Situation angesprochen wird, die jemand dem Paulus gegenüber zur Sprache brachte, während er den Brief schrieb, und die er daher sofort behandelte (z. B. Randolph V. G. Tasker, *Second Epistle to the Corinthians*, Eerdmans, Grand Rapids 1958, S. 98).

6 Zum Beispiel Gregory K. Beale, „The OT Background of Reconciliation in 2 Corinthians 6:14–7:1", *New Testament Studies* 35, 1989, S. 550–558; Charles Talbert, *Reading Corinthians*, SPCK, London 1987, S. 172, argumentiert dahingehend, dass in diesem Abschnitt nichts zu finden sei, das man nicht Paulus zuschreiben könnte.

7 Siehe Webb, *Returning Home*, S. 166–167.

8 Z. B. Werner Georg Kümmel, *Einleitung in das Neue Testament*, Quelle und Meyer, Heidelberg 1983, S. 253; Phillip E. Hughes, *Second Epistle to the Corinthians*, Eerdmans, Grand Rapids 1962, S. 243; Jerome Murphy-O'Connors, „Relating 2 Corinthians 6.14–7.1 to Its Context", *New Testament Studies* 33, 1987, S. 273–275; Jean F. Collange, *Énigmes de la deuxième épître de Paul aux Corinthiens: Étude exégétique de 2 Cor. 2.14–7.4*, Cambridge University Press, Cambridge 1972, S. 304. Matera, Frank J. Matera, *II Corinthians: A Commentary*, John Knox, Louisville 2003, S. 157, betrachtet Kap. 6,11 bis 7,4 als „weitere Ausführung dessen, was Paulus bisher gesagt hat. Es zeigt, dass die Absicht der Erklärungen des Paulus ab Kapitel 2,14 bis 7,4 zusätzlich zur Verteidigung seines Dienstes ein Aufruf der Gemeinde zur Versöhnung mit ihrem Apostel war".

9 Webb, *Returning Home*, S. 72–158.

10 Ebenda S. 176–178.

buches heranzieht, um die Korinther als Gemeinschaft zur Heiligkeit aufzurufen.[11] Diese beiden Theologen haben also klar gezeigt, dass die Textstelle immer schon zum zweiten Korintherbrief gehörte und dass sie im größeren Zusammenhang des Briefs eine Funktion hat.

3. Inhalt und Struktur der rhetorischen Fragen

Die zu untersuchende Stelle beginnt (6,14) und endet (7,1) mit einer Ermahnung. Die erste erscheint in der Form eines Imperativs: „Zieht nicht am fremden Joch"; die zweite ist ein hortativer (ermahnender) Konjunktiv: „lasst uns ... uns reinigen".[12] Auf die erste Ermahnung folgen fünf rhetorische Fragen, die theologische Selbstverständlichkeiten enthalten und eine negative Antwort fordern.[13] Die letzte dieser Fragen leitet eine Diskussion über die Notwendigkeit ein, dass die Gemeinde als Tempel Gottes heilig bleibt. Eine Reihe von Texten wird dann zitiert, um diese Feststellung zu untermauern. Die Texte enthalten etliche Verheißungen, die der Apostel als eine Art Sprungbrett für seine Ermahnung zu einem heiligen Leben benutzt.

Die erste rhetorische Frage wird eröffnet mit einem erklärenden *gar* („denn"), wodurch angezeigt wird, dass die Fragen zum Beweis der Gültigkeit der Ermahnung dienen. Jede Frage wird von zwei antithetischen Nomina gebildet, die durch einen Ausdruck miteinander verbunden werden, der anzeigt, wie unmöglich die Koexistenz der beiden Werte ist, die durch die Hauptwörter dargestellt werden. Die Fragen, mit Ausnahme der fünften, können jeweils in Paare eingeteilt werden.[14] Die ersten beiden gehören zusammen, was durch die Tatsache belegt wird, dass die zweite Frage durch das Partikel *ē* („oder") eingeführt wird. Die dritte wird eingeleitet durch das einer positiven Aussage folgende Wort *de* („aber", „und") und hängt eng mit der vierten Frage zusammen, welche ebenfalls mit der Konjunktion *ē* („oder") beginnt. Die letzte Frage, die wie gesagt für sich alleine steht, wird eröffnet mit dem

11 Adewuya, *Holiness*, S. 127–128. Er schreibt in Bezug auf die Schlussfolgerung Webbs: „Webbs Versuche, die Integration dieses Abschnittes in seinen Zusammenhang zu beweisen, sind einsichtig und überzeugend. Sie zeigen, dass der Abschnitt eben keine Interpolation darstellt. Allerdings fehlt bei Webb die Erklärung dafür, dass der Abschnitt auch Sinn macht, so wie er ist. Daher versäumt er es auch zu ergründen, welches die beabsichtigte Botschaft der Stelle ist. Das könnte von Webbs Ambivalenz herrühren, die Stelle dem Apostel Paulus überhaupt zuzuschreiben." (127) Webb hat auch nicht die Gründe angesprochen, weshalb Paulus es für notwendig erachtete, die Korinther zu ermahnen, zu ihm als dem Apostel und zu dem Evangelium, das er ihnen verkündigt hatte, zurückzukehren. Hätte er sich mehr mit den Gegnern des Paulus und ihren Lehren beschäftigt, so hätte er einige Aspekte seiner Interpretation von Kapitel 6,14 bis 7,1 vermieden.

12 Die Form des Imperativs in Kapitel 6,14 lässt vermuten, dass einige Korinther das, was Paulus untersagte, taten. Vgl. Friedrich Blass und Albert Debrunner, *Grammatik des neutestamentlichen Griechisch*, 11. Aufl., Vandenhoeck & Ruprecht, Göttingen 1961, S. 217; sie übersetzen die Konstruktion wörtlich: „gebt euch nicht dazu her". In dieser Konstruktion gibt es einen Imperativ Präsens und ein Partizip Präsens mit mē. Siehe auch Ralph P. Martin, *2 Corinthians*, Word, Waco 1986, S. 196.

13 Diese Erklärung wird von den Kommentatoren allgemein anerkannt, z. B. Murray Harris, *Second Epistle to the Corinthians*, Eerdmans, Grand Rapids 2005, S. 504.

14 Siehe Hans Dieter Betz, „2 Corinthians 6:14–7:1: An Anti-Pauline Fragment?", *Journal of Biblical Literature* 92, 1973, S. 91.

de („aber", „und"), und dient dazu, die Liste abzuschließen, gleichzeitig aber auch um neues Material einzuführen. Die Verben sind bei allen Fragen ausgelassen.

Man kann in der Struktur der ersten vier Fragen einen Parallelismus entdecken:

Denn	was (welche Verbindung EB)	A	(a) Gerechtigkeit mit
			(b) Ungerechtigkeit (*anomia*)
oder	welche Gemeinschaft	B	(c) Licht mit
			(d) Finsternis
und	welche (Übereinstimmung EB)	B'	(c) Christus mit
			(d) Beliar
oder	welchen Teil	A'	(a) Gläubiger mit
			(b) Ungläubigem (*apistos*).

Was wir hier vor uns haben, ist ein typischer synonymer Parallelismus mit Grüppchen zu je zwei antithetischen Hauptwörtern, der insgesamt eine konzentrische Struktur bildet. „Gerechtigkeit" ist das Kennzeichen des Gläubigen und „Ungerechtigkeit" das des Ungläubigen, „Licht" bezieht sich auf Christus und „Finsternis" gehört zu Beliar. Das erste antithetische Paar steht parallel zum letzten und die beiden mittleren parallel neben einander. Der Gegensatz besteht also zwischen zwei verschiedenen Herren und zwei verschiedenen Lebensstilen, die sich jeweils gegenseitig ausschließen. Paulus rät den Christen dringend davon ab, in irgendeine Art von dauerhafter Beziehung mit Ungläubigen einzutreten.[15] Er unterstreicht damit, dass eine Beziehung, die auf den radikal unterschiedlichen Überzeugungen und Verpflichtungen jeder Gruppe beruht, sich äußerst schwierig gestalten kann.

Die fünfte Frage hat eine Übergangsfunktion; ihr Inhalt wird aus dem Nachfolgenden entwickelt. Sie wird etwas anders als die vorhergehenden formuliert: „Was hat der Tempel Gottes gemein mit den Götzen?" In den Mittelpunkt dieser Frage stellt Paulus die Funktion: Der Tempel Gottes kann nicht zum Götzendienst benutzt werden. Damit bereitet er den Weg für eine Abhandlung zum Thema Heiligkeit vor.[16]

Der letzten Frage folgt ein Satz, der wiederum durch ein erklärendes *gar* („denn") eingeleitet wird. Der Apostel will nun die Bedeutung und den Inhalt dieser Frage angehen, indem er mit der Feststellung beginnt: „Wir sind der Tempel des lebendigen Gottes". Dabei setzt er es als gegeben voraus, dass Götzendienst und

15 Adewuya, *Holiness*, S. 118 kommentiert: „Die Absicht dieser rhetorischen Fragen ist es, die Unvereinbarkeit solcher Verbindungen aufzuzeigen. Paulus denkt dabei eindeutig an Verbindungen, die eine Partnerschaft beinhalten, weniger dagegen an zufällige oder zeitweilige berufliche Beziehungen zwischen Gläubigen und Ungläubigen."

16 Die Ausführungen zum Thema Heiligkeit in diesem Abschnitt werden bis ins einzelne von Asewuya, *Holiness*, S. 89–127, bearbeitet.

Christusgemeinschaft miteinander unvereinbar sind. Er fährt fort seine Schlussfolgerung zu untermauern, indem er dazu eine ganze Abfolge biblischer Texte verwendet. Der erste ist Gottes Bundesverheißung, dass er unter seinem Volk wohnen und ihr Gott sein will, und sie sein Volk sein sollen. Der zweite drückt die logische Folge dieser Verheißung aus, dass sie sich nämlich von allem Unreinen fern halten sollen. Der letzte bekräftigt noch einmal den Aufruf zur Reinheit, weil Gott ihr Vater sein will und sie seine Kinder sein sollen.[17]

4. Struktur und Absicht der Aufreihung biblischer Texte

Diese Aneinanderreihung von Bibelzitaten hat eine schöne Struktur. Sie wird eingeleitet mit einer Zitierungsformel, um die Quelle der Dokumente zu offenbaren, und endet auch wieder mit einer ähnlichen Feststellung, wodurch so etwas wie ein literarischer Briefumschlag für diese Textkette entsteht. Auch ein Hinweis auf den göttlichen Sprecher ist zu finden, und zwar in der Mitte der Reihe. Damit soll der Ursprung und die Autorität der Zitate unterstrichen werden.[18] Die Liste umfasst vier grundlegende Verheißungen Gottes für sein Volk, in der Mitte unterbrochen durch die strenge Ermahnung in der Form eines Befehls, sich vom Unreinen abzusondern. Wir haben hier also zwei Verheißungen, gefolgt von zwei Aufrufen zur Reinheit, und schließlich wiederum zwei Verheißungen. Aufgrund ihres Inhalts könnte man diese ganze Textpassage 2. Korinther 6,16b–18 als einen Chiasmus strukturieren:[19]

A Wie denn Gott spricht:
    B Ich will unter ihnen wohnen und (unter ihnen) wandeln
    B und [ich] will ihr Gott sein, und sie sollen mein Volk sein.
        C Geht aus von ihnen und sondert euch ab,
           A' spricht der Herr,
        C' und rühret nichts Unreines an,
    B' so will ich euch annehmen
    B' und [will] euer Vater sein, und ihr sollt meine Söhne und Töchter sein,
A' spricht der allmächtige Herr.

17 Über die Quelle dieser Zitate besteht unter den Auslegern einige Uneinigkeit; eine umfassende Diskussion dazu findet sich bei Webb, *Returning Home*, S. 33–58. Das Problem ist nämlich, dass sie keine genaue Zitierung einer alttestamentlichen Schriftstelle zu sein scheinen; Paulus hat hier offenbar Texte paraphrasierend wiedergegeben oder einfach verschiedene Aussagen zu einem Text zusammengefasst – oder verschiedene Stellen mit einander kombiniert. Das erste Zitat scheint auf Hesekiel 37,27 zurückzugehen, das zweite hingegen stammt, wenn auch mit einigen Änderungen, ganz klar aus Jesaja 52,11; das dritte kann von Hesekiel 20,34 herkommen; das vierte ist hauptsächlich 2 Samuel 7,14 entnommen.

18 Matera, *II Corinthians*, S. 164.

19 Die gleiche Struktur wurde im Grunde genommen auch von Webb identifiziert (Webb, *Returning Home*, S. 32). Er unterteilte die Verheißungen in jedem Abschnitt noch und nannte die erste eine „Verheißung der Gegenwart" (Kap 6,16dβ; und Kap 6,17d) und die andere eine „Verheißung der Beziehung", eine Bundesformel (Kap 6,16dγ; und Kap 6,18).

Die Absicht dieser Aneinanderreihung von Texten wird in Kapitel 7,1 noch klarer dargelegt. Der erste Satz „Weil wir nun solche Verheißungen haben" bezieht sich offensichtlich auf die vier Zusagen, die in der Kette aufgelistet sind. Der Rest des Verses „So lasst uns von aller Befleckung des Fleisches und des Geistes uns reinigen und die Heiligung vollenden in der Furcht Gottes" ist eine Wiederholung des Aufrufs zur Reinheit, den man in der Textkette findet. Dieser Vers hilft uns zu verstehen, was Paulus im Sinn hatte, als er den Satz zitierte „Geht aus von ihnen und sondert euch ab". Die zweite Ermahnung erläutert die erste durch den Hinweis, dass man mit Unreinem nicht in Berührung kommen soll.

Mit der Frage Nummer fünf führt der Apostel einen neuen Gesichtspunkt in die Diskussion über die Beziehung zwischen Gläubigen und Ungläubigen ein. Er scheint den Gedanken noch weiter zu entfalten, beginnend mit der bloßen Ermahnung, nicht in eine dauerhafte Beziehung mit Ungläubigen einzutreten, bis hin zu der Feststellung einer drohenden Gefahr, in ihren Lebensstil verstrickt zu werden. Die weitere Auswirkung, wiewohl nicht ausdrücklich erwähnt, ist die, dass ersteres zu letzterem führen könnte, und dies würde die Notwendigkeit einer Ermahnung fraglos rechtfertigen.

Der Gebrauch des Wortes „Ungläubige" (*apistoi*)

1. Der Gebrauch des Wortes außerhalb der paulinischen Schriften

Das Wort „Ungläubige" (*apistoi*) wird in den neutestamentlichen Schriften auch von den nicht-paulinischen Schriften an zahlreichen Stellen gebraucht. In den Evangelien zum Beispiel wird es adjektivisch benutzt, um den Unglauben einiger Juden zu beschreiben (Mt 17,17). Als Hauptwort wendet es Jesus auf einen Knecht an, den sein Herr über die anderen Dienstboten setzte, der dann aber, nachdem er die Schlussfolgerung gezogen hatte, dass sein Herr noch lange nicht kommen werde, anfängt seine Mitknechte zu misshandeln. Als dann der Herr von seiner Reise heimkehrte, gab er ihm sein Teil unter den „Ungläubigen" (Lk 12,46). Eine andere interessante Belegstelle für diesen Ausdruck findet sich in Johannes 20,27. Jesus erscheint dem zweifelnden Thomas und den anderen Jüngern und sagt zu ihm: „sei nicht ungläubig, sondern gläubig!" (*mē ginou apistos alla pistos*).[20] Das Interessante ist, dass in diesen Fällen der Ausdruck nicht auf Heiden angewandt wird, sondern auf Leute, die behaupten, Diener Gottes zu sein. Als Substantiv wird das Wort auch in Apostelgeschichte 26,8 verwendet, um damit Juden zu beschreiben, die nicht

20 Der Gedanke ist hier nicht, dass Thomas kein Ungläubiger werden soll, sondern dass er aufhören soll, ein Ungläubiger zu sein. Das wird auch durch Johannes 20,25 unterstützt, wo Thomas zu den anderen Jüngern sagt, dass er es „nicht glauben will" (Luther 1912), dass Jesus auferstanden sei, wenn er nicht seine Nägelmale sehen und berühren könne und seine Hand in Jesu Seite legen. In diesem Sinne war er ein Ungläubiger, und Jesus ersuchte ihn, kein Ungläubiger mehr zu sein. Das Verb *apisteō* („nicht glauben") wird auch gebraucht, um die Reaktion der Jünger zu beschreiben, als ihnen die Frauen mitgeteilt hatten, dass Christus auferstanden ist (Lukas 24,11).

glaubten, dass Gott Jesus von den Toten auferweckte. Dem Apostel Johannes zufolge werden Ungläubige zusammen mit Mördern, Unzüchtigen, Götzendienern und anderen den zweiten Tod erleiden (Offenbarung 21,8). Hier wird eindeutig auf die Bezug genommen, die die frohe Botschaft der Erlösung nicht annahmen oder sie wieder verwarfen.

2. Der Gebrauch des Wortes bei Paulus

Die genaue Bestimmung des Gebrauchs des Wortes *apistos* („Ungläubiger") bei Paulus ist von grundlegender Bedeutung für eine sachgemäße Interpretation des untersuchten Schriftabschnitts. Im ersten Korintherbrief wird das Wort vom Apostel in erster Linie gebraucht, um Nichtchristen zu bezeichnen (1 Kor 6,6; 7,12.13.14.15; 10,27; 14,22.23.24). Aber es findet sich auch die Argumentation, dass er es in einigen Fällen anwendete, wo es sich um falsche christliche Lehrer handelte, die sein Verständnis vom Evangelium und sein Apostelamt zurückwiesen oder bekämpften.

a. „Ungläubige" in 2. Korinther 4,4

Solch ein Gebrauch, so wird von manchen Auslegern vermutet, liegt in 2. Korinther 4,4 vor:[21] „den Ungläubigen, denen der Gott dieser Welt den Sinn verblendet hat, dass sie nicht sehen das helle Licht des Evangeliums von der Herrlichkeit Christi, welcher ist das Ebenbild Gottes". Andere Ausleger behaupten dennoch, dass das Wort auch hier in Kapitel 4,4 Nichtchristen bezeichnen würde, da Paulus *apistos* durchgängig auf nichtchristliche Juden und Heiden angewendet habe.[22] Diese Schlussfolgerung ist bis zu einem gewissen Grad angebracht; in ihr liegt jedoch die Tendenz, den Kontext jeder einzelnen Textstelle außer Acht zu lassen.

In 2. Korinther 4,1–6 verteidigt Paulus sein Evangelium und seinen Dienst. Einer der Vorwürfe, der gegen ihn erhoben wurde, war nämlich der, dass sein Evangelium verhüllt sei (4,3), was möglicherweise bedeuten sollte, dass es keine Offenbarung von Gott sei, wie er behauptete.[23] Das Ergebnis wäre natürlich, dass es dann abgelehnt werden konnte, da es ja keine Offenbarung von Gott war. Diesen Vorwurf machten ihm zumindest einige aus der Korinthergemeinde.[24] Er hält dagegen, dass, wenn es verhüllt sei, dann wäre es nur für die „Ungläubigen" verhüllt. Der Grund dafür sei, dass Satan ihr Verständnis verblendet hat. Und daraus zieht Paulus die

21 Walter Bauer u. a. (Hg.), *A Greek-English Lexicon of the NT and Other Early Christian Literature*, 3. Aufl., University of Chicago Press, Chicago 2000, S. 104, reiht 2. Korinther 4,4 unter dem Ausdruck „Lehrer von Irrtümern" ein.

22 Zum Beispiel Paul Barnett, *Second Epistle to the Corinthians*, Eerdmans, Grand Rapids 1997, S. 220; Victor Paul Furnish, *2 Corinthians*, Doubleday, New York 1984, S. 270–371; und Margaret E. Thrall, „The Problem of II Cor. VI.14–VII.1 in Some Recent Discussion", *New Testament Studies* 24, 1977, S. 143; Harris, *Second Epistle to the Corinthians*, S. 329.

23 Barnett, *Second Epistle to the Corinthians*, S. 216.

24 Bei Margaret E. Thrall, *2 Corinthians 1–7*, T & T Clark, New York 1994, S. 305.

eindeutige Schlussfolgerung, dass seine Widersacher seine Botschaft nicht verstehen können, weil sie, ebenso wie die Juden, geistlich blind sind (siehe Kap 3,16). Die „Ungläubigen" (*apistoi*) und die, „die verloren werden" (hier wird das Wort *apollymi* gebraucht), stellen wahrscheinlich dieselbe Gruppe dar.[25] Die Ausdrucksweise ist sehr hart und ließ manche annehmen, Paulus habe wohl nicht schreiben wollen, dass die falschen Lehrer auf dem Weg zur Verdammnis seien.[26] In Philipper 3,18.19 spricht Paulus jedoch von Christen, die als „Feinde des Kreuzes Christi leben. Ihr Ende ist die Verdammnis" (auch hier steht das Verb *apollymi*). Im Galaterbrief richtet er sogar ein Anathema gegen die, die ein anderes Evangelium verkündigen („der sei verflucht"; Gal 3,9). Nach Paulus haben die, welche ein anderes Evangelium angenommen haben, „Christus verloren" und sind „aus der Gnade gefallen" (Gal 5,4). Das klingt nicht so viel anders als das, was wir im Korintherbrief finden, wo die Christen, denen auch ein anderes Evangelium von falschen Lehrern angeboten wurde, auf ihrem Weg in die Verdammnis sind (vgl. 2 Kor 11,4).[27] In diesem besonderen Fall bezeichnen die *apistoi* in erster Linie seine Kontrahenten, die sein Werk zu untergraben versuchten. Der Ausdruck könnte allerdings auch Christen mit ein-

25 Rudolf Bultmann, *Second Letter to the Corinthians*, Augsburg, Minneapolis 1985, S. 105.

26 Thrall, *2 Corinthians*, S. 303–308. Sie führt ihre Interpretation von 2. Korinther 4,1–4 nicht bis zum logischen Ende, weil sie immer noch davon ausgeht, dass Paulus das Wort *apistoi* nur gebraucht, um damit Nichtchristen zu bezeichnen, und weil die Sprache, deren sich Paulus hier bedient, nicht auf seine Opponenten angewendet werden könne. Sie anerkennt zwar, dass Paulus auf die Kritik an seinem Evangelium, welches angeblich überhaupt nicht inspiriert sein soll, antwortet, und dass diese Kritik von den Korinthern kommt. Obwohl also Paulus diese Kritik grundsätzlich annimmt, bestreitet er aber ihre Richtigkeit, weil sie, so argumentiere er, von Leuten kommt, die verloren werden, die von Satan verblendet und daher gar nicht imstande sind, sein Evangelium zu beurteilen. Wenn das der Fall ist, dann wäre der logischste Schluss, dass Paulus den Korinthern mitteilt, dass der Grund, weshalb für sie das Evangelium keine Offenbarung ist, weshalb sie es also nicht annehmen, der ist, dass sie von Satan verblendet wurden. In diesem Falle bezieht sich der Ausdruck *apistoi* dann eindeutig auf sie. Sie sind die Ungläubigen, weil sie das Evangelium zurückwiesen. Harris, *Second Epistle to the Corinthians*, S. 326–329, benützt denselben Zugang zu der Frage und wird daher mit denselben Problemen konfrontiert. Dadurch dass er den Gebrauch des Wortes *apistoi* auf Nichtchristen beschränkt, erweckt er ebenfalls den Eindruck, als hätten alle Korinther das Evangelium von Paulus angenommen. Warum verteidigt es dann Paulus mitsamt seinem Apostelamt? Matera ist der Meinung, dass die Kritik von den falschen Lehrern oder von der jüdischen Gemeinde in Korinth kam (Matera, *II Corinthians*, S. 156). Es mag ja wohl so sein, dass die Kritik von den Juden kam, doch damit Paulus sich die Zeit nahm sie zurückzuweisen, muss es so gewesen sein, dass auch einige Gemeindeglieder oder zumindest die falschen Lehrer sich ihrer bedient hatten. In diesem Fall wären sie auch Teil der *apistoi*.

27 David A. DeSilva, „Recasting the Moment of Decision: 2 Corinthians 6:14–7:1 in Its Literary Context", *Andrews University Seminary Studies* 31, 1993, S. 7–8. Harris kommentiert bezüglich der falschen Lehrer in Korinth: „Paulus klagt sie an, dass sie mit einem beschmutzten Wort Gottes Geschäfte machten (Kapitel 2,17) und dass sie dieses Wort mit Verschlagenheit fälschten (Kapitel 4,2). Sie manipulierten die Botschaft derart unehrlich, dass dabei tatsächlich ein ‚anderes Evangelium' herauskam, welches einen anderen Jesus verkündigte und einen fremden Geist anbot (Kapitel 11,4). Weil sie dieses falsche Evangelium so bereitwillig angenommen hatten, waren die Korinther verführt worden, ihre ungeteilte Treue zu Christus aufzugeben (Kapitel 11,3). Denn dieses rivalisierende Evangelium hatte ihre Gedanken verbogen." (Harris, *Second Epistle to the Corinthians*, S. 71; siehe auch Matera, *II Corinthians*, S. 24, der hier zögernd zugesteht, dass die Kontrahenten des Paulus wirklich ein anderes Evangelium predigten und weiter meint, dass Paulus ihre Lehren nicht weiter ausführt. Zwar gibt uns Paulus keine Einzelheiten über den Inhalt dieses falschen Evangeliums zu wissen, er weist es aber mit starken Worten zurück.)

schließen, die dem Evangelium, das Paulus verkündigte, untreu waren.[28] Auch ist wichtig festzuhalten, dass das Substantiv *noēma* („Verständnis", „Sinn") im 2. Korintherbrief von Paulus auf die Fähigkeit seiner Gegner und nicht der Nichtchristen logisch zu denken angewendet wird.[29]

b. „Ungläubige" in Titus 1,15

In Titus 1,15 wird das Wort *apistos* gebraucht, um damit falsche Lehrer zu bezeichnen. Wahrscheinlich waren dies jüdische Gläubige und andere Christen, die der Predigt des Paulus ablehnend gegenüberstanden (1,10.14) Paulus schrieb ihnen:[30] „Den Reinen ist alles rein; den Unreinen aber und Ungläubigen ist nichts rein, sondern unrein ist beides, ihr Sinn und ihr Gewissen." (1,15) Man könnte ins Feld führen, dass Paulus wahrscheinlich nur einen allgemeinen Grundsatz zitierte oder dass er eine allseits bekannte Redensart benützte und dass folglich *apistos* hier nicht notwendigerweise christliche Irrlehrer bezeichne. Aber der ganze Kontext handelt von Irrlehrern und identifiziert sie eindeutig als „Aufsässige, hohle Schwätzer und Betrüger, besonders die aus der Beschneidung, denen man den Mund stopfen muss, die ganze Häuser umkehren, indem sie um schändlichen Gewinnes willen lehren, was sich nicht geziemt." (1,10.11 EB) Wiederum wendet Paulus hier starke Worte an, um sie und ihre Werke zu beschreiben (V. 16).[31] Aufgrund dieses Textzusammenhanges könnte man schließen, dass in diesem besonderen Fall *apistos* nicht nur Judenchristen meint, die Lehren verbreiteten, welche das Evangelium untergraben, sondern auch andere Christen, die, um sich zu bereichern, dasselbe tun.[32] Aus christlicher Perspektive könnte man gewissermaßen annehmen, dass sie

---

28 DeSilva, „Recasting", S. 8, schlägt vor, dass *apistos* auch mit „dem Evangelium untreu" oder „ein Fehlen von Glauben an das Evangelium zur Schau stellend" wiedergegeben werden könnte. Martin, *2 Corinthians*, S. 78, erklärt, dass *apistos* hier „jene, die falsche Brüder waren", bezeichnet. Unter denen, die argumentieren, diese Erwähnungen gälten den Juden, finden wir z. B. Barnett, *Second Corinthians*, S. 220, und Furnish, *II Corinthians*, S. 221.

29 Nebst Collange, *Enigmes*, S. 134 wird dieser Gedanke auch von Martin, *2 Corinthians*, S. 78 unterstützt.

30 Siehe Gerhard Barth, *„apisteō"*, in Horst Balz und Gerhard Schneider (Hg.), *Exegetisches Wörterbuch zum Neuen Testament*, Bd. 1, Kohlhammer, Stuttgart 1992, S. 290.

31 Donald Guthrie, *The Pastoral Epistles*, Eerdmans, Grand Rapids 1990, S. 202, gibt folgenden Kommentar: „Wo Bekenntnis und Praxis in derart offensichtlichem Widerspruch stehen, wie im Fall dieser Ankläger aus Kreta (,mit den Werken verleugnen sie ihn'), sind starke Worte der Verurteilung durchaus angebracht. Der Apostel gebraucht drei solcher Bezeichnungen, um ihr Verhalten zu charakterisieren. Die erste, ,verabscheuungswürdig', ist ein Ausdruck des Ekels über ihre Heuchelei. Er könnte hier noch ironisch gemeint sein, in dem Sinne etwa, dass diejenigen, die behaupten Abscheulichkeiten aufzudecken, selbst abscheulich sind. Die zweite, ,den Gehorsam verachtend', folgt aus ihrer faktischen Leugnung des wahren Charakters eines heiligen Gottes, der ebenfalls Heiligkeit fordert. Die dritte, ,unfähig irgendetwas Gutes zu tun', ist eine Übersetzung des Wortes *adokimoi* (nach Prüfung verworfen) und steht in unübersehbarem Gegensatz zu der fortwährenden Aufforderung zu guten Werken in den Pastoralbriefen, denn sie macht gute Werke in diesen Fällen völlig unmöglich."

32 Ebenda S. 202. George W. Knight, *Commentary on the Pastoral Epistles*, Eerdmans, Grand Rapids 1992, S. 304, schreibt über diese falschen Lehrer: „Die Beurteilung dieser Irrlehrer durch den Apostel Paulus stimmt mit allem, was er sonst irgendwo in den Pastoralbriefen über Irrlehrer schreibt, (vgl. 1 Tim 4,1.2; 6,3–5.10; 2 Tim 2,17.18.25.26; 3,5; siehe auch Kol 2,20 ff.) und mit der Anklage gegen diese falschen Lehrer in der Christengemeinde in Galatien (z. B. Gal 1,9) völlig überein. Da sie ,aus der Beschneidung' sind, haben sie

einen Rückfall erlitten haben in ihren alten Zustand, ehe sie Christen wurden, auch wenn sie dies nicht wahrgenommen haben.[33]

Zusammenfassend kann man sagen: Auch wenn Paulus *apistos* vorzugsweise dazu gebraucht, um Nichtchristen zu bezeichnen, kann er es auch einsetzen, um Christen zu benennen, die seinem Verständnis des Evangeliums widerstanden. Diese Verwendung findet sich auch in nach-apostolischen Schriften.[34]

3. „Ungläubige" als Nichtchristen: Eine Bewertung

Die Frage, der wir uns nun zuwenden, hat mit dem Gebrauch des Wortes *apistos* in 2. Korinther 6,14 zu tun. Die Tendenz der Ausleger ist es gewesen, dies als eine Bezugnahme auf Nichtchristen zu interpretieren. Dies war in der Tat auch die traditionelle christliche Interpretation. Das Bild wandelt sich jedoch. Heute gibt es nicht weniger als fünf verschiedene Interpretationen für *apistos* in 2. Korinther 6,14.[35] Man hat dafür folgende angeboten: (a) Treulose, unzuverlässige Personen, egal ob gläubig oder ungläubig,[36] (b) Heidenchristen, die das Gesetz nicht hielten,[37] (c) unmoralische Leute in der Christengemeinde,[38] (d) falsche Apostel und (e) Nichtchristen. Die letzten drei Ansichten erfreuen sich eines beachtlichen Zuspruchs unter den Interpreten. Die Auffassung, es handle sich um Nichtchristen, ist nicht nur die traditionelle, sondern bleibt auch heute noch die vorherrschende. Allerdings wächst die Zahl von Forschern, die die Meinung unterstützen, dass *apistoi* falsche Apostel und/oder falsche Christen bezeichnet.[39]

Verschiedene Argumente sind herangezogen worden, um die traditionelle Sicht zu verteidigen, dass die *apistoi* in 2. Korinther 6,14 Nichtchristen bedeuten. Für un-

einige Ansichten, die aus der jüdischen Gemeinde (‚Fabeln und Geschlechtsregister, die kein Ende haben') stammen, ihre Anschauungen aber gehen über den Judaismus noch weit hinaus."

33 Jerome D. Quinn, *The Letter to Titus*, Doubleday, New York 1990, S. 113; Knight, *Commentary on the Pastoral Epistles*, S. 302.

34 Z. B. Ignatius, *An die Smyrnäer* 2,1; 5,3.

35 Zur Diskussion und Bewertung dieser verschiedenen Interpretationen siehe William J. Webb, „Who are the Unbelievers in 2 Cor 6:14?", *Bibliotheca Sacra* 149, 1992, S. 27–44; und Webb, *Returning Home*, S. 184–199.

36 J. Duncan M. Derrett, „2 Cor 6,14ff.: A Midrash on Dt 22,10", *Biblica* 59, 1978, S. 231–250.

37 Betz, „2 Corinthians 6:14–7:1", S. 88–108.

38 Z. B. M. Newton, *The Concept of Purity at Qumran and in the Letters of Paul*, Cambridge University Press, New York 1985, S. 113; Bertil Gärtner, *The Temple and the Community in Qumran and in the New Testament*, Cambridge University Press, Cambridge 1965, S. 49–56; K. J. Foreman, *The Second Letter of Paul to the Corinthians*, John Knox, Richmond 1961, S. 134; Walter Schmithals, *Gnosticism in Corinth*, Nashville, Abingdon 1971, S. 94–95.

39 Webb, *Returning Home*, S. 24, führt es auf Anselm zurück (1491); er bezieht sich auf Cornelius à Lapide, *The Great Commentary of Cornelius À Lapide: II Corinthians and Galatians*, John Grant, Edinburgh 1908, S. 93. Neben anderen, die die Theorie der falschen Apostel oder Lehrer vertreten, finden wir Collange, *Enigmes*, S. 301–317; N. A. Dahl, „A Fragment and Its Context: 2 Corinthians 6.14–7.1", in *Studies in Paul: Theology for the Early Christian Mission*, Augsburg, Minneapolis 1977, S. 62–69; D. Rensberger, „2 Corinthians 6:14–7:1: A Fresh Examination", *Studia Biblica et Theologica* 8, 1978, S. 25–49; Hermann Olshausen, *A Commentary on Paul's First and Second Epistles to the Corinthians*, Klock & Klock, Minneapolis 1984, S. 329–332; Beale, „Background", S. 567; DeSilva, „Recasting", S. 7–8; und Adewuya, *Holiness*, S. 102–103.

ser Anliegen ist es wichtig, kurz die Stichhaltigkeit dieser Argumente zu analysieren und zu bewerten. Dabei werden einige Wiederholungen unvermeidlich sein.

a. Der konventionelle Gebrauch des Ausdrucks bei Paulus

Da der Ausdruck in den paulinischen Schriften vorwiegend gebraucht wird, um Nichtchristen zu bezeichnen, ist argumentiert worden, dass die wahrscheinlichste Bedeutung des Wortes auch in 2. Korinther 6,14 „Nichtchristen" sei.[40] Doch die Entscheidung sollte nicht aufgrund der vorherrschenden Verwendung von *apistos* in anderen paulinischen Abschnitten getroffen werden. Die Tatsache, dass der Ausdruck an anderen Stellen auch dazu verwendet wird, um falsche Christen zu bezeichnen, wie wir dargelegt haben, schwächt dieses Konsistenzargument beträchtlich und deutet darauf hin, dass 2. Korinther 6,14 sich nicht nur auf Nichtchristen beziehen könnte. Um sich des genauen Gebrauchs in besagter Textstelle zu vergewissern, ist es notwendig, ihren Kontext noch genauer zu untersuchen.

b. Ungläubige als Götzendiener

Ein zweites Argument, das vorgebracht wird, um die Interpretation von *apistoi* im Sinne von Nichtchristen zu beweisen, ist die Erwähnung von Götzendienst in Kapitel 2,15.16. Man glaubt darin den Beweis zu sehen, dass die *apistoi* Götzendiener sind, etwas, das mit den falschen christlichen Lehrern, insbesondere, wenn sie aus jüdischem Hintergrund kommen, unvereinbar wäre.[41] Dem Apostel Paulus zufolge waren allerdings einige der Korinther Götzendiener gewesen. Als sie Christus erkannt hatten, wurden sie gereinigt, geheiligt und verließen die Welt des Götzendienstes (1 Kor 6,9–12). Wenn man die Korintherbriefe liest, wird einem klar, dass die Anbetung von Götzen solch eine Bedrohung für ihren christlichen Glauben darstellte, dass Paulus sie ermahnen musste, nicht wieder Götzenanbeter zu werden und davor zu fliehen (1 Kor 10,7.14). Überraschenderweise gab es nach 1. Korinther 5,11 dennoch einige Christen in Korinth, die Götzendienst praktizierten: „Vielmehr habe ich euch geschrieben: Ihr sollt nichts mit einem zu schaffen haben, der sich Bruder nennen lässt und ist ein Unzüchtiger oder ein Geiziger oder ein Götzendiener (*eidōlolatrēs*) oder ein Lästerer oder ein Trunkenbold oder ein Räuber; mit

40 Webb, *Returning Home*, S. 185.194–195.198; vgl. Matera, *II Corinthians*, S. 162. Webb anerkennt, dass die lexikalische Bedeutung des Wortes *apistoi* „nicht das Problem ist (denn die Bedeutung könnte ‚Ungläubige' sein, während der Bezugspunkt falsche Apostel sein könnten). Wichtig ist jedoch, dass innerhalb der Briefe an die Korinther das *apistoi* konsequent auf eine Gruppe außerhalb der Gemeinde (d. h. auf Heiden) Anwendung findet. Um den Standpunkt zu vertreten, es bedeute die falschen Apostel, müsste man akzeptieren, dass dieses Fragment vom normalen Wortgebrauch des Paulus in seinen beiden Schreiben an die Korinther (und im Rest seiner Briefe) abweicht. Das ist zwar nicht unmöglich, aber sicherlich ein schwerer Nachteil für diese Anschauung." (S. 194–195)

41 Webb, *Returning Home*, S. 193.198. Seine Beweisführung gründet sich auf eine wörtliche Interpretation des Wortes *eidōlōn* („Götzen") in 2. Korinther 6,16 und auf die Überzeugung, dass die falschen Apostel jüdischen Ursprungs waren. Doch beide Positionen sind alles andere als sicher. Es könnte gut sein, dass jene, die Götzendienst praktizierten, aus den Heiden kamen.

so einem sollt ihr auch nicht essen." Es ist nicht einfach, die Art und Weise dieses Götzendienstes zu bestimmen (z. B. Götzenanbetung[42] oder die Teilnahme an heidnischen Festen). Auch ist unklar, ob er von einigen Irrlehrern befürwortet wurde, wie es sehr wahrscheinlich der Fall war.

Hilfreich ist die Beobachtung, dass in diesen Antithesen ein Gegensatz aufgebaut wird zwischen „dem Tempel Gottes" und den „Götzen" (*eidōlōn*, 2 Kor 6,16). Man hätte eigentlich erwartet, dass der Dienst Gottes dem Dienst für die Götzen gegenüber gestellt worden wäre. Aber das ist nicht der Fall. Die Art und Weise wie Paulus diese Feststellung in Worte kleidet, lässt eher daran denken, dass der Götzendienst jetzt in der Gemeinde, im Tempel Gottes, stattfindet und dass er durch falsche Gläubige ausgeübt wird. Dann war dies ein Fall von religiösem Synkretismus. So groß war die Sorge des Apostels über diese Situation, dass er die Gläubigen ersuchte, sich nicht mit solchen Personen abzugeben, ja nicht einmal mit ihnen zu essen (1 Kor 5,9.11). Deshalb könnte das, was wir in 2. Korinther 6,14–7,1 finden, sehr wohl eine Erinnerung an sie sein, sich genau an das zu halten, was er ihnen schon im ersten Brief gesagt hatte.[43]

c. Die starke Gegensätzlichkeit der Antithesen

Als dritter Punkt wurde ins Feld geführt, dass die *apistoi* in 2. Korinther 6,14 Nichtchristen sein müssten, weil die in den Versen 14 und 15 beschriebenen Antithesen das gesamte Menschengeschlecht in nur zwei Hauptgruppen aufteilen, nämlich in die Nachfolger Christi und in diejenigen, die nicht an ihn glauben – also die „draußen". Damit bleibt für eine dritte Gruppe, für die Halbchristen sozusagen, kein Platz mehr. Ferner wird argumentiert, dass die extrem dualistischen Gegensätze, die wir in diesem Abschnitt finden, es geradezu fordern, das jeweils erste Element der Antithesen („Gerechtigkeit", „Licht", „Christus") den Christen zuzuordnen und das zweite Element („Ungerechtigkeit", „Finsternis", „Beliar") den Nichtchristen.[44] Doch es ist gerade hier wichtig anzuerkennen, dass Paulus in der Tat keinen Platz für eine dritte Gruppe lässt. Es wäre tatsächlich problematisch anzunehmen, dass Paulus die falschen Lehrer und ihre Anhänger nicht als gottlos, als in der Finsternis lebend, ja sogar als Nachfolger Beliars kennzeichnen würde.

42 Ebenda S. 193. Webb hält das Wort *eidōlōn*, „Götzen", für eine Bezeichnung wortwörtlicher Götzen. Diese Einschränkung ist aber unnötig, weil Paulus es an anderen Stellen in einem nichtwörtlichen, also in übertragenem Sinn benutzt (z. B. Kol 3,5). Außerdem wird der Tempel Gottes, den er in diesem Text erwähnt, von Paulus selbst als die Gemeinde Christi und nicht als wörtlicher Tempel erklärt. In diesem speziellen Fall scheint der Ausdruck „Götze" von ihm so gemeint worden sein, dass er sich damit auf Götzendienst im Allgemeinen bezieht.

43 Adewuya, *Holiness*, S. 114, meint, dass Paulus die Ungläubigen mit den Götzen auf eine Ebene stellt (und diese sollten nicht in der Gemeinde, im Tempel Gottes, sein).

44 Webb, *Returning Home*, S. 195; siehe auch Otto Böcher, „Beliar", in Horst Balz und Gerhard Schneider (Hg.), *Exegetisches Wörterbuch zum Neuen Testament*, Bd. 1, Kohlhammer, Stuttgart 1992, S. 508.

Denn wie schon dargelegt wurde, werden einige von ihnen nach Aussage des Apostels in die Verdammnis fahren (2 Kor 4,3), und zumindest einer von ihnen soll dem Satan übergeben werden (1 Kor 5,4). Zudem beschreibt er in 2. Korinther 11,13.14 seine Gegner als „falsche Apostel" und „betrügerische Arbeiter", die sich „verstellen als Apostel Christi. Und das ist auch kein Wunder; denn er selbst, der Satan, verstellt sich als Engel des Lichts". Dann fährt Paulus fort, indem er sie „Diener" Satans nennt (11,15). Das Verhalten der falschen Lehrer und Brüder wird auch an anderen Stellen des NT als gottlos und finster beschrieben (1 Joh 1,6; 3,4–9). Damit soll dargelegt werden, dass diese Terminologie unter bestimmten Umständen durchaus auch falsche Christen betreffen kann, die in der Gemeinde sind.[45] Deshalb verwendet Paulus in 2. Korinther 6,16 einen solch starken, kontrastierenden Dualismus, um unmissverständlich klar zu stellen, dass die falschen Apostel und ihre Anhänger überhaupt nicht zur Gemeinde gehören.[46]

d. Der Aufruf, „von ihnen auszugehen"

Viertens wird argumentiert, es passe der Aufruf des Paulus, „geht aus von ihnen" (ein Zitat aus Jes 52,11, das sich dort auf die Juden bezog, die aus Babylon ausgehen sollten), besser zur Trennung von „Außenseitern", also von den Ungläubigen in der Welt, als zur Trennung von Leuten, die schon in der Gemeinde sind. In diesem letzten Fall wären ja die Ungläubigen diejenigen, die sich trennen sollten und herauskommen aus der Gemeinde.[47]

Doch wir dürfen nicht vergessen, dass die Korinther ihren Auszug schon erlebt haben, als sie bei der Bekehrung die heidnische Welt verließen. Deshalb verwendet Paulus dieses Bild eines neuerlichen Exodus hier und bezieht es nicht auf die Trennung von der Welt, sondern auf ihre Trennung von den falschen Propheten, ihren Anhängern und Lehren. Es war ein Aufruf, ihre Heiligkeit durch Trennung vor der geistlichen und moralischen Unreinheit zu bewahren.[48] Die Aufforderung, sich von „ihnen" abzusondern, passt genau zu der Ermahnung an die Gemeindeglieder, nicht „am fremden Joch mit den Ungläubigen" (Kapitel 6,14) zu ziehen. Der Gedan-

45 Webb, *Returning Home*, S. 197, meint, dass „Gottlosigkeit" (*anomia*) „keine zutreffende Bezeichnung für falsche Apostel ist, die doch unnachgiebig am mosaischen Gesetz festhalten. Der Ausdruck und seine Ableitungen werden oft dazu gebraucht, um die nichtjüdischen ‚Heiden' zu beschreiben". An anderen Stellen schreibt Paulus jedoch auch von Juden, die eine strikte Beobachtung des Gesetzes befürworten, sie seien in Wirklichkeit Gesetzesbrecher (Röm 2,20–24). Wie oben gezeigt benutzt Johannes *anomia*, um falsche Christen zu charakterisieren (1 Joh 3,4).

46 Mir scheint, dass die Bezugnahme auf die *apistoi* nicht auf die falschen Apostel und Lehrer beschränkt werden sollte, sondern dass sie auch die einschließt, die ihre Lehren annahmen. Webb hat Recht, wenn er darauf hinweist, dass die Gleichstellung von *apistoi* mit „denen, die verloren werden" in 2. Korinther 4,3 vermuten lässt, dass mehr als nur die falschen Apostel gemeint sind (*Returning Home*, S. 195).

47 Ebenda S. 194.

48 Eine ganze Reihe von Auslegern interpretierten das Wort „Unreines" in diesem Abschnitt völlig zurecht dahingehend, dass es ethischem und moralischem Verhalten Nachdruck verleihe (z. B. Martin, *2 Corinthians*, S. 205; Thrall, *2 Corinthians*, S. 478; Matera, *II Corinthians*, S. 166).

ke ist der, dass Gottes Volk auf Abstand gehen sollte von denen, die einen negativen Einfluss auf ihre Beziehung mit dem Herrn haben könnten.[49] Das Pronomen „ihnen" würde sich demnach auf die „Ungläubigen" beziehen. Sie werden ermahnt, aus einer Situation herauszukommen, die sie Paulus und Gott entfremdet hat. Die Sprache des Exodus wird angewendet, um ihre Rückkehr zu Paulus und zu Gott zu beschreiben.

4. „Ungläubige" als falsche Lehrer/Apostel und falsche Christen

Bei der Suche nach der richtigen Entsprechung für die *apistoi* in 2. Korinther 6,14 fällt die Entscheidung über die zutreffende Bedeutung letztlich aufgrund des Zusammenhangs, in dem die Textstelle innerhalb der Gedankenführung im Brief steht. Stellt man sie in diesen größeren Kontext, so ist besser zu verstehen, dass 2. Korinther 6,14 von falschen Christen handelt, seien sie nun Apostel oder einfache Gemeindeglieder. Einige Argumente deuten in diese Richtung.

a. Polemik gegen christliche Gegner

Zunächst, wie wir bereits dargelegt haben, richtet sich die polemische Sprache, die wir in 2. Korinther 2,14–7,4 und 10,1–13,10 finden, gegen die christlichen Gegner des Paulus und nicht gegen Nichtchristen. Bereits von Anfang des Briefes an ist es klar, dass ernste Spannungen zwischen Paulus und den Korinthern existierten (z. B. 2 Kor 2,5–11). Die Zweifel an der Aufrichtigkeit des Paulus mischten sich mit Selbstzweifeln der Korinther an ihrer eigenen Erlösung. Zwar beabsichtigten sie nicht dem Christentum in Bausch und Bogen den Rücken zu kehren. Vielmehr war es so, dass sie sich anderen christlichen Missionaren zugewandt hatten, die Paulus feindlich gegenüberstanden.[50] Bei seiner Verteidigung beschreibt sich Paulus als Haushalter über die Geheimnisse Gottes (4,1–5), der mit dem Wort Gottes keine Geschäfte macht für seinen persönlichen Gewinn, sondern der „aus Lauterkeit ... vor Gott in Christus (redet)" (2,17). Weil er ein Diener Gottes ist (4,1; 6,4), beansprucht er apostolische Vollmacht und ermutigt auch die, welche seiner Botschaft

49 Harris schreibt: „So wie Priester, Leviten und die Israeliten im Allgemeinen in Babylon alles dahinten lassen sollten, was ihre Reinheit beschmutzen konnte, so sollten die Korinther heidnische Unreinheit jeglicher Art zurückweisen". (*Second Epistle to the Corinthians*, S. 508)

50 Hans Dieter Betz, „Corinthians, Second Epistle to the", in David N. Freedman (Hg.), *Anchor Bible Dictionary*, Bd. 1, Doubleday, New York 1996, S. 1152. Siehe auch Frank J. Matera, *II Corinthians*, S. 1. Er fasst die Situation zwischen Paulus und den Korinthern folgendermaßen zusammen: „Paulus entdeckt, dass zwischen ihm und seinen ‚Kindern' eine Kluft entstanden ist, weil sie von eingedrungenen Aposteln aufgehetzt worden waren, seine Aufrichtigkeit in Frage zu stellen. Um diesen Konflikt zu lösen, musste sich Paulus auf eine umfangreiche Verteidigung seines Dienstes einlassen. Damit wollte er ihnen nämlich zeigen, dass sie und diejenigen, die in sein Missionsfeld eingedrungen waren, die grundlegende Natur des apostolischen Dienstes und damit auch das Evangelium als solches völlig missverstanden hatten. Im Zuge dieser Geschichte finden sich Paulus und seine Mitarbeiter (Timotheus und Titus) plötzlich im Streit mit den Korinthern und einer Gruppe von hergelaufenen Aposteln (die Paulus sarkastisch die ‚Super-Apostel' nennt) über die wahre Natur des apostolischen Dienstes. Dabei steht nichts Geringeres als das Wesen des Apostelamtes und die Form des Evangeliums, das künftig in Korinth gepredigt werden soll, auf dem Spiel."

widerstreben, sich mit Gott wieder versöhnen zu lassen (5,20). Den ganzen Brief hindurch beschäftigt sich Paulus hauptsächlich mit Zuständen, die innerhalb der Gemeinde herrschen, und mit Anfragen an seinen Dienst und an seine Botschaft, die ebenfalls aus der Gemeinde kamen. Er versucht Veränderungen in das Gemeindeleben einzuführen und seinen Dienst erneut zu bekräftigen, indem er sich gegen die Angriffe seiner Gegner verteidigt. Dieselbe Auseinandersetzung mit christlichen Gegnern und falschen Brüdern wird in Kapitel 6,14–7,1 weitergeführt, wodurch aufgezeigt wird, dass die *apistoi* sich auf falsche Christen beziehen.[51]

b. Trennung von falschen Christen

Um den verderblichen Einfluss falscher Brüder – nicht den von Außenseitern – auf die Gemeinde abzuwehren, bediente sich Paulus zweitens des Aufrufs, sich von anderen abzusondern. Die Trennung der Christen von der Welt, die Paulus fordert, scheint tatsächlich weniger radikal vorgetragen worden zu sein als die Trennung der Gläubigen von denen, die sich zwar Brüder nennen, es aber doch nicht sind (1 Kor 5,9–12). Diese Intoleranz wird auch in 2. Korinther 6,14–18 deutlich zum Ausdruck gebracht. Sie ist durchaus vergleichbar mit dem, was wir in anderen Briefen vorfinden, in denen er die Beziehungen zwischen Gläubigen und falschen Lehrern behandelt (z. B. Gal 4,12–20). Deshalb ist diese totale Trennung, von der Paulus hier spricht, eine Trennung von falschen Lehrern und von Gemeindegliedern, die sein Evangelium zurückgewiesen haben.

c. Hinweise aus dem Textzusammenhang

Drittens passt die Interpretation der *apistoi* als Christen, die dem Evangelium und dem Dienst des Paulus mit Ablehnung begegneten, sehr gut in den unmittelbaren Kontext von 2. Korinther 6,14–7,1. In 2. Korinther 6,13 lädt Paulus die Korinther ein, ihr Herz für ihn weit zu machen, so wie auch er sein Herz für sie weit gemacht hat (V. 11). Das ist ein Aufruf zur Versöhnung, damit sie sein Evangelium und sein Apostelamt annehmen.[52] Dieser Gedanke wird in Kapitel 7,2 wiederholt, so dass er gewissermaßen einen literarischen Briefumschlag bildet, in welchen Paulus seine Ermahnung, nicht mit den Ungläubigen am selben Joch zu ziehen, verpackt. Nachdem er sie eingeladen hat, mit ihm wieder Frieden zu schließen, fährt er fort sie zu ersuchen, ihre Herzen nicht den *apistoi* zu öffnen, d. h. nicht mit ihnen am Joch

51 Webb, *Returning Home*, S. 192–193, argumentiert, dass sich Kap. 6,14 nicht auf falsche Apostel beziehen könne, weil „der am nächsten liegende polemische Text gegen seine ‚Opponenten' in 2. Korinther 5,12, also nur 23 Verse vor Kapitel 6,14a, vorkommt." (S. 192) Was er dabei jedoch übersieht, ist die Tatsache, dass der Textzusammenhang von Kapitel 5,12 die Korinther zur Versöhnung aufruft. Zur gleichen Thematik kehrt er in Kapitel 6,13 wieder zurück. In beiden Fällen ist seine Polemik gegen seine Gegner auf Versöhnung ausgerichtet. Das passt im übrigen sehr gut zu Webbs Hauptargument, dass sich die beiden Themen des Auszuges und des neuen Bundes in Kapitel 6,14–7,1 in den näheren und entfernteren Textzusammenhang bestens einfügen (S. 176–181).

52 Siehe Matera, *II Corinthians*, S. 160, und Witherington, *Conflict and Community*, S. 404–405.

zu ziehen. Er bittet „die treuen Korinther, sich von denen abzusondern, die auch weiterhin Paulus und sein Evangelium zurückweisen."[53] Denn so lange sie noch den falschen Brüdern und Lehrern Gehorsam zollen, können sie mit Paulus und seiner Botschaft nicht Frieden schließen. Mit anderen Worten: Die Gemeinschaft mit Paulus und seinem Evangelium schließt die Gemeinschaft mit denen, die gegen ihn sind, aus. Diese Deutung fordert sowohl der unmittelbare Kontext als auch der weitere Textzusammenhang des Briefes.

Die Bedeutung von *heterozygeō*

1. Mögliche Interpretationen

Das Verb *heterozygeō* („ungleich zusammenjochen sein, falsch paaren"; 6,14) wird nur hier im NT verwendet. Dies hat dazu geführt, dass Ausleger gern über seine besondere Bedeutung spekulieren. Es gibt darum nicht weniger als zwölf verschiedene Ansichten, angefangen von einer Ausgrenzung im Stil von Qumran über Götzendienst, Besuch heidnischer Gerichtshöfe, Umgang mit Prostituierten, dem Essen von Fleisch, das in heidnischen Tempeln oder Häusern den Götzen geopfert war, Geschäftsverbindungen mit Heiden bis hin zur Teilnahme an heidnischen Gottesdiensten.[54] Die traditionelle und auch am weitesten verbreitete Auslegung des Ausdrucks ist die von Mischehen. Man fragt sich natürlich, ob Paulus an einer ganz bestimmten Art von Beziehung interessiert war oder ob er nicht vielmehr einen Grundsatz aufstellen wollte, den man auf verschiedene Beziehungen anwenden konnte.

2. Sprachgebrauch

Die wörtliche Bedeutung dieses Verbs ist sehr konkret und eindeutig, „das Joch in eine andere Richtung ziehen als der Partner".[55] Das Wort wird aber übertragen gebraucht im Sinne von „falsch paaren". In der LXX wird das Substantiv in 4. Mose 19,19 benutzt, um per Gesetz die Kreuzung von Tieren verschiedener Arten zu verbieten (wörtlich: „von verschiedenem Joch").[56] 5. Mose 22,10 verbietet, ein Rind und einen Esel zusammen vor ein Ackergerät zuspannen. Das Problem ist nämlich, dass „Rind und Esel ungleich stark sind. Würden sie zusammengespannt, könnte der Stärkere den Schwächeren bis zur Erschöpfung überfordern ... oder der

53 S. J. Hafemann, „Corinthians, Letter to the", in Gerald F. Hawthorne und Daniel G. Reid (Hg.), *Dictionary of Paul and His Letters*, InterVarsity, Downers Grove 1993, S. 170.

54 Die vollständige Auflistung in William J. Webb, „What is the Unequal Yoke (*heterozygountes*) in 2 Corinthians 6:14?", *Bibliotheca Sacra* 149, 1992, S. 162–179; und Webb, *Returning Home*, S. 200–215.

55 Ceslas Spicq, *Theological Lexicon of the New Testament*, Bd. 2, Hendrickson, Peabody 1994, S. 80.

56 Der hebräische Text verwendet hier das Verb *rāba'*, „sich hinlegen, kopulieren" und *kil'ayin*, „zwei Arten", womit ein klarer Hinweis gegeben wird, dass damit die Kreuzung oder Paarung von artverschiedenen Tieren geregelt wird (siehe John E. Hartley, *Leviticus*, Word, Dallas 1992, S. 318).

eine könnte den andern zum Stolpern bringen und dadurch verletzen."[57] Die Verwendung des Wortes in diesen zwei Versen bringt den Gedanken zum Ausdruck, dass es zu keinem guten Ergebnis führen würde, wenn man verschiedene Tierarten kreuzt oder zwei so verschiedene Tiere vor das selbe Ackergerät spannt, dass sie keine vernünftige Arbeit leisten können, ohne dass sich einer verletzt.

In den griechischen Papyri finden wir das Adjektiv *heterozygos* auf zwei Vasen angewendet, die „unverbunden" neben einander stehen.[58] Ein verwandter Ausdruck von *heterozygos* wird im NT im Zusammenhang mit der Ehe gebraucht. In Matthäus 19,6 und Markus 19,9 sagt Jesus in Bezug auf die Ehe: „Was nun Gott zusammengefügt hat [*syzeugnymi*: zusammenjochen, zusammenfügen, vereinigen], das soll der Mensch nicht scheiden!" Die zwei sind eins geworden. Das Verb wird also als bildlicher Ausdruck für die Ehe gebraucht. Auch Josephus verwendet dasselbe Wort in Bezug auf die Ehe.[59] Wir finden in anderen griechischen Schriften auch das Substantiv *syzygos* („Jochgefährte", z. B. Phil 4,3), wo es im Sinne von „Ehefrau" gebraucht wird. Das ähnliche *synzygēs* wird angewendet, um den „Ehemann" (3. Makkabäer 4,8) zu bezeichnen.[60]

3. Zum Wortgebrauch in 2. Korinther 6,14

Diese linguistische Information ist für uns nur in dem Sinne hilfreich, dass der Gedanke der Ehe durch die Verwandten des Verbs *heterozygeō* durchaus ausgedrückt werden kann. Folglich könnte man die Ansicht vertreten, dass Paulus vielleicht eine Mischehe vor Augen hatte, als er dieses Verb benützte. Jedoch wird das nicht ausdrücklich vom Kontext gestützt. Paulus hat nämlich faktisch nicht klar ausgedrückt, an welche Art von Beziehung er gedacht hatte. Wir tun wahrscheinlich besser daran, das Verb als Bezeichnung für jede Art von Beziehung zu Ungläubigen zu werten, die dazu führen könnte den christlichen Glauben zu kompromittieren, einschließlich der Ehe mit Ungläubigen.[61] Es wäre sicherlich nicht verkehrt zu schlussfolgern, dass Paulus dabei „an enge Beziehungen denkt, bei denen – falls nicht beide Parteien wirklich gläubig sind – eine harmonische christliche Gemeinsamkeit nicht zu erwarten ist und christliche Konsequenz mit Sicherheit auf der Strecke bleibt."[62] Natürlich stünde die Ehe auf einer Liste von solchen Beziehungen ganz oben. Das Verb selbst würde einen solchen Gedanken wahrscheinlich sogar nahe legen.

57 Jeffrey H. Tigay, *JPS Torah Commentary: Deuteronomy*, Jewish Publication Society, Jerusalem 1996, S. 202.

58 Spicq, *Theological Lexicon*, S. 80.

59 Josephus, *Antiquitates* 6,309.

60 Frederick W. Danker, *Greek-English Lexicon of the New Testament*, S. 954; er bezieht sich auf Euripides, *Alcestis*, S. 314–342 (etwa 5 v. Chr.), und Syntipas, 16,9; 18,6. Das Wort wird auch gebraucht, um einen „Gladiator", „Kameraden" und „Mitkämpfer" zu bezeichnen. Siehe auch Gerhard Delling, „*syzygos*", in Gerhard Friedrich (Hg.), *Theological Dictionary of the New Testament*, Bd. 7, Eerdmans, Grand Rapids 1971, S. 749.

61 Unter anderen, die ähnliche Ansichten vertreten, siehe Martin, *2 Corinthians*, S. 197; und Thrall, *2 Corinthians*, S. 473.

62 Hughes, *Second Epistle to the Corinthians*, S. 246.

Zusammenfassend können wir feststellen, dass Paulus sich im zweiten Korintherbrief mit der Gegnerschaft gegen seinen Dienst und seine Botschaft, die aus der Gemeinde selbst kommt, auseinandersetzt, nicht aber mit der Bedrohung der Gläubigen von außen durch Nichtchristen. Er hat sich damit in ein Streitgespräch mit jenen Christen eingelassen, die sein Verständnis vom Evangelium und Aposteldienst ablehnten. Eine klare Entscheidung über den ausschlaggebenden Begriff *apistos* in 2. Korinther 6,14 zu treffen ist zwar schwierig, aber nicht unmöglich. Paulus gebraucht ihn zwar die meiste Zeit, um damit Nichtchristen zu bezeichnen. Es gibt jedoch mehrere Aspekte, die nahelegen, dass er ihn auch verwendet hat, um auf jene Christen hinzuweisen, die seinem Aposteldienst und dem Lebensstil, den er predigte, widerstrebten. Sobald man 2. Korinther 6,14 innerhalb des weiteren Textzusammenhangs im Brief interpretiert, wird auch rasch klar, dass es sich bei den *apistoi* um Christen handelt, die Paulus bekämpften und ein Leben führten, das dem von Nichtchristen sehr ähnlich war. In gewissem Sinne waren sie also vom Evangelium aus betrachtet den Nichtchristen ebenbürtig. Deshalb sollten Gläubige mit ihnen keine dauerhafte Beziehung aufnehmen, geschweige denn ihren Lebensstil praktizieren.

Sprachlich ist es korrekt anzunehmen, dass die Anweisung von 2. Kor. 6,14 für Mischehen Anwendung finden kann, auch wenn sie sich nicht ausdrücklich oder vorrangig darauf bezieht. Diese Annahme wird gestützt durch das Ergebnis der semantischen Untersuchung der Wurzel des Wortes, das Paulus benutzte, und auch durch die einsichtige Tatsache, dass unter den Beziehungen, die er möglicherweise angesprochen hat, die Mischehen sicherlich zu einer permanenten Bindung zwischen einem Gläubigen und einem „Ungläubigen" führen würden. Paulus erkennt darin eine ernste Bedrohung des geistlichen Wohlbefindens der Gläubigen und fordert sie dringend auf, solche auf Dauer angelegten Verhältnisse zu meiden.

Ellen G. White und konfessionsverschiedene Ehen

Nach Ellen G. White bezieht sich 2. Korinther 6,14 „nicht nur auf Ehen von Christen mit Gottlosen, sondern auf alle Arten von Verbindungen, die die Parteien in eine sehr enge Vertrautheit einbeziehen und in denen die volle Übereinstimmung von geistlicher Überzeugung und Handeln nötig ist."[63] Das heißt also, dass dieser Schriftabschnitt Grundsätze enthält, die nicht allein für ein Eheverhältnis, sondern auch für andere Arten von gesellschaftlichen Beziehungen gelten. Im Hinblick auf die Ehe stellt sie fest, dass der Bibeltext die Ehe mit „Gottlosen"[64] anspricht und mit solchen, die Gott nicht fürchten.[65] Die meisten Aussagen, die Ellen White über die

63 Ellen G. White, *Selected Messages*, Bd. 2, Review and Herald, Washington 1958, S. 121; auch *Testimonies for the Church*, Bd. 5, Pacific Press, Mountain View 1948, S. 13.

64 Ellen G. White, *Adventist Home*, Southern Publishing, Nashville 1952, S. 62.

65 Ellen G. White, *Conflict and Courage*, Review and Herald, Washington 1970, S. 57.

Ehe mit Ungläubigen macht, beziehen sich auf Leute, die keine Christen sind, d. h. Personen, die Christus nicht als ihren Erlöser angenommen haben,[66] oder solche, die das Angebot Gottes zu ihrer Erlösung zurückgewiesen haben.[67] Die Heirat mit einem Nichtchristen missbilligt sie mit scharfen Worten. „Braut und Bräutigam haben einander erwählt, aber Jesus verworfen."[68] Sie rät daher: „Männer und Frauen, die bekennen, gläubig zu sein, sollten vor dem Gedanken zurückschrecken, in eine eheliche Verbindung mit Personen einzutreten, die Gottes Gebote weder achten noch ihnen gehorchen."[69]

Auf die Frage nach einer Heirat mit einer Person, die einem anderen christlichen Glaubensbekenntnis angehört, ging White ausdrücklich erst ab 1885 ein, als eine junge adventistische Schwester solch einen Mann zu heiraten beabsichtigte. Er war mit ihr nicht eins in ihrem „religiösen Glauben".[70] Ellen White machte deutlich, dass es unpassend sei, jemand zu heiraten, der „die Wahrheit für diese Zeit nicht angenommen hat, der also ein Ungläubiger ist."[71] Das schließt offenbar jeden ein, welcher christlichen Kirche er auch immer angehören mag, der nicht die Adventbotschaft angenommen hat. Solche Ehen sind mit einer schwerwiegenden Dissonanz in Glaubensfragen belastet, welche das friedliche und liebevolle Miteinander des Paares nicht gerade erleichtert. Ihre harte Haltung in dieser Frage von konfessionsverschiedenen Ehen beruht auf der Überzeugung, dass ein Adventist solch eine Beziehung nicht beginnen kann „ohne Gefahr für seine oder ihre Seele".[72] Nach White „betrifft eine Ehe das Glück und Wohlbefinden beider Partner in dieser Welt und in der kommenden."[73]

Konfessionsverschiedene Ehen und der adventistische Glaube

Wenn wir den biblischen Befund und die Rolle, die er heute in der Gemeinde spielt, untersuchen, finden wir sowohl theologische als auch pragmatische Gründe, welche seien Relevanz untermauern.

66 „Ellen G. White Comments—Joshua", in *Seventh-day Adventist Bible Commentary*, Bd. 2, Washington, Review and Herald 1972, S. 1000.

67 White, *Testimonies*, Bd. 4, Pacific Press, Mountain View 1948, S. 505.

68 Ebenda S. 505.

69 Ellen G. White, „Israel Depart From God" *Signs of the Times*, 30. Dezember 1880. Obwohl der Zusammenhang dieses Zitates darauf hinweist, dass sie nicht die Frage der Mischehen behandeln wollte, könnte sich die Ablehnung eines künftigen Ehepartners aufgrund dessen, dass er/sie „Gottes Gebote weder achtet, noch ihnen gehorcht", auch auf einen Nichtadventisten beziehen. An anderer Stelle unterstreicht sie, dass der Charakter eines Ungläubigen „dem jenes jungen Mannes gleichen könnte, den Jesus mit den Worten anredete ‚Eines fehlt dir noch'." (White, *Testimonies*, Bd. 4, S. 505) Dieser junge Mann war zwar Jude, doch Ellen G. White zählt ihn zu den Ungläubigen. Ihm fehlte die völlige Übergabe an den Herrn.

70 White, *Testimonies*, Bd. 5, S. 362.

71 Ebenda S. 364.

72 Ebenda.

73 Ebenda S. 365.

1. Konfessionsverschiedene Ehen und die Einheit in der Ehe

Gottes Plan für die Ehe sieht eine dauerhafte Einheit zwischen einem Mann und einer Frau vor, geprägt durch das feste Band selbstloser Liebe zueinander und zu ihm. In dieser Einheit liegt das Geheimnis der Ehe beschlossen. Sie erst macht diese Verbindung zu einem sinnvollen Darstellung der Einheit, die zwischen der Gemeinde und ihrem auferstandenen Herrn besteht. Pragmatisch betrachtet müssen wir uns allerdings mit der Wirklichkeit auseinandersetzen, dass in einer gefallenen Welt diese ununterbrochene Einheit eine Herausforderung bleibt, selbst in Fällen, in denen beide Ehepartner Siebenten-Tags-Adventisten sind. Auch wenn die Heirat mit einem Adventisten noch keine Garantie gegen eine Scheidung ist, so ist doch die Wahrscheinlichkeit, dass das Paar zusammen bleibt, größer als wenn jemand eine Person heiratet, die einer anderen christlichen Tradition angehört.[74]

Der adventistische Glaube ist nicht nur eines unter vielen Denkmustern. Er ist keine Ideologie, über die man verhandeln oder die man durch Kompromisse anpassen könnte. Er stellt vielmehr einen Lebensstil dar, der die meisten Bereiche unseres privaten und gesellschaftlichen Lebens durchdringt und der auf einer persönlichen Übergabe an unseren Erlöser beruht. Das macht es so schwierig, in einer konfessionsverschiedenen Ehe harmonisch miteinander zu leben. Denn die beiden unterschiedlichen Lebensweisen werden immer eine Quelle für Spannungen und Unstimmigkeiten sein.

Um ihr Miteinander-Einssein zu stärken, ist es unerlässlich, dass das Paar ein gemeinsames biblisches Verständnis dessen hat, was es heißt, mit Christus vereinigt zu sein, und welche Auswirkungen dies für ihr Privatleben und ihre sozialen Kontakte hat. Wenn es auf diesem äußerst wichtigen Gebiet gravierende Unterschiede gibt, leidet die eheliche Einheit ernsthaft Schaden. Das erklärt auch, warum die Tendenz in Mischehen besteht, die Situation dadurch zu entschärfen, dass einer oder beide Partner seine/ihre religiöse Bindung ändern.[75] In diesem Fall wird ihre ursprüngliche persönliche Glaubenshaltung geopfert, damit das Paar beieinander bleibt. Da aber das Risiko nicht auszuschließen ist, dass es gerade der adventistische Partner ist, der seinen Adventglauben aufgibt, ist nur zu verständlich, weshalb die

---

74 Eine vom Center for Marriage and Family an der Creighton Universität durchgeführte Studie ergab, dass die Scheidungsrate von Paaren, die derselben Konfession angehörten, geringer (14,1%) war, als bei konfessionsverschiedenen Paaren (20,3%). Siehe Michael G. Lawler, Gail S. Risch, und Lisa A. Riley, „Church Experience of Interchurch and Same-Church Couples", *Family Ministry* 13.4, 1999, S. 38. Die gesamte Studie findet sich bei Michael G. Lawler, Gail S. Risch und Lisa A. Riley, *Ministry to Interchurch Marriages: A National Study*, Center for Marriage and Family, Creighton University, Omaha 1999. Vgl. auch Lee M. Williams und Michael G. Lawler, „The Challenges and Rewards of Interchurch Marriages", *Journal of Psychology and Christianity* 19.3, 2000, S. 205–218.

75 Lawler, Risch, und Riley, „Church Experience", S. 37 deuten an, dass „eine beträchtliche Anzahl (43,8%) von Partnern in konfessionsverschiedenen Ehen je einzeln oder beide ihre religiöse Bindung wechselten, damit sie beide derselben Konfession oder Kirche angehören konnten."

Kirche der Siebenten-Tags-Adventisten von konfessionsverschiedenen Ehen entschieden abzuraten pflegt.

2. Konfessionsverschiedene Ehen als ökumenisches Problem

Auf einer tieferen, theologischen Ebene kann die Situation noch mehr Reibungsflächen und Gefahren bergen. Eine konfessionsverschiedene Ehe ist grundsätzlich ein in höchstem Maße ökumenisches Phänomen.[76] Obwohl solche Ehepaare anerkennen und akzeptieren, dass die Notwendigkeit besteht, zuhause mit religiösen Unterschieden leben zu lernen, stellen solche Ehe gewöhnlich eine stillschweigende Akzeptanz der Gültigkeit religiöser Überzeugungen des Partners dar. Andernfalls wäre die Ehe nicht existenzfähig.

Wenn einer der beiden den Anspruch erhöbe, sein oder ihr bestimmter Glaube sei schriftgetreuer als der des anderen, könnten die Folgen verheerend sein. Sie würden sich für den adventistischen Glauben besonders negativ auswirken, der eine Botschaft verkündigt, die jedes menschliche Wesen auf der Erde braucht und die jeden Menschen mit der endzeitlichen Herausforderung konfrontiert zu wählen, wem er letztgültige Treue halten will. Da Mischehen dazu tendieren, die Einzigartigkeit gerade der Adventbotschaft zu verwässern, ist wiederum zu erwarten, dass die Kirche in keiner Weise zu solchen Ehen rät.

3. Konfessionsverschiedene Ehen und die religiöse Unterweisung der Kinder

Der Aufruf der Bibel, den Glauben, den Gott seinem Volk anvertraut hat, an dessen Kinder weiterzugeben, unterliegt in Mischehen ebenfalls einem hohen Risiko. Die Unterweisung der Kinder, besonders aber die Frage ihrer Taufe, stellt in der Tat eines der schwierigsten Probleme dar, das ein Paar in einer konfessionsverschiedenen Ehe zu bewältigen hat. Zu entscheiden, in welcher der beiden Glaubensgemeinschaften die Kinder schließlich getauft werden sollen, gibt in diesen Ehen genügend Ursache zu Unstimmigkeiten und Auseinandersetzungen.[77]

Manchmal verhandelt das Paar über die künftigen Glaubensüberzeugungen der Kinder schon, noch ehe sie geboren sind. Sie besprechen, welche der beiden Konfessionen für die Kinder aufgrund solcher Faktoren wie Erziehungsangeboten in Kindergärten oder Erreichbarkeit von Gemeindeschulen wohl am vorteilhaftesten

76 Dies ist ein geläufiger Gedanke bei der Diskussionen über Mischehen. Siehe z. B. Timothy Lincoln, „Ecclesiology, Marriage, and Historical Consciousness: The Domestic Church as an Ecumenical Opportunity", *New Theology Review* 8.1, 1995, S. 58–68. Er schreibt: „Die Hausgemeinde [d. h. die Familie] ... schafft auch eine ökumenische Gelegenheit für Christen unterschiedlicher Traditionen in ihrem Verständnis über das Wesen der Kirche und dadurch auch zu größerer sichtbaren Einheit zu wachsen." (61) Vgl. auch Peter P. Dora, „Mutual Care and Commitment: A Ministry to Ecumenical Families", *Journal of Ecumenical Studies* 16, 1979, S. 629–660; Ernest Falardeau, „Mutual Recognition of Baptism and Pastoral Care of Interchurch Marriages", *Journal of Ecumenical Studies* 28, 1991, S. 63–73; und Ruth Reardon, „Mixed Marriages: The Cost of Eucharistic Division", *Ecumenical Review* 44, 1992, S. 65–72.

77 Williams und Lawler, „The Challenges", S. 207.

wäre. In anderen Fällen wird absichtlich festgelegt, dass die Mädchen in die Konfession ihrer Mutter, die Jungen aber in die Konfession des Vaters getauft werden. Eine andere, häufig gewählte Möglichkeit besteht darin, den Kindern religiöse Aktivitäten in beiden Kirchengemeinden zu ermöglichen, bis zu der Zeit, wenn sie alt genug und in der Lage sind, eine der beiden Glaubensüberzeugungen als ihre eigene anzunehmen.[78]

In diesen Fällen fehlt das Bewusstsein für unbedingte biblische Wahrheit und für den Ernst der Aufgabe, sie an unsere Kinder weiterzugeben, entweder völlig oder ist doch zumindest sehr geschwächt. Den Kindern wird in geistlicher Hinsicht ein Bärendienst erwiesen, wenn sie in eine Lage gebracht werden, in der ihnen klar definierte religiöse Überzeugungen fehlen und in der sie keine eindeutigen Kriterien mitbekommen, nach denen sie biblische Wahrheit vom Irrtum unterscheiden können. Ein solches religiöses Umfeld ist wenig geeignet, den Eltern ihre Verantwortung erfüllen zu helfen, nämlich die Kinder dahin zu führen, dass sie das Bild Gottes in ihrem Leben entwickeln.

4. Konfessionsverschiedene Ehen und Gottesdienstbesuch

Der Besuch des Gottesdienstes ist ein unverzichtbarer Teil eines gesunden christlichen Lebens und von größter Bedeutung für eine christliche Familie. Mischehen neigen jedoch dazu, die Familie während eines der wichtigsten Teilbereiche christlicher Erfahrung für das Ehepaar aufzuspalten, nämlich während des gemeinsamen Gottesdienstes. Ein Partner ist vielleicht nicht willens, an den religiösen Veranstaltungen des anderen teilzunehmen und trennt damit das Paar bei einer der wesentlichsten Erfahrungen in seinem oder ihrem geistlichen Leben. Der eine wird geistlich ernährt, der andere nicht. In einigen Fällen kann sich das Paar vielleicht dazu durchringen die Gottesdienste beider Kirchen zu besuchen. Aber selbst dann ist einer wahrscheinlich geistlich nicht so erfüllt und befriedigt wie der andere, weil er möglicherweise von der Teilnahme an gewissen Teilen des Gottesdienstes ausgeschlossen wird. Jedenfalls stellt der Besuch der Gottesdienste für sie keine Erfahrung mit so starker Bindungskraft dar wie für ein konfessionsgleiches Paar.[79] Dies kann dazu beitragen, dass das geistliche und religiöse Leben des Paares stark beeinträchtigt wird.

5. Konfessionsverschiedene Ehe und Mission

Gemeindeleben besteht auch aus sozialer Mitwirkung und Teilnahme an gemeinsamen Zielen und Aktivitäten. Die Glieder der Gemeinde treffen sich ja nicht nur, um geistlich erfüllt und genährt zu werden, sondern auch, um gemeinsame Ziele zu entwickeln und Projekte zu verwirklichen. Sie fühlen sich verantwortlich für die

78 Ebenda S. 211–213

79 Siehe Ebenda S. 207–208.

Erfüllung der von ihnen als gottgegeben erkannten Mission innerhalb ihrer jeweiligen Gemeinde. Um diesen Auftrag auszuführen, investieren sie ihre Zeit, ihre Kraft und sogar ihre finanziellen Mittel. Eine christliche Familie sollte in diesen Erfahrungen eine Quelle für geistliches Wachstum finden und einen Faktor, der zu ihrer eigenen familiären Einheit beiträgt. Für Mischehen hingegen ist es schwierig an solchen Erfahrungen überhaupt Anteil zu haben, dasselbe Maß an Einsatz und Hingabe zu erbringen und daraus die gleichen persönlichen, geistlichen und sozialen Segnungen zu empfangen.[80]

Die volle Hingabe an die Mission einer bestimmten religiösen Gemeinschaft stärkt und bereichert ganz gewiss das Leben in einer christlichen Ehe. Unter Adventisten wird das Engagement der Gemeindeglieder für die weltweite Mission der Kirche als unverzichtbare geistliche Erfahrung betrachtet, durch die der Evangelisationsauftrag im Zusammenhang mit dem Abschluss der kosmischen Auseinandersetzung (Offb 14,6–12) zur Erfüllung kommt.

6. Schlussfolgerungen

Die Probleme, mit denen konfessionsverschiedene Ehen zu kämpfen haben, sind beträchtlich und haben Auswirkungen auf die Qualität ihres geistlichen Lebens und auf das ihrer Kinder. Die Möglichkeit, dass gerade der adventistische Teil seine Treue zum Adventglauben aufgibt oder abschwächt, ist nicht aus der Luft gegriffen. Aus adventistischer Sicht steht sehr viel auf dem Spiel. Folglich hat die Kirche immer von konfessionsverschiedenen Ehen abgeraten und adventistische Pastoren angewiesen, solche Trauungen nicht durchzuführen.[81] Vor dieser Art von ehelicher Bindung zu warnen, ist die Verantwortung der Eltern wie auch der Gemeinde im Allgemeinen. Eltern sollten mit ihren Kindern über das Thema Ehe sprechen und sie auf die besonderen Schwierigkeiten, die einer Mischehe bevorstehen, aufmerksam machen. Gemeindeleiter sollten in den Ortsgemeinden unverheiratete junge Leute darüber unterrichten, wie wichtig es ist, einen Partner gleichen Glaubens zu heiraten. Auch sollten sie Aktivitäten organisieren, die adventistische Jugendliche zusammenbringen, um sich besser kennen zu lernen. Sie sollten sie ermutigen, adventistische Schulen zu besuchen, wo sie viele andere Jugendliche aus Adventgemeinden treffen. Dadurch wird das Zustandekommen von Ehen gleichen Glaubens erleichtert.

---

80 Siehe Lawler, Risch und Riley, „Church Experience", S. 41.

81 Die Kirche der Siebenten-Tags-Adventisten hat es offiziell so ausgedrückt: „Die Chance, dass eine Ehe Bestand hat und die Erfüllung finden wird, die Gott für die Familie vorgesehen hat, ist deutlich besser, wenn Ehemann und Ehefrau durch dieselben geistlichen Werte verbunden sind und den gleichen Lebensstil pflegen. Aus diesen Gründen rät die Gemeinschaft der Siebenten-Tags-Adventisten dringend von einer Heirat zwischen einem Siebenten-Tags-Adventisten und einem Nichtadventisten ab. Sie fordert ihre Pastoren auf, eine solche Eheschließung nicht zu vollziehen." *Gemeindeordnung – Gemeindehandbuch, Ausgabe 2006*, Euro-Afrika-Division der Gemeinschaft der Siebenten-Tags-Adventisten, (Hg.), Advent-Verlag, Lüneburg 2006, S. 228.

Der Dienst an konfessionsverschiedenen Paaren

Nachdem wir die Risiken und Gefahren von Mischehen untersucht haben, ist es auch nötig, der Tatsache ins Auge zu sehen, dass vorbeugende Maßnahmen nicht immer Erfolg haben und dass dennoch eine ganze Anzahl von Adventisten Partner aus anderen christlichen Kirchen heiraten. In solchen Fällen ist es die Aufgabe der Gemeinde, diese Paare seelsorgerlich zu betreuen und ihnen die gleichen pastoralen Dienste und Angebote zur Verfügung zu stellen wie für ausschließlich adventistische Paare. Um dieses Ziel zu erreichen, mögen die folgenden Ratschläge hilfreich sein:

1. Wir sollten dem adventistischen Teil nicht mit „korrigierender Seelsorge" (Gemeindezucht) drohen, wenn die Hochzeit stattfindet. Mischehen werden von der Kirche der Siebenten-Tags-Adventisten nicht als Grund angesehen, der Gemeindezucht rechtfertigen würde.

2. Die Tatsache, dass die Kirche ihren Pastoren davon abrät, solche Trauungen offiziell durchzuführen, bedeutet nicht, dass Pastoren und Gemeindeglieder einer solchen Trauung fern bleiben sollten. Für den adventistischen Partner ist dies ein höchst bedeutungsvoller Augenblick; folglich sollte die Gemeinde alles, was möglich ist, unternehmen, um diese Feier für das Paar und ihre Familien so erinnerungswürdig wie möglich, zu machen. Niemand sollte den Eindruck erwecken, dass die Gemeinde das Paar abweise oder dass sie eine Sünde begangen hätten, die nicht mehr vergeben werden kann.

3. Heißt das Paar in der Gemeinde herzlich willkommen und ermutigt beide zu kommen und gemeinsam Gottesdienst zu feiern. Lasst sie fühlen, dass sie Teil der adventistischen Familie sind und bindet sie in verschiedene Aktivitäten mit ein. Das ist ein Fall, wo Einbindung von Nichtadventisten von äußerster Wichtigkeit ist. Der nichtadventistische Teil sollte sich ebenso willkommen fühlen wie sein adventistischer Ehepartner.

4. Biete dem adventistischen Eheteil jegliche Unterstützung an, die er braucht, damit seine Ehe gelingt. Bemühe dich ganz besonders, seine oder ihre Treue zum Adventglauben zu stärken. Eine Untersuchung hat ergeben, dass Ehepartner mit „starken konfessioneller Identität weniger dazu neigen ihre religiöse Bindung zu wechseln als solche mit schwacher konfessioneller Identität."[82]

5. Biete dem nichtadventistischen Teil die Gelegenheit, den Glauben seines oder ihres Ehepartners besser kennen zu lernen. Dies sollte angstfrei und unaufdringlich geschehen, so dass er oder sie nicht befürchten muss, unter Druck gesetzt zu werden, den Adventglauben anzunehmen. Wir sollten zwar alles tun, was wir vermögen, ihn über unsere Botschaft zu informieren; den Rest aber sollten wir dem Herrn überlassen.

82 Lawler, Risch und Riley, „Church Experience", S. 38.

Generelle Schlussfolgerungen

Die Kirche der Siebenten-Tags-Adventisten zeichnet sich durch eine besondere Weltsicht aus, durch eine Anzahl klarer biblischer Glaubensüberzeugungen, einen besonderen Lebensstil und durch ihre globale Mission; diese Elemente unterscheiden sie beträchtlich von Entsprechungen in den anderen christlichen Konfessionen.

Selbst wenn wir zu der Schlussfolgerung kämen, dass die genaue Bedeutung des Wortes „Ungläubige" (*apistoi*) in 2. Korinther 6,14 ungeklärt bleiben müsste, ist dennoch klar, dass die Ermahnung der Bibel ebenso gut auf heutige Mischehen Anwendung finden kann. Denn die konfessionellen Unterschiede sind so tief greifend, dass es für ein Gemeindeglied schwer werden dürfte in einen konfessionsverschiedenen Ehebund einzutreten, ohne seinen Adventglauben aufs Spiel zu setzen oder zumindest seine Treue zu ihm zu schwächen. Außerdem sind die Auswirkungen in einer konfessionsverschiedenen Ehe möglicherweise genau dieselben wie die zwischen einem Gläubigen und einem Ungläubigen. Die biblische Mahnung „Zieht nicht am fremden Joch mit den Ungläubigen" ist heute ganz besonders aktuell – in einer Zeit, da die Heiligkeit der Ehe verachtet wird und die Ehe selbst im Gegensatz zu ihrem biblischen Verständnis neu definiert wird.

Eltern, Gemeindeleiter und Gemeindeglieder sollten ihre Anstrengungen erneuern und unseren Kindern und Jugendlichen Informationen bezüglich der biblischen Sicht von Ehe anbieten und darüber, wie wichtig es ist, eine Person gleichen Glaubens zu heiraten. Der Lebensweg eines verheirateten Paares ist mit vielen Herausforderungen befrachtet und erfordert von dem Paar Einheit in jeder Hinsicht. Besonders wichtig wird dies auf dem Gebiet religiöser Überzeugungen und Praktiken. Denn die beiden begleiten einander nicht nur auf der Straße des Lebens in dieser Welt, sondern, was noch bedeutsamer ist, sie begleiten einander auch auf der Reise in die Ewigkeit. Es steht außer Frage, dass eine Mischehe diese Reise beschwerlicher macht und sogar das Erreichen des Zieles gefährden kann.

Diejenigen aus unseren Gemeinden, die dem Paar in einer Mischehe seelsorgerlich dienen, sollten sich vor Augen halten, welche Herausforderungen es zu bewältigen hat und daher alles Menschenmögliche versuchen, ihnen diese Reise so erfreulich wie möglich zu machen. Durch liebevollen Dienst und Zuwendung kann der Herr das konfessionsverschiedene Paar vielleicht zu einem konfessionsgleichen umwandeln, welches in der Adventhoffnung gemeinsam auf das baldige Kommen des Herrn wartet.

Teil B

Theologische und historische Studien

Kapitel 10

Sexualität und Ehe aus theologischer Sicht: Ein Beitrag zur biblischen Anthropologie und Ethik

Thomas Domanyi

Das theologische Nachdenken über Sexualität und Ehe hat seinen fundamentalen Ansatz in der von der Bibel vermittelten Überzeugung, dass diese zwei anthropologischen Vorgaben von der Schöpfungsordnung her zum Wesen des Menschen gehören und entsprechend bei seiner Selbstfindung, seinem Selbstverständnis sowie im Zusammenleben mit anderen eine konstitutive Rolle spielen. Es gibt für den Menschen keine Lebensphase, in der er nicht auf irgendeine Weise mit diesen elementaren Faktoren des Lebens konfrontiert wäre. Schon das Kind erlebt die Ehe seiner Eltern, ob sich diese als geglückt oder als gescheitert erweist. Dem früh verwaisten oder unehelich Geborenen begegnet die Ehe als ein abwesendes Gut, durch das sich sein Status von demjenigen anderer Kinder unterscheidet. Der heranwachsende Jugendliche begegnet im Zuge seiner Entwicklung fortwährend der Erfahrung fremder und seiner eigenen Geschlechtlichkeit, bis er sich eines Tages existentiell vor die Frage gestellt sieht, wie er sich zur Partnerschaft verhalten will. Ist man verheiratet, so ist die Ehe vollends ein Ort der täglichen Bewährung. Steht man als alter Mensch wieder alleine da, so blickt man auf seine Ehe zurück als einen Ort des Gelingens oder des Scheiterns des Lebens. Kurz: An der Ehe und Sexualität kommt kein Mensch vorbei.

Nicht minder schwer wiegt der Tatbestand, dass Ehe und Sexualität im Zuge der fortschreitenden Säkularisierung des privaten und öffentlichen Lebens als aus ihrer ursprünglichen religiös-metaphysischen Verankerung herausgelöst begriffen und gelebt werden. Damit geht der unaufhaltsame Rückzug des Staates aus dem Bereich der Sittlichkeit einher. Moralische Werte und Verhaltensweisen werden unter Geltendmachung einer Diskursethik zur Privatangelegenheit erklärt und so der normativen und schützenden Zuständigkeit des staatlichen Rechts enthoben. Öffentliches Unbehagen und strafrechtliches Eingreifen vermögen heute allenfalls Inzest und Pädophilie hervorzurufen.

Die Folge hiervon ist eine allgemeine Verunsicherung in Bezug auf die Fragen, was denn die Ehe überhaupt ist, wie sie geführt werden soll, mit welchen Leistungen, Pflichten und Erwartungen sie einhergeht, was sie wirklich kennzeichnet und wann sie schließlich aufhört. Hinzu kommt: Durch die moderne Möglichkeit alternativer Partnerschaftsformen, die der Ehe rechtlich annähernd gleichgestellt werden, wird der Sinn der Ehe, wenn nicht ausgehöhlt, so doch verschleiert.

In diesem gesellschaftlichen Umfeld bewegt sich ein der Bibel verpflichteter christlicher Leiter mit den ihm anvertrauten Gemeinden, vor deren Pforten die sittlichen Einflüsse der Zeit genauso wenig Halt machen wie vor den Türen der Privatwohnungen. Diese Situation macht es dem Theologen unumgänglich, die Bibel einmal mehr zur Hand zu nehmen, um sie auf die Fragen seiner Zeit hin neu auszuleuchten und nach Möglichkeit Leitlinien aufzuzeigen, die ihm und der Kirche, der er dient, eine im christlichen Glauben verankerte Wegleitung bieten.[1]

Menschliche Sexualität

1. Geschlechtlichkeit als menschliches Wesensmerkmal (1. Mose 1,26.27.31)

Der Mensch ist ein geschlechtliches Wesen. Die Geschlechtlichkeit gehört untrennbar zu seiner anthropologischen Struktur und bestimmt seine gesamte Lebensäußerung. Wo immer der Mensch in Erscheinung tritt, wird er als geschlechtliches Wesen wahrgenommen: Er ist immer schon Mann oder Frau. Diese Feststellung gilt aber auch in ihrer Umkehrung: Bei der Verwendung der geschlechtsbezeichnenden Begriffe „Mann" bzw. „Frau" denken wir automatisch und ausnahmslos an einen Menschen.

Die Bibel beschreibt diesen Sachverhalt mit den Worten: „Gott schuf den Menschen ... als Mann bzw. als Frau" (1 Mo 1,27). So ist der Mensch von der Schöpfungsordnung her ein sexuelles Wesen. Gott hat den Menschen so gewollt und so erschaffen. Deshalb kann man den Menschen von seiner Geschlechtlichkeit nicht trennen. Darum wäre es aus biblischer Sicht verkehrt, wollte der Mensch seine Sexualität verleugnen oder sie ohne sein Menschsein, d. h. seine Menschlichkeit zum Ausdruck bringen. Der Mensch soll seine Sexualität bejahen und sich mit ihr zur Ehre Gottes entfalten, zumal auch über ihm als geschlechtlichem Wesen das Urteil steht: „Siehe, es war sehr gut." (1 Mo 1,31)

2. Das Angelegtsein der Sexualität auf Partnerschaft (1. Mose 2,18–23; 1. Korinther 7,1–4; 11,11.12)

Die gottgewollte Sexualität des Menschen kommt darin zum Ausdruck, dass Mann und Frau, jeder für sich, mit mehr oder weniger einseitigen körperlichen und seelischen Eigenschaften ausgestattet ist. Doch diese Eigenheiten der beiden Geschlechter erweisen sich in ihrer gegenseitigen Beziehung nicht als Gegensätze, sondern als komplementär. Mann und Frau ergänzen sich, sie bedürfen einander, sie sind aufeinander angewiesen. Dieser Sachverhalt verweist auf eine der wichtigsten Zweckbestimmungen der menschlichen Sexualität, nämlich auf das Angelegtsein des Menschen auf Partnerschaft gerade mittels seiner Geschlechtlichkeit.

---

1 Ausführlich zum Thema: Karl Barth, *Die kirchliche Dogmatik, III, 4: Die Lehre von der Schöpfung*, Zollikon, Zürich (2. Aufl.) 1957, S. 127–269; Hans Frauenknecht, *Evangelische Ethik*, Verlag von R. Oldenbourg, München (3. Aufl.) 1964; Heinrich Baltensweiler, *Die Ehe im Neuen Testament: Exegetische Untersuchungen über Ehe, Ehelosigkeit und Ehescheidung*, Zwingli-Verlag, Zürich 1967; Hermann Ringeling, „Ehe – Ethisch", in Gerhard Müller u. a., *Theologische Realenzyklopädie*, Bd. 9, de Gruyter, Berlin und New York 1982, S. 346–355.

Das gottgewollte Miteinander von Mann und Frau drückt sich im beidseitigen Geschlechtstrieb aus, der auf den Vollzug der Intimgemeinschaft abzielt. In der Begegnung mit dem anderen Geschlecht macht der Mensch eine einzigartige Selbsterfahrung und gelangt so zur Entfaltung seines Wesens. Ein Teil dieser Entfaltung besteht in der Teilhabe an Gottes schöpferischem Wirken, da die Geschlechtsgemeinschaft von Natur aus die Voraussetzung für das Werden der nächsten Generation bildet.

Diese innere Verflechtung von Sexualität und Gottes Schöpfungshandeln verbietet es, die Geschlechtlichkeit in den Bereich obszönen Schmutzes und Lasters zu ziehen oder in der Intimgemeinschaft etwas Minderwertiges und oder gar Sündhaftes zu sehen, wie es die Gnostiker getan haben. Unbiblisch ist aber auch die mittelalterlich-katholische Auffassung, nach der stete Keuschheit und Ehelosigkeit einen höheren sittlichen Stand darstellten als die von Gott gestiftete Ehe, wird doch der Mensch mit seiner Sexualität und seinem Bezug auf das andere Geschlecht von Paulus „Tempel des Heiligen Geistes" genannt (1 Kor 6,19.20).

3. Das Angelegtsein der Sexualität auf ganzheitliche Begegnung mit dem Du (1. Korinther 6,15–19)

Mit dem bisher Gesagten ist deutlich gemacht, dass Sexualität und Menschsein untrennbar zusammengehören. Daraus ergibt sich eine logische Konsequenz für das Verhalten des Menschen zu seinem Partner des anderen Geschlechts, nämlich die Verpflichtung zu einer „ganzheitlichen" Begegnung in der Intimität. Eine der Menschenwürde angemessene Sexualgemeinschaft darf sich nicht auf die körperliche Befriedigung des Geschlechtstriebs beschränken; sie hat vielmehr den Partner als ganzen Menschen, d. h. auch in seinen geistig-seelischen Bedürfnissen, zu berücksichtigen. Denn in der Intimbegegnung wird der Mensch als ganzer angesprochen. Mann und Frau werden in diesem Ereignis tatsächlich *ein* Fleisch, nicht nur ein Körper, eine Seele oder ein Geist. Dies ist eine in der Bibel mit Nachdruck hervorgehobene psychologische Tatsache: „wisst ihr nicht, dass, wer an der Hure hängt, der ist ein Leib mit ihr? Denn es werden, sagt die Schrift, die zwei *ein* Fleisch sein." (1 Kor 6,16) Man beachte, wie Paulus den Ausdruck „ein Fleisch" aus der klaren Erkenntnis des psychischen Sachverhalts beim Intimakt auf den Leib als Verkörperung der gesamten menschlichen Existenz überträgt.

Es gibt demnach kein isoliertes Eigenleben der Geschlechtsbeziehungen; vielmehr ist die intime Begegnung in das vielschichtige Verhältnis zwischen Mann und Frau verflochten. Nach biblischem Verständnis muss der Geschlechtsakt in die totale Bejahung des Du, in die vorbehaltlose Bereitschaft zur Koexistenz eingebettet sein. Andernfalls ist er ein Missbrauch der Gabe der Sexualität. Wo die Geschlechtlichkeit den Partner nicht in seiner Ganzheit im Auge hat, da verkommt die Intimität zu einem Scheinerlebnis, bei dem anstelle der Liebe Enttäuschung und Schuldgefühle triumphieren. Nur wo sich die Partner gegenseitig ganz annehmen, bringen Sie die Verantwortung als notwendige Voraussetzung ihres Tuns mit, die sie bereit macht, alle Konsequenzen der intimen Vereinigung zu bejahen und zu tragen.

4. Die Sexualität in ihrem Verhältnis zur Liebe – Sexus, Eros, Agape (Epheser 5,25.28–33)

Der Umstand, dass das Wort „Liebe" infolge seiner inflationären Verwendung seine Aussagekraft weitgehend eingebüßt hat, ruft nach einer kurzen semantischen Klärung der Begriffe, die zwischen einem Mann und einer Frau beim Werden einer reifen Partnerschaft auf den Plan gerufen sind. Jene Liebe, die zwischen Mann und Frau zu einer ganzen, ausschließlichen und dauerhaften Verbindung führt, meint mehr als eine körperliche Erregung im Unterleib. Wer unter „Liebe" nur das versteht, der verwechselt sie mit dem Geschlechtstrieb, der beim Menschen wie beim Tier auf eine rein selbstbezogene Befriedigung angelegt ist. Die auf eine tragfähige Beziehung abzielende Liebe beschränkt sich nicht auf die körperliche Seinsebene des Menschen, sondern ist entsprechend der menschlichen Seinsweise dreidimensional. Wie der Mensch aus Leib, Seele und Geist besteht, so ist auch seine Liebe zu seinem Partner körperlicher, seelischer und geistiger Natur. In der Theologie haben sich für diese drei Ebenen der Liebe die Begriffe „Sexus", „Eros" und „Agape" eingebürgert.

Das Wort „Sexus" bezeichnet den Geschlechtstrieb. Unter „Eros" versteht man die begeisterte Freude an den leiblichen und seelischen Eigenschaften des andern, während die „Agape" jene Dimension der Liebe kennzeichnet, die sich uneigennützig ganz auf das Wohl des andern richtet.

In Verbindung mit dem „Eros" und der „Agape" ist der Geschlechtstrieb beim Menschen vergeistigt. Über dem körperlichen Bedürfnis steht die geistige Entscheidung. Im Unterschied zum Tier, das ausschließlich seinem Trieb nachlebt, kann der Mensch seine Sexualität durch den Verstand lenken und durch den Willen beherrschen. Nur unter der Kontrolle des Verstandes und des Willens ist die Liebe zum Partner eine wahrhaft menschliche und deshalb geheiligte, Gott wohlgefällige Liebe.

Nun ist zu beachten, dass die geheiligte erotische Liebe dem Menschen nicht bei jeder beliebigen Begegnung mit einer Person des anderen Geschlechts verfügbar ist. Diese Liebe ist dort auf den Plan gerufen, wo zwei Menschen einander verstehen, sich nacheinander sehnen und sich in Freiheit beidseitig füreinander entscheiden. Verlässlich ist die Liebe zwischen einem Mann und einer Frau nur, wenn sie auf beiden Seiten von einer inneren Notwendigkeit, einer Ausschließlichkeit und dem Willen zur dauernden Lebensgemeinschaft begleitet wird.

Sympathie allein wird diesen Anforderungen nicht gerecht. Die Neigung zu einem Menschen des anderen Geschlechts hat mit der Liebe das gemeinsam, dass man einander gut versteht, einander mag und sich nacheinander sehnt. Die Sympathie mag der Ansatz für die Liebe sein, doch im Unterschied zur reifen Liebe fehlt der Neigung die Notwendigkeit, die Bereitschaft zur klaren Entscheidung für den anderen, es fehlt ihr die Verbindlichkeit.

Wollen sich zwei Menschen vergewissern, ob ihre Liebe zueinander echt ist, dann sollten sie sich aufrichtig fragen, ob sie bereit sind, miteinander eine völlige und unaufhörliche Gemeinschaft einzugehen. Wo die Bereitschaft zur totalen und dauerhaften Koexistenz fehlt, wo noch irgendwelche Bedingungen, Vorbehalte oder Unklarheiten bestehen, da sind dringend gegenseitige Aufrichtigkeit und Distanz geraten.

5. Die gleichgeschlechtliche Liebe (Homosexualität)

Eine vom biblischen Grundmuster abweichende sexuelle Ausprägung stellt die Homosexualität, die gleichgeschlechtliche Liebe von Mann zu Mann oder von Frau zu Frau dar. Die Bibel kennt dieses Phänomen, missbilligt es aber mit auffallender Strenge (1 Mo 19,1–7; Röm 1,26.27). Das Alte Testament verbietet ausgelebte Homosexualität unter Androhung der Todesstrafe (3 Mo 18,22; 20,13); das Neue Testament stellt denen, die sie praktizieren, Heilsverlust vor Augen (1 Kor 6,9.10; 1 Tim 1,9).

Die ablehnende Haltung der Bibel zur ausgelebten Homosexualität bezieht ihre Stoßkraft zum einen aus dem Bedürfnis nach klarer Abgrenzung gegen antik-heidnische Kulte, in denen derlei Sexualpraktiken gang und gäbe waren. Zum andern – und dies vor allem – widerspricht die gleichgeschlechtliche Liebe dem in der Gottesschöpfung verankerten biblischen Menschenbild sowie der von diesem begründeten menschlichen Ordnung wie Ehe, Familie und Gesellschaft. Der Ort legitimer Intimgemeinschaft ist nach biblischem Verständnis die Paarbeziehung zwischen Mann und Frau. Wer aus dieser Ordnung ausbricht, betritt einen verbotenen Weg. Freilich wird neutestamentliche Theologie nicht bei dieser Feststellung stehen bleiben, sondern unter Berücksichtigung entwicklungspsychologischer Erkenntnisse auf die mögliche pathologische Natur der Homosexualität verweisen und die von ihr Betroffenen dem Evangelium Jesu unterstellen.

In diesem Sinn wird die christliche Seelsorge die Betroffenen ermutigen, von den vorhandenen therapeutischen Möglichkeiten entschieden Gebrauch zu machen. Im Übrigen gilt es, darauf zu achten, dass die unter Homosexualität Leidenden keiner Diskriminierung oder Ausgrenzung ausgesetzt werden, wird doch in der Bibel niemand wegen krankhafter Störungen der Verachtung preisgegeben. Im Gegenteil: Wie sich Jesus den wie auch immer Belasteten mit Erbarmen und Hilfe zuwendet (Mk 2,1–12; Joh 9,1ff), so ist auch den Menschen mit Sexualstörung mit Mitleid und Feingefühl zu begegnen.

Zusammenfassend bleibt hervorzuheben: Die von Gott geschenkte Gabe zur Intimgemeinschaft zwischen Mann und Frau hat nur in der wirklichen, geheiligten erotischen Liebe ihre glaubwürdige Voraussetzung. Das entscheidende Merkmal dieser Liebe ist die beidseitig gehegte, uneingeschränkte Bereitschaft zu einer völligen, ausschließlichen und dauerhaften Lebensgemeinschaft.

Exkurs über 1. Korinther 7,1–5: Biblisch orientierte Sexualität im Kontext der paulinischen Paränese

Zur exegetischen Vertiefung obiger Ausführungen über Wesen, Sinn und Legitimität der menschlichen Sexualität wenden wir uns im Folgenden dem Textabschnitt in 1. Korinther 7,1–5 zu, wo Paulus zur Intimität zwischen christlichen Ehegatten explizit Stellung nimmt.

> Wovon ihr aber geschrieben habt, darauf antworte ich: Es ist gut für den Mann, keine Frau zu berühren. Aber um Unzucht zu vermeiden, soll jeder seine eigene Frau haben und jede Frau ihren eigenen Mann. Der Mann leiste der Frau, was er ihr schuldig ist, desgleichen die Frau dem Mann. Die Frau verfügt nicht über ihren Leib, sondern der Mann. Ebenso verfügt der Mann nicht über seinen Leib, sondern die Frau. Entziehe sich nicht eins dem andern, es sei denn eine Zeitlang, wenn beide es wollen, damit ihr zum Beten Ruhe habt; und dann kommt wieder zusammen, damit euch der Satan nicht versucht, weil ihr euch nicht enthalten könnt.

1. Der Abschnitt im historisch-literalen Textzusammenhang

Mit Kapitel 7 beginnt Paulus jene Fragen zu beantworten, die ihm die Korinther selbst in einem Brief an den Apostel gestellt haben. Sie haben ihn über seine Stellung zu Ehe (7,1), Götzenopfer (8,1) sowie zu den besonderen Gaben des Geistes befragt (12,1). Hinsichtlich der Ehe dürfte ihre Frage gelautet haben: soll ein Christ heiraten oder lieber ledig bleiben? Hinter dieser Frage standen mancherlei Motive:

- Sowohl Jesus als auch Paulus gaben der Gemeinde das Beispiel eines ehelosen Lebens.
- Mit den anderen Christen ihrer Zeit teilten die Korinther wohl die Überzeugung, dass mit der Wiederkunft Jesu die Ehe hinfällig sein würde, da in der kommenden Welt die Trennung der Geschlechter aufgehoben wäre (Mt 22,30).
- Manche mochten aufgrund ihrer negativen Einstellung gegenüber dem Leib und dessen Bedürfnissen zur Ansicht gelangt sein, dass die Befriedigung des Sexualtriebes in der Ehe derer, die im Geist leben, unwürdig sei.

- Sodann lebten etliche Christen in einer Ehe, in der der eine Partner gläubig war, der andere aber heidnisch blieb. Hier konnte der Gedanke aufkommen, dass es gut wäre, anlässlich der Taufe die eheliche Bindung an einen Heiden aufzugeben.

So gab es in Korinth neben denjenigen, die unter Berufung auf die christliche Freiheit sexuelle Freizügigkeit billigten, auch solche, die für das extreme Gegenteil eintraten. Der Verlust der sittlichen Orientierung, der sich aus den so gegensätzlichen Meinungen in dieser wichtigen Frage ergab, machte eine wegweisende Stellungnahme des Apostels unerlässlich.

Im einzelnen behandelt Paulus in diesem Kapitel folgende Aspekte der Ehe:

a. Verse 1–16: Die Christen in der Ehe sowie in alternativen Lebensformen
- Verse 1–6: Die intimen partnerschaftlichen Pflichten von Ehegatten
- Verse 7–9: Jeder Christ lebe gemäß der ihm verliehenen Gabe zur Ehe oder zur Ehelosigkeit
- Verse 11–16: Die Frage der Scheidung zwischen christlichen Ehegatten und in religiösen Mischehen

b. Verse 17–24: Die Verbindlichkeit der Standesberufung
- Verse 17–20: Juden und Heiden betreffend
- Verse 21–24: Freie und Sklaven betreffend

c. Verse 25–40: Ratschläge an Alleinstehende in verschiedenen Situationen
- Verse 25–35: an heiratswillige Singles
- Verse 36–38: an verlobte Jungfrauen
- Verse 39–40: an Witwen

2. Ermahnungen an christliche Eheleute im Hinblick auf den intimen Umgang miteinander

a. Die Ehe als legitimer Ort sexueller Intimität (Vers 1–2)

Gefragt von den Korinthern, ob man als Christ heiraten oder lieber ledig bleiben solle (V. 1), gibt Paulus zunächst den Rat, ehelos zu bleiben. Dies ist jedoch kein Gebot, sondern seine persönliche Meinung in Anbetracht der zeitlichen Umstände (V. 26).

„Aber um der Hurerei willen" (V. 2) ist auf den ersten Blick eine recht grobschlächtige Begründung der Ehe; doch Paulus ist sich dessen bewusst, dass der Mensch, der ehelos lebt, der entsprechenden Gabe Gottes bedarf (V. 7). Wer diese Gabe nicht hat, tut besser zu heiraten, um nicht unter dem Druck sexuellen Verlangens in die Sünde der Unkeuschheit zu fallen.

„Die Ehe als biblisch legitimierte Einrichtung zur Praxis der Hurerei" – dies hat man dem Apostel gelegentlich unterstellt. Doch wie wir dem Schöpfungsbericht entnehmen, ist dieser leibfeindliche Einwand der Bibel völlig fremd. Wenn Paulus der Hurerei die Ehe als Alternative gegenüberstellt, so geschieht dies keineswegs unter dem schon damals grassierenden Einfluss gnostischer Weltverneinung, vielmehr aufgrund einer nüchternen und durch mannigfache Erfahrung bestätigten Beobachtung, dass nämlich die Ehe vor Unzucht schützt.

b. Die paulinische Ermahnung im Lichte der rabbinischen Tradition (Vers 3)

Mit dieser Ermahnung steht Paulus in einer guten rabbinischen Tradition: „Rab Huna hat gesagt: ‚Wenn jemand zwanzig Jahre alt ist und kein Weib genommen hat, so sind alle seine Tage voll von (Unzuchts-)Sünden.'"[2] Oder um es mit einem anderen Rabbinenspruch zu belegen: R. Chijja erwiderte einen Vorwurf, dass er seiner Frau, die ihn viel ärgerte, Geschenke mitbringe: „Es ist genug, dass sie (die Frauen) unsere Kinder großziehen und uns vor der Sünde (der Unzucht) bewahren."[3]

Man beachte: Paulus sagt nicht, dass die Befriedigung des sexuellen Verlangens den einzigen Zweck der Ehe darstellt. Doch es ist ehrlicherweise einzugestehen, dass die Sexualität eine zentrale Rolle im menschlichen Leben spielt. Darum ist sie ernst zu nehmen. Der Apostel wird hier dieser Forderung voll gerecht, indem er die Probleme und die Gefahren offen beim Namen nennt. Deshalb verweist er die Gläubigen mit ihrer Sexualität an den Ort, wo sie diese Gabe ausleben dürfen, ja ausleben sollen, nämlich an die Ehe. Mit Recht bemerkt Heinrich Baltensweiler: „Wenn die Ehe neben anderen Zwecken auch denjenigen hat, die Unzucht zu verhüten, dann soll sie auch regelmäßig vollzogen werden. Das ist für jüdische Ohren durchaus das Normale."[4]

In konsequenter Weiterführung dieses Gedankens spricht Paulus in Vers 3 von der „geschuldeten Freundschaft", d. h. von der Pflicht, die Mann und Frau im Intimbereich einander schulden. Auch hier dürfte Paulus daran gedacht haben, „dass der Jude verpflichtet war, seinem Weibe den körperlichen Umgang nicht zu entziehen."[5]

Von 2. Mose 21,10 leiteten die Rabbiner die Ansicht ab, dass jeder Mann seiner Frau die Beiwohnung schulde. Wer dies nicht tue, sei ein Sünder. Die Versagung der ehelichen Pflicht wäre mit Geldstrafe zu ahnden. Nimmt sich ein Mann eine zweite Frau, so soll er der ersten an Nahrung, Kleidung und ehelichem Umgang nichts entziehen.

> Doch darf der Mann seine Frau nicht zum Beischlaf zwingen. Die Frau dagegen soll ihren Mann auffordern, bei ihr zu schlafen. Einem solchen Vorgehen

2 Hermann L. Strack und Paul Billerbeck, *Kommentar zum Neuen Testament aus Talmud und Midrasch*, Bd. 3: Die Briefe des Neuen Testaments und die Offenbarung Johannis, 4. Aufl., Beck, München 1961, S. 368.

3 Ebenda (Zitat aus *Jevamot* 63a).

4 Baltensweiler, *Die Ehe im Neuen Testament*, S. 157.

5 Ebenda.

> sind schöne Kinder verheißen. Vor übermäßigem Geschlechtsgenuss wird gewarnt; dies speziell in Bezug auf die Gelehrten: „Die Gelehrtenschüler sollen sich bei ihren Weibern nicht wie Hähne bei den Hühnern finden lassen."[6]

Mit Bedacht auf die berufliche Tätigkeit des Mannes haben sich Rabbiner auch darüber den Kopf zerbrochen, wie oft Ehemänner in Erfüllung der Tora ihrer Intimverpflichtung nachkommen sollten. So werden Müßiggänger, d. h. Leute ohne besonderen Beruf, zur täglichen Intimität angehalten; Arbeiter zweimal in der Woche; Eseltreiber einmal in der Woche; Kamelführer einmal in 30 Tagen; Seeleute einmal in sechs Monaten. So Rabbi Elieser um 90 n. Chr. Auf die Frage, wann denn die Gelehrtenschüler sich der Intimität hingeben sollen, antwortete Rabbi Jehude (gest. 299 n. Chr.): „Schemuel (gest. 254 n. Chr.) habe gesagt: Von einem Sabbatrüsttag auf den Sabbatrüsttag (d. h. an jedem Freitag Abend); denn es heißt: Der seine Frucht gibt zu seiner Zeit. Ps 1,3".[7] Dies wird auf den Sabbatrüsttag gedeutet.

In dieser Tradition steht wohl auch Paulus. Deshalb ermahnt er die Christen, keine Scheinehe zu führen. Im Gegenteil. Überaus taktvoll bringt er zum Ausdruck, dass bei der intimen Begegnung die Eheleute auf die Empfindungen des Partners Rücksicht nehmen und auf dessen Glück bedacht sein sollen (V. 4).

Mehr noch: Wenn heute von feministischer Seite dem Apostel vorgeworfen wird, er habe mit seiner Theologie die diskriminierende Hintanstellung der Frau in der Kirche zementiert und sie der Macht des Mannes unterworfen, so ist fairerweise an 1. Korinther 7,4 zu erinnern. Hier zeigt sich nämlich, dass Paulus im entscheidenden Ansatz der Ehe, nämlich im Bereich der Sexualität und bei der Pflege der Intimgemeinschaft unter christlichen Eheleuten, auf ein partnerschaftliches Verhalten bedacht war. Die symmetrische Entmachtung von Mann und Frau in Bezug auf ihren eigenen Leib besagt logischerweise, dass Mann und Frau in der Ehe in eine die gesamte Privatsphäre übergreifende Ordnung hineingestellt sind. In diesem Sinn spricht Paulus von einer Pflicht. Doch diese Pflicht hat nicht den Charakter des Müssens, sondern eher des Dürfens. Jedenfalls ist die Frau dem Manne völlig gleichwertig.

Diese Betrachtungsweise ist sowohl im Hinblick auf das damalige Judentum als auch auf die heidnische Umwelt bemerkenswert. Paulus möchte die Ehe nicht aus der Sicht des Mannes gedeutet wissen, sondern vom Ansatz eines partnerschaftlichen Verständnisses her. Was im entscheidenden Kern der Ehe, d. h. in der Pflege der Intimität als Prinzip etabliert ist, das kann nicht ohne Auswirkungen auf die Gesamtgestaltung der Partnerschaft bleiben.

Was an dieser Stelle besonders auffällt, ist der Tatbestand, dass der Apostel in all seinen Ausführungen über die eheliche Intimität kein Wort über die Nach-

6 Baltensweiler, *Die Ehe im Neuen Testament*, S. 158, Anm. 16; Zit. aus *Berakhot* 22b.

7 Strack und Billerbeck, *Kommentar*, Bd. 3, S. 371.

kommenschaft als Zweckbestimmung der Geschlechtsgemeinschaft verliert. Stattdessen wendet er sich einem anderen subtilen Konfliktbereich der christlichen Ehe zu, indem er feststellt (V. 5): Ehelicher Verkehr und Gebetsleben schließen einander nicht aus, aber sie sollen einander auch nicht beeinträchtigen. Was veranlasste Paulus, zu dieser Frage Stellung zu nehmen? Die in Korinth praktizierten Sexualriten zur Verehrung der Aphrodite brachten in der damaligen Zeit eine totale Erotisierung des Lebens mit sich. Das hatte zur Folge, dass schon damals weite Kreise sich von diesem Treiben angewidert abwandten und in das andere Extrem fielen. Deshalb betont Paulus, dass sich Mann und Frau einander nicht entziehen sollen. Als einzige Ausnahme lässt er das Gebet gelten. Aber auch das soll zum einen in gegenseitiger Übereinstimmung, also partnerschaftlich und nicht durch einseitige Laune geschehen. Zum andern soll es auf eine bestimmte Zeit begrenzt sein.

Schon das Judentum kannte den Verzicht auf Intimgemeinschaft zum Zweck des Torastudiums. Zur Erforschung der Weisungen durfte der fromme Jude ohne Erlaubnis seiner Frau 30 Tage von zu Hause fern sein; mit ihrer Erlaubnis „wer weiß wie lang."[8] In diesem Sinn rät auch Paulus christlichen Ehegatten, ihre Enthaltsamkeit aus Pietät zeitlich zu begrenzen, um sich und Partner nicht der Versuchung auszusetzen.

Der Apostel wurde wegen seiner Äußerungen über Ehe und Sexualität oft gescholten. Ein sorgfältiges Studium von 1. Korinther 7 zeigt jedoch, dass ihm damit Unrecht geschah. Seine Anweisungen sind ebenso nüchtern wie taktvoll. Ob er den Mut derer stärkt, die sich um Christi willen für die Ehelosigkeit entschieden haben, oder ob er den Verheirateten die Rechte und Pflichten ihrer ehelichen Berufung aufzeigt, stets wahrt er den Respekt vor der persönlichen Entscheidung seiner geistlichen Kinder und gibt so ein unvergessliches Beispiel geistgeleiteter Seelsorge.

Die Ehe als Ort menschlicher Sexualität

Wo sich ein Mann und eine Frau zu einer völligen Lebensgemeinschaft mit dem Charakter der Ausschließlichkeit und Dauerhaftigkeit entschieden haben, da spricht man von Ehe. Die Ehe ist der wirkliche Ort, wo die tatsächliche Liebe zwischen einem Mann und einer Frau notwendig hinführt und wo sie zu ihrer Erfüllung kommt.

Karl Barth schrieb:

> Die Liebe ist daran zu erkennen, dass sie entschlossen ist, und zwar entschlossen zur ehelichen Lebensgemeinschaft. Liebe ist nicht nur Nähe und Anziehung, sondern Verbindung. Liebe macht diese beiden Menschen einander unentbehrlich. Liebe zwingt sie zueinander, und das nicht nur teilweise und vorübergehend, nicht zu irgendeiner verpflichtungslosen Beziehung,

8 Strack und Billerbeck, *Kommentar*, Bd. 3, S. 371f.

> nicht zu irgendeinem freien Verhältnis. Die Freiheit der Liebe ist gerade die Freiheit zur Ehe als Lebensgemeinschaft.[9]

Ist die Ehe der Ort der menschlichen Sexualität, so erhebt sich die Frage, was denn die Ehe eigentlich ausmacht, worin ihr Sinn und Zweck besteht und wie sie von der Gesellschaft wahrgenommen wird. Diese Fragen gilt es nun im Lichte der Bibel zu klären.

1. Die Ehe als Berufung (Matthäus 19,10–12; 1. Korinther 7,6–9.25–28.36–39)

Eines der grundlegenden Ergebnisse unserer bisherigen Erörterung liegt in der Erkenntnis, dass die Sexualität von der Schöpfungsordnung her zum Wesen des Menschen gehört. Daraus könnte geschlussfolgert werden, dass alle Menschen gleichsam aufgrund göttlicher Verfügung zur Ehe verordnet sind. Demgegenüber gibt das Neue Testament klar zu verstehen, dass die Ehe nicht der einzige von Gott verordnete Zivilstand ist, in dem man selig werden kann.

Nach den Worten des Apostels Paulus handelt es sich sowohl bei der Ehe als auch bei der Ehelosigkeit um eine Gabe Gottes (1 Kor 7,7). Die Entscheidung, ledig zu bleiben, kann bei dem einen ebenso Ruf Gottes sein wie bei dem andern der Schritt in die Ehe (1 Kor 7,16). Darum wäre es unbiblisch, würde man – aus welchen Motiven auch immer – die Ehelosigkeit als eine Lebensordnung zweiter Klasse abstempeln. Erfüllung in der Ehe ist gewiss nicht das einzige Glück, das dem Menschen einen Vorgeschmack auf den Himmel zu verleihen vermag. Wäre dem so, dann wäre es unbegreiflich, weshalb Jesus ausgerechnet jenen Menschen seine aufrichtige Anerkennung zollt, die um der Nachfolge willen auf Ehe und Familie verzichten (Mt 22,10–12.28.29). Alle Achtung gilt denen, die aus Liebe zu ihrem diakonischen Auftrag, aus Treue zu ihrem Glauben oder aus Verantwortung gegenüber Kranken und Notleidenden es auf sich nehmen, ehelos durchs Leben zu gehen. Es wird ihnen nicht unbelohnt bleiben.

Nach dieser unentbehrlichen Klarstellung ist zu fragen, wie ein Mann und eine Frau, die sich zueinander hingezogen fühlen, ihre gemeinsame Berufung zur Ehe erkennen können. Sieht man einmal von einer letzten Sicherheit ab, die ja nur um den Preis der Blasphemie zu behaupten wäre, so können wir sagen: Die Voraussetzung für eine gut funktionierende Ehe ist dort gegeben, wo die gegenseitige erotische Anziehung durch eine vielfältige geistige Gemeinschaft ergänzt und vertieft wird. Hierzu gehören gegenseitiges Verständnis, verwandter Lebensstil, gemeinsame Interessen und Ideale. Die Frage: „Was kann mir der andere bieten?", führt am Ziel vorbei. „Wer in die Ehe tritt, ohne den festen Willen: nur du, tritt neben die Ehe. Wer glücklich werden will, soll nicht heiraten. Glücklich machen! Da liegt es." (Hermannn Oeser)

9 Barth, „Die Lehre von der Schöpfung", *Die kirchliche Dogmatik*, 2. Aufl., Zollikon, Zürich 1957, S. 127–269.

2. Der Sinn der Ehe

a. Der eigenständige Wert der Ehe

Fragt man nach dem eigentlichen Sinn der Ehe, so antwortet die traditionelle kirchliche Auffassung: Die Ehe ist die von Gott gestiftete Einrichtung zur legitimen Sicherstellung der Nachkommenschaft. „Fruchtbarkeit", erklärt der *Katechismus der Katholischen Kirche*, „ist ein Gut, ein Geschenk, ein Zweck der Ehe. Indem die Eheleute Leben schenken, nehmen sie an der Vaterschaft Gottes teil."[10] Nach der katholischen Morallehre ist die Sexualität intentional auf die Zeugung von Kindern angelegt. Liebe und Begehren sind zweitrangige Ehezwecke. Wo die intime Begegnung der Fruchtbarkeit beraubt wird, verliert sie ihren naturgegebenen Sinn und verstößt damit gegen die Sittlichkeit.[11] Dieses in erster Linie naturrechtlich begründete Verständnis der Ehe erklärt auch den entschiedenen Widerstand, den die offizielle katholische Morallehre jeder direkten Art der Empfängnisverhütung entgegenhält. In diesem Sinn stellt der Katechismus fest:

> Die Empfängnisregelung stellt einen der Aspekte verantwortlicher Elternschaft dar. Auch wenn die Absicht der beiden Gatten gut ist, sind sie doch nicht berechtigt, sich sittlich unzulässiger Mittel zu Bedienen (z. B. direkte Sterilisation oder Verhütungsmittel).[12]

Sicherlich erfährt die Ehe in der Hervorbringung der Nachkommenschaft eine wesentliche Sinngebung. Die Vermehrung der Menschheit infolge ehelicher Verbindung ist ein Auftrag Gottes an die Menschen (1 Mo 1,28). Doch die Ehe würde eine fundamentale Verkürzung erleiden, würde man ihren Sinn auf die Hervorbringung von Kindern beschränken.

Die Ehe wird nicht erst infolge der Geburt von Kindern zur vollkommenen Gemeinschaft. Sie hat vielmehr ihren eigenständigen Wert, der in der Verwirklichung der Partnerschaft zwischen Mann und Frau liegt. Man beachte in diesem Zusammenhang all jene Schriftaussagen, wo zu lesen ist: „Und sie werden *ein* Fleisch sein." (1 Mo 2,24; Mt 19,5; Eph 5,31.32). An keiner dieser Stellen liest man, dass sie als Folge ihrer ehelichen Verbindung Kinder bekommen werden. Die Ehe ist der Familie nicht untergeordnet, vielmehr ist die Familie der Ehe zugeordnet. Darum ist eine Ehe auch ohne Kinder als eine vollwertige Gemeinschaft zu erachten.

Sind einem Paar Kinder geschenkt, so sind diese der gemeinsame Auftrag der Eltern. Trotzdem ist die erste Pflicht der Partner nicht die Erziehung der Kinder,

---

10 *Katechismus der Katholischen Kirche*, Oldenbourg, München und Wien 1993, S. 605, Nr. 2398.

11 Ausführlich hierüber siehe: Johannes Gründel, „Empfängnisregelung und Bevölkerungspolitik", in Anselm Hertz u. a. (Hg.), *Handbuch für christliche Ethik*, Bd. 2, Herder, Basel, Freiburg und Wien 1993, S. 148–160.

12 *Katechismus der Katholischen Kirche*, S. 605, Nr. 2399.

sondern die Verwirklichung der ehelichen Lebensgemeinschaft. Das darf freilich nicht auf Kosten der Kinder geschehen. Erfahrungsgemäß kann man sagen: Eine gut funktionierende Ehe ist schon die halbe Erziehung der Kinder.

b. Die Ehe und der Auftrag zur Familie (1. Mose 1,28)

Die Ehe als innigste Lebensgemeinschaft zwischen zwei Menschen bietet die beste Voraussetzung zur Hervorbringung und Heranziehung neuen Lebens. Darum hat Gott mit der Ehe zugleich die Vermehrung der Menschheit verbunden. Die Worte „Seid fruchtbar und mehret euch" im Schöpfungsbericht stellen einen den Menschen privilegierenden Auftrag dar, der von Eheleuten ernst genommen werden sollte.

Dank moderner Verhütungsmittel ist es heute möglich, dem Gebot bzw. Angebot Gottes einer Elternschaft aus Bequemlichkeit, Karrierestreben, aus Sorge um einen hohen materiellen Wohlstand oder aus Furcht vor der Verantwortung dem Kind gegenüber auszuweichen. Menschen, die sich so verhalten, verweigern sich dem Leben und berauben sich unter Umständen selbst einer sinnstiftenden Lebenserfahrung.

Ebenso bedenklich ist aber auch jene Haltung, die eine Familie mit mehr als einem Kind als eine Geißel unserer Spaßgesellschaft brandmarkt und so den weit verbreiteten Kinderhass schürt. Die Zeugung und Erziehung von Kindern hat im Reifungsprozess des Menschen eine unersetzliche Funktion. Kaum anderswo wird der Mensch mehr angehalten, Sorge zu hegen, Verantwortung zu tragen, Rücksicht zu nehmen und Selbstdisziplin zu üben als in der Familie und hier gerade gegenüber seinen Kindern. Wer daher aus inadäquaten Gründen auf Kinder verzichtet, läuft aus der Lebensschule Gottes.

3. Die Ausschließlichkeit der Ehe

a. Die Einehe (Matthäus 19,5.6)

Die Bibel begreift die Ehe als eine totale Gemeinschaft zwischen Mann und Frau. In wörtlicher Anlehnung an den Schöpfungsbericht (1 Mo 2,24) sagt Jesus: „Darum wird ein Mann seinen Vater und seine Mutter verlassen und seine Weibe anhangen, und sie werden sein *ein* Fleisch." Hieraus zieht er die existenzträchtige Konsequenz: „so sind sie nun nicht mehr zwei, sondern *ein* Fleisch."

Damit ist gesagt, dass die körperliche und geistig-seelische Hingabe, die in der Ehe zwischen Mann und Frau Ereignis wird, ihrem Wesen nach vollständig, d. h. uneingeschränkt und unteilbar ist. Wohl kennt das Alte Testament die Polygamie, aber im Neuen Testament wird die Einehe mit Blick auf die ursprüngliche Schöpfungsabsicht Gottes als eine selbstverständliche sittliche Erwartung vorausgesetzt.

Aus der Unteilbarkeit der ehelichen Hingabe ergibt sich, dass erotische Beziehungen mit einer Drittperson zwangsläufig Ehebruch sind. Nach biblischem Verständnis ist der Ehebruch ein schwerwiegendes Unrecht; denn wer die Ehe bricht, löst nicht irgendeine beliebige Beziehung auf, sondern zerstört einen totalen Bund,

d. h. die seelisch-geistige Gemeinschaft mit seinem Ehepartner (Mal 2,13–16). Darum kann sich niemand scheiden, ohne seinem Partner Unrecht zu tun und ohne vor Gott schuldig zu werden, es sei denn um Ehebruchs willen (Mt 19,9).

b. Die Ehe auf Probe (1. Korinther 7,33.34)

Zur vorbehaltlosen Bereitschaft zur Ehe gehört nicht nur die gegenwärtige Entscheidung für den Partner, sondern auch die Hingabe der eigenen Zukunft an ihn. Denn die eheliche Liebe ist per definitionem auf Dauer und Unauflöslichkeit angelegt. Darum ist es widersinnig, eine so genannte Probe-Ehe als Experiment einzugehen, wobei man sich offen oder heimlich vorbehält, beim Scheitern der Beziehung sich voneinander zu trennen. Wer eine intime Beziehung unter dem Vorbehalt eingeht, dass man sie wieder auflösen könnte, der nimmt die Sache, um die es hier geht, und den Menschen, auf den man sich einlässt, nicht ernst. Was soll man von einer Probe-Ehe halten, in der sich die Partner etwa vor Kindern als möglicher und natürlicher Konsequenz eines quasi-ehelichen Zusammenlebens von vornherein die Augen verschließen? Soll eine Ehe auf gegenseitigem Vertrauen beruhen und jene Geborgenheit schaffen, die für eine werdende Familie unentbehrlich ist, so kann die Ehe unmöglich nur eine Probe sein; dann muss sie von vornherein als ernst und endgültig verstanden werden.

c. Intimbeziehungen vor der Ehe (5. Mose 22,13–19)

Der so genannten Probe-Ehe ähnlich ist das Eingehen vorehelicher Intimbeziehungen. Auch hier handelt es sich um die Vorwegnahme jener innigen Begegnung zwischen Mann und Frau, die in die Ehe gehört, zumal nur die völlige Vertrauensgemeinschaft der Ehe hierfür die geeignete seelisch-geistige Atmosphäre bietet. Dagegen wird Intimität vor der Ehe oft nur vom sexuellen Verlangen motiviert. Die völlige Liebe, die bereit ist, alle Folgen des gemeinsamen Tuns zu tragen und sich für immer zu binden, ist ihr fremd.

Sodann ist zu bedenken, dass voreheliche Intimbeziehungen in vielen Fällen eine sexuelle Hörigkeit nach sich ziehen. Dies kann bei beiden Partnern zu schweren Schuldgefühlen und psychischen Störungen führen, die eine spätere Ehe – ob mit dem gleichen oder einem anderen Partner – erheblich belasten. Aus diesen Beobachtungen ergibt sich für Unverheiratete der Schluss, sich vor der Ehe keiner Intimbeziehung hinzugeben (1 Kor 7,34).

Beachtenswert ist nun aber auch das andere: Wenngleich die Bibel voreheliche Intimbeziehungen missbilligt, so hat dieser Fehltritt nichts mit der unvergebbaren „Sünde wider den Heiligen Geist" zu tun. Darum wird eine christliche Seelsorge Menschen, die hier gefehlt haben und unter ihrer Schuld leiden, auf Gottes Vergebung hinweisen (1 Joh 1,9) und ihnen den Blick für ein neues, von Sünde und Schuld befreites Leben öffnen (Joh 8,3–11).

4. Glaubensverbundenheit in der Ehe (Rut 1,16.17; 2,10–12; 4,13)

Die Ehe als eine völlige Lebensgemeinschaft zwischen Mann und Frau setzt voraus, dass die Partner auch in ihrem Glauben an Gott einig sind. Im gemeinsamen Wissen um das Miteinander vor Gott hat dieser Bund seinen stärksten Halt. Wo man gemeinsam betet, gemeinsam die Bibel studiert, gemeinsam den Gottesdienst besucht und am Abendmahl teilnimmt, wo man über den gemeinsamen Glauben spricht, da steht die gegenseitige Bindung nicht in einem weltanschaulichen Vakuum, sondern da weiß man sich für seinen Partner vor Gott verantwortlich; ja, man nimmt ihn als Gabe und Auftrag entgegen und erfährt so Gott Tag für Tag in seiner Ehe.

Eine solche Verbundenheit ist in einer religiösen Mischehe (z. B. zwischen einem Christen und einem Muslim) praktisch ausgeschlossen. Denn wenn jeder der Partner seinen Glauben ausübt, dann ist eine befriedigende Übereinstimmung in diesem Bereich nicht möglich. Die Unterschiede im Glauben führen im konkreten Alltag zu Konflikten, sei es bei der Frage um den gemeinsamen Gottesdienstbesuch, sei es im Hinblick auf die religiöse Zugehörigkeit und Erziehung der Kinder etc. Angesichts dieser Sachlage ist die Ehe einer starken Belastung ausgesetzt.

Ähnliches gilt für Ehen, in denen der eine Partner der religiösen Überzeugung des andern gleichgültig gegenübersteht. Zwar mag in solchen Fällen der religiös engagierte Teil über eine gewisse Freiheit zur Ausübung seines Glaubens verfügen; da jedoch in diesem entscheidenden Punkt kein Meinungsaustausch und keine geistliche Gemeinschaft möglich sind, kann auch die Ehe kaum richtig christlich geführt werden, so dass sie schon an ihrem Fundament einen Riss aufweist. Aus diesen Erwägungen ist vor dem Eingehen einer religiösen Mischehe abzuraten. Positiv formuliert: Wer eine christliche Ehe haben möchte, der sollte ernstlich darauf bedacht sein, noch vor dem Bund mit seinem Partner im Glauben und Bekenntnis einig zu sein.

5. Die rechtliche und gesellschaftliche Verankerung der Ehe

Spricht man von Ehe, so stellt sich auch die Frage, mit welchem Ereignis die Ehe als geschlossen und rechtsgültig zu betrachten ist. Ist es die standesamtliche Eheschließung, die kirchliche Trauung oder die erste Intimbeziehung, die die Ehe zu jener unauflöslichen Gemeinschaft vor Gott werden lässt, wie es die Bibel bezeugt? In dieser Frage herrscht eine weit verbreitete Unklarheit, die allen Varianten vorehelichen Zusammenlebens großzügig entgegenkommt. Darum ist folgendes zu bedenken: Wenn sich ein Paar entschließt, eine Ehe zu gründen, so muss es sich der vielseitigen Konsequenzen dieses gemeinsamen Schrittes bewusst sein. Obwohl die Ehe als göttliche Stiftung eine ganz persönliche Entscheidung seitens der Partner voraussetzt, ist sie keineswegs nur eine private Angelegenheit, sie hat vielmehr auch eine rechtliche, eine gesellschaftliche und – soll sie eine christliche Ehe sein

– auch eine kirchliche Seite. Will eine Ehe vor Gott und den Menschen geschlossen sein, so haben die Partner all diesen Aspekten der Eheschließung durch entsprechende Maßnahmen Rechnung zu tragen. Um diese Schritte in ihrer Bedeutung und Funktion einsichtig zu machen, wollen wir sie im Einzelnen kurz erläutern.

a. Die gegenseitige Zustimmung der Partner als Konstitution der Ehe

Begründet wird die Ehe durch die Erklärung der beiden Eheleute, dass sie miteinander eine völlige Lebensgemeinschaft eingehen wollen. Diese gegenseitige Zustimmung (*consensus mutuus*) ist nicht mit der Verlobung zu verwechseln. Denn die Verlobung wird heute – wenn sie überhaupt noch stattfindet – allgemein als ein vorläufiges Eheversprechen verstanden, das den Vorbehalt in sich schließt, dass das Verlobungsverhältnis aus irgendwelchen triftigen Gründen ohne Schuld und rechtliche Folgen aufgelöst werden kann.

Dagegen ist der *consensus mutuus* die gegenseitige, feste, vorbehaltlose Zustimmung der beiden Partner zur ehelichen Gemeinschaft, womit die Ehe zwischen den beiden Partnern zwar begründet, aber noch nicht geschlossen oder rechtsgültig ist. Der *consensus mutuus* bringt den Sachverhalt zum Ausdruck, dass der Entschluss zur Ehe zunächst eine ganz persönliche Angelegenheit zwischen einem Mann und einer Frau ist (1 Mo 24,54–59). Ohne diesen persönlichen Entschluss kann keine Ehe etwa kraft elterlicher Gewalt oder kirchlicher Sanktion geschlossen werden.

b. Die Ziviltrauung als Deklaration der Ehe

Wie bereits angedeutet, hat die Ehe außer ihrer privaten Seite auch einen Öffentlichkeitscharakter. Deshalb gilt sie in vielen Ländern erst dann als geschlossen und rechtswirksam, wenn die Brautleute ihre Willenserklärung in der Gegenwart von Zeugen vor dem Standesbeamten abgelegt haben. Die zivile Eheschließung entspricht dem Bedürfnis und der Notwendigkeit, den Eintritt in die Ehe als einschneidendes Ereignis im Leben der Partner gegenüber der Gesellschaft zu „deklarieren" und rechtlich zu verankern.

Wenn sich zwei Menschen ehelich aneinander binden, ändert sich ihr gegenseitiges Verhältnis in grundsätzlicher und konkreter Art. Sie stehen einander nicht mehr als beliebige Personen gegenüber, sondern als Leute, die in allen Belangen ihrer Existenz miteinander etwas zu tun haben. Dieser neue Sachverhalt bestimmt auch ihr Verhältnis zur Öffentlichkeit. Sind sie bisher ihrer Umwelt als Individuen gegenübergestanden, so bilden sie nun als Eheleute eine neue soziologische Einheit in der Gesellschaft und stehen zu ihr in einem neuen Verhältnis. Da man als Verheirateter immer zugleich auch Teil der menschlichen Gemeinschaft ist, hat die Öffentlichkeit ein Anrecht darauf zu wissen, woran sie in Bezug auf diese zwei Personen ist und wie sie künftig ihr Verhältnis zu ihnen gestalten soll. Daher fordern Staaten meist Anzeige, Genehmigung und öffentliche Proklamation einer wirklichen Ehe. Sie machen die Anerkennung ihrer gesetzlichen Gültigkeit von der Erfüllung dieser Pflichten abhängig. Hierauf hat der Staat als die von Gott eingesetzte öffentliche Gewalt ein Recht (Röm 13,1–7). Deshalb werden verantwortungsbewusste Christen, die sich für die Ehe entschieden haben, die Öffentlichkeit durch die Ziviltrauung über ihren Entschluss informieren.

Dieser Akt dient aber nicht nur dem Bedürfnis der Öffentlichkeit, informiert zu werden, sondern er führt auch zur rechtlichen und gesellschaftlichen Verankerung der Ehe. Dadurch, dass die Ehe öffentlich anerkannt und rechtswirksam wird, widerfährt ihr ein besonderer Schutz, ohne den sie bestimmten Gefahren ausgesetzt wäre. Darum werden zwei Partner, die es miteinander ernst meinen, schon aus ureigenem Interesse sich öffentlich zu ihrer Ehe bekennen.

Diese Feststellung behält ihre Gültigkeit auch dann, wenn heute der Staat dabei ist, neben der Ehe auch andere Formen der Partnerschaft wie etwa das Konkubinat unter gesetzlichen Schutz zu stellen und sie somit als eine legale Paarbeziehung anzuerkennen. Doch damit ist das Konkubinat rechtlich noch keine Ehe. Es fehlen ihm die öffentliche Kundgebung und der Status der Ehe mit der dazugehörenden rechtlichen Verankerung. Darum sind Konkubinatspaare auch weniger geschützt als ehelich Verheiratete. Da indes heute bestimmte Alternativformen der Partnerschaft nicht allein von der Gesellschaft akzeptiert, sondern auch durch staatliche Gesetze der Ehe immer mehr gleichgestellt werden, kommen die Kirchen nicht daran vorbei, darüber nachzudenken, anhand welcher rechtlicher und gesellschaftlicher Kriterien sie eine Partnerschaft vor Gott und den Menschen als geschlossen betrachten wollen.

c. Die kirchliche Trauung

Das Eingehen einer Ehe ist ein so entscheidendes Ereignis, dass ein christliches Paar diesen Schritt kaum tun wird, ohne Gott in dieser Angelegenheit um seinen Beistand und Segen zu bitten. Deshalb werden gläubige Partner ihr Ehegelübde auch vor Gott und seiner Gemeinde aussprechen. In Staaten, in denen die Ehe durch die standesamtliche Eheschließung rechtskräftig wird, hat die Trauung in der Gemeinde nicht den Sinn, den staatlichen Rechtsakt nachträglich zu sanktionieren; hier geht es darum, die Ehe aus dem Wort des Evangeliums als Auftrag Gottes entgegen zu nehmen und sie unter seine Führung zu stellen.

d. Der Vollzug der Ehe

Ist die Ehe zwischen den beiden Partnern begründet, rechtsgültig geschlossen und unter die Führung Gottes gestellt, so sind jene Voraussetzungen erfüllt, unter denen die innigste Hingabe zwischen einem Mann und einer Frau zu verantworten ist. Durch den intimen Akt wird die Ehe leiblich vollzogen und erreicht damit jene Bestimmung, die ihr Gott, der Schöpfer, zugedacht hat, nämlich zwei Menschen in ihrer Liebe auf einzigartige Weise glücklich zu machen.

Exkurs über 1. Mose 2,18–25: Die Ehe als Bund

Was heute die Verwirklichung und Bewahrung der Ehe neben äußeren Bedrohungen erschwert, ist ein verkürztes Eheverständnis. Galt die Ehe vor der Aufklärung als eine göttliche Institution (im katholischen Raum gar als Sakrament) mit zivilrechtlichen und kirchlich-formalen Folgeaspekten, so wird Ehe heute nur noch als Vertrag begriffen und definiert, d. h. nicht als eine allumfassende, unauflösliche Lebensgemeinschaft zwischen Mann und Frau, sondern als eine zeitlich unbestimmte Partnerschaft mit spezifischen Interessen der Partner.[13]

Nach aufgeklärtem Eheverständnis

> beginnt die Ehe nicht nur mit einem Vertrag, sondern sie ist Vertrag, d. h. ein Gesellschaftsvertrag mit personalen Besonderheiten. Sie unterliegt daher dem Vertrags- und Gesellschaftsrecht. Die Ehezwecke bestimmen sich infolge dessen aus sozialen und humanitären Nützlichkeitsgesichtspunkten.[14]

Übergeordnete religiöse Erwägungen spielen im modernen Eherecht keine Rolle mehr.[15] „Die praktische Folge besteht vor allem in einer Vermehrung der Scheidungsgründe."[16]

1. Die Ehe – ein von Gott gestifteter Bund

Blickt man auf das biblische Eheverständnis, so stellt man fest, dass hier die Ehe bereits im entscheidenden Ansatz ganz anders gesehen und begründet wird. Im einschlägigen Basistext in 1. Mose 2,18–25 heißt es:

> Und Gott der HERR sprach: Es ist nicht gut, dass der Mensch allein sei; ich will ihm eine Gehilfin machen, die um ihn sei. Und Gott der HERR machte aus Erde alle die Tiere auf dem Felde und alle die Vögel unter dem Himmel und brachte sie zu dem Menschen, dass er sähe, wie er sie nennte; denn wie der Mensch jedes Tier nennen würde, so sollte es heißen.
> Und der Mensch gab einem jeden Vieh und Vogel unter dem Himmel und Tier auf dem Felde seinen Namen; aber für den Menschen ward keine Ge-

13 Im *Schweizerischen Zivilgesetzbuch* wird Ehe unter dem Stichwort „Wirkungen der Ehe" wie folgt umschrieben: „Durch die Trauung werden die Ehegatten zur ehelichen Gemeinschaft verbunden. Sie verpflichten sich gegenseitig, das Wohl der Gemeinschaft in einträchtigem Zusammenwirken zu wahren und für die Kinder gemeinsam zu sorgen. Sie schulden einander Treue und Beistand." (Art. 159: Eheliche Gemeinschaft, Rechte und Pflichten der Ehegatten).

14 Ringeling, „Ehe – Ethisch", S. 347.

15 „Nicht zuletzt ... unter dem Einfluss des Kirchenrechtlers Jobst H. Böhmer, der sich die zivile Kontrakttheorie zu eigen machte, setzte sich die Lehre von der Loslösung des Rechts von den Aussagen der Theologie unaufhaltsam durch." Ringeling, „Ehe – Ethisch", S. 347.

16 Ringeling, ebenda.

> hilfin gefunden, die um ihn wäre. Da ließ Gott der HERR einen tiefen Schlaf fallen auf den Menschen, und er schlief ein. Und er nahm eine seiner Rippen und schloss die Stelle mit Fleisch.
> Und Gott der HERR baute eine Frau aus der Rippe, die er von dem Menschen nahm, und brachte sie zu ihm. Da sprach der Mensch: Das ist doch Bein von meinem Bein und Fleisch von meinem Fleisch; man wird sie Männin nennen, weil sie vom Manne genommen ist. Darum wird ein Mann seinen Vater und seine Mutter verlassen und seiner Frau anhangen, und sie werden sein ein Fleisch. Und sie waren beide nackt, der Mensch und seine Frau, und schämten sich nicht.

Dieser Abschnitt lässt sich in drei Sinneinheiten zerlegen:

a. Vers 18–22: Gott als Initiator und Stifter der Ehe;
b. Vers 23: Die Reaktion des Mannes beim ersten Anblick der Frau;
c. Verse 24.25: Die Schlussfolgerungen des Verfassers.

Schon ein flüchtiger Blick verrät, auf wessen Seite der Akzent des Handelns liegt:

- Gott ergreift die Initiative, indem er die Befindlichkeit Adams beurteilt (V. 18–20).
- Gott erschafft die Frau (V. 21–22a).
- Gott bringt die Frau zu Adam (V. 22b).
- Adam nimmt die ihm vor Augen gestellte Frau begeistert an, indem er ihre gegenseitige Wesensverwandtschaft feststellt und ihr einen ihm ('îš) entsprechenden Namen gibt: „Sie wird Männin ('iššâ) heißen" (V. 23).
- Der Verfasser kommentiert dieses Geschehen als Initialakt und Fundament der auf Totalität angelegten Lebensgemeinschaft zwischen Mann und Frau, der Ehe (V. 24).

Diese Sinnübersicht vermittelt drei dominante Einsichten:

- Der Mensch ist auf Partnerschaft und Ehe angelegt.
- Gott ist der Begründer und Stifter der Ehe.
- In der Ehe gehen Mann und Frau die innigste Gemeinschaft ein, inniger als die blutsmäßige Beziehung zwischen Eltern und Kindern. Ist schon diese unaufkündbar, so ist es die Ehe, um deretwillen der Mensch Vater und Mutter verlässt, erst recht.

Heinrich Baltensweiler erläutert diesen Sachverhalt mit den Worten:

> Ehe ist also nicht nur Freundschaft, sondern sie ist vor allem auch körperliche Gemeinschaft. Dabei gehören Mann und Frau aber auch enger zusammen als Eltern und Kinder. Dieser Gedanke ist erstaunlich, da ja in der Antike die Blutsverwandtschaft eine ganz entscheidende Rolle innerhalb des Familienlebens spielt. Nach Vers 24 verlässt der Mann Vater und Mutter, um

> seinem Weibe anzuhangen. Es steht hier Naturrecht gegen Naturrecht – auf der einen Seite das Recht der Familie und der Sippe, auf der anderen Seite das durch die Ehe begründete Naturrecht der Gemeinschaft zwischen Mann und Frau. Dass das letzte stärker und mächtiger sein soll, kommt uns sehr modern gedacht vor. Aber es geht hier nicht um eine Rechtssitte, sondern um die Beschreibung einer Naturgewalt, welche sogar die engste Bindung zwischen Eltern und Kind sprengen kann ... Hinter den Darlegungen steht unausgesprochen die Frage: Warum fühlen sich Mann und Frau mit Naturgewalt zueinander hingezogen? Die Antwort ist eindeutig: Weil Gott den Menschen so erschaffen hat.[17]

Besondere Beachtung verdient die Wendung in Vers 24: „Und sie werden *ein* Fleisch sein." Zunächst ist damit gesagt, dass an die Stelle der Einheit mit der Sippe die neue Einheit von Mann und Frau treten soll. Insofern geht es bei diesen Worten um mehr als nur um körperliche Vereinigung. Die Worte zielen auf die neue Ganzheit des Menschen in der Ehe ab,

> von der die körperliche Einheit nur ein kleiner Aspekt ist. Die Ehe baut sich von der körperlichen Vereinigung her auf, sie erschöpft sich aber nicht darin. Das „Ein-Fleisch-Sein" bezeichnet die Vereinigung ihres totalen Seins zur totalen und unauflöslichen Gemeinsamkeit. Damit ist einem rein naturalistischen Verständnis der Ehe vorgebeugt.[18]

1. Mose 1,27 und 2,24 stehen auffallender Weise im Schöpfungsbericht. Das heißt: Wie das Werden der Welt im Ganzen, so ist auch die Ehe im Besonderen ein Schöpfungswerk Gottes. Darum wäre es verfehlt, wollte man sie nur als eine Gabe der Natur sehen und sie entsprechend naturrechtlich, sozusagen unter Ausklammerung Gottes begründen. Die Stiftung der Ehe beruht auf der souveränen Tat Gottes wie die Erschaffung des Menschen überhaupt.

2. Die Ehe – auf Liebe und Treue angelegt

Nun scheint die Ehe nach 1. Mose 1,28 primär auf die Hervorbringung von Nachkommen angelegt zu sein: „Seid fruchtbar und mehret euch." Doch diese Zweckbestimmung der Ehe darf den Blick für die Liebe, die in 1. Mose 2,18–25 unverkennbar auf den Plan gerufen ist, nicht einengen. Die hier geschilderte Begeisterung des Mannes und der Hinweis auf die Totalität der Hingabe deuten darauf hin, dass die Ehe schon im Alten Testament mehr sein will als nur eine Stätte zur Hervorbringung von Kindern oder sonst eine zweckbestimmte Interessensgemeinschaft, die

17 Baltensweiler, *Die Ehe im Neuen Testament*, S. 20f.

18 Ebenda S. 22.

man mit gegenseitigem Einvernehmen der Partner vertraglich absichert. Die Ehe ist mehr als nur Vertrag.

Bei aller Verzweckung durch untergeordnete Interessen stellen Liebe und Treue schon im alten Israel den Kern der ehelichen Beziehungen dar. Deshalb verwendeten die Propheten seit Hosea die Ehe als Bild für den Bund zwischen Gott und Israel (Hos 1,3). Im Sinne einer prophetischen Zeichenhandlung erhält Hosea von Gott den Auftrag, eine Dirne zu heiraten und mit ihr Kinder zu zeugen (1,2). Hinter diesem tief in das persönliche Leben hineingreifenden Auftrag steht die Vorstellung, dass zwischen Jahwe und Israel eine rechtmäßige Ehe besteht, die durch die Hinwendung Israels zu den Göttern Kanaans gebrochen worden ist.

Andere Propheten nehmen das Bild auf:

> Jeremia (31,32) redet von einem Hochzeitsschluss am Sinai. Aber Israel hat den Ehebund gebrochen (9,2), worauf Gott sich vom Volk scheidet (3,1) und die treulose Frau den Feinden preisgibt ... In Jesaja 49,14; 54,4ff und 60,15 ist von einer vorübergehenden Zurücksetzung der Frau die Rede. Gott aber wird die Jugendgeliebte wieder aufnehmen (Jes 54,4–8).[19]

Bei all diesen Belegstellen steht das durch den Eheschluss vorgebildete Rechtsverhältnis im Vordergrund.

> Wie der Mann seine Frau erwählt und mit ihr die Ehe schließt, so erwählt Jahwe das Volk Israel und schließt den Bund mit ihm. Das Gemeinsame an beiden Vorgängen ist das Moment der vertraglichen Zusammengehörigkeit.[20]

Bemerkenswert ist an diesem von den Propheten verwendeten Ehegleichnis ein irrationales Moment, wie Heinrich Baltensweiler meint:

> das Festhalten Jahwes am treulosen Volk, das alles menschliche Maß übersteigt und das weit über alle vertragliche Abmachung hinausgeht. Von daher wäre es denkbar, dass das Verhältnis Jahwes zum Volk Israel, das als bedingungslose Liebe und Erwählung gekennzeichnet werden kann, auf das Verständnis der Ehe zurückwirkt.[21]

Dies erfolgt auch explizit im Buch Maleachi, wo die Ehe erstmals im Alten Testament ein vor Gott geschlossener Bund genannt wird, den zu brechen eine von Jahwe verabscheute Gewalttat ist (2,13–16). Scheidung unter dem Volk Gottes ist schwerste Treulosigkeit, Bundesbruch und Heuchelei; denn:

---

19 Ebenda S. 31f.

20 Ebenda S. 32.

21 Ebenda.

- Es ist ein sittliches Vergehen, wenn man die in der Jugend geheiratete Frau, die Gefährtin vieler Jahre, verstößt.
- Es ist ein rechtliches Vergehen, wenn man den früher geschlossenen Ehebund auflöst.
- Es ist ein schwerwiegendes religiöses Vergehen gegen Gott, der als Zeuge und Garant der Ehe in Israel auftritt. Opfer und Gottesdienst sind angesichts solchen Verhaltens eine unausstehliche Heuchelei.

In dieser Kritik wird eine ethische Sicht der Ehe und der Ehescheidung greifbar, die dann im Neuen Testament ihre volle Entfaltung erfährt. Das zeigt sich bei Jesus, der es zwar unterlässt, die Ehe als Bund zu bezeichnen, doch der Sache nach ist die Ehe auch für ihn eine organisch unauflösliche Einheit. Daran lässt seine Stellungnahme zu der von den Pharisäern aufgeworfenen Frage über die Möglichkeit der Scheidung mittels Scheidungsurkunde (Mt 19,3–9) nicht den leisesten Zweifel. Für Jesus war die Ehe eine von Gott gesetzte Ordnung, über deren Geltung es nichts zu diskutieren gibt. Eine existentiell derart verflochtene Gemeinschaft, wie die Ehe nun einmal ist, kann nicht aufgelöst werden, es sei denn diese Gemeinschaft ist infolge bereits begangenen Ehebruchs *de facto* schon zerbrochen. Darauf weist Jesu Rückgriff auf das Wort in 1. Mose 2,24 hin: „Sie werden *ein* Fleisch sein." Mit anderen Worten: Auch Jesus begriff die Ehe nicht anders als eine totale Gemeinschaft, als einen auf Dauer geschlossenen, unauflöslichen Bund.

Zu beachten ist freilich, dass Jesus hier kein Gesetz festlegt, sondern grundsätzlich an den ursprünglichen Willen Gottes erinnert. Nur zu gut weiß er, wie treulos das menschliche Herz ist, und dass demzufolge der Mensch nicht aufgrund seines Gehorsams gegenüber dem Gesetz, sondern allein aufgrund der Gnade und Vergebung vor Gott bestehen kann (Joh 8,1–11). Doch das ändert nichts an dem ursprünglich proklamierten Willen Gottes hinsichtlich der Ehe: „Sie sind *ein* Fleisch" – und darum nicht zu scheiden.

In der neutestamentlichen Briefliteratur und der Offenbarung wird die Ehe als alttestamentliche Metapher für den Bund zwischen Gott und seinem Volk auf das Verhältnis zwischen Christus und der Gemeinde übertragen.[22] Blickt man auf 1. Korinther 6,15–17, so ist die Ehe auch für Paulus ein existentiell verankerter Bund zwischen Mann und Frau. Doch stärker als der Bundaspekt ist beim Apostel die christologische Vertiefung und Darstellung der Ehe, wie sie uns in Epheser 5,22–33 entgegentritt. Heinrich Baltensweiler erklärt dazu:

> Hier wird nicht einfach die Ehe als Schöpfungsordnung verstanden wie bei Jesus, sondern mit dem Christusgeschehen verbunden und so gerade ihr wahres, schon in der Schöpfung beabsichtigtes Wesen enthüllt ... Wie die

22 Mt 9,15; 22,1–14; 25,1–13; Lk 10,12.35–38; Joh 3,29; 1 Kor 11,2; Eph 5,25–33; Offb 14,4; 19,7–9; 21,2.9

> Gemeinde als solche den Christus auf dieser Erde repräsentiert, so repräsentiert oder vergegenwärtigt die Ehe der Christen das Christusgeschehen unter den Menschen.[23]

Diesen Zeugendienst vermag die Ehe aber nur dann zu leisten, wenn die gegenseitige Beziehung der Partner von echter Liebe und unbedingter Treue gekennzeichnet ist.

Schlussfolgerungen

1. Aus biblischer Sicht ist der Mensch von der Schöpfungsordnung her ein geschlechtliches Wesen. Die Sexualität ist eine Gabe Gottes an den Menschen. Darum darf der Mensch seine Geschlechtlichkeit bejahen und sich an ihr erfreuen.

2. In der Sexualität kommt das gottgewollte Füreinander von Mann und Frau zum Ausdruck. Allerdings lassen sich beim Menschen die Geschlechtsbeziehungen nicht auf ein rein körperliches Geschehen beschränken. Sie müssen entsprechend der geistig-seelischen Wesensart des Menschen in der Ganzheit der menschlichen Seinsweise verflochten sein und auf eine ganzheitliche Begegnung mit dem Du abzielen.

3. Die Echtheit der Liebe zwischen einem Mann und einer Frau ist daran zu erkennen, dass sie auf eine totale, ausschließliche und dauerhafte Lebensgemeinschaft abzielt.

4. Die Ehe als *Lebensbund* ist der von Gott bestimmte Ort, wo die echte Liebe zwischen einem Mann und einer Frau hinführt und wo sie zu ihrer wirklichen Erfüllung kommt.

5. Die Fähigkeit zur ehelichen Gemeinschaft ist eine Gabe und Berufung Gottes. Dies gilt aber auch für die Ehelosigkeit, die, wenn sie um höherer Werte willen erwählt wird, sich der Anerkennung Jesu erfreut. Ob zwei Menschen von Gott zur Ehe berufen sind, zeigt sich an der gegenseitigen erotischen Anziehung, an verwandten geistigen Neigungen und Zielen sowie an der entschiedenen Bereitschaft zur ehelichen Lebensgemeinschaft.

6. Nach biblischem Verständnis hat die Ehe einen doppelten Sinn: Die Verwirklichung der ehelichen Partnerschaft sowie die Ausführung des göttlichen Auftrags zur Elternschaft. Die Wahrnehmung dieses Auftrags setzt eine verantwortungsbewusste Familienplanung voraus, bei der der Wunsch nach Familie, das Wohl aller Betroffenen und die Ehrfurcht vor dem Leben respektiert werden.

7. Das richtige Verständnis der von Gott gestifteten Ehe setzt voraus, dass diese Beziehung auf Lebzeit geschlossen und als Einehe in Treue geführt wird. Intimbeziehungen vor und außerhalb der Ehe widersprechen dem Geist des biblischen Eheverständnisses.

---

23 Baltensweiler, *Die Ehe im Neuen Testament*, S. 260f.

8. Nach dem Willen Gottes ist die Ehe nicht zu scheiden; denn sie ist ein vielschichtig verflochtener Lebensbund. Scheitert eine Ehe infolge menschlicher Schwachheit, so sind die Partner durch Seelsorge und Beratung aufzurichten und künftig zu einem Gott wohlgefälligen Leben zu ermutigen.

9. Die Ehe ist nicht nur eine private Angelegenheit der Eheleute, sondern sie hat auch einen rechtlichen und gesellschaftlichen Charakter. Deshalb bedarf sie zu ihrer vollgültigen, rechtlichen Anerkennung der gegenseitigen Zustimmung der Partner und der Trauung vor dem Standesbeamten. (Eine Seniorenpartnerschaft, bei der aus dringenden Gründen auf die standesamtliche Registrierung verzichtet wird, sollte anderweitig rechtlich abgesichert sein und von der Gemeinde als eine vor Gott verpflichtete Paarbeziehung betrachtet werden.)

10. Mit der kirchlichen Trauung bekundet ein gläubiges Paar, dass es die Ehe als eine von Gott gesetzte Ordnung anerkennt und sie unter seine Führung stellt. Vollzogen wird die Ehe durch innige seelische und körperliche Hingabe, in der die eheliche Lebensgemeinschaft ihre göttliche Bestimmung erfährt.

Kapitel 11

„Dies Geheimnis ist groß“: Ist die Ehe ein Sakrament? Eine adventistische Perspektive

Rolf J. Pöhler

Ist die Ehe ein Sakrament? Zugegebenermaßen ist dies eine ungewöhnliche Frage, zumindest wenn sie von Siebenten-Tags-Adventisten oder in einer ihrer Publikationen aufgeworfen wird. Schließlich gibt es bei Adventisten keine Sakramente – oder sollte man sagen: fast keine? – und außerdem sind sie gegenüber dem Sakramentalismus, wie er in zunehmendem Maße für die Geschichte und Theologie der nachapostolischen Zeit kennzeichnend wurde, sehr kritisch eingestellt.[1] Gleichzeitig machen sich jedoch gewisse Züge sakramentalen Denkens unter Adventisten bemerkbar. Die Art und Weise, wie das Abendmahl, die Handlung der Fußwaschung sowie der Ritus der Handauflegung bei der Ordination verstanden und praktiziert werden, deuten darauf hin.[2] Könnte das möglicherweise auch für die adventistische Sicht der Ehe gelten? Kann oder sollte die Ehe als ein Sakrament betrachtet werden? Das ist die Frage, um die es in diesem Aufsatz geht.

Die vorliegende Studie beantwortet diese Frage in drei Schritten: Zunächst werden die Schlüsselbegriffe „Sakrament“ und „Ehe“ erklärt und definiert, indem jeweils drei wichtige Gesichtspunkte zu jedem Begriff skizziert werden. Danach wird die Frage „Ist die Ehe ein Sakrament?“ aufgrund der vorhandenen Anhaltspunkte beantwortet. Schließlich werden daraus einige weiter reichende Schlüsse gezogen und praktische Anwendungen bedacht. Ich hoffe, dass diese Studie zu einem besseren Verständnis der Gabe der Ehe beitragen wird – zu einem Verständnis, das sowohl der Treue zur Heiligen Schrift als auch den Realitäten dieser Welt, in der Christen leben, Rechnung trägt.

---

1 Adventisten vertreten eine nicht-sakramentale Ansicht über die Taufe, wie man beispielsweise an der großzügigen Handhabung der „Wiedertaufe“ erkennen kann, wie sie traditionell geübt wird. Zu einer adventistischen Theologie der Taufe siehe Roberto Badenas (Hg.), *Die Taufe: Theologie und Praxis*, Studien zur adventistischen Ekklesiologie 3, Advent-Verlag, Lüneburg 2002.

2 Viele Adventisten scheinen den Handlungen und Elementen des Abendmahls eine besondere Heiligkeit beizumessen, was den Ablauf des Gottesdienstes beim Abendmahl und seine Atmosphäre maßgeblich bestimmt. Auch wird die Fußwaschung im Allgemeinen als reinigende Handlung angesehen. Laut *Church Manual* sollen nach dem Abendmahl übrig gebliebenes Brot und übriger Wein durch Verbrennen, Vergraben oder Weggießen beseitigt, aber „keinesfalls wieder dem allgemeinen Gebrauch zugeführt“ werden; s. General Conference of Seventh-day Adventists (Hg.), *Seventh-day Adventist Church Manual*, 17. Aufl., Review and Herald, Hagerstown 2005, S. 84f.; vgl. Euro-Afrika-Division der Gemeinschaft der Siebenten-Tags-Adventisten (Hg.), *Gemeindeordnung – Gemeindehandbuch, Ausgabe 2006*, Advent-Verlag, Lüneburg 2006, S. 114. Zu dieser Problematik siehe auch Biblisches Forschungskomitee, Euro-Afrika-Division der Gemeinschaft der Siebenten-Tags-Adventisten (Hg.), *Abendmahl und Fußwaschung*, Studien zur adventistischen Ekklesiologie 1, Saatkorn-Verlag, Hamburg 1991. Zur Handauflegung siehe Rolf J. Pöhler, „Sendung – Segnung – Weihe: Zur Theologie und Praxis der Handauflegung in der Gemeinschaft der Siebenten-Tags-Adventisten“, in Johannes Mager (Hg.), *Die Gemeinde und ihr Auftrag*, Studien zur adventistischen Ekklesiologie 2, Saatkorn-Verlag, Lüneburg 1994, S. 157–208.

Klärungen und Definitionen

1. Was ist ein Sakrament?[3]

Ursprünglich war ein *sacramentum* (vom Lateinischen *sacrare*, weihen) eine Art Kaution, eine *Einzahlung*, die in einem Zivilprozess von beiden Seiten geleistet und im Tempel hinterlegt wurde, dann auch der *Fahneneid*, der von römischen Soldaten gefordert war. Tertullian (ca. 160–ca. 225) vergleicht das *Taufgelübde* mit solch einem Loyalitätsschwur gegenüber dem Kaiser. Er gebraucht diesen Begriff auch, um christliche Riten wie die *Taufe* und die Eucharistiefeier zu bezeichnen. Unter dem Einfluss der antiken Mysterienreligionen waren diese zunehmend als geheimnisvolle Handlungen betrachtet worden, die als *pharmakon athanasias*, als Heilmittel zur Unsterblichkeit dienten. Das wiederum führte dazu, dass der griechische Ausdruck *mystērion* in der *Vetus Latina* und in der *Vulgata* mit dem lateinischen *sacramentum* übersetzt wurde. Auf diese Weise nahm das griechische *mystērion*, das im Neuen Testament 28 Mal für das Evangelium von Jesus Christus gebraucht wird – jedoch nirgendwo in Verbindung mit der Taufe oder dem Abendmahl – eine sakramentale Bedeutung an. In einem Sakrament sah man nun ein sichtbares, irdisches Zeichen für eine unsichtbare, göttliche Gnade, so beispielsweise der einflussreiche Kirchenvater Augustinus.

a. Die katholische Sicht[4]

In der Zeit der Frühscholastik zählte man bis zu 30 Sakramente; das 4. Laterankonzil (1215) – später auch die Konzilien von Lyon (1274) und Trient (1545–1563) – beschränkte ihre Zahl auf sieben: Taufe, Firmung, Kommunion, Buße, letzte Ölung, Ordination und Ehe. Auch das Dogma der Transsubstantiation wurde auf diesem Konzil formuliert. Der katholischen Theologie entsprechend sind Sakramente die äußerlich sichtbaren Zeichen einer inwendig-spirituellen Gnade, wirkungsmächtige Mittel der Erlösung und heilsnotwenige Gefäße der Gnadenwirklichkeit, den Empfängern eingegeben unabhängig vom Glaubensstand des Spenders oder Empfängers (*ex opere operato*). Man glaubt, dass alle sieben Sakramente von Christus selbst eingesetzt worden sind, teils während seines irdischen Dienstes, teils als auferstandener Herr mittels der Kirche. Sie vermitteln geistliche Wirklichkeit in materieller Form, wodurch sie in gewissem Sinne das Gegenstück zur Fleischwerdung des göttlich-menschlichen Christus bilden, der sich jetzt in seinem mystischen Leib, der Kirche, darstellt.[5]

3 Zu diesem Abschnitt siehe auch Hans Heinz, „Kirchliche Sakramente oder neutestamentliche Worthandlungen", in Biblisches Forschungskomitee, *Abendmahl und Fußwaschung*, S. 91–107, und Darius Jankiewicz, „Sacramental Theology and Ecclesiastical Authority", *Andrews University Seminary Studies* 42, 2004, S. 361–382.

4 Einen detaillierten Überblick über die katholische Lehre von den Sakramenten gibt Benedetto Testa, *Die Sakramente der Kirche*, AMATECA: Lehrbücher zur katholischen Theologie 9, Bonifatius, Paderborn 1997.

b. Die protestantische Sicht

Lutheraner betrachten die Taufe und das Abendmahl als die einzigen sakramentalen Gnadenmittel, die von Christus verordnet wurden. Sie werden nur durch den persönlichen Glauben wirksam, den sie hervorrufen, aber nicht voraussetzen. Deshalb ist die Taufe gültig, selbst wenn den Getauften dieser persönliche Glaube noch fehlt. Im Gegensatz zu den Katholiken verwarf Luther allerdings den Automatismus eines *ex opere operato*. Im Unterschied zu Zwingli und den Täufern, die jegliches Sakramentsdenken ablehnten, sah er in diesen gottesdienstlichen Handlungen aber nicht nur Symbole zur Erinnerung an den Tod Christi und äußere Zeichen der Glaubensverpflichtung des Gläubigen (*Pflicht- und Bekenntniszeichen*), sondern wirksame Zeichen der vorauseilenden Gnade Gottes, in denen Christus körperlich anwesend ist (*Konsubstantiation*, *Realpräsenz*). Zwischen diesen beiden Ansichten stand Calvin, der die Sakramente als wirkungsmächtige Zeichen betrachtete, die Christi geistliche Gegenwart (*Spiritualpräsenz*) sichtbar machen, aber auch den Glauben der Teilnehmer stärken und vermehren (*Merkzeichen* und *Bekenntniszeichen*).[6]

c. Die adventistische Sicht

Insgesamt schwanken Siebenten-Tags-Adventisten zwischen der minimalistischen Sicht Zwinglis und der Täufer auf der einen Seite und der vermittelnden Position Calvins auf der anderen. In der englischsprachigen Welt verwenden Adventisten den Begriff *sacrament* recht großzügig, indem sie damit die feierlichen Handlungen bezeichnen, die Christus zum geistlichen Wohl der Gläubigen geboten hat. In diesem Sinne werden Taufe und Abendmahl – letzteres schließt für Adventisten auch die Fußwaschung (Joh 13) ein – als von Jesus selbst eingesetzte heilige Handlungen angesehen und deshalb zuweilen als „Sakramente“ bezeichnet.[7] So

5 Siehe *The Oxford Dictionary of the Christian Church*, Oxford University Press, Oxford 1974, Art. „Sacrament“. Allerdings lehrt die katholische Theologie auch, dass die Empfänger der Gnade, wenn sie nicht richtig disponiert sind (d. h., wenn ihnen die aufnahmebereite Haltung und das Verlangen, die Segnungen des Sakraments zu erlangen, fehlt), der Gnade ein Hindernis in den Weg stellen können, so dass die Sakramente zwar gültig, aber unfruchtbar, also wirkungslos bleiben (ebenda). „Die Früchte der Sakramente sind auch von der inneren Verfassung ihres Empfängers abhängig ... In Gläubigen, die sie mit der erforderlichen inneren Haltung empfangen, bringen sie Frucht.“ (*Katechismus der katholischen Kirche*, Oldenbourg, München 1993, S. 320f) Eine detaillierte Analyse neuerer katholischer Ansichten über die Beziehung zwischen Wort und Sakrament bietet Alois Moos, *Das Verhältnis von Wort und Sakrament in der deutschsprachigen katholischen Theologie des 20. Jahrhunderts*, Konfessionskundliche und kontroverstheologische Studien 59, Bonifatius, Paderborn 1993.

6 Siehe Nelson Kilpp, „Baptism and the Lord's Supper in Lutheran Tradition and in Present Dialogue“, in *Lutherans and Adventists in Conversation: Report and Papers Presented 1994–1998*, General Conference of Seventh-day Adventists, Silver Spring, und The Lutheran World Federation, Genf 2000, S. 181–200.

7 Anfangs gebrauchten Adventisten den Begriff Sakrament nur selten für Abendmahl und Fußwaschung. Siehe z. B. Uriah Smith, „To Correspondents“, *Review & Herald*, 24. Januar 1871, S. 45; W. H. Littlejohn, „The Rejected Ordinance“, *Review & Herald*, 27. Juni 1878, S. 1; und G. W. Morse, „Scripture Questions“, *Review & Herald*, 19. Januar 1886, S. 43. In ihren späten Lebensjahren begann Ellen White das Abendmahl „Sakrament“ zu nennen, ohne jedoch diesem Ausdruck eine spezielle theologische Bedeutung zuzuschreiben. Für White konnte sogar ein gewöhnliches Essen „Sakrament“ genannt werden, und zwar im Hinblick darauf, dass wir

definiert die *Seventh-day Adventist Encyclopedia* „Sakramente" als

> feierliche religiöse Handlungen, die die besondere Verleihung göttlicher Gnade an die daran Teilnehmenden zeichenhaft deutlich machen. Gemeinsam mit den meisten Protestanten anerkennen Siebenten-Tags-Adventisten sowohl die Taufe als auch das Abendmahl als Sakramente. Siebenten-Tags-Adventisten glauben, dass diese heiligen Handlungen äußere Zeichen der inwendigen Wirkung von Gottes errettender Gnade im Herzen des Gläubigen sind. Sie glauben jedoch nicht, dass diese Zeichen an sich und aus sich selbst heraus Gnade vermitteln, vielmehr dass sie die Wirkung der Gnade begleiten und dass der Empfänger durch seine Teilnahme an ihnen seinen Glauben an diese Gnade und seine Bereitschaft zur Annahme dieser Gnade bezeugt. Aus diesem Grunde vermeiden STA es das Wort „Sakrament" zu gebrauchen, das in seiner theologischen Fachbedeutung häufig so verstanden wird, als ob die Zeremonie selbst Gnade vermittle.[8]

Ähnlich unterscheidet auch das Buch *Seventh-day Adventists Believe* (*Was Adventisten glauben*) zwei mögliche, von einander deutlich unterschiedene Wortbedeutungen.

> Ein „Sakrament" ist ein allgemein gebräuchlicher religiöser Ritus von universaler und ständiger Verbindlichkeit, der auf wesentliche Wahrheiten des Evangeliums hinweist. Christus hat zwei solcher Handlungen eingesetzt – die Taufe und das Abendmahl. Dabei handelt es sich nicht um einen Vorgang im Sinne eines *opus operatum* – eines Aktes, der aus sich selbst heraus Gnade und Erlösung vermittelt. Die Taufe und das Abendmahl sind deshalb nur „Sakramente" im Sinne des *sacramentum*, des Diensteides der römischen Soldaten, der den Gehorsam bis zum Tode gegenüber ihren Offizieren einschloss. Ebenso beinhalten diese „Sakramente" das Versprechen der totalen Übergabe an Christus.[9]

auch unsere tägliche Nahrung dem Tod Christi verdanken (vgl. das englischsprachige Original des Buchs *Das Leben Jesu*: Ellen G. White, *The Desire of Ages*, Pacific Press, Mountain View 1898/1940, S. 652–661). Insbesondere beschreibt sie das „sakramentale Abendmahl" („*sacramental supper*") als eine „eindringliche Veranschaulichung", als „Symbol der Erinnerung", das Christi Leiden und Opfer darstellt (Ellen G. White, „The Lord's Supper and the Ordinance of Feet-Washing – No. 5", *Review & Herald*, 28. Juni 1898).

8 *Seventh-day Adventist Encyclopedia*, Bd. 2, 2., rev. Aufl., Review and Herald, Hagerstown 1996, Art. „Sacraments". Mit Bezug auf die Ehe stellt die *SDA Encyclopedia* fest, dass Adventisten „es vorziehen den Ausdruck ‚Sakrament' – wenn überhaupt – für solche Handlungen zu reservieren, die den Empfang der erlösenden Gnade Gottes darstellen" (ebenda). Die gleiche Zurückhaltung dem Wort „Sakrament" gegenüber findet sich im *Handbook of Seventh-day Adventist Theology*, Review and Herald, Hagerstown 2000, S. 554–558.

9 *Was Adventisten glauben: 27 biblische Grundlehren umfassend erklärt*, Advent-Verlag, Lüneburg 1996, S. 268, Anm. 2.

Vor allem im deutschsprachigen Adventismus scheut man sich davor, die Vorstellung oder den Begriff Sakrament zur Bezeichnung biblischer Riten zu gebrauchen.[10] Ähnlich wie bei Zwingli und den Täufern werden diese gottesdienstlichen Handlungen als Zeichen oder „bloße Symbole" betrachtet, welche die Wahrheit des Evangeliums veranschaulichen und an sie erinnern. Dadurch legen die Gläubigen Zeugnis für ihren Glauben an Christus ab.[11] Andere kommen der Auffassung Calvins nahe, der zufolge Sakramente eine heilsvermittelnde Funktion besitzen, ähnlich dem Wort Gottes und dem Predigen des Wortes, welches uns Christus vergegenwärtigt, wenn es im Glauben angenommen wird. Die Verkündigung des Evangeliums und die Feier der Sakramente sind die beiden Wege, auf denen uns der gekreuzigte und auferstandene Christus – das lebendige Wort Gottes – begegnet und rettet, wenn wir ihn im Glauben annehmen. Einig sind sich die Adventisten darin, dass „eine formale, instrumentale, dem Magisch-Zauberhaften nahekommende, von persönlich-bekenntnishaften Glauben unabhängige Eingießung der Gnade durch Mittel (Sakramente)" der Heiligen Schrift fremd ist.[12]

Einige adventistische Autoren haben damit begonnen, neben Taufe und Abendmahl auch den bei der Schöpfung eingesetzten Sabbat als Sakrament zu betrachten. Hans K. LaRondelle beispielsweise nennt ihn ein „sakramentales Zeichen des Schöpfungsbundes",[13] während er im Abendmahl „ein neues Sakrament"[14] sieht. Winfried Noack zählt außer Taufe, Fußwaschung und Abendmahl auch die Ehe und

10 „Adventisten haben kein sakramentales Verständnis des Abendmahls" (*Auf einen Blick: 77 Fragen an die Gemeinschaft der Siebenten-Tags-Adventisten*, Gemeinschaft der Siebenten-Tags-Adventisten, Berlin 1980, S. 130). „Das Abendmahl ist kein Mysterion, kein Geheimnis, kein Sakrament" (Josef Butscher, *Was bedeutet uns das Abendmahl?*, Advent-Verlag, Hamburg 1982, S. 25). „Das Herrenmahl ist somit genau so wenig ein Sakrament wie die Taufe. Es ist Worthandlung ... Es geht um Verkündigung, um Wort und Antwort" (Hans Heinz, *Leben aus der Zukunft*, Saatkorn-Verlag, Hamburg 1989, S. 224). „Das Wort *Sakrament* ist kein biblischer Begriff. Die biblische Taufe außerdem kein Sakrament" (Siegfried Wittwer, *Konkret gefragt – konkret geantwortet: Über Gott und Glauben*, Advent-Verlag, Lüneburg 2002, S. 77). Paradoxerweise wird in *Was Adventisten glauben* mehrmals der englische Ausdruck *ordinance* mit „Sakrament" übersetzt (S. 268f.; das Original: *Seventh-Day Adventists Believe: A Biblical Exposition of Fundamental Doctrines*, 2. Aufl., General Conference of Seventh-day Adventists, Ministerial Association, Silver Spring 2005).

11 Wittwer, *Konkret gefragt*, S. 83. Ebenso sieht auch Darius Jankiewicz den Adventismus fest in der täuferischen Tradition verwurzelt („Adventist Identity: The Sacraments", unveröffentlichtes Manuskript, Bibelkonferenz der Südpazifischen Division, Avondale College, Januar 2006).

12 Heinz, „Kirchliche Sakramente", S. 107. Zu einer adventistischen Sicht vom Abendmahl, die von der realen (geistlichen) Gegenwart Christi bei der Verkündigung und eucharistischen Feier des Evangeliums ausgeht, siehe Rolf J. Pöhler, „Die theologische Bedeutung der Abendmahlsfeier", in Biblisches Forschungskomitee, *Abendmahl und Fußwaschung*, S. 67–89.

13 Hans K. LaRondelle, *Our Creator Redeemer: An Introduction to Biblical Covenant Theology*, Andrews University Press, Berrien Springs 2005, S. 7–10. Nach LaRondelle ist der Sabbat eine „Schöpfungsordnung", die uns ihre „sakramentalen Segnungen" schenkt und dadurch in die Freude und Ruhe Gottes einführt. Der Sabbat ist das „Sakrament der Gemeinschaft" mit Gott. John Webster (La Sierra University) bezeichnet in einer geplanten Veröffentlichung den Sabbat als ein „Sakrament des Evangeliums", ein Zeichen und Typos der frohen Botschaft vom „Gott mit uns".

14 LaRondelle, *Our Creator Redeemer*, S. 83. „Das macht das Abendmahl zu weit mehr als einem bloßen Erinnerungsmahl, indem es uns auch am Opfertod Christi Anteil gibt, was man sich freilich nur durch den Glauben aneignen kann (siehe 1. Korinther 10,16.17)." (Ebenda S. 84)

den Sabbat als (nichtsakramentale) Zeichen oder „Symbole der Hoffnung".[15] Hans Heinz wiederum bezeichnet Taufe, Fußwaschung, Abendmahl, Handauflegung und Krankensalbung als „Zeichen des Neuen Bundes".[16]

Diese Beispiele veranschaulichen den Mangel an Klarheit, der in der adventistischen Theologie über die Bedeutung von Zeichen, Symbolen und Sakramenten besteht. Bis heute haben nur wenige adventistische Autoren über ihre Definition, Deutung und die daraus resultierenden Schlussfolgerungen nachgedacht.[17] Für William G. Johnsson, der den Sakramentalismus ablehnt, sind heilige Handlungen dennoch nicht nur Symbole, sondern bedeutungsreiche Zeichen, unverzichtbare Symbole, die jene Wirklichkeit weitergeben, mit welcher sie verbunden sind.[18] Ähnlich deutet auch Richard Rice in Anlehnung an Paul Tillich *Zeichen* als Hinweise auf eine Realität jenseits ihrer selbst, während *Symbole* eng mit ihrem jeweiligen Bezugspunkt (Referenten) verbunden sind und an dem teilhaben, worauf sie hinweisen. Dadurch verstärken und bereichern sie unsere religiöse Erfahrung und Erkenntnis göttlicher Wahrheit.[19]

2. Was ist Ehe?

In diesem Abschnitt beschäftigen wir uns mit drei verschiedenen Auffassungen über die Ehe, nämlich der säkularen Sichtweise, einer religiösen und der sakramentalen. Angesichts der in diesem Aufsatz zu behandelnden Fragestellung sind dabei aber nur die letzten beiden von wirklicher Bedeutung. Die erste – so weit verbreitet sie heute auch sein mag – verfehlt die Antwort auf die religiösen Belange von Christen aller Bekenntnisse und wird daher nur kurz erwähnt werden. Die zweite, hier „religiös" genannte Auffassung soll in ihrer jüdisch-christlichen Erscheinungsform – genauer, in ihrer adventistischen Version – beschrieben werden, und zwar auf der Grundlage des Alten und Neuen Testaments. Die dritte ist das herausragende Kennzeichen der römisch-katholischen Theologie der Ehe und ihren Ableitungen; sie verdient besondere Aufmerksamkeit.

a. Die Ehe als zivilrechtlicher Vertrag

In einer säkularen Gesellschaft wird die Ehe als eine gegenseitige Übereinkunft zwischen zwei Personen betrachtet, die eine Anerkennung durch staatliche Behörden erfordert – oder auch nicht erfordert – und als lebenslange Verpflichtung angelegt

15 Winfried Noack, *Hoffnung ohne Illusion*, Saatkorn-Verlag, Hamburg 1980, S. 182–198.

16 Heinz, „Kirchliche Sakramente", S. 106.

17 Norval F. Pease, der als erster Adventist ein Buch über den Gottesdienst schrieb, streifte das Thema nur kurz und stellte fest: „Die Symbole des Abendmahls vermögen die Gegenwart Gottes höchst real zu machen" (*And Worship Him*, Southern Publishing Association, Nashville 1967, S. 76).

18 William G. Johnsson, *Clean! The Meaning of Christian Baptism*, Southern Publishing Association, Nashville 1980, S. 73–83.

19 Richard Rice, *The Reign of God: An Introduction to Christian Theology from a Seventh-day Adventist Perspective*, Andrews University Press, Berrien Springs 1985, S. 303–305.

sein kann oder auch nicht. Grundsätzlich wird sie als eine rein menschliche Institution angesehen, die den wechselnden sittlichen Konventionen und gesetzlichen Bestimmungen der Gesellschaft unterworfen ist. Ein transzendenter Ursprung, eine theologische Bedeutung oder ein letztgültiger Sinn, der mit dem Willen oder Handeln Gottes zusammenhängt, wird bestritten. Was Ehe ist, was sie bedeutet und umfasst, aber auch was sie ausschließt, wird teils auf der persönlichen, teils auf der gesellschaftlichen Ebene entschieden. Daher existieren auch keinerlei Verpflichtungen gegenüber irgendeiner Autorität, die über dem menschlichen Wollen und Tun steht.

b. Die Ehe als heiliger Bund

Der jüdisch-christlichen (und adventistischen) Ansicht zufolge ist die Ehe eine bindende Übereinkunft zwischen einem Mann und einer Frau, die auf die Lebenszeit beider Partner angelegt ist. Dieser Bund wird vor Gott geschlossen und öffentlich bekannt gemacht, indem die Kirchengemeinde als menschliche Zeugenschaft anwesend ist. Da die Ehe von Gott selbst eingesetzt worden und als eine lebenslange Verbindung von Mann und Frau gedacht war, und weil der Ehevertrag direkt in seiner Gegenwart geschlossen wird, wird sie als ein feierlicher, heiliger Bund betrachtet, als eine sakrosankte Institution.[20] Zur Trauungszeremonie gehören auch eine göttliche Verheißung und ein besonderes Segensgebet über dem Paar, das von Gott zu einer dauerhaften Einheit zusammengefügt wird. „Im tiefsten Grunde ist die Ehe eigentlich ein Vertrag zwischen einem Paar und Gott, denn Gott ist nicht nur der Zeuge, sondern auch der Stifter des Ehebundes."[21]

Dieser hohe Anspruch an die Ehe – das biblische Ideal – wird im Alten wie im Neuen Testament zum Ausdruck gebracht.[22] Gestützt auf die Lehren Jesu, der die laxe moralische Lebensweise seiner jüdischen Zeitgenossen kritisierte, indem er sich auf die ursprüngliche Absicht der Institution Ehe berief, legen die neutestamentlichen Schreiber besonderen Nachdruck auf die Heiligkeit und Unverletzlichkeit des Ehebunds.

In ihren „Glaubensüberzeugungen" (*Fundamental Beliefs*) definiert die Kirche der Siebenten-Tags-Adventisten die Ehe als „eine lebenslange Verbindung zwischen einem Mann und einer Frau in einer von Liebe erfüllten Gemeinschaft". Vom biblischen Standpunkt aus „gilt das Ehegelöbnis sowohl Gott als auch dem Ehe-

20 Ellen White bezeichnete die Ehe als „eine heilige Ordnung", „eine feierliche Ordnung", „einen lebenslangen Bund" und „einen feierlichen Bund vor Gott" (*The Adventist Home*, Southern Publishing Association, Nashville 1952, S. 70, 102f., 106). Nach Samuele Bacchiocchi soll die Ehe „ein heiliger, dauerhafter Bund" sein (Samuele Bacchiocchi, *The Marriage Covenant: A Biblical Study on Marriage, Divorce, and Remarriage*, Biblical Perspectives 9, Biblical Perspectives, Berrien Springs 1991, S. 20–37).

21 Ebenda S. 34.

22 Vor allem in 1. Mose 2,18–24; Sprüche 2,16.17; Maleachi 2,14–16; Matthäus 19,1–12; Markus 10,1–12; Römer 7,1–3; 1 Korinther 6,16; 7,10–16.39 und Epheser 5,21–33.

partner gegenüber". Das bedeutet auch, dass die Beziehung zwischen den Ehepartnern, „die sich einander in Christus die Treue halten", ein Spiegelbild der „Liebe, Heiligkeit, Innigkeit und Beständigkeit der Beziehung zwischen Christus und seiner Gemeinde" ist.[23] Zu diesem Glaubensartikel erklärt das Buch *Was Adventisten glauben*:

> In der Heiligen Schrift wird das Gelübde, das Ehepartner einander geben, als Bundesschluss verstanden, ein Begriff, der in der Bibel für die feierlichste feste Vereinbarung steht (Mal 2,14; Spr 2,16.17). Der unauflösliche Bund Gottes mit seiner Gemeinde sollte Vorbild für die eheliche Beziehung sein (Eph 5,21–33). Das gegenseitige Gelübde sollte sich an der Treue und Beständigkeit von Gottes Bund ausrichten (Ps 78,33.34 [gemeint ist Ps 89,34.35]; Kla 3,23).[24]

Es entspricht dem adventistischen Verständnis von 1. Mose 1 und 2, dass sowohl der Sabbat als auch die Ehe „Schöpfungsordnungen" sind, die Gott selbst in Eden eingesetzt hat.[25] Wenn aber, wie einige adventistische Autoren unlängst meinten, das göttliche Geschenk des Sabbats ebenfalls als Sakrament betrachtet werden kann, folgt nicht daraus, dass die biblische Ordnung der Ehe gleichermaßen als ein heiliges „Sakrament" bezeichnet werden könnte oder gar sollte, ungeachtet der vorherrschenden Zurückhaltung gegenüber diesem Gedanken? Bevor wir uns dieser Frage zuwenden, wollen wir noch einen Blick auf das sakramentale Verständnis der Ehe werfen, wie es von der römisch-katholischen Kirche verstanden und gelehrt wird.

c. Die Ehe als unwiderrufliches Sakrament[26]

Nach katholischem Verständnis wurde der Ehebund von einem liebenden Gott gestiftet, der Mann und Frau nach seinem eigenen Bild erschuf, und zwar so, dass ihre

23 Artikel 23 (früher 22), zitiert in: *Was Adventisten glauben*, S. 423 (*Seventh-day Adventists Believe*, S. 294).

24 Ebenda S. 427 (*Seventh-day Adventists Believe*, S. 332). Nach Ellen White sind die Ehepartner „durch die feierlichsten Gelübde an einander gebunden" (Ellen G. White, *Testimonies for the Church*, Bd. 5, Pacific Press, Mountain View 1948 [1882], S. 110). Sie benutzt denselben Ausdruck „most solemn vows" auch für die Taufe (ebenda S. 220).

25 „[Jesus] wies zurück auf die herrlichen Tage in Eden, als Gott alles ‚sehr gut' genannt hatte. Hier hatten die Ehe und der Sabbat ihren Ursprung, beides Einrichtungen zur Ehre Gottes und zum Wohl der Menschen." (Ellen G. White, *Gedanken vom Berg der Seligpreisungen*, Internationale Traktatgesellschaft, Hamburg 1917, S. 89; Original: *Thoughts from the Mount of Blessing*, Pacific Press, Mountain View 1956, S. 63).

26 Zum Folgenden siehe *Katechismus der katholischen Kirche*, S. 431–446; Theodor Schneider (Hg.), *Handbuch der Dogmatik*, Bd. 2, Patmos, Düsseldorf 1992, S. 362–376; Markus Knapp, *Glaube – Liebe – Ehe: Ein theologischer Versuch in schwieriger Zeit*, Echter, Würzbug 1999; Franz-Josef Nocke, *Sakramententheologie: Ein Handbuch*, Patmos, Düsseldorf 1997, S. 258–275; Albert Dänhardt (Hg.), *Theologisches Jahrbuch*, St. Benno, Leipzig 1971 (enthält u. a. Aufsätze von Joseph Ratzinger und Walter Kasper); und Hermann Volk, *Das Sakrament der Ehe*, Regensberg, Münster 1962.

gegenseitige Liebe seine unverbrüchliche göttliche Liebe widerspiegelt. Zu ihrem Wesen als Schöpfungsordnung kommt jedoch hinzu, dass die Ehe als ein *mystērion* oder *sacramentum* verstanden wird, das von Christus selbst als wirkungsmächtiges Zeichen seiner mystischen Gegenwart eingesetzt wurde.[27] Ihr sakramentaler Charakter wird aus Epheser 5,21–33, besonders aus Vers 32 abgeleitet: „Dies Geheimnis ist groß; ich deute es aber auf Christus und die Gemeinde."[28] Als das Sakrament des neuen Bundes zwischen Christus und der Gemeinde bezeichnet und vermittelt die Ehe Gottes Gnade.[29]

Dadurch wird die Trauung zu einem sakramentalen Weiheakt, bei dem sich Bräutigam und Braut gegenseitig das Sakrament der Ehe spenden – das heißt, die heiligende Gnade Christi mitteilen – indem sie voreinander das Ehegelübde ablegen. Der amtierende Priester oder Diakon handelt dabei als Vertreter der Kirche; er ist der berufene Zeuge, in dessen Gegenwart das Gelübde abgelegt und durch den der Segen der Kirche über dem Paar ausgesprochen wird.

Ausgestattet mit der sakramentalen Gegenwart Christi sind die Ehepartner nun in der Lage, sich zu lieben und einander die Treue zu halten, so lange sie leben.[30] Die Bundestreue Gottes findet in der Bundestreue der Ehepartner sichtbare Gestalt. Aufgrund seines sakramentalen Charakters ist das Band der Ehe absolut unauflösbar, unverbrüchlich und unwiderruflich. Ist die Ehe einmal vollzogen, hat nicht einmal mehr die Kirche selbst die Vollmacht sie für null und nichtig zu erklären oder zu widerrufen.[31]

Die Trennung der beiden Partner zerschneidet deshalb das Band ihrer Ehe nicht. Eine Scheidung (auch ohne nachfolgende Wiederverheiratung) ist daher unannehmbar, ja unmöglich – falls nicht triftige Gründe vorliegen, welche die Annullierung einer Ehe möglich machen, was heißt, dass sie niemals bestanden hatte. Wer nach einer Scheidung wieder heiratet, begeht Ehebruch und hat kein Recht die

---

27 „Die Ehe als die intimste und ganzheitlichste menschliche Gemeinschaft muss damit in besonderer Weise zum Ort der Gottes- und Christusbegegnung werden" (Walter Kasper, „Die Verwirklichung der Kirche in Ehe und Familie: Überlegungen zur Sakramentalität der Ehe", in *Theologisches Jahrbuch* 1971, S. 309–330, hier 322). Tertullian (ca. 160–ca. 225) and Laktanz (ca. 250–ca. 320) waren die ersten Kirchenväter, die die Ehe als Sakrament bezeichneten.

28 Die Vulgata gibt den griechischen Text (*to mystērion touto mega estin egō de legō eis christon kai eis tēn ekklēsian*) folgendermaßen wieder: „sacramentum hoc magnum est, ego autem dico in Christo et in ecclesia". Im katholischen Denken stellt die Kirche das Grundsakrament dar, das *sacramentum mundi*, das der Welt die Gnade Gottes vermittelt. Da die Ehe die sakramentale Natur der Kirche widerspiegelt, wird sie selbst als Sakrament angesehen.

29 *The Oxford Dictionary of the Christian Church*, Art. „Matrimony". Der Ritus wurde seit dem 9. Jh. als Sakrament betrachtet; Thomas von Aquin und andere Theologen der Scholastik lehrten, dass er Gnade überträgt.

30 „Durch das Sakrament der Ehe werden die Gatten fähig, diese Treue zu leben und sie zu bezeugen. Durch das Sakrament erhält die Unauflöslichkeit der Ehe einen neuen, tieferen Sinn." (*Katechismus der katholischen Kirche*, S. 442)

31 Ebenso wenig kann die Mitgliedschaft in der römisch-katholischen Kirche jemals aufgehoben werden, da sie auf dem Sakrament der Taufe beruht.

Kommunion zu empfangen. Obwohl sie Glieder der Kirche bleiben – theologisch gesehen kann eine ordnungsgemäß getaufte Person die katholische Kirche ja nicht mehr verlassen –, leben sie in einem Zustand der Sünde, der von der offiziellen Kirche nicht gutgeheißen wird.

Ist die Ehe ein Sakrament?

Nachdem die wichtigsten Ansichten über die Sakramente und über die Ehe dargestellt wurden, sind wir nun in der Lage, die Hauptfrage dieser Studie anzugehen: Ist die Ehe ein christliches Sakrament? Die Antwort wird im Kontext des Verständnisses erfolgen, das Adventisten von den Sakramenten und von der Ehe haben.[32]

1. Adventisten schätzen Sakramente nicht sehr hoch

Wie wir bereits gezeigt haben, gebrauchen Adventisten das Wort Sakrament – wenn überhaupt – nur in einem sehr allgemeinen Sinn. Sie sind sich nicht ganz einig, ob es ratsam, ja überhaupt zulässig ist, auf der Grundlage der Bibel von Sakramenten zu sprechen, oder ob es nicht besser wäre, sowohl die Vorstellung als auch den Begriff gänzlich zu meiden. Bisher hat die Kirche der Siebenten-Tags-Adventisten in dieser Frage keine offizielle Stellung bezogen. Es wird jedoch jeder mögliche oder tatsächliche Gebrauch dieses Ausdrucks erheblich vom traditionellen katholischen Verständnis abweichen, da letzteres in den Sakramenten unerlässliche Mittel der Gnadenübermittlung sieht, die auch ohne den persönlichen Glauben der Empfangenden gültig und wirksam sind (*ex opere operato*).

Es gibt allerdings keinen Hinweis darauf, dass Jesus die Ehe oder irgendeine andere gottesdienstliche Handlung in einem sakramentalen Sinne verstanden haben wollte. Adventisten zögern deshalb einen Ausdruck zu verwenden, der nirgendwo in der Bibel vorkommt und der ihre beziehungsorientierte Sicht von Gnade und Glaube nicht zutreffend wiedergibt, genauso wenig wie der Begriff die semitische Auffassung vom gesprochenen und getätigten Wort (*dābār* = Tatwort) reflektiert und den biblischen Gedanken, dass Christus das einzige Gnadenmittel ist und dass dieses auch nur im persönlichen Glauben wirksam wird.

Mit Bezug auf das Sakrament der Ehe räumen auch katholische Theologen ein, dass Epheser 5,21–33 nichts von einem geheimnisvollen *sacramentum* als einem

32 Die protestantischen Kirchen betrachten die Ehe nicht als Sakrament; einige Theologen haben jedoch damit begonnen, diesen Ausdruck zu akzeptieren und zu verwenden. Wolfhart Pannenberg beispielsweise interpretiert Epheser 5,32 dahingehend, dass dort eine typologische Beziehung zwischen der alttestamentlichen Institution der Ehe und dem Verhältnis zwischen Christus und seiner Gemeinde beschrieben wird. Die Ehe ist demnach ein sakramentales Zeichen, das über sich selbst hinaus auf unsere Berufung zur Gemeinschaft mit Gott hinweist (Wolfhart Pannenberg, *Systematische Theologie*, Bd. 3, Vandenhoeck & Ruprecht, Göttingen 1993, S. 391–399). Adventisten könnten in ähnlicher Weise über den Sabbat als sakramentales Zeichen sprechen. „Der Gipfelung des ersten Schöpfungsberichtes im Sabbat und damit in der Bundesidee entspricht die Gipfelung des zweiten Mysteriums von ‚Mann und Frau in einem Fleisch' und damit noch einmal die Selbstüberschreitung von Schöpfung auf Bund" (Joseph Ratzinger, „Zur Theologie der Ehe", in *Theologisches Jahrbuch* 1971, S. 289–308, hier 292).

wirksamen Mittel sagt, das dem Hochzeitspaar heiligende Gnade zueignet und das ein sakramentales Vergegenwärtigungszeichen der erlösenden Gegenwart Christi in ihrer Mitte ist.[33] Die Analogie, die Paulus zwischen der Liebe Christi für seine Gemeinde und der Liebe eines Ehemannes für seine Frau heranzieht – eine Analogie übrigens, die in der Bibel wiederholt gebraucht wird – macht aus einer christlichen Ehe noch kein Sakrament. Vielmehr lenkt sie die Aufmerksamkeit der Eheleute auf die selbstlose und erlösende Liebe Christi für uns, die das einzig wirksame und gnadenspendende „Sakrament“ des christlichen Glaubens ist. In der Tat: *„Dies* Geheimnis ist groß“!

2. Adventisten schätzen die Ehe sehr hoch

Trotz ihrer Zurückhaltung Sakramenten gegenüber, trotz ihrer offenen Kritik am Sakramentalismus und ihrer nichtsakramentalen Auffassung von der Ehe schätzen Adventisten die Institution Ehe, wie sie von Gott bei der Schöpfung eingesetzt und durch Christus während seines Erdenlebens bestätigt wurde, sehr hoch. Sie erachten die Ehe und das Ehegelübde als bindendes Versprechen, als unauflöslichen Vertrag und als heiligen Bund. Deshalb glauben sie auch an die Heiligkeit und Dauerhaftigkeit der Ehe. Sie glauben auch, dass Gott, der die Ehepartner zusammenfügt, willens und fähig ist ihnen zu helfen, ihr Ziel zu verwirklichen, in echter Liebe und Treue „ein Fleisch“ zu werden, „bis der Tod uns scheidet“.

Was christlichen Eheleuten dabei besonders hilft, ihre Beziehung immer wieder auf jenes hohe Ziel einer felsenfest verbundenen und beidseitig befriedigenden Partnerschaft auszurichten, ist der Glaube, dass Gottes Liebesbund mit ihnen stark, unerschütterlich und unveränderlich ist. Durch den Glauben wissen sie sich in Christus, der sein Leben für sie gab, erwählt und angenommen. Seine bedingungslose göttliche Liebe und Annahme stärkt ihre gegenseitige Hingabe und vertieft ihre menschliche Liebe. Diese bedingungslose Liebe und Treue wiederum, die sie sich im Ehegelübde versprochen haben, wird zum Spiegelbild – wenn auch nur zu einem begrenzten und unvollkommenen Abbild – der unbegreiflichen Liebe Gottes.

Vielleicht liegen hier der tiefste Sinn und das höchste Ziel der Institution Ehe. „Weil sie ein geheiligter Bund ist, dient die Ehe im Alten wie im Neuen Testament als das Prisma, durch das Gott seine Bundesbeziehung zu seinem Volk und Christus zu seiner Gemeinde offenbart.“ Die Bibel benutzt „die Metapher der ehelichen Verbindung“, weil sie „auf beispielhafte Weise Gottes Bundesbeziehung zu seinem Volk veranschaulicht“.[34] Dies wird in Schriftstellen wie Jesaja 54,5–8, Hesekiel 16,

33 Eine sakramentale Deutung sei deshalb nur eine „Möglichkeit“, die in diesem Vers „angedeutet“ bzw. „nahegelegt“ werde (Testa, *Die Sakramente der Kirche*, S. 308).

34 Bacchiocchi, *The Marriage Covenant*, S. 25, 31. Bacchiocchi nennt dies eine „reziproke Erleuchtung“ (ebenda S. 36).

Hosea 1–2 und Epheser 5,25–33 lebendig – und dabei teils anstößig, teils ansprechend – zum Ausdruck gebracht.

Hier liegt ein wechselseitiges Verhältnis vor: Einerseits sind Gottes Bundestreue zu seinem götzendienerischen Volk sowie Christi opferbereite Liebe zu seiner Gemeinde unüberbietbare Beispiele und Vorbilder jener selbstlosen Liebe und Hingabe, die menschliche Ehen kennzeichnen sollten. Andererseits stellen eheliche Liebe und Mitgefühl eine passende Veranschaulichung sowohl der Rolle Gottes als Ehemann Israels als auch der Beziehung Christi zu seiner Braut, der Gemeinde, dar. „Wie Gott im größeren Maßstab als Israels Ehemann handelt, so ist jeder menschliche Ehemann aufgerufen im kleineren Maßstab an seiner Frau zu handeln."[35]

3. Adventisten haben eine ausgewogene Sicht vom Menschen

Die biblische Analogie zwischen Gott und Israel, Christus und Gemeinde sowie Ehemann und Ehefrau enthält eine wichtige Lehre über Gott bzw. Christus und die Ehe. Sie drückt auch eine tiefe Wahrheit über uns selbst aus. Gottes Liebe ist vollkommen, allumfassend und unveränderlich, wohingegen unsere menschliche Liebe dazu neigt, unzulänglich, begrenzt und unbeständig zu sein. Die Geschichte des Alten Testaments ist der fortlaufende Bericht von Israels Untreue gegenüber dem Bund, den ihr Ehemann und Herr mit ihr geschlossen hatte (Jer 31,32). Auch die Geschichte des Christentums bietet wenig Hoffnung auf bessere Ergebnisse. Die Lektion ist ernüchternd und aufrüttelnd zugleich: Erlösung beruht nicht auf unserer Treue zu Gott oder zueinander, sondern auf seiner beständigen Liebe zu uns. Sie allein ist es, die der menschlichen Liebe Dauer, Tragkraft und Stärke zu geben vermag.

Was auf die Gemeinde als Ganzes zutrifft, gilt auch für ihre einzelnen Glieder. Aufgrund unserer ererbten wie erworbenen Schwächen, unbeabsichtigten Versäumnisse und bewussten Sünden zerbrechen christliche Ehen annähernd ebenso häufig wie die von Nichtgläubigen. Selbst wenn es unser aufrichtiges Verlangen ist, Gottes Liebe zu uns widerzuspiegeln, geschieht dies doch nur auf unvollkommene und bruchstückhafte Weise. Eine Theologie der Ehe, die diese Tatsache ignoriert, indem sie eine sakramentale Sicht der Ehe vertritt, die das mögliche Scheitern des Ehebunds außer Acht lässt, übersieht den grundsätzlichen Unterschied zwischen Gott und Mensch. Sicher gibt es manche glückliche und dauerhafte Ehen, die Gottes Absicht erfüllen. Dennoch gibt es andere, ja allzu viele, die ihr Ziel trotz aller Bemühungen nicht erreichen.

---

35 Ebenda S. 32. „Paulus will doch den Männern zeigen, mit welch einzigartiger Liebe sie ihren Frauen begegnen sollen, und deshalb stellt er ihnen Christus als Vorbild vor Augen. Denn wie Christus seine innigste Liebe auf die Kirche ausgegossen hat, die er sich angelobt hatte, so soll nach dem Willen des Apostels jedermann gegen seine eigene Frau gesinnt sein." (Johannes Calvin, *Unterricht in der christlichen Religion – Institutio Christianae Religionis*, hg. von Otto Weber, Neukirchener, Neukirchen-Vluyn 1997, IV.19.35)

Folgerungen und Anwendungen

Was bedeutet eine nichtsakramentale, aber verbindliche und realistische Auffassung von der Ehe, die auf dem biblischen Verständnis des Ehebunds beruht, für das Leben der Gemeinde heute? Welche theologischen Schlussfolgerungen leiten sich daraus ab? Welche praktischen Auswirkungen ergeben sich daraus? In diesem abschließenden Abschnitt sollen zwei Problemkreise angesprochen werden, bei denen diese Fragen eine besondere Rolle spielen, nämlich die Trauungszeremonie und die Problematik von Scheidung und Wiederheirat.

1. Die Trauungszeremonie[36]

Die meisten Leute halten eine Hochzeitsfeier in erster Linie für eine ritualisierte Würdigung menschlicher Liebe, für einen erfreulichen Anlass, bei dem andere am Glück zweier Menschen Anteil nehmen können, eine Zeit zum Feiern, Fröhlichsein und zum gesellschaftlichen Miteinander. Vom theologischen Standpunkt aus betrachtet enthält dieser Übergangsritus – er macht Unverheiratete zu Verheirateten – jedoch einige Kennzeichen, die ihn als religiöse Handlung ausweisen. Sie sind unverzichtbar, soll die Eheschließung tatsächlich als der Augenblick verstanden werden, in dem zwei Menschen ihren Bund vor Gott und der versammelten Gemeinde schließen oder bestätigen.[37] Es sind dies die Trauansprache, das Ehegelübde und das Segensgebet.

a. Die Verkündigung der frohen Botschaft

Wenn Gott selbst der himmlische *leitourgos* ist, der Bräutigam und Braut in heiliger Ehe vereint (1 Mo 2,27; Spr 2,17; Mal 2,14; Mt 19,6; Mk 10,9), so folgt daraus, dass sein eigenes Wort, das ihnen verkündigt wird, von zentraler Bedeutung ist. Die Predigt des Wortes Gottes, auch wenn sie nur in einer kurzen Ansprache besteht, ist deshalb ein wichtiger Bestandteil einer christlichen Trauung – egal ob sie in einer Kirche oder als Haustrauung durchgeführt wird. Predigen wiederum heißt zuerst und vor allem die frohe Botschaft von Gottes erlösender und erneuernder Liebe weiterzugeben.

Deshalb sollte die Trauansprache nicht primär um die Gebote und Verbote des Ehelebens kreisen noch sich in guten Ratschlägen erschöpfen; das gehört in die

36 In Ländern, in denen die zivilrechtliche Eheschließung von der kirchlichen Trauung unterschieden wird und als deren Voraussetzung gilt, wird die gesetzlich vorgeschriebene Eheschließung auf dem Standesamt vertraglich besiegelt, während die kirchliche Feier die geistliche Dimension der Eheschließung zum Mittelpunkt hat. In diesem Fall wird das Ehegelübde in der Kirche nicht als ehebegründend angesehen, sondern als Bestätigung des bereits vor dem Standesamt abgelegten Eheversprechens.

37 Dass man christliche Trauungen in kirchlichen Gebäuden durchführt, hat nicht nur mit dem attraktiven Hintergrund und passenden Rahmen zu tun, sondern weist auch auf den öffentlichen Charakter dieser Feier hin. Obwohl in biblischen Zeiten eine Hochzeit primär eine Familienangelegenheit darstellte, fand sie auch damals *coram publico* statt. Heute sind es Verwandte, Freunde und Gemeindeglieder, die als öffentliche Zeugen für den heiligen Ehebund fungieren.

Ehevorbereitung und -beratung. Vielmehr sollte sie die Verheißung Christi für die Neuvermählten, „alle Tage, bis an der Welt Ende" bei ihnen sein zu wollen (Mt 28,20), zum Mittelpunkt haben. Das ist die frohe Botschaft, die sie hören sollen, die göttliche Verheißung, an die sie sich in den kommenden Tagen klammern können, und die feste Gewissheit, die ihre Ehe in eine dauerhafte und lohnenswerte Erfahrung verwandeln kann. Deshalb ist die Traupredigt ein besonderes Geschenk an das Hochzeitspaar.

b. Das Versprechen der Bundestreue

Ermutigt durch Gottes gnädige Zusage und im Vertrauen auf sein unverbrüchliches Wort ist das Paar nun vorbereitet einen Eid zu schwören. In diesem Schwur geloben sie einander zu ehren, zu lieben und zu unterstützen, „bis der Tod uns scheidet" – ohne Einschränkungen oder Ausnahmen, ohne Wenn und Aber. Sie versprechen dies trotz der Tatsache, dass viele Ehen in Enttäuschung und sogar Scheidung enden. Dennoch wird ihnen dieses Gelübde in aller Aufrichtigkeit abverlangt, ohne irgendwelche Vorbehalte. Echte Liebe kann und will es nicht anders haben.[38]

Eine solch schwer wiegende Verpflichtung zu übernehmen ist kein Zeichen von Naivität oder Überheblichkeit, sondern vielmehr einer demütigen und vertrauensvollen Gesinnung. Schließlich ist es Gott, der allein dieses Versprechen in und durch Mann und Frau einlösen kann und will. Der Schluss dieses geheiligten Bundes – nicht allein zwischen den beiden Partnern, sondern auch zwischen ihnen und Gott – erschließt ihnen die Verheißung des neuen Bundes, der zufolge Gott sein Gesetz und seinen Willen in Herz und Sinn schreiben und auf diese Weise erfüllen wird, was wir ihm gelobt haben (Jer 31,31–34; Eph 2,10). Gott selbst wird diesen Bund niemals brechen – das können und tun nur wir. Er hält sein Versprechen uns gegenüber; mit seiner Hilfe und in seiner Kraft können wir es auch.

c. Die Bitte um den göttlichen Segen

Nachdem Gottes Wort verkündigt und das Eheversprechen abgelegt wurde, besiegelt schließlich das Segensgebet den Ehebund. Es ist ein Gebet des Lobpreises und der Danksagung (dafür gibt es anlässlich einer Trauung gute Gründe!), der erneuten Hingabe und Weihe sowie der inständigen Bitte (auch daran ist hier Bedarf). Es antwortet auf die Verkündigung der frohen Botschaft und die Verheißung des Mitseins Gottes. Im Besonderen gibt es den Eheleuten die Zusicherung, dass Gott alles bereitstellen und tun wird, um ihre Verbindung zum Erfolg – statt zu einem Fehlschlag – zu führen.

38 Wenn die zivile Trauung der kirchlichen vorangeht, wird das Eheversprechen vor dem Standesbeamten gegeben und vor der Gemeinde wiederholt. Es kann auch vom Brautpaar selbst voreinander abgelegt werden, statt von einem Pastor abgenommen zu werden. Bei einer katholischen Trauung kann ein Priester oder Diakon die Amtshandlung vornehmen, das heißt, als Zeuge für das Ehegelübde fungieren und den göttlichen Segen erteilen.

Deshalb ist es auch angebracht, Gott ausdrücklich um jene geistlichen Gaben zu bitten, die die Ehepartner dazu befähigen, ihr gegenseitiges Versprechen einzulösen. Dem Apostel Paulus zufolge besitzen und benötigen alle – Unverheiratete wie Verheiratete – eine geistliche Gabe, ein *charisma*,[39] das sie in die Lage versetzt, ihre Berufung für ein Leben im Gehorsam gegenüber Gottes Willen auszuleben. Der Pastor wird daher ein Segensgebet für das Brautpaar sprechen; der begleitende Gestus der Handauflegung veranschaulicht diese Wahrheit (2 Tim 1,6).

2. Scheidung und Wiederheirat

„Es gibt kaum eine Aktivität, kaum ein Unterfangen, das mit so ungeheuren Hoffnungen und Erwartungen begonnen wird und das mit einer solchen Regelmäßigkeit fehlschlägt wie die Liebe."[40] In diesem Satz hat Erich Fromm Glanz und Elend der Ehe zusammengefasst. Wie glücklich das Brautpaar auch war, wie aufrichtig ihre Treueschwüre und wie glänzend ihre Zukunftsaussichten gewesen sein mögen – in allzu vielen Fällen wird das Eheglück zum Ehefrust. Aus himmlischem Glück wird leidvolles Weh und Ach. Das Ende ist tiefe Frustration, Trennung oder gar Scheidung, oft gefolgt von einem erneuten Versuch, Glück in der Liebe zu finden. Wie soll sich die christliche Gemeinde zu diesem Tatbestand verhalten? Welche Folgerungen ergeben sich aus der biblischen Sicht der Ehe als einem geheiligten Bund für das Problem der Scheidung und Wiederheirat?

a. Ein sündiger Bruch des Ehegelübdes

In seinem Buch über Scheidung und Wiederheirat aus biblischer Sicht stellt Samuele Bacchiocchi fest, „dass sowohl Altes als auch Neues Testament die Scheidung klar und konsequent als eine Verletzung von Gottes ursprünglichem Plan für die Ehe als einer lebenslangen Verbindung verurteilen". Daraus schlussfolgert er: „Nur wenn eine Versöhnung nicht mehr möglich ist, sind Scheidung und Wiederheirat zulässig."[41] Deshalb darf die Scheidung aus christlicher Sicht niemals als Ausweg aus ehelichen Schwierigkeiten betrachtet werden, als Möglichkeit, der Herausforderung zu entkommen, ein liebevollerer und liebenswerterer Partner zu werden, oder als Gelegenheit, den ständigen Kampf um eine beidseitig befriedigende Beziehung zu vermeiden.

Außer dem tiefen persönlichen Schmerz, der jeden Ehezerbruch begleitet, zieht eine Scheidung immer auch ein reichliches Maß an Sünde und Schuld – häufig auf beiden Seiten – nach sich, nicht allein aufgrund unheiliger Gefühle, unschöner

39 „Ich wollte zwar lieber, alle Menschen wären, wie ich bin, aber jeder hat seine eigene Gabe von Gott, der eine so, der andere so" (1 Kor 7,7). Nach 1. Korinther 7 ist das Leben als Alleinstehende(r) von Gott weder angeordnet noch vorherbestimmt, wie auch Sklaven die Gelegenheit erhalten mögen frei zu werden. Wenn sie die Wahlmöglichkeit haben, sind die Gläubigen frei, eine eigene Entscheidung zu treffen.

40 Erich Fromm, *Die Kunst des Liebens*, Ullstein, Frankfurt 1980, S. 14f.

41 Bacchiocchi, *The Marriage Covenant*, S. 201; siehe auch S. 164–201.

Worte und unmoralischer Taten, sondern auch weil sie einen unerlaubten Bruch des Ehegelübdes und das offensichtliche Scheitern der Verbindung darstellt, die doch Gottes unwandelbare und beständige Bundestreue widerspiegeln sollte. Bacchiocchi meint dazu:

> Der Vertragscharakter der Ehe macht die Scheidung zu einem Akt des Vertragsbruches, zum Versäumnis, eine moralische Verpflichtung einzuhalten ... Da der Ehebund die konstante Beziehung zwischen Christus und seiner Gemeinde abbildet, muss er von Dauer sein; andernfalls wäre er eine unzutreffende Veranschaulichung der unauflöslichen Beziehung zwischen Christus und seiner Gemeinde.[42]

b. Eine bedauerliche Realität im Gemeindeleben

Trotz ihrer Verurteilung in der Bibel sind Scheidung und Wiederheirat alltägliche Realitäten, nicht nur in der Gesellschaft allgemein, sondern auch unter Christen und Siebenten-Tags-Adventisten. Tatsächlich lassen statistische Untersuchungen vermuten, dass die Scheidungs- und Wiederheiratsraten unter Adventisten keinen allzu deutlichen Unterschied gegenüber denen der allgemeinen Bevölkerung aufweisen. In Deutschland beispielsweise endet nahezu die Hälfte aller Ehen in einer Scheidung. Nach einer kürzlich durchgeführten Umfrage erlebt etwa ein Viertel aller verheirateten Adventisten in Deutschland irgendwann im Leben eine Scheidung. In den Vereinigten Staaten nähert sich diese Zahl der 50%-Marke. Mehr als die Hälfte dieser geschiedenen Adventisten heiratet wieder.[43] Es besteht also kein Zweifel, dass Ehescheidung und Wiederheirat eine traurige Realität im heutigen Gemeindeleben sind. Sie sind zu offensichtlich, als dass man sie bestreiten oder ignorieren könnte. Wie aber soll die Gemeinde auf diese ernüchternde Tatsache reagieren?

c. Eine neue Erfahrung göttlicher Gnade

Die biblische Sicht der Ehe in Predigt, Lehre und Beratung hoch zu halten und dabei die Augen vor der Wirklichkeit des Gemeindelebens nicht zu verschließen ist das eine. Darüber hinaus muss die Gemeinde aber auch Verantwortung übernehmen und denen Hilfe und Beistand gewähren, die daran gescheitert sind den göttlichen wie auch ihren eigenen Idealen zu entsprechen. Über die Befolgung des Buchstabens seiner Lehre von der Unauflöslichkeit der Ehe hinaus müssen wir auch im Geiste Jesu handeln, der Sündern stets mit Liebe und Mitgefühl begegnete.[44]

---

42 Ebenda S. 35f.

43 Siehe dazu Andreas Bochmann und Klaus-J. van Treeck (Hg.), *Ehescheidung und Wiederheirat: Ein pastoraltheologisches Symposium*, Spes Christiana Beihefte 4, Theologische Hochschule Friedensau, Friedensau 2000, S. 23–26. „Die Scheidungsrate in der Gemeinde scheint sich der Scheidungsrate in der Gesamtbevölkerung immer mehr anzugleichen." (Ebenda S. 25)

> Einerseits verurteilte Jesus die Scheidung als eine Verletzung von Gottes ursprünglichem Plan für die Ehe als einer dauerhaften Verbindung eines Mannes und einer Frau. Andererseits zeigte er jedoch göttliche Vergebungsbereitschaft und Annahme gegenüber denen, die Gottes Absicht für ihre Ehe vereitelt hatten.[45]

Dies hat konkrete und praktische Folgen für uns heute.

> Um ihrer Berufung jedoch treu zu bleiben muss die Gemeinde nicht nur Gottes Willen für die Ehe als einem geheiligten, lebenslangen Bund verkündigen, sondern auch Gottes vergebende Gnade denen erweisen, die aufgrund von Scheidung und Wiederheirat gesündigt haben. Es gehört zum Auftrag der Gemeinde, Geschiedenen und Wiederverheirateten dabei zu helfen, Reue, Vergebung, Reinigung und Versöhnung mit Gott, der Gemeinde und sich selbst zu erfahren.[46]

Wenn sie die Menschen auf diese Weise behandelt, wird die Gemeinde zu einem Zeichen der Hoffnung für Sünder, die sich nach der Gnade eines Neubeginns sehnen. Wenn eine Trennung durch Scheidung unwiderruflich geworden ist, hat der Prozess der Heilung gewöhnlich gerade erst begonnen. Er umfasst die Heilung der Erinnerungen, der Gefühle und der Beziehungen. Eine neue Verbindung kann diesen wichtigen Prozess möglicherweise behindern, besonders dann, wenn sie den Gedanken festigt, dass für eine echte Erneuerung auf Seiten des Geschiedenen keine wirkliche Notwendigkeit besteht. Auf der anderen Seite kann die Verpflichtung zu einer neuen lebenslangen Partnerschaft auch ein Zeichen der Hoffnung, der Vergebung und Erneuerung sein. Auf diese Weise kann eine Wiederheirat zum Beginn einer neuen Erfahrung der Gnade werden, die Gottes vergebende und neu gestaltende Liebe, seine unübertreffliche Bundestreue in neuem Glanz und himmlischer Herrlichkeit aufleuchten lässt.[47]

Schlussfolgerung

Ist die Ehe ein Sakrament? Das war die Frage, mit der wir uns in diesem Aufsatz beschäftigten. Der Begriff „Sakrament“ wird von Siebenten-Tags-Adventisten zwar ganz allgemein für bestimmte gottesdienstliche Handlungen verwendet, jedoch nicht ohne gewichtige Einschränkungen. Sie sehen in Taufe, Abendmahl und

44 Siehe Lukas 5,27–32; 7,36–50; 15,1–32; 18,9–14; 19,1–10; Johannes 4,1–42; 8,1–11 u. a.

45 Bacchiocchi, *The Marriage Covenant*, S. 211.

46 Ebenda S. 223; siehe auch S. 219–223.

47 Eine ins Detail gehende pastoral-theologische Studie zur Problematik von Scheidung und Wiederheirat aus adventistischer Perspektive bieten Bochmann und van Treeck (Hg.), *Ehescheidung und Wiederheirat*.

Ordination keine heilsnotwendigen Gnadenmittel, welche die Kirche Jesu verwaltet. Auch die Ehe wird nicht als Wirkzeichen der Gegenwart Christi angesehen, durch das den Ehepartnern auf geheimnisvolle Weise heiligende Gnade vermittelt wird. Deshalb bezeichnen Adventisten weder die Ehe und Ordination noch die Taufe und Eucharistie als Sakramente im herkömmlichen – d. h. „sakramentalen" – Wortsinn.

Dennoch gilt, dass der Ehebund – von Gott selbst und mit ihm geschlossen – heilig ist und weder aufgelöst noch rückgängig gemacht werden kann. Er kann jedoch verletzt und gebrochen und auf diese Weise tatsächlich zerstört werden. Zwar stellt das Ehegelöbnis eine heilige Verpflichtung dar und sollte als unverletzlich betrachtet werden. Als fehlbare und sündige Menschen können die Ehepartner aber das einander im guten Glauben gegebene Versprechen in Frage stellen, ja brechen. In diesem Fall werden die Geschiedenen – meist beide Partner – schuldig, einen schwerwiegenden Vertragsbruch begangen zu haben, indem sie im Widerspruch zu ihrem heiligen und uneingeschränkten Gelübde gehandelt haben. In ihrer Beziehung ist es ihnen damit misslungen ihr höchstes Ziel zu erreichen, nämlich die unverbrüchliche Liebe Christi zu seiner Gemeinde widerzuspiegeln.

Obwohl sie die Ehe also nicht als absolut unauflösliches, unverletzliches und unwiderrufliches Sakrament betrachten – eine Haltung, die Scheidung unannehmbar und vom theologischen Standpunkt aus sogar undenkbar macht – halten Siebenten-Tags-Adventisten den biblischen Maßstab sehr hoch, der die Ehe als lebenslange Verbindung ansieht, die Gottes ewigen Bund mit uns Menschen veranschaulicht. Zu allen Zeiten und in allen Kulturen ist die Kirche Jesu Christi aufgerufen, unbeirrt an den christlichen Wertmaßstäben festzuhalten. Das beinhaltet auch die Weitergabe der barmherzigen Liebe Christi an jene, die daran gescheitert sind, das Ideal zu erreichen, und die nach Vergebung, Heilung und einem Neubeginn Ausschau halten. Indem sie die Sünder (nicht ihre Sünden) annimmt und ihnen die erneuernde Gnade Gottes anbietet, erweist sich die Kirche der Siebenten-Tags-Adventisten als eine mitfühlende, versöhnende und Hoffnung verbreitende Gemeinschaft des Glaubens.[48]

48 Zur Diskussion über die biblischen Ratschläge und Voraussetzungen in Bezug auf Ehe, Trennung, Scheidung und Wiederheirat siehe die entsprechenden Kapitel in diesem Band.

Kapitel 12

Die kirchliche Feier der Eheschließung

Richard Lehmann

In unserer westlichen Gesellschaft ist die Anzahl der standesamtlich und kirchlich geschlossenen Ehen im Allgemeinen rückläufig, und die Daseinsberechtigung einer Eheschließung – besonders der kirchlichen – wird häufig in Frage gestellt. Es entwickelt sich eine Art von Konkubinat, das man rechtfertigt mit dem häufigen Scheitern von Ehen, mit der Öffnung der Gesellschaft gegenüber anderen Lebensformen, die finanzielle Vorteile mit sich bringen und mit dem Argument, die Ehe sei eine profane Angelegenheit und gehöre nicht in den religiösen Einflussbereich.

Es stimmt, dass die Durchführung der Eheschließung stark von der Gesellschaft geprägt wird, in deren Umfeld sie stattfindet. Man heiratet nicht in allen Ländern auf die gleiche Art und Weise. Im Westen geht die Tendenz zu einer Entsozialisierung der Eheschließung, indem man sie zur Privatsache reduziert.[1] Gegenseitige Liebe und Treue werden als notwendige und ausreichende Bestandteile zur Rechtfertigung einer ehelichen Gemeinschaft betrachtet.[2]

Der adventistische Pastor nun tendiert dazu, sich der protestantischen Tradition zu verschreiben, die die Ehe nicht als Sakrament betrachtet, und begrenzt damit seine eigene Rolle. Seine pastorale Funktion bezieht sich nur auf die Ehevorbereitung des jungen Paares und die seelsorgerliche Begleitung bei einer Scheidung. Die Kirchengeschichte scheint diese Position zu bestätigen, da die religiöse Form der Eheschließung recht spät entstand und von der Reformation in Frage gestellt wurde. Zudem hat die Französische Revolution mit der Wiedereinführung der Ziviltrauung eine Vorgehensweise geschaffen, der sich die westlichen Gesellschaften im Großen und Ganzen angeschlossen haben.[3]

---

1 „Heute betont man die freie Wahl der Beteiligten und die Entfaltung der Persönlichkeit des einzelnen Ehepartners. Es handelt sich nicht mehr um Gruppen, die ihre Mitglieder austauschen und auch nicht um Familien, die sich zusammenschließen, sondern um freie und gleichberechtigte Personen, die die Entscheidung treffen, sich zu vereinen, um gemeinsam ihr Glück aufzubauen. Diese [Personen] sind gleichermaßen frei, ihre Verbindung abzubrechen, wenn sie ihnen nicht die erwartete Befriedigung bringt." A. Girard, „Sociologie du marriage", *Encyclopaedia Universalis*, Bd. 10, Encyclopædia Universalis France, Paris 1971, S. 514f.

2 Dabei wird nicht präzisiert, ob die gegenseitige Liebe als gegenseitige Befriedigung verstanden wird und die Treue dem Eheversprechen, dem Partner oder der eigenen Person gilt (vgl. Eric Fuchs, *Le désir et la tendresse*, 2. Aufl., Labor et Fides, Genf 1979, S. 176–179). Wenn das gegenseitige Einverständnis historisch gesehen die Mindestvoraussetzung für eine Ehe darstellt, weiß man heute nicht mehr, worauf sich dieses Einverständnis bezieht.

3 Eine Ausnahme stellt Griechenland dar, wo bis vor kurzem immer noch nur die religiöse Eheschließung, auch für Ungläubige, galt.

Die Schwierigkeit für den Pastor besteht nun darin, seine Rolle bei Eheschließungen innerhalb der Gemeinde zu rechtfertigen: Stülpt die Gemeinde Gläubigen eine kirchliche Heirat über? Welche Funktion hat die kirchliche Trauung, nachdem Scheidungen bei Ehen, die auf diese Art geschlossen wurden, genauso häufig sind wie bei standesamtlichen Trauungen? Warum sollte sich die Kirche der Siebenten-Tags-Adventisten neuen juristischen Partnerschaftsformen, die auf Liebe und Treue basieren, verschließen, wenn die Ehe doch in den gesellschaftlichen Bereich gehört und die Gesellschaft das Zusammenleben ohne Trauschein als gleichwertig betrachtet? Wie sieht hier die Aufgabe des Pastors aus? Dies sind die Fragen, die sich uns stellen und deren Beantwortung hier versucht werden.

Eheschließung, Gesellschaft und Kirche

1. Die Ehe: Eine gesellschaftliche Angelegenheit

Die Ehe ist in erster Linie eine gesellschaftliche Angelegenheit innerhalb eines bestimmten gesetzlichen Rahmens. Dieser Rahmen wird von der Entwicklung der Gesellschaft und der jeweiligen Rechtsprechung gesetzt.[4] Er variiert mit den unterschiedlichen nationalen und religiösen Traditionen. So sind die folgenden Aspekte vom Gesetz geregelt: Ehen zwischen Blutsverwandten, unzulässige Ehen, die Erbfolge, die Einflussmöglichkeiten des Vaters oder der Eltern, Fragen der Fortpflanzung, gegenseitige Rechte und Pflichten, Voraussetzungen für eine Scheidung usw.[5] Ob dieses Gesetz nun mündlich oder schriftlich, in rudimentärer oder komplexer Form vorliegt, es regelt eine kulturelle Angelegenheit und unterstreicht die Verbindung des Paares mit der Gesellschaft, aus der es kommt. C. Labrusse hat treffend formuliert: „Die Bedingungen, die das Gesetz der Gültigkeit ehelicher Verbindungen auferlegt, sind – in der Art und Weise, wie sie formuliert und gelebt werden – ein Zeichen für die Zugehörigkeit zu großen Zivilisationen und die Grundlage ihrer historischen und soziologischen Entwicklung."[6] Kurz gesagt: „Die Ehe ist die Gründungsinstitution der Kultur. Sie ist der kulturelle Akt *par excellence*."[7]

Die Modalitäten der Eheschließung haben sich im Laufe der Zeit entwickelt. Im alten Rom diente die Ehe ausschließlich der Erbfolge. In unseren Breiten wurden bestimmte Ehen geschlossen, um einzelnen Familien Titel, Güter und Privilegien

4 C. Labrusse, „Droit du mariage", *Encyclopaedia Universalis*, Bd. 10, S. 509, spricht von der „Ehe in ihren verschiedenen Dimensionen, von denen jede für das Recht Bedeutung hat, nämlich in ihrer biologischen, psychologischen, moralischen und geistlichen sowie gesellschaftlichen Dimension, nicht zu vergessen ihre nationalen, politischen und demografischen Aspekte."

5 „Alle Gesellschaften kennen sehr strenge Regeln – in schriftlich niedergelegter oder mündlich überlieferter Form – die vor allem die Verwandtschaftsgrade definieren und Gebote oder Verbote für Gruppen oder Gruppenmitglieder formulieren, innerhalb derer eine Verbindung eingegangen werden darf." Girard, „Sociologie du marriage", S. 515. Vgl. z. B. das Inzestverbot.

6 Labrusse, „Droit du mariage", S. 509.

7 C. Backes-Clement, „Ambiguïté du sens", *Encyclopaedia Universalis*, Bd. 10, S. 523.

zu erhalten. Unter Bauern und Handwerkern konnten Ehen für die Fortsetzung des familiären Berufsstandes sorgen. Heute geht es bei der Ehe vor allem um die persönliche Entfaltung und die Befriedigung bestimmter Bedürfnisse innerhalb einer stabilen emotionalen Beziehung. Folge dieser Veränderung ist die Zerbrechlichkeit der Ehe. In dem Maße, wie die Erwartungen nicht erfüllt werden, fühlt sich das Paar frei, sich zu trennen. Im Allgemeinen hat man den Eindruck einer gewissen Entsozialisierung der Ehe, so als hätten die Partner die gesellschaftliche Funktion der Ehe aus dem Blick verloren und nur noch die persönliche Dimension behalten. Doch A. Girard stellt zu Recht fest: „So bleibt die Ehe nichts Geringeres als ein Akt, der die gesamte Gesellschaft – hinsichtlich ihrer Erscheinungsform und ihrer biologischen Zukunft – umfasst. Die Paare, die sich zusammenschließen, sind Treuhänder der Gesellschaft und daher ihrer Kontrolle unterworfen."[8]

Auf der rein formalen Ebene wird die kulturelle Dimension der Ehe durch den rituellen Rahmen hervorgehoben, in dem sie geschlossen wird. In der Tat braucht eine Trauung in jeder Gesellschaft einen bestimmten Ritus, damit sie Gültigkeit erhält. Dieser kann in einer einfachen oder komplexen Art und Weise ablaufen, aber er ist immer vorhanden. „Was eine Eheschließung ausmacht, sind nicht nur die grundsätzlichen Bedingungen, sondern es ist auch eine feierliche Zeremonie, eine äußere Form, die die Gesellschaft für den Vollzug ehelicher Verbindungen vorgesehen hat."[9] Auch Gesellschaften, die die standesamtliche Trauung eingeführt haben, folgen einem bestimmten Ritus und haben für ein solches Ereignis einen feierlichen Rahmen vorgesehen.[10] In jeder Gesellschaft finden wir die Funktion eines Ritus, und es ist klar, dass dieser eine nicht zu vernachlässigende gesellschaftliche Rolle spielt.[11]

In der Tat wird das kulturelle Erbe der Vergangenheit durch die Familie weitergegeben. Jeder Einzelne ist Träger von Werten, die ihm durch die Familie mitgegeben wurden, in der er aufgewachsen ist, ob er das möchte oder nicht. Er trägt das „Zeichen" der Gruppe, aus der er kommt, und diese prägt mehr oder weniger seinen Hintergrund. Girard hat Recht, wenn er sagt: „Die Ehe, die die Familie begründet und die Zukunft durch die Integration der Vergangenheit gestaltet, bleibt

8 Girard, „Sociologie du marriage", S. 515.

9 Labrusse, „Droit du mariage", S. 512.

10 Vor kurzem haben in Frankreich einige sozialistische Bürgermeister in ihrem Rathaus einen feierlichen Ritus für ihre standesamtlichen Trauungen eingeführt, obwohl das Gesetz nur einen gerichtlichen Eintrag vorsieht.

11 „Es ist ein zutiefst menschlicher Reflex, die großen Augenblicke des Lebens mit Riten, Festen und Zeremonien zu feiern. Was die Eheschließung betrifft, nimmt der Ritus einen wichtigen Platz ein; er überliefert den heiligen Charakter der Verbindung, aber dieser Aspekt scheint in Vergessenheit zu geraten. Er realisiert den eindeutigen Ausdruck des gegenseitigen Einverständnisses, dem er Bedeutung und Ernst verleiht. Schließlich erlaubt er eine Teilhabe und dadurch eine Kontrolle der Gesellschaft und des Staates. Die Ehe ist gleichzeitig privat und öffentlich, was das Gesetz dadurch ausdrückt, dass es besagt, es handle sich um einen feierlichen Vertrag, für dessen Gültigkeit und Nachweis eine bestimmte Form notwendig sei." Labrusse, „Droit du mariage", S. 512.

ein entscheidender Akt, bei dem die betreffende Person nicht allein ist, sondern in dem sich die eigentlichen starken Kräfte der Gruppe ausdrücken."[12] Die Krise der Ehe ist damit eine Krise der Gesellschaft.

Die Moralphilosophen haben sich nicht getäuscht, wenn sie feststellten, dass diese Entsozialisierung der Ehe zu einem allgemeinen gesellschaftlichen Trend hin zum Individuellen gehört.[13] Die Werte, auf die eine Gesellschaft traditionellerweise gegründet war – wie Vaterland, Arbeit, Pflicht, Respekt – haben sich verflüchtigt, um dem Hedonismus und der Selbstverwirklichung Raum zu geben. Die steigende Scheidungsrate ist eine der Folgen dieses schwindenden gesellschaftlichen Einflusses auf die Ehe. Eine andere ist der Verlust ihrer Vorbildfunktion.

Es stimmt, dass die traditionelle Ehe mit ihren überwiegend der Ordnung dienenden Funktionen – Übertragung von Besitz, soziale Verantwortung – nicht mehr besonders anziehend wirkt. Oft haben sich hinter ihrer Fassade Heuchelei, Tragödien und Gewalt verborgen. Eine aufrichtige Jugend fürchtet bei einem Scheitern der Ehe die gesetzliche Zwangsjacke mit ihren juristischen Konsequenzen. Da wäre es doch leicht, das Vorrecht der gegenseitigen Liebe und Treue über den formellen Rahmen einer gesetzlichen Vorschrift zu stellen. Aber die eheliche Verbindung, so wie sie ist, induziert die juristische Verantwortung als einzige Möglichkeit der Garantie für einen formellen Rahmen. Die Kirche in ihrer Eigenschaft als Vertreterin der Ethik kann freie oder nur teilweise anerkannte Lebensgemeinschaften nicht gut heißen, weil sie nicht die Gesamtheit der gesellschaftlichen und ökonomischen Verantwortung erfüllen, die vom Gesetz im Allgemeinen oder durch die von der Kirche gesetzte moralische Pflicht definiert wird. Die Kirchengeschichte zeugt davon, dass die Kirche in Bezug auf die Ehe immer wieder Verantwortung übernommen hat – angesichts einer Gesellschaft, die im Zivilrecht nicht immer ethische Werte an die erste Stelle gesetzt hat.

2. Die Eheschließung in der Geschichte des Christentums

Im Rahmen dieser Studie können wir nicht die gesamte Geschichte der christlichen Reflexion und der zahlreichen Diskussionen im Zusammenhang mit der Ehe darstellen. Entwertet im Zusammenhang mit dem Zölibat, dann rehabilitiert nach Exzessen der Askese oder der Ausschweifung, vom Katholizismus auf die sakrale Ebene erhoben, von der Reformation wieder von der sakralen Ebene auf ihre gesellschaftliche Funktion und ihre Bedeutung für die Familie zurückgeführt, hat die Ehe alle Phasen eines Purgatoriums durchschritten.[14]

12 Girard, „Sociologie du marriage", S. 518.

13 Siehe Robert Grimm, *Les couples non mariés*, Labor et Fides, Genf 1985; Fuchs, *Le désir et la tendresse*; Jacques Ellul, *Les combats de la liberté: Ethique de la liberté*, Bd. 3, Labor et Fides, Paris 1984.

14 Zur geschichtlichen Zusammenfassung siehe Fuchs, *Le désir et la tendresse*, S. 79–170.

Als die ersten Konvertiten Christen wurden, haben die Apostel das Thema Hochzeit nie aufgegriffen, und es wurde ihnen auch keine besondere religiöse Zeremonie auferlegt. Ganz im Gegenteil hat der Apostel Paulus die Gültigkeit der üblichen Heiratsformen bestätigt und sich dagegen gewandt, sie unter dem Vorwand des Christentums in Frage zu stellen (1 Kor 7,10–14). Die Christen schlossen ihre Ehen nach den Regeln der Gesellschaft, der sie angehörten. Die Eheschließung war den üblichen säkularen Regeln unterstellt, die Modalitäten, Kriterien und Voraussetzungen für die Gültigkeit und Auswirkungen einer Heirat bestimmten.[15] Die Evangelisierung der Heiden führte ebenso zu keiner Reform der Eheschließung. Ob es sich um Lombarden, Gallier, Merowinger oder Franken handelte. Jedes Volk bewahrte seine eigenen Riten.[16]

Sehr bald allerdings setzte sich die Kirche für eine Ordnung der gesellschaftlichen Moral ein. Auch wenn die Ehe der Konvertiten nicht in Frage gestellt wurde, wurde die christliche Ethik der Ehe ohne Zweifel zum Lehrthema des Katechumenats. Tatsächlich waren die heidnischen Hochzeitsfeiern wegen ihrer ausschweifenden Praktiken fragwürdig geworden; die Zeremonien wurden nämlich von lüsternen und obszönen Szenen begleitet. Zudem war es für die Christen schwierig, sich von derartigen gesellschaftlichen Verhaltensweisen zu distanzieren.[17] In einer solchen Umgebung wurde es für die Vertreter der Religion, die Ältesten, Bischöfe und Priester zur Peinlichkeit, wenn sie prominente Hochzeiten durch ihre Gegenwart ehrten. Man tendierte dazu, die Aufgaben des Priesters von der zivilen Trauung zu trennen und die Gläubigen in den biblischen Anweisungen zu unterrichten. Die religiöse Unterweisung fand zunächst in den Heimen, später in der Kirche statt,[18] ohne dass man wusste, wozu dies letztendlich führen würde. Die so genannte „kirchliche" Ehe ist eine späte Folge davon, dass die Kirche die Kontrolle der Sexual- und Sozialmoral übernommen hatte. Aber erst im Spätmittelalter wurde die zivile Rechtsprechung der kirchlichen unterworfen.[19]

Diese Entwicklung hat sich ganz natürlich vollzogen. Die Gläubigen begannen, ihre Geistlichen oder Bischöfe hinsichtlich aller Probleme des Ehelebens zu konsultieren, wobei sich herausbildete, welche Verhaltensweisen erlaubt waren und welche nicht.[20] So entwickelte sich nach und nach eine Art parallele Gerichtsbarkeit

15 Siehe Philip Lyndon Reynolds, *Marriage in the Western Church: The Christianisation of Marriage During the Patristic and Early Medieval Periods*, Supplements to Vigilae Christianae 24, Brill, Leiden 1994, S. xviii.

16 Siehe K. Ritzer, *Le mariage dans les Églises chrétiennes du Ier au XIe siècle*, Cerf, Paris 1970, S. 220–270.

17 Man muss bedenken, dass zur Heiratszeremonie eine Prozession gehörte. So war nicht nur die Familie betroffen, sondern auch das gesamte Dorf oder Stadtviertel, wo das Fest stattfand.

18 Siehe Ritzer, *Le mariage*, S. 219.

19 Reynolds, *Marriage in the Western Church*, S. 18.

20 Pierre Daudet, *Etudes sur l'histoire de la juridiction matrimoniale: Les origines carolingiennes de la compétence exclusive de l'Église*, Sirey, Paris 1933, zeigt, wie sehr Priester, Pfarrer und Bischöfe bei Ehefragen beständig um ihren Rat gebeten wurden.

zur zivilen Rechtsprechung. Solange es noch kein kanonisches Recht gab, prallten unterschiedliche Meinungen aufeinander. So sah sich die Kirche mehr oder weniger gezwungen zu definieren, was statthaft war und was nicht. Sie kam dieser Notwendigkeit nach, während die Gesellschaft ihrerseits die kirchlichen Verordnungen anerkannte und neue Regeln einführte, die sich auf die Theologie gründeten.

Die Kirche konnte sich einer juristischen Funktion nicht entziehen, da sie in zahlreichen Fällen immer wieder um Rat gebeten wurde. (Die Ehe kann dem Recht ja letztlich auch nicht entkommen, da die Eheschließung ihrem Wesen nach ein gesellschaftlicher Akt ist.) Die Rechtsauffassung der Kirche unterschied sich jedoch vom Zivilrecht, weil sie zum Beispiel das Aussetzen von Kindern, Homosexualität, Prostitution, Abtreibung und Ausschweifung anprangerte, um das Band der Ehe zu stärken. Wenn sie dadurch die Bestrebungen einer des Missbrauchs überdrüssigen Gesellschaft wieder konsolidierte,[21] hat sie sich allerdings um das gesellschaftliche Wohl verdient gemacht,[22] wenngleich sie sich nach dem Zusammenbruch des Römischen Reiches der Gesellschaft juristisch übergestülpt und damit auch formal die Praxis der Christenheit bestimmt hat.

So hat die christliche Ethik das Eheverständnis nach und nach beeinflusst und der Ehe einen Wert und eine Bedeutung verliehen, die sie in der antiken Gesellschaft nicht besessen hatte. Mit ihrer Theologie hat die Kirche eine echte Christianisierung der Ehe vorgenommen. Niemand kann den Einfluss der Worte Jesu (Mt 19) und des Apostels Paulus (1 Kor 6–7; Kol 3; Eph 5) auf das christliche Eheverständnis leugnen. Es stimmt allerdings, dass die Zeremonie, abgesehen von einigen Veränderungen,[23] immer noch von den traditionellen römischen Riten geprägt war.[24] Die zum Christentum Bekehrten übertrugen ihre jeweiligen Traditionen auf den Hochzeitsritus, wobei die Christianisierung der Ehe in einer Identitätssuche bestand. Diese beeinflusste sowohl die Prinzipien wie auch die Form der Ehe.

21 Vgl. Paul Veyne, „La famille et l'amour sous le Haut-Empire romain", *Annales E. S. C.* 33.1, 1978, S.35–63, zit. v. Fuchs, *Le désir et la tendresse*, S. 83. Letzterer stellt auf ironische Weise fest, dass es – wenn dies der Fall gewesen ist – lächerlich sei, heute von „Tabus der jüdisch-christlichen Moral" zu sprechen.

22 Vor allem durch die Anerkennung der Ehen von Sklaven und die Stärkung der Ehe im Allgemeinen.

23 „Die Kirche hat die römischen Verlobungsriten durchaus anerkannt: Die *sponsio* (das Eheversprechen), zumindest in dem Ausmaß, wie sie noch bestand, die Übergabe des Rings, die Hochzeitsgabe und den Kuss. Sie hat aber zur Weiterentwicklung dieser Zeremonien beigetragen und dem *annulus pronubus* eine neue symbolische Bedeutung verliehen, nämlich die der Treue gegenüber dem Eheversprechen." L. Anné, „La conclusion du mariage dans la tradition et le droit de l'Église latine jusqu'au VIè siècle", *Ephemerides Theologicae Lovanienses* 20.3, 1935, S. 530–531.

24 „Zur damaligen Zeit legte die römische Braut ihre Jungmädchenkleider ab und zog eine in Rechtsfalten zu Boden fallende Tunika an, die *tunica recta*, setzte sich einen Kranz aus Blumen und Grün aufs Haupt und bedeckte sich mit einem roten Schleier, dem *flammeum*. In der Morgendämmerung konsultierte die Familie das Orakel hinsichtlich günstiger Zukunftsaussichten für die Brautleute. Eine verheiratete Frau, die *pronuba*, führte die junge Frau ihrem Gatten zu, und beide reichten sich die Hand. Es folgte ein Gebet, das von einem *auspex nuptiarum* an die Göttinen Juno, Diana und Fides gerichtet wurde. Anschließend opferten die jung Verheirateten selbst einen Ochsen oder ein Schwein, entweder vor dem Haus oder vor einem öffentlichen Tempel." Ebenda S. 531. Seit dem 2. Jh. wurden ein Übergabe- oder Heiratsakt und ein Hochzeitsessen hinzugefügt.

Mit Sicherheit hat sich die Kirche bei ihrer Seelsorge von theologischen Überlegungen leiten lassen. Diese wurden wesentlich von einem Vergleich zwischen Zölibat und Ehe und von der Bedeutung der Sexualität bestimmt.[25] Man darf allerdings den gesellschaftliche Rahmen, in dem sich die Kirche entwickelte, nicht unterschätzen. Wenn die Kirche so sehr auf der Unauflöslichkeit der Ehe bestand und sich dabei auf eindeutige Jesusworte bezog, dann geschah dies auch deshalb, weil Scheidung damals üblich war. Die Gesellschaft hatte die entsprechenden Bedingungen geregelt, vor allem bei Fragen der Mitgift und des Erbes, aber sie äußerte sich nicht prinzipiell. Ebenso verurteilte die Kirche den Ehebruch an sich in einer Zeit, in der allein die Untreue der Frau als Schuld betrachtet wurde. Aufgrund der Tatsache, das die Mädchen sehr häufig in einem Alter zur Ehe versprochen wurden, in dem sie kaum in der Lage waren, eigene Entscheidungen zu treffen, forderten Kirche und Staat stets eine beiderseitige Zustimmung zur Ehe. Da dies in einschlägigen Texten nicht erscheint, ist weniger bekannt, dass die Kirche zu einer Heraufsetzung des Heiratsalters für Mädchen beigetragen hat,[26] die bereits in einem sehr jungen Alter zur Ehe versprochen wurden.

Trotz allem hing die Gültigkeit der Ehe nicht von der kirchlichen Feier ab. Sie wurde – je nach Zeit und Ort – durch die gegenseitige Zustimmung der Brautleute sowie das öffentliche Versprechen mit oder ohne sexuelle Beziehung garantiert. Luther bestand auch auf der elterlichen Zustimmung. „Wir finden", sagt P. L. Reynolds, „vor dem 9. Jahrhundert keinen Hinweis darauf, dass eine Ehe ohne den priesterlichen Segen für Mann und Frau ungültig gewesen wäre."[27] Im Orient wurde der Hochzeitssegen erst seit dem byzantinischen Kaiser Leo VI. (866–912) für die Gültigkeit der Ehe maßgebend. Diese Regel wurde eingeführt, um die Wiederverheiratung von Witwen verhindern und voreheliche Beziehungen anprangern zu können.

Im Westen waren es die apokryphen Schriften des Pseudo-Isidor (um 845), eine Sammlung von falschen Kapitularien (königliche oder konziliare Dekrete) und gefälschten Papstbriefen, die die Situation entscheidend veränderten. Von diesem

25 Siehe Fuchs, *Le désir et la tendresse*, S. 79–126.

26 Charles Petri, „Le Mariage chrétien à Rome", in Jean Delumeau (Hg.), *Histoire vécue du peuple chrétien*, Bd. 1: *De la clandestinité à la chrétienté*, Privat, Toulouse 1979, S. 128f., berichtet über die Statistik des Sterbealters verheirateter Frauen in Rom. Siehe die nachfolgende Tabelle:

Alter der Mädchen	Heiden	Christen
10–11 Jahre	7 %	2,3 %
12–13 Jahre	20 %	5,4 %
14–15 Jahre	23 %	15,6 %
16–17 Jahre	11 %	27,5 %
18–19 Jahre	13 %	20 %

Man muss hinzufügen, dass ein Fünftel der jungen Ehefrauen starb, bevor sie ein Jahr verheiratet waren, und zwei Drittel von diesen unter zwanzig.

27 Reynolds, *Marriage in the Western Church*, xix.

Zeitpunkt an war der Hochzeitssegen aus kanonischer Sicht obligatorisch und die zivilen Formen der Ehe wurden vom Kirchenrecht nicht mehr anerkannt.[28]

Das Sakrament der Ehe wurde erst beim Konzil von Lyon (1274) dogmatisch festgelegt, und das Konzil von Trient (1546–1547) hat es erneut bekräftigt und damit „die Rechte der Kirche hinsichtlich der Ehe" begründet.[29] Indem die Kirche den Hochzeitssegen zur Verpflichtung erklärte, sicherte sie sich die Aufsicht über die Legitimität von Ehen. Dieser Eingriff zollte indessen dem öffentlichen Recht weiterhin Respekt, denn das kanonische Recht sah vor, dass nur eine vom Zivilrecht anerkannte Eheschließung gefeiert werden könne.[30]

Zunächst hatte die kirchliche Mitwirkung nicht die Gültigkeitserklärung der Ehe zum Ziel.[31] In den ersten Jahrhunderten sprach der Priester nicht einmal den Segen; dieser wurde vom Vater des Bräutigams oder der Braut gesprochen. Der Priester bezeugte lediglich die Teilnahme der Kirchengemeinde an der Hochzeit.[32] Vor allem bestätigte er den öffentlichen Charakter der Eheschließung, denn, so schreibt K. Ritzer:

> Nach dem römischen Recht und dem Recht anderer zum Christentum bekehrter Völker musste die Eheschließung sich immer in einer Art und Weise abspielen, die öffentlich nachgeprüft werden konnte, wenn die Eheleute und vor allem ihre Kinder die Rechte einer legitimen Verbindung genießen wollten. So gelangte die christliche Ehe unter die Aufsicht der Kirche, auch wenn diese nicht unmittelbar an ihr beteiligt war.[33]

Dann sah sich die Kirche, die römisch-katholische wie die protestantische, mit zahlreichen Unregelmäßigkeiten wie dem Konkubinat und heimlich geschlossenen Ehen konfrontiert. Im 16. Jh. lebten die meisten Priester im Konkubinat. Als Reaktion auf diesen Missstand entschieden sich die Katholiken für den gesetzlichen Weg und schrieben die kirchliche Eheschließung für die Laien vor. Die Protestanten

28 Fuchs, *Le désir et la tendresse*, S. 129.

29 Gérard Siegwalt, *Dogmatique pour la catholicité évangélique: Système mystagogique de la foi chrétienne*, Bd. 2.2: *La réalisation de la foi*, Labor et Fides, Paris 1992, S. 337.

30 Canon 1066: „Bevor die Ehe geschlossen wird, muss feststehen, dass der gültigen und erlaubten Eheschließung nichts im Wege steht." Canon 1071, §1: „Abgesehen vom Notfall darf niemand ohne Erlaubnis des Ortsordinarius assistieren." (*Codex Iuris Canonici: Codex des kanonischen Rechts*, Libreria Editrice Vaticana, Butzon und Bercker, Kevelaer 1984)

31 Man muss hier zwischen Gültigkeit und Legitimität unterscheiden. Eine Ehe ist gültig, wenn man sie nicht annullieren kann. Aber sie kann illegitim sein, wenn sie nicht den moralischen Regeln entspricht; daher die zahlreichen Diskussionen über die Annulierung. Ein Beispiel: Eine legitime Ehe kann katholischerseits annulliert werden, wenn sie nicht durch den Sexualakt vollzogen wurde.

32 Man kann hinzufügen, dass die Gegenwart eines Priestes in einer größtenteils abergläubischen Gesellschaft auf eine besondere göttliche Gunst hoffen ließ.

33 Ritzer, *Le mariage*, S. 91.

ihrerseits öffneten die Ehe für alle, auch für den Klerus. Die einen wie die anderen kämpften – jeder auf seine Weise – gegen heimlich geschlossene Ehen[34] und das Konkubinat. Auch für Luther war die Ehe eine öffentliche Angelegenheit. Er war der Meinung, wenn eine Person das erste Mal heimlich heiratete und ein zweites Mal öffentlich, so würde die zweite Ehe die erste ersetzen.[35]

Obwohl die Reformatoren die Ehe – wie Luther es ausdrückte – als „ein weltlich Ding" betrachteten, haben sie sich hinsichtlich der Rechtmäßigkeit und des Ablaufs der kirchlichen Zeremonie dennoch Gedanken gemacht. Wenngleich Luther und Calvin selbst eine Sakramentstheologie in Bezug auf die Ehe ablehnten,[36] empfahlen sie die Heirat in der Kirche aus seelsorgerlichen Gründen dennoch und trafen entsprechende Vorkehrungen. Luther sah die Mitwirkung des Geistlichen bei der Veröffentlichung des Aufgebots vor, die öffentliche Zusammenführung auf dem Kirchenvorplatz, das gegenseitige Fassen der Hände, die Bibellesung und das Gebet mit Handauflegung.[37] Calvin seinerseits forderte, dass die Zeremonie zu Beginn des öffentlichen Gottesdienstes stattfinden sollte, „zur festgesetzten Stunde und ohne Fehler".[38]

Doch im Gegensatz zur katholischen Position[39] ist die religiöse Zeremonie bei den Protestanten nicht Voraussetzung für die Gültigkeit der Ehe. Ziel und Sinn der religiösen Zeremonie liegen darin, „das Paar unter den Schutz Gottes zu stellen und sich in Anwesenheit der christlichen Gemeinde an den göttlichen Ursprung der Ehe zu erinnern ... damit die jungen Menschen lernen, diesen Stand zu bedenken und zu respektieren."[40] Sie hat ein im Wesentlichen regulatives und pädagogisches Ziel. Regulativ, indem sie einem entscheidenden Ereignis[41] im Gegensatz zu den heimlichen Ehen einen öffentlichen Charakter verleiht; pädagogisch durch die Rückführung der Familie in den Schoß der Kirche.

---

34 „Heimlichkeit, Unordnung und Anarchie hinderten die Ehe daran, ihre soziale Rolle einzunehmen. Erasmus malte düstere und endlose Beschreibungen von heimlichen Ehen; ... oft – wenn man ihm Glauben schenken kann – ereignete sich diese Art von Eheschließungen sozusagen in der Kneipe. Nach reichlichem Essen und Trinken und erhitzt von unmäßigem Genuss ... sprachen junge Leute die Worte, die sie fürs Leben verbinden sollten. Ehen, die auf diese Weise geschlossen wurden, waren unauflöslich." Paul Ourliac, *Le mariage des protestants français jusqu'en 1685: Fondements doctrinaux et pratique juridique*, Pichon et Durand-Auzias, Paris 1968, S. 59. (Beachten wir übrigens die Bedeutung des gegebenen Wortes.)

35 Ebenda S. 63f.

36 Dies allerdings auch mehr aufgrund praktischer als theologischer Gründe, um die heimlichen Ehen, die ohne eindeutigen Willen der „Ehegatten" geschlossen worden waren, wieder lösen zu können und in bestimmten Fällen eine Scheidung zu erlauben.

37 Ourliac, *Le mariage des protestants français*, S. 67.

38 André Bieler, *L'homme et la femme dans la morale calviniste*, Labor et Fides, Genf 1963, S. 38.

39 Canon 1055, §2.

40 Lydie Hege, „Le mariage selon Luther", *Positions luthériennes* 38.1, 1990, S. 61.

41 „Denn wer von dem Pfarrer oder Bischof Gebet und Segen begehrt, der zeigt damit wohl an ... in was Fahr [Gefahr] und Not er sich begibt, und wie hoch er des göttlichen Segens und gemeinen Gebets bedarf zu dem Stande den er anfehet [beginnt]." Martin Luther, *Traubüchlein*, WA Schriften III, 76.

So kann man durchaus sagen, dass die Christianisierung der Ehe in der westlichen Welt zu einer Moralisierung und Festlegung dessen geführt hat, was erlaubt ist und was nicht. Während den Aposteln Petrus und Paulus vor allem die Beziehung am Herzen lag, die bei einem christlichen Ehepaar im Mittelpunkt stehen sollte, hat die Kirche sehr schnell eine gesellschaftliche Rolle gespielt. Sie hat immer versucht, das Potenzial, das in der Ehe steckt, so weit wie möglich zu kanalisieren, zu inspirieren und ihm Orientierung zu verleihen.[42]

3. Zur Theologie der Eheschließung

Kann man überhaupt von einer Theologie der Eheschließung sprechen, wenn es sich ganz offensichtlich um einen rein gesellschaftlichen Akt handelt? Hat die Kirche im Rahmen einer von Bräuchen und Gepflogenheiten der einzelnen Völker geprägten Zeremonie tatsächlich etwas zu sagen? Ist es nicht übertrieben, aus der Ehe ein Sakrament zu machen, dessen Gültigkeit womöglich von einem kirchlichen Akt abhängt?

Dennoch erlaubt uns die auf Anhieb gut adventistische Auffassung, nach der Gott Ursprung des Sabbats und der Ehe ist, nicht, jede Frage hinsichtlich des religiösen Charakters der Ehe mit einer Handbewegung abzutun. Ja, wie wir bekräftigen und wie das auch eine Exegese des Schöpfungsberichts bestätigt,[43] wurde die Ehe „von Gott ... eingesetzt"; darüber hinaus soll die Ehe „die Liebe, Heiligkeit, Innigkeit und Beständigkeit der Beziehung zwischen Christus und seiner Gemeinde widerspiegeln" (Glaubensüberzeugung Nr. 23). So ist es zumindest überraschend, dass die Gemeinde zu diesem Augenblick nichts zu sagen hat, auch wenn sie das Band zwischen den Eheleuten öffentlich knüpft.

Im Allgemeinen kann man anmerken, dass in der Bibel nie eine religiöse Eheschließung erwähnt wird.[44] Es fehlt jedoch nicht an Texten, die erkennen lassen, dass die Eheschließung von Vorgängen mit religiösem Charakter geprägt war.[45]

42 Siehe das Dokument des Päpstlichen Rates für die Familie, das sich gegen die vermehrte Praxis des Konkubinats wendet: „Ehe, Familie und ‚Faktische Lebensgemeinschaften'", 2000, Online: http://www.vatican.va/roman_curia/pontifical_councils/family/documents/rc_pc_family_doc_20001109_de-facto-unions_ge.html (Zugriff: 1. September 2008).

43 Siehe Jacques Doukhan, „La genèse de la famille et la famille de la Genèse", *L'Olivier* 21, April 2000, S. 14–17, und Jacques Doukhan, „Loving the Sabbath as a Christian: A Seventh-Day Adventist Perspective", in Tamara C. Eskenazi, Daniel J. Harrington, und William H. Shea (Hg.), *The Sabbath in Jewish and Christian Traditions*, Crossroad, New York 1991, S. 149–168.

44 Der bekannteste Bezug ist der zur Heirat Isaaks: „Da führte sie Isaak in das Zelt seiner Mutter Sara und nahm die Rebekka und sie wurde seine Frau." (1. Mose 24,67) Es stimmt, das die Vereinigung des neuen Paares in diesem Bericht nicht von einer religiösen Zeremonie begleitet wurde. Beachten wir aber, dass die Kürze des Berichts keinen Schluss hinsichtlich des einen oder anderen Vorgehens zulässt.

45 Über Tobits Hochzeit werden die meisten Details berichtet. Raguël gibt seine Tochter in die Ehe. Zunächst handelt es sich um einen rein familiären Akt. Dieser Akt wird begleitet von einem Ehevertrag auf einer Schriftrolle (Tobit 7,14). Es ist weder ein Priester noch ein Rabbiner anwesend, aber die religiöse Dimension ist präsent durch den Bezug auf das Gesetz des Mose (7,13.17), die Anrufung Gottes des Schöpfers (7,13), ein Gebet um Gnade mit Bezug auf Adam und Eva (8,5–7) und eine Segensbitte (9,6).

Bereits der Begriff „Bund“ (Maleachi 2,14), der dazu dient, die eheliche Beziehung zu beschreiben, ist ein durch und durch religiöser Begriff, weil er sich implizit auf Gott als feierlichen Zeugen der Verbindung bezieht. Mit Recht schreibt E. Neufeld: „Die Institution der Ehe war nie das Besitztum von Priestern; bei der alten hebräischen Ehezeremonie findet man jedoch bestimmte religiöse Elemente, weil die Hebräer die Eheschließung in gewisser Weise als göttlichen Akt betrachteten.“[46]

Vor einiger Zeit betonte Gérard Siegwalt, dass die christliche Eheschließung selbst kein Sakrament darstelle, doch alle Merkmale eines solchen besitze.[47] Die Reformation sehe in dem kirchlichen Akt des Hochzeitssegens kein eigentliches Sakrament, und zwar aus drei Gründen:

1. Die Ehe gehört zur Ordnung der Schöpfung, nicht zur Ordnung der Erlösung. Sie ist für die Menschheit an sich bestimmt und nicht spezifisch für den Gläubigen. Aber: a. in der Schöpfung zeigt sich bereits die Erlösung. Was sich in der Schöpfung offenbart, führt letztlich zur Erlösung. So wird zum Beispiel die Bedeutung des Sabbats im Schöpfungsbericht betont. b. Nach Epheser 5,32 gründet sich die christliche Ehe auf die Beziehung zwischen Christus und seiner Gemeinde. So ist sie in das Erlösungsgeschehen integriert. Gehört es nicht auch zu einem Christen, das Geschehen seiner Liebe unter die Gnade zu stellen?

2. Es gibt kein Wort Gottes zum Hochzeitsritus, wie dies zum Beispiel bei der Taufe oder beim Abendmahl der Fall ist. Aber die gegenseitige Zustimmung der Ehegatten als öffentlicher Akt, sei dies nun in ziviler oder kirchlicher Form, ist eine existentielle Antwort auf das göttliche Geschehen.

3. Um als Sakrament zu gelten, müsste die Ehe eine Gnadengabe austeilen. Nach Luther könne nichts darüber ausgesagt, ob jemand, der eine Frau nimmt, irgendeine Gnade von Gott empfange.[48] Doch wenn die Ehe die Liebe offenbart, wird sie von der Gnade der Liebe getragen, die auf die Beziehung zwischen Christus und seiner Gemeinde gegründet ist.

Siegwalt schließt daraus:

> Der Glaube als lebendige Beziehung zu Christus kann an sich als sakramental betrachtet werden, und der kirchliche Akt der Eheschließung ist genauso ein Akt des Glaubens – der Akt des Glaubens, in dem Christus bekannt, angerufen und aufgenommen wird – ist in der Gemeinschaft, mit der Gemeinschaft und die ganze christliche Gemeinschaft betreffend ein sakramentaler Akt.[49]

46 E. Neufeld, *Ancient Hebrew Marriage Laws*, Longmans, Green and Co., London 1944, zit. von Viviane Hänni, „La cérémonie du mariage dans l'Église primitive entre hier et aujourd'hui“, Forschungsarbeit, Faculté Adventiste de Théologie, Collonges-sous-Salève 1982, S. 11.

47 Siegwalt, *Dogmatique pour la catholicité évangélique*, S. 339–341.

48 Ebenda S. 341.

49 Ebenda.

Wir können Siegwalt nicht folgen, wenn er den Hochzeitssegen in dieser Weise beschreibt, denn wir sehen nicht, aus welcher Vollmacht ein Pastor einen quasimagischen Akt vollbringen könnte, um eine derartige spirituelle Wirkung zu erzielen. Aber seine Argumentation der Rückbesinnung darauf, dass die Eheschließung vor Gott und der Gemeinde *für den Gläubigen* keinen banalen Akt, sondern einen Vorgang darstellt, der sich auf eine religiöse Hoffnung gründet, ist nachvollziehbar. Mit Luther können wir sagen, dass die Ehe etwas „Heiliges" sei.[50]

Wir müssen wesentlich deutlicher darauf hinweisen, dass die westliche Gesellschaft dazu tendiert, die Ehe zu banalisieren und einer zügellosen Sexualität die Tore zu öffnen, die sich außerhalb der Ehe entfaltet. Jacques Ellul drückt es zu Recht so aus: „Die Frage der Sexualität ist keine moralische, sondern eine religiöse." Und er fügt hinzu: „Der Kampf gegen die sexuelle Abgötterei ist ein spiritueller und religiöser Kampf für die Befreiung des Menschen. Und diese Befreiung führt zwingend zu einem Gesetz, denn frei zu sein heißt nicht, alles tun zu können."[51]

Plädoyer für eine Eheschließung mit religiösem Charakter

Wie wir gesehen haben, ist die Ehe unleugbar eine gesellschaftliche Angelegenheit. Als religiöse Gruppierung fühlt sich die Kirche für die Ehe zuständig in dem Sinn, dass sie die Bedingungen für ihre Praxis (Verbot von Untreue, Ehebruch) und für ihren Bruch (Scheidung) in Vorschriften festlegt. Schon hinsichtlich ihrer gesellschaftlichen Bedeutung könnte man sich jedoch darüber wundern, wenn sie beim offiziellen Beginn der Ehe nicht in Aktion tritt. Sie müsste dadurch klarstellen, dass die Eheschließung einen öffentlichen Akt darstellt, der nicht nur für die Familie, sondern auch für die Kirchengemeinde erkennbar ist.

Historisch gesehen konnten wir den fortschreitenden Einfluss der Kirche auf die Ordnung der Eheschließung darstellen, und zwar durch ihren Anteil an den gesellschaftlichen Moralvorstellungen und schließlich die Rolle des Priesters. Die Reformation, die hinsichtlich des Sakramentscharakters der Ehe eine andere Richtung eingeschlagen hatte, hat den feierlichen Ritus jedoch nicht weniger juridisch und organisatorisch festgelegt. Die gesamte Kirchengeschichte führt uns dazu, uns mit dem Thema auseinanderzusetzen und es anhand der Entwicklung unserer Gesellschaft zu prüfen. Für die Kirche und ihre Mission wäre es schädlich, wenn sie sich damit begnügen würde, die gesellschaftlichen Strömungen zu beklagen, ohne ihnen konsequente Entscheidungen entgegenzusetzen.

Letztendlich drängt eine theologische Überlegung, die den göttlichen Ursprung der Ehe und ihre Implikationen für den Heilsplan – nicht als erlösenden Akt, son-

50 Auch nach jüdischer Tradition ist die Ehe „nicht nur eine einfache juristische Verbindung, sondern die Heiligung der Beziehung zwischen einem Mann und einer Frau." Abraham Chill, *The Mitzvot: The Commandments and Their Rationale*, Keter Books, Jerusalem 1974, S. 476. Der für die Ehe verwendete Begriff ist *kiddushin*, dessen Wurzel *qdš* den Begriffen „heilig", „geheiligt" und „geweiht" zugrunde liegt.

51 Ellul, *Les combats de la liberté*, S. 291.

dern als Mittel der Gnade, als Ort der Entfaltung des Glaubens und der Liebe, als Vereinigung mit gegenseitiger Treue und als gesellschaftliches Engagement – anerkennt, die Kirche dazu, sich zu positionieren und der religiösen Zeremonie einen verbindlichen Charakter zu verleihen.

1. Ein gesellschaftliches Ereignis

Wenn die Ehe ein gesellschaftlicher Akt ist, der für seine Anerkennung in der Zivilgesellschaft eine größere Öffentlichkeit benötigt, ist es gut, darauf zu achten, welchen gesellschaftlichen Platz die Religionsgemeinschaft einnimmt, der das Ehepaar angehört. In der Tat ist es kurios festzustellen, dass der Ort der Feierlichkeiten (Kapelle, Kirche, Kathedrale) bei den heutigen Zeremonien häufig eine größere Rolle spielt als die Religionsgemeinschaft an sich. So wird der äußere Rahmen bei der Eheschließung wichtiger als die Religionszugehörigkeit des Paares.

In diesem Zusammenhang sollte man sich daran erinnern, dass der Pastor außerhalb der Glaubensgemeinschaft, die er vertritt, nicht über spirituelle Kräfte verfügt. Er handelt in ihrem Auftrag und Namen. Der Pastor handelt im Namen Gottes in seiner Eigenschaft als vom Volk Gottes anerkannter Vertreter. Deshalb spielt sich seine Segnung vor der versammelten Gemeinde ab. Er kann das Paar nicht heimlich „verheiraten" oder „kraft der Vollmacht, die ihm übertragen ist". Er bleibt sicherlich vor Gott verantwortlich, aber auch vor der Kirche, die ihn sendet. Dies scheint mir den Sinn der Aussage „gemäß dem Glauben" auszumachen, wie es der Apostel Paulus ausdrückt (Römer 12,6). So verleiht er der Zugehörigkeit zur Gemeinde einen besonderen Wert.

2. Die gesellschaftliche Verantwortung

Die meisten freien Lebensgemeinschaften oder Konkubinate zeugen von einer allgemeinen Tendenz hin zum Individualismus und weg von der gesellschaftlichen Verantwortung. Psychologen stellen fest, dass „der einzelne Priorität vor dem Paar und das Paar Priorität vor der Familie besitzt."[52] Es ist daher wünschenswert, dass die Verantwortung des Paares gegenüber der Gesellschaft und der entsprechenden Religionsgemeinschaft und umgekehrt bekräftigt wird. Wie es Eric Fuchs ausgedrückt hat:

> Das, was die westliche Tradition das gegenseitige Einverständnis nennt, sofern dies die Bedingung für die Möglichkeit der Eheschließung darstellt, reicht als Grund nicht aus. Die Ehe umfasst tatsächlich noch eine weitere Dimension, die des gesellschaftlichen Umfeldes, in dem das Paar lebt ... Man wird daher sagen, dass eine *Ehe* dadurch entsteht, dass sich ein Mann und eine Frau freiwillig dafür entscheiden, ihre Liebesbeziehung in ihre Zeit und ihr gesellschaftliches Umfeld einzufügen und diese Entscheidung

52 Nicole Prieur, zit. v. Anne Steiger, „La famille éclate mais n'explose pas", *France TGV*, Juli 2001, S. 19.

> dadurch bekräftigen, dass sie sich gegenseitig ein öffentliches Versprechen geben, wobei die gesellschaftliche Gruppe, der sie angehören (Clan, Gruppe, Stamm, Stadt, Nation) hierauf reagiert, indem sie sie als Ehepaar anerkennt und ebenfalls für sie da ist.[53]

Dies trifft genauso auf die Gemeinde, die Gemeinschaft der Gläubigen, zu. Wie Viviane Hänni zutreffend feststellt, würde die Eheschließung mehr Bedeutung gewinnen, wenn das Eheversprechen und der Segen im Angesicht der versammelten Gemeinde stattfände und das Paar dieser nicht den Rücken kehren würde.[54] So würde der Gemeinschaft auch die Rolle, die sie zur Unterstützung des neuen Paares übernimmt, deutlicher bewusst werden, und das Paar würde sich den Werten verpflichtet fühlen, die von der Gemeinschaft vertreten werden.

3. Die erzieherische Funktion

Seit der Reformation glauben wir an den erzieherischen Wert der Ehe. Sie hat immer noch Vorbildcharakter, d. h. sie vermittelt Werte. Diese Werte werden durch die Zeremonie unterstrichen. Wenn es zum Beispiel wichtig ist, dass der römische Ritus der Gabe des Rings durch den Austausch der Eheringe eine neue Bedeutung erhalten hat, dann ist es ebenfalls sehr wichtig, dass der heute praktizierte Ritus der Eheschließung beständig an die Werte erinnert, die er symbolisiert.

So wird der Segen, den der Pastor ausspricht, zum Zeichen des Dankes und der Fürbitte der Gemeinde für eine Fruchtbarkeit im geistlichen Sinn. Der Tausch der Ringe wird zum Versprechen der gegenseitigen Treue. Die Gegenwart von kleinen Kindern wird zum Zeichen der Verantwortung für sie, die Krone oder das Diadem wird zum Zeichen göttlicher Verheißungen usw.

Wie jede kirchliche Feier ist die Eheschließung auch Verkündigung des Evangeliums. Was hier als Beispiel dient, spricht zu künftigen Generationen. Die Botschaft der anlässlich einer Trauung verkündeten Wahrheiten des Evangeliums besitzt dieselbe erneuernde Kraft wie die Teilnahme an einer Taufe zur Bezeugung oder Erneuerung der eigenen Hingabe.

4. Ein Zeichen der Identität

Aus dem bisher Erwähnten folgt natürlich die Erwartung, dass die Hochzeitsfeier und ihr gesamter Rahmen eigentlich auch einen adventistischen Charakter haben sollten. Da es alle möglichen Arten von Hochzeitszeremonien gibt – zivile und laizistische, muslimische, jüdische, hinduistische, katholische usw. – warum sollte es dann nicht auch eine typisch adventistische Trauung geben?

---

53 Fuchs, *Le désir et la tendresse*, S. 182.

54 Hänni, „La cérémonie du mariage", S. 165.

Hierbei geht es nicht darum, eine allgemein gültige Form zu finden, an die sich jeder halten muss, sondern Werte auszudrücken, die dem Glauben von Siebenten-Tags-Adventisten und ihrer Identität entsprechen. Dazu passen z. B. ein vegetarisches, von geistlicher Musik begleitetes Festmenü, alkoholfreie Getränke (auch alkoholfreier Sekt) oder die Unterstützung eines karitativen oder sozialen Projekts. Muss man die Feier wirklich in zwei getrennte Bereiche einteilen – einen geistlichen Teil in der Kirche und einen geselligen Part beim gemeinsamen Essen? Welche Werte zum Thema Familie könnten bei dieser Gelegenheit vermittelt werden? Hier gibt es genügend Stoff zum Nachdenken, wie man regionale oder nationale Traditionen mit Leben erfüllen kann.

5. Eine klare Entscheidung

Die Aufwertung der Ehe führt unweigerlich zu einer Abwertung des unverbindlichen Zusammenlebens oder des Konkubinats. Man kann diese beiden Lebensformen nicht ohne Widerspruch akzeptieren. In westlichen Ländern bedeutet das unverbindliche Zusammenleben eine Lebensgemeinschaft ohne die Übernahme der Verpflichtungen, die sie mit sich bringt.[55] Sie ist oft das Vorspiel von Tragödien, wenn es zum Bruch kommt und keine Art von gesetzlichem Rahmen den Verlierer, die Verliererin oder die Kinder schützen kann. Die Teilung der gemeinsam erwirtschafteten Güter kann in diesem Fall vor keinem Gericht geltend gemacht werden.

„Wie verschieden auch die Vorstellungen von der Ehe sein mögen, es ging immer um die Vereinigung eines Mannes mit einer Frau, die ihre beiden Existenzen auf eine *dauerhafte Art und Weise* zu einer Lebensgemeinschaft vereinen", sagt Labrusse;[56] während das Konkubinat, abgesehen von dem in dieser Lebensform manifestierten Individualismus, von vornherein mehr oder weniger die Möglichkeit einer Trennung impliziert. Es ist eine Art „Ehe auf Probe".

Man kann nicht alles legitimieren. Es gibt das Gute und das Böse. Die Moral den gängigen gesellschaftlichen Vorstellungen auszuliefern bedeutet zuzugeben, dass keine festen Werte existieren und jeder das tut, was ihm gut erscheint. Das, was gesellschaftlich gesehen gut erscheint, ist nicht notwendigerweise biblisch, und das, was als legal gilt, ist manchmal nur der einfache, eher politisch oder demagogisch als von Verantwortung motivierte Versuch, eine dekadente Gesellschaft im Zaum zu halten.

So kann die Gemeinde von heute ihre regulierende Rolle für eine hedonistische und egoistische Gesellschaft spielen wie es die Kirche damals beim Thema Konkubinat getan hat. Das Zusammenleben von jungen Leuten aufgrund finanzieller

55 In diesem Zusammenhang können die besonderen Formen des Konkubinates in anderen Gesellschaften nicht ausführlich behandelt werden. Dort praktiziert man Polygamie, arrangierte Ehen, Zweckbündnisse usw., wobei die gegenseitigen Verpflichtungen aufgrund des sozialen Drucks eingehalten werden.

56 Labrusse, „Droit du mariage", S. 509 (Hervorhebung von mir).

Vorteile oder aus philosophischen Gründen zeugt von der mangelnden gesellschaftlichen und religiösen Verantwortung seiner Erfinder und von ihrer Gleichgültigkeit in Bezug auf die erzieherische Aufgabe der Ehe. All dies ist nicht akzeptabel, weniger im Hinblick auf das Zusammenleben als vielmehr im Hinblick auf mögliche Trennungen. Die Versuche, dieses „laisser-faire" zu rechtfertigen, haben keinen großen Wert.[57]

Eine andere Situation ist der schmerzliche Fall, wenn es um ältere Menschen geht, die mit ihrer Rente nicht ihren Lebensunterhalt bestreiten können und die zusammenleben, um überleben zu können. Angesichts einer solchen Situation, die das Gesetz aus verschiedenen Gründen historischer oder soziologischer Art nicht lösen konnte, eröffnen sich für die Gemeinde drei Optionen:

1. Der Fall muss als inakzeptabel betrachtet werden, und es wird von den beiden Partnern verlangt, sich zu trennen oder sich korrigierender Seelsorge zu unterwerfen. Das erscheint aus zwei Gründen schwer denkbar: a. wenn es sich um Personen handelt, die bereits verheiratet waren und sich nicht zum Alleinleben berufen fühlen. Niemand kann das Leiden ermessen, das die Einsamkeit für einen solchen Menschen bedeuten kann; b. wenn die Kirchengemeinde nicht die finanziellen Mittel hat, die wirtschaftliche Not jedes Gemeindeglieds auszugleichen.

2. Die Gemeinde stellt ihnen in Aussicht, sie innerhalb ihrer eigenen Gemeinschaft zu verheiraten, auch wenn sie dann rechtlich gesehen nicht als verheiratet gelten. Dieser Akt zivilen Ungehorsams erscheint jedoch wiederum als nicht gerechtfertigt, denn: a. Er entspricht ohne theologische Rechtfertigung der Position der römisch-katholischen Kirche.[58] b. Die Gemeinde wird strafrechtlich verantwortlich für eine gesellschaftliche Situation, die historisch und theologisch gesprochen (zumindest was die Anerkennung der Ehe als Sakrament betrifft) für ihre Gültigkeit keine religiöse Zeremonie benötigt.[59] c. Die Gemeinde kann den rechtlichen Aspekt der Ehe nicht von ihrem moralischen Aspekt trennen. Im Falle von Trennung oder Tod können sich enorme juristische Komplikationen hinsichtlich der Erbschaft oder gemeinsam erworbener Güter ergeben. Im Streitfall kann die Kirche sich nicht an einen Richter wenden und findet sich in der Verantwortung für eine Situation, die sie selbst herbeigeführt hat.

3. Die Gemeinde ergreift selbst die Initiative in Form einer Erklärung, die von einem entsprechenden Ausschuss verabschiedet wird und die Pflichten der gegenseitigen Treue und des gegenseitigen Unterhalts definiert. Sie verhängt keine

---

57 Jacques Ellul drückt es so aus: „Eine entschuldigende Rolle der Kirche (was die Scheidung oder das freie Zusammenleben betrifft) bringt uns wieder zurück zum Verständnis der Religion als Opium für das Volk." Ellul, *Les combats de la liberté*, S. 301.

58 Mit dem Verständnis, dass nur die kirchliche Eheschließung das Zusammenleben erlaubt.

59 Erinnern wir uns daran, dass in den Ländern, wo über die Gültigkeit der Zivilehe im Vergleich mit der kirchlich geschlossenen Ehe diskutiert wird, beide Formen vor dem Gesetz gelten, und zwar mit allen Konsequenzen.

kirchendisziplinarischen Maßnahmen, nur im Fall des Verstoßes gegen die auch für ein Ehepaar üblichen Pflichten. Diese Positition kann widersprüchlich erscheinen in Hinblick darauf, was wir über das Zusammenleben von jungen Leuten gesagt haben, aber dies ist nur zum Teil richtig. Tatsächlich gilt für diesen wie für andere Fälle: Es ist die Kirche in ihrer Eigenschaft als Gemeinschaft der Gläubigen, die ihre Entscheidung trifft. In dem einen Fall handelt es sich um eine pädagogische, in dem anderen um eine karitative Maßnahme.[60] Da der kirchliche Rahmen unterschiedlich aussieht, ist dies als Notlösung zu verstehen, nicht als Richtlinie.

Schlussfolgerungen

In Rahmen dieser kurzen Analyse haben wir gesehen, dass die kirchliche Eheschließung in der Geschichte des Christentums eine wesentliche Rolle gespielt hat, und zwar sowohl in Bezug auf die der Ordnung der Gesellschaft als auch bezüglich der Bewältigung der Sexualität. Es ist nicht immer leicht einzuschätzen, was in dieser Geschichte zuerst da war, die theologische Überlegung oder die Notwendigkeit, auf ungerechte oder gängige Praktiken, die die Gläubigen auf Abwege geführt haben, zu reagieren.

Die Gemeinde von heute muss sich der gesellschaftlichen Tendenzen und Gegebenheiten bewusst werden, die ihre Ehepraxis und ihre Werte betreffen. Wenn sie den gegenwärtigen Entwicklungen gegenüber gleichgültig bleiben und die von der Gesellschaft vertretenen individualistischen Konzepte akzeptieren würde, riskierte sie das Untergraben ihrer eigenen Fundamente.[61] Sie kann auch die gesellschaftliche Dimension des Ehepaars nicht vernachlässigen. „Aufgrund der geschichtlichen und gesellschaftlichen Dimension der Liebe möchte das Paar zur Institution werden, denn man ist kein Paar, wenn man seine Geschichte nicht zu zweit schreibt, wenn man von den anderen nicht als Einheit betrachtet wird."[62]

Es ist wesentlich, sich der Funktion des Ritus, in diesem Fall der Trauungszeremonie, wieder bewusst zu werden. Jeder Ritus ist von grundlegender Bedeutung für eine Gesellschaft. Er erlaubt jedem ihrer Mitglieder, sich als Teil eines Ganzen zu erkennen, in dem jeder Teil vom anderen abhängig ist. Wie gezeigt wurde, ist die schlimmste Gefahr der Verlust des Sinns eines Ritus bis zu dem Punkt, dass wir in ihm keine Daseinsberechtigung mehr sehen. Deshalb ist es bei jeder Tradition wichtig, über den Sinn ihrer Handlungen nachzudenken, besonders über ihren Sinn für die Gemeinschaft.

60 Man könnte die Erklärung des Paulus zum Fall Onesimus als Vorbild nehmen. Die letzte Entscheidung, die der Ortsgemeinde überlassen wird, ist allerdings keine Blankovollmacht für alle Fluchtversuche christlicher Sklaven. Siehe Richard Lehmann, *Epître à Philémon: Le Christianisme primitif et l'esclavage*, Labor et Fides, Genf 1978, S. 87–90.

61 Ein bekanntes Beispiel dafür ist die Zunahme von Taufwünschen ohne Wunsch der Zugehörigkeit zur Kirche.

62 M.-O. Métral, „Dialectique du mariage et du couple", *Encyclopaedia Universalis*, Bd. 10, S. 523.

Die Gemeinde und der Pastor, der sie repräsentiert, haben für die Paare, die ein gemeinsames Leben führen möchten, eine Mission zu erfüllen. Deshalb ist die kirchliche Trauung als solche kein magischer Akt, es geht vielmehr um ein Versprechen vor der Gemeinde und die Bitte um den Segen Gottes. Beides ist wichtig für das Zustandekommen der Ehe und für die Gemeinde. Die Zeremonie vermittelt die Werte der Gemeinde. Wie es Ellul ausdrückt: „Unsere Gesellschaft, jedem ‚Wind der Lehre' ausgeliefert, braucht Fixpunkte, Sinn, Erfahrung und Wahrheit."[63]

Die Anwesenheit des Pastors ist zwar für die Eheschließung nicht erforderlich, aber er ist Repräsentant, Handelnder und Träger der geistlichen Familie im weiteren Sinn des Wortes, nämlich der Gemeinde, in deren Namen er handelt. Einerseits verkündet er das Wort Gottes, das auf diese Weise von allen gehört wird, andererseits das Wort der Gemeinde, die ihre Zusage gibt und das Paar begleitet. Selbst wenn die kirchliche Zeremonie im Laufe der Geschichte ein unterschiedliches Schicksal erfuhr, ist sie für die Gemeinde von heute, vor allem in einer säkularisierten Welt, ein Instrument der Erziehung, der sozialen Zusammengehörigkeit, der Fürbitte und Teilnahme, der Verkündigung der Realität der Gnade und der Versammlung unter einem Ritus, der seine Wirksamkeit im Geheimnis des Glaubens findet.

Die christliche Trauung bietet daher mehr als eine Ziviltrauung, weil sie die ursprüngliche Rettungsabsicht Gottes ausdrückt und daran erinnet, dass die Ehe einem bestimmten Konzept folgt und dass ihr ohne die *agape* das Ziel fehlt. „Die Ehe ist die Wahrheit der Liebe; sie ist nichts anderes als die öffentlich bekannte und sich in der Geschichte der Menschen offenbarende Liebe."[64]

Die Eheschließung als einen rein gesellschaftlichen und familiären Akt zu betrachten und ihr jede religiöse Dimension zu verweigern, spricht gegen die Erfahrung der Geschichte und der Soziologie, nimmt der Kirche im Fall einer Trennung jegliche Möglichkeit, etwas dazu zu sagen, und reduziert sie in jeder Hinsicht auf die seelsorgerliche Begleitung. Wenn sie bei der Verbindung des Paares nicht beteiligt ist, dann noch weniger bei seiner Trennung. Damit würde sich die Ehe in die Privatspäre zurückziehen, wo jeder nach seinem eigenen Gusto handelt.[65]

Das würde auch bedeuten, das Wort Gottes zu leugnen, dessen Botschaft der Gemeinde anvertraut ist. Dann wäre das Wort ein leeres Wort, ein fiktives und trügerisches Versprechen. Damit würde man der religiösen Gemeinschaft ihre gesellschaftliche Bedeutung nehmen. Die Kirche als soziale Einheit bewahrt ihre Rolle und Mission gegenüber den Ehepaaren, die ihr angehören, und den Kindern, die von ihnen geboren werden.

63 Ellul, *Les combats de la liberté*, S. 242.

64 Metral, „Dialectique", S. 523.

65 Dies ist die allgemeine Position der traditionellen protestantischen Kirchen, die auch bei einer Scheidung keine kirchlichen Disziplinarmaßnahmen anwenden, doch dies ist nicht der Standpunkt der Kirche der Siebenten-Tags-Adventisten (siehe Euro-Afrika-Division der Gemeinschaft der Siebenten-Tags-Adventisten (Hg.), *Gemeindeordnung – Gemeindehandbuch, Ausgabe 2006*, Advent-Verlag, Lüneburg 2006, S. 241, 246f.).

Schließlich kann man sich nicht vorstellen, dass ein von seinem Glauben wirklich überzeugter Christ gerade über eine solche Aktion, die mit der Gemeinde zusammenhängt, nicht gründlich nachdenken und alle Gesichtspunkte prüfen würde, gerade in Bezug auf das Wohlergehen und die Zukunft der religiösen Gemeinschaft, der er angehört, und um der Gnade Gottes willen, von der diese Gemeinschaft Zeugnis gibt.

Kapitel 13

Sexualität, Ehe, Scheidung und Wiederheirat bei den frühen Adventisten und bei Ellen G. White

Heinz Schaidinger

In diesem Aufsatz soll untersucht werden, welche Haltung die frühen Adventisten gegenüber Sexualität, Scheidung und Wiederheirat einnahmen; das Hauptinteresse liegt dabei auf den Schriften Ellen G. Whites. Die adventistische Literatur des 19. Jahrhunderts im Allgemeinen habe ich für meine Ausführungen deshalb herangezogen, weil dadurch das generelle Denkumfeld der Zeit aufgezeigt werden kann, wobei es mit den Ansichten Ellen Whites nicht immer vollkommen übereinstimmte und auch interessante Kontraste sichtbar werden.

Meine Untersuchung geht nach folgendem Schema vor: Sexualität, Ehe, Scheidung und Wiederheirat werden in dieser Abfolge nacheinander betrachtet. Zuerst erfolgt jeweils die Darstellung aus den Schriften früher adventistischer Leiter (die nicht unbedingt vollständig ist), danach die aus dem Schrifttum Ellen Whites (wobei ich nach größtmöglicher Vollständigkeit trachte). Eine Schlussbetrachtung rundet die Ergebnisse ab und geht auch auf die Relevanz der untersuchten Aussagen für unsere Zeit ein.

Die gesellschaftliche Situation der Gegenwart und ihr Einfluss auf die christlichen Kirchen und damit auch auf die Adventgemeinde rechtfertigen eine solche Untersuchung. Die Haltung vieler Christen zu diesen Fragen ist heute nicht mehr dieselbe wie in früheren Zeiten. Der gesellschaftliche Paradigmenwechsel macht auch in dieser Thematik dem Christentum heutzutage zu schaffen. Eine adventistische Rückbesinnung auf eine biblische und christliche Weltanschauung zu Sexualität, Ehe, Scheidung und Wiederheirat käme keineswegs zu früh. Da die weltweite adventistische Kirche auch mit kulturellen Facetten verschiedener Art konfrontiert ist, scheint es zurzeit schwer zu sein, in diesen Fragen weltweit einheitlich zu verfahren, obwohl darum gerungen wird.[1]

Ein grundlegender hermeneutischer Zugang bei einem solchen Aufsatz ist der Versuch einer Horizontverschmelzung; es gilt die Ausdrucksweise der Zeit zu verstehen. Die Begrifflichkeit des 21. Jahrhunderts ist nicht die des 19. Jahrhunderts. Während wir Heutigen zum Beispiel problemlos von „Sexualität" sprechen, kam dieses Wort im 19. Jahrhundert nur sehr fortschrittlichen Schreibern aus der Feder. Es ist also von Bedeutung, die Umschreibungen zu verstehen, die damals verwendet wurden. Die adventistischen Autoren, auch Ellen G. White, stehen dabei in einer

1 Von der Komplexität der Probleme zeugt u. a. auch die Existenz unterschiedlicher Richtlinien in nationalen Ausgaben der ansonsten internationalen Gemeindeordnung der Siebenten-Tags-Adventisten, die in national begrenzten Anhängen zum internationalen Text vorliegen.

Sprach- und Denktradition, wie sie im frühen 19. Jahrhundert allgemein (z. B. bei Charlotte Brontë oder Jane Austen, um nur zwei zu nennen) zu finden ist.[2]

Sexualität

Die Begriffe „Sex" und „Sexualität" sind zwar älter, doch die Verwendung im heutigen Sinn datiert erst ins 19. Jahrhundert zurück. Das Thema an sich wird in der Weltliteratur schon seit dem Altertum behandelt – man denke nur an einschlägige Texte wie das Gilgamesch-Epos, in dem Astarte an Gilgamesch die Aufforderung richtet: „Pflüge meine Vulva", das indische Kamasutra, das sich ausgiebig mit der körperlichen Liebeskunst und verschiedensten Stellungen beschäftigt, oder das biblische Hohelied, in dem die körperliche Liebe auf eine höchst zarte Weise direkt oder auch weniger direkt in Anspielungen und Vergleichen beschrieben wird. Im 19. Jahrhundert aber, im viktorianischen Zeitalter, war man in der „anständigen" Öffentlichkeit sehr zurückhaltend. Man umschrieb die Dinge: Ausdrücke wie „eheliche Gemeinschaft", „eheliche Vorrechte" und andere handelten von dem, was man seit dem späteren 19. Jahrhundert einfach als „Sexualität", oder im 20. Jahrhundert noch kürzer als „Sex" bezeichnet.

Das Grundverständnis, dass Sexualität eine Sache von verheirateten Leuten ist, ist auch in ältesten Quellen bezeugt; gleichzeitig aber ist klar, dass seit ältester Zeit Sexualität auch außerhalb der Ehe stattfindet. Die christliche Haltung aus dem Alten und Neuen Testament ist hier jedoch eindeutig; darauf muss an dieser Stelle nicht näher eingegangen werden. Das Verständnis, dass sexuelle Erfahrungen im gottgewollten Sinn eine Angelegenheit von verheirateten Menschen ist, war auch das Verständnis der Siebenten-Tags-Adventisten im 19. Jahrhundert; es wurde von der adventistischen Kirche nie infrage gestellt.

1. Die frühen Adventisten

a. „Sex", „sexuality" und verwandte Begriffe

Man war in seiner Ausdrucksweise eher vorsichtig; dennoch finden sich in der zugänglichen Literatur die Begriffe „sex", „sexes" und „sexual". Männer wie Sylvester Bliss und Joshua Himes,[3] John N. Andrews[4], James White[5] und Uriah Smith[6] ver-

2 Die Übersetzungen der zitierten Texte stammen vom Autor; die Seitenzahlen beziehen sich auf die amerikanischen Originalausgaben. Anders als in den sonstigen Beiträgen zu diesem Buch werden hier auch bei Vorliegen deutscher Versionen der Bücher Ellen G. Whites die englischsprachigen Originale verwendet, weil exakte Übersetzungen und gelegentlich auch die ursprünglichen englischen Formulierungen von Bedeutung sind. Ein Verzeichnis der für ihre Bücher verwendeten Abkürzungen findet sich am Ende dieses Kapitels.

3 Sylvester Bliss und Joshua Himes, *Memoirs of William Miller*, Joshua V. Himes, Boston 1853, S. 37. Alle Verweise auf Literatur von Milleriten und frühen Adventisten beziehen sich auf die CD-ROM *Words of the Pioneers*, Adventist Pioneer Library, Loma Linda 1993. Durch die CD-ROM sind diese Texte heute wieder allgemein zugänglich.

wendeten den Begriff „sex" eindeutig im Sinne von „Geschlecht", sie sprachen von „male sex" (männliches Geschlecht), „female sex" (weibliches Geschlecht), „the opposite sex" (das gegenteilige Geschlecht), „the other sex" (das andere Geschlecht), „her" oder „his" oder „their own sex", „of either sex" (beiderlei Geschlecht) usw. Nie war damit die Ausübung von Sexualität gemeint, sondern nur die jeweilige geschlechtliche Identität – ein Gebrauch des Begriffs, der im angelsächsischen Raum noch lange verständlich blieb. Dasselbe gilt für die Pluralform „sexes" für „Geschlechter", die wir bei Sylvester Bliss und Joshua Himes,[7] Joseph Bates,[8] John N. Loughborough[9] und Anderen[10] finden.

Die Ausdrücke „sexual" und „sexuality" hingegen wurden damals bereits verwendet wie von uns heute. So sprach John Loughborough vom „cerebellum" als Sitz des „sexual impulse".[11] James White machte Alkohol verantwortlich für „sexual excess"[12] und wies darauf hin, dass beide Geschlechter (sexes) „unter Missbrauch der sexuellen Funktion"[13] leiden. Er zitierte auch andere Autoren wie zum Beispiel Sylvester Graham, der in einer Art Aufklärungsbuch an junge Männer schrieb, dass ständiges sexuelles Begehren die Einbildungskraft so anheizt, dass nicht nur die Sexualorgane selbst stimuliert werden, sondern auch das Gefühlsleben und das Nervensystem, was zum langsamen Zusammenbruch der „vitalen Energie" führe. Darum sollte man zum Beispiel keine liebeskranken Tagträumereien dulden, die nur zu allgemeiner Debilität, Krankheit und sogar zum frühen Tod führen können. Auch ohne eigentliche sexuelle Betätigung könne dieser „Ehebruch des Geistes" dem Menschen schaden.[14]

---

4 John N. Andrews, *The Commandment to Restore and to Build Jerusalem*, Steam Press of the Seventh-day Adventist Publishing Association, Battle Creek 1865, S. 13.

5 James White, *Health, or: How to Live*, Steam Press of the Seventh-day Adventist Publishing Association, Battle Creek 1865, S. 67, 71, 73, 107, 216 u. a. Siehe ebenso James White und Ellen G. White, *A Solemn Appeal*, The Seventh-day Adventist Publishing Association, Battle Creek 1870, S. 14, 51, 73, 86 u. a.

6 Uriah Smith, *Daniel and the Revelation*, Review and Herald, Battle Creek 1881, S. 158.

7 Sylvester Bliss und Joshua Himes, *Memoirs of William Miller*, S. 86, 177.

8 Joseph Bates u. a., *A Seal of the Living God: Hundred Forty-four Thousand, of the Servants of God Being Sealed in 1840*, Joseph Bates, New Bedford 1849; zitiert in *Early SDA Pamphlets*, S. 171.

9 John N. Loughborough, *Hand Book of Health; or, A Brief Treatise on Physiology and Hygiene*, Steam Press of the Seventh-day Adventist Publishing Association, Battle Creek 1868, S. 214. Siehe auch John N. Loughborough, *Heavenly Visions: Gifts in the Early Church*, Compiled by Leah Schmitke (ohne Ort, nicht datiert), S. 71, und andere Veröffentlichungen Loughboroughs.

10 So z. B. Uriah Smith, *Daniel and the Revelation*, S. 783. Siehe auch James White, *An Appeal to the Working Men and Women in the Ranks of Seventh-Day Adventists*, Steam Press of the Seventh-day Adventist Publishing Association, Battle Creek 1872, S. 141.

11 John N. Loughborough, *Handbook of Health*, S. 118.

12 James White, *Health, or: How to Live*, S. 28.

13 Original: „from abuses of the sexual function"; James White und E. G. White, *A Solemn Appeal*, S. 4.

14 *Graham's Lectures to Young Men*, S. 57, zitiert ebenda, S. 9f.

b. Masturbation: viel diskutiert

Die Schrift *A Solemn Appeal* von James und Ellen White ist eine allgemeine Abhandlung über Masturbation und die damit verbundenen Gefahren seelischer und körperlicher Natur. In ihr kommen oft Begriffe vor wie „sexual self-indulgence" (sexuelle Selbstbefriedigung), „sexual appetite" (sexuelles Verlangen), „sexual propensity" (sexuelle Neigung), dabei durchaus nicht immer in negativem Zusammenhang. Man wünschte sich einfach nur, dass der „sexual appetite" bei der männlichen Jugend noch weiter schlafen möge, bis sie wirklich zum erwachsenen Mann herangereift sei, anstatt schon im zarten Alter zwischen fünf und zehn Jahren seine Ansprüche anzumelden.[15] In dieser Schrift wird auch beschrieben, wie man damals das Zusammenwirken zwischen vegetativem, psychischem und kognitivem Nervensystem sah: Da diese drei verschiedenen Nervensysteme mit den sexuellen Organen verbunden sind, würde eine exzessive sexuelle Tätigkeit (zu hohe Orgasmusfrequenz) ganz notwendigerweise zur Schwächung des Körpers und auch des Geistes führen.[16]

Das bedeutet aber nicht, dass man grundsätzlich gegen Sexualität war, denn man sah nur die Masturbation als „die ungeheuerlichste Verletzung des sexuellen Gesetzes".[17] Unbeherrschte Sexualität könne sich bis ins Eheleben hinein fortsetzen, wenn Kinder abgetrieben werden müssten, weil man sie sich nicht mehr leisten kann. Anstatt sich zu kontrollieren, machen beide Eltern sich schuldig.[18] Exzessive Sexualität schwächt den „sexual apparatus" (das sexuelle System),[19] dessen Kraft offensichtlich erhalten bleiben soll. Wenn er zerstört wird, passiere das Gleiche wie bei der Kastration von Tieren: Männer verlieren ihre männliche Kraft, Frauen ihren weiblichen Charme, und das sei höchst beklagenswert, man wäre nurmehr „ein Ding"! Alle „Sexualität", mental wie auch physisch, wäre dahin![20]

---

15 Ebenda S. 30, ähnlich S. 262: „Es ist die *künstliche Stimulation* und die *verfrühte Entwicklung* des Sexualinstinkts" (Hervorhebung im Original), und S. 267: „... frühreife Sexualität von Kindern".

16 J. White und E. G. White, *A Solemn Appeal*, S. 82f.: „'An den Sexualorganen finden wir die drei großen Nervensysteme gleichermaßen beteiligt – das vegetative, oder die Nerven des organischen Lebens; das emotionale, oder die Nerven des Seelen- oder Trieblebens; und das intellektuelle, oder die Nerven des geistlichen Lebens; die letzten zwei sakralen Spinalnerven, die ebenfalls die Versorgung der inneren Organe gewährleisten, haben ihre Ganglien innerhalb der Dura mater (harten Hirnhaut) im Rückenmark. Diese ihre Lage unterscheidet sie von anderen Spinalnerven; sie gleichen dadurch den Gehirnnerven, die das Gehirn verlassen und sind damit mit dem Gehirn verbunden.' Wenn man diese Konzentration von Blut und Nerven bedenkt, ist es dann ein Wunder, dass der durch ständiges Nachgeben der sexuellen Leidenschaft häufig wiederholte Orgasmus bei vielen Personen zu einer Erschöpfung der körperlichen und geistigen Kräfte geführt hat? Ist es möglich, dass solcherart ständig oder sehr häufig erlebter Orgasmus zu einem Kräfteverschleiß führt, der sich früher oder später sogar bei der stärksten Konstitution bemerkbar machen muss?"

17 Original: „the most flagrant violation of the sexual law"; ebenda S. 84.

18 Ebenda S. 100f. Verhütung bestand damals in erster Linie aus Enthaltsamkeit.

19 Ebenda S. 206.

20 Man beachte, dass hier der Ausdruck „sexuality" durchaus positiv besetzt ist.

Was also die physische „Sexualität" schwächt, schwächt auch die Männlichkeit oder Weiblichkeit.[21] Die Charakteristika der Geschlechter gehen verloren, aller Adel, alle Eleganz sei dahin: Die Männer verlieren alle ihre geistigen und charakterlichen Führungsqualitäten und allen Charme; sie werden sich und der Gesellschaft zur Last. Die Frauen verlieren ihre Liebenswürdigkeit und ihre Anmut, ihre Schönheit und auch ihr Interesse am Mann.[22] Diese Art der Argumentation zeigt, dass man sich nicht gegen Sexualität an sich aussprach, sondern gegen deren zerstörenden Missbrauch.

Eine klare Unterscheidung ist hier wesentlich: Diese Form der Darlegung sollte nicht Sexualität an sich desavouieren, sondern die Gefahren der Masturbation für die mentale und körperliche Gesundheit aufzeigen. Heute würde man das etwa so sagen: Ein exzessiv um der Sexualität selbst willen ausgelebter Trieb (Masturbation) schwächt die Gesamtkonstitution des Menschen; seine vitale Spannkraft lässt nach.[23]

c. Lust und Sinnlichkeit: negativ besetzt

Die Begriffe „lust" (Lust) und „sensuality" (Sinnlichkeit) sollten auch in ihrem damaligen Zusammenhang verstanden werden. Warum waren diese Begriffe von vornherein negativ besetzt? Die Überlegung war, dass zu exzessiver Sexualität, auch in der Ehe, gewisse Dinge wie Brutalität, Herabsetzung und Verachtung des Partners gehören. Wer ausschweifend lebt, redet selten gut von seinem Partner. Frauen werden nur als Sexobjekte betrachtet, nicht als Menschen mit Wert. Eine Frau, die so behandelt wird, muss auch innerlich zerbrechen. Ein „sensual husband" (wörtlich ein

21 James White und E. G. White, *A Solemn Appeal*, S. 206.

22 Ebenda S. 209f. Man kann übrigens relativ leicht erkennen, wo James White geschrieben hat. Er zitiert häufig Ärzte und andere Autoren, freilich oft ohne die Quelle anzugeben. Es wird nur erkenntlich durch die Anführungszeichen. Ellen White hat eine andere Sprache. Sie schreibt seitenweise über „marriage" („Ehe"), über die Verantwortung von Mann und Frau, Vater und Mutter, und verwendet den Begriff „sexual" oder „sexuality" quasi überhaupt nicht.

23 Dazu kommt noch eine andere Diskussion: Vielfach wird heute der Standpunkt belächelt, Masturbation könne der Gesundheit abträglich sein. Wissenschaftlich sei das nicht bewiesen. Hermeneutisch wäre die Frage so zu lösen: Was wissenschaftlich nicht bewiesen ist, ist vielleicht nur deshalb nicht bewiesen, weil man es noch nicht in wissenschaftlicher Form untersucht hat. Man denke an die jahrzehntelange Weigerung der Tabakindustrie, endlich zuzugeben, dass Rauchen für die Gesundheit schädlich ist – tatsächlich war bis vor wenigen Jahren der „wissenschaftliche Beweis" nicht erbracht. Dieser Tatbestand der fehlenden wissenschaftlichen Untersuchung ist aber auch kein Gegenbeweis: Die Wissenschaft muss sich mit dieser Frage erst beschäftigen. Eine kleinere Studie, die der von James und Ellen White vertretenen Ansicht Raum lässt, wird diskutiert im Buch *Testimonies on Sexual Behavior, Divorce, and Remarriage*, S. 268ff. Dieses Buch wurde im Jahr 1989 vom Ellen G. White-Estate veröffentlicht und wendet sich an die Gemeindeleiter und Pastoren, die sich mit Problemen der Unmoral in der Gemeinde beschäftigen müssen. Die Herausgeber sagen ganz klar im Vorwort, dass die Kompilation der Texte dieses Buches kein Handbuch von Verhaltensregeln für die Probleme von Unmoral, Untreue, unbiblischer Scheidung und Wiederheirat darstellen, weil nicht zwei Situationen einander gleichen – ja, auch Ellen White wäre das nicht recht (siehe S. 6). Es geht offensichtlich nicht darum, überall anwendbare Gesetze herauszufiltern, sondern die Prinzipien zu sehen, nach denen man jeden einzelnen Fall wieder neu beurteilen muss.

„sinnlicher Ehemann") müsse verantworten, dass seine Ehefrau in einem „feurigen Meer der Lust" untergehe – und das war keineswegs positiv lustvoll gemeint.[24]

Offensichtlich ging es bei einer solchen Sichtweise um Anwendung von Gewalt in der Ehe (brutality), um Sexualität als puren und auch pervertierten Lustgewinn, nicht als Ausdruck der ehelichen Zuneigung und Liebe. Die Verdinglichung des Menschen (a thing) wurde angeprangert, nicht der verantwortungsvolle Umgang mit Sexualität an sich. Unser Problem mit dem Sprachgebrauch von damals ist, dass wir mittlerweile die Ausdrücke „Lust", „Sexualität" usw. auch positiv besetzt haben. Wenn damals über die positiven Aspekte geredet wurde – die man auch sah –, sprach man über „marital relations" oder „marriage relations" (eheliche Beziehungen).[25]

Ganz selten (mir ist nur dieser eine Fall untergekommen) wurden anscheinend auch Standpunkte vertreten, die nahe an einen Lobpreis der Ehelosigkeit herankommen: Obwohl der Zölibat zum Beispiel unter den Siebenten-Tags-Baptisten nicht gefordert oder erzwungen wurde, wurde doch die Ehelosigkeit unter ihnen als Tugend aufgefasst. Es gab kein Sexverbot für Verheiratete, aber man hielt es mit Paulus, für den ja die Ehelosigkeit zu einem heiligeren Leben führte – so T. Davis.[26]

2. Ellen G. White

Ellen White äußerte sich ähnlich wie ihre Zeitgenossen – mit dem Unterschied, dass sie die in hier zur Diskussion stehende Begriffe noch seltener verwendete. In ihren Schriften bedeutet der Ausdruck „sex" ausnahmslos in dem vorhin beschriebenen Sinn von „Geschlecht" (männlich oder weiblich) ohne Bezugnahme auf Sexualität als solche. Dabei lehrte sie vor allem die Jugend, auf das andere Geschlecht nicht so sehr zu achten wie auf ihre eigene Charakterbildung und Ausbildung.[27]

a. Vorstellungen über das Zusammenwirken der Geschlechter

Männer sollten sich um geschlechtsbezogene Krankheiten von Männern kümmern, Frauen um die von Frauen.[28] Männer sollten nicht Geburtshelfer sein, Frauen nicht die „secret parts" (geheimen [Körper-]Teile) der Männer behandeln, ja sie nicht einmal ansehen.[29] Ellen Whites Schlussfolgerung: Weibliche Ärzte sind genauso

24 J. White und E. G. White, *A Solemn Appeal*, S. 236f. Es geht eben um „pervertierte Sexualität"; vgl. S. 226.

25 Vgl. die Ausdrucksweisen Ellen Whites in *A Solemn Appeal*, S. 102–180. Unter den positiven Beschreibungen von ehelicher Geborgenheit und dergleichen dürfen wir auch eine positive Beschreibung von ehelicher Sexualität sehen.

26 T. Davis, „A General History of the German Seventh-day Baptists", *Advent Review and Sabbath Herald*, 19. Februar 1857, S. 121.

27 So z. B. in 4T, S. 432, oder 13MR, S. 145 (siehe das Abkürzungsverzeichnis am Ende dieses Kapitels). Hier geht es um „flirtation" (Flirt, Liebelei), also eine unziemliche, weil zu frühe Annährung zwischen den Geschlechtern, wenn sie noch zu jung sind und noch so viel zu lernen haben.

28 9T, S. 178; CH, S. 365f.

29 „Ärztinnen sollten sich ganz klar weigern, bei Männern die Geschlechtsteile anzuschauen. Frauen sollten gründlich ausgebildet werden, für Frauen zu wirken, und Männer, für Männer zu wirken. Männer sollten

notwendig wie männliche. Für das 19. Jahrhundert war das sehr fortschrittlich, da die Medizin eine völlige Männerdomäne war.

Ganz wie ihre Zeitgenossen verwendete Ellen White auch die Pluralform „sexes" im Sinne von „Geschlechter". So sollte man junge Leute beiderlei Geschlechts (Koedukation!) auf dem College darauf vorbereiten, in den verschiedenen Zweigen des Werkes zu arbeiten.[30] Diese Koedukation muss aber den „strictest rules" (strengsten Regeln) unterworfen sein, denn ein Mangel an Vorsicht und Wachsamkeit, wenn junge Leute beiderlei Geschlechts zusammenkommen, wirk sich äußerst demoralisierend aus. Junge Christen waren aufgerufen, hier Verantwortung zu zeigen![31]

b. Die niederen Leidenschaften

Der Begriff „sexual" ist bei Ellen White in der Mehrzahl negativ besetzt, am häufigsten im Zusammenhang mit „sexual excess" (sexueller Exzess). Der zerstörte den Willen zur geistlichen Beschäftigung, führe zur Degeneration der Frau, gefährde Gesundheit und Leben, führe in Depressionen usw.[32] Sexuelle Aktivität außerhalb einer Ehe ist natürlich nicht erlaubt, obwohl das, was Gott außerhalb der Ehe beleidigt, innerhalb der Ehe von ihm geschützt wird.[33] Doch niedere Leidenschaften (passions) und tierische Neigungen („animal passions" oder „animal propensities") gäbe es innerhalb wie außerhalb der Ehe. Frauen verlieren ihre Würde,

Ehepaare ihre Liebe zueinander, das Endergebnis ist Misstrauen, Hass und Eifersucht (denn wenn die Liebe fehlt, kann man überall seine Befriedigung finden); die Ehe ist dann nur mehr ein bedrückendes Joch.[34]

---

wissen, dass sie zu ihren eigenen Geschlechtsgenossen um ärztliche Hilfe gehen sollten und nicht zu weiblichen Ärztinnen. Das ist ja eine Beleidigung für die Frauen, und Gott sieht mit Abscheu auf Dinge von solch niederer Art." CH, S. 364. Diese Problemdarstellung mutet uns heute altmodisch an. Welchen Stellenwert sollen solche Überlegungen bei der Arztwahl haben? Wäre es besser, zum gleichgeschlechtlichen Arzt zu gehen, obwohl er nachweislich nicht so gut ist wie der gegengeschlechtliche? Freilich nicht. Leben und Gesundheit sind wohl wichtiger als das Geschlecht meines Arztes. Dennoch sind solche Überlegungen nicht umsonst und entbehren auch für uns Heutige nicht einer gewissen Relevanz. Der Rat Ellen Whites ist auch im 21. Jahrhundert noch wertvoll. In der ärztlichen Ethik spielt die Frage der Sexualität zwischen Arzt und Patient schon seit dem Hippokratischen Eid eine Rolle. Dass es hier ein Terrain gibt, in dem man sich nicht verantwortungsvoll genug benehmen kann, bedarf eigentlich keiner weiteren Erläuterung. Darum: Wer die Wahl hat, vereinfacht sich das Leben. Dem Kern nach ist dieser Ratschlag auch heute sinnvoll, denn die Gesellschaft ist nicht tugendhafter geworden. Dennoch wäre es unsinnig, würde ich einer Frau ein schlechtes Gewissen machen, weil ein männlicher Arzt ihr Geburtshelfer ist – wäre es denn besser, sie hätte gar keinen? Ellen White würde eine Position des gesunden Menschenverstands vertreten: Es gibt gute Prinzipien (z. B. keine schädlichen Medikamente nehmen), doch wenn jemand an Malaria leidest, ist es besser für ihn, er nimmt Chinin. Vgl. eben dieses Beispiel in 2SM, S. 281: „Es wird von uns erwartet, dass wir das Bestmögliche tun."

30 5T, S. 60.

31 11MR, S. 154. Man muss offen gestehen, dass ein solches Vorgehen weit entfernt ist von der heutigen gesellschaftlichen Praxis. Nichtsdestoweniger ist der Ratschlag aber sinnvoll; vgl. die Diskussion in der vorletzten Fußnote.

32 AH, S. 124; 2T, S. 381, 473–477. Hier wird deutlich, dass bei Ellen White oft die Begriffe „animal passions" und „lust" im Sinne von „sexual excess" zu verstehen sind.

33 Brief 3, 1879; veröffentlicht in 4MR, S. 214–226.

34 „Christianity in the Marriage Relation", *Advent Review and Sabbath Herald*, 26. September 1899, abgedruckt

Das Problem bei alledem ist nicht die sexuelle Betätigung an sich, sondern das Fehlen der Liebe und die damit verbundene Entfremdung des Menschen im sexuellen Akt. Wenn nicht zärtliche Liebe am Anfang der Sexualität steht, dann wird der Partner austauschbar; es geht nurmehr um Sex an sich, nicht um Liebe. Die daraus resultierende sexuelle Überaktivität bedroht dabei die Beziehung nicht nur in psychischer Hinsicht.

Der ständige Hinweis, dem wir bereits begegnet sind, dass sich sexuelle Überbetätigung neben ihrer Folge geistlicher Verkümmerung auch gesundheitsschädlich auswirk , wird im 20. Jahrhundert durch medizinische Aussagen erhärtet, wenngleich man zugibt, dass die Angelegenheit kaum medizinisch erforscht worden ist. Gerade deshalb scheint es zu früh, diese Aussagen als „unwissenschaftlich" abzutun; sie sind höchstens noch nicht wissenschaftlich untersucht. Nachdenklich macht manche Ärzte jedoch das Wissen, dass mit einer Ejakulation so viel Zink den Körper verlässt, wie an einem Tag über die Verdauung in den Körper gelangen kann. Zink aber ist ein wichtiges Mineral für das Gehirn.[35]

c. Die andersartige Sprache

Zur richtigen Bewertung der Aussagen Ellen Whites ist es nötig zu beachten, dass ihr Sprachgebrauch ein anderer war als er heute ist. Die oft negative Erwähnung von sexuellen Zusammenhängen mag ernsthafte Leser dahin führen, in der Sexualität an sich etwas Problematisches zu sehen und zur Unterstützung dieser Ansicht auf Texte Ellen Whites zurückzugreifen.

Wo sind die positiven Beschreibungen von Sexualität zu finden?[36] Vor allem nicht im Zusammenhang mit den Begriffen, die wir heute verwenden würden. Ellen White verwendete andere Begriffe. Sie spricht vor allem von „privileges" (Vorrechten), die von Gott „graciously given" (gnädig gewährt) sind;[37] einmal erwähnte

in TSB, S. 110–114.

35 Siehe TSB, Appendix A, S. 269f. Der Arzt Carl C. Pfeifer wird dort mit der Aussage zitiert: „Wir sagen es nicht gern: In einem Jugendlichen, der unter Zinkmangel leidet, können sexuelle Erregung und exzessive Masturbation Geistesstörungen hervorrufen." (*Zinc and Other Micro-Nutrients,* Keats, New Canaan, Connecticut, 1978, S. 45) Natürlich gibt es nur wenige Ärzte, die einer solchen Argumentation folgen, doch interessant ist, dass, wer diese Zusammenhänge erforscht, zu Folgerungen gelangt, zu denen bereits Ellen White und ihre Zeitgenossen neigten. In der pastoralen Arbeit würde ich aber eine andere Begründung vorschlagen, auf Masturbation zu verzichten, die weniger angreifbar ist als die Gesundheitsdiskussion, über die wissenschaftlich noch nicht viel gesagt werden kann: Eine rein selbstbefriedigende Sexualität, die um ihrer selbst willen betrieben wird, fällt aus dem gottgewollten Rahmen. Sexualität sollte Ausdruck der Wertschätzung und Liebe eines Gegenübers und zu einem Gegenüber sein, während Masturbation völlig egozentrische Liebe ausdrückt. Wer gewohnt ist, bei der Ausübung von Sexualität nur an sich zu denken, kann wohl schwerlich ein erfülltes Sexualleben mit einem Partner führen, auf dessen Bedürfnisse er ständig Rücksicht nehmen soll. Erfüllte partnerschaftliche Sexualität und Selbstbeherrschung bedingen einander.

36 An dieser Stelle möchte ich auf die sehr einfühlsame Darstellung der Haltung Ellen Whites zu diesem heiklen Thema und ihrer Situation im Kontext ihrer Zeit hinweisen, die in 1MCP, S. 218–220 (*Intellekt, Charakter und Persönlichkeit,* Bd. 1, S. 230–232) nachzulesen ist.

37 *Advent Review and Sabbath Herald,* 25. September 1888, zitiert in AH, S. 50f.

sie auch „sexual privileges" (sexuelle Vorrechte).[38] Wahre Liebe, die rein und heilig ist, geht mit diesen „privileges" gut um und zwar so, dass die Liebe dadurch gestärkt wird. Eine solche Verwendung der ehelichen Vorrechte ist gottgewollt und wird nicht damit enden, dass man das religiöse Interesse verliert.[39] Der „abuse" (Missbrauch) der „ehelichen Vorrechte" aber könne sogar dazu führen, dass Kinder die sexuelle Überaktivität ihrer Eltern zu ihrem eigenen Schaden erben.[40]

Das bedeutet im Klartext, dass Ehepaare, die aus Liebe zueinander Sex haben, in Gottes Wohlgefallen leben; jene aber, die den wiederholten und quantitativ gesteigerten Lustgewinn als erste Maxime der ehelichen Sexualität verfolgen, die sozusagen durch sexuelle Reizüberflutung eine Art „Kammerflimmern" des Körpers und der Seele auslösen, haben ein großes Problem, das auch eine geistliche Dimension hat. Wer seine „ehelichen Vorrechte" missbraucht, stärkt seine „animal passions" (tierischen Leidenschaften). „It is carrying *that which is lawful* to excess that makes it a grievous sin."[41] („Der Exzess des Erlaubten macht es zur schweren Sünde.")

d. Keine Leibfeindlichkeit

Offensichtlich setzte sich Ellen White nicht nur gegen den Missbrauch der Sexualität in oder außerhalb der Ehe ein, sondern auch gegen scheinbar heilige Ansichten zur sexlosen Ehe, wie sie auch unter Siebenten-Tags-Adventisten zuweilen propagiert wurden. In der Gemeinde sollten auch keine verdrehten Ansichten zum Thema aufkommen. Wenn Eheleute dazu gebracht würden, ihre normalen ehelichen Vorrechte als „Missbrauch der ehelichen Vorrechte" anzusehen, dann ist das nach Ellen White ein Werk des Teufels, der die Menschen durcheinanderbringen will, und „Unreinheit statt Reinheit ist das Ergebnis".[42] Und:

> Keiner Menschengruppe hat Jesus Ehelosigkeit auferlegt. Er kam nicht, um das geheiligte Band der Ehe zu zerstören, sondern um es zu erheben und zu seiner ursprünglichen Heiligkeit zurückzuführen. Mit Vergnügen blickt er auf jene Familien, in denen geheiligte und selbstlose Liebe gelebt wird.[43]

---

38 Ms 14,1888, zitiert in TSB, S. 115 u. a. Der Ausdruck lautet zwar „sexual privileges are abused" (sexuelle Vorrechte werden missbraucht), doch „privilege" ist „privilege".

39 *Advent Review and Sabbath Herald,* 25. September 1888, zitiert in AH, S. 50f.

40 2T, S. 468f.

41 4 T, S. 505 (AH, S. 122; Hervorhebung hinzugefügt). Siehe auch 2 T, S. 252 (AH, S. 121): „Essen und Trinken ist keine Sünde, Heiraten und Verheiraten auch nicht. Es war in den Zeiten Noahs rechtmäßig zu heiraten, ebenso ist es heute rechtmäßig, wenn das, was rechtmäßig ist, richtig angewendet und nicht zum sündigen Exzess getrieben wird."

42 Brief 103, 1894, zitiert in TSB, S. 109f.

43 Ms 126, 1903, zitiert ebenda und in AH, S. 121.

Diese „selbstlose Liebe“ hat in unserem heutigen Sprachgebrauch mit Sexualität zu tun; sie beschreibt ein zärtliches Liebespaar, das sich, wie von Gott vorgesehen, durch die Liebe zueinander hingezogen fühlt und diese Liebe geistig wie auch körperlich lebt. Darum: „Wer vorgibt, Christ zu sein ... sollte pflichtbewusst das Ergebnis jeglicher Beanspruchung der ehelichen Vorrechte überdenken, und ein geheiligter Grundsatz sollte jeglicher Tat als Basis zugrunde liegen.“[44] Die Ehe soll tatsächlich als das gewürdigt werden, was sie nach Gottes Plan sein soll: Glücksbringer und Glücksfestiger. Das schließt Sexualität im göttlichen Sinn ein. „Geheiligter Grundsatz“ ist hier nicht die Abwesenheit von Sexualität, sondern der göttliche Gebrauch derselben. „Jegliche Tat“ heißt: Wird der Mensch erhoben oder erniedrigt? Ist die Frau Königin des Herzens, die in aller Zärtlichkeit verwöhnt wird (siehe das Hohelied Salomos), oder eine „Bettsklavin für [des Mannes] maßlose, niedere Lüste, bis sie keine Gottesfurcht mehr vor Augen haben“?[45]

Vom Mann werde erwartet, dass er zärtliche Liebe in die Ehe mitbringt, mit der Frau mitempfindet und sie so behandelt, dass sie dadurch erhoben wird. Der Frau werde gesagt, dass sie sich nicht vom Mann ausbeuten lassen soll, nur weil er die Bibel zitiert mit dem Hinweis, dass sie ihm in allem zu gehorchen habe.[46] Wahre Liebe führt zum Glück beider, und wer wirklich ein bekehrter Christ ist, offenbart dies auch in seiner Ehe. Man bedenke, dass Ellen White selbst vier Kinder geboren, ihren Mann geliebt, sich nach ihm gesehnt und eben damit eine feine christliche Ehe geführt hat. „Religion ist Liebe, und in einem christlichen Heim regiert die Liebe und findet Ausdruck in Worten und Taten nettester Aufmerksamkeit und zärtlicher Freundlichkeit.“[47] Wir Heutigen müssen zur Kenntnis nehmen, dass solche Formulierungen auch von Zärtlichkeiten reden. „Jesus möchte glückliche Ehen sehen, glückliche und gemütliche Heime.“[48] Ellen White schrieb einem Ehemann:

> Gott erwartet von dir nicht nur, dass du deine Gedanken unter Kontrolle hältst, sondern auch deine Leidenschaften und Zuneigung. ... Leidenschaft und Zuneigung haben große Macht. ... Pass also auf, was du denkst, wache über deine Leidenschaften und deine Zuneigung. Lass sie nicht zu Dienern deiner niederen Lüste verkommen. Erhöhe und reinige sie, weihe sie Gott.[49]

Offensichtlich konnte Ellen White sich unter „passions“ (Leidenschaften) auch etwas Positives vorstellen, wenn sie Gott geweiht und richtig eingesetzt sind. Als James

44 2T, S. 380.

45 Ms 14, 1888, zitiert in TSB, S. 115.

46 18MR, S. 312.

47 5T, S. 335.

48 AH, S. 99.

49 2T, S. 561, 564.

und Ellen eine Zeitlang getrennt waren, weil sie an verschiedenen Orten arbeiteten (in Kalifornien und Michigan), schrieb sie ihm: „Ich schlafe alleine. Mir ist das lieber, und Mary auch. So kann ich besser nachdenken und beten. Wenn Du nicht da bist, bin ich lieber allein. Mein Bett möchte ich nur mit Dir teilen."[50]

Aus der gemeinsamen Arbeit mit Ellen White erzählte John N. Loughborough eine Geschichte, die zeigt, dass Ellen White durch eine Vision dazu bewogen wurde, einem entfremdeten Paar normales Eheleben, auch in sexueller Hinsicht, anzuraten. Die Frau hatte sich aus Eifersucht dem Mann lange versagt, doch schließlich konnte sie dazu bewogen werden, den Mann um Verzeihung zu bitten.[51]

e. Warum so viele Ermahnungen?

Was bleibt, ist die Frage, warum die Warnungen vor sexuellem Missbrauch unendlich häufiger vorkommen als das Lob der körperlichen Liebe zwischen Eheleuten? Vielleicht weil es damals diesbezüglich mehr zu weinen als zu lachen gab. Wenn man als Historiker Quellen beurteilt, besagt ein Prinzip, dass ein Thema, das ständig wiederkehrt, für die Zeitgenossen der Quellen ein ständiges Problem darstellte. So können wir heute davon ausgehen, dass damals diese Schwierigkeiten wirklich vorherrschend waren, vor allem deshalb, weil man den Zusammenhang zwischen Ursachen und Wirkungen noch nicht völlig verstand. In dem Ausmaß, in dem auch heute solche Missbräuche vorkommen, haben die Warnungen immer noch volle Berechtigung und Gültigkeit. Ja, noch mehr: Weniger die körperlichen Auswirkungen, die heute durch eine bessere Medizin und bessere Ernährung abgeschwächt werden, treten in unserer Gesellschaft so stark vor Augen, sondern vielmehr die psychischen, in Depression und Selbstaufgabe mündenden Auswirkungen des sexuellen Miss-

---

50 Brief 6, 1876; zitiert in 1MCP, S. 220. „Wie wenige Männer zeigen ihre Liebe in der Art und Weise, wie sie durch den Apostel bezeichnet wird: ‚... wie Christus die Gemeinde geliebt hat und hat sich selbst für sie dahingegeben, um sie [nicht zu beflecken, sondern] zu heiligen ... [damit sie] heilig und untadelig sei' (Eph 5,25ff.). Dies ist die Qualität der Liebe in der ehelichen Beziehung, die Gott als heilig erkennt." 2T, S. 473f.

51 John N. Loughborough, *The Great Second Advent Movement*, Review and Herald, Washington D.C., 1905, S. 378f. An dieser Stelle sei ein Buch erwähnt, das in den 1970er-Jahren für Aufregung gesorgt hat: Ronald Numbers, *Prophetess of Health: A Study of Ellen G. White*, Harper & Row, New York 1976. In Kapitel 6 („Shorts Skirts and Sex", S. 129–159) stellt er Ellen White als der Sexualität gegenüber sehr negativ eingestellt dar. Das Buch hat sehr viele Quellenverweise, wirkt deshalb auch sehr seriös. Jedoch ist es Ronald Numbers in seinem Werk nicht gelungen, zu der eingangs beschriebenen Horizontverschmelzung zu gelangen, die unabdingbar nötig ist, wenn man Ellen White im Kontext verstehen will. Dies wird auch klar in der Antwort, die das Ellen G. White-Estate noch im Mai 1976 herausgab: *Prophetess of Health: A Discussion and Review* (Washington D.C. 1976). Darin werden Numbers nach einigen Bemerkungen über positivere Aspekte seines Buches „Auslassung gegenteiligen Beweismaterials" vorgeworfen, ebenso „nicht belegte Behauptungen" und „Mangel an kritischer Distanz" – was auch belegt wird (S. 12–14). Da diese Studie jedoch nur 24 Seiten umfasste, veröffentlichte das White-Estate nur wenige Monate später ein ganzes Buch: *A Critique of the Book Prophetess of Health* (Ellen G. White-Estate, Washington D.C. 1976), nun 132 Seiten stark. Die Besprechung von Numbers' Kapitel 6 findet sich auf S. 65–74 und ist sehr lesenswert. Hier werden etliche Sinnverdrehungen und Auslassungen dargelegt; vom Bild einer düsteren, sexfeindlichen Ellen White bleibt nicht viel übrig. Am Ende des Kapitels fragen die Autoren des White-Estate: „Where does this leave *Prophetess of Health*?" (sinngemäß: „Was bleibt von den Aussagen in *Prophetess of Health* übrig?")

brauchs, sei es an Kindern oder an Erwachsenen, welche heute klar erkannt und bezeichnet werden können.

Die Ehe

Der Ausdruck „marriage" bedeutet sowohl „Ehe" als auch „Heirat" und wird auch doppeldeutig verwendet. Wenn man von der Hochzeitsfeier allein sprechen will, gebraucht man den Begriff „wedding". In diesem Bereich ist kein Begriffswandel zu bemerken; wir haben hier heute kein Problem, die Sprache des 19. Jahrhunderts zu verstehen.

1. Die frühen Adventisten

Bei den frühen Adventisten wurde viel über „marriage" geschrieben; in den Veröffentlichungen des 19. Jahrhunderts kommt der Ausdruck sehr häufig vor. Die fast einzige Verwendung des Begriffs „marriage" oder des Verbs „marry" ist jedoch biblisch-gleichnishaft: die „Hochzeit des Lammes", die Ehe als Symbol der Vereinigung von Christus und der Gemeinde, das Gleichnis von den zehn Jungfrauen usw.

a. Vorstellungen von Ehe und Ehetauglichkeit

Nur an manchen Stellen wird von der menschlichen Ehe als solcher gesprochen. Ein für mich sehr einfühlsames Beispiel ist die Schilderung der Heirat von William Miller und Lucy Smith bei den Autoren Sylvester Bliss und Joshua Himes. Sie zeigt nicht nur den Menschen William Miller, sondern auch die Denkart der damaligen Zeit. Solche Inhalte wurden auch bei anderen in dieser Form ausgedrückt:

> Es gibt gewiss keine andere Beziehung zwischen zwei Menschen, von denen ihr gegenseitiges Wohlbefinden so stark abhängt wie von der Beziehung zwischen Mann und Frau. Zu einem großen Ausmaß wird ihre eigene Geschichte und die ihrer Kinder davon bestimmt, wie gut die beiden zusammenpassen und wie sie ihre Beziehung leben. Wenn in der Ehe die Weisheit und die Güte Gottes sichtbar werden, dann zeigen sie sich in der Philosophie der Ehe, in der ungekünstelten und geistlichen Art, wie sie nach Gottes Plan gelebt wird. Wir werden Stück für Stück sehen, wie gerade die Betrachtung der Ehe und ihrer Pflichten bei Miller ganz stark ausschlaggebend war, um Christ zu werden.
>
> Da Frau Lucy Miller immer noch am Leben ist, muss ihre Eulogie nicht hier gesungen werden. Es genügt zu sagen, dass sie von Natur aus und durch ihre Gewohnheiten des Fleißes und der Sparsamkeit wie geschaffen dafür war, das Leben im Heim sehr angenehm zu gestalten und Millers ständig steigenden Bekanntheitsgrad und Erfolg in der Öffentlichkeit zu unterstüt-

> zen. Und nur wenige Männer waren bessere Ehemänner als William Miller. Seine Warmherzigkeit und unermüdliche Fürsorge hat sich in seinem Heim sehr stark ausgewirkt, und sein Vertrauen in die Menschen, die er als vertrauenswürdig achtete, war grenzenlos. Fräulein Smith [der Mädchenname von Lucy Miller] musste ihre Entscheidung, William Millers Heiratsantrag anzunehmen, nie bereuen; er hat ihre Erwartungen nie enttäuscht. Sie heirateten am 29. Juni 1803.[52]

James White gab sich in einer Erörterung des Kinderzeugens völlig kompromisslos, zweifellos beeinflusst von seiner Frau:

> Der Ehemann verletzt sein Eheversprechen und missachtet die Pflichten, die ihm damit vom Wort Gottes auferlegt sind, wenn ihm die Gesundheit und das Glück seiner Frau so egal sind, dass er ihre Lasten und Sorgen ständig vermehrt, indem er für zahlreichen Nachwuchs sorgt.[53]

John Loughborough antwortete auf die Frage, ob man als Gemeindeglied zwei lebende Ehepartner (ein/e Ex-Partner/in) haben kann: Als noch nicht Gläubiger könne man schon in diese Lage geraten. Doch nach Matthäus 19,9 sei der verlassene Partner frei, wieder zu heiraten. Auch die Zeugnisse Ellen Whites, so Loughborough, sagten Ähnliches, nur dass solche Leute in der Gemeinde keine wichtige Position einnehmen sollten. Auf die Frage, ob Heirat nur mit einem Gleichgläubigen so wichtig sei, dass man ausgeschlossen werden könnte, wenn man sich nicht daran hält, antwortete Loughborough, dass dem nicht so sei; doch der Rat des Apostels Paulus, „nur dass es in dem Herrn geschehe“ (1 Kor 7,39), sollte beachtet werden – was auch von den *Testimonies* (Zeugnissen Ellen Whites) unterstützt werde.[54]

b. Der Stellenwert der Verlobung

Die Standards für die Gemeinde waren anscheinend eindeutig und klar. Ein ähnliches Bild vermittelte Alonzo T. Jones in einer Predigt anlässlich der Generalkonferenz von 1895. Mit großer Eloquenz legte er christliche Prinzipien von Brautschau und Eheschließung dar, die weitreichende Konsequenzen auf die Führung der späteren Ehe haben. Ehebruch beginne faktisch schon vor der Hochzeit. Jones ereiferte sich über die leichte Art und Weise, wie Verlöbnisse gebrochen werden. Für ihn war die Auflösung einer Verlobung bereits Ehebruch, eine Verletzung des siebten Gebots.

52 Sylvester Bliss und Joshua Himes, *The Memoirs of William Miller*, S. 17f.

53 James White, *Health, or: How to Live*, S. 92. Die Beeinflussung wird ersichtlich im Vergleich mit James White und E. G. White, *A Solemn Appeal*, S. 111.

54 John N. Loughborough, *The Church, Its Organization, Order, and Discipline*, Review and Herald, Washington D.C., 1907, S. 164f.

Sollte man nun jemanden heiraten, den man nicht liebt? Natürlich nicht, sagte Jones, aber man sollte von Liebe erst reden, wenn man sich sicher ist. Leider werden jedoch viele Verlobungen nicht aufgrund von Liebe geschlossen, sondern aufgrund sentimentaler Verliebtheit (fancy), die nicht genug ergründet worden sei. Wenn nun geheiratet wird und diese „fancy" später dann doch von einem anderen Menschen noch stärker eingenommen sein sollte, würden die Eheleute unsicher. Das sei bereits ein Verrat am Gelübde der Treue. Damit beginnt der Ehebruch. Darum: Niemand möge ohne Liebe heiraten, doch jeder Christ solle sich ganz nüchtern über seine Gefühle klar sein. Mit Gottes Hilfe soll man verstehen, was Liebe ist, bevor man sich auf eine Beziehung einlässt.[55]

c. Mögliche Probleme für eine Ehe

Die Überzeugungen der adventistischen Leiter waren stark und eindeutig; es gab da wenig Raum für Fragen oder Zweifel. So war für James White zum Beispiel klar, dass die Ehe zwischen zwei Leuten mit großem Altersunterschied Probleme für die Gesundheit des jüngeren Partners bereitet, weil er sich für den älteren stark einsetzen muss, ebenso für die mentale und gesundheitliche Stabilität etwaiger Kinder, die aus solchen Verbindungen hervorgehen. „Oft sterben sie früh, und jene, die das Erwachsenenalter erreichen, stehen in vielen Fällen sehr dürftig da in Bezug auf körperliche und geistige Kraft oder sittlichen Wert."[56]

Überhaupt sei es unklug, zu früh in die Ehe zu gehen und zu viele Kinder zu haben. Wer zu früh heiratet und noch keine materielle Lebensgrundlage geschaffen hat, nimmt eine Verantwortung auf sich, von der er keine Ahnung hat. Er hat wenig ehrbare Motive, keine Vorstellung von den Pflichten eines Ehemanns und Vaters, der seine Familie wirklich durchbringt. Gerade wer kein Talent zum Wirtschaften hat, hat oft die meisten Kinder, während jene, die verantwortungsbewusst sind, gerade so viele Kinder haben, wie sie auch versorgen können. Wer sich selbst kaum durchs Leben schlägt, solle auch keine Kinder haben. Die Kinder solcher Familien wachsen erbärmlich auf; solche Familien fielen der Gesellschaft zur Last. Die Ehe ist dann kein Segen des Himmels, sondern ein furchtbarer Fluch. Die Kinder sind wohl unschuldig, doch leiden sie trotzdem unter der Verantwortungslosigkeit der Eltern. Was solle da aus der nächsten Generation werden?[57]

Es gab laut James White auch Eheschließungen zwischen gesunden und kranken Menschen, die zu überdenken sind. Der Kranke lebt länger durch der Vitalität des Gesunden, der sein Leben dafür verkürze. Solche Eheschließungen seien nicht zu empfehlen, weil der gesunde Ehepartner leichtfertig mit seinem Leben und seiner Gesundheit umgeht, die zur Ehre Gottes eingesetzt werden sollen. Verschlimmert

55 Alonzo T. Jones, *General Conference Bulletin*, 1895, S. 164.

56 James White, *Health, or: How to Live*, S. 91.

57 Ebenda S. 87ff.

wird das Ganze noch durch die Situation der Kinder, die aus solchen Verbindungen entstehen. Und dann gäbe es Menschen, die Gott für all das die Schuld geben und fragen, wie er so viel Unglück in einer Familie zulassen kann, wo doch das Elend durch Menschen erzeugt und an die nächste Generation weitervererbt worden ist und nunmehr die Gesellschaft belastet.[58]

d. Die Hochzeitsfeier

Der Ausdruck „wedding" kommt bei den adventistischen Autoren des 19. Jahrhundert etwa ein Viertel so häufig vor wie „marriage". Fast immer wurde er im biblisch-gleichnishaften Sinn verwendet. Es war in dem mir vorliegenden Quellenmaterial nur eine einzige Stelle mit Bezug auf eine Hochzeit zu finden, die zeitgenössisch zu verstehen war und nicht endzeitlich-prophetisch. James White gab an jener Stelle ein Kochrezept für „süßes Brot" an, das er für besser hielt als so manchen „Hochzeitskuchen", der einem bei diversen Gelegenheiten vorgesetzt wird.[59]

e. Resümee

Zusammenfassend kann man sagen, dass die frühen Adventisten Ehe und Eheschließung sehr ernst genommen haben. Wenngleich viele vernünftige Überlegungen einer Eheschließung vorausgehen sollten, wollte man aber trotzdem keine Vernunftehen propagieren. Die beiden Eheleute sollten keine egozentrische Einstellung zum Alltag der Ehe haben, sondern eine dienstbereite. Der Grund für eine Eheschließung sollte die Liebe zweier Menschen sein, die sich jedoch in einer größeren Verantwortlichkeit sehen sollten als nur in einer gefühlsmäßigen. Eine Liebesheirat sollte insofern vernünftig sein, als die Eheleute nicht nur zu ihrem eigenen Wohl, sondern auch zum Wohl der Gesellschaft heiraten sollten, um das Leid der Menschheit nicht zu vermehren.

2. Ellen G. White

Ellen Whites Aussagen zum Thema Ehe und Heirat sind Legion. Allein den Begriff „marriage" verwendete sie über eintausend Mal. Das Folgende ist der Versuch einer überblicksartigen Darstellung.

Immer wieder stellte sie Christi Empfang seines Königreichs durch das Bild der Hochzeit dar, ebenso wie Gottes Verhältnis zu seinem Volk und die Verbindung zwischen Jesus und seiner Gemeinde im Bild der Ehe wiedergegeben wird.[60] Auf der neuen Erde wird es keine Ehe geben.[61]

58 Ebenda S. 90f. Interessanterweise wurden diese Ermahnungen aus *Health, or: How to Live* von James White in dem Büchlein *A Solemn Appeal* wiederholt, interessant deshalb, weil dabei nicht nur James, sondern auch Ellen White als Autorin angegeben wurde. Siehe die Kapitel „The Marriage Relation" (S. 102–112) und „Sentimentalism" (S. 157–181).

59 James White, *Health, or: How to Live*, S. 32, im Kapitel „Leavened Bread".

60 EW, S. 55, 251, 280; PP, S. 306; AH, S. 95; DA, S. 151 u. a.

61 MM, S. 99f.; 1SM, S. 172f.; 2SM, S. 25f.

a. Überlegungen vor der Eheschließung

Ansonsten beschrieb Ellen White die Ehe der Menschen dieser Welt, die – sofern sie nach Gottes Plan geschlossen wird – ein großer Segen sei.[62] Bevor man aber heiratet, sollte man sich gewisse Fragen stellen: Wird mir diese Verbindung für die Ewigkeit nützlich sein? Wird sie meine Liebe zu Gott steigern? Wird sie meine Einsatzmöglichkeiten in dieser Welt zum Nutzen anderer vermehren? Wenn ja, dann möge man in der Furcht Gottes vorangehen. Wenn nein, dann sollte man sogar eine bereits geschlossene Verlobung wieder lösen.[63] Wie steht es mit dem Verhältnis des Geliebten zu seinen Eltern? Wie ist deren Charakter? Wird er zu seiner Frau sich nicht ähnlich verhalten wie zu seiner Mutter? Wahre Liebe übersehe Fehler, sie ist nicht kritisch eingestellt und diktatorisch im Gehabe. Man soll sich gegenseitig beobachten und diese Fragen stellen, um nicht einen Menschen zu heiraten, der der eigenen Liebe unwürdig ist.[64]

Bevor man heiratet, soll man sich im Leben zurechtfinden und lernen, wie man mit Menschen umgeht, ebenso, sich selbst unter Kontrolle zu haben.[65] Die mentalen und physischen Kräfte sollten voll entwickelt sein.[66] Und wenn man bisher zweimal am Tag gebetet hat, sollte man viermal am Tag beten, wenn es ans Heiraten geht.[67] Ebenso sollten die Eltern um Rat gefragt werden.[68]

So manche Charakterschwächen müssten vorher ausgemerzt werden, wie zum Beispiel Mangel an Fleiß oder keine Freude an sinnvoller Arbeit. Man kann kein glücklicher Ehegefährte sein ohne diese Dinge. So lange man das nicht hat, soll man sich das Heiraten aus dem Kopf schlagen.[69] Folgende und ähnliche Charakterzüge sind für eine glückliche Ehe nötig: christliche Höflichkeit, zuvorkommender gegenseitiger Respekt, Geduld, Sympathie, liebevolle und zärtliche Zuneigung.[70] Meist würden die Eheleute einander nicht wirklich kennen, wenn sie einander vor dem Traualter ihr Ja-Wort geben, und zu spät erkennen sie, dass sie nicht zusammenpassen. Elend ist dann die Folge.[71] Tausende von Menschen sind zwar durch die Ehe verbunden, aber sie passen nicht zusammen.[72]

62 PP, S. 46.

63 Eine Verlobung macht noch keine Ehe notwendig; sie sei bedingt und auflösbar, wenn sich die Erkenntnis über den anderen erweitert (FE, S. 105). Wenn die Verbindung biblischen Prinzipien (wie 2 Kor 6,14) widerspricht, soll man sie sofort auflösen (5T, S. 365).

64 *Advent Review and Sabbath Herald,* 26. Januar 1886, zitiert in FE, S. 100–106.

65 7T, S. 47f.

66 MH, S. 358.

67 MYP, S. 460.

68 FE, S. 62, 104; MH, S. 369.

69 3T, S. 336.

70 *Advent Review and Sabbath Herald,* 2. Februar 1886, zitiert in AH, S. 83.

71 PP, S. 189.

72 *Advent Review and Sabbath Herald,* 2. Februar 1886, zitiert in AH, S. 44.

b. Mögliche Ehehindernisse

Es gab für Ellen White auch Gründe, die von vornherein gegen eine Ehe sprechen konnten. Sie mussten nicht moralischer, sondern konnten auch rein praktischer Natur sein. So wurden zum Beispiel Ehen zwischen Weißen und Schwarzen als nicht von Gott empfohlen dargestellt, nicht weil sie rassistisch dachte – ganz im Gegenteil, alle Menschen seien eins und gleich in dem Herrn –, sondern weil das Vorurteil der Gesellschaft solchen Ehen eine große Last auferlege, die nicht zuletzt die Kinder, die dann keiner der beiden Rassen wirklich angehören, tragen müssten. Allein das Problem der Kinder sollte schon genügen, eine solche Ehe nicht ins Auge zu fassen.[73]

Für Christen sollte es eigentlich kein Rassenproblem geben, doch aus der Sicht der nordamerikanischen Gesellschaft nach dem Sezessionskrieg (1861–1865) war das ein verständlicher Ratschlag. Man denke an die 1960er-Jahre in den USA! Heute wird diese Problematik in vielen Gegenden der Erde immer noch sehr stark erlebt, in anderen aber nicht mehr. In gewissem Sinn ist die Gesellschaft heute toleranter geworden. Als Prinzip dieses Ratschlags kann man aber auf jeden Fall herausdestillieren, dass zum Glück einer Ehe auch gesellschaftliche Umstände ins Kalkül gezogen werden sollten.

Stärker noch und ganz anders wurden Gottlosigkeit und Götzendienst als Problem gesehen.[74] Vor religiös gemischten Ehen warnte Ellen White deutlich.[75] Ehen, die zu früh und zu schnell geschlossen werden, sind problematisch und scheitern oft.[76] Geheime Eheschließungen (z. B. ohne Wissen der Eltern und Verwandten) sind eine Verletzung des Gesetzes Gottes.[77]

c. Worum es bei der Ehe geht

Bei der Ehe gehe es um mehr als um die Liebe zweier Leute zueinander, nämlich auch um Geld, Besitz, die Fähigkeit, eine Familie zu ernähren und Besitz zu erwerben.[78] Darum ist es wichtig, bei der Partnerwahl sehr sorgfältig zu sein, genau zu beobachten, sich genug Zeit zu lassen und nichts zu übereilen.[79] Wenn zwei Leute

73 Ms 7, 1896, zitiert in 2SM, S. 342ff.

74 PP, S. 174; 3SG, S. 114; im *Health Reformer*, 1. Mai 1878 (zitiert im *SDA Bible Commentary*, Bd. 2, S. 1033) sprach Ellen White in diesem Fall von „sündigen Ehebeziehungen“, in FE, S. 498f. von „im Gegensatz zum Gesetz Gottes“.

75 5T, S. 364: „Er hat die Wahrheit für diese Zeit nicht angenommen; er ist ein Ungläubiger, und der Himmel verbietet dir, dich mit ihm zu vereinigen.“ Das ist eine klare Definition für einen „Ungläubigen“: jemand, der nicht an die „gegenwärtige Wahrheit“ glaubt. Siehe auch PK, S. 53–57, u. a.

76 PP, S. 175; MYP, S. 446, 453, 458; AH, S. 79f.; 2T, S. 252; 5T, S. 110f.; u. a.

77 MYP, S. 445f.

78 MYP, S. 461.

79 MH, S. 359; AH, S. 44; FE, S. 62; Health Reformer, 1. Mai 1878, zitiert im *SDA Bible Commentary*, Bd. 2, S. 1031; u. a.

heiraten wollen, dann sollten sie zu Gott bekehrt sein und auch gegenseitig in ihrem Glauben und in ihrer Glaubensausübung übereinstimmen. Sie sollten auch altersmäßig zusammenpassen und bei guter Gesundheit sein.[80]

Jesus ehrte die Ehe als göttliche Einrichtung, auch indem er auf der Hochzeit zu Kana Gast war.[81] Allein seine Gnade kann die Ehe zu dem machen, was Gott beabsichtigt hat: ein Mittel des Segens und der Erhebung der Menschheit.[82] Die Ehe hat Folgen für zukünftige Generationen, die daraus kommen werden, ja, sogar für das zukünftige Leben. Der Bund der Ehe sollte so auch ein Vorgeschmack des Himmels sein. Dies ist der Fall, wenn die Liebe, die man zueinander empfindet, in der Ehe auch konkret ausgedrückt wird. Wenn Liebe nicht ausgedrückt wird, erkalte die Ehe.[83]

d. Das Konzept des „Ehegelübdes"

Für Ellen White spielte das Ehegelübde eine besondere Rolle. Sie schrieb: „In ihren Eheversprechen haben sie gelobt, eine Einheit zu sein, indem die Frau sich verpflichtete, ihren Ehemann zu lieben und ihm zu gehorchen, und der Ehemann versprach, seine Frau zu lieben und an ihr zu hängen."[84] Sie betonte „die schwere Verantwortung, die das Ehegelübde beinhaltet", denn „dieses Gelübde verbindet die Schicksale zweier Individuen mit Banden, die nichts außer der Tod durchschneiden soll".[85]

Ellen White erinnerte Ehepaare an deren Ehegelübde, in denen die beiden versprochen hatten, den Ehepartner zu lieben, bis der Tod sie scheide. Selbst wenn die Liebe vergangen sei, sei dies kein Grund, das Gelübde zu brechen, denn für diese Liebe könne man sich entscheiden. Wenn man es wolle und seine Einstellung zum Partner ändere, werde man erfahren, dass die Liebe, die man für tot hielt, wieder auferstehe.[86]

e. Wie man die Ehe führen soll

Mann und Frau sollten die gegenseitigen Aufmerksamkeiten vor der Ehe auch in der Ehe beibehalten, wobei beider Individualität erhalten bleiben soll. Dennoch darf aber beider Leben in Harmonie miteinander verschmelzen. Bei der Eheschließung gelobt der Ehemann der Frau, sie zu lieben und zu beschützen; die Ehefrau ihrem Mann, ihn zu lieben und ihm zu gehorchen. Nach der Eheschließung soll die Liebe noch wachsen und stärker werden. Die wirkliche Vereinigung der beiden

80 AH, S. 95, 100; MH, S. 358.

81 DA, S. 151; MH, S. 356 u. a.

82 MB, S. 65.

83 *Advent Review and Sabbath Herald,* 2. Februar 1886, zitiert in AH, S. 72; MH, S. 360.

84 Brief 18a, 1891; zitiert in AH, S. 106.

85 4T, S. 507.

86 So z. B. im Brief 57, 1888; zitiert in TSB, S. 54f.

Eheleute vollzieht und festigt sich in den Jahren, die der Eheschließung folgen. Die Eheschließung ist der Anfang, nicht das Ende der gegenseitigen Liebe.[87]

Trotz dieses schönen Bildes und der gottgewollten Möglichkeiten für die Ehe sei es dennoch so, dass der Ehebund in dieser Welt für mehr Elend als Glück sorgt, ja dass nicht eine von hundert Ehen das Wohlgefallen Gottes hat.[88] Satan benütze die Ehe oft, um nützliche Menschen ins Verderben zu führen. Die wahre Liebe in einer von Gott gesegneten Ehe dagegen verringert keineswegs die Nützlichkeit eines Menschen für seine Mitmenschen, sondern erhöht sie. Doch Satan macht die allergrößten Anstrengungen, um Ehen zu pervertieren; dadurch wird allem Elend und allem Laster Tür und Tor geöffnet. Er freut sich riesig über jede unglückliche Ehe.[89] So könn en unter dem Mantel der Ehe auch viel Leid, Weh und Bosheit verborgen sein. Für viele junge Menschen ist deshalb die Heirat das Ende ihrer Geschichte von religiöser Erfahrung und Nützlichkeit.[90]

Aus alledem ergibt sich von selbst, dass das Eheleben nicht vom Streit beherrscht sein soll, dass die Eheleute einander helfen sollen, in der Ehe, wo nicht immer alles romantisch ist, die Probleme zu überwinden.[91] Jede außereheliche Flirterei und gegengeschlechtliche Kumpanei kann hierbei nur stören und ist vom Übel.[92] Die Ehe ist unauflöslich; es gibt nur einen von Gott akzeptierten Grund zur Auflösung einer Ehe: „Untreue gegenüber dem Ehegelübde [93] den vollzogenen „Ehebruch", die „Verletzung des Ehebettes" (Näheres dazu weiter unten).

f. Das Wesen des Ehebruchs

Ellen White erläuterte die Bedeutung des Gebotes „Du sollst nicht ehebrechen" folgendermaßen:

> Dieses Gebot verbietet nicht nur unanständige Handlungen, sondern auch wollüstige Gedanken und Begierden und jede Praxis, die sie erregen könnten. Reinheit wird nicht nur im äußerlichen Leben erwartet, sondern in den geheimen Absichten und Gefühlen des Herzens. Christus, der die weitreichenden Verpflichtungen des Gesetzes Gottes lehrte, erklärte üble Gedanken oder Blicke genauso zur Sünde wie die unerlaubte Tat.[94]

87 MH, S. 359f.; 5T, S. 121f.; PP, S. 176.

88 MM, S. 142; 4T, S. 504.

89 5T, S. 124; AH, S. 102; 2T, S. 248.

90 PP, S. 338; vgl. auch 2T, S. 252; MYP, S. 453f.; 4T, S. 504.

91 7T, S. 47; AH, S. 110; 119f.

92 MM, S. 145; AH, S. 328; 5T, S. 594–596; *Advent Review and Sabbath Herald*, 10. November 1885 1886, zitiert in Ev, S. 494f.;

93 MB, S. 63; AH, S. 341f.

94 PP, S. 308, zitiert aus der deutschen Ausgabe (Saatkorn-Verlag, Hamburg, 1973), S. 283.

An keiner Stelle beschränkte Ellen White die Bedeutung des Begriffes „Ehebruch" allein auf außerehelichen Geschlechtsverkehr. Sie hob seine umfassende Bedeutung häufig hervor. Falsche Einstellungen und Denkweisen sowie die daraus resultierenden Handlungsweisen stellen bereits Ehebruch dar. Sie schrieb:

> Zügellosigkeiten, ungesetzliche Intimität und unheilige Praktiken sind weitgehend auch unter uns zu finden, und Geistliche ... sind dieser Sünden schuldig. Sie begehren die Frauen ihrer Nächsten, und das siebte Gebot ist gebrochen ...
> Es gibt Männer, die in heiligen Dingen dienen, dessen Herzen durch unreine Gedanken und unheilige Begierden befleckt sind ... Sie nehmen sich Freiheiten heraus, die sie sich nur bei ihren rechtmäßigen Ehefrauen erlauben sollten. So fallen sie unter Gottes Urteil, und in den Büchern des Himmels wird „Ehebruch" bei ihren Namen eingetragen.[95]

Und über Frauen schrieb Ellen White:

> Jede Frau, die die Annäherungen eines anderen Mannes erlaubt, der nicht ihr Ehemann ist, seinen Annäherungsversuchen zuhört und sich über verschwenderische Worte der Zuneigung, Verehrung und Zärtlichkeit freut, ist eine Ehebrecherin und Hure.[96]

g. Resümee

Zusammenfassend kann man festhalten, dass bei Ellen White die Ehe von Gott gestiftet und zum Segen des Menschen gegeben ist. Die Ehe baut auf einem gegenseitigen Versprechen, dem Ehegelübde auf. Dieses Gelübde ist heilig. Die Ehe ist etwas Schönes, Gottgewolltes, Positives, doch leider gibt es auch andere Auswirkungen der Ehe: großes Unglück und Leid. Dies kommt entweder von vornherein davon, dass die falschen Partner – oft auf Betreiben Satans – zusammengefunden haben, oder dass sie den Anforderungen einer Ehe, die nicht nur aus Romantik besteht, nicht gewachsen sind. Andere Dinge, wie eine veränderte Haltung zum Leben ganz allgemein, zu Gott und zur eigenen Familie im Besonderen, können die Ehe gefährden wie zum Beispiel Selbstsucht und alle Arten von Süchten. Obwohl es in der Ehe Probleme geben kann, sollte der Mensch doch in der Kraft Gottes seinem Ehepartner helfen, die Schwierigkeiten zu überwinden und gemeinsame Lösungen zu finden, damit die Ehe für jeden das werden kann, was sie nach Gottes Plan sein soll: Quelle des Segens und Vorgeschmack des Himmels.

---

95 Brief 51, 1886; zitiert in TSB, S. 188, 192.

96 TM, S. 434f.

Scheidung und Wiederheirat

Von allen in diesem Aufsatz betrachteten Themen ist dies wahrscheinlich das kontroverseste, begegnet man in der christlichen Kulturlandschaft doch den verschiedensten Auffassungen: Vom totalen Verbot einer Wiederheirat bis zur völligen Akzeptanz jeglichen Szenarios ist alles vorhanden. In der Betrachtung der adventistischen Diskussion zum Thema ist vor allem interessant, dass Auffassungen von adventistischen Leitern und von Ellen White, obwohl alle biblisch ausgerichtet und sehr aufrichtig vorgetragen sind, des Öfteren nicht miteinander übereinstimmen.

1. Die frühen Adventisten

Für diese Studie ist den Ausdrücken „divorce" (Scheidung), „remarriage" (Wiederheirat), „remarried" (wieder verheiratet), „remarry", „marry again" usw. nachgegangen worden. Die Ausbeute war gering: In der frühen Literatur der adventistischen Leiter wurde dieses Problem kaum behandelt, es existierte also nicht in bedeutendem Ausmaß.

John Andrews bezog sich auf Hesekiel 44,22 und meinte, es könne im messianischen Friedensreich noch Tod und Scheidung geben.[97] Allerdings sah er den Ursprung der Scheidung in der Polygamie und in der Härte des menschlichen Herzens.[98] John Loughborough berichtete in seiner Adventgeschichte über den verrückt gewordenen Prediger Stephenson der post-milleritischen „Age-to-Come-Party", der seine Frau um einer jüngeren willen verlassen hatte, was so offenkundig unmoralisch war, dass er nicht mehr weiter Prediger für diese frühe Splittergruppe sein konnte.[99] Er erwähnte auch, dass Rachel Oakes wieder heiratete – allerdings war sie Witwe.

Uriah Smith spottete über die Spiritisten, die da sagten, sie seien nicht gegen die Ehe, die Ehe aber als etwas definierten, was keinem Gesetz unterliegt, sondern allein den Betreffenden, und für deren Scheidung kein Recht oder Rechtsbeistand notwendig ist. Das könne man ja nicht wirklich Ehe nennen.[100] Über die ökumenischen Bestrebungen seiner Zeit schreibend erwähnte Smith, dass es einen Versuch gäbe, die protestantischen Kirchen und die Römisch-katholische Kirche in bezug auf Ehe, Scheidung und christlichen Sabbat (Sonntag) zu vereinen.[101] In seinem Buch über Daniel und Offenbarung beschrieb er – die Tatsache beklagend –, wie die Scheidung in der Französischen Revolution so alltäglich geworden war, dass die öffentlichen Sitten darunter litten.[102]

97 John N. Andrews, *The Sanctuary and the 2300 Days*, J. White, Rochester 1853, S. 62.

98 J. N. Andrews, *Sermons on the Sabbath and Law*, Steam Press of the Seventh-day Adventist Publishing Association, Battle Creek 1869, S. 118.

99 John N. Loughborough, *The Great Second Advent Movement*, S. 332f.

100 Uriah Smith, *The Marvel of Nations: Our Country, Its Past, Present, and Future, and What the Scriptures Say of It*, Review and Herald, Battle Creek 1885, S. 204.

101 Ebenda S. 244.

Viel mehr ergab meine Suche nach „Scheidung" und „Wiederheirat" bei den adventistischen Leitern im 19. Jahrhundert nicht. Aber auch aus dem wenigen erkennt man deutlich, dass man nicht auf Scheidungen eingestellt war, außer im Fall von Ehebruch und des Verlassenwerdens. In einem solchen Fall durfte der verlassene Partner unter Berufung auf Matthäus 19,9 nach der Scheidung wieder heiraten.[103] Damit sollten alle Probleme gelöst sein; das Leben aber ist komplexer, wenn es auch nicht so diskutiert wurde. Ellen White ist in dieser Hinsicht für unsere Fragestellung ergiebiger.

2. Ellen G. White

a. Einige Prinzipien

Ellen White äußerte sich einige Male zum Thema Ehescheidung und hielt dabei einige Prinzipien fest: „Jesus erklärte eindeutig, dass es keine Auflösung des Ehebandes geben kann außer wegen Untreue gegenüber dem Ehegelübde."[104] Ähnlich hatte sie sich stets in ihren Briefen an Eheleute geäußert: „Nichts außer der Verletzung des Ehebettes [eine Anspielung auf Hbr 13,4] kann das Ehegelübde entweder brechen oder annullieren ... Gott gab nur eine Ursache, weshalb eine Frau ihren Ehemann oder ein Ehemann seine Frau verlassen darf, und das ist Ehebruch."[105]

Das bedeutet natürlich nicht, dass ein vorgefallener Ehebruch ein *zwingender* Scheidungsgrund ist, sondern nur, dass nach einem Ehebruch für den irreparablen Fall die Scheidung biblisch *möglich* ist. Gottes Plan ist Frieden und Versöhnung. Jesus fordert nicht zur Scheidung auf, sondern er zeigt nur, unter welche Bedingung

102 Uriah Smith, *Thoughts on Daniel and Revelation*, S. 783.

103 John N. Loughborough, *The Church*, S. 164. So auch Uriah Smith, *Both Sides on the Sabbath and Law: Review of T. M. Preble*, Steam Press of the Seventh-day Adventist Publishing Association, Battle Creek 1864, S. 56, und Joseph Bates, „Unlawful Marriages", *Advent Review and Sabbath Herald*, 12. März 1857, S. 150.

104 MB, S. 63 (1896), zitiert in AH, S. 340.

105 Brief 8, 1888, zitiert in AH, S. 341f.; ungekürzt in TSB, S. 158ff; vgl. Brief 4a, 1863, zitiert in AH, S. 344, ungekürzt in 17MR, S. 153–161; Brief 168, 1901, zitiert in AH, S. 345. Dass Ellen White in diesem Zusammenhang mit „Ehebruch" dasselbe meinte wie mit den anderen beiden Ausdrücken, wird in folgender Aussage deutlich: „Das Ehegelübde ist bindend und seine Verpflichtungen auf die Ehepartner können nicht gelöst werden außer im Fall von Ehebruch, der Verletzung des Ehebettes." (Ms 22, 1888, zitiert in TSB, S. 54).

Offensichtlich ist man heute der Auffassung, dass Ehebruch als Scheidungsgrund auch auf sexuellen Missbrauch anzuwenden ist: „Schwere sexuelle Perversionen, darunter auch homosexuelle Praktiken, werden als Missbrauch der sexuellen Kräfte gesehen und als Verletzung der göttlichen Absichten in der Ehe. Als solche sind sie ein berechtigter Scheidungsgrund." Protokoll der Herbstsitzung des Generalkonferenzausschusses der Siebenten-Tags-Adventisten, 16. Oktober 1977, S. 328. Dies hat auch Eingang gefunden in die *Gemeindeordnung* der Kirche: „Darum werden auch sexuelle Perversionen einschließlich Inzest, Kindesmissbrauch und homosexuelle Praktiken als Missbrauch des Geschlechtstriebes und als ein Verstoß gegen den göttlichen Gedanken der Ehe gesehen. Auch sie sind ein berechtigter Grund für eine Trennung oder Scheidung." *Gemeindeordnung – Gemeindehandbuch, Ausgabe 2006*, Advent-Verlag, Lüneburg 2006, S. 254f. Gründe, die dazu führen können, dass einem Gemeindeglied die Mitgliedschaft entzogen wird, sind u. a. auch „Inzest, homosexuelle Praktiken, sexueller Missbrauch von Kindern oder abhängigen Personen und andere Perversionen" (ebenda S. 241).

sie stattfinden kann, wenn es denn nicht anders möglich ist (Näheres dazu weiter unten). Dies wird in den Briefen deutlich, die Ellen White an betroffene Ehegatten schrieb,[106] und in einer gemeinsamen Erklärung, die James und Ellen White 1868 in der Gemeindezeitschrift veröffentlichten. Darin hieß es u. a.: „In Fällen der Verletzung des siebten Gebots, in denen die schuldige Partei *keine wahre Reue zeigt*, soll die verletzte Partei frei sein, wenn sie eine Scheidung erreichen kann ..."[107]

Dass der Ehepartner ungläubig ist, war für Ellen White kein Scheidungsgrund. Wenn er aber den Gläubigen verlässt, dürfe dieser sich von ihm scheiden lassen.[108] Ebenso ist es kein Scheidungsgrund, keine Liebe mehr zu empfinden. Warum kann man nicht in aller Gottesfurcht danach trachten, den Ehepartner zu lieben? „Ist dein Gelübde nichts wert?", fragte Ellen White.[109] Oft sei es der Mangel an eigener Bekehrung und Willensübergabe, der verhindert, dass eine Beziehung wieder heilen kann.[110] Gesetzlich geschieden zu sein bedeutet nicht zwangsläufig, auch vor Gott geschieden zu sein. Nur nach einer Scheidung aufgrund von fortgesetztem Ehebruch sei der „unschuldige" Partner frei, wieder zu heiraten.[111]

b. Keine festen Regeln

William C. White, jahrzehntelang rechte Hand seiner Mutter und nach deren Tod der erste Leiter des Ellen G. White-Estate, wurde 1931 nach einer autoritativen Aussage von ihr gefragt, die als Richtschnur dienen könnte, um alle Fälle von unbiblischen Ehen zu behandeln. Er schrieb dem Fragesteller: „Nachdem du all die Dokumente gelesen hast, die ich dir heute zusende, wirst du sagen: Er hat mir nichts Verbindliches von Schwester White gegeben, das diese Frage direkt beantwortet. Aber ich denke, aus dem, was ich dir gesandt habe, wirst du erkennen, dass es [ihre] Absicht war, dass aus ihrer Feder nichts hervorging, was in Fragen bezüglich Ehe, Scheidung, Wiederheirat und Ehebruch als ein Gesetz oder eine Regel benutzt werden könnte. Sie meinte, die verschiedenen Fälle, in denen der Teufel Menschen in ernste Verstrickungen geführt habe, seien so unterschiedlich und schwerwiegend, dass – sollte sie etwas schreiben, das als eine Regel zur Behandlung solcher Fälle angesehen werden könnte – es missverstanden oder missbraucht werden würde."[112]

Es gibt einen deutlichen Hinweis in der Geschichte der Adventgemeinde, der zeigt, dass sich Ellen White der Festsetzung irgendwelcher Regeln für den Umgang

106 AH, S. 342-345.

107 *Advent Review and Sabbath Herald*, 24. März 1868; zitiert in TSB, S. 250f. und AH, S. 346 (Hervorhebung hinzugefügt).

108 AH, S. 344; TSB, S. 39–47, 158–163.

109 TSB, S. 54f.

110 TSB, S. 65ff.

111 Brief 4a, 1863, zitiert in AH, S. 344, ungekürzt in 17MR, S. 153–161.

112 Brief William C. White an C .P. Bollman, 6. Januar 1931; zitiert in TSB, S. 6f.

mit Scheidung und Wiederheirat entgegenstellte. Auf der Generalkonferenzversammlung 1879 schlug eine Kommission angesichts „einer alarmierenden Tendenz in der öffentlichen Meinung zu extrem lockeren Ansichten zum Thema Ehe" und der liberalen Praxis der Scheidungsgerichte folgenden dreiteiligen Beschluss vor, um „die Welle des Sittenverfalls" aufzuhalten:

> 1. Wir bringen unsere Überzeugung zum Ausdruck, dass das Neue Testament klar lehrt, dass es in diesem Zeitabschnitt nur einen hinreichenden Grund für Scheidungen gibt und dass dieser allein im Vollzug der Sünde des Ehebruches der einen oder anderen Ehepartei besteht.
> 2. Wir empfehlen allen unseren Gemeinden sehr ernstlich ... keine Personen in ihre Reihen aufzunehmen, die aus irgendeinem anderen Grund als Ehebruch geschieden worden sind und sich anschließend mit einer anderen Person verheiratet haben ...
> 3. In allen Fällen, wo Mitglieder bestehender Gemeinden als Mann und Frau in Verletzung der genannten Prinzipien zusammenleben, soll keine Entscheidung getroffen werden, ohne den Ratschlag des Generalkonferenz-Ausschusses oder des Vereinigungsausschusses ... zu erbitten und zu erhalten.

Teil 1 dieser Beschlussvorlage wurde ohne Diskussion verabschiedet, während Teil 2 erhebliche Debatten hervorrief. Am nächsten Tag wurde die Diskussion fortgesetzt. Es sprachen zehn Brüder, danach Ellen White. Daraufhin wurde diese Resolution zurückgestellt. Doch nicht nur das: Auch der bereits verabschiedete erste Teil wurde erneut behandelt und dann ebenso wie Teil 3 zurückgezogen.[113]

Bert Haloviak, derzeitiger Direktor des Archivbüros der Generalkonferenz, bemerkt dazu: „Da wir den Text der Bemerkungen von Ellen White nicht haben, können wir über die Rücknahme des Beschlusses nur spekulieren. Wenn wir aber die durchgängige Position Ellen Whites seit den 1860er-Jahren in Betracht ziehen, können wir vernünftigerweise annehmen, dass sie eine harte Gesetzgebung zu diesem Thema ablehnte."[114]

Dementsprechend gab sie in unterschiedlichen Situationen unterschiedliche Ratschläge. Nach allen verfügbaren Unterlagen hat Ellen White sich nur ein einziges Mal öffentlich in detaillierterer Weise zu Scheidungen geäußert, indem sie

113 Das unveröffentlichte Protokoll ist zitiert in: Bert Haloviak, „Law or Compassion: SDA Approaches to Divorce, Remarriage and Church Fellowship", S. 4f. Diese Studie ist abrufbar auf der Website des „General Conference Office of Archives and Statistics" unter „Archives and Statistic Research Papers" (www.adventistarchives.org/doc_info.asp?DocID=61; Zugriff am 26. April 2010). Dieser und einige andere Abschnitte wurden in diesem Artikel mit Zustimmung seines Autors ergänzt aus Werner Lange, „Ellen G. Whites Umgang mit Fällen von Ehescheidung und Wiederheirat"; ursprünglich veröffentlicht in *Glauben heute, Jahrespräsent für Leserkreismitglieder 2001,* Advent-Verlag, Lüneburg 2001, S. 47–64 auf der Internetseite des Advent-Verlags verfügbar, siehe www.advent-verlag.de unter „Bücher", „Alle Bücher", „Die Ehe", weitere Artikel

114 Ebenda, S. 6.

mit ihrem Mann James White 1868 im Gemeindeblatt *Advent Review and Sabbath Herald* eine gemeinsame Erklärung zu einem Fall veröffentlichte (siehe im folgenden Abschnitt).

c. Ratschläge in verschiedenen Situationen

Ein bereits getrennt lebendes Ehepaar wurde von Ellen White ermutigt, die Bekehrung ernst zu nehmen und wieder zusammenzuziehen, das alte Leben zu begraben und ein neues zu beginnen.[115] So empfahl sie auch einer anderen Frau, ihre Einstellung zu ihrem Mann zu ändern und nicht ihren Ehestand.[116] Einem verlassenen Ehemann aber riet sie, da seine Frau ja doch nicht zu ihm zurückkehren wolle, dieses Faktum zu akzeptieren.[117]

Gemeinsam mit ihrem Mann James White riet sie in einer anderen Situation auch nach den oben gezeigten Prinzipien, aber höchst pragmatisch:

> 1. Wenn die verletzte Person im Fall von Ehebruch und mangelnder Reue des Schuldigen sich ohne Verschlechterung ihrer und ihrer Kinder Situation scheiden lassen kann, sei sie frei, das zu tun.
> 2. Wenn sich die Situation der Frau und der Kinder jedoch durch die Scheidung verschlechtert, dann gäbe es keine Bibelstelle, die ihr verbietet zu bleiben.
> „3. Zeit und Bemühen, Gebet, Geduld und Glaube und ein Leben mit Gott können eine Reform bewirken. Mit jemandem zu leben, der das Ehegelübde gebrochen hat und mit der Schande einer sündhaften Liebe bedeckt ist, die Schwere seines Vergehens aber gar nicht begreift – das zerfrisst die Seele wie ein Krebs; und doch ist auch eine Scheidung eine lebenslange Herzenswunde. Gott sei dem unschuldigen Partner gnädig! Eine Ehe sollte gut überlegt sein, bevor man sich darauf einlässt."[118]

d. Eine Trennung oder Scheidung ist zuweilen unausweichlich

In einigen Fällen, wo die eheliche Einheit zerbrochen war und auch nicht wieder hergestellt werden konnte, weil der Partner nicht zu nötigen Veränderungen bereit oder in der Lage war, sah auch Ellen White keine Möglichkeit mehr, die Ehe aufrechtzuerhalten. Bemerkenswert an den folgenden Beispielen ist das Fehlen jeglicher Hinweise auf außereheliche sexuelle Beziehungen.

---

115 AH, S. 342f.

116 AH, S. 345.

117 AH, S. 344.

118 AH, S. 346, vollständig in TSB, S. 250f. Es handelt sich hierbei um die bereits in den Abschnitten a und b erwähnte gemeinsame Erklärung von James und Ellen White, die am 24. März 1868 im *Advent Review and Sabbath Herald* veröffentlicht wurde.

Einem Mann, um deren Ehefrau Ellen White sich ebenfalls bemüht hatte, schrieb sie einige Zeit später:

> Das beste Verfahren mit dieser rücksichtslosen, unnachgiebigen, unkontrollierten Kind-Frau ist, sie nach Hause zu ihrer Mutter zu bringen, die sie zu dem gemacht hat, was sie ist. Obwohl es schmerzlich ist, ist dies das einzige, was er tun kann, wenn er nicht geistlich ruiniert werden will, geopfert dem Dämon der Hysterie und satanischen Vorstellungen ... Wenn sie sich beharrlich weigert, ihr Ehegelübde zu halten, wird sie mehr und mehr das Opfer satanischer Versuchungen werden, und wenn ihr Mann zustimmt, sie bei sich zu behalten, wird er seine Lebensenergie verbrauchen, entmutigt werden und ungeeignet für den Dienst Gottes. Er ist nicht dazu verpflichtet, jemanden an seiner Seite zu behalten, der nur seine Seele quält ... Ihre Ehe war eine Falle Satans.[119]

In einem anderen Fall hatte sich Ellen White ebenfalls persönlich und brieflich bemüht, Veränderungen der Einstellung und des Verhaltens der Frau zu erreichen. Einige Monate später schrieb sie an den Mann:

> Ich kann nicht erkennen, was in diesem Fall mehr getan werden könnte, und ich denke, das einzige, was du machen kannst, ist, deine Frau aufzugeben. Wenn sie so entschlossen ist, nicht mit dir zu leben, würdet ihr beiden höchst unglücklich sein, wenn ihr es versucht ... Gib Laura auf und richte deine Zuneigung auf Gott. Er wird dir Erleichterung verschaffen.[120]

In den folgenden drei Jahren, bevor die Scheidung ausgesprochen wurde, die die Frau betrieb, wandte sich Ellen White mehrfach brieflich an sie und forderte sie zu entschiedenen Veränderungen ihrer Verhaltensweise sowie ihrer Einstellung zu Gott auf, andernfalls werde sie verlorengehen.[121] Es fehlte jedoch jegliche Aufforderung, zu ihrem Mann zurückzukehren. Mit ihrer damaligen Einstellung war eine Wiederherstellung der ehelichen Gemeinschaft unmöglich.

e. Unterschiedliche Situationen erfordern unterschiedliche Verhaltensweisen

In einer anderen Situation ermutigte Ellen White eine Mutter, die Heirat ihrer Tochter mit einem geschiedenen Mann nicht weiter zu hinterfragen. Die erste Frau des Mannes hatte ihn nur finanziell ausgebeutet, der Mann wollte die Scheidung verhindern, aber die Frau setzte sie durch. Ellen White argumentierte:

119 Brief 34, 1890; zitiert in TSB, S. 76ff.

120 Brief 40, 1888; zitiert in TSB, S. 57f.

121 Alle Briefe zitiert in TSB, S. 58–67.

> Er hat seine Frau nicht weggeschickt. Sie hat ihn verlassen, hat ihn weggeschickt und einen anderen Mann geheiratet. Ich sehe nichts in der Heiligen Schrift, das ihm verbietet, noch ein zweites Mal im Herrn zu heiraten. Er hat das Recht auf die Liebe einer Frau.

Nun sollte niemand diese zweite Ehe stören. Es sei eine ernste Sache, einen Mann und eine Frau auseinanderzubringen; es gäbe in diesem Fall auch keinen biblischen Grund dafür. Der Mann hatte seine zweite Frau erst geheiratet, nachdem seine geschiedene Frau schon einen neuen Mann genommen hatte. Nun hatte der Mann aus den Fehlern der ersten Ehe „gelernt", seine zweite Frau würde er nicht mit Geld verwöhnen wie die erste.[123]

Doch leider führte genau das zwölf Jahre später zum Scheitern auch der zweiten Ehe. Es gelang dem Mann nicht, genug Vertrauen in die Beziehung einzubringen, sodass Ellen White am Ende der nunmehr (nach etlichen Jahren des Misstrauens und der Schwierigkeiten) von ihrem Mann getrennten Frau schrieb, dass sie nicht zu ihm zurückkehren solle, wenn sein Verhalten und seine Einstellung sich nicht grundlegend geändert hätten. Der Mann tue ihr zwar leid, doch wisse er nicht, wie er mit einer Frau umgehen solle.[124]

f. Von einer Wiederheirat abgeraten

Einer jungen Frau, die an die Heirat mit einem zur Anfangszeit ihrer Beziehung noch verheirateten Mann dachte, gab Ellen White folgenden Rat: Dieser Mann hat seine Frau verlassen und sie drei Jahre lang nicht mehr aufgesucht. Ihr Vater musste sich um die Frau und die beiden Kinder kümmern. Der Mann hat sich seiner Frau entfremdet und in die junge Frau verliebt. Die Ehefrau hat daraufhin die Scheidung erwirkt. Der Mann habe in diesem Fall kein moralisches Recht, wieder zu heiraten, und die junge Frau sollte ihn vergessen.[125]

g. Die zweite Ehe nicht wieder trennen

In einem anderen Fall hatte ein junger Mann sich ohne biblischen Grund von seiner Frau scheiden lassen. Mit einer zweiten Frau hat er eine Tochter, hatte sie aber nicht geheiratet. Eine dritte Frau heiratete er dann. Nach langen Jahren versuch en Vater und Bruder des Mannes ihn zu einer neuerlichen Scheidung zu bewegen – nicht, damit er wieder zu seiner ersten Frau zurückkehrte, denn diese hatte inzwischen neu geheiratet, sondern damit er die Mutter seiner unehelichen Tochter heiraten könnte, die sich sehr darüber freuen würde.

122 Brief 50, 1895, zitiert in 2SM, S. 339f.

123 Ellen Whites Briefe zu diesem Fall sind zitiert in TSB, S. 67–74.

124 TSB, S. 74f.

125 2SM, S. 340f. Die Briefe Ellen Whites zu diesem Fall finden sich in TSB, S. 206–217.

Interessanterweise nahm Ellen White die Position ein, dass Vater und Bruder Gott um Vergebung bitten müssten für ihre Zwietracht säende Einstellung, denn die Sache so „in Ordnung" zu bringen, wie die beiden sich das vorstellten, bedeute, neues Unrecht zuzufügen. Man solle den Mann mit seiner zweiten Frau in Ruhe lassen, und Gott werde sich um ihn kümmern. Gott werde sich von ihm finden lassen, wenn er ihn suche.

Tatsächlich lebte der Mann mit dieser zweiten Ehefrau bis zu seinem Tod im Jahre 1934. In ihrem Brief an ihren Sohn Edson, der sie diesbezüglich um Rat fragte, äußerte Ellen White sogar Verständnis für das Verhalten des Mannes beim Verlassen seiner ersten Frau, ohne es freilich zu entschuldigen:

> Ich verstehe die Situation zwischen Will E. und seiner ersten Frau vollkommen ... und ich weiß, wie dieser Fall ausginge, denn Will E. kann es nicht ertragen, ein Sklave zu sein, seine Identität verloren in einer Frau, die sich selbst zur Richterin seines Gewissens, seiner Pflicht und seiner Arbeit ganz allgemein aufgeschwungen hat.[126]

Ein Mann war glücklich verheiratet, doch die Frau entpuppte sich später als schwierig. Er verliebte sich in eine andere. Ellen White warnte ihn, er ließ von ihr ab und akzeptierte die Warnung. Seine Frau jedoch ließ sich von ihm scheiden, was sie nicht tun sollte. Die Scheidung kam dem Mann aber gerade recht, denn so konnte er seine neue Liebe ganz legal heiraten. Das trug ihm aber das Missfallen der Gemeinde ein. Sie hatten drei Kinder und bereuten dann sehr, dass sie nicht richtig gehandelt hatten. Diese Reue wurde angenommen, aber niemand drängte auf eine Trennung.

Eine neuerliche Trennung dieser unter falschen Voraussetzungen geschlossenen Ehe würde nur neues Leid verursachen. Der Mann wurde auch nicht aus dem Werk für die Gemeinde ausgeschlossen und setzte sich für das Self-Supporting Work (selbstunterhaltende Missionsprojekte) im Süden der USA ein. Ellen White wollte ihn zwar gern nach Australien holen, doch sie befürchtete, dass die Kunde von seiner Vergangenheit ihn einholen würde, obwohl sie gern mit ihm arbeitete.

Auch James White sagte zu solchen Fällen, dass er es nie für richtig gehalten hat, wenn die Brüder in solchen Fällen auf die Trennung der neuen Beziehung drängten, indem sie argumentierten, dass jeder neue Tag dieser Ehe ein neuer Ehebruch sei. Ellen White bleibt auch nach dem Tod ihres Mannes dieser Linie treu und schrieb und riet in diesem Sinne.

126 2SM, S. 341f., und TSB, S. 225ff.; vgl. auch die Erklärung William Whites auf S. 223f.

127 Ellen Whites Briefe und eine Erklärung William Whites finden sich in TSB, S. 219–223.

h. Einen Ausschluss aus der Gemeinde wegen Inzest aufrechterhalten

Manche Sünden im sexuellen Bereich können zum dauerhaften Ausschluss aus der Gemeinde führen. An einer Stelle riet Ellen White davon ab, einen Mann auch bei offensichtlicher Reue wieder in die Gemeinde aufzunehmen. Die Sache sei so arg gewesen (nämlich ein „besonders abstoßender Fall von Inzest", so William C. White)[128], dass die Gemeinde sich auf immer von diesem Mann fernhalten müsse. Dies sei aber kein Urteil über seinen Stand vor Gott; Gott könne ihm vergeben und der Mann kann das ewige Leben erlangen, aber ohne Gemeinde.[129]

i. Resümee

Zusammenfassend kann man sagen, dass Ellen White das Grundprinzip verfolgte, dass es keine Scheidung geben soll außer beim Bruch des Ehegelübdes und auch dann nicht, ohne dass alle Möglichkeiten ausgeschöpft wurden, die eheliche Gemeinschaft durch Reue und Veränderung der Verhaltensweisen der Ehepartner wiederherzustellen. Das Recht zur Wiederheirat hat nur der am Ehebruch des anderen unschuldige Partner, der selbst nicht die Ehe gebrochen hat.

Das aber scheint – nach dem oben Gezeigten – nur das Grundmuster ihres Denkens gewesen zu sein; sie ging offensichtlich weiter als manche ihrer Zeitgenossen in der Beurteilung dessen, was wirklich Schuld ist. Wenn der Mangel an Bekehrung zum Scheitern einer Ehe führt, kann auch der schuldig sein, der sein Leben nicht wirklich Gott weihen will, selbst wenn er „das Ehebett nicht entweiht" hat. Andererseits hat Ellen White auch Verständnis gezeigt für Menschen, die in ihrer Art von Problemlösung in die Irre gegangen sind, dies aber einsahen und bereuten. Hier unterschied sich Ellen White häufig von der Meinung Anderer, die solche unter unbiblischen Voraussetzungen geschlossenen Ehen wieder trennen wollen, weil sie diese eben als „unrechte Ehen" ansehen. Sie tendierte in solchen Fällen dann dazu zu sagen: „Lasst die Eheleute in Ruhe!"

Nach der Lektüre der verschiedenen Fälle ist offensichtlich, dass Ellen White zwar etliche aus der Bibel abgeleitete Grundprinzipien hatte, die sie auch einhielt; sie wandte diese aber nie mit blindem Schematismus an, sondern in jeder gegebenen Situation neu durchdacht und so praktiziert, dass die Ehre Gottes einerseits erhöht und das Elend der Menschen andererseits gelindert wurde. Dabei waren dies keine einfachen Lösungen – gegen solche verwahrte sie sich –, sondern hoch intelligente und zeitweise auch durchaus pragmatische Lösungen, die allen Beteiligten nützten. In Ellen Whites Umgang mit diesen Problemen steckte also göttliche Weisheit.

Es bleibt die Notwendigkeit, dass wir Heutigen lernen, unsere zeitgenössischen Probleme dieser Art gemäß der genannten geistlichen Prinzipien angehen, ohne in

128 Laut Anmerkung in TSB, S. 249.

129 Ms 3, 1854, zitiert in TSB, S. 247–250.

kasuistischer Weise zu hoffen, dass alle Schwierigkeiten, die uns begegnen können, wohl irgendwo im inspirierten Schrifttum (oder in der *Gemeindeordnung*?) für uns schon vordiskutiert und mit Entscheidungsvorgaben versehen sind.

Selbst vom Geist erfüllt sein und auf diese Weise Gottes Prinzipien gemäß dem göttlichen Willen anwenden – das ist die Herausforderung an uns!

Schlusswort

Nachdem es durch bewusste Wahrnehmung der Unterschiede zwischen dem Sprachgebrauch des 19. Jahrhunderts und dem der heutigen Zeit zu einer gewissen Horizontverschmelzung gekommen ist, ergibt sich für unsere Untersuchung folgendes Bild.

Die frühen Adventisten und auch Ellen White führten ihre Ethik im Zusammenhang mit Sexualität, Heirat, Ehe, Scheidung und Wiederheirat auf biblische Prinzipien zurück. Gleichzeitig konnten sie ihre Vorstellungen in einer Sprache ausdrücken, die allgemein verstanden wurde, da die öffentlichen Moralansichten – anders als heute – noch stark im Christentum verwurzelt waren. Aufgrund der damaligen Kultur aber drückten sie sich weniger offen aus; die Sprache im Zusammenhang mit Sexualität und Ehe war codiert, die Warnungen vor Missbrauch und sittlichem Verfall kamen deutlich häufiger vor als die einfache Darstellung und Beschreibung dessen, was an der Ehe oder an der körperlichen Liebe gut und schön ist.

Trotzdem waren die frühen Adventisten keineswegs leibfeindlich eingestellt. Sie bejahten die eheliche Liebe und verstanden sie als Grundlage auch für den Austausch von körperlichen Zärtlichkeiten. Außerhalb der Ehe aber hatten diese Dinge keinen Platz; was an sich gottgewollt und recht war, wurde durch Missbrauch zur Sünde. Gleichzeitig hatten sie auch vielerlei andere Überlegungen zu den Voraussetzungen einer glücklichen Ehe wie zum Beispiel in Bezug auf Gesundheit, Arbeitskraft, Besitz, Glaubenseinstellung, Gemeinsamkeiten usw. Die Ehe wurde nicht nur als eine Sache der Liebe, sondern auch eine Sache der Vernunft angesehen, allerdings auch nicht der Vernunft allein – denn ohne Liebe sollte keine Ehe gegründet werden. Das Streben nach Ausgewogenheit kennzeichnet den Charakter der Texte zu diesem Thema.

Auch wenn man in Bezug auf Sexualität und Ehe weitgehend einer Meinung war, konnten Scheidung und Wiederheirat kontrovers diskutiert werden. Das Grundschema war, dass Ehescheidung nur bei Ehebruch infrage kam, der die Basis für die eheliche Gemeinschaft nachhaltig zerstört hatte; eine zweite Ehe war innerhalb der Adventgemeinde nur für den betrogenen Partner möglich. In der Praxis waren die Situationen zuweilen komplexer, und so kam es dazu, dass man nicht immer einig war in der Beurteilung einzelner Fälle.

Bei den Ratschlägen Ellen Whites fällt auf, dass sie von einer Ausgewogenheit in der Beachtung biblischer Prinzipien und seelsorgerlicher Verhaltensweisen geprägt waren, was sie diesbezüglich zuweilen in Gegensatz zur Meinung anderer Gemeindeglieder brachte. In ihrer Zeit waren manche ihrer Ratschläge sicher progressiv. Für uns heute mag dies eine Ermutigung sein – nicht zur Missachtung der biblischen Prinzipien, denn das wäre ein hermeneutischer Missbrauch –, sondern zum Gebet um göttliche Weisheit im pastoralen Amt.[130]

Am schwierigsten scheint es zu sein, genau zu verstehen, was im einzelnen Fall wirklich Gottes Wille ist. Die Grundprinzipien wollen uns helfen, ihn zu sehen, doch ist der Wille Gottes am Ende nur für jene zu erkennen, die der Welt abgesagt haben, um in ihrem Sinn und Denken ihm gleich zu werden (Römer 12,1f.). So mancher hat in der Geschichte schon gemeint, das Gesetz Gottes zu halten, dabei aber den Willen Gottes nicht getan. Geistliche Dinge müssen eben geistlich beurteilt werden (1 Kor 2,12–14).

Abkürzungen der Buchtitel von Ellen G. White

AH	*The Adventist Home*, Southern Publishing Association, Nashville (Tennessee) 1952
CH	*Counsels on Health*, Pacific Press Publishing Association, Mountain View (Kalifornien) 1923
DA	*The Desire of Ages*, Pacific Press, Mountain View 1940
Ev	*Evangelism*, Review and Herald Publishing Association, Washington D.C. 1970
EW	*Early Writings*, Review and Herald, Washington D.C. 1945
FE	*Fundamentals of Christian Education*, Southern, Nashville 1923
Ms	Manuskript
MB	*Thoughts from the Mount of Blessing*, Pacific Press, Mountain View 1956
MH	*The Ministry of Healing*, Pacific Press, Mountain View 1942
MM	*Medical Ministry*, Pacific Press, Mountain View 1963
1–21MR	*Manuscript Releases*, Band 1–21, Review and Herald, Washington D.C. 1981–1993
MYP	*Messages to Young People*, Southern, Nashville 1930
PK	*Prophets and Kings*, Pacific Press, Mountain View 1943
PP	*Patriarchs and Prophets*, Pacific Press, Mountain View 1958
1–2SM	*Selected Messages*, 2 Bände, Review and Herald, Washington D.C. 1958
1–9T	*Testimonies for the Church*, 9 Bände, Pacific Press, Mountain View 1948
TSB	*Testimonies on Sexual Behavior, Divorce, and Remarriage*, Ellen G. White-Estate, Silver Spring (Maryland) 1989.

130 In der Gemeinde müssen wir beide Fallen vermeiden: die des rechthaberischen Pharisäismus genauso wie die des permissiven Sadduzäismus. Leider berufen sich beide aufeinander in der Selbstrechtfertigung ihres eigenen Daseins. Ein Extrem kann eben nur ein gegensätzliches Extrem hervorbringen. Ellen White ist nicht in diese Falle gegangen; darin ist sie uns ein leuchtendes Beispiel. Nicht die Frage nach einer Regel oder Nicht-Regel, sondern die Frage nach dem Willen Gottes muss uns die wichtigste Frage sein.

Teil C

Pastoraltheologische Studien

Kapitel 14

Ehevorbereitung

Adrian Bocaneanu

Dieser Beitrag beschäftigt sich mit dem Umfeld und den Zielen der Ehevorbereitung. Es ist hier natürlich nicht möglich, eine umfassende Darstellung zu geben und ein volles Programm der Ehevorbereitung ausführlich zu beschreiben, geschweige denn die verschiedenen Methoden und ihre unterschiedlichen Ergebnisse darzustellen oder zu vergleichen. Ich möchte mich daher mehr solchen Anliegen widmen, auf die ich in meiner eigenen seelsorgerlichen Praxis aufmerksam wurde und die sich im Austausch mit anderen Kollegen als tragfähig erwiesen haben.

„Man nimmt allgemein an, dass die erste Erwähnung von professioneller Ehevorbereitung in einem Artikel der Zeitschrift *The American Journal of Obstetrics and Gynecology* im Jahre 1928 erschien".[1] Bis zur Mitte der 1950er Jahre waren die meisten Publikationen in diesem Bereich an Ärzte gerichtet und beschäftigten sich mit körperlichen Untersuchungen vor der Ehe. Erst in der zweiten Hälfte des vergangenen Jahrhunderts findet sich in religiöser Literatur zunehmendes Interesse an Ehevorbereitung, wobei zunehmend biblische und psychologische Gesichtspunkte beachtet wurden. Auch die Kirche der Siebenten-Tags-Adventisten erkannte das Bedürfnis nach Ehevorbereitung und ihre Möglichkeiten. Verschiedene Autoren arbeiteten daher Seminare mit Kassetten, Fragebögen u. dgl. aus.[2] Außerdem dienen vielen Adventisten die Ratschläge, die Ellen White in ihren Büchern gibt, weiterhin als Leitlinie – z. B. in den Büchern *Ruf an die Jugend* und *Glück fängt zu Hause an*.

Auch adventistische Pastoren haben zunehmend an dieser Arbeit Interesse gefunden und sind darin von der Kirchenleitung unterstützt worden in der Hoffnung, dass diese Arbeit dazu beiträgt, glücklichere Ehen und Familien zu schaffen und die beunruhigende Zahl von Ehescheidungen innerhalb der Kirche zu reduzieren. Manche Gemeinden und Vereinigungen machen die Teilnahme an einem Ehevorbereitungsprogramm sogar zur Bedingung für eine kirchliche Trauung.

Insgesamt besteht über die Bedeutung der Ehevorbereitung besteht zwischen Pastoren und Verantwortungsträgern klare Übereinstimmung. In der Praxis gibt es jedoch Einschränkungen u. a. durch unsachgemäße Ausbildung von Pastoren und Zeitmangel. Gegenwärtig gibt es daher in unserer Kirche regional und zwischen einzelnen Pastoren große Unterschiede, wenn es um Ehevorbereitung geht. Viele

1 H. Norman Wright, *Premarital Counseling*, Moody Press, Chicago 1982, S. 37.

2 Siehe z. B. Betty und Delmer W. Holbrook, *Preparing for Marriage* [Audiokassetten], Home and Family Service, Washington D.C. 1985; Andreas Bochmann, *Praxisbuch Ehevorbereitung: Anregungen für Seelsorge und Beratung*, Brunnen, Gießen 2004, und die Tests zur Ehevorbereitung, die von PREPARE/ENRICH zur Verfügung gestellt werden (siehe www.prepare-enrich.de).

Pastoren bieten Ehevorbereitung nicht regelmäßig und allen Paaren. Sie gehen damit das hohe Risiko ein, dass sie gerade die Paare vernachlässigen, die Ehevorbereitung am dringendsten brauchten. Es gibt aber auch solche Pastoren, die sich dieser sensiblen Aufgabe sehr zuverlässig widmen.

Ehevorbereitung in Zeiten raschen gesellschaftlichen Wandels

Jahrhunderte lang wurden Gesellschaften von ungeschriebenen Gesetzen der Tradition und von Sitten, die von Generation zu Generation weitergegeben wurden, bestimmt. Das gesamte Leben sowohl des Einzelnen als auch der Gesellschaft wurde durch Vorschriften geregelt, die aus alten Zeiten herrührten. Es gab vorgegebene Zeiten und bindende Handlungsabläufe für alle Ereignisse, die bis ins kleinste Detail reichten.

Solche Gewohnheitsregeln waren besonders in den Übergangsperioden des Lebens wie Geburt, Pubertät, Hochzeit, Krankheit und Tod wichtig, also in Zeiten individueller Krisen. Bereits erworbene Fertigkeiten sind in solchen Perioden nicht mehr angemessen; neue Fertigkeiten stehen noch nicht zur Verfügung. Initiationshandlungen wurden häufig in Form von Mythen, Geschichten, theatralischen Szenen und Liedern mitgeteilt. Das Ergebnis war, dass Menschen eine Vielzahl von Verhaltensmustern entwickelten, die in sich geschlossen und reich an Bedeutungen waren. Diese Muster vermittelten für alle Mitglieder der Gesellschaft die gleichen Bedeutungen. Wir können solche hoch entwickelten Verhaltensmuster auch in der Bibel und kulturellen Traditionen finden. Die moderne Gesellschaft jedoch hat die meisten dieser Muster aufgegeben, ohne sie durch andere ersetzen zu können. Welcher Vorlage soll zum Beispiel ein junger Mensch folgen, der eine Freundschaft sucht, um einen Partner fürs Leben zu finden? Wo kann man so etwas in einem sicheren Umfeld lernen?

Diese kulturellen Veränderungen betreffen nicht bloß die äußerlichen Verhaltensmuster, sondern ebenso ihre ethischen Inhalte. Wenn zum Beispiel in der Kultur der gegenwärtigen Massenmedien die Familie dargestellt wird, dann ist es häufig die atypische, absonderliche, die zerbrochene und skandalöse Familie, auf die sich alle Aufmerksamkeit konzentriert. Viele der Stars sind in Bezug auf Familie Versager, und oft liegt die Ursache dafür in ihrem Fehlverhalten. In diesem Klima ist es selbstverständlich, ja notwendig darüber nachzudenken, ob die traditionelle Ehe zukünftig in der Gesellschaft noch eine Rolle spielen wird. George Orwells Szenarien scheinen gar nicht mehr so weit hergeholt zu sein. Durch Toffler, Margaret Mead und Carl Rogers bis hin zu den zahllosen Experten, die heute den Ton angeben, werden wir mit Alternativen bombardiert, die uns auf das Unvorstellbare vorbereiten und dagegen gleichgültig machen. Carl Rogers sagte: „Man braucht eine mutigere Person als mich, um vorherzusagen, was kommen wird.“[3]

3 Carl Rogers, *Becoming Partners: Marriage and Its Alternatives*, Delacorte, New York 1972, S. 11.

In dieser kulturellen Umwelt lebt die gegenwärtige Jugend. Noch ehe Jugendliche den mühsamen Weg beschreiten, sich über die gegensätzlichen Botschaften der Medien Klarheit zu verschaffen, verlieben sie sich konsultieren einen Pastor, um zu heiraten. Die Aufgabe, in einer solchen Situation Vernunft, folgerichtiges Überlegen, biblische Weisheit und Weisungen in ihrem Denken zu verankern, ist groß.

Nach dem Sturm und den Enttäuschungen aus der sexuellen Revolution in den 1960er Jahren wächst wieder eine Tendenz hin zu mehr Romantik und bewusster Vorbereitung auf die Ehe. Man entdeckt aufs Neue die traditionellen Werte Treue, Verbindlichkeit und Ehe. Untersuchungen offenbaren jedoch das Auseinanderklaffen zwischen dem scheinbaren Neoidealismus der Jugend im Hinblick auf Partnerschaften und der tatsächlichen Praxis, wie sie durch statistische Erhebungen deutlich wird. Das ist der Grund, weshalb sie dringend Hilfe brauchen: ideelle Unterstützung, um ihnen zu helfen zu den richtigen Entscheidungen zu gelangen, sozialen Beistand, um dem mächtigen Gruppenzwang von Gleichaltrigen und Massenmedien standzuhalten, und geistliche Hilfe, damit sie die Standhaftigkeit entwickeln, das auszuleben, was sie als richtig erkannt haben.

Ehevorbereitung im Kontext

Ehevorbereitung geschieht nicht im luftleeren Raum. Die Partner, die sich auf die Ehe vorbereiten, kommen mit ihrer Geschichte zum Pastor – mit den Erfahrungen in ihrer eigenen Familie, während der Kindheit und Pubertät, mit Narben, mit ihren Beziehungen zu Gott, zur Bibel und zur Gemeinde, mit früheren Beziehungen und mit Begegnungen mit Pastoren. Dieser ganze Hintergrund kann einen starken Einfluss ausüben; zuweilen kann er einen erfolgreichen Ehevorbereitungsprozess sogar unmöglich machen. Andererseits hat der Pastor zahllose Möglichkeiten, dem Paar zu einem Leben innerhalb der Gemeinde zu verhelfen, mir dem sie ihre Geschichte im Rahmen angemessener theologischer und sozialer Parameter aufarbeiten können. In Wirklichkeit geschieht Ehevorbereitung fortwährend, ausdrücklich oder auch unausgesprochen durch die Botschaften, die sie hören. Ehevorbereitung geschieht auch durch die Art und Weise, wie der Pastor Familien, Frauen, Kinder und irrende Gemeindeglieder behandelt.

Zudem besitzt der Pastor auch sein eigenes Verständnis von Liebe, Ehe und Kindererziehung und seine eigenen Erfahrungen auf diesen wichtigen Gebieten seines Lebens. Auch ist er verantwortlich dafür, sie in einen angemessenen theologischen Rahmen einzufügen. Ungelöste Probleme, nagende Zweifel und Spannungen können leicht sein eigenes Verhalten im Prozess der Ehevorbereitung verzerren. Sie können auch die Glaubwürdigkeit seiner gelebten Theologie beeinflussen.

Weiterhin steht eine Ehevorbereitung im Kontext der folgenden Rahmenbedingungen:

1. Ehevorbereitung und die Theologie von Gnade und Gehorsam. Die christliche Ehe lässt sich definieren als eine lebenslange Vereinigung zwischen einem Mann und einer Frau, die durch Gnade und den Glauben an Jesus als ihrem Herrn und Heiland errettet sind. Jeder Teil ihres Lebens gehört zu dem rechtmäßigen Herrschaftsbereich Gottes, auf dem er seine Absichten verwirklichen und seiner Gnade Raum geben möchte; die Ehe bildet hier keine Ausnahme. Der Apostel Paulus drückt es so aus: „Nur dass es in dem Herrn geschehe!" (1. Korinther 7,39)

„Nur in dem Herrn": Schule und Freizeit, Sport, berufliche Laufbahn, Gesundheit, Liebe und Ehe sind allesamt ein wesentlicher Bestandteil einer ganzheitlichen Beziehung zu Jesus. Bei Jesus findet man die Fülle der Freude, der Kraft und das Vermögen das Leben – einschließlich seiner Beziehungen – neu zu gestalten. Selbst das Beste, was Menschen an Liebe hervorbringen können, wird oft durch unseren Egoismus zerstört. Denn auch Gefühle sind Höhen und Tiefen unterworfen. Sogar eine Ehe kann sterben, aber man muss sie deswegen noch nicht beerdigen. Denn Jesus kann sie durch Vergebung und Heilung wieder auferwecken.

Gnade, die angenommen wird, führt zum Gehorsam. Die Ehe ist daher eine Einladung zum Dienst der Liebe und zu bewusster Hingabe an den Partner. Dies sollte in Predigten, in der Lehre, in persönlichen Begegnungen, zufälligen Bemerkungen und der nonverbalen Sprache von Pastoren und Gemeindeleitern klar zum Ausdruck kommen.

2. Ehevorbereitung und die biblische Lehre über Ehe und Familie. Die Ehe nimmt einen zentralen Platz in diesem ganzen Universums ein. Gott ist der Erlöser jedes einzelnen Lebens und ebenso der Erlöser des Ehelebens. Erlöste Partner bilden und führen eine erlöste Ehe. Unerlöste Partner sind zwar nicht gänzlich ausgeschlossen vom allgemeinen Segen des Evangeliums; sie sind aber nicht in der Lage, seine ganze umwandelnde Kraft zu erfahren (1 Kor 2,9-14).

Durch Christus soll bei allen die Ehe „in Ehren gehalten werden" (Hbr 13,4). Diese Einstellung sollte vor allem ihren Ausdruck finden, wenn der Pastor die vielen Familiengeschichten in der Bibel behandelt, und er sollte dies oft tun. „Denn was zuvor geschrieben ist, das ist uns zur Lehre geschrieben, damit wir durch Geduld und den Trost der Schrift Hoffnung haben." (Römer 15,4) Diese Hochachtung gegenüber der Ehe kommt auch in lebensnahen Erfahrungsberichten zum Ausdruck, die der Pastor erzählt, in seiner hoffnungsvollen Reaktion, wenn er von familiären Problemen Kenntnis erhält und in der Art, wie er seine Frau und seine Kinder behandelt, besonders wenn er unter Stress steht.[4]

3. Ehevorbereitung und die Theologie des geistlichen Dienstes. Eine gesunde biblische Theologie vermeidet Extrempositionen – sowohl eine unangemessene

4 Die einleitenden Bemerkungen in der *Gemeindeordnung* vor Kapitel 15 „Ehe, Scheidung und Wiederheirat" verdienen besondere Beachtung; siehe Euro-Afrika-Division der Gemeinschaft der Siebenten-Tags-Adventisten (Hg.), *Gemeindeordnung – Gemeindehandbuch, Ausgabe 2006*, Advent-Verlag, Lüneburg 2006, S. 249–258.

Autorität über die Glieder als auch Unverbindlichkeit.[5] Der Pastor sollte dem Paar seine Achtung zum Ausdruck bringen und ihnen ebenso versichern, dass er sich für sie verantwortlich fühlt. Er kann keine Entscheidungen für sie treffen, sollte aber mehr sein als ein Echo ihrer Gefühle und Bestätigung ihres Wunschdenkens. Er könnte etwa sagen: „Es ist für mich eine große Freude, dass ich an der Vorbereitung eurer Ehe Anteil haben darf. Ich bin hier, um zu helfen, nicht um den moralischen Zeigefinder zu heben. Ihr sollt mich nicht von irgendetwas zu überzeugen suchen. Wir haben aber die Chance, Führung von oben zu erleben. Ich möchte daher, dass ihr zu Entscheidungen gelangt, die von euch kommen und gleichzeitig eurem Herrn gefallen."

4. Ehevorbereitung im Kontext des allgemeinen Priestertums. Die Ehe ist keine Angelegenheit, die nur die beiden Partner und ihre Familien betrifft. Die ganze Gemeinde ist daran mit beteiligt. Darum hat auch die gesamte Gemeinde eine Aufgabe im Prozess der Ehevorbereitung. Der Glaube, die Liebe und das Treueversprechen der beiden Eheleute werden in der Gemeinde feierlich erklärt, bestätigt und geschützt. Die Gemeinde ist sich auch der Gefahren bewusst, denen das Paar begegnen wird. Sie nimmt daher ihre Verantwortung ernst, die beiden auf solche aufmerksam zu machen und davor zu warnen, falls die Situation dies erfordert (vgl. Hbr 10,23-25).

Der Trend westlicher Gesellschaften geht freilich dahin, Familien gegenüber der Kirche vollständig autonom zu machen. Historisch gesehen war die Kirche die einzige Institution, die das Recht hatte, ein Urteil über die Familie zu fällen. Heute muss sie sich darauf beschränken, Anliegen zu behandeln, die mit Familienproblemen zusammenhängen.

Um ihr Recht wiederzuerlangen als prophetische Stimme für Familien zu gelten, muss die Gemeinde für Familien relevant werden. Das geschieht nicht nur, indem sie mutig zu Fragen Stellung nimmt, die die Familie betreffen, sondern auch, indem sie zu bestimmten für Familien wichtigen Zeitabschnitten aktiv wird. Die Phase vor der Ehe ist ebenso wie die unmittelbar auf die Heirat folgende Phase eine der Zeiten im Leben, wo Menschen am meisten geformt werden können. Sie ist die letzte gute Gelegenheit, signifikante Veränderungen in den Glaubensvorstellungen und im Verhalten zu bewirken. Die beiden betroffenen Personen erleben starke Emotionen; strahlende Hoffnung und verwirrende Ängste, Euphorie und Besorgnis wechseln einander ab. Es ist für diese Zeit kennzeichnend, dass sie ein starkes Interesse daran zeigen, über ihre Beziehung zu sprechen, Fragen zu stellen und Einsichten auszutauschen. Sie möchten etwas lernen, und viele von ihnen sind sogar bereit, ihre Ideen, Pläne und Gewohnheiten einer kritischen Prüfung zu unterziehen.

5 Vgl. die Aussage des Paulus, die zeigt, dass er von seiner heiligen Berufung ganz erfüllt war: „So sind wir nun Botschafter an Christi Statt, denn Gott ermahnt durch uns; so bitten wir nun an Christi Statt: Lasst euch versöhnen mit Gott!" (2 Kor 5,20)

Ehevorbereitung birgt daher für den Pastor und die Gemeinde eine große Chance. Wenn sie den Verlobten in dieser Zeit nahe sind, wenn sie an ihrem Enthusiasmus und an ihrem Glück Anteil nehmen, werden sie immer das Recht haben, an den Freuden der Familie teilzuhaben. Wenn sie willig sind, auf die Ängste des Paares einzugehen und sie zu Antworten auf ihre wirklichen Probleme führen, indem sie ihnen Hoffnung und Sicherheit vermitteln, werden die beiden sie auch zukünftig als vertrauenswürdig betrachten und ihre Hilfe sogar anderen, die in Not sind, weiterempfehlen. Wenn sie erfahren, dass jedes Kapitel in ihrem Leben einen Platz in ihrer Beziehung zu Gott hat, dann werden sie ihr Leben in seiner Gnade führen.

Der gute Rat ihres Pastors wird ihre Herzen auf besondere Weise berühren und wird sich dann als Same erweisen, der auf gutes und aufnahmebereites Land gesät wurde. Pastor und Gemeinde erleben einen äußerst bedeutsamen Augenblick in ihrer Arbeit mit dem Paar, das sich auf die Ehe vorbereitet, einen Moment, in dem sie sehr viel gewinnen oder verlieren können – vielleicht sogar alles verlieren. Weder die Gemeinde noch der Pastor können es sich trotz vieler anderer Programme und Bedürfnisse leisten, diese einmalige Chance ungenutzt zu lassen, für das Paar und die dazugehörigen Familien verfügbar zu sein und sie für eine Zukunft mit Gott zu gewinnen.

5. Ehevorbereitung im Kontext von Mission und sozialer Verantwortung. Bedeutende Familien der Bibel waren immer Familien mit einer Mission. In Wirklichkeit hat jede Familie eine Mission – ein Anliegen, die ihnen weit wichtiger ist als Alltagsinteressen, eine Sache, die sie mit der Vergangenheit ebenso wie mit der Zukunft der Menschheit, die in Christus erlöst ist, die sie mit dem Transzendenten, dem Ewigen, verbindet.

Wenn Romantik als der Inbegriff wahrer Liebe betrachtet wird, so wie sie in der volkstümlichen Literatur und im Film dargestellt wird, dann betritt das Paar begeistert den Weg der Verschmelzung ihrer beiden Persönlichkeiten und verliert häufig das Interesse an gemeindlichen und gesellschaftlichen Angelegenheiten. Sind sie erst einmal verheiratet, dann neigen sie dazu sich so sehr mit sich selbst zu beschäftigen, dass alles, was mit kirchlicher Mission und sozialer Verantwortung zu tun hat, vollends verloren geht. Dies alles ist nicht neu; Paulus spricht schon aus seiner Zeit darüber: „Wer aber verheiratet ist, der sorgt sich um die Dinge der Welt, wie er der Frau gefalle ... aber die verheiratete Frau sorgt sich um die Dinge der Welt, wie sie dem Mann gefalle." (1 Kor 7,33f.) Dennoch ist dies mehr eine Beschreibung als eine unvermeidliche Regel. Denn Paulus fährt fort: „Das sage ich zu eurem eigenen Nutzen; nicht um euch einen Strick um den Hals zu werfen, sondern damit es recht zugehe und ihr stets und ungehindert dem Herrn dienen könnt." (Vers 35)[6]

6 Ellen White erinnert sich mit bezeichnenden Worten an ihre Ehe. Eine Kapitelüberschrift ihrer *Zeugnisse* heißt „Ehe und die darauf folgenden Arbeiten". Die ersten Sätze lauten: „30. August 1848. Ich wurde dem Prediger James White angetraut. Prediger White erfreut sich einer reichen Erfahrung in der Adventbewegung. Seine

Ehevorbereitung hilft dem Paar zu verstehen, dass die Ehe den Wert der Liebe und Romantik nicht mindert, wenn in eine große Aufgabe eingebettet ist, sondern ihn in der Liebe Gottes zu uns und für die Menschheit schützt.

Wer profitiert von der Ehevorbereitung?

Ideen, Grundsätze und Werte, Methoden, Fertigkeiten und Instrumente zeigen alle ihren Wert im realen Zusammenspiel mit denen, die von Ehevorbereitung profitieren.

1. Das Paar vor der Ehe. Idealerweise sind dem Pastor die beiden Partner bekannt. Die Intensität seiner Beziehung hängt natürlich auch von der Dauer seines Aufenthaltes in einem bestimmten Bezirk und von seiner Verbundenheit mit dieser Gemeinde ab. Vielleicht war er sogar an ihrer Bekehrung und Taufe beteiligt, ja möglicherweise kennt er sie seit ihrer Kindheit. Jedes Paar besitzt allgemeine Merkmale, die es mit anderen Paaren teilt, aber gleichzeitig ist es auch einzigartig. In jedem Fall ist es wichtig, dass der Pastor sich gründlich auf die Zeit mit dem jeweiligen Paar vorbereitet.

2. Die Familien. Da eine Ehe auch eine Veränderung für die Herkunftsfamilien der Partner bedeutet, beinhaltet Ehevorbereitung auch Aufgaben in dieser Hinsicht. Bei jeder der beiden Familien ist wenigstens Gesprächstermin wünschenswert, um ihre Einstellung zu der künftigen Ehe und ihre Sicht auf die damit verbundenen Beziehungen zu erkunden. Zuweilen ist es nötig, auf Versöhnung hinzuarbeiten. Wegbereiter für eine neue Familie zu sein, indem man Frieden schließt und die Unterstützung der Herkunftsfamilien sichert, ist eine prophetische Aufgabe (vgl. Mal 3,24).

Es ist bekannt, dass Einmischung der Eltern von den Verlobten gewöhnlich als bedrohlich für ihr Eheglück empfunden wird. Sie gehen in ihrer gegenseitigen Beziehung völlig auf und finden darin Befreiung von ihren Ängsten und ihrem Ärger. Das führt zum „Romeo-und-Julia-Effekt" – d. h. einer übersteigerten gegenseitigen romantischen Anziehung. Es ist wichtig, dass sich sowohl die beiden Herkunftsfamilien als auch die Partner dieser unbewussten Entwicklung und der damit verbundenen Mechanismen bewusst werden.[7]

3. Die Gemeinde(n). Die Gemeinde darauf vorzubereiten, dass sie für das Paar und für die künftige Familie einen sicheren Hafen und eine lebendige Gemeinschaft des Glaubens bilden, ist eine wichtige Aufgabe. Durch solchen Dienst wird auch die Gemeinde selbst stärker und bereichert. Das gleiche sollte gegebenenfalls auch für

---

Arbeit beim Verkündigen der Wahrheit ist von Gott reich gesegnet worden. Unsere Herzen schlugen gemeinsam für dieses große Werk und zusammen reisten und arbeiteten wir für die Errettung von Seelen." Ellen White, *Testimonies for the Church*, Band 1, Pacific Press, Mountain View 1948, S. 75.

7 Mehr darüber in meinem Aufsatz „Falling in Love and Premarital Sexual Morality", in Humberto M. Rasi (Hg.), *Christ in the Classroom*, Bd. 14, Institute for Christian Teaching, Silver Spring 1994, S. 19–38.

die Dorfgemeinschaft geschehen, wobei der Pastor als Mittler und Brückenbauer zwischen den Familien und der Gesellschaft wirken kann.

Die Rolle des Pastors

Der Pastor sollte kompetent und von seiner Persönlichkeit her für die Ehevorbereitung geeignet sein. Die Gemeinde und das Paar haben das Recht, das zu erwarten. Hochschulen, Vereinigungen und Fachleute in der Kirche müssen in der Ausbildung, der Weiterbildung und Supervision der Pastoren als Eheberater eng zusammenarbeiten. Weiter sind folgende Aspekte zu beachten:

1. Rollen und Grenzen. Die Kirchenleitung sollte in der Stellenbeschreibung für einen Pastor festhalten, was auf dem Gebiet der Ehevorbereitung seine Rolle ist. Gleichzeitig muss der Pastor auch vor unangemessenen und unrealistischen Erwartungen des Paares geschützt werden. Diese betrifft z. B. den Wunsch, eine kirchliche Trauung bei Eheleuten aus verschiedenen Konfessionen durchzuführen oder bei einem Ehewunsch, der klar biblische Grundsätze oder die soziale Verantwortung missachten; ebenso juristische Probleme u. ä. Schon zu Beginn ihrer gemeinsamen Ehevorbereitungsarbeit sollte der Pastor seine Rolle und seine Grenzen mit dem Paar besprechen. Auch sollte sich der Pastor auf die Gefahr der Übertragung und Rückübertragung bei einem Beratungsprozess bewusst sein. Er muss wissen, dass er für die Folgen seines beruflichen Handelns rechenschaftspflichtig ist.

2. Überweisungen an weitere Fachberater. Es gibt Situationen, die Experten erforderlich machen. Einige Vereinigungen und Verbände arbeiten mit professionellen Beratern, die entweder den Pastor oder das Paar beraten und an die der Pastor das Paar überweisen kann, wenn es für ihn nicht mehr ratsam ist, seine Arbeit fortzusetzen. Dienststellen sollten kleine Arbeitsteams aus professionellen Beratern und erfahrenen Pastoren zu bilden, die eng mit dem Leiter der Abteilung Familiendienste zusammenarbeiten und bei schwierigen Fällen als Ansprechpartner fungieren können.

Aufgaben und Ziele

1. Glaubensstärkung und Hingabe an Gott. Das geistliche Leben eines jeden Gemeindegliedes zu fördern ist die wichtigste Aufgabe jedes Seelsorgers. Wie schon erwähnt wirkt sich die Verbindlichkeit geistlichen Lebens auf die Qualität einer christlichen Ehe aus. Daher ist die Ehevorbereitungszeit eine einmalige Gelegenheit, die beiden Partner freundlich, aber bestimmt dahin zu führen, dass sie Christus ganz bewusst zur Grundlage ihres persönlichen Lebens und damit auch ihrer Ehegemeinschaft machen.[8]

8 Wright, *Premarital Counseling*, S. 40, schreibt dazu zutreffend: „Paare sollten schon vor der Eheschließung unterwiesen werden, wie sie individuell und als Familie geistlich leben können. Wenn sie dann positive Muster entwicklent haben und an Erfahrungen in der Ehe gewachsen sind, werden diese Paare schließlich auch anderen Ehepaaren in ihrer Gemeinde dienen können."

2. Praktische Fragen. Neben der geistlichen Dimension gibt es noch weitere wichtige Gesichtspunkte im Eheleben, die mit dem Paar behandelt werden müssen. Sie entsprechen den einzelnen Kapiteln vieler guter Ehevorbereitungs-Handbücher:

- Unterschiede im Temperament und in der Persönlichkeit
- Traditionen und Beziehungen zur Herkunftsfamilie
- Kommunikation
- Konfliktlösungsstrategien
- Sexualität und Familienplanung
- Finanzen und Haushaltsführung
- Die Vorbereitung der Hochzeitsfeier
- Die Flitterwochen

3. Ethische Entscheidungen. Zwei Menschen, die sich auf die Ehe vorbereiten, können die gegenseitige sexuelle Anziehungskraft, die sie gewöhnlich erleben, nicht einfach ignorieren. Alle müssen irgendwie damit umgehen – entweder sie beherrschen sie oder sie leben sie aus. Von der Bibel ist eine Ethik vorehelicher sexueller Abstinenz abzuleiten, und die Kirche der Siebenten-Tags-Adventisten vertritt diese Haltung ebenso. Viele finden jedoch es schwierig, diesen Standpunkt vor der Jugend zu vertreten. Die einst allgemein verbreitete Auffassung über Sexualmoral ist gänzliche außereheliche Abstinenz – doch dies war entweder rein pragmatisch motiviert, d. h. aus Furcht vor einer Schwangerschaft, vor Infektionen oder aus Scham. Oder aber sie war ist dogmatisch begründet: Es wurde als selbstverständlich angesehen, dass die Heilige Schrift als die Quelle ewig gültiger ethischer Grundsätze anerkannt wird.

Abschreckung wirkt heute jedoch anscheinend nicht mehr überzeugend, obwohl diese Gründe immer noch gültig sind. Untersuchungen über das menschliche Partnerschaftsverhalten empfehlen, dass sexuelle Beziehungen erst am Ende einer langen und komplexen Entwicklung eingegangen werden sollten, nachdem die Partner miteinander vertraut und eine lebenslange gegenseitige Verpflichtung eingegangen sind.[9] Dies aber kann nur im geschützten Raum der Ehe geschehen. Wer sich früher auf sexuelle Beziehungen einlässt – und das geschieht oft sogar aus anderen als aus sexuellen Gründen – führt die Logik von Werbung und Verlobung ad absurdum.

Nachdem er eine Atmosphäre des Vertrauens und der gegenseitigen Achtung geschaffen hat, muss der Pastor klar die biblische Position zum Ausdruck bringen, die das Paar vor der Ehe leiten soll sich im Gebet an Gott zu wenden und Entscheidungen zu treffen, die er zu segnen bereit ist. „Hatten sie bereits Geschlechtsver-

9 Desmond Morris, *Intimate Behavior*, Random House, New York 1977; Donald Joy, *Bonding: Relationships in the Image of God*, Word, Waco 1985.

kehr vor der Ehe, sollten ihre Gefühle zur Sprache kommen. Ein Bekenntnis ihrer Sünde sollte gegenseitig abgelegt werden und Vergebung und Gebet folgen."[10]

Natürlich ist das nicht die einzige ethische Fragestellung, mit der sich das Paar vor der Ehe befassen muss. Doch eine gute und konsequente Entscheidung in dieser Angelegenheit öffnet den Weg, auch mit anderen wichtigen Anliegen erfolgreich umzugehen. Im Umkehrschluss kann ein Versagen auf diesem Gebiet die Tendenz dazu beinhalten, auch in anderen Bereichen eine gesunde Entwicklung zu blockieren.

4. Unterstützung bei endgültigen Entscheidungen. Die Zeit der Ehevorbereitung ist für das Paar oft auch eine Gelegenheit, die wichtigste aller Fragen noch einmal gründlich zu untersuchen: Sollen wir heiraten? Verlobung ist ja noch nichts Endgültiges. Einige ändern ihre Meinung und schieben entweder die Trauung auf oder beenden ihre Beziehung sogar.

Andere Ziele, die in diesem Abschnitt erreicht werden sollten, sind die Vorbereitung der Hochzeitsfeier und die Lebensumstände der künftigen Familie. Konstruktive Beziehungen unter den beteiligten Familien sollten entwickelt werden, ebenso mit der Gemeinde und der Gesellschaft, um die Grundlage für eine lebenslange Reise zu legen.

Organisatorische Gesichtspunkte

1. Erforderliche Zeit, Anzahl der Sitzungen, Umfeld. Nicht alle Paare kommen zur Ehevorbereitung mit gleichen Voraussetzungen – mit einem ähnlichen Maß an Selbstwahrnehmung und Kommunikationsfähigkeit. Die einen mögen auf einem Gebiet weniger Bedürfnisse haben, dafür aber auf einem anderen wiederum mehr Zeit benötigen. Ganz grob geschätzt sind etwa vier bis sieben anderthalbstündige Sitzungen nötig. Die erste Sitzung ist zeitig zu planen und bietet die Möglichkeit, sich etwas näher kennen zu lernen und Ziele zu klären. Eventuell kann dem Paar Material zum Lesen mitgegeben werden, ebenso „Hausaufgaben" (z. B. das Ausfüllen von Fragebogen). Die letzte Sitzung sollte einige Monate nach der Hochzeit angesetzt werden, um die Freuden des neu vermählten Lebens zu feiern, die Ehezufriedenheit zu beurteilen und damit die Partner noch einmal in ihrer gegenseitigen Unterstützung und ihrem gemeinsamen Wachstums gestärkt werden.

Wie bei jedem anderen Beratungs- oder Seelsorgeprozess sollte der Pastor einen Raum zur Verfügung stellen, der angenehm und bequem ist, vor Unterbrechungen schützt und in dem absolute Diskretion gewahrt werden kann. Einen solchen Raum zu schaffen ist eine kluge Investition.

2. Die Arbeit mit einem einzelnen Paar. Im Allgemeinen wird Ehevorbereitung für ein einzelnes Paar organisiert. Die beiden Partner erhalten dabei die ausschließliche Aufmerksamkeit und Zuwendung, und die Gespräche können sehr persönlich

10 Wright, *Premarital Counseling*, S. 85.

gehalten werden. Dieses Modell wird natürlich von den meisten Paaren bevorzugt, ist aber für einen Pastor mit einem großen Bezirk sehr zeitaufwendig. Auch übt dieses Format einen gewissen Druck auf das Paar aus, weil sie die ganze Zeit über im Mittelpunkt der Gespräche stehen. Dazu haben sie wenig Gelegenheit, von anderen in ähnlichen Situationen zu lernen. Daher neigen sie dazu, ihre Probleme aufzubauschen, da sie ja nicht wissen, dass andere dieselben Schwierigkeiten zu meistern haben.

3. Ehevorbereitung in Gruppensituationen. Wenn es mehrere Paare gibt, die innerhalb einer relativ kurzen Zeitspanne zu heiraten gedenken, können sie gemeinsam an dem Ehevorbereitungsprogramm teilnehmen. Das spart einerseits dem Pastor Zeit und gibt andererseits den Paaren die Gelegenheit, während der Gruppengespräche voneinander zu lernen. Sie sind auch entspannter und haben mehr Zeit, die Informationen und ihre Reaktionen auf diese Lernerfahrung zu verdauen. Was aber noch wichtiger scheint, ist die Tatsache, dass Paare, die gemeinsam eine Ehevorbereitung durchlaufen haben, wahrscheinlich auch später als Familien engere Beziehungen zueinander pflegen werden. Sie werden das Gemeindeleben stärken, weil sie als „Support-Gruppe"fungieren. Es ist natürlich auch möglich, individuelle Beratung und Gruppensitzungen zu kombinieren. Die Regeln der Vertraulichkeit und der gegenseitigen Achtung unter den Paaren sollten in jedem Fall sehr ernst genommen werden.

Paare mit besonderen Bedürfnissen

1. Interkulturelle Paare. Immer häufiger findet eine Hochzeit zwischen Personen aus verschiedenen Kulturkreisen statt. Solange man umeinander wirbt, verschließt man sich meist der Einsicht, wie störend kulturelle Unterschiede wirken können. Die Partner „neigen dazu das Potential an Unterschiedlichkeiten zu verkleinern, weil alle, die verliebt sind, das Positive im andern betonen möchten."[11]

Jemanden aus einem anderen Kulturkreis zu heiraten, heißt jedoch, auch diese Kultur zu heiraten. „Da unser Verhalten ein Ergebnis unserer Kultur ist, müssen die Besonderheiten dieser Kultur von beiden Parteien angesprochen, diskutiert und bewertet (vielleicht sogar gemeinsam gelebt) werden. Das Bewusstsein kultureller Unterschiede ist nämlich nötig, ehe Feingefühl und Wertschätzung sich entwickeln können."[12] Die Wahrnehmung kulturell gemischter Ehen durch die Gesellschaft verursachen oft eine kollektive und unerwartete Spannung, die viele Paare weder verstehen noch mit ihr umgehen können.

Wenn ein Pastor Partner in der Ehevorbereitung hat, die aus verschiedenen Kulturen stammen, sollte er sich gründlich über die dynamischen Prozesse der Akkul-

---

11 Roger C. Smith, *Two Cultures, One Marriage: Premarital Counseling for Mixed Marriages*, Andrews University Press, Berrien Springs 1996, S. 11.

12 Ebenda S. 10–11.

turation, Assimilierung usw. informieren. Er sollte es als Pflicht betrachten, sich mit der Kultur und Nationalität der zu Beratenden vertraut zu machen. Darüber hinaus solle sich der Pastor auch bewusst machen, inwieweit sein eigener kultureller oder ethnischer Hintergrund den Erfolg des Ehevorbereitungsprozesses beeinflussen könnte.[13]

2. Paare, die bereits zusammen leben. Es wäre zu wünschen, dass in unseren Gemeinden alle Paare bis zur Trauung keusch lebten. Aber wir müssen auch einsehen, dass dieses Ideal nicht leicht zu erreichen ist. Manche Paare haben in dieser Frage vielleicht schmerzliche Erfahrungen gemacht und trauern dem nach, was hätte sein können. Andere sind versucht davonzulaufen, während wieder andere den Pastor als naiv, altmodisch oder gefühllos bezeichnen. Es scheint mir äußerst wichtig zu sein, solchen Personen auf die überzeugendste Weise mitfühlende, fürsorgliche Liebe zum Ausdruck zu bringen, und diejenigen, die über ihre Erfahrungen traurig sind, liebevoll anzunehmen und ihre Hoffnung neu zu beflügeln, dass auch nach Fehlern das Leben weitergeht. Es gibt junge Männer und Frauen, die nach einer solchen Episode die feste Entscheidung trafen, bis zur Hochzeit abstinent zu leben. Mit diesem Entschluss konnten sie trotz äußeren Drucks fest bleiben, ja sie wurden sogar zu Befürwortern des Ideals von verantwortlicher Liebe und vorehelicher Keuschheit, indem sie das, was man eine neue oder zweite Jungfräulichkeit nennen könnte, entwickelten.

3. Verlobte mit Schwangerschaft. Wenn eine Schwangerschaft der hauptsächliche Beweggrund für eine Heirat ist, sollten die Partner dazu gebracht werden zu verstehen, dass dies kein ausreichender Grund für eine Ehe ist. „Wenn das Paar reif genug ist, einander treu ergeben und willens abzuwarten, bis die Beratung vollständig abgeschlossen ist, wenn sie erkennen, welche Anpassungen nötig sind, dann könnte eine Eheschließung erfolgen. Viele Paare fühlen sich jedoch von den Eltern, von ihren Freunden, vom eigenen Schuldbewusstsein, ja sogar von der Gemeinde massiv unter Druck gesetzt, dass sie heiraten sollen."[14]

4. Zweitehen. Es ist bekannt, dass die Zahl der Scheidungen in der Gemeinde dem allgemeinen gesellschaftlichen Trend folgt. D. h. eine wachsende Zahl von Partnern kommen schon mit einer früheren Eheerfahrung. Rein statistisch betrachtet sind Zweitehen noch häufiger von einer Scheidung bedroht. Der Druck ist noch größer, und die Furcht erneut zu versagen führt oft dazu, dass die Partner zu der ehrlichen Kommunikation, die in der Zeit vor der Ehe so dringend nötig ist, unfähig sind. Diejenigen, die eine erneute Heirat planen, benötigen daher ganz besondere Aufmerksamkeit. Sie bringen ja eine traurige Geschichte mit, dazu Narben,

13 Dieses Thema wird gründlich behandelt von Paul Pedersen (Hg.), *Handbook of Cross-Cultural Counseling and Therapy*, Greenwood, Westport 1985.

14 Wright, *Premarital Counseling*, S. 95.

Wunden, Ängste, einen Kommunikationsstil und Verhaltensmuster, die mit Mangeln behaftet sind, soziale Stigmata und vielleicht sogar Zweifel, ob sie von Gott überhaupt noch angenommen sind.

Der Pastor muss solchen Paaren besondere Aufmerksamkeit entgegenbringen. Die Tendenz geht dahin, die Vergangenheit als für immer beerdigt zu betrachten und tunlichst zu vermeiden irgendwelche Fragen zu stellen. Aber möglicherweise ist ja die Vergangenheit noch nicht bewältigt. Daher besteht eine erste Aufgabe darin mit Geschiedenen dahingehend zu arbeiten, dass die vorherige Ehe wirklich abgeschlossen wird, dass Erinnerungen verarbeitet werden, dass Vergebung gewährt und angenommen wird und dass aus der Vergangenheit gelernt wird. Idealerweise sollte dies alles schon erfolgt sein, ehe eine neue Beziehung angestrebt oder eingegangen wird. Erst dann kann ein Geschiedener einen wirklichen Neuanfang machen.

Die geistliche Erfahrung, die bei der Ehevorbereitung vermittelt wird, ist für Geschiedene äußerst wichtig und ein wirklicher Test für die Echtheit ihres Verständnisses vom Evangelium. In diesen Fällen muss in die Ehevorbereitung viel Gebet und Bibelstudium einfließen; Eile und Oberflächlichkeit sollten dagegen keinen Platz haben.

5. Konfessions- oder religionsverschiedene Ehepaare. Während die Bibel nichts einzuwenden hat gegen die Heirat von Menschen verschiedener Rassen oder Nationalitäten, rät sie doch einstimmig von Ehen zwischen verschiedenen Glaubensauffassungen ab. Das ist keineswegs überraschend, wenn wir bedenken, dass Gott zur Konsequenz in unserem religiösen Lebenswandel und zur Harmonie in der Familie aufruft. Denn für Leute, die ihren Glauben ernst nehmen – und wir alle sollen ihn ernst nehmen, gilt:

> die Ehe mit einem Partner aus einer anderen religiösen Gruppe hat mehr zur Folge als eine einfache Änderung einiger religiöser Vorschriften oder die zusätzliche Übernahme der Gewohnheiten einer anderen Person zu seinen eigenen. Sie bedeutet ein unbekanntes kulturelles Gebiet zu betreten, was eine Herausforderung und oft auch eine Bedrohung für Eltern, Großeltern, Freunde und Seelsorger darstellt, ganz zu schweigen von der eigenen Geschichte und Identität.[15]

Neben Fragen der Loyalität und Identität bilden religionsverschiedene Ehen auch ein verwirrendes Umfeld für die religiöse Entwicklung künftiger Kinder. Denn Eltern haben die Aufgabe, auch in religiöser Hinsicht das Leben ihres Kindes ganzheitlich zu gestalten.

15 Victona Secunda, „Marrying Out of Your Faith", in Smith, *Two Cultures, One Marriage*, S. 35.

> Das heißt, dass sie in der Pflicht stehen, ihr Kind nach dem religiösen Erbe zu erziehen, von dem sie aufrichtig glauben, dass es der vollen Wahrheit am nächsten kommt. Sie sind verantwortlich, dass ihr Kind jene Sichtweise des Christentums annimmt, die das beste Verständnis über Gott und über die Erlösung des Menschen durch Jesus Christus liefert.[16]

Ungeachtet aller Rechtfertigungsgründe, die manche Paare vorbringen mögen, ist eine konfessions- oder religionsverschiedene Ehe auch deswegen fragwürdig.

Die *Gemeindeordnung* der Siebenten-Tags-Adventisten ist in dieser Frage eindeutig: Es stellt fest: die Kirche der Siebenten-Tags-Adventisten „rät ... dringend von einer Heirat zwischen einem Siebenten-Tags-Adventisten und einem Nichtadventisten ab. Sie fordert ihre Pastoren auf, eine solche Eheschließung nicht zu vollziehen."[17]

6. Sonstige besondere Fälle. Andere Paare mit besonderen Problemen sind u. a. Minderjährige, Rentner, Menschen mit Behinderungen, Personen, die in extremer Armut leben, illegale Einwanderer und Gefängnisinsassen. Solche Umstände treten vielleicht nur einmal während eines Pastorendienstes auf, sie erfordern aber eine sehr bewusste Vorbereitung und stellen eventuell hohe Anforderungen an den Einsatz des Pastors.

Schlussfolgerungen

Trotz aller Begrenzungen und möglichen Fehler hat Ehevorbereitung durch Seelsorger ihre Brauchbarkeit unter Beweis gestellt, christliche Ehen zu verbessern. Sie hat positive Auswirkungen sowohl für das Eheglück der Partner als auch für ihr Leben als Christen. Wenn Ehevorbereitung mit Liebe und Fürsorge geschieht, ebnet sie den Weg für konstruktive Kooperation zwischen dem Paar, der Gemeinde und der Gesellschaft.

16 James A. Pike, *If You Marry Outside Your Faith: Counsel of Mixed Marriages*, Harper & Brothers, New York 1954, S. 90.

17 Euro-Afrika-Division der Gemeinschaft der Siebenten-Tags-Adventisten, (Hg.), *Gemeindeordnung – Gemeindehandbuch, Ausgabe 2006*, Advent-Verlag, Lüneburg 2006, S. 228.

Kapitel 15

Die biblischen Grundlagen für eine kirchliche Hochzeitszeremonie: Auf dem Weg zu einer adventistischen Liturgie

Doris Vargas-Hordosch

In der Bibel finden wir kein Beispiel für eine religiöse Zeremonie, ein Gebet oder einen Segen anlässlich einer Eheschließung.[1] Es gibt keinen Terminus technicus dafür, und wir finden keine systematische Lehre darüber. Bei der Eheschließung ist kein offizieller religiöser Repräsentant anwesend (Priester, Rabbiner oder Apostel). In einer durchgehend religiösen Gesellschaft war die Eheschließung jedoch eine sowohl familiäre als auch soziale Angelegenheit unter der Leitung des Familienoberhauptes, das – wie einst Gott in Eden – den Segen aussprach. Immerhin finden wir einige Anspielungen an Hochzeitsfeste anlässlich einer Eheschließung. Außerdem wird das Ehepaar in beiden Testamenten als passendes Bild für die enge Beziehung zwischen Gott und seinem Volk, zwischen Christus und der Gemeinde dargestellt.

In unserer säkularisierten Gesellschaft ist die Eheschließung seit der Einführung der Ziviltrauung zu einem einfachen Vertragsabschluss geworden, der von einer säkularen Instanz durchgeführt wird. Die religiöse Zeremonie ist zu einer in die Privatsphäre der Bürger abgeschobenen Option geworden. Heutzutage gibt es Länder, in denen der Pastor (oder Geistliche) bei Eheschließungen auch mit den Vollmachten eines Standesbeamten agiert. In diesem Fall kann man sagen, dass er tatsächlich die Eheschließung vollzieht und das Paar zu „Mann und Frau" und „durch das Band der Ehe vereint" erklären kann. In anderen Ländern ist die standesamtliche Trauung die Vorbedingung jeder Art „kirchlicher Zeremonie" anlässlich einer Eheschließung. Der Pastor vollzieht die Eheschließung nicht; seine Rolle besteht darin, die entsprechende Gemeinde zu repräsentieren und Gott um seinen Segen für die Brautleute zu bitten.[2]

In dem vorliegenden Beitrag sollen einige theologische Reflexionen zum Schöpfungsprojekt vorgelegt werden, das in der Erschaffung des Menschen als einem geschlechtlichen und beziehungsfähigen Wesen und damit des Paares zum Ausdruck kommt. Diese theologischen Gedanken implizieren auch gewisse ethische Anforderungen. Daran schließt sich eine grundlegende Betrachtung der Bedeu-

1 Immerhin gibt es im deuterokanonischen Buch Tobit ein Beispiel (Tobit 1,13–14).

2 Bei Überlegungen zum Sinn der kirchlichen Trauungszeremonie erhebt sich oft die Frage, ab welchem Zeitpunkt man von einem Paar sprechen kann. Wird das Paar erst in dem Augenblick zu einem Paar, wenn es vor den Menschen (Ziviltrauung) als verheiratet erklärt oder vor Gott (religiöse Zeremonie) verbunden wird? Die Überlegungen von Robert Grimm erscheinen sehr hilfreich; er betont nämlich, dass weder die zivile noch die kirchliche Trauung „eine authentische eheliche Verbindung schaffen kann; sie können nur offiziell und a posteriori den Willen eines Paares aufzeigen, in die Institution der Ehe einzutreten." Siehe Robert Grimm, *L'institution du mariage: Essai d'éthique fondamentale*, Recherches morales 8, Cerf, Paris 1984, S. 323.

tung des Segens an, und dann folgen praktische Vorschläge, die für die Liturgie einer kirchlichen Trauung sinnvoll erscheinen. Der erste Teil gründet sich vor allem auf Genesis-Texte, die das Schöpfungsprojekt Menschheit im Hinblick auf das Ehepaar und den Segen am besten zum Ausdruck bringen.

Theologische Reflexionen und ethische Implikationen

1. Das Paar im Schöpfungsprojekt

In 1. Mose 1 werden Schöpfung und Organisation der Welt als eine Folge von Trennungen und Differenzierungen beschrieben, durch die das ursprüngliche Chaos überwunden wird. Nun gibt Gott den Dingen eine Ordnung und weist den verschiedenen Elementen der Schöpfung einen bestimmten Platz zu, indem er sie voneinander trennt. So scheidet Gott das Licht von der Dunkelheit, das Wasser unter der Feste von dem Wasser über der Feste, das Meer vom Land. Gott gibt den verschiedenen Elementen auch Namen und definiert so ihre Identität. So werden die verschiedenen Gruppen von Lebewesen geschaffen, „ein jedes nach seiner Art", und zwar voneinander unterschieden und ohne sich zu vermischen. Am Ende „ist es der nach dem Bild Gottes geschaffene Mensch, der diese Schöpfung vollendet und in seinem Fleisch selbst das Zeichen der Unterschiedlichkeit trägt, die Sexualität; diese wird zugleich die Möglichkeit eines Bundes mit einem anderen Selbst, das der Mann für die Frau und die Frau für den Mann darstellt."[3]

Hier handelt es sich nicht nur um einen sexuellen Unterschied aus physiologischer Sicht, der die Fortpflanzung ermöglicht, sondern durch diese Unterschiedlichkeit – sozusagen eine „Nicht-Vermischung" – wird Alterität, die Anerkennung des Anders-Seins ausgedrückt.

Es ist des öfteren gesagt worden,[4] das Hauptziel der Ehe sei die Fortpflanzung, und dabei bezog man sich gerade auf den Genesis-Text, denn der darin ausgesprochene Segen scheint in diese Richtung zu zielen. Es erscheint indessen wichtig, in der Fortpflanzung nicht den Hauptzweck der Sexualität zu sehen. Wenn wir den Text in 1. Mose 1,26–28 näher betrachten, können wir drei Elemente unterscheiden.

In Vers 26 ist erstens von der Absicht Gottes die Rede, den Menschen ihm ähnlich zu schaffen, um ihm die Aufgabe anzuvertrauen, über alle Bereiche der Schöpfung zu herrschen. Das heißt, Gott überträgt an den Menschen die „Aufgabe des Herrschens",[5] genauso wie Gott selbst das Chaos beherrscht hat. Die Ähnlich-

3 Eric Fuchs, *Le désir et la tendresse*, Labor et Fides, Paris 1999, S. 59.

4 Vgl. Robert Grimm, „Un rite ‚chrétien' de bénédiction nuptiale", *Cahiers de l'IRP* 44, Dezember 2002, S. 22.

5 André Wenin, „Lire la Genèse comme un récit: Quelques clés", in Daniel Marguerat (Hg.), *Quand la Bible se raconte*, Cerf, Paris 2003, S. 41.

keit zwischen Gott und dem Menschen drückt sich also in der Herrschaft über die Schöpfung aus, in dem Prinzip des Anders-Seins (die sich in der zweifachen Ausdrucksform des menschlichen Wesens zeigt) und im Gebrauch der Sprache (die beim Menschen erst in 1. Mose 2 erscheint), die er mit Gott gemeinsam hat und die ihn von den Tieren unterscheidet.

Zweitens erschafft Gott in Vers 27 den Menschen dann wirklich, und die Verwendung des allgemeinen auch für Tiere geltenden Begriffs „männlich und weiblich", unterstreicht, „dass die Sexualität in erster Linie als Unterschiedlichkeit und nicht als Fruchtbarkeit gegeben wurde ... als Zeichen der Gottähnlichkeit".[6]

Drittens spricht Gott erst in Vers 28 den Segen aus, der in der Fruchtbarkeit zum Ausdruck kommt. Dieser Segen ist allerdings den Menschen nicht vorbehalten, sondern gilt auch für Tiere (V. 22), ein Zeichen dafür, dass der Schöpfer all seine Geschöpfe damit überschüttet.

Das Prinzip der Unterschiedlichkeit ist keineswegs ein trennendes Element für Mann und Frau, sondern geradezu die Bedingung für Begegnung und Beziehung.[7] Beziehung und Unterschiedlichkeit sind also die Schlüsselelemente jeder Paargründung. In seiner Betonung der Gottähnlichkeit ruft uns der Genesis-Text jedoch auf, den einfachen Rahmen der menschlichen Beziehungen zu sprengen. Das Ehepaar ist der Rahmen *par excellence*, um das Akzeptieren des Anders-Seins zu erlernen, und dies führt uns am Ende zum Erkennen des totalen Anders-Seins Gottes, welches durch die geschlechtliche Unterschiedlichkeit symbolisiert wird.[8]

Während 1. Mose 1 den Menschen als Teil der gesamten Schöpfung beschreibt, gibt 1. Mose 2 einen Einblick in das Schöpfungsprojekt des Menschen in seiner ontologischen Struktur und unterstreicht, dass der Mensch ein Beziehungswesen ist. Beide Aspekte erscheinen uns wesentlich für ein Paar, das eine lebenslange Verbindung eingeht.

---

6 Fuchs, *Le désir et la tendresse*, S. 61f. Eric Fuchs unterstreicht dort: „Der Segen Gottes allein machte aus der Fortpflanzung einen schöpferischen Akt, und zwar dadurch, dass sie an Gottes Schöpfung selbst teilhat. Das menschliche Paar ist im biblischen Sinn erst dann wirklich fruchtbar, wenn es akzeptieren kann, die Unterschiedlichkeit als möglichen Ort des Auftauchens und der Aufnahme des Anderen (Gott, Partner, Kind) zu erleben. Der Sinn der Sexualität ist daher nicht die Fortpflanzung, sondern das mit ihr verbundene Versprechen, unter der Bedingung, die Bedeutung des in ihr offenbarten göttlichen Bildes nicht zu vergessen."

7 Eric Fuchs sagt es treffend: „Damit die Unterschiedlichkeit nicht zu Einsamkeit, Kommunikationsunfähigkeit, Rivalität oder Gewalt wird, muss es einen Ort geben, an dem sie Zeichen einer Erwartung, eines Aufrufs, eines Erkennens ist. Wenn der biblische Text betont, dass Gott den Menschen als Mann und Frau zu seinem Bild schafft, soll das heißen, dass der eigentliche Sinn der Unterschiedlichkeit in der Beziehung liegt." Ebenda S. 59f. Karin Heller geht in die gleiche Richtung: „Für die Bibel hat die Mann-Frau Beziehung ihren Ursprung in einer untrennbaren Einheit und einer unüberwindbaren Unterschiedlichkeit." Karin Heller, *Et couple il les créa*, Lire la Bible 112, Cerf, Paris 2001, S. 18.

8 Fuchs, *Le désir et la tendresse*, S. 60f.; Karin Heller drückt es ähnlich aus: „Der Mensch als Abbild Gottes ... allzu selten wird dieser Ausdruck in einem gemeinschaftlichen Sinn verstanden: Mann und Frau werden in ihrer gegenseitigen Beziehung als Bild des einzigartigen Gottes betrachtet." Heller, *Et couple il les créa*, S. 14.

In der Schöpfung des Menschen führt Gott sein Werk der Differenzierung und Präzisierung fort. Dort, wo 1. Mose 1 von „erschaffen" spricht, beschreibt 1. Mose 2 das Schöpfungswerk feiner: der Mensch wird aus Staub „geformt" (V. 7), und die Frau aus einer Seite oder Rippe des Mannes „gebaut" (V. 22). Was hier für den Menschen, Mann und Frau, ganz allgemein zum Ausdruck kommt, ist, dass er aus einem greifbaren Element besteht, das in der Erde wurzelt, und einem unfassbaren – dem Lebensodem –, das von Gott kommt.

Der Mensch wird in einen günstigen Lebensrahmen gestellt. Inmitten des Gartens befinden sich der Baum des Lebens (Symbol des Segens) und der Baum der Erkenntnis des Guten und Bösen (V. 9.16.17). Letzterer wird noch vor dem Sündenfall eindeutig als strukturelle und notwendige Grenze für den Menschen beschrieben, und Gott lädt ihn ein, diese Grenze anzuerkennen und zu respektieren. Zugleich erinnert sie den Menschen an die Rahmenbedingungen seines Lebens: Er ist ein geschaffenes Wesen; er ist nicht Gott. Er selbst kann nicht das Kriterium der Unterscheidung zwischen Gut und Böse sein und so den Platz Gottes beanspruchen. Er darf nicht alles an sich reißen, sondern soll den Mangel akzeptieren; sonst geht er das Risiko ein, sein Leben und seine Umwelt zu zerstören.[9] Wenn man diesen Gedanken weiterentwickelt, kann man auch feststellen, dass die Schöpfung der Frau im Text gleich nach der Erwähnung dieser Grenze stattfindet, um zu veranschaulichen, wie wichtig die positive Annahme des Mangels ist. Zu diesem Punkt verdeutlicht der Talmud, die Erschaffung der Frau habe die Absicht, es dem Mann bewusst zu machen, dass er nicht Gott sei und sich nicht allein verwirklichen könne.[10]

Ein anderes grundlegendes Element bei der Schöpfung des Menschen, und in jeder Paarbeziehung, ist die Sprache. In 1. Mose 1 schafft Gott durch sein Wort, und in 1. Mose 2 benutzt der Mensch das Wort zum ersten Mal, um den Tieren Namen zu geben (V. 19–20). Gleichzeitig betont der Text diese Episode, um den Mangel und die Einsamkeit des Menschen zu verdeutlichen. Diese Frustration dient jedoch dazu, die Freude an der Begegnung mit seinem völlig neuen Gegenüber umso mehr herauszustreichen, und führt zu einem zweiten Sprachakt (V. 23). Neben der Sexualität (1 Mo 1,27) betont der gesamte Bericht in 1. Mose 2 die Beziehungsfähigkeit des Menschen. Sie offenbart sich im Allgemeinen in jeder menschlichen Beziehung (das erste Paar repräsentiert ja auch die gesamte Menschheit) und in spezifischer und vertiefter Weise in der Paarbeziehung. „Der Mensch ist niemals ein isoliertes Individuum, sondern immer Teil einer Gemeinschaft von Mitmenschen."[11]

Was nun das Paar betrifft, so gilt:

9 Simone Pacot, *Reviens à la vie!*, L'Evangélisation des Profondeurs 2, Cerf, Paris 2002, S. 57f.

10 Josy Eisenberg und Armand Abécassis, *Et Dieu créa Eve*, A Bible ouverte 2, Albin Michel, Paris 1992, S. 99, 253.

11 Klaus Schmitz, „Das biblisch-christliche Grundverständnis von ‚Ehe' und seine Bedeutung für die Frage nach Scheidung und Wiederheirat", in Andreas Bochmann und Klaus-J. van Treeck (Hg.), *Ehescheidung und Wiederheirat: Ein pastoral-theologisches Symposium, Spes Christiana,* Beiheft 4, Theologische Hochschule Friedensau, Friedensau 2000, S. 60.

> Gott erschafft die Frau aus einem einzigen Fleisch, das durch den Lebensodem Gottes lebendig wird und begründet damit eine außergewöhnliche Beziehung zwischen Mann und Frau einerseits und zwischen Gott und dem Paar andererseits ... Wenn Gott die Frau aus dem Fleisch des Mannes nimmt, schafft er dabei nicht zwei Wesen, bei denen jedem etwas in Abwesenheit des Anderen fehlen würde. Die Besonderheit des Einen vervollständigt nicht den Anderen, als ob der Mann nichts ohne die Frau wäre und umgekehrt. Der Text sagt vielmehr dies: Es ist nicht gut, die Schöpfung des Menschen beim Mann zu beenden, und zwar auf Grund der Einsamkeit des Mannes ... Wenn Gott das Fleisch des Mannes teilt, daraus eine Seite entnimmt und eine Frau erschafft, diese zu dem Mann führt, dann dient dies dazu, dass Gott dem Mann ein anderes Selbst gegenüberstellt. Von nun an teilen Mann und Frau dieses einzige Fleisch (1 Mo 2,23).[12]

„Ein Fleisch werden" (vgl. 1 Mo 2,24) umfasst daher unendlich mehr als die einfache biologische Dimension des Geschlechtsakts. Dieses Streben kann nur verfolgt werden (denn es wird wohl niemals vollständig erreicht), wenn beide Partner bereit sind, Vater und Mutter entschlossen zu verlassen. Es geht hier nicht so sehr um eine geografische Entfernung, sondern vielmehr darum, sich der Notwendigkeit einer inneren Distanz bewusst zu werden, bestimmte Lebens- und Verhaltensmuster der Eltern loszulassen, sich davon zu lösen, ja sogar entschieden darauf zu verzichten. Dies wird in den Paaren der großen Patriarchen auf bewundernswerte Weise illustriert. Das Verlassen ist wohl die Bedingung für das „Anhangen" und diese zweite Etappe verwirklicht sich wie bei der Erde durch das „Bebauen" und „Bewahren" der Liebesbeziehung und ist eine lebenslange Aufgabe. Die jüdische Tradition verdeutlicht diese Realität des „Ein-Fleisch-Werdens" sehr anschaulich in ihrer Eheschließungszeremonie. Die jungen Eheleute werden unter eine Chuppa (einen Hochzeits-Baldachin) gestellt,[13] der sie wie das Dach eines Hauses beschirmt. Heute wird dieser Hochzeits-Baldachin aus hartem Material gefertigt (Holz oder ähnlichem Material), früher trugen die Brautleute gemeinsam auf ihren Köpfen einen Gebetsschal (Tallit). Der religiöse Charakter der Handlung wird durch das Tragen dieses Gebetszubehörs noch zusätzlich betont. In dieser Darstellung erscheinen die Brautleute einerseits als zwei Individuen, doch bilden sie darüber hinaus eine neue Einheit, ein neues Wesen, als ob aus einem „Ich" und einem „Du" ein „Wir" geboren wird, ohne dass dabei das „Ich" und das „Du" verschwinden.

12 Heller, *Et couple il les créa*, S. 21f. Das Interessante des Buches von Heller besteht vor allem darin, dass es zuerst andere Anschauungen der Schöpfung von Mann und Frau bei den Nachbarvölkern Israels beschreibt, bevor es den originären Charakter des biblischen Textes herausstellt.

13 Der hebräische Begriff bezieht sich auf das eheliche Gemach oder Zelt, ein Symbol des Schutzes und der Fürsorge, die der Ehemann seiner Frau verspricht. Vgl. Jes 4,5.6 sowie den Artikel „Marriage", in *Encyclopaedia Judaica*, Bd. 12, Keter Publishing House, Jerusalem 1971, Sp. 1040f (mit Bildern).

Man könnte nun einwenden, dass wir nicht mehr im Paradies leben und daher die Beziehung zwischen Mann und Frau nach dem Eintreten der Sünde in die Welt nicht mehr dieselbe sein könne. Oder noch schlimmer: dass die Beziehung, die ab diesem Zeitpunkt von der Herrschaft des Mannes über die Frau geprägt ist, dem Willen Gottes entspreche. Die neue Gegebenheit der Sünde ist jedoch kein unabwendbares Schicksal, mit dem wir von nun an leben müssen, sondern die Folge eines Fehlers, mit dem Gott die ersten Menschen nicht allein gelassen hat. Zweimal verweist die Erwähnung der Nachkommenschaft (1 Mo 3,15.20) auf den unabänderlichen Charakter des göttlichen Segens, der durch die Gegenwart der Sünde weder aufgehoben noch verändert werden kann. Mann und Frau werden beständig dazu aufgerufen, sich an dem ursprünglichen Plan zu orientieren. Als Jesus selbst zum Thema Ehe (oder vielmehr zum Thema Ehescheidung, Mt 19,1–9) befragt wird, betont auch er den Schöpfungsplan, indem er die Unterschiedlichkeit der Geschlechter (als Mann und Frau geschaffen, V. 4) und die Lebensgemeinschaft (ein Fleisch, V. 5) unterstreicht, was auch heute von „Herzenshärte" befallenen Paaren als Vorbild dienen sollte.

2. Der Segen im Schöpfungsprojekt

Der Segen ist eine in jeder religiösen Eheschließungszeremonie grundlegende Angelegenheit. Deshalb möchten wir diesen Begriff auch in den so grundlegenden Genesistexten untersuchen. In der Genesis kommt die hebräische Wurzel *bārak* am häufigsten vor, so dass man hier von einer „Saga des göttlichen Segens" sprechen kann.[14] Der Segen Gottes, Quelle des Lebens, durchzieht alle Geschichten dieses Buches. Es ist bemerkenswert, dass der erste Segen Gottes nicht nur die Menschen, sondern alle seine Geschöpfe betrifft, als ob er einerseits alle Lebewesen in einer universellen Solidarität vereinen und gleichzeitig den Menschen ermöglichen sollte, ihr Leben mit Gott, dem Schöpfer aller Dinge, zu verbinden.

Der erste Segen der Bibel (1 Mo 1,22.28) hat eindeutig die Fruchtbarkeit zum Ziel. Er „kommt durch Gabe und Verheißung zum Ausdruck, durch Lebensüberfluss, der in der Fruchtbarkeit der Menschen, Tiere und Pflanzen und auch im Gelingen aller Vorhaben wirksam wird, wobei Gott die einzige Quelle der Fruchtbarkeit und des Gelingens ist".[15] Nichtsdestoweniger ist der Segen, ganz wie die Sexualität, nicht einfach das Geschenk einer biologischen Möglichkeit sich fortzupflanzen und Kinder zu bekommen. Das ganze Alte Testament weist durch die Thematik der Nachkommenschaft darauf hin,[16] dass von ihm die Zukunft des Volkes Gottes

14 Jean-Pierre Prévost, *Nouveau vocabulaire biblique*, Bayard, Paris 2004, S. 93.

15 Ebenda.

16 Claus Westermann betont, dass „im Zusammenhang des stetigen Handelns Gottes", das sich in seinem Segen manifestiert, „der Zeitablauf … nach Geschlechterfolge (Genealogien) bestimmt wird." Westermann, *Theologie des Alten Testaments in Grundzügen*, ATD Ergänzungsreihe 6, Vandenhoeck & Ruprecht, Göttingen 1978, S. 90.

und auch das Kommen des messianischen Erlösers abhängt. Außerdem betrifft die Fruchtbarkeit alle Bereiche des menschlichen Lebens: Dank des bedingungslosen und universellen Segens Gottes kann der Mensch „fruchtbar" sein – in seinen Werken, seinen Gedanken, seinen Emotionen und seinen Beziehungen. Dieses Bewusstsein ist vor allem eine Einstellung zum Leben und zur Zukunft:

> Die größte Gabe, die der Mensch erhalten hat, besteht in der Möglichkeit, nach dem Bild seines Schöpfers und ihm ähnlich selbst zu einem „Geber" zu werden ... Jedoch besitzt er die Freiheit, zu geben oder zu behalten, zu wachsen oder zu stagnieren ... Im Rahmen dieser Gabe entfaltet sich ein fruchtbares Leben."[17]

Das ist für jedes Paar eine grundlegende Wahrheit. Die Anwesenheit von Kindern ist wie Kinderlosigkeit auf keinen Fall ein Kriterium für die Gegenwart des göttlichen Segens im Leben eines Ehepaares – auch wenn diese letztere Situation häufig mit Leiden verbunden ist.

Für unser Thema ist vor allem der narrative Rahmen, der die Genesis durchzieht, interessant: „Die schwierige Beziehung zwischen Mann und Frau ist sicherlich ein roter Faden der Genesis. Sie erscheint umso wichtiger, da von ihr die Fruchtbarkeit der Menschen abhängt."[18] Die Fruchtbarkeit dieser frühen Ehepaare war seltsamerweise oft beeinträchtigt, als ob der Bibeltext auf diese Weise verdeutlichen wollte, wie notwendig es für die Menschen ist, sich nach dem göttlichen Ideal auszurichten, indem sie zugunsten der Logik des Gebens auf die der Begierde verzichten. Aus den Geschichten dieser Paare, aber auch aus dem Verhalten von Individuen, können Lehren für ein fruchtbares Leben gezogen werden. Dies ist sowohl für Paare als auch Individuen dienlich.

Betrachten wir das Ehepaar Adam und Eva. Im Gegensatz zur ersten göttlichen Anweisung, über die Tiere zu herrschen, hört Eva auf die Schlange und lässt sich von einer „tierischen" Perspektive beeinflussen: Die den Menschen strukturierende Grenze wird in den Worten der Schlange zu einem Verbot, das ihn daran hindern soll, alles zu wissen und zu besitzen; die Stellung Gottes wird begehrt und Gott selbst zu einem Rivalen des Menschen (1 Mo 3,1.4.5). Die von Gott vorhergesagten Folgen werden Wirklichkeit: Die paradiesische Beziehung des ersten Paares pervertiert sich in ein Kräfteverhältnis, und die Erde bringt nun auch Dornen hervor. Doch trotz dieses überwiegend düsteren Bildes spricht Gott erneut seinen Segen aus und verspricht eine Nachkommenschaft – wenn auch mit Schmerzen – als Unterpfand für Zukunft und Hoffnung.

17 Pacot, *Reviens à la vie!*, S. 208f.

18 Wenin, „Lire la Genèse", S. 57.

Auf dem Lebensweg des Paares Abraham und Sarah kommt die göttliche Anweisung, „Vater und Mutter zu verlassen"[19] subtil, doch deutlich zum Ausdruck, denn von der Einstellung des Paares hängt die Ankunft eines Nachkommen ab. Gottes Segen wird immer wieder versprochen, wird aber erst Wirklichkeit, als Abraham darauf verzichtet, die Dinge selbst in die Hand zu nehmen. Die Geschichte dieses Paares ist umso bedeutungsvoller, als sie direkt nach dem Bericht des Turmbaus von Babel steht, der eine totalitäre Gesellschaft rühmt, der nichts widerstehen könne (1 Mo 11,6).[20] Abram wird aufgefordert, das Haus seines Vaters zu verlassen (1 Mo 12,1) und sich auf einen unbekannten Weg zu begeben, auf dem ihm Gott seinen Segen als „Unterpfand und Sicherheit"[21] mitgibt, damit er selbst zum Segen für die kommenden Generationen werde (1 Mo 12,2). Die Nabelschnur muss jedoch noch durchtrennt werden: Sobald Abraham in Gefahr ist, gibt er seine Frau als seine Schwester aus und geht somit wieder ins „Haus des Vaters" zurück.[22]

Auch Sarai versucht, die Ereignisse auf ihre Weise zu lenken (1 Mo 16,1–6), indem sie über ihren Gatten und ihre Dienerin verfügt. Doch Gott greift ein, um sie wieder auf den richtigen Weg zurückzubringen. Er lädt Abram ein, auf den Namen (und damit die Identität) zu verzichten, den ihm seine Eltern gegeben haben – eine andere Art und Weise, die ursprüngliche Familie zu verlassen –, um in seinen Bund einzutreten (1 Mo 17,5–7). Dabei erklärt sich Abraham dazu bereit, etwas (in der Beschneidung) zu verlieren zugunsten eines „anderen" Erkennens (sowohl seiner Frau als auch Gottes, des ganz „Anderen"). Ebenso wird er dazu aufgefordert, Sarai mit ihrem von Gott gewählten Namen zu benennen, Sara, die nicht mehr den Possessivartikel der ersten Person trägt (1 Mo 17,15.16).[23] Auf diese Weise wird die Beziehung zwischen Abraham und Sarah nach und nach mit Gottes Plan in Übereinstimmung gebracht. Sie werden fähig, die Frucht des göttlichen Segens zu empfangen, nämlich ihren Sohn, und hier beginnt der Segen sich erst zu verwirklichen. Gott führt sie auf diesem Weg des Verzichts, der ihnen jedoch auch gleichzeitig die Tür zur Person des Anderen öffnet.

Der Bibeltext erzählt ausführlich, wie Isaak und Rebekka zu einem Paar werden, und unterstreicht damit, wie wichtig es ist, sich im Glauben an Gott zu verbinden.[24] Abraham will für seinen Sohn keine kanaanitische Frau, aber er will auch nicht ins Land seiner Ursprungsfamilie zurückkehren. Auch wenn die damaligen Gepflogen-

19 Ebenda S. 54.

20 Die gesamte Täuschung des Bösen wird hier so gut zusammengefasst: Die in Gottes Schöpfungsplan verankerten Grenzen und Mängel nicht akzeptieren, sondern alles haben, alles wissen und alles beherrschen wollen.

21 Jürgen Ebach, „Ihr sollt ein Segen sein", *Bibel und Kirche* 58.2, 2003, S. 64.

22 Wenin, „Lire la Genèse", S. 51.

23 Sarai („meine Prinzessin") wird zu Sara („Prinzessin"). So erscheint sie nicht mehr als Eigentum, weder ihres Vaters noch ihres Mannes. Marie Balmary greift diesbezüglich die Auslegung des jüdischen Rabbis Rachi (11. Jh.) wieder auf: Marie Balmary, *Le sacrifice interdit*, Grasset, Paris 1986, S. 165–173.

24 Ellen G. White, *Patriarchen und Propheten*, Advent-Verlag, Hamburg 1973, S. 152f.

heiten – die Eltern wählen den Ehepartner für ihr Kind aus – nicht mit unseren übereinstimmen, können wir bei dieser Geschichte zumindest festhalten, wie wichtig es bei der Wahl eines Lebenspartners ist, den Rat der Eltern zu berücksichtigen. Isaak hat das Vorrecht, mit einem Vater aufzuwachsen, der für ihn ein Vorbild im Glauben ist. Die Hauptperson in der Mission Eliesers ist Rebekka, deren Verhalten von Dienstbereitschaft, Unternehmungsgeist und sogar Wagemut geprägt ist, da sie bereit ist, das Elternhaus zu verlassen, um sich mit einem Mann zu engagieren, bei dessen Wahl Gott ganz offensichtlich mitgewirkt hat. Ihre Angehörigen sprechen für sie einen Segen aus (1 Mo 24,60), der die Entfaltung des Lebens in Fülle und Wunsch nach Gelingen zum Ausdruck bringt. Und schließlich ist noch anzumerken, dass der Bibeltext (1 Mo 24,67) die Zuneigung und gegenseitige Unterstützung der Ehepartner Isaak und Rebekka unterstreicht.

Die Josefsgeschichte ist besonders wichtig. Obwohl die Bibel uns nicht viel über sein Eheleben berichtet, ist sein persönliches Verhalten auch für ein Ehepaar sehr lehrreich. Josef wird als Typus für Christus beschrieben.[25] Trotz einer schwierigen Vergangenheit in seiner Familie gebietet er der Begierde kategorisch Einhalt und versucht, Beziehungen angemessen auszuleben. Er verzichtet darauf, alles zu beherrschen, akzeptiert seine Grenzen und ist fähig „loszulassen“: „Dies scheint im Buch Genesis der Weg der von Gott auserwählten Segensträger zu sein.“[26]

In diesen Geschichten erscheint der göttliche Segen zuallererst als Quelle und Verheißung des Lebens, eines Lebens in Fülle. Dieses Leben kommt in der langsamen und konstanten Folge der Generationen zum Ausdruck, aber auch im Erlernen einer „Lebenskunst“ nach Gottes Sinn. Gottes Segen hat einen bedingungslosen und unwiderruflichen Charakter.[27] Menschliche Fehler können ihn nicht auslöschen, jedoch seine volle Entfaltung verhindern. Der Segen erscheint oft als „ein stilles, stetiges, unmerklich fließendes Handeln Gottes, das nicht in Augenblicken, nicht in Daten festzuhalten ist.“[28] Er lädt den Menschen dazu ein, sein Leben mit Gott zu verknüpfen oder zu ihm zurückzukommen, und so selbst ein Segen für seine Umgebung zu werden.

25 Bei dem Segen, den Jakob über seinen Sohn Josef ausspricht (1 Mo 49,22–26), geht es sogar um den Segen vom Himmel und von „der Flut, die drunten liegt“, als ob Josef durch sein Handeln eine neue Sintflut verhindert und zum Heil beigetragen hätte. Vgl. Wenin, „Lire la Genèse“, S. 47; siehe auch White, *Patriarchen und Propheten*, S. 211.

26 Wenin, „Lire la Genèse“, S. 47.

27 Die Geschichte Jakobs verläuft bekanntermaßen nicht so glatt wie die Abrahams oder Isaaks. Am Anfang verwendet er eine List, um seinem Bruder das Erstgeburtsrecht „abzukaufen“ und betrügt mit einem Tierfell bekleidet seinen Vater, um den gestohlenen Segen tatsächlich zu erhalten. Doch Gott verlässt ihn nicht und entzieht ihm auch den gestohlenen Segen nicht; im Gegenteil, er spricht ihn sogar von Neuem aus (1 Mo 28,12–15). Nach langen im Exil verbrachten Jahren, wo er hinsichtlich seiner Familien- und Ehepläne Verzicht üben lernt, kehrt er ins Land seines Vaters zurück, wo er sich erneut seinem Bruder Esau stellen muss. An der Jabbokfurt begegnet er seinem wahren Selbst (1 Mo 32,10–13; 33,25–32) und nach einem Kampf, bei dem er nicht unversehrt bleibt, empfängt er einen Segen, von dem niemand mehr sagen kann, er habe ihn gestohlen.

28 Westermann, *Theologie des Alten Testaments*, S. 88.

3. Die ethischen Implikationen der Mann-Frau Beziehung

Die Theologie der Ehe ist auch grundlegend mit ethischen Anforderungen verknüpft, die in der kirchlichen Trauung sichtbar sein, aber auch andere Ausdrucksformen in der Gemeinde finden könnten. Wenn auch die Unterschiedlichkeit von Mann und Frau in unseren Gemeinden gepredigt wird, so gerät dies doch oft zu einem diskriminierenden Faktor für die Frau. Wie andere christliche Kirchen betont auch die Kirche der Siebenten-Tags-Adventisten die ebenbürtige Menschenwürde von Mann und Frau vor Gott, hat jedoch Mühe, diese konkret umzusetzen und der Frau zum Beispiel eine gleichwertige Stelle in der Gemeinde zuzugestehen.[29] So stellt sich nun dringend die Frage, wie diese ebenbürtige Menschenwürde zum Ausdruck kommen kann, ohne dabei in ein hierarchisches System zu verfallen, in dem der Frau nur eine minderwertige und zweitrangige Stelle zukommt, was der biblischen, auch im 21. Jahrhundert noch modernen Botschaft, nicht Rechnung trüge.

Bis hier ist die Unterschiedlichkeit der Geschlechter, ihre „Entwirrung", sehr betont worden. Ein junges Paar, das einen Pastor aufsucht, um eine kirchliche Trauung vorzubereiten, bekundet bereits durch diesen Schritt seinen Wunsch, dass Gott seine Verbindung segne. In diesem Stadium des „Paarseins" sind die jungen Leute vor allem verliebt, ihre Beziehung ist einem Fusionszustand nahe und vor allem glauben sie, diese würde ewig dauern.

In diesem Stadium erscheint es uns im Rahmen der Ehevorbereitung sehr wichtig, mit ihnen über ihre Unterschiedlichkeit nachzudenken[30] – zum Beispiel auf der Grundlage der Genesistexte. Um präziser zu werden, erscheint es uns wesentlich, dass sich jeder Heiratskandidat seiner eigenen einzigartigen Identität und der seines Partners oder seiner Partnerin bewusst wird; außerdem sollten die jungen Leute auf das Risiko einer Fusionsbeziehung aufmerksam gemacht werden. Jedes Paar geht am Anfang durch eine Periode der Fusion, die für die Bildung des Paares wichtig ist. Wenn diese Phase jedoch vorbei ist, besteht das Risiko, einfach die von der Gesellschaft oder der Gemeinde vorgegebenen stereotypen Rollen zu übernehmen. Es ist wünschenswert, nach authentischeren Beziehungen mit mehr Freiheit, größeren Entwicklungsmöglichkeiten und einem besseren Gleichgewicht zwischen den Ehepartnern, aber auch zwischen den Männern und Frauen im Allgemeinen zu streben. Deshalb sollten die Brautleute ermutigt werden, „gemeinsam und ständig

29 Wie bereits betont sind beide Menschen – Mann und Frau – dazu bestimmt, über die Schöpfung zu herrschen (1 Mo 1,26).

30 „Heutzutage von der Unterschiedlichkeit [der Geschlechter] zu sprechen, ist sicherlich eine der wesentlichen Herausforderungen unserer Zeit. Wenn wir gleichzeitig die Forderung nach der Anerkennung der Gleichwertigkeit von Mann und Frau aufrecht erhalten wollen, gibt es nur den Weg des *Dialogs*. Das Paar selbst muss die Bedeutung der unterschiedlichen männlichen und weiblichen Identität *erfinden*." Fuchs, *Le désir et la tendresse*, S. 193 (Hervorhebung im Original).

die Stichhaltigkeit der gängigen Rollenverteilung und die Gefahr einer möglichen Selbstentfremdung prüfend zu betrachten."[31]

Die Gemeinde kann ein guter Ort sein, um über neue mögliche Beziehungen zwischen Männern und Frauen nachzudenken, ein Ort, wo Bedürfnisse und Hoffnungen ausgesprochen und auch gehört werden könnten, ohne in Moralpredigen zu verfallen. In dieser Perspektive ist die kirchliche Trauung eine ausgezeichnete Gelegenheit, um die gute Nachricht der neugeschaffenen Beziehungen zwischen Männern und Frauen in Christus zu verkünden und dies auf eine bedeutsame Weise zu tun, die unserer modernen Zeit entspricht.

Konkrete Anwendungsvorschläge für die kirchliche Zeremonie

In diesem Teil gehen wir von der Tatsache aus, dass jede kirchliche Trauung bereits gewisse symbolische Handlungen umfasst und „sich menschliches Leben um Symbole und Riten herum aufbaut und strukturiert."[32] Diese Gesten werden nicht einfach nach einer gegebenen, jedoch sinnentleerten Tradition wiederholt. Sie ermöglichen und erleichtern das Bewusstsein für die vollzogenen Handlungen und binden die Menschen auf diese Weise in ein soziales Netz ein; dieses Netz umfasst sowohl die „große" Gesellschaft, in der wir leben, als auch die Gemeinde, die für die Glaubenden eine Art „Mini-Gesellschaft" bildet. Außerdem stellen diese symbolischen Handlungen Höhepunkte für bestimmte Lebensabschnitte wie z. B. die Eheschließung dar und helfen beim Übergang in einen neuen Lebensabschnitt. Das Vorhandensein von Symbolen allein reicht jedoch oft nicht; sie müssen mit der biblischen Botschaft verbunden, geprüft und erklärt werden, und ihr Sinn muss klar und deutlich werden. Für eine religiöse Traufeier ist dies besonders wichtig.

1. Der Rahmen der Trauung: „Vater und Mutter verlassen"

Schon der Einzug der Brautleute mit ihren Familien ist ein symbolisch sehr stark aufgeladener Teil der kirchlichen Trauung. In vielen Ländern ist es üblich, dass der Bräutigam mit seiner Mutter hereinkommt, dann die anderen Mitglieder der beiden beteiligten Familien, und am Ende die Braut am Arm ihres Vaters. Sie schreitet bis zum Bräutigam und geht dann – symbolisch und tatsächlich – von der Hand ihres Vaters in die ihres Bräutigams über.[33]

Zwei Argumente – ein theologisches und ein sozial-juristisches – stellen allerdings diesen Brauch in Frage. Selbst wenn uns dies kaum bewusst ist, drückt dieser

31 Ebenda S. 194.

32 André Gounelle, „Conjugalité et cérémonies de mariage", in Jean Bauberot et al., *Couples d'aujourd'hui: Réflexion protestante*, Les Bergers et les Mages, Paris 1983, S. 62.

33 Vgl. den Abschnitt „Die Zuführung der Braut" in Euro-Afrika-Division der Gemeinschaft der Siebenten-Tags-Adventisten, *Handbuch für Prediger*, Advent-Verlag, Lüneburg 2002, S. 363. Im englischen Original wird weiter ausgeführt, dass im amerikanischen Kulturraum die Frage gestellt wird: „Wer gibt diese Frau diesem Mann zur Ehefrau?"; der Vater antwortet mit „ich" oder „ihre Mutter und ich".

Brauch eine Realität aus, die weder außer Acht gelassen noch unterschätzt werden sollte. Tatsächlich geht traditionell die Frau von dem Machtbereich ihres Vaters, dem sie zumindest bis zu ihrer Volljährigkeit unterstand, in den Machtbereich ihres Ehemannes über, der von nun an über sie herrschen wird. Die Bibel betont jedoch die Ebenbürtigkeit von Mann und Frau, die einerseits beide über die Schöpfung herrschen und nicht übereinander (1 Mo 1,26), andererseits ihre Eltern verlassen sollen, um ihrem Ehepartner „anhangen" und so eine lebenslange Verbindung eingehen zu können (1 Mo 2,24). Die kirchliche Trauung wäre eine hervorragende Gelegenheit, um Bräuche zu vermeiden, die nicht in Einklang mit Gottes Plan stehen, und andere vorzuschlagen, die mehr Sinn beinhalten.

Das andere Argument hängt mit der Pflicht der zivilen Eheschließung zusammen, die in bestimmten europäischen Ländern vor jeder kirchlichen erfolgen muss. In Belgien, Deutschland, Frankreich, Luxemburg, Österreich und der Schweiz ist der Pastor kein Standesamtsvertreter. Daher kann und darf er keine Ehe schließen. Wir können also davon ausgehen, dass das Paar, das sich eine religiöse Hochzeitszeremonie wünscht, bereits standesamtlich getraut wurde. Hier handelt es sich daher um ein verheiratetes Paar, das in die Kirche einzieht. Eine Art „Inszenierung", bei der die jungen Neuvermählten erneut die Unverheirateten „spielen" und die religiöse Zeremonie dann als „verheiratetes Paar" verlassen, erscheint uns daher unangebracht. In den Ländern, in denen der Pastor gleichzeitig als Standesamtsvertreter auftritt, könnte man diese Art von Einzug durchaus ins Auge fassen, er spiegelt jedoch unserer Meinung die radikale biblische Theologie der Ehe nur ungenügend wider.

Ein erster Vorschlag – mehr in Übereinstimmung mit dem sozial-juristischen Status des standesamtlich getrauten Paars – bestünde darin, die Gemeinde gemeinsam zu betreten. Das Paar wird in der Gemeinde nicht wirklich *getraut*, sondern von Gott *gesegnet* und von der Versammlung der entsprechenden Familien und der Ortsgemeinde *begleitet*. Dieser Vorschlag bleibt jedoch unzufriedenstellend, denn die religiöse Hochzeitszeremonie ist doch der geeignete Ort für eine mit der biblischen Ehetheologie übereinstimmende und noch dazu symbolisch bedeutungsvolle Handlung.

Eine andere Möglichkeit ist, dass das Paar die Kirche wie gewohnt – der Bräutigam mit seiner Mutter, die Braut mit ihrem Vater – betritt. Dadurch brächten sie Verbundenheit und Anerkennung ihren Eltern gegenüber zum Ausdruck, ebenso ihre Zugehörigkeit zu einer Familie und nicht zuletzt auch zur Gesellschaft.[34] Der nächste Aspekt wäre das Verlassen von Vater und Mutter. Der mit seiner Mutter

34 Warum muss man übrigens unbedingt mit dem Elternteil des anderen Geschlechts einziehen? Ein junger Mann, der seinem Vater sehr nahe steht, könnte auch mit seinem Vater in die Gemeinde einziehen – die beiden würden dabei bestimmt eine männliche Art und Weise finden, dies zu tun – oder auch mit beiden Elternteilen. Wir sollten uns nicht von Konventionen einengen lassen.

eingetretene Bräutigam nähme symbolisch von ihr Abschied und ließe sie zu ihrem Platz gehen. Dann würde er die Braut erwarten, die am besten von einer anderen Seite hereinkäme, ihrerseits auch ihren Vater „verließe" oder ihn zu seinem Sitzplatz begleiten würde.

Anschließend würden die Brautleute aufeinander zugehen. Dies ist ein sehr wichtiger Schritt, den man nicht zu schnell durchlaufen sollte, denn er hat eine tiefe Bedeutung. Diese Handlung drückt das symbolische Bewusstwerden der eigenen Identität als Mann und Frau aus (auch wenn dies natürlich in Wirklichkeit nicht genau zu diesem Augenblick erfolgt). Braut und Bräutigam bekennen ihre eigene Unvollständigkeit und äußern durch ihr Aufeinanderzugehen den Wunsch, sich mit einem ganz anderen Menschen zu verbinden; hier kommt Alterität zum Ausdruck. Es bedeutet für sie auch in einer gewissen Weise, ihre Kindheit und Abhängigkeit von den Eltern hinter sich zu lassen und die eventuell vorhandene Furcht zu überwinden, etwas Neues zu schaffen. Die Brautleute werden sich ihrer völligen Verantwortung angesichts der vor ihnen liegenden Zukunft bewusst, wissen sich aber gleichzeitig auch von Gott, dem völlig Anderen, begleitet. Schließlich träfen sich die Brautleute und gingen gemeinsam zu ihren Plätzen, von denen sie vorzugsweise auf die versammelte Gemeinde blicken, ihnen also nicht den Rücken zuwenden sollten.

2. Die Versammlung als Zeuge des Bundes

Bei katholischen Zeremonien sitzen die Brautleute normalerweise (heute allerdings weniger) mit dem Rücken zur Versammlung und blicken auf den Altar, was mit der sakramentalen Konzeption zu tun hat, nach der die Ehe ein Hinweis bzw. Träger der Gnade Gottes ist. Als Siebenten-Tags-Adventisten teilen wir diesen Standpunkt nicht, sind aber trotzdem von der katholischen Praxis beeinflusst, vor allem in traditionell katholischen Ländern. Noch vor einigen Jahrzehnten saßen die Brautleute oft mit dem Rücken zur Versammlung und blickten nach vorne zum Pastor. Diese Gewohnheit ist heute seltener geworden, ohne dass jedoch der einen oder anderen Sitzrichtung eine tiefere Bedeutung beigemessen wird.

Es erscheint uns wichtig, die Rolle der Zeugen,[35] die die Versammlung und der Pastor für die vor Gott stehenden Brautleute spielen, zu betonen. Neben den Familien, die durch Blutsbande mit dem Paar verbunden sind (nicht immer jedoch durch den gemeinsamen Glauben), vertritt die Gemeinde die *geistliche Familie*, mit der die Brautleute den Glauben an Gottes Versprechen und Beistand teilen. Von beiden Seiten (Brautleute und Versammlung) kann jede Seite für die andere ein bedeutungsvolles Zeugnis ablegen und das der anderen empfangen. Einerseits nimmt die Gemeinde an dem öffentlichen Eheversprechen des neuen Paares teil.

---

35 Diese Rolle ist nicht zu verwechseln mit der juristischen Rolle der Zeugen anlässlich der standesamtlichen Trauung.

Andererseits ist auch die junge, frische Liebe der Brautleute Zeugnis und Aufruf an alle anwesenden Ehepaare, sich ihrer ersten Liebe zu besinnen und sie von neuem zu beleben.[36] Da die gesamte Gemeinde diese Zeugenrolle spielt, ist es sinnvoller, das Brautpaar der Versammlung gegenüber zu setzen.[37] Es wäre auch hilfreich, die Bedeutung dieses anscheinend belanglosen Details zu erläutern und es so beiden Seiten bewusst zu machen, wie wichtig die Anwesenheit der Anderen ist.

Was den Pastor betrifft, so ist es wichtig, ihn nicht mit einem Priester zu verwechseln. Im römisch-katholischen Denken geben beim Ehesakrament die Brautleute einander die besondere Gnade der Ehe und tun dies unter der Kontrolle des Priesters, der in einer gewissen Weise Gottes Repräsentant darstellt. Da es in der Kirche der Siebenten-Tags-Adventisten keinen Klerus gibt, steht der Pastor auf der Seite der Versammlung, ist also auch ein Zeuge bzw. das Sprachrohr der Versammlung. Den Pastor auf die Seite der Zeugen zu stellen, bedeutet nicht, seine Hirtenrolle herabzuwürdigen; seine Aufgabe ist es ja, biblische Unterweisung zu geben und eine geistliche Atmosphäre zu schaffen.

Die Bedeutung der Versammlung als Zeugen kann während der Zeremonie noch unterstrichen werden. Eine der Schwierigkeiten unserer städtischen und individualistischen Gesellschaft besteht darin, dass sich die Leute, die zur Hochzeit kommen, kaum oder gar nicht kennen. Viele sind nur mit einem der beiden Ehepartner befreundet. Es scheint uns in diesem Kontext wesentlich, die Bedeutung des gegenseitigen Empfangens zu betonen.[38] Im Allgemeinen werden die Brautleute und die Versammlung von einem Stellvertreter der Gemeinde willkommen geheißen. Unser Vorschlag wäre es jedoch, dass darüber hinaus das Brautpaar selbst die Versammlung willkommen heißen könnte. Sie wären doch am besten imstande, die Verbindung zwischen ihrer geistlichen Familie (der Gemeinde) und ihren jeweiligen Familien und Freunden herzustellen. Außerdem wäre dies auch eine einzigartige Gelegenheit, die Rolle ihres Glaubens in diesem Lebensbund zu bekunden (vor allem wenn die biologischen Familien nicht gläubig sind) und in einigen Worten zu sagen, was ihnen die Gemeinde bedeutet.

Auf jeden Fall sollte es den Ehepartnern bewusst werden, dass sie einer über sie hinausgehenden Sache angehören, nämlich der Gemeinde. Die Versammlung

36 „Die christliche Ehe ist eine beständige Freiheit, die zu zweit erlebt wird. Sie ist eine freie Verbindung, und diese freie Verbindung hält, weil sie frei ist, sich aufrecht zu erhalten, und nicht, weil die Scheidung unmöglich ist ... Eine Ehe, die keine freie Verbindung mehr ist, in der die Ehepartner einander nicht jeden Morgen von neuem das Ja ihrer ersten Liebe sagen und nicht jeden Tag von Neuem die Entscheidung treffen, einander treu zu bleiben, ist eine Ehe von Geschiedenen." Roland de Pury, *Liberté à deux: Le couple et l'Evangile*, Labor et Fides, Genève 1967, S. 30f. Ein ziemlich radikales Wort für damals wie für heute!

37 Vivianne Haenni geht in dieselbe Richtung. Siehe ihre Studie „La cérémonie du mariage dans l'Eglise primitive entre hier et aujourd'hui", Magisterarbeit, Faculté adventiste de théologie, Collonges-sous-Salève 1982, S. 165.

38 Paul de Clerck, „Le mariage, événement et célébration", *Paroisse et Liturgie* 5, 1970, S. 409.

der Glaubenden ist durch ihre Anwesenheit Zeuge der Liebe und Verbindung des jungen Paares. Ihrerseits verpflichten sich auch die Geschwister im Glauben, für die Jungvereinten eine Quelle der Unterstützung und des Zuspruches zu sein. Durch ihre Gegenwart drücken sie allerdings dem Paar gegenüber auch die Erwartung aus, dass dieses als neuer Familienkern mit seinen Ressourcen ebenso dazu beiträgt, die Gemeinde als Leib Christi aufzubauen!

Auch wenn dies verständlich ist, scheint es uns doch bedauerlich, wenn die Familie des Ehepaares im Vergleich zur Ortsgemeinde zu viel Raum einnimmt. Die religiöse Hochzeitszeremonie ist in erster Linie kein Familienfest, sondern vor allem ein Fest der Gemeinde, in dem die Familien natürlich ihren Platz haben. Verschiedene Ehepaare, z. B. ein kurz verheiratetes Paar, ein Paar mit Kindern und ein älteres Paar, könnten durchaus kurze Zeugnisse ihres gemeinsamen Lebens ablegen und eventuell diskrete Ratschläge geben. Schließlich könnten wir es als wesentlich und wünschenswert zusammenfassen, dass „Paare, Familien und Gemeinden genügend Vorstellungskraft, Gemeinschaftssinn – im Symbolischen wie auch im Geistlichen – und Festesfreude fänden, um Hochzeitsformen zu erfinden, die ihrer Kultur und Sensibilität entsprechen."[39]

3. Das Eheversprechen

Was das Eheversprechen anbelangt, so erscheint es wiederum wichtig, die unterschiedlichen Situationen gesondert zu betrachten, und zwar einerseits die der Länder, in denen die religiöse Hochzeitszeremonie nach der standesamtlichen Trauung stattfindet, und andererseits die anderer Länder, in denen der Pastor gleichzeitig den Standesbeamten vertritt. In letzterer Situation muss er natürlich gewisse offizielle Formulierungen berücksichtigen, ohne sich jedoch dadurch einengen zu lassen und ohne das zuallererst geistliche Ziel aus den Augen zu verlieren.

Selbst wenn der Pastor das Paar tatsächlich als Standesbeamter vereint, ist es von einem geistlichen Standpunkt aus trotzdem wünschenswert, über den einfachen Rahmen festgelegter Formeln hinauszugehen. Wünscht sich ein Paar eine religiöse Hochzeitszeremonie in einer adventistischen Gemeinde, ganz egal, ob es zuerst standesamtlich getraut werden muss oder nicht, so geht es ihm vor allem um Gottes Segen und die Unterstützung seiner Gemeinde. Es erscheint uns daher vordringlich, übliche, jedoch unzureichende und abgenutzte Formeln zu ersetzen und unsere ganze Kreativität einzusetzen, um neue, theologisch zutreffendere und geistlich tiefer gehende Formulierungen zu finden.

---

39 Viviane Haenni fährt fort: „Ich hoffe, diese neuen Formen werden sowohl der Gefahr eines trockenen Zivilvertrags als auch der einer mondänen Hochzeit entgehen und vielmehr nach einer tiefen religiösen Dimension streben. Das Fest der Hochzeit soll ja nicht zu einer steifen und sakralisierenden Last werden, sondern vielmehr Spontaneität und gegenseitiges Empfangen hervorheben und eine Zeit der Begegnung und des Lobens sein. " „La cérémonie du mariage", S. 166.

Um unsere Überlegungen zu nähren, haben wir hier zwei Formulierungsbeispiele für ein Ehegelübde ausgewählt.[40] Das erste Beispiel wird von beiden Ehepartnern ausgesprochen (es ist gleichermaßen für eine Situation geeignet, in der der Pastor als Standesbeamter fungiert):

> Er: „(Vorname der Braut), möchtest du meine Frau werden?"
> Sie: „Ja, ich möchte deine Frau werden. Und du, (Vorname des Bräutigams), möchtest du mein Mann werden?"
> Er: „Ja, ich möchte dein Mann werden."
> Sie: „Ich empfange dich als meinen Ehemann und gebe mich dir."
> Er: „Ich empfange dich als meine Ehefrau und gebe mich dir."
> Beide zusammen: „Wir wollen uns in Treue lieben, in guten Zeiten wie in schlechten Zeiten, und uns ein Leben lang gegenseitig unterstützen."
> Dann erklärt der Pastor: „Von nun an seid ihr von Gott in der Ehe verbunden."[41]

Das zweite Beispiel passt möglicherweise noch besser in Ländern, in denen die standesamtliche Trauung die Voraussetzung für eine kirchliche Zeremonie ist:

> Die Braut: „(Vorname des Bräutigams), ich will dich lieben und mit dir unser ganzes Leben verbringen, im Glauben, in der Hoffnung und der Liebe in Jesus Christus. Ich will dich annehmen und deine Gefühle und deine Persönlichkeit respektieren. Unsere Ehe möge sich in Zärtlichkeit, Treue und Vergebungsbereitschaft entfalten. Ich werde mir Zeit für dich nehmen, unser Heim soll für Freunde und Dienst immer offen sein. [Ich will darauf achten, dass unsere Kinder in der Liebe und der Erkenntnis des Evangeliums aufwachsen.]"
> Der Bräutigam ebenso.
> Der Pastor: „Der Herr begleitet euch auf eurem Lebensweg. Er schenkt euch seine Liebe und lädt euch ein, sie weiterzugeben."[42]

Was uns am ersten Beispiel gefällt, ist, dass die mancherorts übliche Formel „zur Frau nehmen/zum Mann nehmen" vermieden und durch eine andere ersetzt wird, in der die Annahme des Anderen und die Hingabe an den Anderen mehr betont werden. Den Worten wird dadurch ein tieferer Sinn beigemessen. Gleichzeitig verwendet der Pastor eine Formulierung, die die von Gott gewirkte Verbindung des Paares hervorhebt.

40 Auch das *Handbuch für Prediger* gibt auf S. 365–368 Beispiele für ein Ehegelübde im deutschen Kontext.

41 *Notre mariage à l'Eglise*, Fêtes et Saisons, Centre National de Pastorale Liturgique, Cerf, Paris 1992, S. 12.

42 Nach den Vorschlägen in Église réformée de France, *Liturgie de bénédiction d'un couple à l'occasion de son mariage*, Les Bergers et les Mages, Paris o. J., S. 10.

Das zweite Beispiel geht noch etwas weiter und tiefer. Dort wird der Partner eher „angenommen" als „genommen". So werden das Empfinden und die Persönlichkeit des Anderen unterstrichen, das Anderssein. Neben der Treue – einem unentbehrlichen Bestandteil jeder Ehe – steht die Zärtlichkeit als wesentliches Element für die Entfaltung des Paares. Was ebenso hervorzuheben ist, ist der Aufruf an das Paar, für Freunde und Dienst (also der Außenwelt) offen zu sein.

Es wäre vielleicht auch zu erwägen, die beiden Begriffe des „Nehmens" und „Gebens" zu kombinieren. Auch wenn die Gemeinde nicht zum Herrschen und Besitzen des Partners ermutigen möchte, wollen wir doch eine andere Bedeutung des „Nehmens" hervorheben, bei der die Brautleute sich gegenseitig versprechen, den Anderen so zu nehmen, wie er oder sie ist, d. h. ihn bzw. sie *in seine Obhut* zu nehmen. Eine zusammenfassende Formulierung könnte dies so ausdrücken: „Ich nehme dich zu meinem Mann (meiner Frau) und gebe mich dir."[43]

4. Der Segen

Der wichtigste und bewegendste Augenblick einer Hochzeit ist sicherlich – so sagen es viele Ehepaare – das Segensgebet, das gleich nach dem Ehegelübde gesprochen wird. Der Pastor segnet nicht selbst, sondern als Sprecher der als Zeugen fungierenden Versammlung bittet er Gott, das Brautpaar zu segnen. Es ist wichtig, dass der Pastor dieses Gebet wie allgemein üblich auf das Leben jedes einzelnen Paares abstimmt und kein starres, stereotypes Gebet spricht.

In diesem Gebet soll der Pastor die richtigen Worte finden, um sowohl die Größe der Liebe Gottes als auch die Schönheit menschlicher Liebe auszudrücken, die durch Gottes Hilfe dauerhaft werden und die Kraft für schwierige Zeiten finden kann. Er wird betonen, wie wichtig beiderseitige Offenheit und Dienstbereitschaft für ein Paar sind. Schließlich wird er unterstreichen, dass wesentliche Bestandteile der Liebe Vergebungsbereitschaft und Freude sind und sie dadurch immer wieder von neuem belebt werden kann.[44]

---

43 Diese Empfehlung stammt von Roberto Badenas.

44 Als hervorragendes Beispiel und Inspirationsquelle für Pastoren soll hier ein schönes und inhaltstiefes Gebet der Segensliturgie der Reformierten Kirche zitiert werden: „Vater, wir vertrauen dir (Name der Braut) und (Name des Bräutigams) an. Gib, dass sie immer in der Frische der Liebe leben, die sie heute miteinander verbindet; mögen sie Friede, Freude und Harmonie erleben. Begleite sie in den schwierigen Zeiten ihrer Ehe. Gib, dass sie sich von nun an aufeinander verlassen und so ein starkes und offenes Zuhause aufbauen können. [Wenn sie eines Tages Kinder haben, gib ihnen den Wunsch, ihnen das Wort Gottes weiterzugeben und sie im Lichte Christi zu erziehen.] Nach deinem Willen soll sich das Leben auf dieser Erde entfalten und von Schönheit erfüllt sein. Wir wollen dir auch unsere Welt und ihr Leid anvertrauen. Sei mit den Männern und Frauen, die erniedrigt oder gekränkt werden, mit denen, die nach Brot hungern und nach Zärtlichkeit dürsten. Mögen (Name der Braut) und (Name des Bräutigams) zu denen gehören, die helfen, trösten, Frieden und Versöhnung stiften. Gedenke der Paare, die ihre Ehe unter deinen Segen gestellt haben, und belebe in ihnen von neuem die Flamme deiner Liebe. Wir bitten dich auch für die Familien, die sich mit den Problemen des Lebens und den von der Zeit hinterlassenen Spuren abmühen. Lass uns nicht vergessen, dass bei dir Vergebung immer möglich ist, Freude immer verheißen bleibt und Liebe immer neue Lebenskraft erfahren kann." (Église réformée de France, *Liturgie de bénédiction*, S. 12)

Ein Segensgebet ist sicherlich mehr als eine Fürbitte. Über das Beten für die Zukunft des Paares hinaus drückt der Segen zunächst Dank für die Liebe Gottes aus, die der Begegnung des Paares vorausgegangen ist, Dank für beide Persönlichkeiten, für das, was sie sind, und schließlich Dank für die Liebe, die sie auf einen gemeinsamen Weg geführt hat, bis hin zu ihrem Wunsch, ihre Leben miteinander zu verbinden.

Es ist besonders wichtig, dass das Segensgebet ein rechtes theologisches Verständnis des göttlichen Segens widerspiegelt. Der Segen ist kein „magischer" Vorgang oder Wunsch, der wirkt, sobald er ausgesprochen wird. Er setzt vor allem das Bewusstsein und die beständige Gewissheit der Gegenwart Gottes in der Entfaltung des Lebens voraus.

Brautleute, denen (zum Zeitpunkt der Hochzeit oder später) klar wird, dass ihre eigenen Fähigkeiten und ihr guter Wille im Aufbau der Zukunft nicht ausreichen, sehen sich in der Lage von Bittenden, erkennen ihre Mängel und Grenzen. Sie brauchen den Segen Gottes. Durch die Worte des Pastors wendet sich das Paar symbolisch an seinem Schöpfer, Quelle alles Lebens. Der Segen erneuert ab sofort Gottes Verheißung des Lebens und ihrer Anwendung in allen Bereichen der Existenz. Die Brautleute werden eingeladen, „Liebe in jede Handlung ihres Lebens einzuführen. Das bedeutet, Leben zu schaffen und Leben zu wählen. Es geht darum, daran zu denken, diesen Wunsch zu pflegen, ihn zu stärken, ihn täglich zu entwickeln, ihn morgens einzuplanen und abends zu überlegen, wie man ihn ausgelebt hat."[45] Auf diese Weise werden sie ganz konkret vom Segen Gottes leben, zum Segen füreinander und als Paar zum Segen für Andere werden.

Es erscheint uns wesentlich, dem den Segen empfangenden Paar die Gewissheit zu übermitteln, dass Gott es auf seinem Weg der notwendigen, gegenseitigen Anpassung immer begleiten wird. Das Eheleben wird ihnen viel Liebe, Entschlossenheit und ebenso Verzicht abverlangen. Mit Gott ist es jedoch möglich, schwierige Momente zu überwinden und eine solide Liebe aufzubauen. Schließlich ist der Segen, wie es im Hebräerbrief ausgedrückt wird, auch „ein Anker unserer Seele" (Hbr 6,19). In der Zukunft wird dieser das Paar in seinen Lebensentscheidungen leiten und es auch bei Fehlern und Leid aller Art sicher in der Verheißung des Lebens, die Gott ihnen gegeben hat und nicht zurücknehmen wird, verankern.

Ein letztes Wort: Wir haben die Rolle von Symbolen und symbolischen Handlungen in unserem Leben sehr betont. In diesem Zusammenhang ist die Geste der Handauflegung von besonderer Bedeutung. Jahre später erinnert sich das Ehepaar nicht mehr an den genauen Wortlaut des Segensgebets, aber die Berührung des Pastors als konkretes Zeichen des göttlichen Segens bleibt in Herz und Gedächtnis tief eingeprägt.

45 Pacot, *Reviens à la vie!*, S. 222.

Kapitel 16

Seelsorge an Paaren, die ohne Trauschein zusammenleben

Lucio Altin

Wenn es darum geht, die eheähnliche Lebensgemeinschaft eines Paares zu beschreiben, das sich entschlossen hat wie ein verheiratetes Paar zusammen zu leben mit oder ohne Anerkennung durch Staat oder Gesellschaft, scheint der Ausdruck „Zusammenleben" in der westlichen Welt am weitesten verbreitet zu sein. Eine andere Bezeichnung lautet *cohabitatio more uxorio* (auch einfach „Kohabitation"), was aussagen soll, dass man so zusammenlebt, „als ob" man verheiratet wäre. Ein Paar in einem eheähnlichen Zustand, das jedoch ohne jegliche formale Grundlage zusammenlebt, kann man auch als De-facto-Paar bezeichnen. Der Ausdruck „Konkubinat" gerät dagegen mehr und mehr aus der Mode, vielleicht weil er an die patriarchalischen Gesellschaften von einst erinnert und einen Unterton mitschwingen lässt, der eine zweitrangige Beziehung bezeichnet. Dafür werden andere Ausdruck beliebter: „Partnerschaft" oder „eheähnliche Gemeinschaft" drückt einen nichtreligiösen Beginn des Verhältnisses aus; diese Bezeichnungen können auch auf gleichgeschlechtliche Paare Anwendung finden.

Die biblischen und theologischen Aspekte, die mit der Problematik des Zusammenlebens ohne Trauschein einhergehen, werden in den Beiträgen von J. Kovar, A. Bocaneanu und A. Bochmann zu dem vorliegenden Buch angesprochen. In dem folgenden Kapitel wird es daher nur kurz um Fragen gehen, die beim Betrachten des Zusammenlebens aus den parallelen Sichtweisen der Sozialwissenschaften und der christlichen Tradition aufkommen. Um relevante Informationen zu geben, werden dabei die sachdienlichsten Forschungsergebnisse zu Rate gezogen und Vorschläge und mögliche Richtlinien für seelsorgerliches Handeln gemacht. Aus den verfügbaren Daten scheint allerdings hervorzugehen, dass diese Form von Partnerschaft ihr Ziel, welches darin bestehen soll zu einer gesünderen und stabileren Lebensgemeinschaft zu gelangen, verfehlt, obwohl gerade dieses Ziel das Hauptargument ist, das zugunsten der Wahl solchen Zusammenlebens angeführt wird.[1]

Wir beginnen mit dem Bild der sich rasch wandelnden Szenarien von Familienmodellen, was Ehe und Kohabitation anbelangt. Dabei legen wir besonderes Augenmerk auf die Beweggründe, welche Menschen veranlassen, sich für eine Ehe ohne Trauschein zu entscheiden. Anschließend wollen wir die Ergebnisse jüngster Forschung unter die Lupe nehmen und dabei versuchen, ihre hauptsächlichen Ergebnisse und die darin wirkenden Mechanismen herauszufinden, um sie mit den

1 Es ist beachtenswert, dass eine der üblichen theologischen Definitionen für das Wort „Sünde" „das Ziel verfehlen" lautet.

biblischen Grundsätzen zu vergleichen. Wir werden uns natürlich auch einigen theologischen und seelsorgerlichen Anliegen zuwenden, wie sie für eine Behandlung im Rahmen der Gemeinde kennzeichnend sind. Ein besonderer Schwerpunkt wird auf die Kommunikation mit Personen gelegt werden, die sich entschieden haben zusammenzuleben.

Um nicht missverstanden zu werden, muss betont werden, dass es keinesfalls das Ziel der Seelsorge sein kann, einerseits einfach eine Art von „neutralem" psychologischem Beistand anzubieten, aufgrund dessen ein Paar die Probleme seines Lebens in den Griff bekommen kann. Andererseits bedeutet Seelsorge nicht, den Wachhund für die Gemeinde zu spielen, um zwei Individuen zur Befolgung offizieller Grundsätze zu drängen. Wir sind ja nicht so naiv zu glauben, dass es so etwas wie eine absolute Neutralität überhaupt gibt. Auch ist uns bewusst, dass jede Theorie und psychologische Methode auf einer Weltanschauung beruht und schon deswegen von bestimmten Werten ausgeht.

Natürlich vertritt auch eine christliche Gemeinde ganz bestimmte Werte. Jemand, der die Entscheidung trifft, sich einer solchen Gemeinde anzuschließen, übernimmt damit gleichzeitig auch freiwillig diese Werte. Eine ausgewogene Seelsorge sollte daher bemüht sein dem Paar dahingehend zu helfen, dass es seine Beweggründe und Entscheidungen im Lichte biblischer Ideale und der Grundsätze seiner Kirche überprüft und festigt. Zwischen den beiden Aspekten gibt es übrigens keinen Gegensatz, wie die wachsende Zahl von Büchern und Artikeln zeigt, in denen Probleme der Religion und Spiritualität im Rahmen der Psychotherapie und Sozialberatung behandelt werden.[2] Der Raum dieser Arbeit gestattet freilich nur einige allgemeine Prinzipien im Licht gegenwärtiger Forschung aufzuzählen, und zwar aus der Sicht eines gemeindegestützten pastoralen Zugangs.

Ein Überblick über verschiedene Arten der Kohabitation

Der Ausdruck Kohabitation ist so breit gefächert, dass er eine ganze Reihe verschiedener Beziehungstypen umfasst, die zumindest über einen gewissen Zeitraum andauern. Da ist zunächst einmal eine Art von Kohabitation, die fast dem Single-Dasein mit seinen Verabredungen dann und wann entspricht, weil das Paar nur zeitweilig irgendwo beieinander wohnt, während es die Verbindung zu ihrer jeweiligen Herkunftsfamilie weiterhin aufrechterhält. Das Zusammensein intensiviert sich jedoch zeitlich und räumlich, wenn das Paar durch situationsbedingte Umstände wie etwa Trennung von der eigenen Herkunftsfamilie während des Studiums an

2 Siehe z. B. Froma Walsh (Hg.), *Spiritual Resources in Family Therapy*, Guilford, New York 1999; Mark R. McMinn, *Psychology, Theology, and Spirituality in Christian Counseling*, Tyndale, Wheaton 1996; Edward P. Shafranske (Hg.), *Religion and the Clinical Practice of Psychology*, American Psychological Association, Washington, D.C. 1996; Kenneth I. Pargament, *The Psychology of Religion and Coping: Theory, Research, Practice*, Guilford, New York 1997. Hilfreiche Artikel finden sich auch in Zeitschriften wie *The Journal of Pastoral Care & Counseling*, *Journal of Pastoral Counseling* und *Journal of Spirituality in Mental Health*.

einer Universität oder der gemeinsamen Arbeitstelle an einem anderen Ort dazu gebracht wird, beieinander zu wohnen.

Eine andere Art des Zusammenlebens leitet sich mehr von einem ideologischen Standpunkt her, der die Formalitäten und Verpflichtungen einer offiziellen Ehe als zu maßlos erachtet und sich daher als Reaktion dagegen versteht. Auch ist es durchaus möglich, dass ein Paar, das vorhat, nach einigen Monaten oder nach einem Jahr zu heiraten, aus ganz praktischen Gründen zur Vorbereitung der Trauung vorübergehend zusammenzieht, also so etwas wie eine „Probeehe" führt. Hinsichtlich der Mitgliedschaft in der der Kirche der Siebenten-Tags-Adventisten sind ungeachtet der Art des Zusammenlebens ebenfalls mehrere Möglichkeiten denkbar: Beide können Gemeindeglieder sein; allein ein Partner ist Gemeindeglied; beide sind keine Gemeindeglieder, aber einer oder beide sind in einer adventistischen Familie zumindest zeitweilig erzogen worden.

Bis jetzt ist nur von verschiedenen Arten der Kohabitation von jungen Leuten die Rede gewesen. Doch Kohabitation kommt auch ziemlich häufig unter älteren Menschen vor, und zwar hauptsächlich unter getrennt Lebenden oder Geschiedenen, die eine zweite Chance in Betracht ziehen und noch einmal eine stabile und glückliche Beziehung eingehen wollen. Leider schleppen sie dabei die Last der Scherben der vorhergehenden, oftmals auch die daraus entstandenen Kinder, mit sich.

Ein weiterer Typ der Kohabitation wird oft von älteren Leuten ausgewählt, seien es nun unverheiratet Alleinstehende, Witwen und Witwer oder Geschiedene. Sie wollen damit die bestehenden Verhältnisse und Erwartungen ihrer bisherigen Familien nicht stören; es bestehen ja emotionale und finanzielle Bindungen. Diese Möglichkeit wird oft deshalb gewählt, weil in einigen Fällen eine offizielle Trauung den Verlust einer Rente oder der Sozialversicherung nach sich zöge, was natürlich zu einer Minderung des Lebensstandards führen würde. Dadurch entstünden zusätzliche Belastungen und Einschränkungen bei Personen, die sich vom Leben ohnehin schon benachteiligt fühlen.

Dieses Spektrum verschiedener Paarbildungen führt uns zu vier Grundtypen der Kohabitation:[3]

1. eine durch die Umstände bedingte Situation, christliche Grundsätze zu verletzen,
2. ein Vorspiel für eine Ehe,
3. eine gesellschaftlich akzeptierte Alternative zur Ehe, oder
4. eine Paarbeziehung, die in Bezug auf freiwillig eingegangene Verpflichtungen und Elternschaft von einer Ehe nicht zu unterscheiden ist.

3 Kathleen Kiernan, „Cohabitation in Western Europe: Trends, Issues and Implications", in Alan Booth und Ann Crouter (Hg.), *Just Living Together: Implications of Cohabitation on Families, Children and Social Policy*, Lawrence Erlbaum Associates, New Jersey 2002.

Hauptgründe, die für ein Zusammenleben ins Feld geführt werden

Die häufigsten Begründungen, die für jedwede Art der Ehe ohne Trauschein vorgebracht werden, scheinen mit Hindernissen und Widerständen zu tun zu haben, die als zu übermächtig wahrgenommen werden, um überwunden zu werden, oder als zu weit vom augenblicklichen Lebensstil oder der gegenwärtigen Weltanschauung des Betreffenden entfernt. Die folgenden praktischen Gründe werden in den bedeutendsten Studien und in gängigen Beobachtungen genannt:[4]

1. Wohnungsprobleme. Entweder ist es einfach schwierig eine passende Wohnung zu finden, oder sie ist zu teuer für den Kauf oder die Miete.

2. Berufliche Probleme. Das können u. a. Schwierigkeiten sein, ein dauerhaftes Arbeitsverhältnis zu finden, das ein ausreichend hohes Einkommen garantiert, um Sicherheit für eine zukünftige Familienplanung zu bieten.

3. Emotionale Probleme. Sie rühren entweder von ungelösten Problemfeldern in den Herkunftsfamilien oder von schwerwiegenden Verletzungen und Fehlern aus vorherigen Beziehungen, die oft damit enden, dass sie viele Ängste und Befürchtungen auslösen und dadurch die Vision einer verantwortungsbewussten neuen Beziehung blockieren.

4. Sexuelle Probleme. Sie stehen oft im Widerstreit mit den ethischen Grundsätzen der Gemeinde. Sie hängen damit zusammen, dass man zwar das Bedürfnis spürt, beieinander zu bleiben, aber nicht bereit ist, größere Opfer zu bringen und seine eigene Abhängigkeit von seiner Herkunftsfamilie zu überwinden.

Einige Fachstudien zeigen zwei Faktoren, die die Wahrscheinlichkeit von Kohabitation begünstigen: Die „Erfahrung einer elterlichen Trennung während der Kindheit kann auslösen, dass Menschen früher in die Erwachsenenphase eintreten". Das kann die Flucht aus dem eigenen Familienleben sein und/oder ein Testlauf in einer Beziehung, sowie der Verlust der religiösen Wurzeln. In Europa ist die Wahrscheinlichkeit höher, dass Leute, die über keine religiöse Praxis berichten, zusammenwohnen.[5]

Natürlich könnte man noch andere Faktoren mit einbeziehen. Doch die oben genannten scheinen solche Paare, die zusammenleben, am meisten unmittelbar benannt zu haben. Fassen wir die vorgelegten Beweggründe zusammen, so könnte man sagen, dass in den meisten Fällen die Vorstellung eine Rolle zu spielen scheint, dass es schwierig ist, länger andauernde Verpflichtungen einzugehen. Sie ist der Faktor, der das Denken der Leute in Richtung Kohabitation lenkt.[6]

---

4 Siehe z. B. die Studie für Italien durch das italienische Centro Internazionale Studi Famiglia: Francesco Belletti, Pietro Boffi und Antonella Pennati, *Convivenze all'Italiana: Motivazioni, caratteristiche e vita quotidiana delle coppie di fatto* [*Kohabitation auf italienische Art: Beweggründe, Charakteristika und Alltagsleben von Ehen ohne Trauschein*], Paoline, Mailand 2007.

5 Kiernan, „Cohabitation in Western Europe"; vgl. John Ermisch und Marco Francesconi, „Cohabitation in Great Britain: Not for Long, but Here to Stay", *Journal of the Royal Statistical Society: Series A (Statistics in Society)* 163.2, 2000, S. 153–171.

Ergebnisse einschlägiger Forschung

Die Ergebnisse jüngster Forschungsarbeiten auf diesem Gebiet sind für die vorbeugende Intervention in der pastoralen Arbeit sehr hilfreich. Die große Übereinstimmung zwischen den Ergebnissen vieler ohne religiöses Interesse durchgeführter Studien mit den uns vertrauten biblischen Prinzipien ist in der Tat beeindruckend.[7]

1. Daten aus den USA

Eine hilfreiche Zusammenfassung der Forschungslage aus dem Jahr 2007, die auch Daten der staatlichen amerikanischen Volkszählungsstelle einschließt,[8] kommt zu folgenden Schlussfolgerungen: 60–75% der Ehepaare, die zum ersten Mal heirateten, und 80–85% derer, die erneut eine Ehe schlossen, wohnten schon vor ihrer Trauung beieinander. Bei einer landesweiten Umfrage unter Hochschulabsolventen[9] gaben 60% an, dass sie der folgenden Behauptung „zustimmten" oder „weithin zustimmten": „Es ist normalerweise für ein Paar gut, schon vor ihrer Trauung zusammen zu leben, um herauszufinden, ob sie wirklich miteinander auskommen." Diese Art zu denken ist symptomatisch für große Bevölkerungsteile unter den Jugendlichen und jungen Erwachsenen in der westlichen Welt. Außerdem hat die sexuelle Revolution die Stigmata vermindert, die mit unverheiratetem Zusammenleben einher gingen. Die am häufigsten genannten Gründe für die Wahl dieser

6 In dieser Richtung findet auch Berrington, dass die religiöse Überzeugung unter Frauen der signifikanteste Faktor für uneheliche Schwangerschaften ist. Religiöse Frauen lebten teilweise in einer Ehe ohne Trauschein, aber nur während eines kinderlosen Zeitabschnitts vor der Ehe. Ann Berrington, „Entry into Parenthood and the Outcome of Cohabiting Partnerships in Britain", *Journal of Marriage and the Family* 63.1, 2001, S. 80–96.

7 Vgl. Adrian Thatcher, *Living Together and Christian Ethics*, Cambridge University Press, Cambridge 2002, S. 44: „Es gibt gute Gründe den Mangel oder Verlust religiöser Überzeugung mit Kohabitation ... in Zusammenhang zu bringen. Auch gibt es eine offensichtlich starke Übereinstimmung zwischen der theologischen und der säkularen Einschätzung der Ehe ohne Trauschein. Das National Marriage Project in den Vereinigten Staaten ist ein ausgezeichnetes Beispiel einer nicht-religiösen Organisation, die sich nach Prüfung aller einschlägigen Forschungsergebnisse in der Lage fühlte den potentiellen Paaren für eine Ehe ohne Trauschein Ratschläge zu erteilen. Der Rat solch ein Zusammenleben zu vermeiden wurde nicht mit religiösen Argumenten begründet, sondern beruhte auf einer breiten Basis gesundheitlicher Aspekte. Im Einzelnen rieten sie: 1. in Betracht zu ziehen nicht schon vor der Trauung zusammen leben zu wollen (weil diese Probe-Ehe sich als nachteilig erweisen könnte); 2. das Zusammenleben nicht zu einer Gewohnheit werden zu lassen, (denn es beeinträchtigt häufig die Qualität und die Wahrscheinlichkeit, eine lebenslang andauernde Partnerschaft zu schmieden); 3. ein Zusammenleben auf die kürzest mögliche Zeit zu beschränken (damit sich durch die Kürze der Zeit keine Ethik der Lässigkeit einbürgern kann); und 4. niemals zusammen zu wohnen, wenn Kinder mit im Spiel sind (denn eine ganze Latte von Gründen spricht dagegen, nicht zuletzt wegen des ‚höheren Risikos für sexuellen Missbrauch und für physische Gewaltanwendung, bis hin zu Gewaltanwendung mit Todesfolge'").

8 Siehe David H. Olson und Amy Olson-Sigg, *Overview of Cohabitation Research: For Use with PREPARE-CC*, Life Innovations, Minneapolis 2007. *PREPARE-CC* ist ein Instrument, das in fünf verschiedenen Formen entwickelt wurde, um die Klassifizierung von Arten des Zusammenlebens verschiedener Paare von der Ehe bis hin zur Kohabitation vornehmen zu können. Es wurde hauptsächlich in den Vereinigten Staaten und in Ländern mit angelsächsischer Kultur zum Einsatz gebracht. Ungefähr 4 Millionen Personen haben bisher daran teilgenommen.

9 Bachman, Johnston und O'Malley, 1997, zitiert von Olson und Olson, *Overview*.

Lebensform sind: 1. Mehr Zeit zusammen verbringen zu können. 2. Häufigerer Austausch sexueller und emotionaler Intimitäten. 3. Einfachere Möglichkeiten zur Auflösung der Verbindung, wenn sie nicht klappt. 4. Sie bietet einen Testraum für gegenseitige Kompatibilität. 5. Sie ist eine Art Versuchsehe während des Wartens auf die eigentliche Ehe.

Die hauptsächlichen Ergebnisse der Untersuchung jedoch zeigen im Gegensatz dazu, dass Paare ohne Trauschein 1. eine geringere Intensität persönlichen Glücks, dafür aber 2. höhere Raten an Depressionen als verheiratete Paare erleben. 3. Sie messen ihrer eigenen Unabhängigkeit größeren Wert bei als verheiratete Partner und 4. neigen dazu, sich finanziell gegenseitig weit weniger zu unterstützen als Verheiratete.[10] 5. Außerdem zeigen sie der Ehe gegenüber eine negativere Haltung.[11] 6. Nachdem sie dann verheiratet sind, weisen sie signifikant niedrigere Werte der Befriedigung auf und ein höheres Scheidungsrisiko.[12] 7. Sie besitzen deutlich geringere statistische Werte beim religiösen Verhalten, persönlicher Glaubensüberzeugung, Kirchenbesuch und gemeinsamen religiösen Aktivitäten.[13] 8. Nach einer Eheschließung sind ihre Kommunikations- und Gesprächsfähigkeiten über ihre Probleme wesentlich schlechter[14] und 9. sie sind sexuell weniger hingegeben und vertrauenswürdig. 10. Die Männer beteiligen sich weniger an Hausarbeit und Kindererziehung[15] und 11. schließlich fördert solch ein unverheiratetes Zusammenleben das Risiko, dass der Partner, ja sogar dass die Kinder, wo solche da sind, missbraucht werden.[16]

Als Ursachen für die negativen Auswirkungen des Zusammenlebens auf eine künftige Ehe fanden die meisten Forscher Folgendes:

Erstens ein Mangel an Bereitschaft, eine Verpflichtung einzugehen. Dies scheint übrigens der auffallendste einzelne Faktor zu sein, der bei allen zur Verfügung stehenden Forschungen zutage trat:

10 Linda Waite und Maggie Gallagher, *The Case for Marriage: Why Married People are Happier, Healthier and Better Off Financially*, Doubleday, New York 2000.

11 William G. Axinn und Jennifer S. Barber, „Living Arrangements and Family Formation Attitudes in Early Adulthood“, *Journal of Marriage and the Family* 59.3, August 1997, S. 595–611.

12 David Popenoe und Barbara Whitehead, *Should We Live Together? What Young Adults Need to Know about Cohabitation before Marriage*, The National Marriage Project, New Brunswick 1999. Vgl. auch Georgina Binstock und Arland Thornton, „Separations, Reconciliations, and Living Apart in Cohabiting and Marital Unions“, *Journal of Marriage and the Family* 65, Mai 2003, S. 432–443. Untersucht wurden 323 erstmals verheiratete Paare, 226 Paare, die zusammenlebten und später heirateten, sowie 251 Paare, die zusammenlebten und nicht heirateten, eine Langzeitstudie (1962–1993) von insgesamt 800 Weißen im Gebiet der Stadt Detroit.

13 Arland Thornton, William G. Axinn and D. H. Hill, „Reciprocal Effects of Religiosity, Cohabitation and Marriage“, *American Journal of Sociology* 98.3, 1992, S. 628–651.

14 Cohan und Kleinbaum, 2000, zit. in Olson und Olson-Sigg, *Overview of Cohabitation Research*.

15 Waite und Gallagher, *The Case for Marriage*.

16 Elizabeth Thomson, Thomas Hanson und Sara McLanahan, „Family Structure and Child Wellbeing: Economic Resources vs. Parental Behaviors“, *Social Forces* 73.1, 1994, S. 221–243.

> Obwohl die Grundlage für die Ehe eine starke moralische Verpflichtung ist, sind Paare, die in Kohabitation leben, viel mehr auf ihre eigene persönliche Autonomie bedacht und daher auch mehr zur Beendigung der Beziehung bereit. Man kann annehmen, dass ein solches Verhalten, das von wenig gegenseitiger Verbindlichkeit, aber einem hohen Grad an Selbstbestimmung geprägt ist, wenn es erst einmal gelernt wurde, sich nur noch schwer ändern lässt.[17]

Und zweitens die Unfähigkeit, in Bezug auf die Ehe zu einer Entscheidung zu kommen. Das Problem ist Unsicherheit.

Ein andere Unterscheidung ist auch noch wichtig: Bei der Betrachtung des verfügbaren Forschungsmaterials stellten Popenoe und Whitehead fest, dass

> Kohabitation innerhalb von 3–6 Monaten vor der Trauung etwas anders zu bewerten ist als ein Zusammenleben als Alternative zur Ehe. Wenn nämlich ein Paar nur einige Monate vor seiner Hochzeit zusammen wohnte und wenn keiner der Partner eine vorherige Erfahrung im Zusammenleben mitbringt, und wenn keine Kinder da sind, dann sind laut den Ergebnissen der Untersuchung die schädlichen Auswirkungen nicht so gravierend.[18]

Diese eine Ausnahme in der gesamten Tendenz der Daten scheint aber die Tatsache dennoch zu untermauern, dass eben in den meisten anderen Fällen der negative Einfluss der hervorstechende ist. Sie zeigt eine Situation an, die alle Kennzeichen einer Ehe trägt, welche einfach aus verschiedenen Gründen vorweggenommen worden ist.

Möglicherweise kennen einige von uns etliche Leute, die schon seit vielen Jahren in einer recht glücklichen, zwar unverheirateten, aber liebevollen Beziehung zusammenlebten. Betrachten wir die Sache jedoch genauer, so werden wir wahrscheinlich entdecken, dass ihre Beziehung, was die Verbindlichkeit anbetrifft, ganz ähnlich anfing, wie eine Ehe dies erfordert hätte, einschließlich der Verantwortlichkeiten und Fürsorge füreinander. Der Eindruck entsteht jedoch, dass solche Verbindungen noch immer großen Seltenheitswert besitzen.

Natürlich muss zugegeben werden, dass auch eine offizielle Trauung keine Garantie gegen ein Scheitern der Ehe ist. Denn ohne das Fundament gegenseitiger Verpflichtung auch an Unterschieden zu arbeiten und ohne die Bereitschaft zu lernen, wie man miteinander wächst, besonders unter der Führung Gottes, ist dies wahrscheinlicher. In eine Beziehung zu investieren ist nie eine leichte Sache, beson-

17 *National Marriage Project*, zitiert von Olson und Olson-Sigg, *Overview of Cohabitation Research*.

18 Popenoe und Whitehead, *Should We Live Together?*, zitiert in Olson und Olson-Sigg, *Overview of Cohabitation Research*.

ders dann, wenn doch die persönlichen Kraftquellen so gering scheinen und auch schwer wieder aufzuladen sind. Dennoch scheint es, dass ohne ganz bewusste Hingabe keine feste Beziehung Bestand hat, besonders im Lichte dessen, was Jesus über die Liebe gelehrt hat.[19]

Deshalb ist es sicher auch keine Überraschung, dass bekehrte Christen in den USA weniger dazu tendieren in Kohabitation zu leben: 25% der wiedergeborenen Christen wohnten schon unverheiratet zusammen, im Gegensatz zu 37% derer, die sich zwar auch Christen nennen, aber ohne die spezifischen Glaubenserfahrungen, die sie als wiedergeboren ausweisen.[20]

Ein anderes Resultat ist jedoch wirklich überraschend:

> Mehr als 90% der bekehrten erwachsenen Christen, die geschieden waren, erlebten ihre Scheidung, nachdem sie Christus angenommen hatten, nicht davor. Ist es schon tragisch an sich, dass so viele Menschen, ungeachtet ihrer Glaubenseinstellung, eine Scheidung erleben, so ist es erst recht beunruhigend feststellen zu müssen, dass die Glaubenstreue so vieler wiedergeborener Personen ihnen nicht genügend Kraft und Stärke verlieh, ihre Ehen zu retten.[21]

Diese Tatsache scheint darauf hinzuweisen, dass der Art und Weise, wie eine eheliche Beziehung anfängt, viel mehr Aufmerksamkeit gewidmet werden sollte. Eine gründliche voreheliche Partnerschaftsschule könnte nämlich den Unterschied zwischen andauerndem Glück oder schnellem Scheitern einer Ehe ausmachen.

2. Europäische Untersuchungen

Die Schlussfolgerungen aus einer qualitativen Studie, die vom CISF[22] in Italien gerade abgeschlossen wurde, deuten an, dass es eine Art Übereinkunft zwischen dem jungen Paar und ihren Herkunftsfamilien gibt, die darauf hinausläuft, die großen Ent-

19 Sheela Kennedy und Larry Bumpass, „Cohabitation and Children's Living Arrangements: New Estimates from the United States", Unveröff. Manuskript, Center for Demography, University of Wisconsin, Madison 2007. Es scheint aus den vorliegenden Daten hervorzugehen, dass etwa die Hälfte der unverheiratet zusammenlebenden Paare nach 2 Jahren heiraten oder auseinander gehen.

20 „Born Again Adults Less Likely to Co-Habit, Just as Likely to Divorce", http://www.barna.org/barna-update/article/5-barna-update/56-born-again-adults-less-likely-to-co-habit-just-as-likely-to-divorce, Zugriff am 1. September 2008. Die Einordnung in wiedergeborene Christen wurde nicht aufgrund von Selbstzeugnissen, sondern aufgrund folgender Glaubensaussagen vorgenommen: „Ein persönliches Treuegelöbnis zu Christus, das Bekennen der Sünden, die Annahme der Herrn Jesus als seinem persönlichem Erlöser und dem Glauben, dass man das ewige Heil erworben habe, allein aus dem Glauben an Christus heraus."

21 Ebenda.

22 Centro Internazionale Studi Famiglia (CISF). Dieses Zentrum veröffentlicht alle zwei Jahre einen Bericht über den Zustand der italienischen Familie. Die Angeben in diesem Absatz wurden entnommen aus Belletti, Boffi und Pennati, *Convivenze all'Italiana*. Die qualitative Forschung wurde an 120 unverheiratet zusammenlebenden Paaren in sechs verschiedenen Regionen Italiens durchgeführt.

scheidungen im Leben wie Eheschließung, das erste Kind, den Beruf fürs Leben usw. einfach aufzuschieben, weil über die Zukunft allgemeine Unsicherheit herrscht.

Zunächst einmal scheinen die größten Hindernisse in der Konstruktion eines gemeinsamen Lebensplans zu liegen, den man in folgender Frage zusammenfassen könnte: „Soll ich mich wirklich schon jetzt entscheiden meine ganze Zukunft mit jemand anderem zu verbringen? Und nur mit ihm/ihr?" Die offensichtliche Banalität der Frage verbirgt riesige Ängste. Denn die ganze Schwäche des Vorhabens beruht doch offenbar darauf, dass den eigenen emotionalen Impulsen und der augenblicklichen Befriedigung meiner eigenen Gefühle und Wünsche immer oberste Priorität eingeräumt wird, ein Vorrang, den ich mir von keinen anderen Überlegungen einschränken lasse. Diese „Irrationalität der Gefühle" macht den Weg frei für eine „anarchische Sentimentalität", die nur einer Wegwerf-Beziehung förderlich ist. Eine zweite Schlussfolgerung zeigt eine „Konzentration auf den Augenblick", die Teil eines allgemein vorhandenen Gefühls in unserer gegenwärtigen Gesellschaft ist. Nur die gerade vorhandenen Bedürfnisse scheinen uns zu kümmern, obwohl sie nicht immer die wirklichen Nöte sind. Zu ganz ähnlichen Ergebnissen kommen alle, die sich mit der Materie befassen. Alle beobachten sie, dass Paare, die Erfahrung mit dem vorehelichen Zusammenleben hatten, ein höheres Scheidungsrisiko besitzen, wenn sie dann verheiratet sind.[23]

In Deutschland finden wir eine ganz ähnliche Situation. Ein wichtiger Unterschied im Zusammenleben verheirateter und unverheirateter Paare findet sich bei dem weitaus höheren Risiko einer Trennung der Unverheirateten im Vergleich mit den Verheirateten. 20% trennten sich schon nach etwa zwei Jahren. Nach sechs Jahren lebte bereits die Hälfte der unverheirateten Partnerschaften getrennt. Dagegen wird nur eine von drei geschlossenen Ehen in der Bundesrepublik Deutschland geschieden.[24]

Auch in England ist die Lage ähnlich. Eine Umfrage[25] ergab neben anderen Punkten, dass 59% der britischen Bevölkerung dafür halten, dass „die Ehe immer noch die beste Form einer Beziehung darstellt, auch wenn sie vielleicht für einige Leute nicht erfreulich endet". Allerdings glauben auch 69% dass „zu viele Leute einfach in die Ehe schlittern, ohne richtig darüber nachzudenken." Und 54% meinen,

23 G. C. Blangiardo, „Analisi demografica delle ‚nuove' forme familiari e delle forme di convivenza in Italia e in Europa" [„Demographische Analyse ‚neuer' Familienformen und Formen der Kohabitation in Italien und in Europa"], in P. Pierpaolo Donati (Hg.), *Identità e varietà dell'essere famiglia: Il fenomeno della "pluralizzazione"* [Identität und Typus der Familie: Das Phänomen der „Pluralisierung"]. San Paolo, Cinisello B., Mailand 2001, S. 519.

24 Wolfgang Lauterbach, „Die Dauer nichtehelicher Lebensgemeinschaften: Alternative oder Vorphase zur Ehe?" in Thomas Klein und Wolfgang Lauterbach (Hg.), *Nichteheliche Lebensgemeinschaften: Analyse zum Wandel partnerschaftlicher Lebensformen*, Leske + Budrich, Opladen 1999, S. 294.

25 Anne Barlow, Simon Duncan, Grace James und Alison Park, „Just a Piece of Paper? Marriage and Cohabitation", in *British Social Attitudes: Public Policy, Social Ties. The 18th Report, 2001–2002 Edition*, Sage, London 2001.

dass „Leute, die sich Kinder wünschen, verheiratet sein sollten." Das unverheiratete Zusammenleben wird „nur als Weg in eine erste oder nächste Ehe angesehen. Ein Drittel aller Männer und Frauen, die wieder heiraten, lebten zuerst so zusammen."[26] Im Jahre 2002 lebten 25% aller unverheirateten Erwachsenen im Alter zwischen 16 und 59 Jahren in Großbritannien unverheiratet zusammen.[27]

Kiernan ist der Meinung, dass „quer durch die ganze Nation sichere Beweise vorhanden sind, die belegen, dass nichteheliche Lebensgemeinschaften, sofern sie nicht in eine Ehe münden, zu den zerbrechlichsten Verbindungen gehören." Sie fand desgleichen in Frankreich, Ost- und Westdeutschland und in gewissem Ausmaß auch in Schweden eine Zunahme des Trennungsrisikos bei solchen vorehelichen Verbindungen.[28] Auch berichtet sie von Daten, die im Jahre 2002 in ganz Europa erhoben wurden und fasst sie folgendermaßen zusammen: Was die Trends zu nichtehelichem Zusammenleben und zu unehelichen Kindern anbetrifft, so ist Europa ganz grob gesehen in einen Nord- und Südteil gespalten.

1. In Spanien, Italien, Griechenland (zusammen mit der Schweiz und Irland) wohnt nur ein verhältnismäßig geringer Anteil der Bevölkerung in nichtehelichen Lebensgemeinschaften zusammen. Die Ehe ist dort immer noch die vorherrschende Voraussetzung für die Erfüllung eines Kinderwunsches.

2. In den Ländern Nord- und Westeuropas wird Kohabitation und die Geburt von Kindern außerhalb der Ehe rasch zur Norm. Die höchsten Raten weisen hier Dänemark, Schweden, Finnland und Frankreich auf.

3. Eine „mittlere Gruppe" von Ländern, die ein mittleres Niveau an Kohabitation (10–15%) aufweist, umfasst Großbritannien, Belgien, die Niederlande, Luxemburg, Deutschland und Österreich, während die USA und Australien mit ganz ähnlichen Prozentzahlen aufwarten können.[29]

Da die Forschung uns ausreichend schlagkräftige Beweise zur Verfügung stellt, dürfen wir hier den Schluss ziehen, dass nichteheliche Lebensgemeinschaften im Allgemeinen kurzlebiger sind.[30] Die Mehrheit wird wieder aufgelöst, während einige in eine Ehe einmünden. Einige Forscher reden hier von der Existenz eines ‚Kohabitations-Effekts': Schon allein die Erfahrung des Zusammenlebens schafft eine weniger stabile, problemreichere Grundlage für die Ehe, die früher zu einem Ab-

26 *National Statistics: Marriage, Divorce and Adoption Statistics*, Series FM 29, The Stationary Office, London 2003.

27 *National Statistics*, Social Trends 34, The Stationary Office, London 2004.

28 Kiernan, „Cohabitation in Western Europe".

29 Kanada, Australien und Frankreich haben begonnen eine Gesetzgebung zu schaffen, die auf den Schutz und auf einige Rechte nichtehelicher Paare bedacht ist. Dies wird sicherlich bald auch in anderen Ländern geschehen.

30 Vgl. Kiernan, „Cohabitation in Western Europe"; Elsa Ferri, John Bynner und Michael Wadsworth (Hg.), *Changing Britain, Changing Lives: Three Generations at the Turn of the Century*, Institute of Education, London 2003.

bruch führt, als wenn die Partner vor der Ehe nicht zusammengelebt hätten.[31] Die überwältigende Mehrheit der Daten liefert den Beweis dafür, dass Kohabitation im Allgemeinen zu finanziell schwächeren Haushalten führt, zu mehr Stress und Unsicherheit in Finanzfragen, Berufsalltag und Haushaltsführung, zu mehr Instabilität und Risiken für die Kinder und schließlich zu einer erhöhten Gefahr des Scheiterns der Beziehung wegen fehlender Verbindlichkeit auf längere Sicht.[32] Das bedeutet natürlich nicht, dass *alle* intakten Ehen glückliche Ehen sind. Jede Beziehung ist ein schwieriges Unterfangen. Ist aber die Verbindlichkeit gering, wird es noch schwieriger. Daher folgen nun einige Empfehlungen für seelsorgerliche Intervention.

Empfehlungen für seelsorgerliches Handeln

Ein Dokument der italienischen katholischen Bischofskonferenz über die Ehe formuliert:

> Die Kirche kann nicht umhin immer wieder zu bekräftigen, dass sie [die Kohabitation] im Widerspruch zum tiefsten Sinn ehelicher Liebe steht: Nebst der Tatsache, dass sie keinesfalls ein Experimentierfeld ist, sondern immer das Geschenk des eigenen Selbst an den/die Andere/n, erfordert solche Liebe wegen der ihr eigenen Wesensart die soziale und für einen Christen auch die kirchliche Anerkennung und Legitimation.[33]

Dieser Aussage kann mindestens teilweise zugestimmt werden, besonders dem wichtigsten Punkt, nämlich dass Liebe ein „Geschenk des eigenen Selbst an den Anderen" bzw. „die Andere" ist.

Außerdem finden wir in derselben Studie folgendes pastorale Anliegen:

> Andererseits kann sie [die Kirche] es sich keineswegs erlauben, der Mühe aus dem Weg zu gehen mit diesen Paaren in Kontakt zu treten. Die Möglichkeit zur Begegnung besteht vor allem bei gegenseitiger Aufgeschlossenheit: Die Leute fühlen sich dann nämlich geliebt und ihre Herzen sind von daher viel aufgeschlossener, so dass sie gut zuhören, wenn man sie einfach und ohne Vorurteil aufgrund ihrer Situation annimmt ... Es scheint angebracht und empfehlenswert, dass man die Leute [das nichteheliche Paar] gewissermaßen auf einen entspannten Spaziergang in Richtung auf die Feier der

31 Vgl. Claire Kamp Dush, Catherine Cohan und Paul Amato, „The Relationship Between Cohabitation and Marital Quality and Stability: Change Across Cohorts?", *Journal of Marriage & Family* 65, 2003, S. 539–549.

32 David De Vaus, Lixia Qu und Ruth Weston, „Premarital Cohabitation and Subsequent Marital Stability", *Family Matters* 65, Winter 2003, S. 34–39. Diese Studie scheint zu belegen, dass Paare, die sofort heiraten und solche, die vor der Eheschließung schon zusammen lebten, etwa eine gleich lange Zeit zusammen bleiben.

33 *Direttorio di Pastorale Familiare* [*Richtlinien für den seelsorgerlichen Dienst an Familien*], Italienische Bischofskonferenz, Rom 1993, Nr. 227.

> Eheschließung mitnimmt, der in weiter Ferne beginnt und ihnen nicht nur den Weg zu einer Regulierung ihres gegenwärtigen Zustandes erleichtert, sondern ihnen auf einer solchen Reise vor allem auch die Gelegenheit gibt, ihren Glauben als Christen und den Wert des Sakraments der Ehe wieder zu entdecken.[34]

Wenn Adventisten die Ehe auch nicht als Sakrament bezeichnen,[35] so können sie doch der Voraussetzung zustimmen, dass man Menschen mit einer gewinnenden Einstellung begegnen muss. Dieser Zugang führt zu einer „Wiederentdeckung des Glaubens". Obwohl die Entscheidung, als Paar unverheiratet zusammen zu leben, nicht gutgeheißen werden kann, ist doch die Bemühung notwendig, sie mit seelsorgerlicher Unterstützung zu einem tieferen und reiferen Verständnis der Plänen und Absichten Gottes mit ihrem Lebensweg zu führen. Ist das Paar willens und bereit, diese Art unterstützender pastoraler Begleitung zuzulassen, wird daraus sehr wahrscheinlich ein engerer Wandel mit Gott und eine bessere Beziehung zu seiner Gemeinde erwachsen. Fragen der Lehre oder der Gemeindeordnung sollten für uns nicht erstes Anliegen sein, das wir dem Paar übermitteln wollen, so wenig wie das Befolgen ethischer Richtlinien der Kirche, die eventuell nur als ferne und gefühllose Institution gesehen wird. Vielmehr sollte der Schwerpunkt des seelsorgerlichen Handelns auf die real existierenden ethischen und geistlichen Grundannahmen gelegt werden, die ihre Entscheidung bestimmt haben.

1. Fundamentale pastorale Grundsätze

Wir könnten damit beginnen, dass wir die nichtehelich zusammenlebenden Paare, besonders wenn es sich um junge Paare handelt, so betrachten, als stünden sie im Stadium der Ehevorbereitung und hätten üblicherweise mit ganz ähnlichen Problemen zu tun. Wir müssen ferner annehmen, dass sie vielleicht unklare oder widersprüchliche Ansichten über die Ehe haben (auch wenn sie sich dessen gar nicht bewusst sind). Diese Annahme kann uns helfen, die Angelegenheit im Kontext eines Beratungsprozesses anzugehen.

Es ist an diesem Punkt hilfreich, auf den Beitrag zum Thema Ehevorbereitung in diesem Buch zurückzugreifen,[36] um einen Überblick zu gewinnen. Zusätzlich könnten wir uns auf die Ergebnisse einer Umfrage stützen, die durchgeführt wurde, um die wichtigsten Themen in der vorehelichen Beratung zu identifizieren.[37] Gestützt auf sachbezogene Publikationen nennt Murray als die gängigsten Themen:

34 *Convivenze*, S. 114.

35 Vgl. Rolf Pöhlers Beitrag in diesem Buch (S. 253ff.).

36 Vgl. Adrian Bocaneanus Beitrag in diesem Buch (S. 325ff.).

37 Christine E. Murray, „Which Topics are Important to Address in Premarital Counseling? A Survey of Clergy", *The Journal of Pastoral Care & Counseling* 60.1–2, 2006, S. 69–81.

Karriere, Finanzen, Freundschaft und soziale Unterstützung, Elternschaft und Kinder, Religion, Anliegen der Herkunftsfamilie, Haltung zur und Vorstellungen von der Ehe, Erwartungen zur Rollenverteilung der Geschlechter, Kennzeichen einer Persönlichkeit, Werte, Anpassung an das Eheleben, Verpflichtung zur Ehe, Fähigkeiten der Kommunikation, Konfliktlösungsstrategien, die Fähigkeit zurecht zu kommen, Beherrschung der Gefühle, Spaß und Freizeit, die Wichtigkeit Zeit mit seinem Partner zu verbringen, Problemlösungsfähigkeiten, Romantik und die sexuelle Beziehung.[38]

Weitere Untersuchungen[39] zeigen, dass zwei Drittel aller Paare, die zwischen einem und acht Jahren verheiratet waren, voreheliche Beratungen als wertvoll erachteten. Als Schlussfolgerung daraus schlagen die Fachleute daher vor, in den Vorbereitungsprogrammen mehr die Übergangs- und Anpassungsphase zum Eheleben ins Zentrum zu rücken, denn die positivsten Resultate waren dann ein Mehr an Zeit, die man mit dem Partner verbringt, um ihn besser kennen zu lernen.[40] Die meisten Untersuchungen ergaben fast identische Ergebnisse.

Die fünf Problemkreise, die als die wichtigsten eingestuft wurden, waren a. die verbindliche Verpflichtung zur Ehe, b. die Fähigkeit zur Kommunikation, c. die Haltung zur und die Ansichten von der Ehe, d. Konfliktlösungsstrategien, und e. die Bedeutung, Zeit mit seinem Partner zu verbringen.[41]

2. Besondere Anliegen für unverheiratete Paare

Gestützt auf die oben genannten Prioritätenlisten wollen wir jetzt versuchen sie zusammenzuführen. Dabei sind wir ziemlich sicher, dass wir sagen können, welches die wesentlichen Themenkreise sind, die angesprochen werden müssen, ohne dabei eine bestimmte Rangordnung aufstellen zu wollen: 1. Verbindlichkeit in der Haltung zur Ehe, 2. die Fähigkeit zu kommunizieren, 3. Wege zur Konfliktlösung, 4. Zeit, um einander besser kennen zu lernen, 5. eine positive Beziehung zur Kirche, 6. Ansichten zur Kinderfrage.

38 Ebenda S. 69. In einer weiteren Studie über die Zufriedenheit der Teilnehmer an Ehevorbereitungsprogrammen ergibt sich, dass die Teilnehmer gewöhnlich eine andere Reihenfolge bevorzugten: „a. Anliegen der Herkunftsfamilie, b. Finanzen, c. Kommunikation und Konfliktlösung, d. sexuelle Rollen und Sexualität, e. Kinder und Elternschaft, f. Familie und Freunde." M. N. Russell und R. F. Lyster, „Marriage Preparation: Factors Associated with Consumer Satisfaction", *Family Relations* 41, 1992, S. 446–452, zitiert von Murray, „Which Topics", S. 69–70.

39 Lee M. Williams und Lisa A. Riley, „An Empirical Approach to Designing Marriage Preparation Programs", *American Journal of Family Therapy* 27, 1999, S. 271–284, zitiert von Murray, „Which Topics", S. 70.

40 Die fünf wichtigsten Themen, die ausgewählt worden waren, sind „Kommunikation, Konfliktlösung, Verbindlichkeit, Kirche und Kinder." Ebenda.

41 Murray, „Which Topics", S. 76. Alle 23 Themen wurden der Umfrage zufolge als „sehr wichtig" oder „ziemlich wichtig" eingestuft, um als Problemkreise in ein Ehevorbereitungsprogramm aufgenommen zu werden.

Neueste Studien[42] ergaben, dass sich „die Fachleute darin einig sind: Alle, sowohl Singles als auch solche, die regelmäßige Verabredungen haben, sowohl Verheiratete als auch eheähnlich Zusammenlebende, sie alle hätten bedeutende Vorteile von einer stärkeren Ehe- und Beziehungsschulung und Unterstützung."[43] Warrington „erläuterte das ständige Wachstum der Kohabitation und ermutigte folglich die Kirchen auch ihren nicht verheirateten Paaren zu dienen".[44]

Die Einstellung der Kirche zu Ehe und nichtehelicher Lebensgemeinschaft muss den betroffenen Paaren mehr im Geiste der Vorbeugung durch schützende Grenzen als im Geiste einer problematischen Einschränkung der Freiheit des Paares dargestellt werden. Wo es Meinungsverschiedenheiten gibt, hat der Pastor dem Paar geistlich zu dienen. Die Gemeinde sollte Entscheidungen des Paares respektieren und mögliche Folgen von Handlungen als Gemeinde erwägen. Das alles erfordert natürlich eine gehörige Portion Taktgefühl und ein ehrliches Bemühen um das Paar.

3. Verbindlichkeit, Haltung und Ansichten über die Ehe

Ein grundlegendes Prinzip, das mit der Entscheidung für Kohabitation eng verknüpft zu sein scheint, ist die Frage der Verbindlichkeit sowie die damit verbundene Haltung und Ansichten des Paares in Bezug auf die Ehe. Smart und Stevens[45] beobachteten bei nichtehelichen Lebensgemeinschaften zwei Typen von Verbindlichkeit und interpretierten sie als die beiden Extrempunkte eines Kontinuums:

Die erste ist eine Verbindlichkeit, die auf Gegenseitigkeit beruht und bei der beide Partner übereinkommen, finanzielle und juristische Angelegenheiten sowie alles, was sie sonst in der Beziehung erwarten wird, gemeinsam zu regeln, auch im Blick auf langfristige Fragen.

Die zweite ist eine bedingte, mehr zufällige Verbundenheit, bei der die Beziehung oft nur aus Eigennutz weiter aufrechterhalten wird – also ein gegenseitiges Rahmenabkommen, bei dem die finanziellen und juristischen Seiten erst gar nicht angedacht wurden. In diesem Fall hofft man – oft ist es der weibliche Teil – dass die

42 Benjamin Silliman und Walter R. Schumm, „Marriage Preparation Programs: A Literature Review", *The Family Journal: Counseling and Therapy for Couples and Families* 8, 2000, S. 133–142, gibt einen Überblick über die Ehevorbereitungsprogramme der letzten 20 Jahre, wie beispielsweise Engaged Encounter, Pre-Cana, Christian Marriage Enrichment, Christian PREP, and FOCCUS.

43 Cynthia G. Akagi und M. Betsy Bergen, „Marital and Relationship Ministry (MRM) as a Tenant of Pastoral Care", *The Journal of Pastoral Care & Counseling* 58,1–2, 2004, S. 63–73.

44 Keith Warrington, „Cohabitation and the Church", *Churchman* 111.2, 1997, S. 127–142, zitiert in Akagi und Bergen, „Marital and Relationship Ministry", S. 64. Akagi und Bergen fanden bei ihrer Untersuchung im Rahmen ihres „Marital and Relationship Ministry", dass die fünf am häufigsten verlangten Themen in jenen acht Glaubensgemeinschaften, die sie im Mittleren Westen der USA unter die Lupe genommen hatten, die folgenden waren: „Spiritualität, die Fähigkeit zu kommunizieren, Konfliktlösung, Finanzen und Elternschaft", gefolgt von „Intimität, Ruhestand, Freizeit, Sexualität und Umgang mit Ärger". Siehe ebenda S. 66.

45 Carol Smart und Pippa Stevens, *Cohabitation Breakdown: Family and Parenthood, Policy and Practice,* Family Policy Studies Centre, Oxford 2000.

unverbindliche Lebensgemeinschaft vielleicht doch noch in eine Ehe mit Kindern münden könnte.

Aufgrund jüngster Forschungsergebnisse über die Bildung von Überzeugungen schreibt der Wissenschaftler Michael Gazzaniga von einer universalen Ethik.[46] Er zitiert dazu James Q. Wilson: „Auch wenn man wissenschaftliche Methoden oft für einen Feind der Ethik hält, liefern doch gerade die wissenschaftlichen Entdeckungen handfeste Tatsachen für die Existenz und Kraft der Ethik."[47] Und: „Ungeachtet dessen, was die Forscher behaupten, gibt es doch gewisse universale, leitende moralische Instinkte."[48] Gazzaniga fasst die Ergebnisse neuerer Gehirnforschung zusammen und stellt fest: „Wenn jemand bereit ist aufgrund einer moralischen Überzeugung zu handeln, dann deswegen, weil der emotionale Teil seines oder ihres Gehirns aktiv wurde, als er die vorliegende moralische Problemstellung bedachte."[49]

> Die Resultate der neuen Gehirnbildmethoden legen die Vermutung sehr nahe, dass Teile unseres Denkapparates auf die großen tief verwurzelten moralischen Dilemmas reagieren. Es ist so, als würden all die sozialen Informationen des Augenblicks, der persönliche Überlebenstrieb, den wir alle besitzen, die kulturelle Erfahrung, die wir bereits gesammelt haben, und die grundlegende Wesensart unserer Spezies in einen unterbewussten Mechanismus einfließen, den wir alle besitzen, und aus dem dann eine Antwort erfolgt, die uns entweder zum Handeln oder zum Stillhalten drängt.[50]

Diese neue Einsicht scheint den Irrtum des reduktionistischen Konzepts bloßzustellen, der besagt, dass moralische Ideen nur von der Gesellschaft und nur kulturell verursacht sind und daher auch nur das „rote Absperrband" oder eine formale Grenze darstellen, die überwunden werden sollte. Unser unterbewusstes Denken stellt uns also für unser Handeln grundlegende ethische Richtungen zur Verfügung, so dass wir den Unterschied zwischen einer nichtehelichen Lebensgemeinschaft und der Ehe nicht mehr auf die bloße Annahme oder Zurückweisung eines offiziellen Dokuments, des Trauscheins, reduzieren können. Viel mehr ist damit verbunden.

Gazzanigas provokative Gedanken, dass „die meisten moralischen Urteile rein intuitiv getroffen werden", finden wir ganz interessant. Er sagt: „Wir reagieren auf

---

46 Gazzaniga ist der Direktor des SAGE Center for the Study of the Mind an der University of California, Santa Barbara. Das Folgende stammt aus seinem Buch *The Ethical Brain: The Science of Our Moral Dilemmas*, HarperCollins, New York 2005, S. 166–178.

47 James Q. Wilson, *The Moral Sense*, Free Press, New York 1993, S. xii, zit. von Gazzaniga, *The Ethical Brain*, S. 166.

48 Wilson, ebenda, zit. von Gazzaniga, ebenda.

49 Ebenda S. 167.

50 Ebenda S. 171.

eine Situation oder bilden uns eine Meinung, und wir stellen dann eine Theorie auf, weshalb wir so fühlten, wie wir fühlen."[51] Das zeigt uns, dass bei der Auseinandersetzung um die Frage der Kohabitation eine Art von Vereinfachung stattfindet, die etwa folgendermaßen aussieht:

1. Im Hintergrund des Denkprozesses der Person, die nichtehelich zusammenleben will, gibt es einen moralischen Instinkt, der sie auf die Risiken hinweist, die der nichtehelichen Lebensgemeinschaft eigen sind, die daher nicht bloß von der Kultur und der religiösen Tradition abgelehnt wird.

2. Jedoch überlagert und trübt das Risiko, eine Bindung einzugehen, am Ende doch das moralische Urteil, ein Risiko, das vielleicht durch frühere negative Erfahrungen im Leben dieser Person hochgespielt wird und die Emotionen und Gefühle im Unterbewussten beeinflusst.

3. Der starke soziale Druck hin zum nichtehelichen Zusammenleben verstärkt dann noch die Auffassung, dass „weil jeder es tut, es ja schließlich in Ordnung sein muss" und treibt die Person dazu, die unbequemen Gefühle zu ignorieren, die aus dem Bewusstsein kommen, „dass Gott es nicht gutheißen wird".

4. Um die kognitive Dissonanz, wie der bekannte Sozialpsychologe Leon Festinger ein solches Dilemma bezeichnet hat, aufzulösen, tendiert das Paar dazu, seine vorher gehabte Glaubensauffassung entweder ganz fallen zu lassen, oder seine gegenwärtigen Entscheidungen zu verändern, die im Widerspruch dazu schien.

5. Das kann sie dann leicht dazu treiben, sich dem (säkularen) Umfeld anzupassen, was auch in Bezug auf ihre emotionalen Energien der sparsamste Weg zu sein scheint. Damit geben sie allerdings der Position ihrer Kirche eine neue Bezeichnung, indem sie dieselbe als „nicht sehr zeitgemäß" betrachten.

6. Schließlich erwächst daraus wahrscheinlich eine zunehmende Entfremdung von der Kirche und ihrem Umfeld, die man mehr und mehr als „nicht in Übereinstimmung mit meinem Empfinden" wahrnimmt.

7. Am Ende wird dann die nichteheliche Lebensgemeinschaft gewählt und ausgelebt, oft jedoch mit gemischten moralischen Gefühlen.

Natürlich ist dies eine hypothetische Annahme, die in jedem einzelnen Fall überprüft und bestätigt werden müsste.

Um das „Risiko eine Bindung einzugehen" in einen Zusammenhang zu stellen, können wir uns auf den Soziologen Zygmunt Bauman beziehen, der den Ausdruck „flüssige Moderne" (*liquid modernity*) erfunden hat und damit den schon etwas angestaubten Begriff „postmoderne Gesellschaft" ausdrucksstärker macht.[52] Baumann zeigt die allgegenwärtige Wirkung des Faktors „Liquidität" in unseren

51 Ebenda S. 172.

52 Siehe seine Bücher *Liquid Modernity*, Polity, Cambridge 2000; und *Liquid Love: On the Frailty of Human Bonds*, Polity, Cambridge 2003; *Liquid Life*, Polity, Cambridge 2005, und *Liquid Fear*, Polity, Cambridge 2006.

gegenwärtigen Beziehungen auf und zieht eine Parallele zum Gebrauch der Kreditkarte, die das Warten zugunsten sofortiger Wunschbefriedigung ausschaltet. Das Resultat ist meist die kurze Dauer von Beziehungen, die dazu tendieren, sich rasch wieder zu „verflüchtigen". Die Konsumentenmentalität scheint ihren Einfluss bis in die persönlichen Beziehungen hinein ausgeweitet zu haben, die einfach „weggeworfen werden", auch dann, wenn sie noch bis zu einem gewissen Grad funktionieren. Man möchte sich nicht die Mühe machen, sie noch einmal zu reparieren, sondern ersetzt sie lieber zugunsten einer „neuen Update-Version". Beziehungen werden als eine Investition wie jede andere betrachtet: Man steckt Zeit, Geld und Mühe hinein, die man für andere Zwecke hätte gebrauchen können. Das erste, was ein ernst zu nehmender Shareholder tut, ist jeden Morgen die Zeitung zu öffnen und die Börsennachrichten zu konsultieren, um nachzusehen, ob es Zeit ist zu verkaufen oder noch nicht. Genau dasselbe passiert mit der anderen Art von Beteiligungen, mit Gefühlsbeziehungen.[53]

Paul Galea von der Universität Malta[54] führte eine wichtige Untersuchung durch, die zum Ziel hatte, jene Faktoren zu identifizieren, die man für eine eheliche Bindung als wesentlich betrachten muss: Zuwendung, Vertrauen, Reife, Opferbereitschaft und Werte. Diese Bindung wurde als Gelübde oder Versprechen definiert, als Hingabe oder Unterordnung, Verbundenheit oder Übereinkommen. Sie bezeichnet „einen Zustand absichtlich gewollter und sinnvoller emotionaler Beziehung zu einer anderen Person".[55] In solch einer Art von Beziehung, wo ich mich einer anderen Person völlig anvertraue, verleiht die Beständigkeit der Liebe zunehmend die Fähigkeit sich zu entwickeln und zu festigen. Galea stellt fest, dass „zwischenmenschliche Verbundenheit – also die Bereitschaft eines Menschen sich jemandem außerhalb seiner selbst anzuvertrauen – eines der Hauptmerkmale einer „gesunden Persönlichkeit" ist und bezeichnet dies auch als „das Transzendentale" oder „die Schönheit einer Person".[56] Er berichtet von den Ergebnissen neuerer Studien über die außerordentliche Bedeutung verbindlicher Hingabe für die Beziehungsdynamik auf dem Gebiet der Kommunikation und Konfliktlösung,[57] zwei der Grundpfeiler in jeder Beziehung vor einer Ehe. Diese Ergebnisse zeigten: „je höher das Maß der

53 Bauman, *Liquid Love*.

54 Paul Galea, „Readiness for Commitment: Applying Psychological Constructs to Pastoral Issues in Marriage", *The Journal of Pastoral Care & Counseling* 61.3, Herbst 2007, S. 205–213. Er untersuchte 283 Personen (alle katholische Malteser) und teilte sie in zwei Gruppen auf: Die erste bestand aus 234 Leuten, die alle an einem Kurs für Ehevorbereitung teilnahmen, und die zweite waren jene 49 Personen, deren Ehen wegen psychologischer Gründe annulliert worden waren.

55 Naomi Quinn, „Commitment in American Marriage: A Cultural Analysis", *American Ethnologist* 9, 1982, S. 775–798, zitiert in Galea, „Readiness", S. 206.

56 Galea, „Readiness".

57 Scott M. Stanley, Howard J. Markman und Sarah W. Whitton, „Communication, Conflict, and Commitment: Insights on the Foundations of Relationship Success from a National Survey", *Family Process* 41.4, 2002, S. 659–678.

verbindlichen Hingabe war, desto weniger fühlten sich die Partner in der Beziehung gefangen und desto größer war ihre Befriedigung darin."[58]

> Aus der Gesamtzahl der Antworten, die von den Beispielen Verlobter gewonnen worden waren, und die ja, wie man annehmen muss, gerade den Höhepunkt ihrer verbindlichen Hingabe durchleben, gaben sich 69 % die Höchstnote 5. Das ist auch typisch für Leute, die willens sind, dauernde Verpflichtungen einzugehen. Die verbleibenden 31 % aus den Beispielen lagen mit den Noten unter ihrem Durchschnitt und damit näher an solchen Menschen, die in ihren Ehen aufgrund von psychologischer Unfähigkeit scheiterten.[59]

Kurz gesagt: Wer ein Paar in einer nichtehelichen Lebensgemeinschaft berät, sollte das Hauptaugenmerk darauf richten ihnen bewusst zu machen, dass ihre Beziehung vom Grad ihrer Verbindlichkeit abhängt, damit er ihnen helfen kann, das Maß und die Tiefe ihrer emotionalen und praktischen Investitionen ehrlich zu bewerten. Bei richtigem Vorgehen wird es möglich sein, sie zu dem Punkt zu bringen, an dem sie einsehen, dass die anscheinenden Vorteile der Kohabitation eigentlich ein Märchen sind und von den Tatsachen keineswegs gestützt werden. Man sollte ihnen besonders helfen, die ernsten Konsequenzen für ihre eigene Zukunft ins Auge zu fassen, wobei diese Folgen sowohl das Konfliktmanagement und die Kommunikation als auch die juristischen und psychologischen Auswirkungen auf ihre entweder schon vorhandenen oder noch zu erwartenden Kinder betreffen.

An dieser Stelle sollte ihnen Gottes Plan für ihr Leben weniger wie eine Einschränkung als vielmehr wie langfristige Bewahrung erscheinen. Legt man den Schwerpunkt auf die Themen, die sie im Ehevorbereitungskurs ohnehin miteinander behandeln, dann hilft man ihnen damit, an vielen Einzelfragen das Maß ihrer Wahrnehmung zu erkennen und sich bewusst zu machen, wie weit ihre Ansichten übereinstimmen oder auseinanderklaffen. Das gilt besonders für folgende Sachgebiete: Interessen und Werte im Leben, Temperament, Charakterzüge und Persönlichkeit, Motive für die Wahl gerade dieses Partners, Rollenverteilung in der Paarbeziehung, verglichen mit jener in ihren jeweiligen Herkunftsfamilien,[60] Bezie-

58 Galea, „Readiness".

59 Ebenda S. 210.

60 Auf dem Gebiet der Herkunftsfamilien steht für weitere Studien viel Material zur Verfügung, besonders wenn dem Paar durch die Erstellung eines Genogramms geholfen wird. Siehe das klassische Buch von Monica McGoldrick, Randy Gerson und Sylvia Shellenberger, *Genograms: Assessment and Intervention*, 3. Aufl., Norton Professional Books, New York 1999. Siehe auch www.genopro.com/genogram und andere ähnliche Websites. Die meisten Menschen sind sich nicht des starken Einflusses der Herkunftsfamilie auf die Bildung mentaler Vorstellungsmuster bewusst, die dann im Leben verwirklicht werden und die besonders unsere Partnerwahl beeinflussen. Durch diesen Prozess wird es möglich, dass dem unverheirateten Paar ein neues

hungen zu ihren jeweiligen Eltern und Verwandten, Maß der Verbindlichkeit der Beziehung, kommunikative Fähigkeiten sowie religiöse und geistliche Interessen, sowohl je einzeln als auch als Paar oder Familie.

An diesem Punkt kann es hilfreich sein, die „Marriage Map" zu Rate zu ziehen, in der Michele Weiner-Davies, die bekannte Verfasserin des Bestsellers *Divorce Busting*,[61] mittels eines kurzen Artikels die normalen Entwicklungsstufen des Ehelebens beschreibt:[62]

- Stufe 1: Die Leidenschaft regiert, aber unrealistische Erwartungen können nicht erfüllt werden.
- Stufe 2: Ernüchterung. Differenzen tauchen auf und Bemühungen werden unternommen das Verhalten des Partners zu ändern.
- Stufe 3: Wenn du dich ändern würdest, wäre alles großartig! Viele Leute entscheiden sich an diesem Punkt entweder 1. sich zu trennen, weil sie das Gefühl haben, sie hätten die falsche Wahl getroffen, oder 2. auf dem Status quo zu resignieren, oder 3. nach besseren und befriedigenderen Wegen der Miteinanders Ausschau zu halten.
- Stufe 4: „So ist er halt – so ist sie halt." Die Partner lernen toleranter miteinander umzugehen und strengen sich an mögliche Lösungen zu finden. Die Auseinandersetzungen werden weniger schmerzvoll und kürzer.
- Stufe 5: Schließlich miteinander! Es ist Zeit, dass sich all die Bemühungen der vorhergehenden Stufen bezahlt machen. Über die Fragen, wer welche Rolle spielt und wie unsere Ehe sein sollte, streiten wir nicht mehr.

Verbindlichkeit von beiden Seiten schafft Sicherheit und lässt beide stolz sein, den Stürmen des Lebens getrotzt zu haben. Man ist überrascht, ja man könnte Angst bekommen, wenn man feststellt, wie viele Menschen diese grundlegenden Stufen auf dem Weg zu einer stabilen Partnerbeziehung nicht beachten. Stattdessen scheinen sie sich auf das zu verlassen, was sie vom Hörensagen oder aus Hollywood kennen, damit sich ihre eigenen romantischen Erwartungen an eine Partnerschaft erfüllen. Das gilt vor allem für junge Paare, aber auch viele ältere sind sich dessen noch immer nicht bewusst, selbst wenn sie schon eine oder mehrere Pannen erlitten haben.

Der seelsorgerliche Helfer kann dem nicht verheirateten Paar daher ein gründlicheres Studium dieser Stufen vorschlagen, womit wahrscheinlich ihre Fähigkeit

---

Licht aufgeht, welche tieferen Motivationen hinter ihren Entscheidungen steckten – der Wahl des Partners wie auch der Wahl, unverheiratet zusammenzuleben. Ein weiteres nützliches Buch ist Dave Carder u. a., *Secrets of Your Family Tree: Healing for Adult Children of Dysfunctional Families*, Moody Press, Chicago 1991.

61 Michele Weiner-Davies, *Divorce Busting: A Step-by-Step Approach to Making Your Marriage Loving Again*, Simon & Schuster, New York 1992.

62 Vgl. die Webseite www.divorcebusting.com, wo einige kurze Artikel von Michele Weiner-Davies mit sehr praktischen Vorschlägen zu finden sind, wie etwa „The Marriage Map" und „What to Ask Before Tying the Knot."

verbessert wird, sich in eine realistischere und gleichzeitig vielversprechendere Planung ihres gemeinsamen Lebens selbst einzubringen. So entdecken sie den eigentlichen Faktor, der ihnen Stärke verleiht und sie durch die dunklen Wolken, die noch vor ihnen liegen, hindurchblicken lässt: Verbindlichkeit. Gerade dann fällt es ihnen viel leichter zu erkennen, dass Gott genau aus diesem Grund die Ehe erfunden hat! Der Seelsorger sollte in der Lage sein, mit all dem Taktgefühl, das der Heilige Geist ihm verleihen kann, den eigentlichen Kernpunkt bei jeder Lebensgemeinschaft anzusprechen, und dieser heißt: Verbindlichkeit. Denn das Problem der nichtehelichen Lebensgemeinschaft rührt zumeist von der nicht zugegebenen Überzeugung her, dass die Beziehung in erster Linie einem selbst dienen soll. Das Paar muss erst einmal ergründen, was ein Liebesbund wirklich ist und wie man ihn erfahren kann.[63]

4. Gesunde Sexualität

Ein anderer Faktor, der wichtig genug erscheint, in die pastorale Intervention mit aufgenommen zu werden, ist eine gesunde Ansicht über Sexualität. Eine Behandlung von Fragen, die mit dem Gebiet der Sexualität in der Zeit der Verlobung zusammenhängen, kann auch sehr hilfreich sein, wenn das Paar noch am Anfang der nichtehelichen Lebensgemeinschaft steht.[64] Hier ist allerdings ein Wort der Vorsicht notwendig. Denn diese Art von beratender Einwirkung kann nur von einem ausgebildeten Pastor mit viel Taktgefühl erfolgreich ausgeübt werden, der von dem Paar gut angenommen wird, falls es überhaupt bereit ist, in dieses sensible Thema einzusteigen. Die hier aufgeführten Grundsätze könnten mit einigen Anpassungen durchgenommen werden und damit dem Paar helfen bewertend zu erkennen, ob und in welchem Ausmaß sie schon über diese Themen nachgedacht hatten, ehe sie beschlossen, zusammen zu leben. Auf diese Weise werden sie in die Lage versetzt, die Reife und Relevanz ihrer bisherigen Schritte im Zusammenleben zu überprüfen. Wichtig ist es, gemeinsam mit dem Paar festzustellen, wo sie sich selbst sehen. Die folgenden Grundsätze geben dafür wertvolle Hinweise:

a. Der Grad sexueller Intimitäten sollte mit dem Grad der Liebe und Hingabe, der in dem Verhältnis der beiden herrscht, Hand in Hand gehen. In einem Bund der Liebe sind verbindliche Hingabe an die andere Person und eine Verbindlichkeit in der Beziehung weit bedeutungsvoller als ein Ausdruck von Sexualität.

b. Das Gesetz der bei Wiederholung abnehmenden Wirkung ist auf die Sexualität ebenso anwendbar wie in der Physik. Um beim zweiten Mal dieselbe Wirkung

63 Vgl. Ray S. Anderson und Dennis B. Guernsey, *On Being Family: A Social Theology of the Family*, Eerdmans, Grand Rapids 1985, insbesondere Teil 2: „Covenant as a Paradigm of the Family", Kapitel 3 und 4, S. 29–52. Zum gleichen Thema siehe auch Gary Chapman, *Covenant Marriage: Building Communication and Intimacy*, Broadman & Holman, Nashville 2003.

64 Jack O. Balswick und Judith K. Balswick, *The Family: A Christian Perspective on the Contemporary Home*, Baker, Grand Rapids 1989; siehe Kapitel 10 „Authentic Sexuality", S. 171–193.

zu erzielen, muss eine stärkere Kraft aufgewandt werden. Der höchste Ausdruck sexueller Erregung ist der Orgasmus. Je näher ein Paar diesem Punkt gelangt, desto schwieriger wird es für sie, sich wieder auf eine vorher erreichte Ebene zurückzuziehen.

c. Beide Partner sollten ihre persönlichen Beweggründe für körperliche Ausdrucksformen und Aktivitäten prüfen. Reine Ich-Befriedigung hat die Tendenz den Sex von der Person des anderen zu trennen, denn das Ziel ist dabei nicht eine tiefere Verbundenheit miteinander, sondern die Befriedigung des eigenen Bedürfnisses.

d. Die beiden betroffenen Personen müssen ständig über alle Gebiete ihrer Beziehung im gegenseitigen Gespräch bleiben. Ein Paar sollte große Vorsicht walten lassen, wenn die körperlichen Dimensionen sich ungleich stärker entwickeln als die sozialen, emotionalen, psychologischen und religiösen.

e. Für die Aufstellung verbindlicher Richtlinien und körperlicher Grenzen sollen beide Partner miteinander Verantwortung übernehmen.

f. Beide betroffenen Personen müssen sich dann auch einig sein innerhalb der Grenzen zu bleiben, die der Partner mit den strengeren Maßstäben vorgeschlagen hat. Solch eine Haltung der Rücksichtnahme und Fürsorge stellt den geliebten Menschen über das Verlangen nach sexueller Betätigung. Keiner sollte den andern zu beherrschen suchen, indem er seine Grundsätze als prüde hinstellt. Die Grenzen zu achten zeigt, dass der Partner geschätzt und geliebt wird.

Wendet man diese Hinweise auf ein Paar an, das noch im Anfangsstadium seines Zusammenlebens ist, kann es sein, dass man etwas Verwirrung in Bezug auf die Unterschiede zwischen Schwärmerei, Verliebtheit und reife Liebe antrifft. Eine darauf abgestimmte Analyse kann einige wichtige Gesichtspunkte über ihr Verhältnis klarstellen und das Paar zu einer reiferen Beziehung hinführen.

Mit Rücksicht auf den Einfluss der Herkunftsfamilien und ihrer Sichtweise von Sexualität fasst ein Artikel, der die Hauptanliegen der heranwachsenden Jugendlichen im Überblick behandelt, sie folgendermaßen zusammen:

> Leute, die schon einmal verheiratet waren, neigen dazu, sexuelle Beziehungen und Intimitäten anders zu sehen, ... wobei diese Einstellungen von den Mitgliedern der jüngeren Generation gern übernommen werden. Ja, es gibt sogar so etwas wie einen generationenübergreifenden Austausch wichtiger Ansichten über Sexualität und Familienfragen ... Wenn zum Beispiel vorher verheiratete Eltern außereheliche Sexualkontakte pflegen und vielleicht sogar eine Wohngemeinschaft außerhalb der Ehe eingehen, wird die Bereitschaft zur Übernahme dieser außerhalb der Tradition liegenden Verhaltensmuster auch an die jüngeren Familienglieder weitergegeben.

> Die Heranwachsenden stehen oft vor vier unterschiedlichen Maßstäben für voreheliches Sexualverhalten:
> 1. Vollständige Enthaltsamkeit. 2. Eine doppelte Moral erlaubt es nur den Männern, aber nicht den Frauen, ungestraft sexuell aktiv zu sein. 3. Sexuelle Aktivität nur in Verbindung mit Liebe. 4. Sexuelle Aktivität ausschließlich aufgrund körperlichen Verlangens. Während die ersten beiden Punkte die Haltungen der Vergangenheit widerspiegeln, zeigen Jugendliche heute wachsende Zustimmung zu vorehelichem Sex, wenn die Beziehung jemanden betrifft, den sie lieben ... Jugendliche, besonders weibliche, glauben, dass es akzeptiert werden kann sich in sexuelle Aktivitäten einzulassen, wenn man innerhalb den Grenzen einer festen Beziehung bleibt ... Die heutige Jugend scheint auch zufälligen Sex zugunsten von vertrauensvollen und liebevollen Beziehungen abzulehnen, trotz der Tatsache, dass diese Beziehungen von nur vorübergehender Natur sein können und nicht zur Ehe führen.[65]

Die eheähnliche Erfahrung der Sexualität während des nichtehelichen Zusammenlebens wird wahrscheinlich immer wieder nachgeahmt werden, weil sie als normal angesehen wird, auch nachdem die augenblickliche Beziehung zerbrochen ist. Es mag hilfreich sein, das junge Paar daran zu erinnern, dass die meisten nichtehelichen Lebensgemeinschaften nicht länger als zwei Jahre dauern, wobei die Phase des „Sich-Verliebens" mehr oder weniger mit eingeschlossen ist. Man sollte diese Erkenntnis nicht als Drohung präsentieren, aber als ernstes Risiko, das Beachtung finden sollte, wenn sie wirklich meinen, dass ihre Beziehung ein Leben lang halten soll, ohne den andern zu verletzen. Wenn man Personen dabei helfen kann zu erkennen, dass sie wahrscheinlich unvollkommene Vorbilder nachgeahmt haben und dass ihre Wahl sehr wahrscheinlich doch nicht ganz so frei war, wie sie dachten, dann wird ein neuer Faktor in ihre Gleichung eingeführt. Denn wahre Freiheit schließt ein Maximum an Erkenntnis über das Gesetz von Ursache und Wirkung ein.

Kay Kuzma stellt jungen Erwachsenen vernünftige und handfeste Hinweise zur Verfügung, um eine Beziehung einzugehen, die all die Stufen zunehmender Intimität durchlaufen kann, weil sie alle emotionalen und sexuellen Fragen anspricht.[66] Die Wahrscheinlichkeit ist groß, dass ein unverheiratetes Paar, dem wir zu helfen versuchen, diese Stufen nicht alle nacheinander durchlaufen hat, denn es ist heute ein Faktum, dass genügend Autorität hinter dem Slogan „Jeder tut es" steht, um Leute durch die Stufen zu jagen, wie es im Fernsehen gezeigt wird.

65 Maggie Martin und Paige D. Martin, *Adolescence*, Bd. 36, Ausgabe 143, Libra, New York 2001, S. 601.

66 Kay Kuzma, *When You're Serious about Love: Straight Talk to Single Adults*, Thomas Nelson, Nashville 1993. Die Autorin ist Vorsitzende von Family Matters, einer christlichen Organisation, die die Entwicklung von Kindern und des Familienlebens fördert.

Oft werden die egozentrischen Motivationen dem Paar nicht als solche bewusst – aufgrund der einfachen Tatsache, weil sie ja reziprok sind und dazu noch sehr angenehm. Nichtsdestoweniger stellen sie eine echte Falle für die Beziehung dar, weil sie dem biblischen Konzept einer selbstlosen Liebe unmittelbar entgegengesetzt sind.

Beim nichtehelichen Zusammenleben (und leider auch in der Ehe) wird es für selbstverständlich gehalten, dass der oder die andere da ist und dass daher die Vorteile der Beziehung ausgekostet werden können, ohne den Preis dafür zu zahlen. Die Tendenz beim Zusammenleben geht dahin, dass die Horizonte eingeengt werden, denn die Euphorie von Sex und Zusammensein lässt ganz leicht alle Pflichten und Verantwortung entschwinden. Auch das soziale Miteinander beschränkt sich immer mehr auf nur einige ausgewählte Kontakte. Das gilt ganz besonders im Verhältnis zur Kirche, wo man Peinlichkeiten und Unannehmlichkeiten ausweichen möchte. Ein wirkliches Wachstum wird daher gehemmt, und Beziehungen tendieren dazu, auf manchen Gebieten oberflächlich zu werden.

Körperliche Grenzen bei unverheiratetem Zusammenleben zu setzen ist also eine wichtige Angelegenheit, aber Rücksichtnahme und Wertschätzung des anderen sind noch wichtiger. Besonders dann, wenn ganz verschiedene Sensibilitäten aufeinander treffen und wenn vorher vorhandene Privilegien nicht mehr vorhanden sind, muss dies erst einmal gehandhabt und verdaut werden. Das gilt übrigens auch für die Ehe, wenn der Partner zeitweilig sexuell nicht zur Verfügung steht, um so mehr aber in der Situation des nichtehelichen Zusammenlebens.

Noch einmal: Das ganze Thema Sexualität sollte mit viel Takt und Feingefühl angegangen werden, und nur von Beratern, die große seelsorgerliche Fähigkeiten haben und von dem Paar gut angenommen wurden. Wo die Sünde herrscht, muss die Gnade noch viel größer sein.

5. Der Grad emotionaler Ablösung von den Herkunftsfamilien

Edwin Friedmann[67] ermutigt pastorale Helfer zwar, als vorbeugende Maßnahme Ehevorbereitung durchzuführen, warnt sie aber gleichzeitig davor, sich auf die Beziehung des Paares und ihr Charakterkostüm zu konzentrieren. Er betont vielmehr, wie wichtig es ist, die betreffenden Herkunftsfamilien systematisch zu durchleuchten, um das Bild zu erweitern, das die beiden in Betracht ziehen müssen. Solch eine tiefschürfende Intervention erweitert die Kenntnis emotionaler Prozesse bei Verlobungen und Entlobungen. Sie eröffnet des Weiteren mehr Möglichkeiten für das individuelle Wachstum durch eine gesunde Ablösung des eigenen Ichs. Diese wiederum basiert auf der Annahme, dass es einerseits

67 Edwin H. Friedman, *Generation to Generation: Family Process in Church and Synagogue*, Guilford, New York 1985. Dieses Buch ist noch immer konkurrenzlos, was seine ausgezeichnete Anwendung systemischen Denkens für den Gemeindekontext anbelangt.

> eine triebmäßig verwurzelte Lebenskraft (in Richtung auf Verschiedenheit oder Individualität) in jedem menschlichen Wesen gibt, welche die Entwicklung eines jeden Kindes antreibt zu wachsen und damit eine auch gefühlsmäßig eigenständige Person zu werden, kurz, ein Individuum mit den Fähigkeiten, für sich selbst zu denken, zu fühlen und zu handeln. Die Existenz einer zweiten triebmäßig verwurzelten Lebenskraft (in Richtung auf Zusammengehörigkeit), die das Kind und seine Familie antreibt, emotional verbunden zu bleiben und in wechselseitiger Interaktion zu handeln, wird andererseits ebenfalls angenommen. Dieses Zusammengehörigkeitsgefühl im Kind und seiner Familie bewirkt, dass sie wie eine Person denken, fühlen und handeln. Das Ergebnis dieser sich gegeneinander ausbalancierenden Kräfte ist, dass sich niemand von seiner Familie vollständig emotional abkoppeln kann. Diese frühe Bindung wird nie gänzlich ausgelöscht.[68]

Mentale Muster, die in der frühen Kindheit erworben wurden, scheinen wieder und wieder durchgespielt zu werden, freilich meist unbewusst. Sie tauchen auch in jeder anderen intimen Beziehung auf, wo die Verhaltensmuster des Umgangs mit anderen dem Auge des geübten Betrachters mehr und mehr sichtbar werden. Diese Erscheinung, die man oft intuitiv, aber zutreffend als „unreifes Verhalten" bezeichnet, bringt in den meisten Fällen keine förderlichen Folgen hervor, zumindest was das Problembewusstsein, das Gewissen und produktive Veränderungen anbelangt. Dazu wäre ein mehr in die Tiefe gehendes Vorgehen erforderlich, in dessen Verlauf emotionale Probleme gründlich untersucht und konsequent angegangen werden. Kerr und Bowen behaupten sogar:

> Ein Ansatz, der vom Gefühl her einsteigt, sagt: ‚Menschen, die nicht geliebt werden, brauchen mehr Liebe'; einer, der auf systemische Grundsätze aufbaut, sagt: ‚Menschen, die nicht geliebt werden, sind süchtig nach Liebe.' Eine intensive und angstfreie Beziehung kann die Symptome einer Person abmildern. Das geschieht aber, indem die frühe Eltern-Kind-Beziehung (in der Realität oder in der Phantasie) nachgespielt wird, nicht jedoch indem ein Bedürfnis erfüllt wird, das ja nie erkannt und bearbeitet worden war.[69]

Meine persönliche Überzeugung ist es, dass die meisten nichtehelich zusammenlebenden Paare die Entscheidung dazu zumindest teilweise trafen, ohne sich des mächtigen emotionalen Einflusses bewusst gewesen zu sein, den sie in ihren Herkunftsfamilien erfahren hatten und den zu wiederholen sie nun in ihrer eigenen

68 Michael E. Kerr und Murray Bowen, *Family Evaluation: An Approach Based on Bowen Theory,* Norton, NewYork 1988, S. 95.

69 Ebenda S. 109.

Beziehung neigen. Deshalb sollte eine wirkungsvolle Intervention von dieser Annahme ausgehen und unter der Leitung des Heiligen Geistes taktvolle Anstöße vermitteln, damit sich das Paar dieser Vorgänge mehr und mehr bewusst wird, um sie schließlich dorthin zu führen, wo wahre Freiheit ist. Hier ist es angebracht sich dessen zu erinnern, was Paulus in 2. Korinther 3,17.18 schreibt: „Der Herr ist der Geist; wo aber der Geist des Herrn ist, da ist Freiheit. Nun aber schauen wir alle mit aufgedecktem Angesicht die Herrlichkeit des Herrn wie in einem Spiegel, und wir werden verklärt in sein Bild von einer Herrlichkeit zur andern". Dieser Gedanke lässt sich mit dem bekannten Text in 1. Mose 2,24 verbinden: „Darum wird ein Mann seinen Vater und seine Mutter verlassen und seinem Weibe anhangen, und sie werden sein ein Fleisch." Es ist klar, dass dieser Bindungsprozess, den ja Gott erfunden hat, so er denn erst einmal begonnen hat, die schrittweise emotionale Ablösung aus der ursprünglichen Abhängigkeit von Vater und Mutter mit einschließt. Das aber bedeutet nichts anderes als einen langsamen Wechsel von einer Beziehung, die auf Bedürfnissen und Bindung beruht, hin zu einer Beziehung, die von Achtung und Rücksicht geprägt ist, wodurch sich die persönliche Freiheit und Verantwortung noch weiter entwickeln.[70] Ohne klares Bewusstsein und Verbindlichkeit gibt es keine wirkliche Freiheit. Zu viele Menschen leben in höriger Abhängigkeit, ohne es zu wissen. Behalten wir diese grundlegende Absicht im Bewusstsein: Dem Paar zu helfen, dass es seiner emotionalen Abhängigkeit von seinen Herkunftsfamilien gewahr wird und die Verantwortung übernimmt, sich auf gesunde Weise von dieser Bindung zu lösen.

Fünf Schritte zur Hilfe für die nichteheliche Lebensgemeinschaft[71]

Der Seelsorger sollte folgende Schritte gehen:

1. Schritt: Geh von einer positiven Haltung auf Seiten des Paares aus.

Denk an 1. Korinther 13. Dort wird beschrieben: die Liebe „rechnet das Böse nicht zu" und „lässt sich nicht erbittern". Stell dir vor, dass das unverheiratet zusammenlebende Paar wahrscheinlich nach bestem Wissen und in bester Absicht gehandelt hat, die ihm zu der Zeit zur Verfügung standen, als es sich zum gemeinsamen Leben entschloss. Das Gegenteil anzunehmen würde eine falsche Botschaft

70 Der bekannte Psychiater Victor Frankl schlug die Errichtung einer „Statue der Verantwortung" an der Pazifikküste vor, um die „Freiheitsstatue" an der Atlantikküste zu ergänzen. Ich hatte das Vorrecht, 1990 einen Therapie-Kongress in Los Angeles zu besuchen, wo er als Ehrengast eine umfassende Vorlesung hielt, einschließlich des Berichtes über die Nazi-Konzentrationslager, die er überlebt hatte und wo er seine Logotherapie erfunden hatte.

71 Wir haben hier hauptsächlich Paare in den frühen Stadien des Zusammenlebens im Sinn, denn Paare, die schon seit langer Zeit zusammen sind, sind wahrscheinlich außerhalb des Gemeindeumfelds entstanden sind und benötigen deshalb einen anderen Zugang. Für sie wird Verbindlichkeit kein Problem sein und ihre Auseinandersetzung mit Jesus Christus und der Gemeinde erfolgt in anderen Schritten. Außerdem können bei diesen jüngeren Paaren einige veränderliche Faktoren vorhanden sein, wie etwa die Tatsache, dass einer oder beide Partner keine Gemeindeglieder sein könnten, oder zwar die Gemeinde besuchen, aber noch nicht getauft sind. Auf diese zusätzlichen Umstände kann im Rahmen dieses Beitrags nicht eingegangen werden.

aussenden. Denn niemand wählt absichtlich sein eigenes Unglück. Wenn du an die beiden mit der Idee herangehst, ihren Lebensstil abzukanzeln, ist deine Chance minimal, dass deine Absicht ihnen zu helfen auch nur wahrgenommen, geschweige denn geschätzt wird. Ein echter Dialog wird daraus sicher nicht entstehen. Das heißt aber nicht, dass du automatisch ihre Lage gutheißen sollst. *Anzunehmen*, dass sie beabsichtigten, das Richtige zu tun, jedoch von ihren eigenen Erfahrungen, Gefühlen oder sonst etwas aber möglicherweise fehlgeleitet wurden, ist eine Sache; ihre Entscheidung *gutzuheißen*, nur um ihnen gefällig zu sein und als ihr „guter Freund" betrachtet zu werden, eine ganz andere. Wir sollten damit beginnen, dass wir annehmen, ihre Entscheidung sei wahrscheinlich aufrichtig gewesen, aber vielleicht aufgrund falscher Informationen und übereilt erfolgt. Die innere Haltung und der Geist des Beraters geben die emotionale Richtung vor, in der sich das Gespräch (oder eben kein Gespräch) entwickeln könnte.

Ellen G. White schrieb, dass wir „sehr auf unsere Worte achten sollten, wenn wir andere zurechtweisen oder bessern wollen"[72] und dabei dem Beispiel Jesu folgen sollten.

> Jesus ... fand Zugang zu den Herzen über den Weg ihrer vertrauten Gedankengänge. So wenig wie eben möglich störte er durch abrupte oder starre Regeln den natürlichen Gedankengang der Menschen. Er ehrte vielmehr den Menschen, indem er ihm sein Vertrauen schenkte und ihn achtete. Alte Wahrheiten bot er in einem neuen und kostbaren Licht dar.[73]

Die positivste Haltung, die Jesus zum Ausdruck brachte, findet sich in den bekannten Worten:

> Er sah die Menschen nicht nur, wie sie waren, sondern wusste schon, was aus ihnen werden konnte, wenn sie sich der verändernden Kraft Gottes öffnen würden. Weil er noch Hoffnung für sie hatte, begannen auch sie wieder zu hoffen, und weil er ihnen Vertrauen schenkte, vertrauten sie auch ihm. Er war so, wie die Menschen sein sollten und weckte dadurch bei ihnen den Wunsch, auch so zu werden wie er war. So manches Herz, das im Blick auf

72 „Gerade wenn wir andere zum Guten beeinflussen wollen, sollten wir sorgfältig auf jedes unserer Worte achten. Sie können ja dafür entscheidend sein, ob jemand den Weg zum Leben oder den zum Tod wählt. Manche sprechen mit anderen scharf und streng, wenn sie tadeln oder gute Ratschläge geben wollen; das ist aber ganz und gar nicht geeignet, ein wundes Herz zu heilen. Ein falsches Wort kann den Betroffenen zum Zorn reizen oder ihn rebellisch machen. Wer deshalb für die Grundsätze der Wahrheit eintreten will, benötigt die Kraft der himmlischen Liebe. Zurechtweisung muss unter allen Umständen von Liebe geprägt sein, denn nur so kann sie helfen, statt den anderen zu verbittern. Christus wird uns durch seinen Heiligen Geist dazu die Kraft geben." Ellen G. White, *Bilder vom Reiche Gottes*, Advent-Verlag, Lüneburg, S. 275.

73 Ellen G. White, *Evangelisation*, Advent-Verlag, Lüneburg 2008, S. 125 (vorige CD-ROM Ausgabe 1999, S. 139).

die Beziehung zu Gott längst tot zu sein schien, erweckte Jesus zu neuem geistlichen Leben.[74]

2. Schritt: Hilf dem Paar, seine Wahrnehmung zu erweitern dafür, dass sie mentale und emotionale Verhaltensmuster von ihren Herkunftsfamilien geerbt haben.

Das kann dadurch geschehen, dass du ihnen die entsprechenden fehlenden Kenntnisse (Forschungsergebnisse, Statistiken, Projektionen, Risiken, persönliche Zeugnisse, Bücher über Genogramme usw.), so wie oben beschrieben zur Verfügung stellst. Auf diese Weise liefert ihnen der Berater zuverlässigere Werkzeuge und Methoden als nur ihre eigenen Gefühle füreinander. Auch sollte er alle die Themen ansprechen, die man üblicherweise in einem Ehevorbereitungskurs durchnimmt.

3. Schritt: Lass sie ganz offen wissen, was dein Hauptziel ist: Ihnen zu helfen eine gesündere und stabilere Beziehung zu erreichen, die eine höhere Wahrscheinlichkeit des Gelingens als ein nichteheliches Zusammenleben bieten kann.

Wiewohl die Position unserer Kirche darzustellen ist, kennen sie dieselbe wahrscheinlich schon recht gut. Darum ist es das eigentliche Ziel, diese Position als einen besseren Schutz neu zu erklären, wie dies ja auch durch die Forschung gezeigt wurde, und nicht als bloße Zurechtweisung des Paares, weil sie sich für eine bestimmte Form des Zusammenlebens entschieden haben. Deshalb sollte das Ideal Gottes als liebevoller Ausdruck seines Charakters und nicht als willkürliche Einschränkung ihrer persönlichen Freiheit aufgezeigt werden.

Unser Ziel ist es *nicht* in erster Linie, ihre Beziehung zu verdammen, sondern sie zu verbessern und den Grad ihrer Zufriedenheit zu steigern. Aber sie sollten auch verstehen, dass sie gerade dabei sind, eine Reise zu unternehmen, die sie von den Maßstäben ihrer Mitgeschwister in einem adventistischen Umfeld immer weiter abbringt. Es ist durchaus möglich, dass während des Beratungsprozesses das Paar zur Einsicht gelangt, dass ihre Beziehung nicht wirklich gut gegründet ist. Jedenfalls ist es nicht unsere Aufgabe, jemandes Gewissen zu maßregeln. Ellen White erklärte dieser Frage, dass

> Gott durch seinen eigenen Geist direkt auf den Verstand, den er dem Menschen gegeben hat, einwirken wird, wenn der Mensch ihm nur eine Chance dazu gibt und sein Handeln an ihm anerkennt. Gott hat vorgesehen, dass die Menschen ihren Verstand und ihr Gewissen für sich selbst gebrauchen sollen. Er wollte nie, dass ein Mensch der Schatten eines anderen wird und nur die Gefühle des andern äußert.[75]

---

74 Ellen G. White, *Erziehung*, Advent-Verlag, Lüneburg 2002, S. 80.

75 Brief 21a, 1888, an Geoge I. Butler, zitiert in *The Ellen G. White 1888 Materials*, S. 112.

4. Schritt: Sprich darüber, welches Gottesbild sie bisher durch ihren persönlichen Wandel mit ihm erworben haben und was dazu beigetragen hat, es zu formen.

Man kann ihnen mitteilen, dass verschiedene Studien über das Gottesbild bei Kindern[76] zeigen, dass Menschen dazu tendieren, sich Gott ihren Eltern ähnlich vorzustellen. Sie charakterisieren Gottes Ansprüche und Gottes Handeln entsprechend der Verhaltensmuster, die sie als Kinder erworben und die sie später in ihrem Leben mit sich getragen haben.[77] Es sollte nicht vergessen werden, dass für die Herausbildung des Gottesbildes die Art der Zuwendung, die die Eltern ihrem Kind entgegenbringen, weit tiefere Eindrücke hinterlässt als das, was die Eltern über Gott sagen. Biete ihnen auch an, sie mit Bibelstudium und Gebet auf der Suche nach dem Bild von Gott, das sie anderen darstellen wollen, zu begleiten.

5. Schritt: Sei vorbereitet auf tiefgreifende emotionale Turbulenzen, die von einem offenen Dialog mit dem Paar trotz einer vertrauensvollen Atmosphäre aufgewühlt werden könnten.

Wenn dann alte und schmerzliche Erinnerungen oder sogar mögliche Traumata in einem der beiden Partner zutage kommen und sie beide aus dem Gleichgewicht bringen, dann versuche nicht sie in einer Art „Do-it-yourself"-Aktion zu reparieren, falls du dazu nicht speziell ausgebildet bist. Vergewissere dich stattdessen vielmehr, dass die betreffende Person die Hilfe einer einfühlsamen Fachkraft angeboten bekommt, während du weiterhin deine liebevolle und geistliche Betreuung fortsetzen kannst, falls es dir möglich ist sie von Angst frei zu halten. Wenn du aber deine eigene Angst nicht auf ganz niedrigem Niveau halten kannst, auch wenn dieser Zustand nur aufgrund von Erschöpfung oder anderen, nicht mit dem Paar im Zusammenhang stehenden Einflüssen andauert, ist es besser zuerst für dich selbst zu sorgen und die Betreuung des Paares in die Hände einer Person zu legen, die dafür besser ausgerüstet oder in einer besseren geistlichen und emotionalen Verfassung ist.[78]

---

76 Siehe Glendon L. Moriarty und Louis Hoffman, (Hg.), *God Image Handbook for Spiritual Counseling and Psychotherapy: Research, Theory, and Practice*, Haworth Press, Philadelphia 2008.

77 Zum Thema Gottesbild siehe u. a. Robert Coles, *The Spiritual Life of Children,* Houghton Mifflin, Boston 1990; Lloyd M. Erickson, *The Embrace of God*, Bethany House, Minneapolis 1996; sowie Karl Frielingsdorf, *Dämonische Gottesbilder*, Grünewald, Mainz 1993.

78 In diesem Fall sollte der Seelsorger dem Paar eine Botschaft etwa folgenden Inhaltes mitteilen: „Ich empfinde starkes Mitgefühl für dich (oder für euch, falls es beide betrifft) in dieser besonderen Zeit, da du so verwundbar bist. Ich sehe daher ein, dass du mehr brauchst und verdient hast als ich dir geben kann, zumindest an diesem Punkt der Seelsorge. Aber ich glaube ganz fest, dass du deine Vergangenheit zu einem Sprungbrett für die Zukunft machen kannst. Wenn du möchtest, würde ich dir daher helfen die richtige Person zu finden, die dir die angemessene Art von Hilfe zuteil werden lassen kann. Ich werde auch weiterhin für dich beten und auch fernerhin für dich zur Verfügung stehen mit allem, was ich für dich tun kann. Ich bin sicher, dass der Herr einen Weg für dich auftun wird, damit du das findest, was du brauchst." Natürlich empfindet jede Person anders. Aber der Gedanke ist, dass der Seelsorger seine Rolle und Grenzen nicht überschreiten darf. Das ist ehrlich anzuerkennen. Wenn das geschieht, vermittelt er damit ein positives Gefühl von Echtheit; seine Glaubwürdigkeit und seinen Einfluss in diesem Prozess steigt, so dass dem Paar wirklich geholfen werden kann.

Da man die Liebe Gottes nicht vortäuschen kann, ist es klar, dass der/die Seelsorger/in während der ganzen Behandlung Schritt für Schritt in inniger Verbindung mit Gott bleiben muss, um seine Gnade authentisch darzustellen. Da das Paar sich in einer Situation des Abweichens von Gottes Anweisungen befindet, die er zu ihrer wirklichen Freiheit vorgesehen hatte, haben sie es umso nötiger, von Seiten des Seelsorgers aufrichtige Ermutigung und aufrichtiges Mitgefühl zu verspüren, damit sich ihr Denken über die Ehe und das Zusammenleben ändert. Bei diesem Vorgehen könnten ein einfühlsamer Pastor oder Gemeindeältester, vielleicht aber auch einige vertraute Freunde, die Personen sein, die dem Paar helfen können, eine positivere und vielversprechendere Zukunftsaussicht zu entwickeln. Eine gesunde Anteilnahme an dem weiteren Verlauf ihrer Beziehung kann das bewirken.

Die Mitglieder des Gemeindeausschusses können über diese pastorale Einflussnahme informiert und um ihre Fürbitte für das Paar gebeten werden. Leider ist es auch möglich, dass diese Neuigkeit auf unglückliche Weise hinten dem Rücken der Betroffenen verbreitet wird, womit die ganze Mühe um Heilung des Verhältnisses gefährdet wird. In diesem Fall ist es sehr wichtig, die Ereignisse als echtes Anliegen darzulegen, das jedoch leider auf unkontrollierte Weise bekannt wurde. Das Paar sollte auf diese Situation aufmerksam gemacht werden und die Verantwortung für ihre Position übernehmen. Das mag zwar das Gewissen einiger Gemeindeglieder beunruhigen, ja ihre menschlichen und geistlichen Empfindlichkeiten verletzen.

In einigen liberal eingestellten Gemeinden könnte jedoch genau das Gegenteil eintreten, falls eine gleichgültigere Haltung eingenommen wird, und solche Fälle von unverheiratetem Zusammenleben überhaupt nicht beachtet werden. Erfahrung und Forschung lehren uns jedoch, dass die Beziehung viel zerbrechlicher sein könnte als sie vordergründig auszusehen scheint. Vermeidet man gänzlich sie anzusprechen, hilft man weder dem betroffenen Paar, ein Bewusstsein für seine Probleme zu entwickeln, noch kann man damit die Fallgruben für andere Paare unter ähnlichen Umständen zuschütten. Deshalb ist es unumgänglich, dass so taktvoll wie überhaupt möglich über die Situation zusammen mit dem Paar nachgedacht wird.

Sollte die Reaktion darauf nicht die erhoffte Bereitschaft sein, die Ehe mit und ohne Trauschein ernsthaft und mit neuer Perspektive zu betrachten und sollte die nichteheliche Lebensgemeinschaft ohne ein Anzeichen von Änderungswilligkeit fortgesetzt werden, dürfte das als mögliches Symptom einer zunehmenden Entfremdung von den Standpunkten der Kirche und damit von der biblischen Eheauffassung und wahrscheinlich von einem adventistischen und christlichen Lebensstil auch auf anderen Gebieten verstanden werden. In jedem Falle sollte korrigierende Seelsorge so gehandhabt werden, dass sie als Maßnahme in einer Krisensituation erkennbar ist, in der ihr Glaube unter Druck steht, auch wenn das Paar selbst sie nicht so sieht. Wenn dann nach einem angemessenen Zeitraum keine Zeichen wachsender Einsicht oder eines neuen Bewusstseins bemerkbar sind, muss die Gemeinschaft der Gläubigen weitere Überlegungen und disziplinarische Maßnahmen gemäß den Vorgaben der *Gemeindeordnung* in die Wege leiten. Entweder das Paar entscheidet sich zur Heirat oder es setzt sein nichteheliches Verhältnis fort. Wie auch immer: Der Seelsorger sollte die Verantwortung für diese Wahl stets dem Paar selbst überlassen und der Versuchung widerstehen, ihr Gewissen zu vergewaltigen, auch nicht zu ihrem eigenen Guten.

Ellen White drückte diesen Grundsatz mit folgenden Worten aus:

> Gott zwingt nie, weder den Willen noch das Gewissen; Satan hingegen nimmt, um jene in seine Gewalt zu bringen, die er auf keine andere Weise verführen kann, beständig seine Zuflucht zum Zwang durch Grausamkeit. Mit Furcht oder Gewalt bemüht er sich, das Gewissen zu beherrschen und Huldigungen für sich selbst zu gewinnen.[79]

> Wenn unser Gewissen eine sichere Richtschnur ist, werden wir nicht lange argumentieren, wenn wir Weisung aus dem Wort Gottes erhalten. Wir lassen uns nicht durch menschlichen Rat davon abbringen, und kein Geschäft wird uns vom Gehorsam abhalten.[80]

Vorläufiges Fazit

Wenn wir uns noch einmal das Ideal der Ehe vor Augen führen, wie sie in der ganzen Bibel dargestellt wird, erkennen wir den „goldenen Faden". Sein grundlegendes Element, das die Zeitalter überspannt, ist eine gegenseitige verbindliche Hingabe auf Dauer vor Gott und vor der Gesellschaft. Die Sünde hat dieses Bild entstellt, indem sie verschiedene Ausformungen von Selbstzentriertheit einführte, wodurch der Abstand zwischen Gott und dem Menschen immer weiter wurde. Eine Reihe von Zweifeln und Befürchtungen haben sich verbreitet, und heute ernten wir die Früchte der Erosion des wunderbaren ursprünglichen Planes, den Gott mit der Ehe für uns beabsichtigte.

Aus Furcht und aufgrund der tatsächlich mit der Ehe verbundenen Risiken kämpfen viele mit ihrer Unsicherheit und Schwäche, wo sie doch Entscheidungen treffen sollten. Die Vorschläge Gottes dagegen erscheinen einigen zu buchstabenhaft, zu „bürokratisch" und nicht flexibel genug, um für die Bedingungen unserer Tage geeignet zu sein. Sie haben den Mangel an Vertrauen gegenüber Institutionen und das grenzenlose Vertrauen auf ihre eigenen Gefühle und Empfindungen

79 Ellen G. White, *Der große Kampf*, Saatkorn-Verlag, Hamburg [1975], S. 592.

80 Ellen G. White, *Intellekt, Charakter und Persönlichkeit*, Band 1, Advent-Verlag, Lüneburg 2001, S. 336. Sie behandelt auch das sensible Problem des Gewissens, das nicht erleuchtet ist: „Wenn dich dein Gewissen nicht verurteilt, [obwohl] du die Gebote Gottes nicht hältst, bedeutet das nicht, dass du in den Augen Gottes nicht verurteilt bist." Ebenda S. 334.

so sehr verinnerlicht, dass unsere postmoderne Gesellschaft hier und jetzt größeren Einfluss zu haben scheint als irgendetwas anderes.

Das Phänomen des nichtehelichen Zusammenlebens erscheint in diesem ganzen Zusammenhang, wo „wechselnde Liebe" vorherrscht und eine Art von Versicherung ist gegen das Risiko, in einer falschen Beziehung für immer festsitzen zu müssen, als der ideale Ausweg. Eine Hintertür wird immer noch offen gehalten, scheinbar ohne zu hohe Kosten, um im Falle eines Fehlers und enttäuschter Erwartungen doch noch davonzukommen.

Zuverlässige Ergebnisse aus der Forschung auf diesem Gebiet während der letzten 20 Jahren zeigen jedoch, dass diese Art zu denken eine Strategie ist, die sehr negative Resultate hervorbringt. Weniger Einsatz von Anfang an führt unvermeidlich zu weniger Vermögen, die vorhersehbaren Probleme und Unterschiedlichkeiten des Paares zu meistern. Konflikte werden aufkommen und niemand lehrt die Beiden dann, wie sie damit umgehen und sie mit Fürsorge und Rücksichtnahme überwinden können, wie sie sich mit ihrem Partner zusammentun können, um gegenseitig zu wachsen, und wie sie die Verantwortung für ihr eigenes Verhalten übernehmen können, anstatt den andern zu kritisieren. Denn das alles erfordert ein beachtliches Maß an Mut, Ehrlichkeit und Durchhaltevermögen – also Eigenschaften, die durch die typische Art und Weise des unehelichen Zusammenlebens nicht gerade gefördert werden.

Dazu kommt noch, dass unsere Herkunftsfamilien nicht immer imstande waren, uns all die gesunden Vorbilder, die wir gebraucht hätten, zu vermitteln. Sicherlich haben sie sich bemüht innerhalb des Rahmens ihres begrenzten Wissens ihr Bestes zu tun, um uns die besten Werte mitzugeben, die sie kannten. Am Anfang ihres nichtehelichen Zusammenlebens ignorieren die meisten Paare diese Tatsachen. Sie brauchen aber Hilfe, um ihre Lage zutreffend zu beurteilen.

Vor einer Hochzeit wird noch mehr in die Tiefe gehende Seelsorge nötig, um die wirklichen Anliegen und Probleme erkennen zu helfen und die persönliche Vorbereitung darauf in den Mittelpunkt zu rücken. Dazu sollte man das beste verfügbare Material einsetzen und großen Wert auf das persönliche Wachstum legen. Denn das wird später in der Ehe des Paares ein Gewinn sein. Ein großer und auch wichtiger Abschnitt in dieser seelsorgerlichen Beratung wird notwendigerweise die Erkundung der emotionalen Verhaltensmuster sein, die sie von ihren Herkunftsfamilien mitgebracht haben.

Der weit verbreitete Genuss der Sexualität und seine freie Verfügbarkeit setzen adventistische Jugendliche unter einen enormen Druck, sich weltlichen Lebenseinstellungen anzupassen, die meist auf sofortige Befriedigung abzielen, während sie biblische Grundsätze beiseite setzen oder missachten. Information und echte seelsorgerliche Betreuung sind zur Ehevorbereitung notwendig, um das riskante Experiment nichtehelicher Lebensgemeinschaften zu verhindern.

Wo immer es möglich ist, sollten die Paare, die bereits beieinander wohnen, auf einer psychologischen und geistlichen Reise zu einer reiferen Weise begleitet werden, sich ihrer Beziehung unter dem Segen Gottes zu erfreuen. Deshalb wird vom Seelsorger nicht so sehr eine Reaktion erwartet, sondern vielmehr ein positiver Ansatz, um die Leute dort abzuholen, wo sie sich gerade befinden, und sie rücksichtsvoll, aber mit Festigkeit dorthin zu führen, wo sie Gottes idealen Plan für ihr Leben wieder entdecken. Er sollte im voraus wissen, welche Herausforderungen sie zu bestehen haben werden, bis sie wirklich frei sind. Dafür sollte er für sie durch Gottes Gnade Vorsorge treffen.

Kapitel 17

Seelsorge an konfessionsverschiedenen Ehepaaren

Carlos Puyol

Der Grundsatz, dass Heiraten nur zwischen Angehörigen des Volkes Gottes stattfinden sollten, durchzieht die gesamte Heilige Schrift, das Alte wie auch das Neue Testament. Er ist auch das Verständnis der Kirche der Siebenten-Tags-Adventisten.[1] Eine Praxis, die diese Regel nicht einhält, hat in der westlichen Welt mit dem starken Anwachsen der Anzahl von Konfessionen ebenso wie durch die Öffnung für den interkonfessionellen Dialog zwischen verschiedenen Kirchen zugenommen. Ein weiterer Faktor, der zur Zunahme religions- und konfessionsverschiedener Ehen beiträgt, ist die soziologische Tatsache, dass 70–75% der Mitglieder in einigen Kirchen Frauen sind. Auch wird dieser Trend noch durch die ökumenische Bewegung.

1 Schon immer hat die Adventgemeinde auf der Grundlage biblischer Prinzipien den Grundsatz vertreten, dass nur Angehörige derselben Konfession heiraten sollten. Die adventistische Haltung in dieser Frage ist angefangen vom ersten englischsprachigen Gemeindehandbuch (*Church Manual*) aus dem Jahr 1932 bis zur letzten Ausgabe gleich geblieben: „Die Chance, dass eine Ehe Bestand hat und die Erfüllung finden wird, die Gott für die Familie vorgesehen hat, ist deutlich besser, wenn Ehemann und Ehefrau durch dieselben geistlichen Werte verbunden sind und den gleichen Lebensstil pflegen. Aus diesen Gründen rät die Gemeinschaft der Siebenten-Tags-Adventisten dringend von einer Heirat zwischen einem Siebenten-Tags-Adventisten und einem Nichtadventisten ab. Sie fordert ihre Pastoren auf, eine solche Eheschließung nicht zu vollziehen." (Euro-Afrika-Division der Gemeinschaft der Siebenten-Tags-Adventisten, Hg., *Gemeindeordnung – Gemeindehandbuch, Ausgabe 2006*, Advent-Verlag, Lüneburg 2006, S. 228). In der Glaubensüberzeugung Nr. 23 (früher 22) heißt es: „Für den Christen gilt das Eheversprechen sowohl Gott als auch dem Ehepartner gegenüber. Eine Ehe sollte nur zwischen Partnern gemeinsamen Glaubens geschlossen werden. Gegenseitige Liebe, Wertschätzung, Achtung und Verantwortung sind die Grundlage der Ehe. Sie soll die Liebe, Heiligkeit, Innigkeit und Beständigkeit der Beziehung zwischen Christus und seiner Gemeinde widerspiegeln" Ebenda, S. 46. Daher gilt auch: „Die Bibel macht unmissverständlich klar, dass für den Gläubigen nur ein Christ als Ehepartner in Frage kommt ... Unterschiede in der religiösen Erfahrung führen zu unterschiedlicher Lebensauffassung; und es kommt zu großen Spannungen und Spaltungen innerhalb der Ehe. Um die in der Bibel beschriebene Einheit zu erreichen, sollten Ehepartner der gleichen Glaubengemeinschaft angehören." (*Was Adventisten glauben, Biblische Grundlehren umfassend erklärt*, Advent-Verlag, Lüneburg 1996, S. 428.) Die gleiche Empfehlung erscheint mit reichlichen Erklärungen versehen auch im *Minister's Manual*: „Adventistische Pastoren sollten keine Trauungszeremonie durchführen, bei der ein Adventist einen Nichtadventisten heiratet ... Wir argumentieren dabei vielleicht wie folgt: ‚Aber dieses Gemeindeglied wird ohnehin ein Nichtmitglied heiraten. Wäre es da nicht weit besser, eine adventistische Trauung durchzuführen und das Nichtmitglied hereinzuziehen, als diese Person zurückzuweisen und sie sich ausgegrenzt fühlen zu lassen?' Das Problem ist nur, dass die Durchführung dieser Trauung der Gemeinde im Allgemeinen und unserer Jugend im Besonderen signalisiert, eine Verlobung und Heirat mit Außenstehenden habe keinerlei Folgen. Die gute Absicht, diesem Paar zu dienen, kehrt sich in einen schwerwiegenden Nachteil für die anderen Jugendlichen unserer Kirche um. Fühlt euch nicht zu abgesondert oder fanatisch, wenn ihr einem Adventisten die Trauung mit einem Nichtadventisten verweigert. Es gibt andere Kirchen, die denselben Standpunkt gegen konfessionsverschiedene Ehen einnehmen. Viele Pastoren bestehen sogar auf einem noch strengeren Nachweis von Gemeinsamkeiten, ehe sie der Durchführung einer Trauung zustimmen." (*The Minister's Manual*, Ministerial Association, General Conference of Seventh-day Adventists, Silver Spring 1992, S. 246f.) In der deutschen Version finden sich an dieser Stelle auch einige Überlegungen zur Frage der Segnung von interkonfessionellen Paaren, die sich standesamtlich haben trauen lassen (vgl. Euro-Afrika-Division der Gemeinschaft der Siebenten-Tags-Adventisten, *Handbuch für Prediger*, Advent-Verlag, Lüneburg 2002, S. 358–361).

erleichtert, die ja versucht, die Unterschiede zwischen den verschiedenen christlichen Konfessionen zu verringern oder ganz zu überwinden. Die Kirche der Siebenten-Tags-Adventisten muss sich also mit diesem Problem ebenfalls befassen.
In der adventistischen Literatur, angefangen von den Schriften von Ellen G. White bis hin zu anderen wichtigen Dokumenten über die Ehe, finden wir den gleichen Grundsatz häufig verteidigt.[2] Dennoch gibt es unter Siebenten-Tags-Adventisten immer wieder Mischehen, trotz weit verbreiteter Informationen und zahlreicher Warnungen.[3] Das erklärt auch, weshalb sich in den letzten Jahren viele Stimmen gemeldet haben, die eine Revision der adventistischen Haltung in der Frage konfessionsverschiedener Ehen einfordern.[4] Es besteht in jedem Fall das Bedürfnis, sich mit diesem Problem zu befassen, und zwar mehr auf eine seelsorgerliche als auf „juridische" Weise, also auf eine Weise, die sich nicht darauf beschränkt, das Glied, das nichtadventistisch geheiratet hat, zu verdammen oder links liegen zu lassen. Das ist auch der Grund, weshalb sich dieser Beitrag hier mit der Problematik der Seelsorge an konfessionsverschiedenen Paaren beschäftigt.

Strategien der Vorbeugung

Obwohl adventistische Lehre klar und deutlich von einer Heirat mit einem nichtadventistischen Partner abrät, anerkannt die *Gemeindeordnung*, dass es das „Recht des einzelnen Menschen ist zu entscheiden, wen er heiratet".[5] Um möglicherweise negative Auswirkungen von Mischehen abzuwehren, sollten Gemeindeglieder durch die folgenden Maßnahmen sensibilisiert werden:

---

2 Siehe Ellen G. White, *Testimonies for the Church*, Bd. 4, Pacific Press, Mountain View 1948, S. 503–508 (das Kapitel „Unscriptural Marriages"); Ellen G. White, *The Adventist Home*, Southern Publishing Association, Nashville 1952, S. 61–69 (das Kapitel „Forbidden Marriages"); und Ellen G. White, *Patriarchen und Propheten*, Saatkorn-Verlag, Hamburg, 1973, S. 148–153 (das Kapitel „Isaaks Heirat"); F. M. Wilcox, „Marrying Unbelievers", *Advent Review and Sabbat Herald*, 2. Juli 1914, S. 9f.; G. B. Thompson, „Marrying Unbelievers: Can Two Walk Together, Except They Be Agreed?", *Advent Review and Sabbat Herald*, 31. Juli 1941, S. 2, 12–14.

3 Gezielte Untersuchungen zu dieser Problematik in den USA ergaben, dass 75% der Adventisten einen Partner innerhalb ihrer Kirche heiraten; 25% heiraten Außenstehende. Derselben Studie zufolge finden 40% der amerikanischen Adventisten ihren Ehepartner auf adventistischen Colleges. Siehe Charles C. Crider und Robert C. Kistler, *The Seventh-day Adventist Family: An Empirical Study*, Andrews University Press, Berrien Springs 1979, S. 47, 51. Eine andere bezeichnende Tatsache ist, dass ein Drittel aller Adventisten Singles bleiben.

4 Bei der Jahressitzung der Generalkonferenz 1993 in Bangalore stand auch ein Antrag auf der Agenda, der eine Revision der *Gemeindeordnung* bei dem Punkt „konfessionsverschiedene Ehen" erbat. Das vorgetragene Argument lautete, dass eine große Zahl adventistischer Frauen wegen strenger diesbezüglicher Regeln unverheiratet bleibe. Der Antrag wurde jedoch abgelehnt. Um dieses Problem abzumildern, wurden in bestimmten Feldern alternative Formulierungen vorgeschlagen, die eine Mitwirkung adventistischer Pastoren bei gemischt religiösen Trauungen zulassen. (In einigen Verbänden der EUD hat die Predigtamtsabteilung Pastoren die Freiheit gegeben, alternative Feierlichkeiten zur Segnung einer Ehe außerhalb adventistischer Räumlichkeiten durchzuführen und ohne diese Art von Trauung im Eheregister der Gemeinde zu dokumentieren.)

5 *Gemeindeordnung – Gemeindehandbuch, Ausgabe 2006*, S. 228.

Jugendarbeit. Die erste Maßnahme zur Vorbeugung besteht darin, eine sinnvolle adventistische Jugendarbeit zu betreiben, welche der Jugend Gelegenheiten bietet, Partner gleichen Glaubens zu finden. Darüber hinaus ist es wichtig, die Jugend anzuleiten, Freunde innerhalb der Kirche zu suchen und intime gegengeschlechtliche Freundschaften mit Nichtadventisten zu meiden. Zur Verantwortung von Pastoren und Gemeinden gehört es, Veranstaltungen und Seminare für unsere Jugend zu organisieren, die über die Gefahren der Ehe mit Nichtadventisten aufklären und die Beziehungen zwischen jungen Adventisten auf örtlicher, nationaler und internationaler Ebene fördern.

Ehevorbereitung. Es ist wichtig, die adventistischen Jugendlichen davon zu überzeugen, ihre Freunde zu Ehevorbereitungskursen in die Gemeinde[6] einzuladen und sie mit dem passenden Material zu versorgen, das sie befähigt, ihren nichtadventistischen Freunden ihren adventistischen Glauben zu erklären.

Einbeziehung von Nichtadventisten in das Gemeindeleben. Gemeinde und Jugend müssen darauf vorbereitet werden, nichtadventistische Partner freundlich und liebevoll aufzunehmen und ihn nicht wie einen Fremden zu behandeln. Ladet ihn oder sie dazu ein, an interessanten Aktivitäten der Gemeinde wie gesellschaftlichen Zusammenkünften, evangelistischen Programmen, Bibelstunden usw. teilzunehmen.

Aufschub der Hochzeit. In einigen Fällen mag es angebracht sein, dass der Pastor dem adventistischen Gemeindeglied rät, mit der Trauung zu warten, bis der Nichtadventist sich für die Taufe entschieden hat. Dabei wäre es wichtig ihn oder sie zu informieren, dass die Adventgemeinde keine Feier zur Trauung von Mischehen durchführt. Ladet ihn oder sie vielmehr ein, in dieser Situation um die rechte Führung zu beten.

Gründe für seelsorgerlichen Beistand bei konfessionsverschiedenen Ehen

Das göttliche Ziel für die Ehe, dass die „zwei ein Fleisch werden", ist bei konfessionsverschiedenen Ehepaaren oft der Anfang eines langen, dornenreichen Wegs. Manche Paare überwinden diese Spannungen niemals, auch wenn sie um ein mehr oder weniger normal erscheinendes Leben ringen. Andere empfinden durch diese Probleme ein solches Maß an Unglück, dass ihre Ehe zerbricht. Die möglicherweise größten Probleme, die es in gemischt konfessionellen Ehen zu lösen gilt, sind die folgenden:

1. Eheprobleme. In einer Mischehe ist das biblische Ideal des „Ein-Fleisch-Werdens" nur sehr schwer zu erreichen, denn das gemeinsame Leben kann nicht auf einzelne Bereiche beschränkt werden. Die ersehnte Einheit umfasst ja alle Facetten, auch die geistliche Gemeinschaft, was in den meisten konfessionsverschiedenen

6 Siehe z. B. South Pacific Division Family Life Committee, *Beginnings: A Pre-Marital Counselling Resource for Pastors*, South Pacific Division of the Seventh-day Adventist Church, Wahroonga 1994.

Ehen schwierig wird. Es gibt immer ein Stückchen im Leben des andern, das unerreichbar bleibt.

2. Familienprobleme. Das Familienleben ist ernstlich in Gefahr, wenn die religiöse Praxis der Ehegatten unterschiedlich, vielleicht sogar unvereinbar ist. Die Erziehung der Kinder kann dann zu einer ständigen Quelle von Zwist zwischen den Eltern werden, wobei die Kinder selbst häufig die Opfer solcher Spannungen werden. Wechselwirkungen mit den anderen Verwandten bergen noch zusätzliche Belastungspotentiale in einer Familie, die so zerteilt ist.

3. Probleme des Lebensstils. Es ist für den adventistischen Partner in einer Ehe sicherlich nicht leicht, den nichtadventistischen Partner von der Bedeutung adventistischer Prinzipien zu überzeugen; zu denken wäre dabei u. a. an Gesundheitsgrundsätze, Essensgepflogenheiten, das Geben von Zehnten und Gaben, die Teilnahme an missionarischen Aktionen in der Gemeinde.

4. Religiöse und geistliche Probleme. Unterschiede der Glaubensauffassungen stehen einander oft unversöhnlich gegenüber. Bei einem konfessionsverschiedenen Paar können geistliche Fragen für immer ungelöst bleiben. Der adventistische Partner leidet oft unweigerlich unter der Ungewissheit der Erlösung seiner Familie und ihrer Einheit im künftigen Leben. Paulus nimmt darauf Bezug, wenn er sagt: „Denn was weißt du, Frau, ob du den Mann retten wirst? Oder du, Mann, was weißt du, ob du die Frau retten wirst?" (1 Kor 7,16) Solche Unterschiedlichkeiten wiegen emotional weit schwerer als verschiedene politische oder ideologische Auffassungen. Selbst die Frage, ob pastorale Intervention in der Familie angenommen oder zurückgewiesen werden soll, kann für gemischtreligiöse Paare Ursache von Spannungen werden.[7]

Die Aufgaben des Pastors

Da diese potentiellen Probleme glücklicherweise nicht immer gleich schwer wiegen, muss der Pastor die tatsächliche Situation der Familie erst bewerten, ehe er erfolgreich seelsorgerliche Hilfe leisten kann. Denn jeder Fall ist unterschiedlich gelagert und wird von anderen Umständen bestimmt. Daher besteht eine Verantwortung des Pastors und Seelsorgers in folgenden Bereichen:

1. Gemeinsamkeiten und Unterschiede des Paares bewerten. Es ist wichtig, so viel wie möglich über die Qualität und das Ausmaß von Gemeinsamkeiten und Verschiedenheiten der Ehegatten herauszufinden. Vor allem muss der Pastor in Betracht ziehen, ob der nichtadventistische Partner ein aktiver Christ in einer anderen Kirche, ein passiver Ungläubiger, ein aktiver Atheist oder einfach nur ein

7 Schon Jesus erklärte: „Des Menschen Feinde werden seine eigenen Hausgenossen sein" (Mt 10,36), und: „Wenn jemand zu mir kommt und hasst nicht seinen Vater, Mutter, Frau, Kinder, Brüder, Schwestern und dazu sich selbst, der kann nicht mein Jünger sein." (Lk 14,26) Er sagte zudem: „Was hülfe es dem Menschen, wenn er die ganze Welt gewönne und nähme doch Schaden an seiner Seele?" (Mt 16,26)

säkularer Mensch (der zwar etwas glaubt, aber nirgends dazugehört) ist. Er sollte auch wissen, ob der Ehepartner in den adventistischen Glaubensgrundsätzen und Praktiken unterrichtet wurde, ob er als engagierter Katholik verpflichtet wurde ein Dokument zu unterzeichnen, das ihn darauf festlegt, die Kinder in der katholischen Kirche taufen zu lassen, oder ob der Partner beispielsweise ein Evangelikaler ist, der zu einer theologisch konservativen Kirche gehört und an seiner Kirche lebendigen Anteil nimmt.

2. Den religiösen Hintergrund des Paares beachten. Es ist wichtig, dass der Seelsorger weiß, ob die Ungleichheit schon vor der Ehe existierte, die beiden aber dennoch beschlossen, irgendwie eine gemischtreligiöse Ehe zu führen, oder ob einer der Ehegatten erst nach der Heirat zum adventistischen Glauben konvertierte – mit oder ohne die Zustimmung des anderen. Vielleicht wurden sie sogar zusammen im adventistischen Glauben unterwiesen (eventuell sogar vor der Eheschließung), aber dann entschloss nur einer sich zur Taufe. Es ist auch wichtig zu wissen, ob einer der Partner früher schon einmal Adventist war und seinen Glauben aufgab, vielleicht sogar ein Gegner der Adventgemeinde wurde, ob der nichtadventistische Teil sich vielleicht taufen ließ, um eine Trauung zu ermöglichen, sich aber nie mit dem Adventglauben identifizieren konnte oder wollte, ob beide Adventisten waren, aber zu einem anderen Glauben konvertierten usw.

3. Den Grad der Übereinstimmung zwischen den Ehepartnern ermitteln. Der Pastor sollte so viel wie möglich an nützlichen Informationen bezüglich der Übereinstimmung zwischen den Ehepartnern ausfindig machen. Haben sie trennende Faktoren miteinander besprochen und im gegenseitigen Respekt einen Konsens erreicht? Besucht der nichtadventistische Teil die adventistischen Gottesdienste und möchte er mehr wissen? Haben sie sich über die religiöse Erziehung ihrer Kinder geeinigt? Leben sie vielleicht unabhängig nebeneinander her? Gibt es heftige Auseinandersetzungen oder Konflikte, die mit ihrer Konfessionsverschiedenheit in Zusammenhang stehen?

4. Äußere Einflüsse ermitteln, die auf die beiden einwirken. Sehr hilfreich ist es auch, wenn der Pastor erfährt, welche Einflüsse das Paar erlebt. Mischen sich Verwandte oder Freunde des Paares ein und beeinflussen sie auf positive oder negative Weise? Tragen sie zur Verminderung oder Vermehrung von Konflikten bei? Bewegt der Einfluss irgendeines Pastors oder Priesters das Paar? Wird der adventistische Pastor in ihrem Hause willkommen geheißen und wird er auch vom nichtadventistischen Partner akzeptiert?

5. Die Persönlichkeiten der Partner in einer Mischehe beurteilen. Es ist unabdingbar, die Charaktere und Persönlichkeit der Partner kennen zu lernen. Wie stark und tief ist die Liebe, die sie verbindet, abgesehen von ihren religiösen Unterschieden? Besitzen sie die positive Tendenz Wege zu entdecken, die ihre Einheit stärken, sogar in ihrem geistlichen Leben? Ist der nichtadventistische Partner aufrichtig, offen, verständnisvoll, freundlich, rücksichtsvoll und entgegenkommend in Bezug auf sein adventistisches Gegenüber, in Bezug auf den Pastor und andere Gemeindeglieder? Ist die adventistische Ehehälfte positiv eingestellt zu ihrem nichtadventistischen Partner, ist sie großherzig, klug, überzeugend, dabei aber nicht aufdringlich? Spricht sie mit tiefer Überzeugung, aber ohne zu kritisieren, ist sie verständnisvoll, taktvoll, heiter? Um die Persönlichkeit des Paares zu beurteilen, braucht der Seelsorger möglicherweise Hilfe von professioneller Seite, Tests und dergleichen.

Grundsätze der Seelsorge bei konfessionsverschiedenen Ehen

Diese Arbeit behandelt nur Situationen, in denen die konfessionellen Unterschiede Ursache von Eheproblemen sind. Falls der Pastor feststellt, dass die Ursache der Probleme eine andere ist, kann er dem Paar einen professionellen Berater empfehlen. Bedeutende Forschungsarbeiten belegen, dass das Ergebnis jeder Art von Seelsorge oder Beratung sich verbessert, wenn der Berater ein hohes Maß an Warmherzigkeit, Echtheit und gewissenhaftes, mitfühlendes Verstehen zeigt.[8] Die Persönlichkeit des Pastors oder Seelsorgers ist für die Bewältigung solcher Aufgaben von entscheidender Bedeutung.[9] Es ist auch notwendig zu betonen, wie wichtig es ist, dass christliche Seelsorge nach dem Vorbild Jesu gestaltet ist.[10] Bei solch einer vielschichtigen Aufgabe ist göttliche Hilfe unerlässlich. Hier folgen die Haupteigenschaften, die ein Seelsorger braucht, wenn er einem religions- oder konfessionsverschiedenen Ehepaar seelsorgerliche Hilfe leisten möchte:[11]

8 C. R. Rogers, G. T. Grendlin, D. V. Kiesler und C. B. Truax, *The Therapeutic Relationship and Its Impact*, University of Wisconsin Press, Madison 1967. Diese Ergebnisse wurden auch durch viele andere Studien bestätigt; siehe Gary R. Collins, *Christian Counselling*, Word, Berkhamsted 1985, S. 24.

9 Nach Durchsicht von nahezu 100 Arbeiten über die Effektivität der Beratung kam ein Autorenpaar zu dem Schluss, dass therapeutische Maßnahmen nur dann Erfolg versprechend sind, wenn der Berater selbst eine „angeboren hilfreiche" Persönlichkeit besitzt, d. h. wenn sie durch Wärme, Einfühlungsvermögen, Verständnis, Ernsthaftigkeit und die Bereitschaft, den Leuten in einer Haltung der Liebe zu begegnen, gekennzeichnet ist. C. H. Patterson kam zu einem ähnlichen Schluss, nachdem er ein tiefschürfendes Buch über zeitgenössische Beratungstheorien geschrieben hatte: „Es ist eine Beziehung, charakterisiert nicht so sehr durch die Techniken, die der Therapeut einsetzt, als vielmehr durch das, was er ist; nicht so sehr durch das, was er tut, als durch das, wie er es tut". Siehe C. B. Truax und K. M. Mitchell, „Research on Certain Therapist Interpersonal Skills in Relation to Process and Outcome", in Allen E. Bergin und Sol Garfield (Hg.), *Handbook of Psychotherapy and Behavior Change*, Wiley, New York 1971, S. 299–344; vgl. auch C. H. Patterson, *Theories of Counseling and Psychotherapy*, Harper & Row, New York 1973, S. 535–536.

10 „Jesus, der das Vorbild aller Christen ist, verwendete viel Zeit auf Gespräche mit hilfsbedürftigen Menschen, sei es in Gruppen oder einzeln von Angesicht zu Angesicht. Der Apostel Paulus, der sehr sensibel war für die Bedürfnisse verletzlicher Individuen, schrieb: ‚Wir aber, die wir stark sind, sollen das Unvermögen der Schwachen tragen und nicht Gefallen an uns selbst haben.' (Röm 15,1) ... Menschen zu helfen ist in der Bibel daher nicht eine von vielen Möglichkeiten. Es ist ein Erfordernis für jeden Gläubigen, einschließlich der Gemeindeleiter" (Collins, *Christian Counselling*, S. 14; vgl. auch die ausgezeichneten Ausführungen auf S. 15f.).

11 Vgl. ebenda S. 24f.

1. Wärme. Diese Eigenschaft beinhaltet Fürsorge, Achtung und aufrichtige Anteilnahme, ungeachtet von Handlungen oder Haltungen der Personen in der Seelsorge. Jesus führte das vor, als er die Frau am Jakobsbrunnen traf. Ihre Ethik ließ sicherlich zu wünschen übrig, und er beschönigte ihren sündigen Wandel keineswegs. Dennoch achtete Jesus die Würde der Frau und behandelte sie als eine wertvolle Person. Seine warme, respektvolle Haltung wurde überall offenbar, wo er sich befand.

2. Echtheit. Ein guter Seelsorger ist „echt" – ein offener, aufrichtiger Mensch, der es tunlichst vermeidet, die Rolle des Überlegenen zu spielen. Echtheit beinhaltet auch Spontaneität, ohne jedoch impulsiv zu werden, und Ehrlichkeit, auch in Konfrontationen. Sie bedeutet, dass der Helfer oder die Helferin ganz er oder sie selbst ist, jemand, der nicht eines denkt und etwas anderes sagt.

3. Empathie. Was denkt die Person, die um Seelsorge gebeten hat? Wie fühlt sie sich in ihrem Herzen? Welches sind ihre Werte, Glaubensvorstellungen, inneren Konflikte und Verletzungen? Ein guter Seelsorger achtet ständig auf diese Punkte. Er kann sein Gegenüber verstehen und dieses sein Verständnis (durch Worte oder Gesten) wirkungsvoll kommunizieren. Die Fähigkeit, mit der anderen Person *mitzufühlen*, heißt, das Gegenüber zutreffend und empathisch zu verstehen.

4. Effizienz. Ein guter Seelsorger kommt erfolgreich voran. Er beschwört verhältnismäßig wenige Auseinandersetzungen herauf, die den Prozess aufhalten und Unsicherheiten oder noch zusätzliche ablenkende Probleme nach sich ziehen.

5. Anteilnahme. Der Seelsorger ist an Menschen interessiert. Er ist seinen eigenen Gefühlen und Motiven gegenüber wachsam; er kann seine Empfindungen gut ausdrücken. Selbstverständlich sollte er auf dem Gebiet der Seelsorge gute fachliche Kenntnisse besitzen.

Alle diese Eigenschaften zusammenfassend könnte man sagen, dass der christliche Seelsorger liebevoll sein muss.[12] Denn die grundlegende Methode zu helfen ist zu lieben – Gott zu bitten, durch uns hilfsbedürftige Menschen zu lieben, indem er uns noch liebevoller macht.

Ziele der Seelsorge bei konfessionsverschiedenen Ehen

Neben den schon erwähnten Eigenschaften braucht jede seelsorgerliche Hilfe bei konfessionsverschiedenen Ehepaaren eine klare Vorstellung von den Zielen und Verantwortlichkeiten des Pastors oder Seelsorgers, damit die richtigen Schritte unternommen und passende Strategien ausgewählt werden. Ziele müssen klar

12 Gordon Allport, Harvard-Professor und ehemaliger Präsident der American Psychological Association stellte fest, dass die Liebe „als das größte psychotherapeutische Werkzeug unvergleichlich ist ... etwas, das selbst die professionelle Psychiatrie aus sich selbst heraus weder schaffen, in den Blickpunkt rücken, noch einsetzen kann" (*The Individual and His Religion*, Macmillan, New York 1950, S. 90, zit. von Collins, *Christian Counselling*, S. 25).

identifiziert und definiert werden. Es sind verschiedene Ziele, je nachdem, ob sie das Paar als Familieneinheit, den adventistischen Partner oder den nichtadventistischen Partner betreffen.

1. Ziele für beide Partner

Sowohl der Pastor oder Seelsorger als auch die Gemeinde, zu der der adventistische Partner gehört, sollten gegenüber beiden Ehegatten ein fortwährendes Zeugnis von Anteilnahme, Liebe und Fürsorge, keinesfalls von Disziplinierung oder gar Verdammung, zum Ausdruck bringen.[13]

a. Versuche zu erreichen, dass beide Ehepartner den seelsorgerlichen Beistand annehmen. Solch eine Hilfe kann niemandem übergestülpt werden, auch nicht auf der Grundlage, dass einer der beiden Adventist ist. Seelsorge bleibt immer die Antwort auf ein geäußertes Bedürfnis, denn ein Band des Vertrauens zwischen dem Seelsorger und beiden Ehehälften ist notwendig, um die positive Beziehung zu wahren.

b. Fördere eine optimistische Einstellung zur Zukunft des Paares. Ihr Glück in der Ehe und der Erfolg ihres Familienlebens steht außer Frage, wenn sie Gott gestatten, ihr Leben zu leiten. Vermittle ihnen keinesfalls den Eindruck, dass sie in Zukunft eine Krise oder einen Misserfolg zu erwarten haben.

c. Mache das Paar jedoch auf die möglichen Probleme aufmerksam, die einer gemischtreligiösen Ehe häufig drohen, damit sie ihren Teil dazu beitragen können, eventuelle Konflikte zu verhüten oder zu vermeiden.

d. Ermutige zu konstruktiver, wahrhaftiger und ehrlicher Kommunikation zwischen den Ehegatten. Viele Probleme im ehelichen Zusammenleben haben in mangelhafter Kommunikation ihren Ursprung. Der Seelsorger soll den Partnern helfen, ihre Gefühle, Gedanken, Erwartungen, Bedürfnisse und Wünsche zu äußern, ohne freilich unangenehme Enthüllungen von Geheimnissen und Enttäuschungen zwischen den beiden vorzunehmen.

e. Generell, besonders aber wenn zumindest einer der Partner mit seiner Religion sehr verbunden ist, sollten sie sich gegenseitig Achtung, Verständnis und Toleranz entgegenbringen. Das Ziel des Seelsorgers muss es sein, Kooperation und Gemeinsamkeiten zu fördern und die Partner so stark wie möglich aneinander zu binden, nicht sie zu entzweien.

f. Hilf dem Paar, eine Übereinkunft bezüglich der religiösen Erziehung ihrer Kinder zu erreichen. Es ist die Aufgabe der Eltern, die notwendigen Vorkehrungen

13 Das amerikanische Handbuch für Pastoren erwähnt ausdrücklich: „Es ist unerhört schwierig, jedoch unerlässlich, solch einem Paar verständlich zu machen, dass du dich ungeheuchelt liebevoll um sie kümmerst, obwohl du ihnen eine kirchliche Trauung nicht anbieten kannst ... Wenn dann die Hochzeitsfeier vorüber ist und der Ehealltag begonnen hat, ermutige die Gemeinde, dem Paar auf jede nur möglich Weise ihre Unterstützung und christliche Liebe zu zeigen, um damit beizutragen, dass ihr Familienleben glücklich wird, trotz dieses wie wir glauben missglückten Anfangs." *The Minister's Manual*, S. 247f.

zu treffen, damit sichergestellt ist, dass ihre Kinder die geringstmögliche Verunsicherung, Verwirrung, Spaltung oder Enttäuschung aufgrund der zwischen ihnen vorhandenen religiösen Unterschiede empfinden.

2. Ziele für den adventistischen Partner

a. Hilf ihm zu verstehen, dass zu einer erfolgreichen Ehe die Führung Gottes unbedingt notwendig ist. Dazu bedarf es eines intakten Gebetslebens. Auch die Mithilfe der Gemeinde und des Pastors sind dabei hilfreich.

b. Überzeuge ihn, dass Weisheit und Taktgefühl nötig sind, um nach und nach dem nichtadventistischen Partner seinen Glauben angenehm und wünschenswert erscheinen zu lassen.[14] Besondere Aufmerksamkeit sollte der Notwendigkeit für ein ausgewogenes Verhältnis zwischen der Zeit, die der Gemeinde, und der, die der Familie gewidmet ist, geschenkt werden. Das Familienleben hat Priorität gegenüber Gemeindeaktivitäten (1 Tim 5,8).

c. Mache dem Gläubigen Mut, den religiösen Grundsätzen seiner Kirche von Anfang an treu zu sein, feindliche Reaktionen seines nichtadventistischen Partners aber nicht zu provozieren. Wenn jemand große Zugeständnisse macht oder Grundsätze ganz aufgibt, wird es später umso schwieriger, alles wieder ins Lot zu bringen.

d. Erkläre, wie man falsche Verhaltensweisen, die unnötige Streitereien hervorrufen, ändert. Der adventistische Teil muss sich sehr klug verhalten in allem, was er tut, und bereit sein, sein Benehmen wo nötig zu korrigieren.[15]

e. Zeige dem adventistischen Ehepartner, welche Vorteile es mit sich bringt, eine Zeit für eine Familienandacht einzuplanen. Weise auf den Gewinn hin, den es bringt, regelmäßig die besten Augenblicke des Tages für eine zwar kurze, aber attraktive und gut vorbereitete Andacht vorzusehen. Sie kann aus einer geistlichen Betrachtung, einer begeisternden Erfahrung, einem ausgewählten Bibelabschnitt und Fürbitte für Kranke und Hilfsbedürftige bestehen kann. Die Familienandacht ist eine ausgezeichnete Gewohnheit, die Familie mit Gott zu vereinen.

---

14 Ellen G. White sagt diesbezüglich: „Der Glaube an Jesus Christus wird keine deiner Fähigkeiten auslöschen oder auch nur schwächen. Er nimmt dir keineswegs die Freude an einem wahren Glück; er verringert keine deiner gesunden Lebensinteressen und macht dich auch nicht gleichgültig und unempfindlich deinen Freunden und der Gesellschaft gegenüber. Du sollst dein Leben nicht in ‚Sack und Asche' vertrauern; du sollst nicht seufzen und stöhnen müssen. Wirklich nicht! Wer Gott in allem zum Ersten, Letzten und Besten macht, gehört zu den glücklichsten Menschen auf Erden." *Ruf an die Jugend*, Advent-Verlag, Hamburg [1958], S. 22.

15 Collins sagt diesbezüglich: „Unsere Verhaltensweise ist größtenteils, wenn nicht sogar vollständig erworben. Seelsorge befasst sich deshalb immer auch mit Hilfe für den zu Beratenden, uneffektives Verhalten zu verlernen, dafür aber wirkungsvollere Handlungsmuster zu erlernen ... Der Helfer muss die Person, die er berät, ermutigen ‚loszulegen' und das neu Erlernte zu praktizieren. Zeitweilig wird es auch notwendig werden, wenn ein Fehler aufgetreten ist, zu untersuchen, was schief gelaufen ist, und den zu Beratenden zu einem neuen Versuch aufzufordern." *Christian Counselling*, S. 24.

f. Lade Glaubensbrüder und -schwestern ein und stelle sie dem nichtadventistischen Ehepartner vor. Schaffe damit Gelegenheiten, dass Beziehungen und Freundschaften entstehen können, die ihn an die Gemeinde binden.

g. Bestärke den adventistischen Partner in seinem größten Ziel, nämlich für das Heil seines nichtadventistischen Gatten und der gemeinsamen Kinder zu beten. Dieses Ziel sollte man niemals aus den Augen verlieren (vgl. 1 Kor 7,12–14).

3. Ziele für den nichtadventistischen Partner

a. Bemühe dich auf freundliche Weise zu erreichen, dass er seelsorgerlichen Beistand annimmt.

b. Lass ihn fühlen, welches Vorrecht es ist, das Leben mit einem Adventisten zu teilen, damit er die Werte des adventistischen Glaubens und Lebensstils schätzen lernt.

c. Gewinne ihn dazu, regelmäßig die Gottesdienste zu besuchen. Indem er/sie den adventistischen Partner dorthin begleitet, wird es ihm/ihr viel leichter fallen, Freundschaften mit Gemeindegliedern zu schließen.

d. Wecke Interesse am adventistischen Glauben, damit der Partner vielleicht evangelistische Versammlungen besucht und sich entschließt, Bibelstunden zu bekommen.

e. Überzeuge ihn von der Bedeutung einer adventistischen Kindererziehung, eventuell auch vom Besuch einer adventistischen Schule.

f. Bete für seine Bekehrung, damit er getauft und zusammen mit seinen Kindern Adventist wird.

g. Zeige ihm, wie wichtig es ist, durch Gottes Gnade die Einheit seiner Familie zu erhalten, indem religiöse Unterschiede überwunden werden und die Familie sich gemeinsam des vollen göttlichen Segens erfreut.[16]

Etappen seelsorgerlichen Beistands in konfessionsverschiedenen Ehen

Diese Etappen entsprechen den verschiedenen Schritten bei der Behandlung eines konfessionsverschiedenen Paares: Sie beginnen mit der *Vorbeugung* noch vor der Heirat, führen dann über gegenseitige *Annahme* zu Beginn des Ehelebens über *Verständigung*, *Rücksicht* und *Toleranz* in den folgenden Jahren schließlich zur *Integration* beider Ehepartner in die Gemeindemitgliedschaft.

1. Annahme (zu Beginn des Seelsorgeprozesses).

Vermeide es, den Eindruck einer Ablehnung oder Verurteilung hervorzurufen. Auf keinen Fall sollte die Gemeinde dem neu vermählten Paar mit einer Haltung der

16 Im ursprünglichen Beitrag befinden sich an dieser Stelle zwei Abschnitte, die Seelsorge allgemein thematisieren („Die Rolle und Verantwortung des Pastors oder Seelsorgers" und „Haltungen für erfolgreichen seelsorgerlichen Beistand"). Der volle Text kann im Internet eingesehen werden (weitere Details dazu im Anhang des Buches).

Ablehnung oder Verurteilung begegnen. Das Paar sollte vielmehr spüren, dass die Türen der Gemeinde für sie stets ganz offen sind. Wenn möglich sollten Bibelstunden, die vor der Heirat begonnen wurden, fortgeführt und zum Abschluss gebracht werden. Die beiden sollten ermutigt werden, an allen Gemeindeveranstaltungen teilzunehmen.

Mache das Paar auf etwaige Folgen der Hochzeit aufmerksam. Sollte das Paar sich je für eine solche Trauung in einer anderen Religionsgemeinschaft entscheiden, die in einer Art und Weise durchgeführt werden sollte, dass dabei ein göttliches Gebot oder eine Gemeinderegel verletzt wird, so sollte der adventistische Teil über etwaige Folgen im Sinne korrigierender Seelsorge unterrichtet sein, damit ein gegenseitiges Übereinkommen erzielt werden kann. In einigen Fällen mag es vorzuziehen sein, dem Paar eine Ziviltrauung vorzuschlagen und mit einer religiösen Feier abzuwarten, bis beide Gemeindeglieder geworden sind.

Hilf erste Streitigkeiten zu verhindern. Versuche zu helfen, dass in diesem frühen Stadium der Ehe Streitigkeiten verhindert werden können. Ein guter Start ist entscheidend, um Spannungen und unnötige Probleme nicht aufkommen zu lassen. Jetzt ist auch der Zeitpunkt, in dem die Ehegatten eine Übereinkunft über die praktischen Auswirkungen ihrer entsprechenden Konfessionen treffen sollten. Der Pastor kann an der Erstellung einer Übereinkunft darüber, wie das gemeinsame Leben aussehen kann, hilfreich mitwirken.

2. Hilfreicher Beistand (während der gesamten Dauer der Seelsorge).

Privatsphäre. Es kann hilfreich sein, wenn der Pastor seelsorgerlichen Beistand leistet bei der Festsetzung von Grenzen, die den Einfluss der beiden Konfessionen für das Paar abstecken. Unter Umständen erfordert dies auch Unterstützung dabei, mögliche negative Einflüsse von Freunden, Verwandten oder anderen Geistlichen auf das Privatleben des Paares abzuwehren.

Verständigung, Rücksicht und Toleranz. Verständigung, Rücksicht und Toleranz sind wesentlich für die Erhaltung der Freiheit jedes Partners, seine eigene Religion unbehindert auszuüben.

Die Familienandacht. Es ist einer der besten Wege, um Frieden und geistliche Gemeinschaft in einer Mischehe zu bewahren, sich einen Zeitpunkt für die Familienandacht frei zu halten, damit Gott und sein Wort den gebührenden Platz im Heim finden. Auch dabei kann der Pastor mithelfen, indem er entsprechendes Material für die Feier der Familienandacht zur Verfügung stellt.

Gemeinsamer Vollzug einiger religiöser Praktiken. Ohne dabei Kompromisse einzugehen, die die religiösen Praktiken von einem der beiden Ehepartner verletzten, sollten sie doch einander bei der Ausübung einiger religiöser Handlungen so oft wie möglich unterstützen. Das gilt sowohl für den Adventisten als auch für den Nichtadventisten. Seelsorgerlicher Rat mag erforderlich werden, um unnötige Vorurteile und riskante Zugeständnisse zu vermeiden.

Verständigung zwischen den Pastoren beider Kirchen. Wenn es unter den Partnern einer Mischehe zu Auseinandersetzungen kommt, kann es für den adventistischen Pastor angebracht sein, mit seinem nichtadventistischen Kollegen ein Treffen zu vereinbaren, um nach dem besten Weg zu suchen, wie man dem Paar helfen kann. Auch wenn die beiden Geistlichen keine Übereinkunft erzielen, hilft dieser Kontakt dem adventistischen Pastor, das Problem besser zu verstehen und kompetenteren Rat zu geben.

3. Erziehung der Kinder (wenn Kinder mit betroffen sind).

Die Erziehung der Kinder ist eine sehr komplexe Angelegenheit, besonders dann, wenn der andere Partner Katholik ist und mit dem Ehegelübde auch versprochen hat, die Kinder im katholischen Glauben taufen und erziehen zu lassen (Katechese, Erstkommunion, Firmung usw.).

Fragen der Kindererziehung sollten von den Ehepartnern schon vor der Hochzeit besprochen und analysiert werden. Bleiben sie ungeklärt, könnte der adventistische Teil vom katholischen Partner zumindest die Erlaubnis erbitten, die Kinder später selbst über diese Fragen entscheiden zu lassen. Eine „doppelte" religiöse Erziehung kann für die Kinder eine Ursache von Verwirrung werden. Vorzuziehen wäre freilich, dass die Eltern sich einigen, auf welche Kirche sich die religiöse Erziehung der Kinder bezieht. Der adventistische Teil wird sicherlich sein Bestes versuchen, diese Entscheidung zu Gunsten der Adventgemeinde zu fällen.

4. Integration (das Ziel der Bemühungen).

Auch wenn sich die seelsorgerlichen Bemühungen in erster Linie auf die Lösung der Probleme konzentrieren, können sie doch in einigen Fällen dazu führen, dass der nichtadventistische Ehepartner in die Kirche der Siebenten-Tags-Adventisten aufgenommen wird.

Kontakt mit dem adventistischen Glauben. Der adventistische Teil sollte dem nichtadventistischen Partner eine glaubwürdige Darstellung seines Glaubens vorleben. Wenn er aber den Eindruck von einer starren, hartherzigen Religion vermittelt hat, die nur auf die Einhaltung von Pflichten besteht und das Begeisternde daran, Adventist sein zu dürfen, nicht so recht deutlich macht, kann der Pastor diesen Eindruck korrigieren helfen, indem er mit beiden Ehegatten arbeitet, um ein positiveres Verständnis des adventistischen Glaubens zu erreichen.

Kontakt mit der adventistischen Familie. Sich um das geistliche Wachstum eines Nichtadventisten zu bemühen, erfordert oft auch, ihn an Gemeindeaktivitäten teilhaben zu lassen und ihn dem positiven Einfluss des Pastors und anderer Gemeindeglieder auszusetzen. Das vorbildliche Zeugnis des adventistischen Partners, sein Glaube, seine Liebe und Hilfsbereitschaft bilden den normalen Weg, den nichtadventistischen Teil nach und nach zu einer persönlichen Verbindung mit Gott zu bringen.

Dieser Prozess kann den Nichtadventisten zu Bekehrung und Taufe und damit zur Aufnahme in die Gemeinde führen. Das ideale Ergebnis aller Bemühungen um seelsorgerlichen Beistand für konfessionsverschiedene Paare ist die Integration der beiden Eheleute in denselben Glauben, in dieselbe Hoffnung und in ein Leben der Gemeinschaft mit demselben Gott und Erlöser, das über diese Erde hinaus in die Ewigkeit reicht. Aber auch die besten Bemühungen können die Bekehrung des nichtadventistischen Partners nicht garantieren. Gott hat uns mit Entscheidungsfreiheit geschaffen, und Bekehrung ist letztlich das Werk des Heiligen Geistes.

Schlussbemerkungen

Eine systematische seelsorgerliche Betreuung im Falle von konfessionsverschiedenen Paaren ist keine leichte Aufgabe. Mit Verweisen auf die Bibel und den Geist der Weissagung haben oft theologische und rechtliche Aspekte die pastoralen Anliegen überdeckt. Wenn wir jedoch dem Recht Geltung verschaffen, müssen wir der Gnade erst recht Raum geben. Die wachsende Anzahl von Mischehen in unserer Kirche zeigt dramatische Folgen: Immer mehr adventistische Ehepartner geben ihren Glauben auf und verlassen die Gemeinde. Dies macht es dringlich, dass wir unsere Seelsorge überprüfen, um solche schmerzliche Konsequenzen zu vermeiden.[17]

17 Zu diesem Thema gibt es keine umfangreiche Bibliographie. Wir sind den grundlegenden Leitlinien der pastoralen Psychologie und Therapie von Gary Collins gefolgt (*Christian Counselling*). Die meisten Ratschläge stammen jedoch aus unserer eigenen seelsorgerlichen Erfahrung und Praxis von über vierzig Jahren pastoralen Dienstes an Familien. Jeder Pastor ist daher eingeladen die vorgeschlagenen Empfehlungen seiner eigenen Sichtweise vom Predigtdienst anzupassen. Viele Paare benötigen weit mehr Hilfe als Zurechtweisung. Auf diesem Gebiet ist das Feld noch weit offen für Forschung und Fortschritt. Denn wir haben zu viele Gläubige, hauptsächlich Frauen, die mit nichtadventistischen Männern verheiratet sind, und die Führung, Unterstützung, Beistand, Ermutigung und Hilfe brauchen.

Kapitel 18

Seelsorge bei Ehekrisen

Andreas Bochmann

In diesem kurzen Beitrag möchte ich auf einige Sachverhalte rund um das Thema Seelsorge bei Ehekrisen aufmerksam machen, ohne sie hier jedoch in aller Tiefe behandeln zu können. Es würde den Rahmen dieser Arbeit und des Buches sprengen, an dieser Stelle mehr leisten zu wollen. Dennoch hoffe ich, dass die Dringlichkeit, Wichtigkeit und Komplexität hinreichend vom Leser erkannt werden, um sich ermutigt zu fühlen, dem Thema weitere Aufmerksamkeit zu widmen. Dies kann z. B. durch das Studium relevanter Literatur geschehen oder besser noch durch Teilnahme an Fort- und Weiterbildungen, welche Fähigkeiten und Handwerkszeuge vermitteln, um Ehekrisen in der Seelsorge zu begegnen.

Ehekrisen als Herausforderung für die Gemeinde

Ehekrisen sind eine Realität innerhalb der Gemeinde, die sowohl Pastoren als auch Gemeindeglieder herausfordert – nicht nur im Blick auf den Dienst an den in Not geratenen Menschen, sondern auch im Blick auf die Gemeinde als Ganzes. Fragen werden gestellt, etwa, ob nicht der Prozentsatz ernsthafter Ehekrisen in der Gemeinde niedriger sein müsste als in der Normalbevölkerung. So ist für manche die Tatsache, dass es Ehekrisen in der Gemeinde gibt, irritierend und ein Zeichen des Versagens, der Endzeit, der Säkularisierung der Gemeinde oder des Mangels an Ernsthaftigkeit im Glauben. In jedem Fall bindet der Umgang mit Ehekrisen sehr viel Zeit, Energie und andere Ressourcen des Pastors. Der Druck der Herausforderung wird noch erhöht, wenn damit die Erwartung verbunden ist, jede Krise zu einem guten und glücklichen Ende zu bringen.

1. Arten und Häufigkeit von Ehekrisen

Krisen in Ehen sind normal. Sie sind nicht „christlich“ oder „unchristlich“, nicht einmal notwendigerweise „schlecht“. Sie sind schlicht menschlich. Das wird offensichtlich, sobald wir zwischen entwicklungsbedingten (z. B. Schwangerschaft, Renteneintritt), situativen (z. B. ernste Krankheit des Partners, Tod eines Kindes) oder selbst herbeigeführten, für gewöhnlich moralische (z. B. Ehebruch, Entscheidung sich zu trennen oder sich scheiden zu lassen) Krisen unterscheiden. Wenngleich Krisen immer schwierige Zeiten repräsentieren, können sie doch auch fruchtbar und gut sein. Der Begriff Krise markiert einen Wendepunkt zum Guten oder Schlechten (insbesondere im medizinischen Gebrauch, aber auch von seiner Etymologie her) und impliziert, dass Krisen von großer Bedeutung und Wichtigkeit sind. Sie bieten in allem Leid und Schmerz ganz neue Möglichkeiten und Chancen. In biblischer

Sprache mag das Hoffnungspotenzial von Krisen am besten durch Römer 8,28 veranschaulicht werden.

Die Häufigkeit von Ehekrisen bei Christen unterscheidet sich kaum von anderen Gruppen. Die Rate der entwicklungsbedingten Krise „Schwangerschaft" dürfte sogar höher sein, da christliche Familien, zumindest in der westeuropäischen Kultur, mehr Kinder haben als Nichtchristen. Da diese Arbeit jedoch weniger entwicklungsbedingte Krisen behandeln wird, sondern viel mehr situative und insbesondere selbst herbei geführte, sollten wir offen und ehrlich sein: Nehmen wir die Scheidungsrate unter Siebenten-Tags-Adventisten als einen Indikator, so müssen wir daraus schließen, dass selbst dann, wenn es weniger Ehekrisen gäbe, es mehr als genug sind, um unsere Aufmerksamkeit zu erfordern – nicht nur in der Seelsorge, sondern auch für unsere theologischen Bewertungen.[1]

2. Der Einfluss von Ehekrisen auf die Gemeinde

Seit den frühen 70er Jahren des letzten Jahrhunderts ist auch in unserer Gemeinde ein Trend zu beobachten, dass Themen rund um menschliche Beziehungen, Ehe und Sexualität zunehmend „privatisiert" wurden. Bis dahin war die Gemeinde aktiver im Leben ihrer Mitglieder involviert – in Krisensituationen oftmals mit harten Maßnahmen in Form von rigider „Gemeindezucht", die mehr auf die Reputation der Gemeinde bedacht waren als auf eine Hilfestellung für die betroffenen Glieder. Die Befürchtung, als Gemeinde allzu anmaßend zu erscheinen und die Erkenntnis, dass auch strenge Gemeindezucht nicht zu einer Verminderung der Krisen (wie z. B. Scheidung) beitrug, sowie der gesellschaftliche Trend zu mehr „Toleranz" und Offenheit führten zu einer offenbaren Veränderung in der Praxis. Während die Kirche der Siebenten-Tags-Adventisten noch immer an Ehe und Familie als wichtigen Bestandteil des Glaubens festhielt und festhält,[2] war sie doch immer weniger in der praktischen Umsetzung und den Implikationen dieser Glaubenslehre involviert. „Wer sind wir, zu richten" (nach Joh 8,7 oder Mt 7,1–3 durchaus berechtigt) oder „das ist ihre Privatangelegenheit, da können wir uns nicht einmischen" wurden zu akzeptierten Argumenten für den Rückzug von gemeinschaftlicher Verantwortung für die Krisen der Gemeindeglieder.

Jedoch sollte uns unsere Ekklesiologie ermutigen, uns stärker einzubringen und mehr in Mustern der Gemeinschaft und gemeinsamen Verantwortung zu denken. Dabei geht es nicht darum, in die Privatsphäre anderer einzudringen, sondern um

1 Siehe dazu Andreas Bochmann und Klaus-J. van Treeck (Hg.), *Ehescheidung und Wiederheirat: Ein pastoraltheologisches Symposium, Spes Christiana,* Beiheft 4, Theologische Hochschule Friedensau, Friedensau 2000.

2 Vgl. Glaubensüberzeugung Nr. 23 der Kirche der Siebenten-Tags-Adventisten („Ehe und Familie"); siehe *Gemeindeordnung – Gemeindehandbuch, Ausgabe 2006,* S. 46 (zitiert im Anhang der Einleitung dieses Buches). Hier wird das Thema über die pastorale Ebene hinaus auf die einer Glaubenslehre gehoben.

das Gespür für Mitgefühl und gegenseitige Unterstützung zu entwickeln. „Wenn ein Glied leidet, leidet der ganze Leib" (1 Kor 12,26). Angewandt auf unser Thema heißt das: Ehekrisen in der Gemeinde zu ignorieren (per „Privatisierung" von Ehen und damit auch von Ehekrisen) ließe sich damit vergleichen, Zahnschmerzen zu ignorieren, weil sich der Körper bitte nicht einzumischen hat ... Am Ende wird der ganze Körper, d. h. die ganze Gemeinde unter den Konsequenzen zu leiden haben.

3. Annahme von Hilfe

Leider hat dieser Prozess der „Privatisierung" der Ehe – und insbesondere der Krisen – nicht nur die Gemeinde als Ganzes erreicht, sondern auch die Paare in Not. So ist es selten, dass Paare Hilfe innerhalb der Gemeinde suchen, wenn eine ernste Krise eintritt, besonders wenn es sich um eine selbst herbeigeführte handelt. Waren es in der Vergangenheit Angst vor „Strafe" oder Scham, die Mitglieder in Ehekrisen von einer Hilfesuche in der Gemeinde abhielten, so werden die Gemeinde und der Pastor heute nicht mehr als relevante Quellen der Hilfe, geschweige denn der Führung gesehen. „Das geht die Gemeinde gar nichts an", ist ein Argument, das auch Paare in Not für sich beanspruchen. Dem Paar jedoch eine solche Haltung vorzuwerfen, obwohl sie vom Großteil der Gemeinde geteilt wird, ist weder fair noch hilfreich. Stattdessen sollten wir eine kameradschaftliche Gemeinschaft bauen, in der es sicher und lohnend ist, in Krisen um Hilfe zu bitten.

Seelsorge als pastorale Erste Hilfe

Während es immer mehr professionelle Seelsorge und Beratung außerhalb der Gemeinde gibt, beziehe ich den Begriff hier auf die Seelsorge innerhalb der Ortsgemeinde.[3] Die meisten Pastoren unserer Gemeinde sind weder Berater noch Therapeuten, doch sollten sie in der Lage sein, so etwas wie „Erste Hilfe" oder Krisenintervention anzubieten. Dazu gehört ein grundlegendes Verständnis der Dynamik eines Menschen in Krisensituationen, sowie zumindest rudimentäre Kenntnis einiger Interventionsmethoden. Um über „Erste Hilfe" hinauszugehen, werden spezielle Fähigkeiten und Ausbildungen und sehr viel mehr Zeit benötigt, als Pastoren sie typischerweise haben.[4]

---

3 Seelsorgeberatung (in Deutschland ist eher der Begriff Pastoralpsychologie gebräuchlich) ist eine eigenständige Profession mit eigenen akademischen Qualifikationen und professionellen Berufsverbänden, z. B. der American Association of Pastoral Counselors (AAPC) und der Deutschen Gesellschaft für Pastoralpsychologie (DGfP). Innerhalb der Kirche der Siebenten-Tags-Adventisten wird der professionelle Status des Seelsorgeberaters von Adventist Chaplaincy Ministries über ein aufwändiges Prüfungsverfahren bestätigt. Im deutschsprachigen Raum weitaus bekannter ist eine schnell wachsende Anzahl von qualifizierten Laienseelsorgern oder „Semiprofessionellen", die Seelsorge in freier Praxis anbieten. Hier sind Organisationen wie Biblisch-therapeutische Seelsorge (BTS), Bildungsinitiative (Die Bildungsinitiative für Seelsorge und christliche Lebensberatung) oder IGNIS durchaus auch innerhalb der Adventgemeinden bekannt und werden vielfältig genutzt.

1. Interventionsmethoden

Die Seelsorgeliteratur der zweiten Hälfte des letzten Jahrhunderts betonte die Notwendigkeit von aktivem Zuhören und Empathie.[5] Wenngleich diese Fähigkeiten zu den grundlegenden Fertigkeiten pastoraler Seelsorge gehören, sind sie zur unmittelbaren Krisenintervention eher wenig hilfreich. Eine Krise ist für gewöhnlich zu einem gewissen Grad von Desorientierung gekennzeichnet und von dem Impuls begleitet, zu fliehen oder in einen aufgeregten Aktionismus zu verfallen, der selten hilfreich ist. Deshalb mag es wichtiger sein, die Betroffenen beruhigen zu können, als empathisch zu fragen: „Höre ich dich sagen, dass...". Sachverhalte klar zu benennen hilft, ihnen ins Auge zu sehen; direktiv zu sein kann in der akuten Phase Struktur geben, um mit der Krise umzugehen. Die geistlichen Übungen des Tröstens, Ermahnens und Ermutigens (werden sie an unseren Seminaren hinreichend gelehrt?) sollten nicht zugunsten einer billigen Pop-Psychologie herabgesetzt werden, nicht einmal zugunsten eines qualifizierten therapeutischen Ansatzes. Zugleich muss bedacht werden, dass eine Krise nicht die Zeit zum Theologisieren sein kann. Wenn z. B. persönlicher Schmerz zur Frage nach dem Leid führt, wird eine Bibelstunde über das Leid oder den Ursprung der Sünde wohl kaum hilfreich sein.

Nach der unmittelbaren Krise werden Zuhören und Empathie jedoch von größter Bedeutung sein. Der Trauer über Verlust Raum geben zu können, Ärger und Wut auszudrücken und auch merkwürdige Ideen ventilieren zu dürfen, werden dem Paar helfen angemessene Wege zu finden, mit der Krise zurechtzukommen. Beruht die Krise auf einem Problem zwischen den Partnern (z. B. Untreue), müssen Pastoren aufpassen, nicht Partei für eine Seite zu ergreifen. Einen Partner zu isolieren, indem eine Koalition mit dem anderen eingegangen wird, verschärft die Situation weiter, anstatt zu einer Lösung beizutragen. Statt selbstgerechter Empörung kann der Blick auf mögliche Ursachen beim „Schuldigen" dazu beitragen, besser zu verstehen, was geschehen ist. Dadurch, dass der Pastor von „außen" auf das System schaut, können neue Perspektiven gewonnen werden.

Es gibt eine wesentliche Ausnahme zu diesem Ansatz. Wenn die Krise nicht eine Paarkrise, sondern die *eines* Partners ist, und Schutz vor Gewalt oder Missbrauch (gegen den Partner, gegen die Kinder oder einen anderen nahen Verwandten)[6] erforderlich ist, muss einseitig interveniert und Schutz angeboten werden. Leider

4 Siehe auch Jens Schwenger, *Erste-Hilfe-Techniken für die Paarberatung – Von der Kunst, das Herz des Anderen zu erreichen*, CAB-Service, Neuenhagen 2010..

5 Hier ist insbesondere die Literatur der Pastoralpsychologie gemeint, zu deren Standardwerken Howard J. Clinebell, *Modelle der Beratung*, Chr. Kaiser, München 1979, oder auf Ehefragen bezogen Traugott Ulrich Schall, *Eheberatung: Konkrete Seelsorge in Familie und Gemeinde*, Kohlhammer, Stuttgart 1983, gehörten. Gleichzeitig war im evangelikalen Sektor zunächst eine Abwehr von jeder psychotherapeutisch orientierten Hilfe zu verzeichnen, die erst ab etwa Mitte der 80er Jahre, insbesondere durch das Engagement von Michael Dieterich, allmählich überwunden wurde (vgl. Michael Dieterich, *Handbuch Psychologie und Seelsorge*, Brockhaus, Wuppertal 1989).

6 Im Falle psychischer Störungen kann dies auch Gewalt gegen sich selbst beinhalten!

ist es in der Realität oft umgekehrt. Es wird moralisch Stellung bezogen, wenn das Paar selbst weiß, dass etwas schief gelaufen ist, während eine „neutrale" Position eingenommen wird, wenn unmittelbare Intervention und Eingreifen (oder zumindest Unterstützung) nötig wären.[7]

Ziel der Krisenintervention ist nicht, das Paar vom Seelsorger abhängig zu machen oder Probleme für sie zu lösen, sondern sie zu bestärken, über die Krise hinauszublicken und mit dieser neuen Perspektive die gegenwärtigen Probleme zu lösen.[8] In der Sprache der Kriseninterventionsexperten ist es das Ziel, das Gleichgewicht wieder herzustellen – hoffentlich verbunden mit der Erfahrung, durch die Überwindung der Krise gestärkt worden zu sein.

2. Das Engagement der Gemeinde in Krisen

Seelsorge in Krisensituationen ist nicht die Angelegenheit einer einzelnen Person. Wenngleich Pastoren sorgsam mit ihrer Schweigepflicht umzugehen haben, sollte doch das ekklesiologische Verständnis des Leibes Christi und der unterschiedlichen Gaben in der Gemeinde zu einem breiteren Engagement der Gemeinde führen. Es gibt zwei Bereiche, die besonders hilfreich sind und der Beachtung bedürfen. Zunächst einmal sind Gebet und Fürbitte in dreifacher Weise hilfreich:

- Sie helfen dem Paar, die Unterstützung der Gemeinde zu erleben und sich in der Krise angenommen und gehalten zu fühlen. Das Gebet der Gemeinde kann sogar als Modell für eine Bewältigungsmöglichkeit dienen.
- Sie dienen der Gemeinde geistlich zu reagieren und nicht nur „menschlich". Es ist schwer, einen Menschen zu verurteilen, für den wir beten. Es ist gleichsam schwer auf eine Situation überzureagieren, wenn wir selbst im Gebet ruhig werden und das Thema an jemanden weiter geben, der größer ist als wir selbst sind und die Macht hat, einzugreifen.
- Gebet erlaubt Gott, uns zur Hilfe zu kommen. Wenngleich die Souveränität Gottes unbegrenzt ist, scheint Gott doch unsere Fürbitte in besonderer Weise – wenn auch nicht „automatisch" – zu honorieren.

Der zweite Bereich, in dem sich die Gemeinde engagieren kann, ist die praktische Hilfe für Paare in Not. Wer sorgt z. B. für die Kinder, wenn sich ein Paar für Eheberatung entscheidet, um die Ehekrise zu bearbeiten? Wer sorgt für eine

7 Die postmoderne Haltung „Das geht mich nichts an" ist so alt wie Kains „Bin ich meines Bruders Hüter?" (1 Mo 4,9). Dies ist besonders tragisch, wenn Kinder betroffen sind – z. B. bei sexueller oder anderen Formen körperlicher Gewalt. Zu sexueller Gewalt innerhalb des christlichen Kontextes siehe Elfi Brinkmann und Sandy Hoffmann (Hg.), *Handbuch sexuelle Gewalt*, Brendow, Moers 2003.

8 In dem Buch von David H. Olson und Amy K. Olson, *Empowering Couples: Building on Your Strengths*, Life Innovations, Minneapolis 2000, beschreiben die Autoren, wie Stolpersteinen zu Stufen werden können. Diese ressourcenorientierte Sichtweise, die befähigen will und nicht bevormunden oder herablassend helfen, setzt sich im eher „problemorientierten" Europa nur langsam durch, entspricht aber durchaus auch der christlichen Überzeugung von der verändernden Kraft des Evangeliums und dem Blick nach vorn (vgl. z. B. Mt 25,14–30; Phil 3,13).

nahrhafte Mahlzeit oder andere Bedürfnisse, wenn Krankheit, Tod oder ein anderes Unglück (auch ein selbst herbei geführtes) das Paar in seiner Funktionsfähigkeit einschränkt? Mit anderen Worten: geistliche Maßnahmen werden bedeutungslos, wenn sie nicht mit praktischer, lebensnaher Hilfe und Aufmerksamkeit für unmittelbare Bedürfnisse des Paares gekoppelt sind. Ein Studium des Jakobusbriefes scheint sehr angebracht, wenn es um das Engagement der Gemeinde in Ehekrisen (oder jeder anderen Krise) geht.

Wenn eine solche Position des Engagements der Gemeinde akzeptiert wird, dann wird Seelsorge in Ehekrisen mehr beinhalten als nur mit dem Paar zu arbeiten. Vielmehr wird es dann nötig sein, die Gemeinde hinsichtlich ihrer geistlichen und praktischen Verantwortung auszubilden. Das ist ein fortlaufender Prozess, der hoffentlich nicht erst in einer Krisensituation beginnt, sondern lange vorher. In Krisenzeiten kann der Pastor ein Bindeglied zwischen der Gemeinde und dem Paar sein, indem er einerseits die Privatsphäre schützt (insbesondere durch die Beachtung der Schweigepflicht und der Unterbindung von Gerüchten und Anschuldigungen) und andererseits geistliche und praktische Unterstützung fördert.

3. Überweisung – wann, wie und wohin?

Trotz alledem müssen wir eingestehen, dass wir mit vielen Ehekrisen schnell unsere persönlichen und professionellen Grenzen erreichen. Weder die Ausbildung noch der Zeitplan eines Pastors erlauben in Ehekrisen wirklich mehr als eine „Erste Hilfe" oder den persönlichen Beistand. Deshalb müssen wir in der Lage sein, Paare an weiterführende professionelle Helfer zu überweisen. Allerdings gibt es mehrere Hürden in diesem Prozess.

Zunächst einmal haben wir oft das Gefühl, wir sollten selbst das Paar durch die Krise geleiten. Vielleicht waren wir der erste Ansprechpartner des Paares oder haben die Krise sogar ausgelöst (z. B. durch eine Predigt). In solchen Fällen können wir uns verstärkt verantwortlich fühlen oder fürchten eigene Unzulänglichkeit und eigenes Versagen, wenn wir über eine Überweisung nachdenken. Es ist jedoch eine gute Übung in Demut, sich bewusst zu machen, dass wir nicht der Heiland der Welt sind und nicht alle Probleme der Gemeinde lösen können oder müssen. Wie der barmherzige Samariter können wir überweisen, vielleicht sogar dafür bezahlen[9] und dann weitergehen.

Eine weitere Hürde gegen Überweisung ist das offene oder verdeckte Misstrauen gegenüber professioneller Hilfe. Es gibt noch immer Pastoren, die glauben, Beratung und/oder Therapie seien fragwürdig und sollten vermieden werden, weil

9 Eine fürsorgliche Gemeinde könnte sogar darüber nachdenken, einen „Samariterfonds" einzurichten, der als zusätzliche Ressource für Ehekrisen zur Verfügung steht, insbesondere wenn die finanziellen Möglichkeiten des Paares begrenzt sind. Für das Thema „sexuelle Gewalt" gibt es solche Überlegungen und Ansätze sogar für die gesamte Freikirche der Siebenten-Tags-Adventisten in Deutschland (siehe www.projekt-sexuelle-gewalt.de).

sie unchristlich seien oder dem Glaubensleben eher schadeten. Vielleicht stünde es uns gut an von Zeit zu Zeit unsere eigenen Vorurteile zu hinterfragen. Wenngleich es stimmt, dass einige Formen von Psychotherapie in der Vergangenheit den Glauben kritisch hinterfragt haben, so traf dies nicht für alle Formen zu und ist heute die absolute Ausnahme.[10] Theologisch müssen wir uns fragen, ob die Furcht vor „psychologischer Hilfe" nicht ein Produkt der falschen Unterscheidung von Körper und Seele ist. Im körperlichen Bereich würden wir den besten verfügbaren Spezialisten auswählen (selbst wenn er oder sie kein Christ wäre), im psychischen Bereich jedoch vermeiden wir es, professionelle Hilfe in Anspruch zu nehmen; das ist bedauerlich. So wie wir medizinische Behandlung durch unsere Gebete begleiten können, so können wir auch bei Krisen, die nicht primär körperlich sind, geistliche Unterstützung anbieten *und* an professionelle Hilfe überweisen.

Schließlich muss eine letzte Hürde überwunden werden. Viele Pastoren wissen einfach nicht, wohin sie überweisen können. Bei einigen Pastoren ist nicht einmal die Unterscheidung zwischen Psychiater, Psychologe und Psychotherapeut klar vorhanden, ganz zu schweigen von der Unterscheidung zwischen Beratung und Therapie.[11] Unzureichender Professionalismus kann nicht als „besonders geistlich" entschuldigt werden! Jedoch selbst mit angemessenen Kenntnissen müssen wir lernen, wo wir brauchbare Hilfsangebote finden können. Pastoren und Administratoren sollten ermutigt werden, Dateien von Hilfsangeboten und Materialien zu erstellen und aktuell zu halten. Es kann besonders hilfreich sein, sich mit der wachsenden Anzahl professioneller christlicher Therapie- und Beratungsangebote auszukennen.[12]

Voraussetzungen und Ausblick

Wenn wir über „Voraussetzungen" erst jetzt nachdenken, nachdem wir das Thema Krisen behandelt haben, mag dies als eigentümliche Reihenfolge erscheinen. Jedoch reflektiert dies die Realität, da Krisen selten jemanden vorbereitet treffen. Der Superlativ von „Krise", nämlich „Trauma", ist per Definition so weit außerhalb

10 Es gibt mehrere Gründe für diese Entwicklung. Die Sozialwissenschaften (nicht die Theologie, der man ja Voreingenommenheit in diesem Punkt vorhalten könnte) waren in der Lage nachzuweisen, dass Spiritualität hochgradig förderliche Effekte auf viele Bereiche des Lebens hat, womit Sigmund Freuds Ansicht, dass Religion an sich pathologisch sei, grundsätzlich widerlegt ist. Ferner ist die größere Offenheit und Toleranz ein Segen der Postmoderne, der sich (neben vielen Herausforderungen, die diese Zeitströmung bringt) auch in Therapie und Beratung niederschlägt. Zudem gibt es auch mehr und mehr Christen, die in Beratung und Therapie tätig sind.

11 Ein Psychiater ist immer ein Facharzt; ein Psychologe ist jemand, der Psychologie studiert hat (die Wissenschaft von beobachtbarem Verhalten), aber nicht notwendigerweise mit Menschen gearbeitet hat, während der Psychotherapeut die Erkenntnisse der Psychologie und anderer Wissenschaften anwendet, um Menschen in Not zu helfen („heilen"). Beratung ist stärker edukativ in der Ausrichtung und basiert nicht so sehr auf einem psychopathologischen Verständnis in der Arbeit mit Menschen.

12 In Deutschland lässt sich Hilfe finden z. B. unter www.dajeb.de für allgemeine Eheberatung, www.c-stab.de für christliche Beratungsangebote (noch nicht für alle Regionen in Deutschland verfügbar) und www.prepare-enrich.de für Ehevorbereitung und Eheberatung (überwiegend christlich orientiert).

normaler menschlicher Erfahrungen, dass Vorbereitung gänzlich unmöglich ist. Dies trifft nicht nur auf die Person oder das Paar in der Krise zu, sondern zu einem großen Teil auch auf den Helfer. Aber im Nachgang einer Krise entstehen Fragen, die beantwortet werden müssen, um für die nächste Krisenintervention zumindest besser vorbereitet oder besser ausgerüstet zu sein.

1. Persönliche und professionelle Qualifikationen

Um in einer Ehekrise Hilfe anbieten zu können, muss der Pastor oder die Pastorin in der Lage sein, auch seine oder ihre eigene Ehe (falls verheiratet), Sexualität und Spiritualität zu reflektieren. Wir müssen dafür sensibel sein, dass Helfer weder Neutren noch neutral sind – insbesondere wenn es um Eheangelegenheiten geht. Wenn wir einen Partner beraten, insbesondere den gegengeschlechtlichen, können Gefahren in der Theorie offensichtlich sein, in der Realität aber weitaus subtiler. Wenn z. B. die Krise von der häufigen Abwesenheit des Ehemannes und scheinbaren Unfähigkeit herrührt, seiner Frau zuzuhören, so ist es insofern für einen männlichen Pastor leicht, eine Quelle des Trostes und der Freude für die arme Ehefrau zu sein, als hier – endlich – ein Mann zuhört, sich Zeit nimmt, fürsorglich und ach so verständnisvoll ist. Die Erwähnung dieser Tatsache ihm gegenüber kann den Pastor, der eher Kritik als Lob gewohnt ist, aufbauen und ihm wohl tun. Von dort bis zu einer Grenzüberschreitung ist es ein kurzer Weg. Wenn wir Paare seelsorgerlich betreuen, mag die Situation nicht so viel einfacher sein. Ein Geschlecht wird immer in der Minderheit sein und die psychoanalytische Literatur beschreibt, wie leicht wir mit der gegengeschlechtlichen Seite gegen den Partner unseres eigenen Geschlechts koalieren. Natürlich kann es auch anders herum passieren. Zwei Männer können sich gegen die Frau verbünden, z. B. in dem Versuch, ihr die „männliche Welt“ zu erklären.[13]

Es ist nicht wirklich entscheidend, welche dieser Koalitionen häufiger vorkommt oder gefährlicher ist. Wir müssen sie aber wahrnehmen. Wer in Eheseelsorge oder Eheberatung tätig ist, muss in der Lage sein, seine eigenen Gefühle, Gedanken und Sehnsüchte zu beobachten. Der Reflexionsprozess mit einem erfahrenen Professionellen, also z. B. in der Supervision, ist für gewöhnlich der beste Weg, diese Fähigkeit zu schärfen und Fallen zu vermeiden. Es gibt noch einen weiteren Grund, weshalb Supervision für die Arbeit mit Ehepaaren in Krisen so unerlässlich ist: Wir erreichen, wenn wir das Leid und den Schmerz anderer Menschen aufnehmen, schnell die Grenzen unserer Kompetenz und Kraft.[14] Wir müssen uns nicht schämen, für unsere eigenen Krisen Hilfe in Anspruch zu nehmen!

13 Ausführlicher dazu siehe: Andreas Bochmann, „Paarberatung“, in *Das Handbuch der Beratung*, Bd. 2, DGVT, Tübingen 2004, und Andreas Bochmann, *Praxisbuch Ehevorbereitung: Anregungen für Seelsorge und Beratung*, Brunnen, Gießen 2004.

14 Bei der Arbeit mit Traumatisierten können Helfer sogar eine „sekundäre Traumatisierung“ erleiden und Symptome des Traumaopfers bei sich selbst entwickeln. Dieses Phänomen tritt häufig bei Professionellen in Rettungsdiensten auf.

2. Vorbeugung als wichtigste Form von Seelsorge und Beratung

Eine grundlegende Perspektive für die Seelsorge in Ehekrisen ist ihre Prävention. Wenngleich nicht alle Krisen verhindert werden können oder müssen, können wir doch Gemeinden lehren, besser vorbereitet zu sein. Dies schließt Ehevorbereitung,[15] sowie Programme zur Ehebereicherung, Gruppen für Paare und andere Formen der Stärkung von Ehe und Familie in unserer Gemeinde ein. Dadurch können Paare vorbereitet werden, eventuellen Krisen in der Zukunft besser zu begegnen.

3. Theologisches Verständnis

Abschließend sollte noch ein Wort über Theologie gesagt werden. Als Geistliche der Kirche der Siebenten-Tags-Adventisten sind wir eher stolz auf eine fundierte Theologie. Lehrpunkte stehen uns klar vor Augen – vielleicht sogar die Glaubensüberzeugung, die sich mit Ehe und Familie befasst. Doch wie hilft uns Theologie in der Krise? Wir benötigen eine Theologie, die mit Krisen so umgeht, dass die biblischen Ideale aufrecht erhalten, zugleich aber die Realitäten mit aller menschlichen Schwäche und Sündhaftigkeit anerkannt werden. Wir müssen uns auch jenen theologischen Fragen nach dem Leid mit Ehrlichkeit stellen, auf die wir auf dieser Erde keine endgültigen Antworten haben. Sind wir bereit, diese Begrenzung einzugestehen? Wir müssen auch unsere Soteriologie auf Ehekrisen anwenden. Eine Soteriologie, die sich nicht auf ein so irdisches Problem wie z. B. eheliche Untreue anwenden ließe, ist nichts wert, sondern ist ein abstraktes, aber leeres Gebilde gelehrten Unfugs. Schließlich aber benötigen wir für den Umgang mit Krisen auch eine Schärfung unserer Ekklesiologie. Was ist die Verantwortung unserer Gemeinde? Wie können wir einander in Krisen helfen – und sind wir dazu verpflichtet, oder sollten wir uns lieber zurückziehen und die Paare ihre eigenen Angelegenheiten selbst regeln lassen? Welche Rolle spielen korrigierende Seelsorge und die Autorität der Gemeinde – in der Theorie und in der Praxis?

Mit anderen Worten, wenn ich auch nicht für eine neue theologische Disziplin der „Krisiologie" plädiere, sind doch alle Krisen eine Art Lackmustest, manchmal eben auch ein Wendepunkt (hoffentlich zum Besseren) für Theologie. Ehekrisen steigern diese Bedeutung und sollten von besonderem Interesse sein, da die Ehe ein Symbol für die Beziehung zwischen Gott und seinem Volk ist. Darum sollten Ehekrisen von äußerster Wichtigkeit für uns sein – und zwar aus theologischen wie auch pastoralen Gründen, falls überhaupt ein Unterschied zwischen den beiden besteht.

15 Die „Premarital Guidance Taskforce" unserer Kirche hat dafür einige interessante Richtlinien entwickelt; vgl. dazu online: http://www.adventistfamilyministries.org/world/Resources/premaritial_guidance/premaritial_guidance_title_page.htm, Zugriff am 1. Juli 2008.

Kapitel 19

Seelsorge an geschiedenen Mitgliedern und ihren Familien

Lucio Altin

In unseren Gemeinden sind Ehescheidung und Trennung keine seltenen Ausnahmen mehr. Deshalb ist eine Handreichung dringend erforderlich geworden, die sich mit Richtlinien für Seelsorge an Familienmitgliedern beschäftigt, welche während und nach dem Zerbrechen einer Ehe eine Krise durchleben. Theologische Aspekte, die mit Trennung und Scheidung zu tun haben, werden hier nicht angesprochen. Sie werden in anderen Studien dieses Buches analysiert. In diesem Beitrag sollen zunächst nur die im Zusammenhang mit einer Scheidung stehenden Grundanliegen untersucht werden, denn auf die eine oder andere wird jeder Mensch irgendwann mit ihnen konfrontiert. Alle seelsorgerlichen Maßnahmen sollten nämlich den Heilungsprozess in diesen kritischen Bereichen erleichtern. Die einzelnen Stufen dieses schmerzlichen Vorganges wollen wir noch einmal genau durchdenken und überlegen, welche Folgen er für die übrigen Familienmitglieder mit sich bringt. Auch wollen wir die augenblicklichen Bedürfnisse der Geschiedenen anhand der besten zur Zeit verfügbaren Quellen untersuchen.

Dann werden wir uns den verschiedenen Aufgaben zuwenden, denen sich die Glieder der geschiedenen Familie sowohl während der Scheidung als auch hinterher gegenüber sehen. Auch die Rollen, welche der Pastor und die Kirchengemeinde spielen könnten, die sie auf ihrer beschwerlichen Reise begleiten, wollen wir unter die Lupe nehmen. Außerdem versuchen wir bestimmte Kriterien darzulegen, die erkennen lassen, wann professionelle Hilfe für diejenigen angesagt ist, denen wir helfen wollen. Um schwerwiegende Fehler zu vermeiden, werden wir einige der häufigsten beschreiben und praktische Vorschläge machen, wie sie vermieden werden können.

Grundsätzliche Faktoren im Zusammenhang mit Scheidung und Trennung

1. Grundlegendes

Aus dem *Handbook of Family Therapy*, einem heute noch gültigen Klassiker auf seinem Gebiet, werden wir einige wichtige Aspekte des Themas Scheidung untersuchen.[1] Diese Aspekte werden sehr bedeutsam, will man die Krise, durch die die Glieder einer zerbrechenden Familie gehen, genau nachzeichnen.

Kaslow legt dar, dass Personen, die sich scheiden lassen, „häufig jung geheiratet haben und jemanden aussuchten und sich an ihn gehängt haben, der möglicher-

1 W. Florence Kaslow, „Divorce and Divorce Therapy", in Alan S. Gurman und David P. Kniskern, *Handbook of Family Therapy*, Brunner/Mazel, New York 1981, S. 662–696.

weise aus ähnlich verworrenen und emotional unausgeglichenen Familienverhältnissen kommt."[2] Ein wichtiges Muster wird hier sichtbar: Menschen neigen dazu jemanden zu heiraten, der etwa das gleiche Niveau von Differenzierung aus seiner Herkunftsfamilie mitbringt. Dieses Konzept ist übrigens auch der Grundstein der Theorie von Murray Bowen.[3] Er war einer der Pioniere der Familientherapie, der beim Studium des emotionalen Vorgangs der Trennung von der Herkunftsfamilie erkannte, dass die meisten Paare von einem Partner angezogen worden waren, der denselben emotionalen Reifegrad besaß, ungeachtet seines oder ihrer intellektuellen und kulturellen Bildung. Er beschreibt den Prozess der Differenzierung als einen Wandel, der „die Fähigkeit hervorbringt sich mit einem schwierigen, emotional belasteten Problem intensiv zu befassen, ohne sich gezwungen zu fühlen den anderen zu predigen, was sie tun sollten; sich auch nicht verpflichtet zu fühlen schnell das Problem zu ‚lösen', und ebenso wenig vorzugeben unbeteiligt zu sein, weil man sich gefühlsmäßig isoliert habe".[4] Mit anderen Worten: Es handelt sich um eine „angstfreie Anwesenheit", wie Friedman sich in seinen Studien ausdrückt, die er besonders im Zusammenhang mit religiösen Gruppierungen entwickelte.[5]

Auch Markowitz und Kadis betonen, dass „viele Paare, die in schwerwiegende eheliche Zerwürfnisse geraten, nur eine Neuauflage der Erfahrungen und Handlungsmuster in der Jetzt-Zeit erleben, die von den unveränderlichen charakterlichen Problemen der Partner aus früheren familiären Erfahrungen herrühren."[6] Vernunf-

2 Ebenda S. 664.

3 Murray Bowen, *Family Therapy in Clinical Practice*, Jason Aronson, New York 1978, S. 159–170. In diesem in seiner Sparte klassischen Werk definiert Bowen Menschen entsprechend ihrem Grad von *Verschmelzung* oder *Differenzierung* zwischen emotionalem oder rationalem Agieren. Er glaubt, dass dieses Charakteristikum „so universal ist, dass es dazu taugt, die Menschen aus einer bestimmten Bevölkerungsgruppe danach zu kategorisieren. Am untern Ende dieser Skala finden sich diejenigen, deren Gefühle so sehr mit der Vernunft verschmolzen sind, dass ihr Leben vom Automatismus des emotionalen Systems beherrscht wird. Das heißt also, ihr Intellekt wird von den Emotionen dominiert. Das sind die Typen, die wenig Flexibilität und Anpassungsfähigkeit aufweisen, die mehr emotional von ihrem Umfeld abhängig sind. Durch Stress sind sie leicht aus der Fassung zu bringen und erholen sich nur schwer von dieser Dysfunktion. Sie haben einen großen Prozentsatz aller menschlichen Probleme geerbt. Am anderen Ende finden sich diejenigen, die differenzierter sind. Ihr intellektuelles Vermögen kann in stressigen Zeiten relativ leicht die Alleinherrschaft behalten. Sie sind flexibler, anpassungsfähiger und unabhängiger von ihren Gefühlen. Sie kommen besser mit den Belastungen des Lebens zurecht. Ihr Lebensweg ist gerader und erfolgreicher. Sie sind bemerkenswert frei von mitmenschlichen Problemen. Zwischen diesen beiden extremen Positionen gibt es unzählige Mischungen von emotional und rational motiviertem Verhalten." Ebenda S. 362.

4 Michael E. Kerr und Murray Bowen, *Family Evaluation*, Norton, New York 1988, S. 108.

5 Edwin Friedman berichtet in seinem Buch *Generation to Generation: Family Process in Church and Synagogue*, Guilford, New York 1985, seine Erfahrungen als Rabbi und professioneller Familientherapeut. Von großer praktischer Bedeutung sind auch die Arbeiten neuerer Autoren, die sich auf Bowens und Friedmans Konzepte beziehen. Unter diesen wären zu nennen Israel Galindo, *The Hidden Lives of Congregations: Discerning Church Dynamics*, The Alban Institute, Herndon 2004, und Ronald W. Richardson, *Becoming a Healthier Pastor: Family Systems Theory and the Pastor's Own Family*, Fortress, Minneapolis 2005.

6 Max Markowitz und Asya Kadis, „Short-Term Analytic Treatment of Married Couples in a Group by a Therapist Couple", in Clifford J. Sager und Helen S. Kaplan (Hg.), *Progress in Group and Family Therapy*, Brunner/Mazel, New York 1972, S. 463.

torientiert handelnde Personen neigen daher dazu von gleichartigen Individuen angezogen zu werden, wogegen sich problemorientierte Menschen vorwiegend Partner auszuwählen scheinen, die ganz ähnliche oder gänzlich reziproke Lebensmuster anzubieten haben.[7] In ihrem noch infantilen Zustand projizieren sie ihr Bedürfnis nach Anlehnung auf ihr eheliches Gegenüber, indem sie bei ihm augenblicklich Befriedigung finden möchten und dadurch versuchen, ihre Phantasie Wirklichkeit werden zu lassen, nämlich, dass „ihre große Liebe auf geheimnisvolle Weise alle ihre grandiosen Erwartungen erfüllen und die mangelnden Teile ihres eigenen Selbst ergänzen könnte."[8]

Napier untersuchte das Verhaltensmuster des „Zurückweisen-Klammern"-Syndroms, welches dadurch charakterisiert wird, dass der eine Partner Nähe und Bestätigung „sucht, während der andere sich Unabhängigkeit und Freiraum wünscht ... Der eine ist wohl als Kind vernachlässigt oder abgelehnt, der andere von den Eltern ständig verhätschelt und umsorgt worden."[9]

Man kann somit als erstes Ergebnis die Tatsache festhalten, dass der von der Herkunftsfamilie ererbte geistige Fahrplan fürs Leben, zusammen mit dem Temperament und Charakter des Individuums bei der Partnerwahl und für die Erwartungen die in der Ehe dann ausgelebt werden, eine außerordentlich wichtige Rolle spielt. Dieser „Fahrplan" wird wahrscheinlich die gegenwärtigen Reaktionen des Einzelnen gegen wirkliche oder eingebildete Verletzungen bestimmen aufgrund der erworbenen Abwehrmechanismen, die sich schon früher als erfolgreich erwiesen haben.[10] Das Problem ist nur, dass beide Arten von Reaktionen meist überzogen und unangemessen sind, und zwar wegen der unaufgearbeiteten Fehler der Vergangenheit, die noch immer einen Großteil der Kräfte binden. Ist ein genügendes Maß an fehlerhaften und unreifen Verhaltensmustern vorhanden, zeigt sich das durch vielerlei Projektionen auf den Partner und durch die mangelhafte Fähigkeit, dem andern ganz nahe zu kommen, ohne von ihm abhängig zu werden. Wir müssen allerdings erklären, dass der Vorgang, sich dies alles bewusst zu machen, weder nur aus einer psychodynamischen Theorie stammt noch die Anerkennung einer deterministischen Macht erfordert, die unser gesamtes Leben regiert. Wir

7 Kaslow, „Divorce and Divorce Therapy", S. 666.

8 Ebenda S. 664–665.

9 Augustus Y. Napier und Carl A. Whitaker, *The Family Crucible*, Harper and Row, New York 1978, S. 5, zitiert in Kaslow, „Divorce and Divorce Therapy", S. 666.

10 Vereinfacht dargestellt können drei Arten von grundlegenden Abwehrmechanismen unterschieden werden: Aggression (Kampf, vorwärts gerichtet), Verdrängung (Flucht, dem Problem entkommen Wollen) und Reaktionslosigkeit (Einfrieren). Wir haben alle gelernt, einen oder mehrere dieser Mechanismen – auf sehr persönliche Weise miteinander kombiniert – einzusetzen. Sie sind uns zur Gewohnheit geworden und werden durch Ereignisse ausgelöst, die eine gewisse Ähnlichkeit mit Erfahrungen aufweisen, die wir in der Vergangenheit gemacht haben. Einige können zwar inzwischen wirkungslos geworden sein, wurden aber möglicherweise noch nicht aktualisiert oder fallen gelassen und verursachen daher immer noch schwere Fehlfunktionen auf verschiedenen Gebieten unseres Lebens.

brauchen dazu eigentlich nur die Ergebnisse der Forschung in Betracht zu ziehen, die diese Konzepte stützt.[11] Vieles wird sich wahrscheinlich aus unserer eigenen Lebenserfahrung zeigen oder aus der uns nahe stehenden Personen.

2. Faktoren zur Vorhersage einer Scheidung

John Gottman[12] fand vier Faktoren heraus, die es ihm erlaubten, mit 94-prozentiger Sicherheit vorauszusagen, welche Paare verheiratet bleiben und welche geschieden werden würden. Es sind: Kritik, Verachtung, Rechtfertigung und Rückzug. Wegen der Schwere des angerichteten Schadens werden sie auch „die vier apokalyptischen Reiter" genannt.

a. *Kritik* liegt vor, wenn die Persönlichkeit oder der Charakter von jemand ständig angegriffen wird, wenn er oder sie gewöhnlich beschuldigt wird, statt ein bestimmtes den andern störendes Verhalten, anzusprechen. Eine Tatsache zu beklagen (z. B. „Wir nehmen uns nicht genügend Zeit, mitein-ander zu sprechen ...") mag annehmbar sein; Kritik aber führt zu einem Herabsetzen des andern („Du sprichst nie mit mir ...").

b. *Verachtung* ist eigentlich emotionaler Missbrauch mit der Absicht, den Partner zu beleidigen. Dazu gehört, ihn oder sie mit Ausdrücken zu beschimpfen, schwarzer Humor, Spott und eine Körpersprache, die Abscheu und Verachtung ausdrückt.

c. *Rechtfertigung* scheint oft völlig in Ordnung zu sein. Doch zu ihr gehören auch Verhaltensmuster, die dazu führen, dass ein Konflikt eskaliert, wie etwa das Zurückweisen von Verantwortung, das Vorbringen von Entschuldigungen, das Unterstellung negativer Gedanken, Klage und Gegenanklage, Ja-Aber-Einwände, Wiederholen und Nörgeln.

d. *Rückzug* beinhaltet Ablehnung und eisige Distanz durch beharrliches Schweigen.

Diese vier erwähnten Verhaltensmuster können zwar hin und wieder vorkommen, ohne großen Schaden zu verursachen, ihr gewohnheitsmäßiges Auftreten ist jedoch ein deutlicher Hinweis auf die Zerbrechlichkeit der Ehe.

Gottman fand übrigens auch heraus, dass man Konflikte auf drei verschiedene Arten behandeln und dennoch eine stabile Ehebeziehung bewahren kann:

---

11 Siehe z. B. Debra Umberson u. a., „Stress in Childhood and Adulthood: Effects on Marital Quality Over Time", *Journal of Marriage and Family* 67, 2005, S. 1332–1347. Diese Forschung zeigt, dass „der Stress im Leben von Erwachsenen der über lange Zeit aufgelaufenen Schuldzins auf das Eheleben zu sein scheint, ein Zins, der hauptsächlich von denen zu bezahlen ist, die von einer stressreichen Kindheit zu berichten wissen. Dieser Zins ist nicht von der Länge der Stresseinwirkung im Lebenslauf des Erwachsenen abhängig." (S. 1332)

12 John Gottman und Nan Silver, *Why Marriages Succeed or Fail*, Simon & Schuster, New York 1994. In diesem Buch berichtet John Gottman über seine Studien an 2000 verheirateten Paaren über zwei Jahrzehnte hinweg. Er benutzte dazu Videoaufnahmen, die an der Universität von Washington, Seattle, bis ins Detail analysiert und sogar auf die schwächsten Signale gegenseitiger nonverbaler Kommunikation untersucht wurden. Vgl. auch John Gottman, *Die Sieben Geheimnisse der glücklichen Ehe*, Schröder, Düsseldorf 2000.

> In einer *sich gegenseitig bestätigenden Ehe* sind die Paare oft zu Kompromissen bereit und bearbeiten ihre Probleme zur gegenseitigen Zufriedenheit, sobald sie aufkommen. In einer *Konflikte vermeidenden Ehe* haben sich die Paare darauf geeinigt, einander widersprechende Ansichten zuzugestehen. Sie gehen ihre Probleme meist nicht frontal an. Schließlich brechen in einer *sprunghaften Ehe* zwar oft Konflikte auf, enden aber wieder nach leidenschaftlichen Diskussionen.[13]

Andere, christliche Autoren auf dem Gebiet professioneller Therapie und Eheberatung[14] haben drei Sätze identifiziert, die eine Menge Schaden in den Familien anrichten, weil sie meist auch noch an die nächste Generation weitergegeben werden: „Rede nicht darüber! Glaub es doch nicht! Zeige keine Gefühle!" Sehr häufig bilden diese wie nebenbei hingeworfenen Anweisungen die eigentlichen Bremsklötze, die eine gesunde Kommunikation und Intimität verhindern.

Wenn mehrere der oben erwähnten Faktoren vorhanden sind, ohne angemessen behandelt zu werden, ist es wahrscheinlich, dass die Ehe zerbricht. Dies geschieht in einem besonderen Zerfallsprozess über mehrere Schritte oder Stufen, die alle ausführlich erforscht wurden.

3. Die Stufen einer Scheidung

Kaslow führt verschiedene Gedankensysteme an, die die aufeinander folgenden Stufen einer Scheidung erklären sollen. Sie mögen zwar in mancher Hinsicht voneinander abweichen, scheinen sich jedoch in ihren wesentlichen Elementen sehr ähnlich zu sein. Als Grundlage für die Ausführungen entschied sie sich für das Sechs-Stufen-Modell von Bohannan.[15] Seine *erste* Station ist die *emotionale Scheidung*, deren Aspekte oben schon genannt wurden. Die *zweite* Stufe wäre die *gesetzliche Scheidung*, bei der die Rechtsanwälte das Wort haben. Die *dritte* ist die *wirtschaftliche Auseinandersetzung*, bei der es um Besitzstand, Alimente und Unterhalt der Kinder geht. Der *vierte* Schritt betrifft die *Mitelternschaft* und das *Fürsorgerecht*, wenn die Geschiedenen erkennen, dass sie lebenslang Mit-Eltern bleiben und eine Übereinkunft treffen müssen, wie dies „zum Besten und im Interesse des Kindes" möglich ist.

Über diese Angelegenheit haben Boszormenyi-Nagy und Spark, zwei wichtige Autoren auf dem Gebiet der Geschichte der Familientherapie, geforscht und festgestellt: es gibt unsichtbare Treuebindungen mit den biologischen Eltern einer

13 Gottman und Silver, *Why Marriages Succeed or Fail*, S. 28 (Hervorhebungen hinzugefügt).

14 Dave Carder u. a., *Secrets of Your Family Tree: Healing for Adult Children of Dysfunctional Families*, Moody Press, Chicago 1991, S. 67–91.

15 Kaslow, „Divorce and Divorce Therapy", S. 668.

Person, ungeachtet dessen, wer diese Eltern sind oder was sie getan haben. Diese Verbundenheit ist eine Realität und existiert unangetastet weiter.[16]

Diese empfindlichen Treuebeziehungen müssen in Betracht gezogen werden, wenn wir später die seelsorgerliche Arbeit behandeln. Wo es um die Frage des Fürsorgerechts oder der Fürsorgepflicht geht, empfiehlt Kaslow, mit besonderer Sorgfalt den Elternteil auszusuchen, der besser in der Lage ist das Kind oder die Kinder mit dem nicht fürsorgeberechtigten Elternteil zu teilen. Auf diese Weise wird die genannte Treuebindung für das Kind zu weniger Spannungen führen. In diesem Prozess berichtet der von der Fürsorge ausgeschlossen Elternteil (oft ist das der Vater) von einem überwältigenden Gefühl der Verlassenheit, nicht allein aufgrund des Verlusts des Partners, sondern gewöhnlich auch des Heimes und vieler gemeinsamer, befreundeter Ehepaare, zusätzlich zum Verlust des täglichen Umgangs mit den Kindern.[17] Solch ein Trauerprozess muss angesprochen werden, weil es im Allgemeinen einige Jahre dauert, bis eine vernünftige Anpassung an die neue Situation erfolgen kann.

Die *fünfte* Stufe (nach Bohannans Studie) ist die *Scheidung von der Gemeinschaft und das Problem der Einsamkeit*. Die Geschiedenen haben das Gefühl, dass sie nirgendwo mehr dazupassen. Denn die ehedem befreundeten Ehepaare haben andere Interessen, verglichen mit dem neuen Single-Dasein der oder des Geschiedenen. Ein neues soziales Netzwerk von unterstützenden Kontakten und Freunden muss aber erst wieder gefunden werden. Die Gemeinde stellt in diesem Zusammenhang sowohl ein Schlachtfeld als auch ein Feldlazarett dar. Denn eine Menge von Peinlichkeiten werden sich ergeben, Wunden werden bloß gelegt und allzu leicht infiziert, und viele frühere Freunde der Familie werden geradezu gedrängt, für die eine oder andere Seite Partei zu ergreifen, und wirken somit von innen her noch zusätzlich trennend. In diesem Prozess liegt aber auch eine große Chance für die Gemeinde, die nicht verpasst werden sollte. Sie kann sich als engagiertes Werkzeug anbieten, um Lösungsansätze inmitten dieses Zerbruchs zu erleichtern. Das ist nur möglich, indem man jegliche parteiliche oder kritische Haltung zu vermeiden sucht, dagegen aber immer wieder zum Beten ermutigt, zum Gebet nicht allein für die Familie, sondern auch mit den Gliedern der Familie. Auch kann die Gemeinde Schutz bieten gegen ein Überborden der Gefühle, die sich meist sofort in Anklagen und destruktivem Verhalten niederschlagen. Für solche Fälle kann die Gemeinde Material zur Verfügung stellen, welches diese gefährlichen Feuer eingrenzen und mit Gottes Hilfe hoffentlich völlig auslöschen kann. Das, was für den Trauerfall gilt, ist auch hier angezeigt: einfach schweigend in Verbindung bleiben,

---

16 Ivan Boszormenyi-Nagy und Geraldine Spark, *Invisible Loyalties: Reciprocity in Intergenerational Family Therapy*, Harper & Row, New York 1973, vgl. die Diskussion bei Kaslow, „Divorce and Divorce Therapy", S. 670.

17 Ebenda S. 671.

den Betroffenen nahe sein. Das lässt sie spüren, dass man sich um sie kümmert und erleichtert ihre Bürden.

Bohannans *sechster* Schritt ist die *psychische Scheidung*.[18] Dies beinhaltet „die Trennung des eigenen Ich von der Persönlichkeit und dem Einfluss des Ex-Partners (Partnerin)".[19] Das bedeutet, dass man sich nicht mehr an jemanden anlehnen kann, sondern „die Verantwortung für seine Gedanken, sein Verhalten und alles, was passiert, selbst übernehmen muss. Denn man hat keinen Partner mehr, den man als Sündenbock anklagen oder dem man sein Leid klagen kann."[20]
Leider verpassen die meisten Betroffenen diese großartige Gelegenheit zu persönlicher Reife, weil sie der Aufruhr in ihrer Gefühlswelt dafür blind gemacht hat. Daher erkennen sie ihren eigenen Beitrag an dieser Situation nicht, was natürlich nicht heißen soll, dass die Verantwortung immer zu gleichen Teilen auf beiden ruht.[21]

Nachdem man versucht hatte den Prozess der Trauerarbeit in ein Konzept einzuordnen, gelang es einigen Forschern, diese Stufen oder Schritte der Trauer, wie sie von Kübler-Ross[22] eingeführt worden waren, auch vollumfänglich auf die Scheidung anzuwenden. Es sind: 1. Verweigerung, 2. Wut, 3. Verhandeln, 4. Depression, 5. Annahme.[23]

So oder ähnlich sehen die Schritte aus, die die Scheidungspartner zu gehen haben werden. Weil man sie aber nicht einfach überspringen kann, als wären sie Hindernisse auf der Straße des Lebens, kann man sie nur geduldig in all ihren emotionalen Dimensionen durchstehen und verarbeiten, und zwar in individuell angemessenem Tempo. Dabei brauchen sie neben (so weit erforderlich) professioneller Hilfe auch alle Unterstützung, welche die Gemeinde zu geben imstande ist.

---

18 Die Rede ist hier von der Psyche eines Menschen, wie sie sich aus der mentalen Veranlagung und Organisation herleitet, ohne jegliche Bezugnahme auf geistliche Aspekte.

19 Zit. in Kaslow, „Divorce and Divorce Therapy", S. 672.

20 Ebenda S. 672.

21 Auf dem Gebiet der Abhängigkeiten hat sich der Ausdruck „Kodependenz" (Mit-Abhängigkeit) eingebürgert. Er wurde von Melody Beattie und anderen benutzt um aufzuzeigen, wie ein Partner, der sich um einen Suchtkranken bemüht, in die Problemzonen mit hineingezogen werden kann, indem er in bester Absicht versucht den anderen dadurch zu „retten" oder ihn zu „heilen", dass er mehr und mehr Verantwortungen übernimmt, die eigentlich auf den Schultern des Kranken ruhen sollten. Auf diese Weise dauert die Abhängigkeit gewöhnlich länger und das eigene Problembewusstsein wird geschwächt. Gegenseitige Verbindung und Verstrickung nehmen den Platz von Abgrenzung und emotionaler Reife ein. Was äußerlich sichtbar ist, entspricht oft nicht der ganzen Wahrheit, die im Allgemeinen viel komplexer und nuancenreicher ist. Aus diesem Grunde sollte man große Vorsicht mit absoluten Schuldzuweisungen walten lassen und stattdessen den biblischen Rat beachten: „Darum, wer meint, er stehe, mag zusehen, dass er nicht falle." (1 Kor 10,12)

22 D. J. Froiland und T. L. Hozman haben diese Übertragung vorgenommen in „Counseling for Constructive Divorce", *Personnel and Guidance Journal* 55, 1977, S. 525ff.; Elisabeth Kübler-Ross erläuterte ihre Ansichten in dem Klassiker *Interviews mit Sterbenden*, Bertelsmann, Gütersloh 1969.

23 Sheila Kessler und Sylvia Bostwick, „Beyond Divorce: Coping Skills for Children", *Journal of Clinical Child Psychology* 6, 1977, S. 38ff. Die Autoren identifizieren 7 Gesichtspunkte dieses gleichen Trauerprozesses: 1. Ernüchterung, 2. Aushöhlung, 3. Ablösung, 4. physische Trennung, 5. Trauer, 6. zweites Erwachsenwerden, 7. harte Arbeit.

Einige Fachleute, zum Beispiel Constance Ahrons,[24] versuchen den Scheidungsfamilien dadurch zu helfen, dass sie die Tatsache der Scheidung als positive Rahmenbedingung annehmen, um so den Schaden zu minimieren.

4. Die Auswirkungen von Scheidungen auf die Kinder

Judith Wallerstein ist sicherlich eine der prominentesten Stimmen auf dem Fachgebiet der Scheidungsfolgen. Mehr als 25 Jahre betreibt sie schon ihre diesbezüglichen Forschungen[25] und hat dabei Folgendes herausgefunden:

- Noch fünf Jahre nach dem Zerbrechen einer Ehe hängen Kinder der Illusion nach, ihre Eltern würden sich noch einmal versöhnen. Dabei sind die Hälfte der geschiedenen Männer und zwei Drittel der Frauen mit ihrer neuen Lebenssituation zufriedener als in ihrer vorherigen Ehe, während der Rest sich entweder gleich oder noch schlechter fühlte.[26]
- Sie entdeckte u. a., dass sogar 10 Jahre nach der Scheidung, als viele der Kinder mittlerweile erwachsen waren, sie noch immer die lang andauernden Auswirkungen des Zerbrechens ihrer Familien verspürten. Zum Beispiel „erlebte die eine Hälfte, wie ihre Mutter oder ihr Vater in diesen zehn Jahren eine zweite Scheidung durchlitten, während die andere Hälfte in Familien aufwuchs, wo die Eltern zornig miteinander umgingen." Vor allem „erlebten sie, dass kein Vorbild für eine liebevolle, dauerhafte und moralisch einwandfreie Beziehung zwischen einem Mann und einer Frau vorhanden war."[27] Diese Daten überzeugten Wallerstein, dass die Annahme, „alle Menschen würden sich psychologisch erholen, nicht auf Beweisen beruht. Scheidung ist kein einzelnes Ereignis, das für sich alleine steht ... Es ist ein Kontinuum, das mit einer unglücklichen ehelichen Verbindung beginnt und sich durch die Trennung, die Scheidung und oft auch Wiederverheiratung und erneute Scheidung hindurch fortsetzt."[28]

---

24 Siehe ihr Buch *We're Still Family: What Grown Children Have to Say About Their Parents' Divorce*, Harper Collins, New York 2004.

25 Begonnen hatte diese Grundsatzstudie mit einem Scheidungskinder-Projekt in Kalifornien (1971–1977), bei dem Judith S. Wallerstein und ihr Forschungsteam 60 Familien mit 131 Kindern untersuchte, denen man einen kostenlosen Beratungsdienst im Zusammenhang mit der Scheidung anbot. Bis 1975/1976 wurden zwei Folgestudien durchgeführt, und die Ergebnisse wurden veröffentlicht in dem Buch Judith S. Wallerstein und Joan B. Kelly, *Surviving the Break-Up: How Children and Parents Cope with Divorce*, Harper Collins, New York 1980.

26 Die Wirkungen werden zusammengefasst in Judith S. Wallerstein und Sandra Blakeslee, *Second Chances: Men, Women, and Children a Decade after Divorce*, Ticknor & Fields, New York 1990, S. xvii. Dieses Buch enthält den Bericht einer nach 10 Jahren (1981/1982) durchgeführten Folgestudie, durch die sich Wallerstein – auch im Zusammenhang mit anderen Forschungen – der Langzeitfolgen kindlicher Traumata noch mehr bewusst wurde, die sich auf deren Einstellung zum Leben und zum Tod weit heftiger auswirkten, als vorher erwartet oder gehofft worden war. In ihrer eigenen Organisation, dem Zentrum für Familien im Umbruch, das sie 1980 gegründet hatte, berieten sie und ihr Mitarbeiterstab mehr als 2000 Familien in Schwierigkeiten.

27 Diese und viele andere Schlussfolgerungen werden berichtet ebenda S. 297–308. Dort finden sich auch weitere Ergebnisse einer noch späteren Folgestudie an denselben Familien und Kindern – nach 15 Jahren.

- 25 Jahre nach der Scheidung konnten sie und ihr Team noch immer mit 80% der ursprünglichen Scheidungskinder, die inzwischen 28 bis 43 Jahre alt geworden waren, Verbindung aufnehmen.[29] Sie entdeckte, dass die meisten noch immer an zwei irrigen Vorstellungen festhielten: „Wenn die Eltern glücklicher sind, sind auch die Kinder glücklicher. Auch wenn die Kinder durch die Scheidung sehr gelitten haben, so ist dieser Kummer doch vorübergehend, denn Kinder sind noch formbar, voll verborgener Kraftquellen, und werden sich rasch erholen. Scheidung ist eine zeitweilige Krise, die ihre schmerzlichen Auswirkungen auf Eltern wie Kinder nur während des Zerbrechens der Ehe ausübt ... Der Schlüssel für die Genesung der kindlichen Seele ist die Beilegung des Konfliktes ohne Groll."[30]

Beide Überzeugungen seien falsch, behauptet Wallerstein, und zwar deswegen, weil man die Folgen, die erst nach einem langen Zeitraum zutage treten, nicht in Betracht ziehe. Außerdem erleichtert die Tatsache, dass Scheidungen heutzutage viel selbstverständlicher geworden sind, nicht die Schwere der schmerzlichen Folgen für jedes einzelne Kind, das die Scheidung hautnah erlebt.[31]

In die gleiche Richtung deutet auch eine kürzlich erschienene sehr wichtige Forschungsarbeit[32] von Amato und Cheadle von der Pennsylvania State University, die drei Generationen umfasst. Sie kommt zu folgenden Schlussfolgerungen:

> Ereignisse, die im Leben der Großeltern stattgefunden haben, können lang anhaltende Folgen bis in das Leben der Enkel nach sich ziehen. Haben sich etwa die Großeltern zur Scheidung entschlossen, lässt das eine geringere Bildung, größere eheliche Differenzen und eine schwächere Bindung zu den Eltern noch zwei Generationen später erwarten ... Diese Ergebnisse sind besonders beunruhigend, wenn man bedenkt, dass die Mehrheit dieser Enkel noch gar nicht geboren war, als sich die Scheidung der Großeltern ereignete. Unsere Studie zeigt auch eindeutig, wie sich familiäre Probleme hartnäckig über Generationen hinziehen können, wie eine Scheidung (und vielleicht auch noch die damit verbundenen anderen Familienprobleme) in

---

28 Ebenda S. 297, 300.

29 Zusätzliche Einsichten gewann sie aus der Arbeit mit 6000 Kindern und deren Eltern, die zu ihrem Zentrum kamen, und aus einer Vergleichsstudie, die an einer Kontrollgruppe von „Erwachsenen aus intakten Familien" angestellt worden war. Die Personen dieser Kontrollgruppe waren „im gleichen Alter, in der gleichen Nachbarschaft aufgewachsen und hatten dieselben Schulen besucht, wie jene in der Langzeitstudie an geschiedenen Familien". Der Bericht darüber findet sich in Judith Wallerstein, Julia Lewis und Sandra Blakeslee, *The Unexpected Legacy of Divorce: A 25-Year Landmark Study*, Sheena Dewan, London 2002, S. 5.

30 Ebenda S. 2, 3.

31 Es ist beachtenswert, dass in den USA „erste Ehen mit einer Wahrscheinlichkeit von 45 % zerbrechen, wohingegen zweite Ehen eine Scheidungsrate von 60 % aufweisen"; berichtet ebenda S. 232.

32 Paul R. Amato und Jacob Cheadle, „The Long Reach of Divorce: Divorce and Child Well-Being Across Three Generations", *Journal of Marriage and Family* 67, 2005, S. 191ff.

> der einen Generation sich durch geringere Bildungsergebnisse und problematische Familienbeziehungen in der zweiten Generation auswirkt und dass diese Auswirkungen hernach zu Ursachen ähnlicher Probleme in der dritten Generation werden.[33]

Solche Entdeckungen scheinen die von Wallerstein, die oben angeführt wurden, zu vervollständigen und sollten daher unsere ganze Aufmerksamkeit erhalten.[34] Zu oft sind nämlich die streitenden Parteien so sehr mit ihren eigenen Problemen beschäftigt, dass sie die Folgen, die ihre Entscheidungen auf ihre Kinder und sogar auf ihre Enkel haben werden, überhaupt nicht bedenken.[35]

Um es praktischer auszudrücken folgt hier eine Liste der häufigsten Gefühle, die Kinder oft unausgesprochen und sogar unbewusst lange Jahre, ja oft sogar ihr ganzes Leben lang, mit sich herumschleppen, auch wenn es möglicherweise nur Phantasien sind.

- Es muss sicherlich meine Schuld sein, dass Mama und Papa sich trennen, weil sie immer wütend auf mich sind.
- Wenn Papa (oder Mama) mich verlässt, kann ich nicht viel wert sein.
- Ich möchte nicht immer gefragt werden, ob ich den einen oder die andere mehr liebe.
- Wenn sie um mich kämpfen, fühle ich mich wie eine Schachfigur, die man herumschieben kann, ohne sie selbst zu fragen oder reden zu lassen.
- Wenn ich aufsässig bin, hören sie vielleicht auf zu streiten und sorgen sich um mich so sehr, dass sie zusammen bleiben.
- Ich muss mich um Mama (oder Papa) kümmern, weil sie (er) wirklich in Problemen steckt und mich braucht.
- Lieber zeige ich meine Gefühle nicht, sonst grämen sich Mama (oder Papa) noch mehr, fühlen sich miserabel, werden sogar krank und sterben.

Kinder zeigen auch andere Symptome bei Depressionen. Sie werden möglicherweise hyperaktiv, furchtsam und/oder zornig, statt extreme Traurigkeit zu bekunden. Auf diese Weise scheinen sie Verluste besser verarbeiten zu können,

---

33 Ebenda S. 204.

34 Eine zunehmende Zahl an Autoren wie beispielsweise Barbara Dafoe Whitehead bringen ihr Unverständnis über eine Art von Scheidungskultur zum Ausdruck, die ein Loblied anstimmt auf „Tugenden wie Unabhängigkeit, Initiative, Selbstvertrauen", während sie „die Tugenden, die für die Zuverlässigkeit einer Verbindung wesentlich wären – Tugenden wie Treue, Freundlichkeit, Vergebungsbereitschaft, Bescheidenheit, Dankbarkeit, Zuverlässigkeit, Geduld, Großzügigkeit und Selbstlosigkeit – sträflich vernachlässigt". Siehe Barbara D. Whitehead, *The Divorce Culture: Rethinking Our Commitments to Marriage and Family*, Vintage, New York 1996, S. 194.

35 Man wird unwillkürlich an den Text aus 2. Mose 20,5 erinnert: „Denn ich, der HERR, dein Gott, bin ein eifernder Gott, der die Missetat der Väter heimsucht bis ins dritte und vierte Glied an den Kindern derer, die mich hassen." Der Text ist bezeichnend, auch wenn man ihm die Bedeutung geben könnte, dass Gott den Schaden nur bis zur dritten oder vierten Generation zulässt.

etwa den Verlust von Freunden, den Verlust ihrer gewohnten Umgebung in der Schule, ihrer Stellung, ihrer Wohnung, von Geld und ganz besonders den Verlust von Sicherheit. Häufige Begleiterscheinung ist eine Depression, auch wenn sie vielleicht unentdeckt bleibt. In diesem Fall sollte unbedingt professionelle Hilfe in Anspruch genommen werden.

Sie können sich auch so verhalten, als wären sie bereits viel älter, als es die Zahl ihrer Lebensjahre ausweist; sie tun es, indem sie sich um ein Elternteil kümmern, das zu schwach scheint, um mit der Situation fertig zu werden oder die Beherrschung verloren hat. Sie leiden unter den Gefühlen von Hoffnungslosigkeit und Hilflosigkeit und erleben einen schwerwiegenden Verlust von Vertrauen gegenüber Erwachsenen besonders hart, weil diese außerstande zu sein scheinen, ihre Versprechen und Verpflichtungen einzuhalten. Das wiederum hat weitreichende Auswirkungen auf das Maß von Vertrauen, das sie in künftige Beziehungen einbringen können. Solch ein Vertrauensverlust macht sich besonders während der Jugendzeit und im jungen Erwachsenenalter dem anderen Geschlecht gegenüber bemerkbar, weil sie eine tiefe Furcht quält, enttäuscht, verlassen oder zurückgewiesen zu werden.

Wir möchten noch einmal daran erinnern, dass für Kinder die Verlässlichkeit äußerst wichtig ist. Denn Treuebruch ist auch der Grund dafür, dass sie sich so zerrissen fühlen, wenn sich die Eltern trennen.

5. Wann ist professionelle Hilfe erforderlich?

An dieser Stelle ist es notwendig, dem Seelsorger einige grundsätzliche Regeln an die Hand zu geben; sie sollen ihm zeigen, wie er erkennen kann, ob der Leidensweg und die nachfolgende Erholungsphase programmgemäß ablaufen, oder ob professionelle Hilfe benötigt wird. Einige der auffälligsten Kennzeichen dafür, dass letztere Option empfehlenswert ist, sind beim Erwachsenen:

- Der normale Gram über die auslösende Krise scheint sich nicht zu legen, sondern – was noch schlimmer ist – langsam in einen permanent depressiven Gemütszustand überzugehen.
- Das Auftreten einer schwerwiegenden Unfähigkeit, irgendeine normale Aufgabe zu bewältigen, beispielsweise verantwortlich mit Geld umzugehen, regelmäßig berufliche Arbeit zu leisten, Vorsorge für die Ernährung oder die Gesundheit der Kinder zu treffen. Stattdessen verlässt sich der oder die Betreffende völlig auf Helfer, die diese Aufgaben für ihn oder sie wahrnehmen.
- Vernachlässigung der eigenen Person und ständiges Grübeln über negativen Gedanken, beispielsweise „wie miserabel ich mich fühle" oder „Gott hört ja meine Gebete doch nicht."

Jedoch offenbaren auch scheinbar gegensätzliche Verhaltensweisen die gleiche Not. Dazu gehören:

- eine exzessive Hochstimmung, begleitet von einer Leugnung jeglichen Schmerzempfindens. Es können sogar Zeichen der Erleichterung auftreten, dass „nun endlich alles vorüber ist";
- völlige Abwälzung der Schuld auf den Partner – für alles Negative, das in der vergangenen und bestehenden Beziehung erlebt wurde.
- Das Verhalten eines Workaholics wirkt betäubend und vermittelt die Illusion, dass „es mir gut geht" und „ich zäh bin".
- Das starke Verlangen, sich wieder wie ein Jugendlicher zu verhalten und nach Bestätigungen durch das andere Geschlecht zu suchen. Dies kann zu einer Haltung der Promiskuität führen, die gar nicht zu dem Charakter der üblichen Persönlichkeit des Individuums passt.

Wir müssen feststellen, dass einer der Geschiedenen oder beide innerhalb eines Zeitraums von sechs Monaten bis zu einem Jahr manche „Verrücktheiten" an den Tag legen werden, und zwar selbst solche Personen, die sonst immer vernünftig und ausgewogen waren; dabei meistern sie aber immer noch grundsätzlich ihren Alltag. Man hat herausgefunden, dass sogar bei sozusagen „gesünderen" Geschiedenen, denen es gelingt sich zu erholen und ein produktives Leben zu führen, solche Fortschritte nur langsam verlaufen. Sie benötigen etwa zwei Jahre, vom Augenblick der Trennung an gerechnet, bis die psychische Scheidung gelungen ist.[36]

Nach Vines ist ein anderer wichtiger Faktor in diesem ganzen Geschehen die Entwicklungsaufgabe, mit der der Einzelne schon während der noch bestehenden Ehe kämpfte, denn sie prägt die gesamte eheliche Beziehung,[37] ja führt oft dahin, die Ehe schließlich stark zu gefährden. Wenn zum Beispiel ein junger Mann mit 19 Jahren heiratet, während er noch im Ablösungsprozess von seinen Eltern steckt und gleichzeitig erst versucht seine eigene Identität zu entwickeln, wird er wahrscheinlich dieses „unvollendete Geschäft" auf seine Frau übertragen; dabei wünscht er sich, versorgt und abhängig zu sein, muckt gleichzeitig aber auch gegen ihre Dominanz auf. Um nicht in diesem Dilemma stecken zu bleiben, wird er professionelle Hilfe in Anspruch nehmen müssen.

Die Rolle der Gemeinde für ihre geschiedenen Glieder

1. Ein geistlicher Gesichtspunkt

In der *Gemeindeordnung* der Siebenten-Tags-Adventisten finden wir einen Hinweis auf die besondere Rolle, welche die Gemeinde dort spielen sollte, wo die Dinge in einer Familie aus dem Ruder gelaufen sind:

36 Kaslow, „Divorce and Divorce Therapy", S. 675.

37 Neville Vines, „Adult Unfolding and Marital Conflict", *Journal of Marital and Family Therapy* 5, 1979, S. 5ff.

> *Die Rolle der Gemeinde* – Mose im Alten Testament und Paulus im Neuen Testament mussten sich mit den Problemen, die durch zerbrochene Ehen entstanden, beschäftigen (siehe 5 Mo 24,1–5; 1 Kor 7,11). Während sie beide das Ideal hochhielten und bestätigten, gingen sie doch helfend und versöhnend mit denen um, die dem göttlichen Maßstab nicht entsprachen. In gleicher Weise ist die Gemeinde heute berufen, Gottes Ideale hochzuhalten und zu bestätigen und zugleich eine Gemeinschaft zu sein, in der Versöhnung, Vergebung und Heilung erfahren wird. Menschen mit zerbrochenen Beziehungen sollen hier Verständnis und Anteilnahme empfangen.[38]

De facto wird damit der Kirche eine zweifache Aufgabe zugewiesen, weshalb sie in eine Art Rollenkonflikt gerät, indem sie

- das Ideal zu verteidigen hat, auch durch korrigierende Seelsorge,
- aber auch mitleidsvoll mit den Menschen zu verfahren soll, die dieses Ideal nicht vollständig ausgelebt haben.

Diese doppelte Aufgabe muss von der ganzen Gemeinde mit all ihren verschiedenen Gaben ausgeführt werden, wobei der Pastor dabei eine Führungsrolle innehat. Aber alle ihre Glieder sollen nach bestem Vermögen Barmherzigkeit erweisen, damit keine Spaltung aufkommt zwischen Geschwistern, die liebevoll und barmherzig sind, und solchen, die dies nicht sind.[39] In der *Gemeindeordnung* heißt es zutreffend:

> *Göttliche Gnade* – Göttliche Gnade ist das einzige Heilmittel für das Scheitern durch Scheidung. Wenn die Ehe zerbricht, sollten die ehemaligen Partner ermutigt werden, ihre Erfahrungen gründlich zu durchleuchten und nach Gottes Willen für ihr Leben zu fragen. Gott tröstet die Verwundeten. Gott nimmt auch die Reue der Menschen an, die verheerendste Sünden begangen haben, selbst wenn sie nicht wieder gutzumachende Konsequenzen zur Folge hatten (siehe 2 Sam 11 und 12; Ps 34,19; 86,5; Joel 2,12.13; Joh 8,2–11; 1 Joh 1,9).[40]

In Bezug auf das Thema Vergebung sind wohl die Arbeiten von Everett Worthington[41] die besten, denn sie verbinden die christliche Perspektive mit einem großen

38 Euro-Afrika-Division der Gemeinschaft der Siebenten-Tags-Adventisten (Hg.), *Gemeindeordnung – Gemeindehandbuch, Ausgabe 2006*, Advent-Verlag, Lüneburg 2006, S. 251f.

39 Andere wichtige Gesichtspunkte zur Scheidung und eventuellen Wiederverheiratung werden in anderen Kapiteln dieses Buches behandelt.

40 Ebenda S. 252f.

41 Everett L. Worthington, Jr., „An Empathy-Humility-Commitment Model of Forgiveness Applied within Family Dyads", *Journal of Family Therapy* 20, 1998, S. 59ff.; Everett L. Worthington (Hg.), *Dimensions of Forgiveness: Psychological Research and Theological Perspectives*, The Templeton Foundation Press, Philadelphia 1998; „The Pyramid Model of Forgiveness: Some Interdisciplinary Speculations about Unforgiveness and the Promotion of Forgiveness", *Dimensions of Forgiveness: Psychological Research and Theological Perspectives*,

Fachwissen und tiefgehender persönlicher Erfahrung. Vergebung braucht Zeit; man sollte daher niemand dazu drängen, sie nur deswegen allzu rasch anzubieten, weil eine Gruppe von Gläubigen es so erwartet.[42] Üblicherweise muss man Groll und eine ganze Reihe anderer negativer Gefühle erst wahrnehmen, sich mit ihnen auseinandersetzen, und sie dann dem Herrn übergeben, um davon gereinigt zu werden. Solch ein wichtiger Vorgang erforderte eigentlich eine eigene Behandlung. Er beinhaltet auch die Heilung von Wunden und negativen Erinnerungen und führt zu geistlichem und psychischem Wachstum.

Da dieser Vorgang zwei verschiedene Disziplinen überbrückt, wäre dafür eine besondere Ausbildung nötig. Erst jüngst hat sich ein wachsendes Interesse kundgetan, die Werte der Spiritualität in Therapiekonzepte einzuführen. Dies zeigt sich unter anderem in der Entscheidung einer Reihe führender Universitäten in den USA, Studiengänge in Spiritualität anzubieten, sogar in ihren medizinischen und pflegewissenschaftlichen Fakultäten.[43] Froma Walsh, eine weltbekannte Familientherapeutin, Dozentin und Autorin, ist ein ausgezeichnetes Beispiel für die Brücke, die zwischen Therapie und Glauben gespannt werden kann.[44] Sie kann sich dabei auf ihre eigene positive Haltung stützen, mit der sie Menschen befähigt, ihre verborgenen Kraftquellen zu entdecken. Daher war sie auch in der Lage, ein sehr wertvolles Buch über seelische Belastbarkeit zu schreiben; darin beschäftigt sie sich mit der Heilung generationsübergreifender Wunden[45] und stellt fest, dass „Religion und Spiritualität wirkungsvolle therapeutische Ressourcen für die Erholung, Heilung und Belastbarkeit der Seele darstellen."[46]

The Templeton Foundation Press, Philadelphia 1998, S. 107ff.; Everett L. Worthington und D. T. Drinkard, „Promoting Reconciliation through Psycho-Educational and Therapeutic Interventions", *Journal of Marital and Family Therapy* 26, 2000, S. 93ff.; Everett Worthington, Steven J. Sandage und Jack W. Berry, „Group Interventions to Promote Forgiveness: What Researchers and Clinicians Ought to Know", in Michael E. McCullough, Carl E. Thoresen und Kenneth I. Pargament (Hg.), *Forgiveness: Theory, Research, and Practice*, Guilford, New York 2001, S. 228–253; Everett L. Worthington und N. G. Wade, „The Social Psychology of Unforgiveness and Forgiveness and Implications for Clinical Practice", *Journal of Social and Clinical Psychology* 18, 1999, S. 385–418.

42 Es könnte sein, dass Vergebung durch die „linke Hemisphäre" des Gehirns bereitgestellt wird, indem sie sich dem Gewissen aufdrängt, während die „rechte Hemisphäre" oft erst mit Verzögerung das Bedürfnis verspürt als „gerecht" dastehen zu wollen und daher einen viel langsameren Schritt anschlägt. Diese Lateralstruktur unseres Gehirns ist durch Forschungen hinreichend gesichert, wobei einige wenige Fälle eines Seitenwechsels als Ausnahmen gelten. Die „linke" Seite wird gewöhnlich mit Rationalität, Sprachgewandtheit, folgerichtigem Denken und Einzelheiten in Verbindung gebracht, während die „rechte" Seite mit Intuition, Aufmerksamkeit, Emotionen, nonverbaler Kommunikation und ganzheitlichen Wahrnehmungen befasst ist.

43 Z. B. in Harvard, Yale, Duke, UCLA, Princeton, Berkeley, Loma Linda und anderen Universitäten.

44 Walsh lehrt an der School of Social Service Administration und der psychiatrischen Abteilung an der University of Chicago, ist eine Co-Direktorin des der Universität angeschlossenen Family Training Institute und ist Herausgeberin des *Journal of Marital and Family Therapy*. Sie gab auch das Buch *Spiritual Resources in Family Therapy*, Guilford, New York 1999, heraus.

45 Froma Walsh, *Strengthening Family Resilience*, Guilford, New York 1998, S. 280–284, ist eigentlich ein Textbuch über die Unterstützung von Menschen, die Zerbruch erlebt haben, um ihnen zu helfen ins Leben zurück zu finden.

46 Ebenda S. 73. Sie empfiehlt Therapeuten auch nachdrücklich, die geistlichen Ressourcen sowohl des

2. Ein psychologischer Gesichtspunkt

Ganz offensichtlich zieht das Zerbrechen einer Familie in der Gemeinde auch Freunde und Gemeindeglieder in Mitleidenschaft; es übt einen Schock aus, verursacht nicht nur Enttäuschung und Kummer, sondern auch Parteilichkeit und verurteilendes Richten, oft sogar ohne dass die Situation gründlich bekannt ist.

Die wichtigsten und dringendsten Bedürfnisse von Familienmitgliedern in der Krise haben wir schon untersucht. Deshalb wollen wir uns hier darauf beschränken, einige Leitlinien aufzuzeigen, die helfen können, die häufigsten Fehler, die man in solch einer Situation machen kann, möglichst gering zu halten, wenn nicht gänzlich auszuschließen.

Jeder sollte darauf bedacht sein, das gewöhnlich hohe Maß an Spannung zu verringern, um einen echten Wachstumsprozess zu ermöglichen. Das geschieht, indem er beiden Partnern hilft, ein größeres Bewusstsein ihrer eigenen Probleme und ihrer wahrscheinlich verbogenen Denkstrukturen und Gefühle zu erlangen. Dabei sollte er tunlichst darauf achten, jede Vereinnahmung zu vermeiden, das heißt, er sollte sich nicht in die Krise des streitenden Paares mit hineinziehen lassen und der Versuchung zu richten und zu verdammen widerstehen. Wir sollten nie vergessen, dass es die Absicht seelsorgerlicher Betreuung ist, die betreffenden Personen dahin zu führen, dass sie bewusster und ehrlicher mit sich selbst und mit ihrem Ehepartner im Lichte der biblischen Grundsätze umgehen. Daher sollten wir auch der Versuchung widerstehen, ihnen statt dessen unsere eigene Weisheit anzubieten.

Um die Ziele unseres Eingreifens klar herauszustellen, sollten wir uns noch einmal die grundsätzlichen Aufgaben vor Augen halten, welche die Familie gemäß den Forschungen von Wallerstein zu leisten hat.[47] Denn sie sind es, die zum Mittelpunkt aller Hilfeleistung werden sollen.

Die Erwachsenen sollten beim Wiederaufbau ihres Lebens dadurch Unterstützung erfahren, dass sie sich eine neue geistige Orientierung verschaffen durch die Prozesse von *Assimilation* und *Akkommodation*[48] und durch Nutzbarmachung der

---

Patienten als auch ihre eigenen auf rücksichtsvolle Weise einzusetzen (S. 68–73).

47 Wallerstein und Blakeslee, *Second Chances*, Kapitel 17.

48 Bradley J. Strahan und Bryan Craig widmen das 11. Kapitel ihres Buches *Marriage, Family and Religion*, Adventist Institute of Family Relations, Sydney 1995, dem Thema „Wie Familien die Kraft zur Veränderung erlangen können". Hier werden die beiden vorrangigsten Denkprozesse, die durch die Arbeit von Piaget bekannt gemacht worden waren – *Assimilation* und *Akkommodation* –, behandelt. *Assimilation* ist „der Vorgang, eingehende Informationen aufgrund der bereits vorhandenen Denkstrukturen oder -muster zu interpretieren ... Teile der Information werden in schon existierende Schemata eingefügt. Auf diese Weise bewahren sich Einzelpersonen und ganze Gruppen von Leuten ein Gefühl von Dauerhaftigkeit und Kontinuität. *Akkommodation* bezieht sich auf den Vorgang, Anpassungen an die innere Organisation und Struktur als Folge der andauernden Herausforderungen der Wirklichkeit vorzunehmen. Akkommodation tritt ein, wenn die existierenden Denkmuster und Strukturen nicht mehr geeignet sind, um die laufenden Erfahrungen sinnvoll zu erleben. Akkommodation kommt einer Verschiebung in den herrschenden Ansichten gleich ..., wenn ein Individuum seine/ihre innere Landkarte für das Leben neu zeichnet, weil er/sie entdeckt hat, dass das innere Bild und die ihn/sie umgebende Welt nicht mehr mit einander übereinstimmen" (S. 124).

Lektionen, die sie durch die Scheidung lernen konnten. Das impliziert, dass die Ehe auf die anständigste Weise beendet wird, die denkbar ist. Es heißt auch, dass die damit verbundenen Verluste zwar betrauert werden, dass man sich aber auch im Klaren ist, welch riesige Mengen an Kraft durch sich lange hinziehende Auseinandersetzungen aufgezehrt würden – Kraft, die stattdessen gebraucht werden sollte, um ein neues Selbstbewusstsein aufzubauen und die starken negativen Gefühle unter Kontrolle zu bringen und aufzulösen. Viel Geduld, Weisheit und Mut wird auch nötig sein, um ein einsames Singledasein zu bestehen[49] oder aufs Neue Vertrauen zu schenken und Risiken einzugehen, wenn Zeit und Umstände es erlauben.

Die Kinder sollten während und auch nach der Scheidung so weit wie möglich vor dem Kreuzfeuer der streitenden Partner geschützt werden. Denn diese Kinder, die zwischen den Stühlen sitzen, haben oft Angst verlassen zu werden. Vertrauen ist ein unerhört wichtiges Gut, das wieder erworben werden muss, weil sie sonst die Furcht begleitet, auch sie könnten wie ihre Eltern versagen oder von ihnen betrogen werden. Sie müssen spüren, dass es auch Versprechungen gibt, die ihre Eltern über lange Zeiträume hinweg gehalten haben. Die Eltern sollten deswegen ihre eigenen Probleme von denen ihrer Kinder trennen. Zudem brauchen Kinder im Vorschulalter eine ganz besondere und viel stärkere emotionale Zuwendung von ihren Eltern, denn sie geraten leicht in Panik, weil sie noch keine klare Vorstellung von Tagen und Entfernungen haben; so kommt Angst auf, sie könnten nicht mehr zum andern Elternteil zurückkehren oder er bzw. sie könnte verschwinden, weil er oder sie außer Sichtweite ist. Möglicherweise fallen solche Kinder in frühkindliche Verhaltensmuster zurück wie Daumenlutschen und Bettnässen. Hier ist viel Geduld zu üben und zu lehren.

Im frühen Schulalter (zwischen 5 und 8 Jahren) fürchten sie oft, ausgetauscht zu werden, weshalb ihre schulischen Leistungen oft ein ganzes Jahr lang nachlassen. Loyalitätskonflikte sind nämlich ziemlich tief verwurzelt.

Im Alter von 9 bis 12 Jahren sind Kinder gezwungen auf der Bühne mitzuspielen, die ihre Eltern aufgebaut haben. Sie lernen und spielen. Wenn aber die Bühne zusammenbricht, werden sie aggressiv, ängstlich und unsicher und denken oft nur noch in Schwarz-Weiß-Mustern. Beziehungen zu gleichaltrigen Freunden können zerbrechen und auch körperliche Symptome auftreten. Wenn die Beziehungen bzw. das sexuelle Verhalten der Eltern sie über Gebühr aufregen, kann sich sogar kriminelles Verhalten einstellen.

Jugendliche schließlich könnten durch ihre Gewaltausbrüche sogar die Erwachsenen überraschen, die meinen, sie seien schon alt genug das Ganze zu verstehen. Dabei kämpfen diese Heranwachsenden darum, ihre eigene Sexualität und aggres-

---

49 Gary R. Collins, *Family Shock: Keeping Families Strong in the Midst of Earthshaking Change*, Tyndale, Wheaton 1995; S. 190–202 sprechen die Nöte alleinerziehender Eltern an.

siven Impulse zu beherrschen. Wenn sie dann keine angemessenen Grenzen und Beschränkungen finden, kann das ihre Unsicherheit nur noch vergrößern. Fehlen sie, stürzen sich manche in vorzeitige sexuelle Aktivitäten, während andere übergenau und überverantwortlich werden, dabei aber die für ihr Alter charakteristischen Entwicklungsstufen einbüßen.

Die dritte Aufgabe der Eltern ist es, ihren Kindern jeglicher Altersstufe zu helfen, dass sie das, was in ihrer Familie gerade geschieht, einordnen können und eine Perspektive für das zu entwickeln, was sie von der Zukunft erwarten können. Wenn möglich sollten beide Eltern sie gemeinsam über all die Veränderungen informieren, zum Beispiel, dass ein Elternteil ausziehen wird. Sie müssen ihnen mitteilen, dass sie auch weiterhin für sie da sein und Verantwortung sowie Unterhalt übernehmen werden, auch wenn sie sich trennen, weil sie anerkennen, dass sie einen schweren Fehler begangen haben. Einzelheiten über die Untreue brauchen nicht ans Licht gebracht werden. Kummer und Tränen sollten erlaubt sein. Dass eine Zeitlang ein gewisses Durcheinander in ihrem Leben eintreten kann, sollte nicht verschwiegen, doch der daraus folgende Stress so weit wie möglich reduziert werden. Soweit es mit Rücksicht auf ihr Alter möglich ist, sollte es den Kindern ermöglicht werden, an der Suche nach Lösungen für die sich trennende Familie mitzuwirken; auf diese Weise müssen sie nicht passiv und ohnmächtig bleiben. Aber mit zu den wichtigsten Dingen gehört es schließlich für das Kind, zu wissen, dass es beide Eltern lieben darf ohne in seinen Gefühlen gezwungen zu sein, sich für eine Seite und gegen die andere zu entscheiden. Es muss erfahren, dass es die Sorge um die Neuordnung der elterlichen Beziehung aufgrund der Scheidung den Erwachsenen überlassen darf.

Neuere Untersuchungen über die seelische Gesundheit von Kindern[50] belegen im Übrigen, dass „schon vor dem Zerbrechen der Ehe die Kinder solcher Eltern, die sich später scheiden ließen, ein höheres Maß an Angst, Depression und antisozialem Verhalten aufweisen, als Kinder, deren Eltern verheiratet blieben."[51]

3. Die häufigsten Fehler in der Seelsorge

Die Seelsorge, die von einer Gemeinde zur Verfügung gestellt werden kann, beschränkt sich keineswegs auf den Dienst des Pastors, sondern schließt auch die Ältesten mit ein und andere Gemeindeglieder, die dafür besonders begabt sind und

50 Siehe die Studie von Lisa Strohschein, „Parental Divorce and Child Mental Health Trajectories", *Journal of Marriage and Family* 67, 2005, S. 1286ff. Die Studie umfasste eine für Kanada landesweit repräsentative Auswahl von Kindern im Alter von 4–7 Jahren, die 1994 zum Zeitpunkt der ersten Befragung unter 2819 Personen mit ihren beiden biologischen Eltern zusammen lebten. Sie verglich dann die Entwicklung der seelischen Gesundheit der Kinder, deren Eltern verheiratet blieben mit denen, deren Eltern bis 1998 geschieden wurden.

51 Ebenda S. 1286.

ein Vertrauensverhältnis mit einem oder beiden Geschiedenen aufgebaut haben. Helfen ist jedoch nie einfach, weshalb es einige Fehler gibt, die üblicherweise gemacht werden. Sie sollten aber vermieden werden, denn:

- Zu viel Konzentration auf einen zu frühen, erfolgreichen Ausgang der Krise zementiert nur den Bruch aufgrund der negativen Gefühle. Der Wert der Periode, in der noch Kummer und Trauer überwiegen, wird dadurch vernachlässigt, ganz abgesehen von der Zeit, die nötig ist, um die emotionalen Wunden aufzuarbeiten.
- Die „weniger sichtbaren Loyalitätsbeziehungen", die Eltern mit den Kindern und anderen Verwandten verknüpfen und tief greifende Bindungen bewirkten, werden nicht beachtet, wodurch die neue Situation negativ beeinflusst wird.
- Es ist ein Irrtum anzunehmen, dass der zeitliche Verlauf für eine Neuorientierung der Familie, um sich zurechtzufinden und eine neue Seite aufzuschlagen, bei Erwachsenen und Kindern der gleiche ist.
- Groll gegenüber der Partei, die man als die „schuldige"[52] zu erkennen meint, überträgt Gefühle der Zurückweisung, die ihn oder sie keineswegs ermutigt, mehr persönliche Verantwortung für Fehler zu übernehmen. Dieser Ärger erzeugt im Gegenteil eine äußerst defensive Haltung.
- Obwohl es nicht stimmen kann, dass beide Partner immer zu gleichen Teilen für das Scheitern der Ehe verantwortlich sind, ist es möglich, die Verantwortung eines Partners, der mehr als „Opfer" erscheinen mag, zu übersehen. Lebensbereiche, auf denen er oder sie versagt hat, könnten etwa sein, wo von ihm oder ihr bestimmte Botschaften des Missbehagens nicht wahrgenommen wurden, die vielleicht als Hilferufe gemeint waren, weil er oder sie sich zu sehr auf die Arbeit, vielleicht sogar auf den Dienst für die Gemeinde konzentriert oder sich zu intensiv um die Kinder gekümmert und darüber die Beziehung vernachlässigt oder sexuelle Bedürfnisse missachtet hat usw.
- Allzu leicht wird auch vergessen, dass verschiedene Arten von Verantwortlichkeit verschiedene seelsorgerliche Ansätze, Perspektiven und Haltungen erfordern. Bezeichnenderweise hat Ellen White mit starken Worten das Thema angesprochen, aus welcher inneren Haltung heraus der Helfer tätig wird. Sie forderte reine Beweggründe und viel Selbstprüfung.[53]
- Die alten Muster des in der Herkunftsfamilie eingeübten Verhaltens werden übersehen, nicht verändert oder sogar als nicht existent eingestuft, obwohl sie noch in die Gegenwart hineinwirken.

52 Diese Gefühle werden häufig, aber zu Unrecht als „gerechter Zorn" bezeichnet.

53 Ellen G. White, *Gedanken vom Berg der Seligpreisungen*, Union Verlag, Berlin 1964, S. 122f.

- Manche Seelsorger fühlen ein so starkes Bedürfnis, Gott zu verteidigen und seine Gemeinde vor der Welt zu bewahren, dass sie die Verletzungen gar nicht wahrnehmen, die durch zu viel formale korrigierende Seelsorge und zu wenig Gebet und Mitgefühl verursacht werden.

4. Besondere pastorale Interventionen und Empfehlungen

Patton und Childs haben vier Methoden identifiziert, mit denen man im Prozess der Trennung und Scheidung Seelsorge üben und für die meisten Betreuten zum Segen werden kann. Es sind: „1. die Krisenintervention, 2. die stützende, motivierende Beratung, 3. die Ehe- und Familienberatung und 4. die Trauerberatung."[54] Beim *ersten* Verfahren der Krisenintervention bewirkt oft schon die Anwesenheit eines Pastors mit ruhiger Haltung und konkretem Zupacken, dass die Partner und die Kinder mit ihrem gefühlsmäßigen Chaos besser zurechtkommen. Kann er dann auch noch geduldig den Berichten zuhören und im diesbezüglichen Kontext des Lebens ein sinnvolles Geschehen entdecken, erleichtert der Pastor den Wechsel der inneren Orientierung und bringt somit wieder ein wenig Ordnung in das emotionale Chaos, welches durch die zerbrochene Beziehung entstanden ist.

Da der Überblick in diesem frühen Stadium gewöhnlich eingeschränkt ist, wird es nötig sein, Unterstützung und Ratschläge zu ganz praktischen Grundsatzentscheidungen zu geben, vorausgesetzt die Hinweise werden nicht verletzend eingesetzt. Um drastische Umbrüche zu vermeiden, wird viel praktische Hilfe gebraucht, etwa in finanziellen Angelegenheiten, im Beruf, hinsichtlich juristischer Fragen, ganz besonders für die künftige Betreuung der Kinder, bei Umzügen sowie den Umgang zwischen den Betroffenen und in der Gemeinde. Dieses *zweite* Verfahren wird sich wahrscheinlich über einige Jahre hinziehen, wobei beide Ex-Partner es benötigen, auch wenn sie es möglicherweise ablehnen oder jemand anderen finden, der es mit ihnen durchführt.

Der *dritte* Weg zu helfen wird ein mehr erzieherischer sein. Er verlangt eine besondere Kenntnis darüber, wie man mit den Problemen in den Herkunftsfamilien umgeht. Was oben bereits in den Theorien von Bowen und Friedman erklärt wurde, kommt hier zum Tragen. Vielleicht ist etwas dran an dem alten Spruch aus der Psychodynamik, der besagt: „Frauen heiraten Männer wie ihre Väter, und Männer heiraten Frauen wie ihre Mütter."[55] Bindungen und Fürsorge sind generationsübergreifend. Daher kann diese Intervention den Geschiedenen helfen die Erfahrungen ihrer Vergangenheit aufzuarbeiten und zu erkennen, welche persönlichen Anpassungen notwendig sind, um dem Partner aus dem anderen Geschlecht unter differenzierteren emotionalen Standpunkten zu begegnen.

54 John Patton und Brian H. Childs, *Generationsübergreifende Ehe- und Familienseelsorge*, Vandenhoeck und Ruprecht, Göttingen 1995, S. 181.

55 Ebenda S. 185.

Weil dieser Vorgang viel Zeit erfordert, benötigt man dafür eine seelsorgerlich ausgebildete Persönlichkeit, die durch ihre „angstfreie Anwesenheit", die nach Friedman so wichtig ist, behilflich sein kann. Wir dürfen nämlich nicht vergessen, dass die Ehe auch über die Scheidung hinaus unbewusst fortbesteht,[56] und zwar wird sie durch Absprachen über finanzielle Zuwendungen und das künftige Sorgerecht für die Kinder fortgesetzt. Es wird darum nötig sein, auch den Beistand fortzusetzen. Das kann durch persönliche Beratung geschehen oder durch zielgerichtete Seminare und Gruppenaktivitäten, die unter der Leitung von professionellen Fachkräften die anstehenden Probleme angemessen behandeln. Manche größere Gemeinden können solche Fortbildungen regelmäßig organisieren.

Die *vierte* und letzte Interventionsmethode befasst sich mit all den schmerzlichen Verlusten, die aus der Scheidungssituation entstanden – und zwar auf folgenden Gebieten: Geld, Arbeitsstelle, Status, öffentliches Ansehen, Wohnung, Freunde, Gemeindeumfeld, und natürlich besonders Verlust der persönlichen Identität, die auf einer neuen Grundlage und mit neuen Aussichten wieder aufgebaut werden muss, indem man seine eigenen Kräfte neu orientiert.[57]

An dieser Stelle sollte der Helfer dazu ermutigen, alle negativen Gefühle mithilfe des persönlichen Gebetes zu überwinden,[58] wobei das letzte Ziel bleibt, zu vergeben. Er sollte außerdem den Geschiedenen davon abraten sich schon bald wieder nach einem Ersatz umzuschauen, um zu „beweisen", dass sie noch immer „begehrt" und daher liebenswert und wertvoll sind. Auch sollte man mit ihnen über die zahlreichen Forschungsarbeiten zum Thema Kohabitation (Konkubinat) sprechen und sie darüber informieren, dass diese Praxis keine gute Idee ist, weil sie als Konsequenz im Laufe der Zeit jegliche Beziehung gefährdet.[59]

Ron Edmondson stellte fest, dass in den USA gegenwärtig mehr Personen in Familien leben, die eine Scheidung erlebt haben, als in solchen Familien, die davon noch nie betroffen waren. Das heißt die Gemeinde muss, wenn sie hilfreich und sachdienlich sein will, lernen, wie man insbesondere mit zerbrochenen Familien umgeht. Edmondson gibt im Übrigen auch einige Hinweise für Pastoren:

> Stigmatisiere nicht. Sei bereit zum Dienst an beiden Ehepartnern. Wisse, was du glaubst, und praktiziere es. Lehre die Wahrheiten der Bibel in Liebe.

---

56 Ebenda S. 183f.

57 Ebenda S. 187f.

58 Everett Worthington, früherer Präsident der American Association of Marriage and Family Therapy, schrieb außer Fachartikeln auch ein sehr praktisches Buch: *Five Steps to Forgiveness: The Art and Science of Forgiving: Bridges to Wholeness and Hope*, Crown, New York 2001. Er berichtet darin auch sein eigenes Drama, das er erlebte, als seine Mutter von zwei Einbrechern getötet wurde.

59 Die Problematik der Kohabitation (des Konkubinats) wird in anderen Kapiteln dieses Buches behandelt. Aus allen Studien geht aber eindeutig hervor, dass unverheiratetes Zusammenleben eine mentale Haltung geringerer Verbindlichkeit zu fördern scheint, die auf die Stabilität einer künftigen Ehe zurückschlägt.

> Verliere das Problem nicht aus den Augen. Hilf, Ehen stark zu bauen. Biete Ehevorbereitung an und erwarte von Paaren, dass sie diese in Anspruch nehmen. Baue starke Christen auf.[60]

Wenn die Leute jedoch festgefahren sind oder sich gänzlich hilflos fühlen, sollte der Pastor sie an eine sorgfältig ausgewählte Fachkraft verweisen, während er sie geistlich und emotional noch weiter betreuen kann. Die Unterstützung durch kleine Gebetsgruppen sollte zusätzlich in Anspruch genommen werden, damit noch mehr Kanäle für Gottes heilende Gnade aufgetan werden.

Schlussfolgerungen

Weil in der heutigen Gesellschaft, ganz besonders aber in der westlichen Welt, eine beträchtliche Zahl von Familien in der Gemeinde direkt oder indirekt von einer Scheidung betroffen sind, ist die Notwendigkeit für eine wirksame seelsorgerliche Hilfe dringend. Wir haben die Komplexität der hauptsächlichen Ursachen für eine Scheidung analysiert, die sich unbehandelt über lange Jahre entwickeln können, ehe es zur Explosion kommt. Meist wird ja das Problem gar nicht erkannt, oder, was noch schlimmer ist, heruntergespielt. Ungelöste Schwierigkeiten aus der Herkunftsfamilie können – vielleicht sogar unbewusst – die Erwartungen der Partner noch zusätzlich vergiften. Liebe wird nach und nach durch Nörgelei, Geringschätzung, Abwehrhaltung und den Bau von Mauern (den tödlichen „apokalyptischen Reitern") ersetzt. Wenn dann der Bruch erfolgt, gibt es verschiedene Stadien, in denen die alte Vorstellung vom Selbst und der Welt zerrissen wird und an deren Stelle Traurigkeit und Schmerz treten. Sollten schwere Anzeichen von Depression auftreten und andauern, ist eine ärztliche Behandlung angebracht.

Wir müssen auch zugeben, dass die Schockwirkung auf Kinder größer ist als wir erwartet hätten und die Folgen sich sogar über drei Generationen fortsetzen. Deshalb ist es die Aufgabe der Gemeinde, der Scheidungsfamilie mittels Betreuung durch einen Seelsorger oder andere befähigte Gemeindeglieder zu helfen, ihr Leben wieder neu zu ordnen und die Kinder angemessen zu versorgen. Eine gründliche Untersuchung persönlicher Schwächen unter der Supervision eines für die Beratungspraxis fachlich geschulten Pastors kann überdies helfen, die Voraussetzungen für ein echtes psychologisches und geistliches Wachstum zu schaffen.

Wir dürfen noch einmal daran erinnern, dass gemeinsamer Gottesdienstbesuch und gemeinsame Gebete sehr wirkungsvolle Werkzeuge sind, um eine Scheidung zu verhindern, wie durch Untersuchungen, beispielsweise von Edna Brown,[61] gezeigt werden konnte. Mit Froma Walsh müssen wir wieder bewusst

60 Edmondson ist der Leiter des *Mustard Seed Ministry in Nashville* (USA); vgl. seinen Artikel „Our Ministry to the Divorced Among Us", *Ministry*, Juni 2006, S. 17–18.

61 Catherine O'Donnell, „Survey: Churchgoers Have Fewer Divorces", Religion News Service, 2006, zitiert in

machen, dass „die Ehe mehr einem dynamischen Bundesschluss gleicht als einem einmal festgeschriebenen Vertrag."[62]

Wenn Pastoren und Glieder zerbrochenen Familien wirklich helfen wollen, müssen sie sich gründlich ausbilden lassen, damit sie die Vielschichtigkeit der Probleme begreifen und lernen, ehrlich mit sich selbst zu sein, um verwickelte Fälle zu erkennen. Darüber hinaus müssen sie eine enge Beziehung zu ihrem Herrn pflegen, damit er ihnen seine Weisheit und sein Mitleid einpflanzen und damit seine heilende Gnade anbieten kann.

Adventist Review, „World Religious News", online: http://www.adventistreview.org/article.php?id=352#3, Zugriff am 1. Juli 2008) berichtet darüber. Ihre Untersuchungen, die vom Institut für Sozialforschung an der University of Michigan durchgeführt wurden, zeigten, dass Paare, die gemeinsam den Gottesdienst besuchen, weit weniger zu einer Scheidung neigen, und zwar unabhängig davon, ob sie schwarzer oder weißer Hautfarbe sind. 1986 wurden 373 Paare während ihres ersten Ehejahres interviewt.

62 Walsh, *Strengthening Family Resilience*, S. 299. Sie spricht auch mit einem gewissen Optimismus über die Heilung und Versöhnung nach der Trennung und Scheidung (S. 299–305).

Kapitel 20

Ethische und seelsorgerliche Erwägungen für den Umgang mit Geschiedenen und Wiederverheirateten in den Adventgemeinden

Thomas Domanyi

Anlässlich der Vollversammlung der Generalkonferenz (Toronto, Juni/Juli 2000) haben sich die Delegierten der Weltgemeinschaft der Siebenten-Tags-Adventisten eingehend mit der Ehe sowie der Handhabung von Scheidung und Wiederheirat in der Kirche beschäftigt. Die Beratungen und Stellungnahmen haben in einem Beschluss zur Änderung der *Gemeindeordnung* (des *Gemeindehandbuches*) ihren Niederschlag gefunden, der die seelsorgerliche Herausforderung als Kernanliegen bei Ehe- und Scheidungskonflikten herausstellt.

Diese Neuakzentuierung in der Eheseelsorge sowie die wachsende Zahl von Ehekonfliktsfällen in den Gemeinden bilden den Ansatz zu einem vertieften Nachdenken über Scheidung und Wiederheirat, das darauf abzielt, die an den unmittelbar Betroffenen wahrzunehmende Eheseelsorge als Versöhnungsdienst zu verstehen und zu gestalten. Das setzt eine praxisbezogene Handlungsorientierung voraus, die insbesondere die mit den Eheproblemen befassten Pastoren in die Lage versetzt, ihren Dienst zum Wohl aller Betroffenen einschließlich der Kirche nach bestem Wissen und Gewissen zu erfüllen. Was demnach ansteht, ist nicht die Erörterung von alternativen theologischen Ehekonzepten, sondern die sorgfältige Ausleuchtung des ethischen Umfeldes der Scheidung und Wiederheirat, um beim pastoralen Einsatz die Möglichkeiten und Grenzen des seelsorgerlichen Handlungsspielraumes kenntlich zu machen. Diesem Anliegen dient dieses Kapitel.

Die Situation des Pastors

Zunächst ist festzuhalten, dass die wachsende Zahl von Ehekonflikten, Scheidung und Wiederheirat innerhalb der Adventgemeinden nicht einfach auf Normverlust oder mangelndes Pflichtbewusstsein in der Pastorenschaft zurückzuführen ist. Vielmehr handelt es sich hier vor allem um eine Folgeerscheinung des säkularen Wandels in der westlichen Gesellschaft, dessen Einfluss selbst konsequent bibelorientierte Gemeinden sich kaum zu entziehen vermögen. Anders als früher sehen sich die Pastoren einem zunehmend bibelfremden Eheverständnis, einem veränderten Rollenbewusstsein der Partner sowie einem wachsenden Schwund an kirchlicher Autorität gegenüber. Zusätzlich erschwerend wirkt sich die gesetzliche Anerkennung von alternativen Partnerschaftsformen wie überhaupt der unaufhaltsame Rückzug des Staates bzw. der zivilen Gesetzgebung vom Schutz der während langer Jahrhunderte christlich geprägten Ehe aus.

So kommt es, dass sich der Pastor in Ausübung seines seelsorgerlichen Dienstes an den Betroffenen mit einer ganzen Anzahl von unterschiedlichen Erwartungen und Richtlinien konfrontiert sieht, deren Spannungsverhältnis untereinander im Vollzug der Seelsorge kaum aufzulösen ist. Da ist außer der Bibel mit ihren grundsätzlichen Aussagen über Ehe, Ehescheidung und Wiederheirat

- die *Gemeindeordnung* (das *Gemeindehandbuch*), in welchem die Weltgemeinschaft ihr Verständnis zur Verwirklichung der Glaubensgemeinschaft in den konkreten Situationen des Lebens vorlegt;
- die Betroffenen selbst, deren Konflikte meist als fait accompli den seelsorgerlichen Spielraum des Pastors von vornherein einengen;
- die Mehrheitsmeinung der Gemeinde, die je nach ihrem kulturellen Umfeld und ihrer Zusammensetzung bei der Gewichtung von Eheproblemen anders empfindet und urteilt, als es vielleicht von den oben erwähnten Instanzen erwünscht wird.

Der neutestamentliche Hintergrund

Nach der Lehre Jesu und der Apostel ist die Ehe grundsätzlich unauflöslich und unscheidbar (Mt 5,28–32). Mit seinen radikalen Worten wahrt Jesus die Ehe als einen von Gott gestifteten Schutzraum keimenden Lebens. Daher weist Jesus jedes – selbst als mosaische Vorschrift vorgetragene – Argument, das darauf abzielt, dieses Prinzip in Frage zu stellen, entschieden zurück (Mt 19,5–11). Ein aus Rücksicht auf die menschliche Schwäche (Herzenshärtigkeit) gemachtes Zugeständnis hat nicht die Geltung, um ein Prinzip auszuhebeln.

Eine existentiell derart verflochtene Gemeinschaft wie die Ehe (1 Mo 2,24), kann nicht aufgelöst werden, außer bei „Unzucht" (*porneia* Mt 5,32; 19,9), da in diesem Fall die Ehe durch die Untreue eines der Partner *de facto* schon zerstört ist. Hier gilt: Eine Ehe, die es nicht (mehr) gibt, kann durch eine abermalige Heirat des gesetzeskonformen Teils auch nicht gebrochen werden. (Bedenkenswert aus heutiger Sicht wäre die Frage, inwieweit im Zuge eines fortgeschrittenen Problembewusstseins und Rechtsverständnisses außer der „Unzucht" nicht noch andere schwerwiegende Verletzungen der Partnerschaft wie z. B. physische Gewalt in der Ehe im Geist Jesu als legitime Scheidungsgründe zu erachten wären.) So verstanden, bleibt Jesus in seiner Argumentation konsequent. Er bestreitet nicht die Gültigkeit der mosaischen Scheidungsregelung. Sie ist für ihn ein notwendiges Übel. Doch er wehrt sich dagegen, dass man ein an die menschliche Schwäche gemachtes Zugeständnis zum Ideal, ja zum Willen Gottes erklärt.

Anders ausgedrückt: Jesus heißt selbst eine mit einem Scheidebrief dokumentierte Scheidung auf keinen Fall gut; doch (und dies ist aus rechtlichen und seelsorgerlichen Überlegungen ebenso zu beachten) um Schlimmeres zu verhüten, „duldet" er sie. Nur zu gut kennt er die sündhafte menschliche Natur, um zu übersehen, dass viele Menschen dem von Gott gebotenen Ideal nicht genügen. Deshalb toleriert er das Scheidungsgesetz als notwendiges Übel. Es ist das „kleinere Übel" im Vergleich zur Rechts- und Schutzlosigkeit, welcher eine von ihrem Mann entlassene Frau ohne Scheidebrief ausgesetzt wäre. Diese Haltung ist keineswegs inkonsequent, vielmehr weise, da sie bei aller Treue zum Willen Gottes der Komplexität des der Sünde verfallenen menschlichen Lebens mit Bedacht Rechnung trägt.

Bei Jesu Aussagen ist genau zu unterscheiden zwischen seinem Eintreten für die prinzipielle Unauflöslichkeit der Ehe (hier spricht Jesus kategorisch), und seinen Aussagen und seiner Haltung in konkreten Scheidungsfällen. Hier tritt an die Stelle der Radikalität seelsorgerliche Einfühlung und barmherzige Vergebungsbereitschaft (Joh 4,1ff).

Jesus ist sich auch dessen bewusst, dass die Ehelosigkeit „um des Himmelreichs willen" die Gabe der Enthaltsamkeit voraussetzt (Mt 19,10–12). Wo die Gewissheit fehlt, dass jemandem diese Gabe gegeben ist, kommt das Drängen auf Ehelosigkeit einer schwerwiegenden Beeinträchtigung der Schöpfungsordnung gleich (1 Mo 1,26–28; 2,18); ist doch der Mensch von der Schöpfung her auf Ergänzung angelegt. Die Sexualität ist ein untrennbar mit seinem Wesen verbundenes, von Gott gewolltes Mittel, um den Menschen in seinem tiefsten Sein zur Partnerschaft zu befähigen. Deshalb nimmt Jesus in der Seelsorge die Menschen mit ihrem Sexualtrieb ernst.

Jesus bezeichnet zwar die Wiederheirat von Geschiedenen als „Ehebruch" (Mt 5,31f; 19,9), dies darf jedoch nicht so verstanden werden, als wollte er den Menschen, die aus Verlangen nach einer erneuten Partnerschaft der Wiederheirat schuldig geworden sind, seine Vergebung vorenthalten. Sein auf Heilung und Zurechtbringung abzielendes Wirken lehrt den im Auftrag der Gemeinde handelnden Seelsorger, im Fall einer als „Ehebruch" qualifizierten Wiederheirat zu erwägen, ob zur Lösung des moralischen und psychologischen Konfliktes nicht der Weg der Vergebung von Seiten der Gemeinde am dienlichsten wäre.

Als Orientierungshilfe für eine geistgeleitete Eheseelsorge empfehlen sich die einschlägigen Ausführungen des Apostels Paulus in 1. Korinther 7. Seine detaillierten Erwägungen zur Thematik der Ehe und Sexualität lassen sich wie folgt zusammenfassen:

- Ehe und Ehelosigkeit sind je ein gelobter, guter Stand – vorausgesetzt, er entspricht der von Gott verliehenen Gabe und Berufung, deren man zu ihrer jeweiligen Verwirklichung bedarf (V. 1.7.8.9.17).
- Die Ehe ist der legitime Ort von Partnerschaft und Intimität zwischen Mann und Frau (V. 1–5).
- Die Ehe schützt vor Unzucht. Deshalb ist sie dem Druck und den Leiden sexuellen Verlangens und der Einsamkeit im Alleinstand vorzuziehen (V. 9; 1 Tim 4,1–3; 5,14).

- Die Ehe soll nicht geschieden werden (V. 10).
- Wird eine Ehe dennoch geschieden, so sollen die Partner ledig bleiben, oder noch besser: sich wieder versöhnen (V. 11).
- Religionsverschiedenheit der Partner ist für den christlichen Teil kein Grund zur Scheidung (V. 12–14.16).
- Es gibt allerdings auch Fälle, in denen eine Scheidung in Kauf zu nehmen ist, um den Frieden zu wahren – (V. 11 ohne Grundangabe; V. 15 gibt als Grund den Eheunwillen des nichtchristlichen Partners in einer religionsverschiedenen Ehe an).
- Der Tod des einen Partners räumt dem Überlebenden das Recht auf Wiederheirat ein (V. 39; Röm 7,2f; 1 Tim 5,14).
- Die Ausführungen des Apostels zur Ehe sind mit Ausnahme des Scheidungs- und Wiederheiratverbotes (V. 10–14) nicht als verbindliche Gebote, sondern als seelsorgerliche Ratschläge zu verstehen (V. 8.12.35), womit die Entscheidungsfreiheit der Betroffenen voll gewahrt bleibt. Paulus will also die Gläubigen nicht dem Zwang einer Norm unterwerfen, sondern appelliert an ihre Reife und ihr Verantwortungsbewusstsein (Verantwortungsethik).

Seelsorgerliche Leitwerte

In klarer Abgrenzung gegenüber der pharisäischen Gerechtigkeit (Mt 5,20) betont Jesus, dass das Gesetz zum „Wohl" des Menschen gegeben ist. Daher ist in Erweiterung von Markus 2,27 festzuhalten: Die Gebote haben dem Menschen zu dienen und nicht der Mensch den Geboten. Auf unsere Situation angewandt heißt dies: Beim Umgang mit in ihrer Ehe gescheiterten Menschen sind Gottes Gebote und Anordnungen so anzuwenden, dass sie

- den Betroffenen Verfehlung und Schuld bewusst machen, um so der göttlichen Vergebung und einem gereinigten Gewissen den Weg zu bahnen;
- Leid und Not abwenden bzw. lindern;
- die „Verirrten" in ein sittlich geordnetes Dasein zurückführen;
- den Ruf der Betroffenen und der Gemeinde schützen bzw. wiederherstellen.

Im konkreten Lebensvollzug steht der Mensch hin und wieder vor einer sittlichen Entscheidung, bei der er nicht zwischen „richtig und falsch", sondern zwischen zwei nicht unumstrittenen Lösungen zu wählen hat. Bei solchem „Wertekonflikt" ist eine sorgfältige und umfassende „Güterabwägung" vorzunehmen, um von zwei „Übeln" das kleinere wählen zu können. Wo kirchendisziplinäre Maßnahmen ohne Rücksicht auf das Heil, das Wohl und die Wiedereingliederung der zu Korrigierenden ergriffen werden, da handelt man ethisch und seelsorgerlich unsachgemäß.

Ziele und Handlungsfelder klärender und korrigierender Seelsorge

Oberstes Ziel der christlichen Eheseelsorge ist die Versöhnung der von Leid und Schuld Beladenen mit Gott und ihren Mitmenschen – sei es der Partner, die gemeinsamen Kinder oder die Gemeinde. Der Weg zu diesem Ziel führt über eine gewissenhafte Selbstprüfung, Einsicht, Reue, Vergebung und Annahme. Die mit Priorität anzustrebende Lösung ist und bleibt die Wiederherstellung der Ehegemeinschaft zwischen den sich in Krise befindlichen Partnern.

Um dieses Ziel zu erreichen, ist kein geistliches Mittel der Seelsorge ungenutzt zu lassen (Gebet, Fürbitte, seelsorgerliches Gespräch, Paartherapie). Auch wenn heute das Scheitern der Ehen zum Seelsorgeralltag des Pastors gehört, fehlt es nicht an ermutigenden Beispielen, die dank der Gnade Gottes und dem Einsatz des Pastors die Möglichkeit der Heilung in den Paarbeziehungen bezeugen. Wie Jesus und Paulus, so wird auch die Gemeinde Scheidung in ihrer Mitte als Realität zur Kenntnis nehmen und in Geduld ertragen, aber sie wird vor ihr niemals kapitulieren.

Ist eine Ehe irreparabel zerrüttet oder infolge von Untreue endgültig zerbrochen, so ist durch seelsorgerlichen Einsatz darauf hinzuwirken, dass die Betroffenen ihre Leid- und Schulderfahrung aufarbeiten und in ihren Herzen dem Geist der Versöhnung Raum schaffen, damit ihre seelischen Verletzungen heilen können. Paulus erinnert daran, dass Ehebrecher im Reich Gottes keinen Platz haben (1 Kor 6,9f). Doch ebenso deutlich versichert er, dass die im Glauben ergriffene Gnade Christi selbst Ehebrechern Gottes Gerechtigkeit und Heiligkeit zu gewähren vermag (1 Kor 6,11).

Freilich wo die erstrebte Aussöhnung trotz aller Bemühungen des Pastors und der Gemeinde durch Uneinsichtigkeit und skandalöses Verhalten der Irrenden verunmöglicht wird, da kommt die Gemeinde nicht um die Frage, ob im vorliegenden Fall nicht die „Trennung von der Gemeinde" als Mittel korrigierender Seelsorge dem Heil und Wohl aller Betroffenen am dienlichsten wäre (1 Kor 5,1–12). Dass diese Maßnahme erst nach Ausschöpfung aller anderen seelsorgerlichen Mittel sowie nach reiflicher Überlegung gleichsam als *ultima ratio* zum Zuge käme, versteht sich von selbst.

Welcher seelsorgerliche Umgang empfiehlt sich gegenüber Wiederheiratenden und Wiederverheirateten? Nachdem Jesus und Paulus die Ehe prinzipiell für unauflöslich erklärt haben, ist es logisch und konsequent, dass sie auch der Wiederheirat als möglicher Folge der Scheidung grundsätzlich ablehnend gegenüberstehen (Mt 5,31f; 1 Kor 7,11). Denn die Wiederheirat schafft eine vollendete Tatsache, die als neuer rechtlicher, psychologischer und sozialer Tatbestand die Wiederherstellung der ursprünglichen Ehegemeinschaft definitiv verunmöglicht. Allerdings ist mit Sicherheit davon auszugehen, dass es unter den Nachfolgern Jesu und den

Bekennern des christlichen Glaubens auch etliche Menschen gab, die in ihrer Ehe gescheitert waren (1 Kor 6,10–12). Mit anderen Worten: Der Umgang mit Geschiedenen und Wiederverheirateten gehörte für Jesus und Paulus zum seelsorgerlichen Alltag (vgl. Joh 4,1ff; 8,1–11). Die grundsätzliche Missbilligung der Scheidung und Wiederheirat hinderte sie nicht daran, den heilssuchenden Geschiedenen und Wiederverheirateten die Gemeinschaft des Glaubens zu gewähren.

In diesem Sinne wird heute auch der Pastor vor die vollendete Tatsache von Scheidung und Wiederheirat in der Gemeinde und ihrem Umfeld gestellt sein und dadurch zu einem zusätzlichen seelsorgerlichen Engagement herausgefordert. Denn er und die Gemeinde werden zwar diese Realität anerkennen, aber sie können sie nicht gutheißen.

Allerdings muss im Falle von beabsichtigter oder vollzogener Wiederheirat der seelsorgerliche Blick nach vorn gerichtet sein. Denn erfahrungsgemäß lassen sich Heiratswillige durch kirchlichen Einwand von ihrem Vorhaben nicht abbringen. Sodann ist zu bedenken, dass mit einer gut funktionierenden Zweitehe allen Beteiligten einschließlich der Gemeinde besser gedient ist als mit einer rechtlich ungeklärten Paarbeziehung (Konkubinat, wechselnde Partnerschaften, Prostitution), der die öffentliche Meinung heute weitherzig entgegenkommt. Begleitet vom aufrichtigen Wunsch, dass ein in seiner ersten Ehe gescheiterter Mensch in und dank seiner zweiten Ehe zu einem „geordneten Lebensrahmen" zurückfindet, sollte die Gemeinde Wiederverheiratete annehmen.

Hat man als Pastor die Möglichkeit, auf Wiederheiratende seelsorgerlichen Einfluss zu nehmen, so ist darauf hinzuwirken, dass die Betroffenen unbelastet von den Hypotheken einer gescheiterten Erstehe, das heißt erst nach „geleisteter Versöhnungsarbeit" und nach Heilung der schweren seelischen und geistlichen Verletzungen das Eingehen einer zweiten Ehe ins Auge fassen. „Zeit heilt die Wunden" – das gilt auch in diesem Fall. Wo Geschiedene ohne diesen Prozess in eine Zweitehe getreten sind, sollten sie vom Seelsorger ermutigt werden, diese „unerledigte Hausaufgabe" im Interesse ihrer neuen Beziehung nachzuholen. Hierbei wird man es nicht unterlassen, über das eigene scheidungstreibende Verhalten in der vorangegangenen Ehe selbstkritisch nachzudenken und es möglichst zu korrigieren, um nicht noch einmal Opfer der gleichen Fehler zu werden.

Wir sind uns darüber im klaren, dass mit den hier geäußerten ethischen und seelsorgerlichen Erwägungen die Probleme der Scheidung und Wiederheirat in den Adventgemeinden nicht in einer allseits befriedigenden Weise gelöst werden können. Das menschliche Dasein ist viel zu komplex, um in allen Situationen nach Reglement gehandhabt zu werden. Menschliche Schwäche, Schuld und Schicksal zwingen uns Christen immer wieder zum schmerzlichen Eingeständnis, dass wir von unserem erstrebten sittlichen Ideal weit entfernt sind; dass die Gemeinde zeitweise mehr einem Krankenhaus als dem Paradiesgarten gleicht; dass wir noch nicht im Schauen, sondern im Glauben wandeln. Sollten jedoch diese Überlegungen dazu beitragen, dass es in unseren Gemeinden „fein zugeht" und dass die Pastoren mit den ihnen anvertrauten Menschen „dem Herrn unverhindert dienen können" (1 Kor 7,35), dann war die für diesen Beitrag aufgebrachte Mühe nicht umsonst.

Anhang

Weitere Beiträge im Internet

Auf der Internetseite des Advent-Verlags sind weitere Beiträge zu diesem Buch zu finden und können heruntergeladen werden (siehe www.advent-verlag.de unter „Bücher", „Alle Bücher", „Die Ehe", weitere Beiträge).

Victor Armenteros	YHWH, der Bräutigam Israels: Alttestamentliche Studie über auf Gott angewandte eheliche Metaphern
Philippe Augendre	Bund und Lebensgemeinschaft: Zur Eheethik
Gerhard Pfandl	Scheidung und Wiederverheiratung in der Zeitspanne zwischen den beiden Testamenten
Tiziano Rimoldi	Standesamtliche und religiöse Trauung
Carlos Puyol	Seelsorge an konfessionsverschiedenen Ehepaaren (ungekürzter Text)

Auf dieser Internetseite finden sich auch Beiträge anderer adventistischer Verfasser zu den Themen dieses Buches, die bereits anderswo veröffentlicht wurden, und einige Artikel aus dem *AdventEcho* dazu.

Autoren und Herausgeber

Altin, Lucio	M.S. (Ehe- und Familientherapie), Pastor, Direktor der Abteilung Familiendienste, Italienischer Verband der Siebenten-Tags-Adventisten
Armenteros, Víctor M.	Ph.D., Dekan für Postgraduiertenstudien, River Plate Adventist University, Argentinien
Augendre, Philippe	M.A., D.E.A., Pastor i. R., Gastdozent für Ethik an der Adventistischen Theologischen Fakultät, Collonges, Frankreich
Badenas, Roberto	Ph.D., Direktor der Abteilungen Erziehung und Familiendienste sowie Vorsitzender des Biblical Research Committee, Euro-Afrika-Division der Siebenten-Tags-Adventisten, Schweiz
Bocaneanu, Adrian	M.A., Pastor, Rumänien
Bochmann, Andreas	Ph.D., Dozent für Ehe- und Lebensberatung und Leiter des Instituts für Familien- und Sozialforschung, Theologische Hochschule Friedensau, Deutschland, und Dozent für Praktische Theologie, Newbold College, England
Davidson, Richard	Ph.D., Professor für Altes Testament, Andrews-Universität, USA
Domanyi, Thomas	Dr. phil., Professor für Sozialtheologie und Ethik, Theologische Hochschule Friedensau, Deutschland
Égasse, Corinne	M.A., Registrarin, Adventistische Theologische Fakultät, Collonges, Frankreich
Hasel, Frank	Ph.D., Dozent für Systematische Theologie und Dekan des Theologischen Seminars, Seminar Schloss Bogenhofen, Österreich
Heinz, Hans	Th.D., war theologischer Lehrer am Seminar Schloss Bogenhofen von 1957 bis 1978 sowie Dozent für Systematische Theologie und Kirchengeschichte am Theologischen Seminar Marienhöhe von 1982 bis 1995 und lebt im Ruhestand in Österreich
Höschele, Stefan	Ph.D., Dozent für Systematische Theologie und Missionswissenschaft, Theologische Hochschule Friedensau

Kovar, Johannes	M.A., D.E.S.T., Dozent für Neues Testament, Seminar Schloss Bogenhofen, Österreich
Lehmann, Richard	Ph.D., war Dozent für Neues Testament an der Adventistischen Theologischen Fakultät, Collonges, sowie Rektor des dortigen Campus Adventiste du Salève und lebt im Ruhestand in Frankreich
Müller, Ekkehardt	D.Min., Th.D., Stellvertretender Direktor, Biblical Research Institute, Generalkonferenz der Siebenten-Tags-Adventisten, USA
Pfandl, Gerhard	Ph.D., Stellvertretender Direktor, Biblical Research Institute, Generalkonferenz der Siebenten-Tags-Adventisten
Pöhler, Rolf	Th.D., Professor für Systematische Theologie, Theologische Hochschule Friedensau, Deutschland
Puyol, Carlos	Ph.D., Geschäftsführer des Safeliz-Verlags der Siebenten-Tags-Adventisten in Spanien; ehemaliger Direktor des Adventistischen Seminars Sagunto, Spanien
Rimoldi, Tiziano	Ph.D., Dozent für Kirche-Staat-Beziehungen an der italienischen adventistischen Hochschule Villa Aurora sowie stellvertretender Direktor für Religiöse Freiheit des italienischen Verbandes der Siebenten-Tags-Adventisten
Rodríguez, Ángel M.	Th.D., Direktor, Biblical Research Institute, Generalkonferenz der Siebenten-Tags-Adventisten, USA
Roig, Miguel Ángel	Ph.D., Dekan, Adventistisches Seminar Sagunto, Spanien
Schaidinger, Heinz	M.T., M.A., Mag. phil., Mag. phil., Dozent für Kirchengeschichte und Philosophie, Seminar Schloss Bogenhofen, Österreich
Vargas-Hordosch, Doris	M.A., M.Th., Dozentin, Adventistisches Seminar Sagunto, Spanien

Vorankündigung

Studien zur
adventistischen Ethik

Band 2

Der Krieg

Adventistische Perspektiven
zu Kriegen und zum Militärdienst

Herausgegeben von
Frank M. Hasel und Stefan Höschele
im Auftrag des Biblical Research Committee
der Euro-Afrika-Division der Siebenten-Tags-Adventisten

ADVENT-VERLAG

(Geplantes Erscheinen: 2013)